TÜBINGER REIHE FÜR KOREASTUDIEN
herausgegeben von
You Jae Lee

Band 10

Max Altenhofen

Ambivalente Beziehungen
Technische Entwicklungszusammenarbeit zwischen der Bundesrepublik Deutschland und Südkorea während des Kalten Krieges

Max Altenhofen

Ambivalente Beziehungen

Technische Entwicklungszusammenarbeit zwischen der Bundesrepublik Deutschland und Südkorea während des Kalten Krieges

iudicium

This work was supported by the Strategic Research Institute Program for Korean Studies of the Ministry of Education of the Republic of Korea and the Korean Studies Promotion Service at the Academy of Korean Studies (AKS-2021-SRI- 2200002).

Umschlagbild:
Eingangstor der Koreanisch-Deutschen Facharbeiterschule in Incheon, Anfang der 1960er Jahre.
Quelle: Privatsammlung der Jungseok Aviation Science High School

Zugleich eingereicht als Dissertation an der Philosophischen Fakultät der Universität Tübingen im Juli 2024.

Bibliografische Information der Deutschen Nationalbibliothek

Die Deutsche Nationalbibliothek verzeichnet diese Publikation in der Deutschen Nationalbibliografie; detaillierte bibliografische Daten sind im Internet über http://dnb.d-nb.de abrufbar.

ISBN 978-3-86205-567-8
ISSN 2567-1669

Dauthendeystr. 2, 81377 München
E-Mail: info@iudicium.de

Druck: Totem, Inowrocław

www.iudicium.de

Inhaltsverzeichnis

Editorische Notiz

Romanisierung: Koreanische Begriffe und Namen werden nach dem revidierten McCune-Reischauer-System romanisiert. Koreanische Namen stehen in der Reihenfolge Familienname – Vorname und sind gemäß dem genannten Transkriptionssystem wiedergegeben. Bei bekannten Eigenromanisierungen wie Rhee Syngman oder Park Chung Hee wird diese übernommen und nur bei der ersten Nennung in Klammern die McCune-Reischauer-Romanisierung angegeben. Koreanische Städte- und Ortsbezeichnungen werden in der offiziellen Romanisierung der koreanischen Regierung (*Revised Romanization*), wie international bekannt, wiedergegeben.

Übersetzung: Der Autor hat alle koreanischen Begriffe, Zitate und Literaturangaben selbst übersetzt; bei neueren wissenschaftlichen Artikeln konnte auf bereits bestehende, englische Übersetzungen aus dem Korea Citation Index (KCI) zurückgegriffen werden.

Gender: Die häufige Verwendung des Maskulinums ist dem historischen Kontext geschuldet, da in den meisten Sektoren der Entwicklungszusammenarbeit, Wissenschaft und Verwaltung beider Länder während des Kalten Krieges hauptsächlich Männer tätig waren. Falls Frauen oder Menschen anderer Geschlechteridentifizierung beteiligt waren, wurde dies explizit kenntlich gemacht.

Danksagungen

Von der Themenfindung während des Masterstudiums bis zur Publikation der Dissertation in dieser Reihe hat mich mein Betreuer Prof. Lee You Jae an der Universität Tübingen über viele Jahre hinweg stets unterstützt, wofür ich ihm zu großem Dank verpflichtet bin. Für seine kritischen Ratschläge und vertiefenden Gespräche danke ich außerdem meinem Zweitbetreuer Prof. Lee Dong-ki von der Kangwon National University. Das Projekt ging aus meiner Masterarbeit hervor, die auch Prof. Park Tae Gyun an der Seoul National University betreute. Seine Forschung zur wirtschaftlichen Entwicklung Koreas hat auch meine Dissertation fortwährend mitgeprägt. Während meiner Zeit an der Academy of Korean Studies und darüber hinaus hat mich Prof. Kim Won bei der Materialsuche und mit aufmunternden Worten unterstützt. Seit meinem Austauschjahr an der Sungkyunkwan University sorgte sich Prof. Yu Chong-ae immer bestens um meine akademischen und privaten Anliegen und gewährte mir interessante Einblicke in die heutige Entwicklungszusammenarbeit.

Auf Grund der Corona-Pandemie war es nicht immer einfach, zur Archivarbeit nach Korea zu reisen. Daher danke ich auch einzelnen Forscherinnen und Forschern, die mir ihre eigenen Materialien – sogar ohne mich vorher persönlich zu kennen – per Scan zur Verfügung gestellt haben, darunter Prof. Lee Eunhi (Gachon University), Prof. Park Hwanbo (Chungnam National University) und Prof. Moon Manyoung (Chunbuk National Universtiy). Unerlässlich in ihrer Mühe waren außerdem die Mitarbeiterinnen und Mitarbeiter diverser Forschungsinstitutionen und staatlicher Einrichtungen. Stellvertretend danke ich dem Bundesarchiv Koblenz, dem Politischen Archiv des Auswärtigen Amtes, dem Anseong Farmland, dem Gangneung Education Center der National Forestry Cooperative Federation, dem Institut für Angewandte Wirtschaftsforschung, der Korea Polytechnic University in Incheon und Changwon, dem Korea Research Institute of Standards and Science, dem Korea Institute of Science and Technology, dem National Archive of Korea, sowie der Physikalisch-Technischen Bundesanstalt. Über diese Einrichtungen konnte ich nicht nur wichtige Quellen einsehen, sondern auch Interviewpartner und -partnerinnen finden, die mir dankenswerterweise private Einblicke in die deutsch-koreanische Entwicklungsarbeit gewährten. Eine ausführliche Liste der Gespräche findet sich im Anhang.

Während des Promotionsstudiums war ich zunächst Stipendiat, dann wissenschaftlicher Mitarbeiter an der Koreanistik der Universität Tübingen. Gleichzeitig konnte ich als Graduate und später Hanmun Fellow an der Academy of Korean Studies sowie als Gastforscher am Research Institute of Korean

Studies (RIKS) der Korea University meine Feldforschungen in Korea durchführen. Zum Abschluss meiner Dissertation erhielt ich außerdem das einjährige Korea Foundation Scholarship for Graduate Studies. Ohne diese finanzielle und institutionelle Unterstützung wäre der zügige Abschluss dieser Arbeit so nicht möglich gewesen. Für gute Erinnerungen an meine Zeit in Tübingen danke ich besonders meinen Kolleginnen und Kollegen, Sanghee Bae, Nina Berger, Thomas Eichert, Dr. Birgit Geipel, Dr. Euna Kim, Yoonjung Kim und Jun.-Prof. Yewon Lee.

Meine Forschung konnte ich bei Graduiertenkonferenzen an der Korea University (2020/21), Ca'Foscari University of Venice (2022), Autonomous University of Madrid (2022), Freie Universität Berlin (2022), University of Bukarest (2023), George Washington University (2024) und University of California, Los Angeles (2024) sowie bei Fachkonferenzen zu Umweltgeschichte Ostasiens am Korea Advanced Institute of Science and Technology (2023), zur koreanischen Entwicklungszusammenarbeit an der University of Central Lancashire (2023) und zu Science Diplomacy an der Leibniz Universität Hannover (2023) präsentieren und mit den Teilnehmenden vor Ort ausführlich diskutieren. Weitere Möglichkeiten boten die Tagungen der Koreanistik im (süd)deutschen Raum sowie der regelmäßige Austausch mit dem ‚Forum für deutsch-koreanische vergleichende Geschichte' (*handok pigyosa p'orŏm*) durch Konferenzen und Onlineveranstaltungen. Das Feedback und der Austausch haben mir geholfen, meine Arbeit besser zu kontextualisieren und neue Forschungsthemen zu verorten. Ich danke außerdem meinen neuen Kolleginnen und Kollegen am Fachbereich für Geschichte der Sungkyunkwan University für ihre freundliche Aufnahme, insbesondere den Professoren Lee Pyongsoo, Oh Jeyeon und Na Hyesim.

Meine Freundinnen und Freunde haben mich während der Dissertation ebenfalls vielseitig unterstützt, sei es durch Gastfreundschaft während der Archivbesuche in Berlin, motivierende Gespräche online oder vor Ort in Tübingen, gemeinsame (Pandemie-)Spaziergänge oder das Podcastprojekt. Dafür danke ich Debarchana Baruah, Web Danpakdee, Louise Fagart, Célestine Fünfgeld, Snigdha Gupta, Carl Henrich, Jihyun Hwang, Nikita Kim, Jonas Kitzinger, Jannik Küchen, David Radermacher, Thomas Reichenbach, Jinha Won und Haejin & Hyojung Yoon. Besonderer Dank geht an Xinjie Luo. Schließlich danke ich auch meiner Familie, besonders meinen Eltern Kim und Klaus, für ihren unermüdlichen Rückhalt in allen Lebenssituationen und widme ihnen dieses Buch.

I. EINLEITUNG

1. Ein Staatsbesuch mit Folgen

Im Dezember 1964 kehrte der südkoreanische Präsident Park Chung Hee [Pak Chŏnghŭi] von seinem Staatsbesuch in der Bundesrepublik Deutschland (BRD) zurück. Nach Ankunft in Seoul hielt er noch am Flughafen eine Rede über seine Reiseeindrücke. Insbesondere ging er dabei auf die wirtschaftlichen Erfolge unter den Kanzlern Konrad Adenauer und Ludwig Erhardt ein, die auch als ‚Wirtschaftswunder vom Rhein' bezeichnet werden. Park stellt den Begriff des ‚Wunders' in Frage und führt die Leistungen auf die harte Arbeit, als „Ergebnis des Blutes und Schweißes" der deutschen Bevölkerung sowie finanzielle Unterstützung im Rahmen des Marshallplans zurück.[1] Im weiteren Verlauf der Rede geht er vor allem auf die Rolle der dualen Berufsbildung ein:

> „Man kann davon ausgehen, dass jeder Deutsche ein ausgebildeter Arbeiter ist, der mindestens ein bestimmtes Talent hat. Aus diesem Grund konnte die deutsche Industrie wiederaufgebaut werden. Ich hatte die Eingebung, dass ich die Richtung unseres Ausbildungssystems überprüfen muss. In Korea gibt es eine Berufsschule, die mit technischer Unterstützung der deutschen Regierung auf dem Campus der Technischen Hochschule Inha in Incheon eingerichtet wurde. Dort bilden deutsche Lehrer koreanische Jungen aus. Ich wünschte, es gäbe mehr Schulen dieser Art."[2]

Park verbindet den wirtschaftlichen Wiederaufbau also mit der erfolgreichen Berufsbildung in Deutschland und sieht diese als Vorbild für Korea an. Bei der genannten Schule handelte es sich um die 1961 gegründete Deutsch-Koreanische Facharbeiterschule, das erste Projekt der technischen Zusammenarbeit beider Länder. Bis 1993 folgten diverse weitere Projekte nicht nur in der Berufsbildung, sondern auch in den Sektoren ländliche Entwicklung, Industrie und Infrastruktur sowie soziale Entwicklung. Die Bundesregierung unterstützte den Aufbau von Berufsschulen und höheren Berufsbildungseinrichtungen, die

---

[1] Hier paraphrasiert er ein Gespräch mit Bundeskanzler Ludwig Erhard während seines Besuchs. Vgl. auch: Institut für Zeitgeschichte (Hg.): *Akten zur Auswärtigen Politik der Bundesrepublik Deutschland 1964*, Oldenbourg: München 1995, S. 1461. In der heutigen Forschung wird der Begriff des ‚Wunders' für die Nachkriegszeit generell kritisch gesehen. Vgl. auch: Herrmann, Ulrike: *Deutschland, ein Wirtschaftsmärchen: Warum es kein Wunder ist, dass wir reich geworden sind*, Westend Verlag, Frankfurt am Main 2019.

[2] Park, Chung-hee: *Major Speeches*, hg. von Bum Shik Shin, Samhwa: Seoul 1970, S. 23f. Übersetzung des Autors.

Gründung forstwirtschaftlicher Kooperativen, Forschungsprojekte zur industriellen Modernisierung und zu ländlichen Technologien, aber auch Krankenhäuser in medizinisch unterversorgten Gebieten. Wie Präsident Park erklärte, waren dafür deutsche Lehrer, Wissenschaftler und technische Fachkräfte als Berater und Gutachter in Korea tätig und bemühten sich um den Transfer von Wissen, Technologien und Praktiken an die koreanischen Counterparts und Auszubildenden.

Geographisch gesehen erstreckten sich die Projekte über das gesamte Land und waren nicht auf Seoul beschränkt, sodass auch auf der lokalen Ebene ein transnationaler Austausch erfolgte. Neben den Modellschulen, Modellfarmen und Modellkooperativen vor Ort waren zusätzlich Beratergruppen zu den Themen Berufsbildung, Volkswirtschaft und Arbeitssicherheit an koreanischen Ministerien tätig und nahmen so Einfluss auf die politische Etablierung und Gesetzgebung. Daneben ermöglichte die Entwicklungszusammenarbeit einer großen Zahl an koreanischen Wissenschaftlern, Beamten und Fachkräften einen Besuch oder eine Weiterbildung in der Bundesrepublik, wodurch sie das deutsche System kennenlernen und rezipieren konnten. Allerdings lassen sich auf der Ebene der Akteure auch Konflikte, Auseinandersetzungen und Reibungen beobachten, sodass die Zusammenarbeit nicht immer so erfolgreich lief, wie man es sich zu Beginn vorgestellt hatte. Die vorliegende Arbeit behandelt dieses bislang wenig erforschte Kapitel der deutsch-koreanischen Beziehungen als transnationale Geschichte mit besonderem Fokus auf die Akteure.

2. Thema und Fragestellung

Die Rolle der internationalen Entwicklungszusammenarbeit mit Südkorea während des Kalten Krieges wurde bislang in der Forschung kaum thematisiert. Während die USA Korea als Teil des westlichen Blocks zur Eindämmung des Kommunismus in den 1950er-Jahren materiell und ideell maßgeblich unterstützten, übernahm Japan nach der Verabschiedung des Grundlagenvertrages (*hanil kipon choyak*) im Jahre 1965 den Großteil der wirtschaftlichen und technischen Investitionen. An dritter Stelle folgte die Bundesrepublik Deutschland (BRD), die von 1961 bis 1993 ca. 550 Mio. DM in der finanziellen Zusammenarbeit und 209 Mio. DM in der technischen Zusammenarbeit zur Verfügung stellte.[3] Die Projekte der technischen Zusammenarbeit lassen sich in die ge-

[3] Dem Autor ist die Aufladung von Begriffen um Entwicklung bewusst. Trotzdem werden Begriffe wie „Dritte Welt", „Entwicklungsländer" oder „Globaler Süden" aus Mangel an wertfreien begrifflichen Alternativen verwendet. Im zeitgenössischen Diskurs finden sich bis in die 1970er-Jahre die Begriffe „technische Hilfe" oder „Kapitalhilfe", danach wird von Entwicklungszusammenarbeit gesprochen. Der Autor verwendet aus diesem Grund

nannten vier Hauptbereiche Berufsbildung, ländliche Entwicklung, Industrie und Infrastruktur sowie soziale Entwicklung gliedern. Die Bereitstellung von technischer Ausrüstung und die Entsendung deutscher Experten und Berater, aber auch Ausbildungsprogramme für koreanische Schüler, Facharbeiter und Beamte in der Bundesrepublik ermöglichten eine bislang wenig erforschte, enge Verflechtung zwischen beiden Ländern, auch auf der Ebene der Akteure.

In dieser Arbeit soll die deutsch-koreanische technische Zusammenarbeit aus globaler Perspektive auf lokaler Ebene historisch-kritisch untersucht werden. Dieser ‚glokale' Ansatz nimmt „Konzepte, Konstellationen, Institutionen und Praktiken, dort wo sie entwickelt wurden, in ihrer Anwendung vor Ort und vor allem in gegenseitiger Verflechtung" in den Fokus.[4] Die Arbeit analysiert, wie der Transfer von Wissen, Technologie und Systemen stattfand, was von den beteiligten Akteuren angenommen und was abgelehnt, aber auch was hybridisiert oder übersetzt wurde und gewährt dadurch Einblicke in die Entwicklungsarbeit vor Ort.[5] Es lassen sich die folgenden Fragestellungen formulieren:

1.) Welche Alleinstellungsmerkmale weisen die deutsch-koreanischen Projekte der technischen Zusammenarbeit auf? Hier gilt es die Projektarten, Förderdauer, Inhalte und Ziele zu erfassen, indem auf die Projektanträge und -abkommen eingegangen wird.
2.) Welche Motive verfolgten die beiden Länder in der technischen Entwicklungszusammenarbeit während des Kalten Krieges? Dabei muss die Gemengelage aus diplomatischen, wirtschaftlichen, ethisch-humanitären, wissenschaftlichen und persönlichen Faktoren auseinanderdividiert und sektorspezifisch analysiert werden. Durch die Betrachtung der gesamten Zusammenarbeit von ihrem Beginn im Jahre 1961 bis zu ihrem Ende 1993 werden Kontinuitäten und Unterbrechungen in der Schwerpunktsetzung erfasst.
3.) Inwieweit verwirklichten die deutschen Akteure nationale und transnationale Entwicklungsziele und inwieweit nahmen die koreanischen Akteure diese Vorschläge an oder lehnten sie ab? Wie funktionierten die Aushand-

---

zur Einheitlichkeit hauptsächlich „finanzielle und technische Zusammenarbeit". Eine genauere Erklärung der Begriffe, auch im Koreanischen, findet sich in Kapitel II. Zur historischen Forschung des „Dritte Welt"-Begriffs vgl. auch: Kalter, Christoph: *Die Entdeckung der Dritten Welt: Dekolonisierung und neue radikale Linke in Frankreich*, Campus: Frankfurt/New York 2011; Speich Chassé, Daniel: „Die ‚Dritte Welt' als Theorieeffekt: Ökonomisches Wissen und globale Differenz", in: *Geschichte und Gesellschaft* 41.4, 2015, S. 580–612.

[4] Büschel, Hubertus / Speich, Daniel (Hg.): *Entwicklungswelten: Globalgeschichte der Entwicklungszusammenarbeit*, Campus: Frankfurt am Main/New York 2009, S. 9.

[5] Zum Begriff Entwicklungsarbeit vgl. auch: Büschel, Hubertus / Speich Chassé, Daniel: „Einführung: Entwicklungsarbeit und globale Modernisierungsexpertise", in: *Geschichte und Gesellschaft* 41.4, 2015, S. 535–551.

lungsprozesse und Hybridisierungen zwischen beiden Seiten? Neben den Beamten in Bonn und Seoul stehen hier insbesondere die Akteure in den Entwicklungsprojekten vor Ort im Fokus.

4.) Welchen Einfluss konnte die Entwicklungszusammenarbeit in den einzelnen Sektoren ausüben und wie nachhaltig war dieser auch nach dem Ende der Projekte? Hier gilt es über die binäre Opposition von Erfolg und Scheitern hinaus die wirtschaftliche, politische und soziale Wirkung herauszuarbeiten und mit der koreanischen Entwicklungszusammenarbeit sowie mit der deutsch-koreanischen Zusammenarbeit heute zu verknüpfen.

Die Arbeit behandelt die technische Zusammenarbeit, weil hier ein direkter Austausch zwischen den Ländern und Akteuren sowie ein Transfer von Wissen und Praktiken zu beobachten ist. Auf die finanzielle Zusammenarbeit wird in einzelnen Kapiteln eingegangen, wenn die Bereiche sich überschneiden oder ergänzen, wie zum Beispiel bei der Abwasserplanung oder in der Basisgesundheit. Zum Großteil handelte es sich jedoch um eine reine Kreditvergabe, die zwar für die koreanische Wirtschaftsentwicklung eine Rolle spielte, für den bilateralen Austausch aber weniger wichtig war. Andere Formen der Zusammenarbeit sind im untersuchten Zeitraum nicht immer klar von technischer Zusammenarbeit abzugrenzen, beispielsweise die sogenannte ‚Bildungshilfe', die Remigrationsprogramme oder die wissenschaftlich-technologische Zusammenarbeit (WTZ). Diese wurden daher ebenfalls miteinbezogen, aber Unterschiede in der Zusammenarbeit hervorgehoben.[6]

---

[6] Daneben gab es weitere Bereiche wie den militärischen Sektor oder die politische Bildung, die in diesem Zeitraum einen marginalen Teil der Zusammenarbeit darstellten. Die Tätigkeit der politischen Stiftungen oder der Gewerkschaften setzte größtenteils erst nach der Demokratisierung ein. Zur militärischen Zusammenarbeit allgemein vgl. auch: Gray, William Glenn: „Waffen aus Deutschland? Bundestag, Rüstungshilfe und Waffenexport 1961 bis 1975", in: *Vierteljahreshefte für Zeitgeschichte* 64.2, 2016, S. 327–364. Zur militärischen Zusammenarbeit zwischen Deutschland und Korea vgl. auch: Kim Tomin, „Han'gukkun-ŭi ch'ogi sŏdok kunsa yuhak kyŏnghŏm-gwa kŭ yŏnghyang" [The ROK Military's Early Experiences with Studying in West Germany and their Impact], in: *Kunsa* 115, 2020, S. 45–89. Die Zusammenarbeit nicht-staatlicher Organisationen, vor allem der Kirchen, muss zu einem späteren Zeitpunkt untersucht werden. Diese hatte in vielen Fällen einen anderen Charakter als die staatliche Zusammenarbeit und konnte deshalb nur bei angrenzenden Themenbereichen in die vorliegende Arbeit integriert werden. Vgl. an Fallstudien zu Misereor und der Diakonie auch: Yun, Chŏngran: „1970nyŏndae-80nyŏndae han'guk-kwa sŏdok-ŭi kidokkyo yŏndae: Han'guk tiak'onia chamaehoe-rŭl chungshim-ŭro" [Christian Solidarity between Korea and West Germany in the 1970s to 1980s: Focusing on Diaconia Sisterhood in South Korea], in: *Yŏksa Munhwa Yŏn'gu* 73, 2020, S. 3–34. Na, Hyesim: „Togil-ŭi taehan kaebal wŏnjosa yŏn'gu: Mijereo-rŭl chungshim-ŭro" [A Study on the History of German Development Aid for Korea: With Focus on Misereor], in: *Togiryŏn'gu* 35, 2017, S. 123–163.

3. Methoden und Theorie

Die vorliegende Arbeit kann auf Forschungsmethoden der Geschichte der Entwicklungszusammenarbeit, der transnationalen Geschichte, der Wissenschafts- und Technikgeschichte sowie der Wirtschafts- und Sozialgeschichte zurückgreifen. Hier finden sich bereits Studien zum Transfer von Wissen und Technologie, der Rolle der Akteure und der Wirkung von Entwicklungszusammenarbeit im Kalten Krieg. Damit werden die Besonderheiten einzelner Projekte herausgearbeitet, Akteure können zu Wort kommen und die Verflechtungen auf verschiedenen Ebenen werden deutlich, sodass sich ein differenziertes Bild der Zusammenarbeit gewinnen lässt.

Wie Hubertus Büschel und Daniel Speich betonen, gilt es in der Forschung zur Entwicklungszusammenarbeit die Ambiguitäten, Vielschichtigkeiten und Widersprüche herauszuarbeiten, anstatt eine Bewertung in gut oder schlecht, erfolgreich oder gescheitert vorzunehmen. Eine solche Bewertung ist zu starr, da sich die Maßstäbe je nach Perspektive unterscheiden.[7] David C. Engerman beschreibt beispielsweise, dass bei der sowjetisch-indischen Zusammenarbeit für die Sowjetunion der Bau eines „sozialistischen und sowjetischen Stahlwerkes“ im Vordergrund stand, während Indien lediglich ein Stahlwerk brauchte, dessen politische oder geographische Hintergründe aber keine Rolle spielten.[8] Das Ziel der Entwicklungsarbeit ist in den meisten Fällen ein Modernisierungsprozess, sei es in Form von Familienplanung, Demokratisierung oder Industrialisierung. Hier herrschten jedoch gleichzeitig ‚multiple Modernen‘ vor.[9] Die westlichen Akteure konstruierten das ‚Entwicklungsland‘ dabei als ein Objekt ihrer Entwicklungspolitik nach engen Mustern und Modellen wie der Modernisierungstheorie. Dadurch setzten sich Rassismus, Vorurteile und Vereinfachungen aus der Kolonialzeit auch während des Kalten Krieges fort.[10]

Während in diplomatischen Beziehungen diskursiv auf die Notwendigkeit von Entwicklung verwiesen wurde, gab es zur Umsetzung konkrete Praktiken durch eine Vielzahl an Akteuren staatlicher wie privater Einrichtungen.[11] Wis-

---

[7] Büschel/Speich, *Entwicklungswelten*, S. 9.

[8] Engerman, David C.: „Development Politics and the Cold War“, in: *Diplomatic History* 41.1, 2017, S. 11f.

[9] Zu dem Begriff der ‚multiplen Moderne‘ vgl. auch: Sachsenmeier, Dominic / Riedel, Jens / Eisenstadt, Shmuel N. (Hg.): *Reflections on Multiple Modernities: European, Chinese and Other Interpretations*, Brill: Leiden 2002.

[10] Dafür kann es relevant sein, die Forschungen der postkolonialen Studien heranzuziehen, die einen kritischen Blick auf die genannten Themen werfen. Als ein Beispiel sei hier auf Stuart Hall verwiesen: Hall, Stuart: „The West and the Rest: Discourse and Power“, in: Hall, Stuart / Gieben, Bram (Hg.): *Formations of Modernity*, Polity Press: Oxford 1992, S. 275–332.

[11] Vgl. auch: Engerman, „Development Politics and the Cold War“, S. 5–18.

sen als Knowhow, Informationen oder Erfahrung reist dabei in Form von Büchern, Technologie, Maschinen und Personen über nationale Grenzen.[12] Andere Forscher sprechen in den Science & Technology Studies (STS) auch von einer Koproduktion des Wissens unter Anwendung der Akteur-Netzwerk-Theorie.[13] Ein Transfer erfolgte dabei nicht nur vom Zentrum in die Peripherie, sondern auch in die andere Richtung. Die Entwicklungsländer dienten als ‚Laboratorien' für westliche Wissenschaftler.[14] Um den Wissenstransfer nachzuvollziehen, bedarf es des „Verständnis[ses] von Bewegung, Personen, Sprachen und Techniken".[15] Mit dem Begriff Mary Louise Pratts kann man auch von Kontaktzonen des Wissens und der Akteure sprechen.[16] Der Austausch hatte aber auch einen Bruch mit existierenden sozialen Beziehungen, lokalem Wissen und Netzwerken zur Folge.[17]

Aus der Perspektive der transnationalen *Cold War Studies* prägt der Kalte Krieg bis heute das Weltgeschehen. Das trifft besonders für die koreanische Halbinsel zu, da sich durch die anhaltende Teilung und den fehlenden Friedensvertrag zwischen Nord und Süd der Wechsel von Spannung und Entspannung fortsetzt.[18] Seit Odd A. Westads wegweisender Monografie stehen in der Forschung nicht mehr nur die beiden Supermächte USA und Sowjetunion, sondern auch die Akteure am ‚Rand' und deren Beziehung zueinander im Zentrum.[19] Sowohl Korea als auch Deutschland kommt mit ihrer geographischen Lage an der Grenze der Blöcke in der Logik des Kalten Krieges eine wichtige Bedeutung zu. Die vier Staaten sind außerdem transnational miteinander verflochten, wobei diese Beziehungen während des Kalten Krieges von einem Machtgefälle geprägt sind, indem Ost- und Westdeutschland materiell als Geberländer und ideell als Vorbild und Modell

---

[12] Krige lehnt die Bezeichnung ‚fließen' (*flow*, *current*) ab, um die beteiligten Akteure und Objekte einzubeziehen. Krige, John (Hg.): *How Knowledge Moves: Writing the Transnational History of Science and Technology*, University of Chicago Press: Chicago 2019, S. 4f.

[13] Vgl. auch: Jasanoff, Sheila (Hg.): *States of Knowledge: The Co-Production of Science and the Social Order*, Routledge: London 2004. Latour, Bruno: *Reassembling the Social: An Introduction to Actor-Network-Theory*, Oxford University Press: Oxford 2007.

[14] Vgl. auch: Latour, Bruno: *Die Hoffnung der Pandora: Untersuchungen zur Wirklichkeit der Wissenschaft*, Suhrkamp: Frankfurt am Main 2002.

[15] Krige, *How Knowledge Moves*, S. 14.

[16] Vgl. auch: Pratt, Mary Louise: „Arts of the Contact Zone", in: *Profession*, 1999, S. 33–40.

[17] Mead, Margaret: *Cultural Patterns and Technical Change*, UNECSO: New York 1953, Vgl. auch Büschel/Speich, *Entwicklungswelten*, S. 7f.

[18] Vgl. auch: Jager, Sheila Miyoshi: *Brothers at War: The Unending Conflict in Korea*, W. W. Norton: New York/London 2013; Lynn, Hyung Gu: *Bipolar Orders: The Two Koreas since 1989*, Zed Books: London/New York 2007, Kapitel 5.

[19] Westad, Odd A., *The Global Cold War: Third World Interventions and the Making of Our Times*, Cambridge University Press: Cambridge 2006.

für das geteilte Korea fungierten.[20] Speziell Südkorea war an einem Transfer von Kapital, Wissen und Praktiken aus der Bundesrepublik interessiert, und erst mit den fortschreitenden wirtschaftlichen und politischen Entwicklungen nimmt die Asymmetrie der Zusammenarbeit mit Deutschland langsam ab.[21]

4. Forschungsstand und Desiderate

Bislang liegt noch keine ausführliche Studie zu der deutsch-koreanischen technischen Zusammenarbeit vor. Allerdings kann auf eine Vielzahl an Arbeiten mit verwandter Thematik zurückgegriffen werden. Auf relevante Forschungsliteratur wird im Folgenden in vier Kategorien unterteilt eingegangen: erstens zur Entwicklungszusammenarbeit allgemein, zweitens zur Entwicklungspolitik der Bundesrepublik, drittens zur koreanischen Kooperation mit internationalen Partnern während der Wirtschaftsentwicklung und viertens zu den deutsch-koreanischen Beziehungen. Eine ausführliche Vorstellung der historischen Hintergründe findet sich im folgenden Kapitel II, sodass hier auf die genauen Inhalte verzichtet wird.

Maßgeblich für eine kritische Auseinandersetzung mit dem Thema Entwicklungszusammenarbeit und deren Entstehung ist die *Post-Development* Forschung der 1990er-Jahre. So gehen Arturo Escobar und Gilbert Rist in der poststrukturalistischen Tradition auf die diskursive und systemische Konstruktion von Entwicklung ein.[22] Seitdem ist die Entwicklungszusammenarbeit auch in den Fokus der geschichtswissenschaftlichen Forschung getreten. Frühe methodische Überlegungen haben beispielsweise Frederick Cooper und Nick Cullather angestellt.[23] Ein Großteil der Forschung ist dabei auf einzelne Geber- bzw. Nehmerländer ausgerichtet. Unter anderem finden sich Studien zu Indien,

---

20 Vgl. als zeitgenössischen Text auch: Herz, John H.: „Korea and Germany as Divided Nations: The Systemic Impact“, in: *Asian Survey* 15.11, 1975, S. 957–970; als Überblick über die deutsch-koreanischen Beziehungen während des Kalten Krieges vgl. auch: Seong, Sang Hwan: „Korean-German Relations from the 1950s to the 1980s: Archive-based Approach to Cold War-Era History“, in: Cho, Joanne M. and Roberts, Lee M. (Hg.): *Transnational Encounters between Germany and Korea*, Palgrave Macmillan: London 2017, S. 133–157.

21 Zum problematischen Verständnis von Deutschland als Modell vgl. auch: Lee, Dong-Ki [Yi, Dongki]: „Togil model paeugi-ŭi nŏmŏ“ [Beyond Learning the German ‚Success Model‘], in: *Yŏksa Hakpo* 235, 2017, S. 307–328.

22 Escobar, Aturo: *The Making and Unmaking of the Third World*, Princeton University Press: Princeton 1995; Rist, Gilbert: *The History of Development: From Western Origins to Global Faith*, Zed Books: London/New York 1997.

23 Cullather, Nick: „Development? It's History“, in: *Diplomatic History* 24.4, 2000, S. 641–653. Cooper, Frederick: Writing the History of Development, in: *Journal of Modern European History* 8.1, 2010, S. 5–23. Vgl. auch: Engerman, David C. / Unger, Corinna R.: „Introduction: Towards a Global History of Modernization“, in: *Diplomatic History* 33.3, 2009, S. 375–385.

Afghanistan, der Türkei oder Brasilien. Einige dieser Länder wurden sowohl vom westlichen als auch östlichen Block unterstützt, sodass der Systemkonflikt des Kalten Krieges vor Ort ausgetragen wurde.[24] Diese Handlungsmacht der sogenannten Nehmerländer ist auch mit Blick auf die koreanische Regierung relevant, da auch sie, zumindest innerhalb des westlichen Blocks, eine Auswahl traf und einzelne Partner gegeneinander auszuspielen wusste.

Außerdem finden sich Überblickswerke zu Trends der internationalen Entwicklungspolitik, die UN-Richtlinien und globalpolitische Veränderungen stärker hervorbeben. Hierunter fallen beispielsweise die neueren Werke von Corinna Unger und Sara Lorenzini, die es schaffen, eine globalgeschichtliche Übersicht mit thematischen und zeitlichen Gliederungen zu geben.[25] In eine ähnliche Richtung gehen auch das Jahrbuch zur Globalgeschichte der Entwicklung, sowie das umfangreiche Handbuch zu der gleichen Thematik.[26] Um die deutsch-koreanische Entwicklungszusammenarbeit verorten zu können, ist ein Blick auf globale Trends unerlässlich. Allerdings gehen dabei Details und andere Lesarten auch verloren und insbesondere die kritische Sicht der frühen *Post-Development* Forschung, die Entwicklungszusammenarbeit in der derzeitigen Form generell in Frage stellt, scheint für die historisch-kritische Auseinandersetzung wenig zielführend.

Zweitens veröffentlichten Historikerinnen und Historiker der deutschen Zeitgeschichte in den letzten Jahren vermehrt Werke zu den transnationalen Beziehungen der beiden deutschen Staaten mit der sogenannten ‚Dritten Welt', darunter zu diplomatischen Beziehungen, Diskursen oder Bewegungen. Hier sind insbesondere die Forschungen zum Nord-Süd-Konflikt und der Dritten-Welt-Bewegung zu nennen, da sie auch Fragen der Entwicklungszusammenarbeit tangieren.[27] Für die deutschsprachige Forschung sind die methodologi-

---

24 Nunan, Timothy: *Humanitarian Invasion: Global Development in Cold War Afghanistan*, Cambridge University Press: Cambridge 2015; Unger, Corinna R.: *Entwicklungspfade in Indien: Eine internationale Geschichte, 1947–1980*, Wallstein: Göttingen 2015; Engerman, David C.: *The Price of Aid: The Economic Cold War in India*, Harvard University Press: Cambridge 2018.

25 Unger, Corinna R.: *International Development: A Postwar History*, Bloomsbury: London 2018; Lorenzini, Sara: *Global Development: A Cold War History*, Princeton University Press: Princeton 2019.

26 Borowy, Iris et al. (Hg.): *Yearbook for the History of Global Development*, Bd. 1 & 2, De Gruyter Oldenbourg: München 2022/2023; Unger, Corinna R. / Borowy, Iris / Pernet, Corinne A. (Hg.): *The Routledge Handbook on the History of Development*, Routledge: London 2022.

27 Vgl. auch: Bresselau von Bressensdorf, Agnes / Seefried, Elke / Ostermann, Christian F. (Hg.): *West Germany, the Global South and the Cold War*, De Gruyter: Berlin/Boston 2017; Slobodian, Quinn: *Foreign Front: Third World Politics in Sixties West Germany,* Duke University Press: Durham 2012; Brown, Timothy S.: *West Germany and the Global Sixties: The Antiauthoritarian Revolt, 1962–1978*, Cambridge University Press: Cambridge 2013.

schen Überlegungen von Hubertus Büschel und Daniel Speich zu einer Globalgeschichte der Entwicklungszusammenarbeit besonders relevant.[28] Die meisten Forschungen richten sich dabei auf ein Land oder eine Region, in manchen Fällen sogar nur ein Themenfeld oder ein Projekt. Ein besonderer Fokus liegt hier auf Afrika, da west- und ostdeutsche Entwicklungspolitik dort in einigen Ländern konkurrierte und so als Fortsetzung der Außen- und Deutschlandpolitik verstanden wurde.[29] Auch wenn sich die Prinzipien der westdeutschen Entwicklungszusammenarbeit ähnelten, macht der geographische und historische Kontext der Nehmerländer den entscheidenden Unterschied und muss in den länderspezifischen Forschungen berücksichtigt werden.

Daneben liegen bereits Forschungen vor, die sich mit den politischen Institutionen der westdeutschen Entwicklungspolitik, also dem BMZ oder den nicht-staatlichen, meist kirchlichen Entwicklungsdiensten, beschäftigen. Hier stehen die (innen-)politischen Auseinandersetzungen sowie der Politikwechsel unter den Regierungen sowie den einzelnen Ministerinnen und Ministern im Vordergrund.[30] Solche Veränderungen spielen für die deutsch-koreanische Zusammenarbeit indirekt eine Rolle und sollen daher miteinbezogen werden. Außerdem analysieren Forscher die Wirkung der Projekte in der deutschen Entwicklungszusammenarbeit sowie einzelne Aspekt wie den Wissenstransfer oder die Institutionenbildung. Diese Arbeiten sind zum Großteil in der Entwicklungssoziologie oder der Politikwissenschaft entstanden und betrachten somit nicht die historischen Zusammenhänge der Entwicklungszusammenarbeit. Zeitgenössische Arbeiten von Klaus Bodemer und Reinhard Stockmann können hier jedoch als eine Quelle für Projektdaten verschiedener Länder, darunter auch Korea, dienen.[31] Außerdem fin-

[28] Vgl. auch: Büschel/Speich, *Entwicklungswelten*, S. 7–29.

[29] Büschel, Hubertus: *Hilfe zur Selbsthilfe: Deutsche Entwicklungsarbeit in Afrika 1960–1975*, Campus Verlag: Frankfurt am Main/New York 2014; Burton, Eric: *In Diensten des Afrikanischen Sozialismus: Tansania und die globale Entwicklungsarbeit der beiden deutschen Staaten, 1961–1990*, De Gruyter Oldenbourg: München 2021; Acker, Antoine: *Volkswagen in the Amazon: The Tragedy of Global Development in Modern Brazil*, Cambridge University Press: Cambridge 2017; Hartmann, Heinrich: *Eigensinnige Musterschüler: Ländliche Entwicklung und internationales Expertenwissen in der Türkei (1947–1980)*, Campus: Frankfurt am Main/New York 2020.

[30] Hein, Bastian: *Die Westdeutschen und die Dritte Welt. Entwicklungspolitik und Entwicklungsdienste zwischen Reform und Revolte 1959–1974*, R. Oldenbourg Verlag: München 2006; Bohnet, *Geschichte der deutschen Entwicklungspolitik*; Gieler, Wolfgang / Nowak, Meik (Hg.): *Staatliche Entwicklungszusammenarbeit in Deutschland: Eine Bestandsaufnahme des BMZ, 1961–2021*, Springer: Wiesbaden 2021; Heidtmann, Dieter: *Die personelle Entwicklungszusammenarbeit der Kirchen: Kirchliche Entwicklungskonzepte und ihre Umsetzung durch AGEH, DÜ und CFI*, Peter Lang: Frankfurt am Main 1994.

[31] Bodemer, Klaus: *Erfolgskontrolle der deutschen Entwicklungshilfe: Improvisiert oder systematisch?*, Verlag Anton Hain: Meisenheim 1979; Stockmann, Reinhard: *Die Wirksamkeit der Entwicklungshilfe: Eine Evaluation der Nachhaltigkeit von Programmen und Projekten der Berufsbildung*, Westdeutscher Verlag: Opladen 1996.

den sich umfangreiche, publizierte Studien im Auftrag von BMZ und GTZ, die in vielen Fällen erste Reflexionen zu den Projekten darstellen und somit sektorspezifisch relevant sein können, obwohl auch hier eine Metaebene oft fehlte. Diese werden in den inhaltlichen Projekten weiter vorgestellt und eingeordnet.

Drittens lassen sich mit Blick auf die Forschung der koreanischen Entwicklungszusammenarbeit mit internationalen Partnern verschiedene Monografien, Abschlussarbeiten und Aufsätze, insbesondere zur Zusammenarbeit mit den USA oder einzelnen UN-Organisationen in den 1950er- und frühen 1960er-Jahren, nennen. Seit etwa 20 Jahren wird deren Einfluss mit Fokus auf einzelne Stiftungen oder Geberinstitutionen auf Bereiche wie Wirtschaft, Kultur und Wissenschaft bis hin zu Wohnungsbau herausgearbeitet und meist im Spannungsfeld der diplomatischen Beziehungen zwischen den USA und Korea betrachtet.[32] Historikerinnen und Historiker untersuchten auch einzelne, umfangreiche Projekte wie das SNU-Minnesota Projekt oder die Gründung des Korea Institute of Science and Technology (KIST) im Rahmen der Wissenschafts- oder der Medizingeschichte.[33] Einige dieser Projekte lassen sich dabei als humanitäre Hilfe, andere als technische Zusammenarbeit kategorisieren. Allerdings fehlt bislang eine geschichtswissenschaftliche Übersicht zur Entwicklungszusammenarbeit allgemein, und viele (kleinere) Geberländer wurden noch gar nicht erforscht. Überblicksberichte der ehemaligen Geberinstitutionen wie Weltbank oder USAID schließen diese Lücke nur zum Teil.[34] Dennoch bietet der Blick auf einzelne US-amerikanische Projekte auch Vorteile, da ein Vergleich möglich wird, wie andere Geber vorgingen und Korea als Nehmerland

---

32 Kwak, Nancy: *A World of Homeowners: American Power and the Politics of Housing Aid*, The University of Chicago Press: Chicago 2015. Han, Pongsŏk: *1950nyŏndae miguk-ŭi taehan kisul wŏnjo yŏn'gu* [Study on the Technical Assistance of the U.S. for Korea during the 1950s], Dissertation, Sungkyunkwan University, 2017. Kim, Myŏngchin: „1950nyŏndae miguk kyoyuk wŏnjo-rŭl t'onghan kyosu haeoe yŏnsu p'ŭrogŭraem-e taehan sarye yŏn'gu" [The Overseas Training Program for Faculty Member under U.S. Educational Aid in the 1950s], in: *Pigyo Kyoyuk Yŏn'gu* 20.2, 2010, S. 169–195; Yi, Hwihyŏn: „1960nyŏndae ch'oban miguk-ŭi taeoewŏnjo chŏngch'aek chojŏng-gwa taehan wŏnjo-ŭi ‚chŏngsanghwa' [Adjustment of U.S. Foreign Aid Policy and ‚Normalization' of U.S. Aid to Korea in the early 1960s], in: *Han'guk Munhwa* 92, 2020, S. 295–331.

33 Vgl. dazu als Monografien auch: DiMoia, John P.: *Reconstructing Bodies: Biomedicine, Health, and Nation-Building in South Korea Since 1945*, Stanford University Press: Stanford 2013; Mun, Manyong: *Han'guk kwahak kisul yŏn'gu ch'eje-ŭi chinhwa* [Die Evolution des koreanischen Wissenschafts- und Technologieforschungssystems], Tŭllyŏk: Paju 2017.

34 World Bank (Hg.): *World Bank Group and Republic of Korea: 60 Years of Partnership*, Report, World Bank Group Korea Office: Incheon 2015; USAID (Hg.): Case Study South Korea: *From Aid Recipient to Donor: USAID's Role in South Korea's Extraordinary Transformation*, Bericht (Nummer: PDACY151), USAID: Washington 2011; Calleja, Rachael / Prizzon, Annalisa: *Moving away from Aid: The Experience of the Republic of Korea*, Bericht, ODI: London 2019.

agierte. In vielen Fällen nahmen die deutschen Akteure auch Bezug auf Projekte der anderen Geberländer und -organisationen und standen in einem regen Austausch mit diesen.

Eine umfangreichere Analyse der Entwicklungszusammenarbeit aus koreanischer Perspektive bietet ein Bericht der Korea International Cooperation Agency (KOICA) aus dem Jahr 2004, in dem die verschiedenen Geber miteinander verglichen werden und ein Unterkapitel beispielsweise auch auf die deutsch-koreanische technische Zusammenarbeit im Berufsbildungssektor eingeht.[35] Wenn auch nicht wissenschaftlich verfasst, bietet der Bericht einen einzigartigen Überblick in chronologischer wie thematischer Hinsicht und wird daher in den einzelnen Kapiteln immer wieder herangezogen, um auf die anderen Geber oder den Entwicklungsstand eines Sektors allgemein einzugehen.

Daneben gibt es verschiedene Forscher, die die Möglichkeiten einer Anwendung der koreanischen Erfahrung auf die Entwicklungspolitik heute analysieren und dabei in den meisten Fällen allgemeine Erfolgsfaktoren herausarbeiten, beispielsweise die Leadership der Militärregierung, den Ausbau der Industrie oder die Exportorientierung.[36] Diese Forschung ist insbesondere im Hinblick auf die gegenwärtige, gemeinsame Rolle Deutschlands und Koreas in der Entwicklungszusammenarbeit mit Drittstaaten interessant. Auf Grund der wirtschaftswissenschaftlichen Herangehensweise mit einzelnen Faktoren bzw. der Modularisierung sollte die Forschung allerdings angemessen kritisch betrachtet werden; Forscher der Entwicklungszusammenarbeit hinterfragen eine direkte oder auch indirekte Übertragbarkeit von koreanischen Entwicklungserfolgen und fordern stattdessen eine davon unabhängige Entwicklungspolitik.[37] Die Datenbank des staatlichen Korea Development Institute (KDI), *K-Developedia*, greift das Narrativ der erfolgreichen Wirtschaftsentwicklung auf und versammelt, geordnet nach den Zielen für nachhaltige Entwicklung der UN (*sustainable development goals*), Berichte zur koreanischen Erfahrung mit Entwicklungszusammenarbeit.[38] Darin gehen die Autoren in den meisten Fällen auf den zuvor genannten KOICA-Bericht ein und ergänzen sektorspezifische

---

35 KOICA (Hg.): *Han'guk-e taehan kaebal wŏnjo-wa hyŏmnyŏk: Urinara-ŭi suwŏn kyumo-wa punya hyogwa sarye tŭng-e kwanhan chosa yŏn'gu* [Development Assistance and Cooperation in Korea: A Study on the Size of Aid and the Field Effects in Korea], Bericht, KOICA: Seongnam 2004.

36 Vgl. auch: Jwa, Sung-Hee: *The Rise and Fall of Korea's Economic Development: Lessons for Developing and Developed Economies*, Palgrave Macmillan: London 2017; Kim, Chuk Kyo: *Korea's Development Policy: Experience and Implications for Developing Countries*, KIEP: Seoul 2008.

37 Vgl. auch: Doucette, Jamie: „Anxieties of an Emerging Donor: The Korean Development Experience and the Politics of International Development Cooperation", in: *Environment and Planning C: Politics and Space*, 38.4, 2020, S. 656–673.

38 Vgl. auch Webseite des KDI, *K-Developedia*, URL: https://www.kdevelopedia.org.

Analysen, sodass er einerseits als eine reichhaltige Quelle für Entwicklungszusammenarbeit mit Korea gelten kann, andererseits die genannten Probleme einer Vereinfachung auftreten.

Zuletzt haben Forscher der deutsch-koreanischen Beziehungen die bilaterale Entwicklungszusammenarbeit im Rahmen der diplomatischen, wirtschaftlichen oder kulturellen Beziehungen zwischen beiden Ländern erwähnt, beispielsweise Jong-Soo Han, Patrick Köllner oder You Jae Lee.[39] Diese Arbeiten legen zwar nicht das Hauptaugenmerk auf das Thema Entwicklungszusammenarbeit, aber messen diesem im größeren Kontext der Blockbeziehungen zwischen Süd-Nord und Ost-West einen wichtigen Stellenwert zu. Bei einem genaueren Blick stößt man jedoch auf einige Ungereimtheiten, da die diplomatischen Beziehungen nicht immer mit der Entwicklungszusammenarbeit parallel liefen, wie auch in der Darstellung in Kapitel II deutlich wird. Bislang wurde vor allem die Frühphase der Beziehungen bis in die 1960er-Jahre untersucht, während für die darauffolgenden Jahre nur wenige Forschungen vorliegen. Des Weiteren haben koreanische Forscherinnen und Forscher auch bereits einzelne Projekte der deutsch-koreanischen technischen Entwicklungszusammenarbeit untersucht. Diese Projekte sind vor allem im Berufsbildungssektor angesiedelt und die Analyse beschränkt sich daher auf bildungsgeschichtliche oder entwicklungssoziologische Aspekte.[40]

In den letzten Jahren sind vor allem in der US-amerikanischen Germanistik verschiedene Veröffentlichungen unter dem Schlüsselwort *Asian German Studies* über die Beziehungen zwischen Deutschland und Asien erschienen. Deren Absicht ist es, die transnationalen Verflechtungen zwischen Ländern und Regi-

---

39 Han, Jong-Soo: *Die Beziehungen zwischen der Republik Korea und der Bundesrepublik Deutschland 1948–1986*, Peter Lang: Frankfurt am Main 1991; Lee, You Jae: „An der westlichsten und östlichsten Flanke der Lager: Deutsche Entwicklungshilfe für Korea 1953–1963“, in: Kleßmann, Christoph / Stöver, Bernd (Hg.): *Der Koreakrieg: Wahrnehmung – Wirkung – Erinnerung*, Böhlau: Köln/Wien 2008, S. 142–158.

40 Auf die genauen Inhalte und Abgrenzungen wird in Kapitel III eingegangen. Yu, Chinyŏng / Chŏng, Kisŏp: „Togil kisul kyoyuk chiwŏn-ŭi kyoyuksajŏk ŭiŭi: Inch'ŏn handok shirŏp hakkyo sŏllip-kwa ŭimi-rŭl chungshim-ŭro (1960–1970)“ [The Significance of the German Technical Education Support: Focusing on the Meaning and the Establishment of Incheon-German Vocational School (1960–1970)], in: *Han'guk Kyoyuk Sahak* 38.2, 2016, S. 1–26; Yu, Nayŏn / Pak, Hwanpo: „1970–80nyŏndae togil-ŭi kyoyuk wŏnjo-rŭl t'onghan kongŏpkye kyowŏn yangsŏng kyoyuk-e kwanhan yŏn'gu: Ch'ungnamdae sarye-rŭl chungshim-ŭro“ [Research on Instructors Education through German Educational Assistance in the 1970–80s: Focusing on Chungnam University], in: *Kyoyuk Yŏn'gu Nonch'ong* 39.3, 2018, S. 83–114; Yu, Kisŭng / Chŏn, Sangyung: „Taehanmin'guk-e taehan togil-ŭi ODA chiwŏn-e kwanhan yŏn'gu: Handok chigŏp hullyŏn hyŏmnyŏk saŏp-ŭl chungshim-ŭro“ [A Study on German ODA to Korea: Focusing on Korean–German Vocational Training Cooperation Projects], in: *Sanŏp Kisul Yŏn'gu Nonmunji* 26.2, 2021, S. 65–76.

onen in Asien mit Deutschland stärker zu reflektieren.[41] In diesem Zusammenhang sei auch auf die Sammelbände von Joanne Miyang Cho und Lee M. Roberts verwiesen, die sich in einem dieser Bände den Beziehungen von Deutschland und Korea widmen.[42] Auch Historiker der transnationalen Geschichte, wie Jürgen Osterhammel, haben sich aus kritischer Perspektive mit der Beziehung zwischen Asien und dem Westen beschäftigt.[43] Derzeit arbeitet außerdem ein Forscherteam, angesiedelt an der Tübinger Koreanistik, an einer transnationalen Geschichte der deutsch-koreanischen Beziehungen von deren Beginn bis heute.[44] Viele der Einzelstudien gehen dabei auf die Perspektive der Akteure ein und heben Verflechtungen hervor, sodass sie eine gute Grundlage in Bezug auf die Herangehensweise darstellen, wenn auch die Themen oder der Zeitraum andere sind.

Der Blick auf den Forschungsstand zeigt, dass die Arbeit auf verschiedenen Ebenen einen Beitrag leisten kann. Zunächst trägt sie allgemein zu einem besseren Verständnis der Entwicklungszusammenarbeit während des Kalten Krieges bei. Dieser wird mit dem geteilten Deutschland in Europa und dem geteilten Korea in Asien dezentralisiert und von seinen äußersten ‚Rändern' aus betrachtet, während die beiden Supermächte USA und Sowjetunion nicht im Vordergrund stehen.[45] Gleichzeitig haben Historikerinnen und Historiker der deutschen Zeitgeschichte hauptsächlich die Zusammenarbeit der beiden deutschen Staaten mit Ländern in Afrika erforscht, während (süd-)ostasiatische Länder nur wenig Aufmerksamkeit erhielten. Wie Michael Bohnet betont, sind jedoch weitere „fundierte Länderstudien" notwendig, um erfolgreiche Sektoren, Länder und Regionen in der Entwicklungszusammenarbeit besser nachzuvollziehen und einordnen zu können.[46] Die rasante Veränderung der koreanischen Wirtschaftsstruktur während der zweiten Hälfte des 20. Jahrhunderts stellt da-

---

41 O. V.: „Forum: Asia, Germany, and the Transnational Turn", in: *German History* 28.4, 2010, S. 515–536; Zhang, Chunjie (Hg.): „What is Asian German Studies", in: *The German Quarterly* 93.1, 2020, S. 106–141. Fuechtner, Veronika / Rhiel, Mary (Hg.): *Imagining Germany, Imagining Asia: Essays in Asian-German Studies*, Camden House: Rochester 2013.

42 Cho, Joanne M. and Roberts, Lee M. (Hg.): *Transnational Encounters between Germany and Korea*, Palgrave Macmillan: London 2017.

43 Vgl. auch: Osterhammel, Jürgen: *Die Entzauberung Asiens: Europa und die asiatischen Reiche im 18. Jahrhundert*, C. H. Beck: München 1998.

44 Bislang sind die Sammelbände zu den Konferenzen nicht erschienen, aber der Autor hatte Zugriff auf die Konferenzmanuskripte der fünf Symposien zu Deutsch-Koreanischen Beziehungen in Tübingen (2018, 2021, 2022), Seoul (2019) und Chuncheon (2023). Vgl. zu methodologischen Überlegungen insbesondere das Konzeptpapier von You Jae Lee und Dong-Ki Lee aus dem Jahr 2019.

45 Vgl. auch: Westad, Odd A., *The Global Cold War: Third World Interventions and the Making of Our Times*, Cambridge University Press: Cambridge 2006.

46 Bohnet, Michael: *Geschichte der deutschen Entwicklungspolitik: Strategien, Innenansichten, Zeitzeugen, Herausforderungen*, UTB: München/Konstanz 2015, S. 240.

bei aus Sicht der deutschen Geschichtswissenschaft einen interessanten Aspekt dar, weil sich die Entwicklungszusammenarbeit entsprechend anpassen musste und ab den 1980er-Jahren auf Korea als Schwellenland ausgerichtet wurde.

In der koreanischen Geschichtswissenschaft stand hingegen, wie bereits beschrieben, die Zusammenarbeit mit den USA als wichtigstem Partner im Vordergrund, weil die Gelder der amerikanischen Entwicklungszusammenarbeit vor allem in den 1950er-Jahren einen Großteil des koreanischen Staatshaushaltes ausmachten, sodass sich auch die meisten Studien auf diesen Zeitraum beschränken. Die vorliegende Arbeit ermöglicht somit eine neue Perspektive auf andere Geberländer sowie einen späteren Zeitraum. In einigen Sektoren fanden auch multilaterale Kooperationen statt, die transnationale Verflechtungen über die bilateralen Beziehungen hinaus offenbaren, beispielsweise in der Milchviehwirtschaft. Die Arbeit zeigt somit die vielseitigen, grenzüberschreitenden Verflechtungen bereits vor der Globalisierung Koreas auf.[47] Gleichzeitig ermöglicht der Blick auf Projekte vor Ort und seine Akteure eine translokale und alltagsgeschichtliche Perspektive, die auch für die Koreastudien neue Forschungsthemen eröffnet. Die Arbeit geht über die nationale Geschichtsschreibung und damit ein dominierendes Masternarrativ einer Modernisierung im urbanen ‚Zentrum' hinaus, indem es den Blick auf die sogenannte ‚Peripherie' und deren globale Vernetzung wirft.[48]

5. Quellen und Quellenkritik

Die vorliegende Arbeit stützt sich auf koreanische, deutsche und wenige US-amerikanische Quellen. Von vorneherein soll darauf verwiesen werden, dass es eine Asymmetrie in der Quellenlage gibt, denn die koreanischen Archive haben hauptsächlich die offiziellen Verträge und Notenwechsel archiviert, während in

[47] Für den deutschen Kontext vgl. dazu auch: Gray, William Glenn: „Foreign Relations: Where Germans Sell", in: *Central European History* 51, 2018, S. 102–107. Für den (deutsch-)koreanischen Kontext vgl. dazu auch: Chŏng, Hyŏnpaek: „Handok kwan'gyesa: Hoego-wa sŏngch'al" [Korea-Germany Relationship History and the Reflection on it], in: *Togiryŏn'gu* 28, 2014, S. 3–35.

[48] Zur Verbindung von lokaler, globaler und transnationaler Geschichte vgl. auch: Yi, Yuhyŏk: „T'ŭraensŭrok'ŏllit'i-ŭi kaenyŏm-e taehae-sŏ: T'ŭraensŭnaesyŏnŏllijŭm-gwa-ŭi ch'ai-wa kaenyŏm-jŏk ŭngyongsŏng-ŭl chungshim-ŭro" [Zum Begriff der Translokalität: Abgrenzung zum Transnationalismus und konzeptionelle Anwendungen], in: *Rok'ŏllit'i Inmunhak* 13, 2015, S. 265–275; O Kyŏnghwan: „Rok'ŏl, kŭllobŏl, t'ŭraensŭnaesyŏnŏl: Rok'ŏl-ŭi t'ŭraensŭnaesyŏnŏrhan kuch'uk-ŭl wihayŏ" [Local, Global, Transnational: A Transnational Reconsideration of the Local], in: *Rok'ŏllit'i Inmunhak* 16, 2016, S. 205–232. Zur alltagsgeschichtlichen Forschung in Korea vgl. auch: Lee, Dong-Ki / Lee, You Jae: „Östlicher Alltag und westliche Moderne? Rezeption und Forschung der Alltagsgeschichte in Südkorea", in: *Werkstatt Geschichte* 40, 2005, S. 31–48.

den deutschen Archiven auch ausführliche Berichte und Gutachten zu finden sind. Ein Großteil der Quellenarbeit stützt sich daher auf die Akten des zuständigen Bundesministeriums für wirtschaftliche Zusammenarbeit und Entwicklung (BMZ) unter der Signatur B 213 im Bundesarchiv Koblenz (BArch). Daraus gehen auch die Akten der ausführenden Deutschen Gesellschaft für Technische Zusammenarbeit (GAWI, GTZ) hervor, die kein eigenes Archiv führt und deren online verfügbare Dokumente neueren Datums keine Projekte in Korea behandeln. Zusätzlich ergänzen die Akten des Auswärtigen Amtes und der Deutschen Botschaft in Seoul aus dem Politischen Archiv des Auswärtigen Amtes (PA AA) in Berlin die diplomatischen Aspekte der Entwicklungszusammenarbeit. Hier sind vor allem die Akten im Bestand B 58 zu Entwicklungszusammenarbeit und im Bestand B 37 zu den Regionen Süd- und Ostasien relevant.

Bei Projekten, an denen andere Ministerien und Einrichtungen der Entwicklungszusammenarbeit wie Stiftungen oder kirchliche Organisationen beteiligt waren, wurden deren Quellen separat herangezogen. Hierunter fallen weitere Bestände aus dem Bundesarchiv, beispielsweise aus dem Bundeswirtschaftsministerium unter der Signatur B 102 oder dem Bundesarbeitsministerium unter der Signatur B 149. Außerdem hat der Autor projektbezogene Akten aus dem Hessischen Staatsarchiv Wiesbaden (HHStW), hier insbesondere die Bestände des hessischen Landwirtschaftsministeriums (509), aus dem Landeskirchlichen Archiv Stuttgart (LKAS), hier insbesondere die Bestände des DIFÄM (K31), aus dem Archiv des Deutschen Caritasverbandes (ADCV), sowie interne Akten der Physikalisch Technischen Bundesanstalt (PTB) verwendet.

In Korea wurden Quellen der koreanischen Ministerien, vor allem des Außenministeriums, Finanzministeriums und des Economic Planning Board (EPB) in den National Archives of Korea (*kukka kirogwŏn*) in Seongnam und dem Diplomatischen Archiv des Außenministeriums (*oegyo munso charyogwan*, MOFA Diplomatic Archives) in Seoul eingesehen. Allerdings beschränken sich die koreanischen Materialien in den Archiven, wie bereits erwähnt, in vielen Fällen auf die Projektabkommen und Verhandlungen dazu. Ausführlichere Berichte oder Bewertungen der Projekte waren hingegen nur vereinzelt zu finden, hier meistens von den zuständigen Ministerien wie dem Arbeits- oder Wissenschaftsministerium. Das Nationale Institut für koreanische Geschichte (*kuksa p'yŏnch'an wiwŏnhoe*) in Gwacheon hat weitere koreanische wie ausländische Quellen gesammelt und thematische Zeitzeugeninterviews in Auftrag gegeben. Auch in einer Datenbank der Academy of Korean Studies (AKS) liegen Interviewquellen, meist mit hochrangigen Politikern der Zeit, vor.

Daneben wurden auch koreanische Zeitungen über die *Naver News Library*, Fachzeitschriften sowie gedruckte, zeitgenössische Publikationen herangezogen. Insbesondere Jubiläumsbände oder kleine Museen der heutigen Institutionen bieten Text- und Bildmaterialien, aber auch Ausstellungsgegenstände wie Werkzeuge und Maschinen, Kleidung oder Lehrbücher. Als Beispiel sei hier auf die ehemalige Facharbeiterschule in Incheon oder das ehemalige Meistercollege Changwon verwiesen. Für den Bereich der ländlichen Entwicklung war die umfangreiche Materialsammlung in der Bibliothek des Ausbildungszentrums für Waldarbeiter (*imŏp kigye hullyŏnwŏn*) in Gangneung eine große Hilfe, in dem sich nicht nur Materialien zum Waldbewirtschaftungsprojekt, sondern auch zu verwandten Projekten befinden. Außerdem liegen Erfahrungsberichte oder autobiographische Schriften einiger Akteure vor. In einigen Fällen konnte der Autor auch ergänzend Gespräche mit ausgewählten koreanischen und deutschen Akteuren führen. Jedoch war es nicht möglich, für alle Projekte den gleichen Umfang an zusätzlichen Materialien oder Zeitzeugen ausfindig zu machen. Auf die Quellenlage wird daher in den einzelnen Kapiteln erneut eingegangen.

Die wichtigsten Quellen auf deutscher Seite stellen die ausführlichen Berichte, Gutachten und Veröffentlichungen von BMZ und GTZ dar. In den meisten Fällen waren die Verfasser fachliche oder regionale Experten. Neben den Projekten in Korea begutachteten und berichteten sie über verschiedene Projekte auf der ganzen Welt. Die Berichte der Botschaft hingegen bezogen sich explizit auf die politische und wirtschaftliche Lage vor Ort, sodass sie eine wichtige zeitgenössische Informationsquelle über Korea darstellen und insbesondere für den gesamtpolitischen Nutzen des Projektes sowie rechtliche oder inhaltliche Änderungen während der Durchführung herangezogen werden. In den deutschen Archiven finden sich vereinzelt auch koreanische Materialen, wie Projektanträge, Projektzeitschriften und Pressespiegel koreanischer Zeitschriften über die Projekte. Auch einzelne Akteure kommen zu Wort, die sich mit Briefen oder Berichten direkt an die zuständigen deutschen Stellen wie Botschaft oder Ministerium gewandt haben. In den meisten Fällen erfolgte die Kommunikation jedoch direkt vor Ort oder über andere Stellen, sodass die Sicht der Akteure gebrochen ist.

Sowohl die Botschaft als auch GTZ und BMZ verfolgten verschiedene Absichten in der Berichterstattung. Die Berichte und Gutachten lassen sich daher nicht als Fakten, sondern als persönliche Sichtweisen und Erfahrungen lesen. Dahinter steckte eine Strategie, den Leser von etwas zu überzeugen, beispielsweise vom Erfolg des Projektes oder vom Bedarf an mehr materieller Unterstützung.[49] Auch die persönlichen Erinnerungen in den Zeitzeugeninterviews sind

[49] Büschel, *Hilfe zur Selbsthilfe*, S. 41. Zu Reflexionen über Selbstdarstellung und *Oral History* vgl. auch: Niethammer, Lutz: *Ego-Historie: Und andere Erinnerungsversuche*, Böhlau: Köln/Wien 2002; Zu Ego-Dokumenten allgemein vgl. auch: Schulze, Winfried (Hg.): *Ego-Dokumente: Annäherung an den Menschen in der Geschichte*, Akademie Verlag: Berlin 1996.

von späteren Erfahrungen und Reflexionen geprägt und verfolgen oftmals eine Absicht. Auf eine ausführliche Diskussion der geführten Gespräche wird in dieser Arbeit verzichtet, da sie lediglich als eine zusätzliche Quelle, hauptsächlich zur Überprüfung von Einzelheiten verwendet wurden. Allgemein lässt sich festhalten, dass die Gesprächspartner in den meisten Fällen weiterhin ein großes Interesse an dem Projekt selbst, an der Thematik oder an Deutschland bzw. Korea hatten und insbesondere die koreanischen Counterparts gegenüber dem Autor zumeist positive Erinnerungen und Bewertungen äußerten.

6. Aufbau der Arbeit

Die Arbeit gliedert die Projekte der technischen Zusammenarbeit nach Themen und innerhalb eines thematischen Abschnitts wiederum chronologisch. Nach einer Darstellung des historischen Hintergrundes (Kapitel II) werden die Projekte der technischen Zusammenarbeit nach den Themen Berufsbildung (Kapitel III), ländliche Entwicklung (Kapitel IV), Industrie und Infrastruktur (Kapitel V) sowie soziale Entwicklung (Kapitel VI) aufgegliedert. Dies ermöglicht eine kohärente Darstellung der Projekte innerhalb eines Themenfeldes. Zum Teil waren die Projekte auch über chronologische Zeitabschnitte hinweg miteinander verknüpft oder bauten direkt aufeinander auf. In inhaltlichen Einleitungen und Zusammenfassungen wird der historische Kontext und die chronologische Entwicklung der Sektoren nachgezeichnet. Im letzten Kapitel Zusammenfassung und Ausblick (Kapitel VII) werden Schlüsse aus den Analysen der einzelnen thematischen Bereiche gezogen und deren Bedeutung für die deutsch-koreanische Zusammenarbeit analysiert. Außerdem erfolgt ein kurzer Blick auf die koreanische Entwicklungspolitik heute und Möglichkeiten einer Anknüpfung.

KAPITEL II.: Dieses Kapitel gibt zunächst einen chronologischen Überblick über die westdeutsche Entwicklungspolitik. Seit der Gründung des BMZ im Jahr 1961 weitete es seine Kompetenzen in der Entwicklungszusammenarbeit aus und änderte mit Regierungswechseln auch seine inhaltlichen Schwerpunkte, indem beispielsweise neue Projektformate entwickelt und sektorale Evaluierungen eingeführt wurden. Danach steht die koreanische Wirtschaftspolitik und -entwicklung im Vordergrund. Während in den 1950er-Jahren die USA und UN-Organisationen eine wichtige Rolle als Geber spielten, kamen unter der Regierung des Präsidenten Park Chung Hee neue Partner hinzu, zu denen auch die Bundesrepublik zählte. Ab Mitte der 1970er-Jahre wurde Korea bereits als Schwellenland kategorisiert und erhielt statt unentgeltlicher Mittel vermehrt Kredite, bis es schließlich ab Ende der 1980er-Jahre selbst als Geberland in der Entwicklungszusammenarbeit tätig wurde. Im zweiten Teil liegt der Fokus auf den deutsch-koreanischen Beziehungen mit einem Blick auf politische und wirtschaftliche Aspekte. Ebenfalls chronologisch aufgebaut, behandelt dieser Teil die Anfänge der Zusammenarbeit mit der Wiederaufnahme diplomatischer Beziehungen und betrachtet die Veränderungen auf Grund politischer Ereignisse wie der Ostberlin-Spionageaffäre oder des Diskurses um Menschenrechtsverletzungen des diktatorischen Regimes in Korea. Dabei werden auch die Leitlinien der wirtschaftlichen und technischen Zusammenarbeit mit Blick auf die Verträge, Staatsbesuche und Verhandlungen dargestellt. Dieser historische Überblick ist nötig, da bislang keine Forschung zu den polischen und wirtschaftlichen Verschränkungen der gesamten Beziehungen vorliegt, auch wenn die Vorgehensweise sich von den anderen Kapiteln unterscheidet.

KAPITEL III.: Die bilaterale Entwicklungszusammenarbeit im Berufsbildungssektor ist durch eine Vielzahl an Projekten mit unterschiedlicher Ausrichtung charakterisiert. Nach einer Einführung zu der deutschen und koreanischen Berufsbildungspolitik und der ausländischen Entwicklungszusammenarbeit (III. 1) folgt das Kapitel chronologisch den Projekten in diesem Sektor. Beide Regierungen kooperierten zunächst beim Aufbau von Facharbeiterschulen in Incheon und Naju (III. 2) und eines Berufsbildungszentrums in Busan (III. 2), die als Modellprojekte vorgesehen waren. Im Rahmen einer Beratergruppe am koreanischen Arbeitsministerium wirkten deutsche Experten an der Systematisierung der Berufsbildung mit. Neben der Beratung zu technischen Fragen beim Aufbau weiterer Berufsbildungszentren standen der Transfer eines dualen Ausbildungssystems sowie die Weiterbildung von Counterparts im Vordergrund (III. 4). Außerdem arbeiteten beide Länder bei der Etablierung von Ausbildungsprogrammen für Meister und Instruktoren am Meistercollege Changwon und der Chungnam National University in Daejeon zusammen. Ein weiteres Programm wurde am Korea Institute of Technology (KIT) etabliert und schließlich an ein eigenständiges College transferiert (III. 5). Damit deckten die Projekte drei Ebenen der Berufsbildung ab: Facharbeiterschulen und Berufsbildungszentren, die Instruktoren-/Lehrerausbildung im höheren Sektor sowie eine umfassende Systemberatung auf der institutionellen Ebene. Im Fazit werden die Ergebnisse zusammengefasst und ein Ausblick auf die Kooperation und Rezeption heute gegeben, die auch nach dem Ende der offiziellen Entwicklungszusammenarbeit fortgesetzt wird (III. 6).

KAPITEL IV.: Die bilaterale Zusammenarbeit in der ländlichen Entwicklung erstreckte sich über insgesamt sechs Projekte und lässt sich inhaltlich in drei Themen gliedern: Milchvieh- und Graslandwirtschaft (IV. 2), Forstwirtschaft (IV. 3) und agrarwissenschaftliche Forschung und Hochschulförderung (IV. 4). Die Projekte waren auf die Förderung der landwirtschaftlichen Erträge, die Wiederaufforstung koreanischer Berghänge sowie die Ausbildung technischen und wissenschaftlichen Personals ausgerichtet. Dic koreanischen Projektpartner waren dabei ebenso vielfältig wie die Projektthemen: Regierungsbehörden wie die Büros für ländliche Entwicklung und Forstwirtschaft unter dem Landwirtschaftsministerium, Hochschuleinrichtungen wie die Korea University und das Korea Institute of Science and Technology (KIST) sowie die halbstaatlichen land- und forstwirtschaftlichen Genossenschaftsvereinigungen. Die ländliche Entwicklung lässt sich zwar räumlich abgrenzen, weist jedoch auch viele Überschneidungen mit Entwicklungsprozessen in anderen Bereichen auf.

KAPITEL V.: Der Aufbau der Industrie und Infrastruktur stellte ein Kernelement der Entwicklungszusammenarbeit dar. Als erstes Projekt der bilateralen technischen Zusammenarbeit, neben der Facharbeiterschule in Incheon, war ab 1962 die Deutsche Volkswirtschaftliche Beratergruppe (DVB) am EPB tätig und behandelte makroökonomische Fragen bis hin zu Sektoranalysen einzelner Industriezweige (V. 2). Die Planungsgruppe Entwässerung Busan (PEB) hingegen widmete sich ab 1971 der Planung eines Abwassersystems und damit einem einzelnen Bereich der Infrastrukturentwicklung. Ebenfalls als Unterstützung im Bereich der Infrastruktur lassen sich die beiden Projekte im Telekommunikationssektor analysieren: Zunächst war eine Beratungsgruppe aktiv, danach wurde ein Ausbildungskurs für Techniker etabliert. Beide Projekte knüpften an bereits erfolgte, finanzielle Zusammenarbeit in diesem Bereich an (V. 3). Ab Mitte der 1970er-Jahre förderte die deutsche Regierung dann zwei Zentren am Korea Institute of Science and Technology (KIST), die sich auf die Industriebereiche Gießereiwesen und Präzisionsmaschinen fokussierten. In der Folge vereinbarten beide Regierungen eine technische Zusammenarbeit an staatlichen Forschungszentren auf dem Gebiet des Metall- und Maschinenwesens sowie des Normenwesens. Diese Kooperation stärkte den Technologietransfer und ging auf die Bedürfnisse der sich entwickelnden Industrie ein (V. 4). Gegen Ende der technischen Zusammenarbeit stand ein Projekt mit engen Verbindungen zur Privatwirtschaft, das die Förderung ‚betrieblicher Kooperationen' (BK) von kleinen und mittleren Unternehmen zum Ziel hatte (V. 5).

KAPITEL VI.: Im letzten inhaltlichen Kapitel stehen drei Themen der sozialen Entwicklung im Vordergrund, nämlich die Basisgesundheit (VI. 2), Arbeitssicherheit (VI. 3) und die Remigrationsprogramme für koreanische ‚Gastarbeiter' (VI. 4). Den Bereich Basisgesundheit dominierten verschiedene kirchliche Institutionen und Hochschulen, während die technische Zusammenarbeit als inhaltliche Ergänzung durchgeführt wurde. Für die beiden Projekte zu Arbeitssicherheit und Unfallverhütung waren zwei koreanische Forschungszentren die Hauptansprechpartner: Für die Unfallverhütung im Kohlebergbau, das mehr auf technische Fragen setzte, arbeitete die GTZ mit dem Korean Institute for Geoscience and Mineral Resources (KIGAM) zusammen. In der industriellen Arbeitssicherheit waren das zu dieser Zeit neugegründete National Institute of Labor Science (NILS) und die Korea Industrial Safety Corporation

(KISCO) zuständig. Hier gibt es auch auf Grund der Partner sowie des Forschungs- und Beratungscharakters einige inhaltliche Überschneidungen mit den Forschungszentren für industrielle Entwicklung. Verschiedene staatliche oder private, meist kirchliche, Träger förderten die Remigration koreanischer Bergarbeiter und Krankenschwestern, sodass ein gezielter Ansatz fehlte. Diese Projekte wirkten an der Schnittstelle zwischen Arbeitsmigration und Entwicklungszusammenarbeit.

II. HISTORISCHER HINTERGRUND

1. Entwicklungszusammenarbeit im Überblick

1.1 Westdeutschland und die ,Dritte Welt'

Die Anfänge der deutschen Entwicklungspolitik lassen sich auf die frühen 1960er-Jahre datieren und auf innen- wie außenpolitische Gründe zurückführen. Einerseits musste die CDU dem Juniorpartner FDP in den Koalitionsverhandlungen Zugeständnisse machen und schuf dafür ein eigenständiges Ministerium für die Entwicklungspolitik mit Walter Scheel (1961–66) als erstem Minister. Andererseits erhöhten die Regierungen unter Eisenhower und Kennedy den Druck auf die Bundesregierung, sich an der Entwicklungszusammenarbeit mit der ,Dritten Welt' stärker zu beteiligen, indem sie auch androhten, das amerikanische Militär aus Deutschland abzuziehen.[1] Anfangs lagen die Kompetenzen zur Vergabe von Projekten jedoch weiterhin beim Außen- und Wirtschaftsministerium (interministerieller Ausschuss) und wurden erst Anfang der 1970er-Jahre vollständig an das BMZ übertragen. Die deutsche Entwicklungszusammenarbeit war auf Grund dieser Konstellation in der Frühphase entsprechend stark von außen- und wirtschaftspolitischen Interessen geleitet. Beispielsweise galt Brasilien als Ziel für deutsche Auslandsinvestitionen, die Türkei als wichtiger NATO-Partner und Länder des Nahen Ostens als entscheidend für die deutsche Israelpolitik.[2]

Während außenpolitisch die Hallsteindoktrin und die Westintegration die Entwicklungszusammenarbeit beeinflussten, waren viele der frühen Projekte im Bereich der industriellen Infrastruktur angesiedelt und eng mit deutschen Exportinteressen verknüpft. Ein Großteil der Projekte in der technischen Zusammenarbeit umfasste technisch-gewerbliche Ausbildungsstätten, Mustereinrichtungen und Demonstrationsprojekte, wie sie auch im Rahmen der Entwicklungszusammenarbeit mit Korea zu finden sind. Abgesehen von einigen Schwerpunktländern wurden die restlichen Mittel auf viele Länder gemäß dem sogenannten ,Gießkannenprinzip' verteilt, sodass die BRD in dieser Zeit mit ca. 90 Ländern zusammenarbeitete, während England und Frankreich sich auf bestimmte Regionen, insbesondere ihre ehemaligen

[1] Vgl. auch: Schmidt, Heide-Irene: „Pushed to the Front: The Foreign Assistance Policy of the Federal Republic of Germany, 1958–1971", in: *Contemporary European History* 12.4, 2004, S. 473–507.

[2] Vgl. auch: Hein, *Die Westdeutschen und die Dritte Welt*, S. 5.

Kolonien, beschränkten.[3] Das ‚Gießkannenprinzip' bedeutete jedoch eine große Streuung, sodass die Gesamtmittel vergleichsweise gering ausfielen. Bis 1968 lag Korea beispielsweise auf Platz 15 der wichtigsten Nehmerländer der BRD. Es hatte 125 Mio. DM an Mitteln in der finanziellen Zusammenarbeit erhalten, was einem Anteil von gerade einmal 1,2 % an der gesamten finanziellen Zusammenarbeit entsprach.[4]

In der Öffentlichkeit betonten Politiker, aber auch Praktiker der Entwicklungszusammenarbeit, dass die deutsche Regierung die erhaltenen Mittel durch CARE-Pakete und Marshallplan zurückzahlen sowie die Schäden des nationalsozialistischen Regimes wiedergutmachen wollte. Außerdem argumentierte man im Sinne der Modernisierungstheorie, dass die wirtschaftliche Zusammenarbeit auch den Entwicklungsländern beim *Take-off* nütze.[5] Daneben hebt die Entwicklungspraktikerin Carol Lancaster als Alleinstellungsmerkmal auch die hohe Zustimmung der Volksparteien CDU und SPD und der Bevölkerung zu den Zielen der Entwicklungszusammenarbeit hervor, die auf christliche Nächstenliebe oder sozialdemokratische Solidarität zurückzuführen sei.[6] Gerade die Frühphase ist von großen Infrastruktur- bzw. Industrieprojekten geprägt. Beispielsweise erhielt das Stahlwerk Rourkela auf Grund zahlreicher Mängel bei Bau und Planung große öffentliche Aufmerksamkeit.[7] In Afghanistan unterstützte die deutsche Regierung die Regionalentwicklung in Paktia und übernahm dabei diverse Projekte in Bereichen wie Bewässerung, ländliche Entwicklung, Energieversorgung oder Industrie. Gerechtfertigt wurde der dortige Einsatz auch mit Beratungserfahrungen in der Region nach dem Ersten Weltkrieg.[8]

Ein erster Wandel in der deutschen Entwicklungspolitik zeichnet sich gegen Ende der ‚langen 60er' ab. Nicht nur hatte sich international mit dem Pearson-Bericht und der Entstehung der Dependenztheorie die Sicht auf Entwicklungszusammenarbeit verändert, die sozialliberale Koalition setzte mit der Ostpolitik

---

[3] Zu den Vorteilen des Gießkannenprinzips gegenüber Länderschwerpunkten vgl. auch: Bodemer, *Die entwicklungspolitische Konzeption der BRD im Spannungsfeld konfligierender Interessen*, S. 194–222.

[4] Kruse-Rodenacker, Albrecht / Dumke, Horst: *Kapitalhilfe: Untersuchungen zur bilateralen Kapitalhilfe im Rahmen öffentlicher Leistungen*, Duncker & Humblot: Berlin 1970, S. 109.

[5] Hein, *Die Westdeutschen und die Dritte Welt*, S. 301.

[6] Lancaster, Carol: *Foreign Aid: Diplomacy, Development, Domestic Politics*, University of Chicago Press: Chicago 2007, S. 182–184.

[7] Vgl. auch: Unger, Corinna: „Rourkela, Ein ›Stahlwerk im Dschungel‹: Industrialisierung, Modernisierung und Entwicklungshilfe im Kontext von Dekolonisation und Kaltem Krieg (1950–1970)", in: *Archiv für Sozialgeschichte* 48, 2008, S. 367–388.

[8] Bohnet, *Geschichte der deutschen Entwicklungspolitik*, S. 56f. Vgl. auch ausführlicher zur Wiederaufforstung in dieser Region: Nunan, *Humanitarian Invasion*, S. 106–116.

auch außenpolitisch neue Akzente.[9] Ebenso hatte die 68er-Bewegung einen, wenn auch begrenzten, Einfluss auf die Entwicklungspolitik und bewirkte eine stärkere Auseinandersetzung der Öffentlichkeit mit der ‚Dritten Welt'.[10] Mit der Unabhängigkeit vieler afrikanischer Staaten entstanden auch neue regionale Schwerpunkte bei der Vergabe. Das BMZ konnte unter den Sozialdemokraten Hans-Jürgen Wischnewski (1966–68) und Erhard Eppler (1968–74) sein Budget verdreifachen und sich auch inhaltlich stärker an den internationalen Leitlinien zur Entwicklungszusammenarbeit orientieren, sodass u. a. Bildung, Gesundheit und Nachhaltigkeit zu neuen Schwerpunkten zählten. Außerdem steigerten sie die Effizienz des Ministeriums, indem mehr Planer, Berater und Gutachter eingestellt wurden und Projektevaluationen erfolgten. Das ermöglichte die bessere Abstimmung der Entwicklungszusammenarbeit durch länderbezogene Programme mit wirtschaftlichen Bedarfsanalysen.[11]

Durch die folgende Ölpreiskrise und die damit einhergehende wirtschaftliche Rezension vollzog sich allerdings erneut ein Wandel in der Entwicklungspolitik. Die Regierung unter Helmut Schmidt verringerte die Mittel in der Entwicklungszusammenarbeit, und neue Themen wie die Rohstoffsicherung rückten stärker in den Fokus. Beispielsweise gab es Versuche einer Dreieckskooperation mit Ölstaaten, die sich an der Finanzierung von Landwirtschaftsprojekten in Entwicklungsländern beteiligten. Viele Projekte in dieser Zeit kamen wieder deutschen Unternehmen zugute.[12] Unter der ersten BMZ-Ministerin, Marie Schlei (1976–78), kamen neue Schwerpunkte wie Frauen und Familie in Entwicklungsländern auf, bei denen auch Themen wie das Gesundheitswesen und Grundversorgung stärker berücksichtigt wurden.[13] Hier sei beispielsweise auf die Basisgesundheitsprojekte in Korea verwiesen, die auch aktiv Frauen einbezogen. Ihr Nachfolger Rainer Offergeld (1978–82) verabschiedete schließlich neue entwicklungspolitische Grundlinien, basierend auf Empfehlungen der sogenannten Brandt-Kommission, die Grundbedürfnisse wie Trinkwasser, Kleidung oder auch soziale Einbettung stärker in den Vorder-

---

9 Lorenzini, *Global Development: A Cold War History*, S. 125–137. Vgl. zur Außenpolitik der BRD unter Brandt und Schmidt auch ausführlicher: Bierling, Stephan: *Die Außenpolitik der Bundesrepublik Deutschland: Normen, Akteure, Entscheidungen*, Oldenbourg: München 2005, Kapitel 6, S. 171–252.

10 Hein, *Die Westdeutschen und die Dritte Welt*, S. 139–146.

11 Vgl. zu den Projektevaluationen auch: Bodemer, Klaus: *Erfolgskontrolle der deutschen Entwicklungshilfe: Improvisiert oder systematisch?*, Verlag Anton Hain: Meisenheim 1979.

12 Plumpe, Werner: „‚Ölkrise' und wirtschaftlicher Strukturwandel: Die bundesdeutsche Wirtschaft im Zeichen von Normalisierung und Globalisierung während der 1970er Jahre", in: Gallus, Alexander / Schildt, Axel / Siegfried, Detlef (Hg.): *Deutsche Zeitgeschichte – transnational*, Wallstein: Göttingen 2015, S. 101–123.

13 Bohnet, *Geschichte der deutschen Entwicklungspolitik*, S. 87–94.

grund rückten. Projekte wurden nun auf die Erfüllung dieser Grundbedürfnisse geprüft und besonders auf benachteiligte Gruppen ausgerichtet.[14] Das BMZ erstellte zu diesem Zeitpunkt auch das erste Schwellenländerkonzept. Hier war der Ausbau von Handel und Privatinvestitionen sowie die wissenschaftliche, technologische und industrielle Zusammenarbeit vorgesehen. Außerdem erfolgte eine Gewährung von Krediten vermehrt über eine Mischfinanzierung mit dem langfristigen Ziel, die Gelder der Entwicklungszusammenarbeit zu reduzieren,[15] was auch für Korea zu erkennen ist.

Mit dem Wechsel zur Regierung unter Helmut Kohl und BMZ-Minister Jürgen Warnke (1982–87, 1989–91) kam es zu weiteren Veränderungen in der Entwicklungspolitik. Die Interessen des deutschen Staates und deutscher Unternehmen spielten wieder eine größere Rolle, beispielsweise durch Projektformate wie ‚betriebliche Kooperationen' und die Abkehr vom Antragsprinzip, indem die Geberseite nun auch Empfehlungen für Projekte aussprechen konnte.[16] Gleichzeitig hatte die erneute Verschärfung des Ost-West-Konfliktes auch Einfluss auf die Entwicklungspolitik. Wie zuvor die USA lehnte es auch die BRD ab, die neue linksgerichtete Regierung in Nicaragua weiter zu unterstützten.[17] Daneben wurden unter Warnke die Erfolgskontrollen durch Evaluierungen offengelegt und somit mehr Transparenz erzielt. In dieser Zeit förderten Projekte insbesondere den Ausbau des Handwerks in Entwicklungsländern auch durch Partnerschaften mit Handwerkskammern.[18]

Institutionell ist die deutsche Entwicklungszusammenarbeit auf verschiedene staatliche wie private Organisationen aufgeteilt und steht seit 1961 unter der Leitung des BMZ. Zunächst gliedert sich die Entwicklungszusammenarbeit in zwei Bereiche, nämlich die finanzielle Zusammenarbeit (vormalig: Kapitalhilfe, KH) und die technische Zusammenarbeit (vormalig:

---

[14] Vgl. zur Auswirkung des Brandt-Berichts auf die Entwicklungspolitik auch: Michel, Judith: „Reaktionen auf Willy Brandts entwicklungspolitische Vorschläge vor dem Hintergrund neoliberaler Strömungen, der Wirtschaftskrise und des Ost-West-Konflikts", in: Ettrich, Frank / Herz, Dietmar (Hg.): *Willy Brandt: Politisches Handeln und Demokratisierung*, Budrich Uni Press: Opladen 2015, S. 103–130; Rother, Bernd: „‚Entwicklung ist ein anderes Wort für Frieden': Willy Brandt und der Nord-Süd-Konflikt von den 1960er bis zu den 1980er Jahren", in: Dülffer, Jost / Niedhart, Gottfried (Hg.): *Frieden durch Demokratie? Genese, Wirkung und Kritik eines Deutungsmusters*, Klartext: Essen 2011, S. 257–269.

[15] Bohnet, *Geschichte der deutschen Entwicklungspolitik*, S. 98. Vgl. auch: Offergeld, Rainer: *Entwicklungshilfe: Abenteuer oder Politik?*, Bonn aktuell: Stuttgart 1980.

[16] Bohnet, *Geschichte der deutschen Entwicklungspolitik*, S. 116.

[17] Vgl. zur anhaltenden Solidarität mit Nicaragua auch: Helm, Christian: *Das transnationale Kommunikationsnetzwerk zwischen der Frente Sandinista de Liberación Nacional und der bundesdeutschen Nicaragua-Solidarität 1977–1990*, De Gruyter Oldenbourg: Berlin/Boston 2018.

[18] Vgl. auch: Warnke, Jürgen: *Auf gutem Kurs: Neuorientierung der deutschen Entwicklungspolitik*, Busse + Seewald: Herford 1987.

Technische Hilfe, TH). Bei der Ausführung und Abwicklung der Projekte waren und sind die Kreditbank für Wiederaufbau (KfW) für die Kreditvergabe und die Gesellschaft für Technische Zusammenarbeit (GTZ), die heutige Gesellschaft für Internationale Zusammenarbeit (GIZ), für die technische Ausführung zuständig.[19] Daneben konnten auch weitere Organisationen, insbesondere kirchliche Entwicklungsdienste, ihre Projekte über das BMZ finanzieren lassen. In Einzelfällen führten auch staatliche Organisationen wie die Physikalisch-Technische Bundesanstalt (PTB) oder die Deutsche Post eigene Projekte aus, da nur sie über die nötige technische Expertise verfügten.[20]

Zuletzt soll noch kurz auf eine Bewertung der (west-)deutschen Entwicklungszusammenarbeit eingegangen werden. Bislang hat die Forschung europäischen Geberländern auf Grund der postkolonialen Kritik am Eurozentrismus, aber auch wegen deren weniger wichtigen Rolle verglichen mit den Supermächten USA und Sowjetunion, keine große Aufmerksamkeit geschenkt. Obwohl auch die Länder der ‚Dritten Welt' selbst lange Zeit skeptisch gegenüber den europäischen Gebern waren, konnten sie jeweils eigene Schwerpunkte setzen.[21]

Zur Frage der Bedeutung von Entwicklungspolitik gibt es verschiedene Auffassungen. Zunächst lässt sich allgemein feststellen, dass Entwicklungszusammenarbeit Auswirkungen auf die wirtschaftliche, soziale und ökologische Situation der Region, Zielgruppe oder sogar des Ziellandes hat. Laut Michael Bohnet konnten in der deutschen Entwicklungszusammenarbeit vor allem positive Ergebnisse in den Bereichen Gesundheit, Bildung, Verwaltungsförderung und Mikrofinanzierung erzielt werden, während die Bereiche Industrie und Bergbau schlechter abschneiden. Es zeigt sich demnach, dass Projekte im Bereich der Grundbedürfnisse mit einem klaren Einbezug der Zielgruppe und sozio-kulturellen Gegebenheiten die größten Erfolge aufweisen. Des Weiteren bedarf es qualifizierter Projektträger im Partnerland. Auch wenn die Projektevaluationen in den meisten Fällen positiv ausfallen, haben die Projekte nicht immer Breitenwirkung, sondern ‚Inselcharakter'. Hier gilt es daher, bei der Analyse sowohl die Mikro- als auch die Makroebene einzubeziehen. Auch

---

19 Bohnet, *Geschichte der deutschen Entwicklungspolitik*, S. 31f.

20 Heidtmann, *Die personelle Entwicklungszusammenarbeit der Kirchen*; *PTB-Mitteilungen – Themenschwerpunkt: Vier Jahrzehnte Technische Zusammenarbeit*, Band 113 Heft 2, PTB: Braunschweig/Berlin 2003.

21 Vgl. auch: Unger, Corinna R.: „Postwar European Development Aid: Defined by Decolonization, the Cold War, and European Integration?", in: Macekura, Stephen / Manela, Erez (Hg.): *The Development Century: A Global History,* Cambridge University Press: Cambridge 2018, S. 240–260. Dimier, Veronique: *The Invention of a European Development Aid Bureaucracy: Recycling Empire*, Palgrave Macmillan: London 2014.

wenn einige Länder den Aufstieg vom Nehmerland zu Schwellenland oder sogar OECD-Mitgliedsland erreicht haben, sind weitere Länderstudien notwendig, um die Ursachen des Erfolges zu analysieren.[22]

1.2 Südkorea: Vom Empfänger- zum Geberland

Mit der Unabhängigkeit Koreas erfolgte eine abrupte Loslösung aus dem Wirtschaftssystem des japanischen Reiches. Durch die anschließende Teilung waren die Industriezentren im Norden und die Agrarflächen im Süden ebenfalls voneinander getrennt. Im Süden übernahm die amerikanische Militärregierung (USAMGIK) und stellte Lebensmittel, Rohstoffe, medizinische Produkte und Strom zur Verfügung. Das kann als erste Form der humanitären Hilfe und der späteren Entwicklungszusammenarbeit gesehen werden.[23] Nach dem Koreakrieg stand neben einer Grundversorgung der Bevölkerung mit dem Notwendigsten vor allem der Wiederaufbau (*chaegŏn*) im Vordergrund. Die amerikanische Entwicklungszusammenarbeit der 1950er-Jahre erfolgte mit einer militärischen und geopolitischen Absicht und stand rechtlich unter dem *Mutual Defence and Assistance Act* bzw. *Mutual Security Act*. Neben Lebensmittelhilfen erfolgte auch wirtschaftliche Unterstützung im Rahmen von projektbasierter Zusammenarbeit. Außerdem wurden koreanische Fachkräfte und Wissenschaftler in den USA ausgebildet.[24] Allerdings war der Großteil der Mittel nicht an Projekte gebunden, sondern kam direkt dem koreanischen Staatshaushalt zugute. Durch den Weiterverkauf und Handel mit den sogenannten ‚drei weißen' Rohstoffen (*sampaek*) aus der amerikanischen Überproduktion, nämlich Zucker, Mehl und Baumwolle, profitierten auch koreanische Unternehmen.[25] Daneben waren die UN mit ihren verschiedenen Unterorganisationen United Na-

---

22 Bohnet, *Geschichte der deutschen Entwicklungspolitik*, S. 235–262. Vgl. auch: Klingebiel, Stephan: „Zukunft der Entwicklungszusammenarbeit", in: *APuZ* 65, 2015, S. 16–22. BMZ (Hg.): „Evaluierungskriterien der bilateralen Entwicklungszusammenarbeit: Orientierungslinien des BMZ", Bericht, BMZ: Berlin 2006 [2021].

23 Han, Pongsŏk: „Kuho mulcha-e tamgin naengjŏn: Chuhan k'ea(C.A.R.E.)-ŭi p'aek'iji-ro salp'yŏbo-nŭn naengjŏn-gwa indojuŭi" [Cold War in ‚C.A.R.E. Packages': Cold War and Humanitarianism in C.A.R.E. – Korea's Relief Service], in: *T'ongil-gwa P'yŏnghwa* 12.1, 2020, S. 81–128.

24 Kim, Jinkyung: *U. S. Aid to South Korea, 1945–1968: Focusing on Governance*, Dissertation, Ewha Womens University, 2014; Kim, Myŏngchin: „1950nyŏndae miguk kyoyuk wŏnjo-rŭl t'onghan kyosu haeoe yŏnsu p'ŭrogŭraem-e taehan sarye yŏn'gu" [The Overseas Training Program for Faculty Member under U. S. Educational Aid in the 1950s], in: *Pigyo Kyoyuk Yŏn'gu* 20.2, 2010, S. 169–195.

25 Vgl. auch: Haggard, Stephan / Kim, Byung-kook / Moon, Chung-in: „The Transition to Export-Led Growth in South Korea: 1954–1966", in: *Journal of Asian Studies* 50.4, 1991, S. 850–873.

tions Korean Reconstruction Agency (UNKRA), United Nations Development Programme (UNDP), United Nations Educational, Scientific and Cultural Organization (UNESCO), sowie der World Health Organization (WHO), International Labor Organization (ILO) und Food and Agriculture Organization (FAO) in Korea tätig und unterstützten bis in die 1980er-Jahre diverse Projekte in ihren jeweiligen Zuständigkeitsbereichen.[26]

Erst ab 1961 kann Korea als Teil des internationalen ‚Entwicklungsnetzwerkes' (*kaebal yŏndae*) gesehen werden. Nun treten neben weiteren bilateralen Gebern wie Japan und der BRD auch internationale Organisationen und Banken verstärkt auf, während sich die amerikanischen Mittel verglichen mit den 1950er-Jahren verringerten.[27] Präsident Park Chung Hee versuchte neue Technologie und Kapital anzuwerben und weitete deshalb die außen- und wirtschaftspolitischen Beziehungen weiter aus. Damit sich die verschiedenen Geber besser untereinander und mit der koreanischen Regierung abstimmen konnten, schlug das EPB vor, eine Gebergruppe unter Leitung der Weltbank zu gründen. Dies wurde schließlich 1966 in die Tat umgesetzt, als die International Economic Consultative Organization for Korea (IECOK) sich zu ihrem konstitutiven Treffen versammelte.[28] Für die Zeit der 1950/60er-Jahre spielte im wirtschaftswissenschaftlichen Diskurs die sogenannte Modernisierungstheorie eine wich-

---

26 Um, Jae Ho: „UNDP in Korea“, in: *P'yŏnghwa Yŏngu* 3, 1978, S. 73–94. Zu den Tätigkeiten der UNESCO in Korea vgl. auch: Laves, Walter H. C. / Thomson, Charles A.: *UNECSO: Purpose, Progress, Prospects*, University of Indiana Press: Bloomington 1957, S. 82–84; Korean National Commission for UNECSO (Hg.): *Value and Impact of UNESCO Activities in Korea*, KNCU: Seoul 2015; Kim, Yŏngchun: „Yuen-gwa taehanmin'guk-ŭi kŏn'guk-kwa palchŏn: Totsŭn(Dodson) pogosŏ-wa UNKRA-wa UNCACK-ŭi hwaltong-ŭl chungshim-ŭro“ [The United Nations and Nation Building of the Republic of Korea: Dodson Report and Roles of the UNKRA and UNCACK], in: *Han'gukkunsahangnonjip* 76.2, 2020, S. 1–27. Yi, Pongkyu: „Illyŏk kaebal-gwa nodongja in'gwŏn saiesŏ: 1960nyŏndae han'guk, kŭrigo kukche nodong kigu (ILO)“ [Ambiguous Way to Human Rights for Workers: 1960s South Korea and the International Labour Organization (ILO)], in: *Yŏksabip'yŏng* 143, 2023, S. 108–139. Kim, Mahn-Je: „The Republic of Korea's Successful Economic Development and the World Bank“, in: Kapur, Devesh / Lewis, John P. / Webb, Richard C.: *The World Bank: Its First Half Century*, Bd. 2, Brookings Institution: Washington 1997, S. 17–48.

27 Park, Tae-Gyun: „Change in U. S. Policy Toward South Korea in the Early 1960s“, in: *Korean Studies* 23, 1999, S. 94–120; Brazinsky, Gregg A.: „From Pupil to Model: South Korea and American Development Policy during the Early Park Chung Hee Era“, in: *Diplomatic History* 29.1, 2005, S. 83–115.

28 Kim, Byung-Kook: „Economic Policy and the Economic Planning Board (EPB) in Korea“, in: *Asian Affairs* 18.4, S. 197–213; Kim, Ilyŏng: „Han'guk-esŏ ‚kihoek' kaenyŏmgwa chedo-ŭi yŏksajŏk kiwŏn-gwa palchŏn“ [The Origins and Development of ‚Planning' Concept and Institution in Korea], in: *Han'guk Tongbuga Nonch'ong* 47, 2008, S. 305–325. Auch wenn noch keine Forschung vorliegt, eine Kurzdefinition der IECOK findet sich hier: „Taehan kukche kyŏngje hyŏbŭich'e (IECOK)“ [International Economic Consultative Organization for Korea], in: *Maeil Business Newspaper*, 24.04.1970.

tige Rolle, da sowohl die Geber- als auch die Nehmerländer von einem schnellen Wirtschaftswachstum ausgingen, wenn der *Take-off* erfolgreich verlief.[29] Dafür wurde vor allem Kapital benötigt: Nach der Normalisierung der diplomatischen Beziehungen zwischen beiden Ländern im Jahre 1965 gewährte vor allem Japan Kredite und leistete Investitionen als Reparationszahlungen. Dadurch konnten in Korea diverse Großprojekte wie der Bau der Pohang Iron and Steel Company (POSCO) oder der Autobahn zwischen Busan und Seoul verwirklicht werden. Ein Großteil (ca. 70%) davon waren jedoch langfristige Kredite, die in der Folge zurückgezahlt werden mussten.[30]

In dieser Phase organisierte das EPB die Abwicklung der internationalen Entwicklungszusammenarbeit. Die meisten Projekte oder Programme hatten eine enge Verbindung zu den Fünfjahresplänen und waren entsprechend thematisch ausgerichtet.[31] In den Unterbereichen übernahmen hier meistens die einzelnen Ministerien oder Behörden die Federführung, beispielsweise das Büro für Ländliche Entwicklung (ORD) oder das Arbeitsministerium. Die technische und wissenschaftliche Zusammenarbeit organisierte insbesondere das Ministerium für Wissenschaft und Technologie (MOST), sodass in dessen jährlichem Bericht (*kwahak kisul yŏn'gam*) auch die meisten Projekte verzeichnet sind.[32] Wie mit der Bundesrepublik, lief die technische Zusammenarbeit auch mit anderen Ländern nach einem ähnlichen Muster ab. Experten wurden nach Korea gesandt, Maschinen und Material bereitgestellt und Counterparts aus- oder fortgebildet.[33] Vor allem für den letzten Punkt ist es schwierig, einen Überblick zu bekommen, da

---

[29] Rostow, Walt W.: *The Stages of Economic Growth: A Non-Communist Manifesto*. Cambridge University Press: Cambridge 1960; Gilman, Nils: *Mandarins of the Future: Modernization Theory in Cold War America*, Johns Hopkins University Press: Baltimore 2007. Park, Tae-Gyun: „Different Roads, Common Destination: Economic Discourses in South Korea during the 1950s", in: *Modern Asian Studies* 39.3, 2005, S. 661–682.

[30] Nishino, Chunya: „Hanil kyŏngje hyŏmnyŏk kwan'gye-ŭi shijak-kwa chedohwa kwajŏng" [Early Stage of Bilateral Economic Cooperation and the Process of Institutionalization], in: *Ilbonbip'yŏng* 7.1, 2015, S. 50–71; Song, Sungsoo: „The Historical Development of Technological Capabilities in Korean Steel Industry: The Case of POSCO", in: *Korean Journal for the History of Science* 33.2, 2011, S. 317–334.

[31] Vgl. zu den Fünfjahresplänen auch: Kang, Kwangha: *Kyŏngje kaebal 5kaenyŏn kyehoek* [Fünfjahrespläne für wirtschaftliche Entwicklung], Sŏultaehakkyo ch'ulp'anbu: Seoul 2000. Byun, Hyung-Yoon: „Korea's Five-Year Economic Plans and their Impacts", in: *Seoul Journal of Economics* 3.2, 1990, S. 219–238.

[32] MOST (Hg.): *Kwahak kisul yŏn'gam* [Science and Technology Annual], erscheint jährlich seit 1967. Informationen zur technischen Zusammenarbeit finden sich während der 1970er-Jahre in einem separaten Kapitel und ab 1980 nur noch ein einer tabellarischen Übersicht am Ende des Bandes.

[33] KOICA, *Han'guk-e taehan kaebal wŏnjo-wa hyŏmnyŏk*, S. 100–103. Vgl. auch: Chŏng, Muyong: „1961nyŏn hanmi kyŏngje kisul wŏnjo hyŏpchŏng-ŭl tullŏssan chŏngch'i sahoejŏk kaltŭng" [Political and Social Controversy over Comprehensive Agreement regarding Economic and Technical Assistance between ROK and US in 1961], in: *Inmun Kwahak Yŏn'gu* 21, 2015, S. 9–32.

Informationen zwar über die Anzahl der Entsendungen, aber nicht über den Inhalt oder die Dauer der Programme vorliegen. KOICA schätzt jedoch, dass von 1951 bis 1985 insgesamt 4.643 ausländische Experten nach Korea entsandt und 20.877 koreanische Fachkräfte im Ausland ausgebildet wurden.[34] Unter einer Vielzahl an Projekten hebt der KOICA-Bericht im Rückblick die folgenden drei als wichtigste Bereiche hervor: Energie- und Telefoninfrastruktur, Gesundheitssektor und Berufsbildung. Hier erfolgte eine Zusammenarbeit mit verschiedenen bilateralen und multilateralen Gebern über einen längeren Zeitraum, und die Leistungen waren höher als in anderen Bereichen.[35] Auch die Bundesregierung beteiligte sich am Ausbau dieser wichtigen Bereiche.

Tabelle 1: Wichtigste bilaterale und multilaterale Geber

	Bilaterale Geber	**Summe (in Mio. $)**	**Multilaterale Geber**	**Summe (in Mio. $)**
1	USA	5.542,35	CRIK	457,40
2	Japan	5.051,81	UNKRA	122,10
3	Deutschland	834,93	IDA	102,59
4	Arabische Staaten	123,54	WFP	98,50
5	Frankreich	101,46	UNDP	69,12
6	Österreich	52,77	IBRD	40,00
7	Niederlande	17,76	UNTA	32,40
8	Australien	14,01	UNICEF	14,30
9	Dänemark	10,46	UNFPA	7,69
10	Belgien	10,15	ADB	6,80
gesamt	**bilateral**	**11.808,00**	**multilateral**	**968,31**

Quelle: KOICA, *Han'guk-e taehan kaebal wŏnjo-wa hyŏmnyŏk*, S. 77.[36]

Ein erster Einschnitt erfolgte 1975, als Korea offiziell den Status eines Schwellenlandes (*Newly Industrialized Country*, NIC) erreichte, da das durchschnittliche Pro-Kopf-Einkommen auf $ 574 pro Jahr gestiegen war. Aus diesem Grund endete im gleichen Jahr die finanzielle Zusammenarbeit mit den USA. Auch andere Geberländer und -organisationen gewährten ab diesem Zeitpunkt verstärkt Kredite mit strikteren Rückzahlungsbedingungen oder setzten auf Privatinvestitionen.[37] Das hing auch mit der internationalen Wirtschaftskrise in

[34] KOICA, *Han'guk-e taehan kaebal wŏnjo-wa hyŏmnyŏk*, S. 103.

[35] Vgl. als Übersicht über diese Bereiche auch: Ibid., S. 96–120.

[36] Vgl. dazu im internationalen Vergleich auch: Kim, Tuŏl / Ryu, Sangyun: „Han'guk-e chegongdoen kongjŏk kaebal wŏnjo kyumoch'ujŏng mit kukche pigyo" [ODA to Korea: Measurement and Comparison], in: *Kyŏngjehak Yŏn'gu* 62.3, S. 147–187.

[37] Als Übersicht über die amerikanische Entwicklungszusammenarbeit, inklusive der 1960/70er-Jahre, vgl. auch: Cole, David C.: „Foreign Assistance and Korean Development", in: Mason, Edward S. et al. (Hg.): *The Economic and Social Modernization of the Republic of Korea*, Harvard University Press: Cambridge 1989, S. 165–208.

Folge des Ölpreisschocks zusammen. Weltweit lässt sich in dieser Zeit ein Rückgang der Entwicklungszusammenarbeit und eine verstärkte Kritik an deren Mechanismen beobachten, wie auch bereits für die Bundesrepublik ersichtlich wurde, weshalb man von der ‚verlorenen Dekade' spricht.[38] Die technische Zusammenarbeit mit Korea wurde allerdings bis in die 1990er-Jahre fortgesetzt. Hier gibt es mehrere Daten, die als Einschnitt gesehen werden können: Einerseits die vollständige Demokratisierung Koreas unter Präsident Kim Youngsam [Kim Yŏngsam], andererseits die Auflösung des EPB 1994 und die Aufnahme in die Organisation für wirtschaftliche Zusammenarbeit und Entwicklung (OECD) im Jahre 1997.[39]

Schon davor begann Koreas offizielle Rolle als Geberland. Bereits ab 1975 lud das MOST Techniker und Ingenieure aus dem Ausland zur Weiterbildung nach Korea ein. In den 1980er-Jahren folgten dann gemeinsame Forschungsprojekte von KAIST und KDI mit Entwicklungs- und Schwellenländern.[40] Die Gründungen des Economic Development Cooperation Funds (EDCF, *taeoe kyŏngje hyŏmnyŏk kigŭm*) 1987 und der KOICA 1991 markierten schließlich den institutionellen Übergang vom Nehmer- zum Geberland. Im Jahr 2010 erfolgte dann die Aufnahme in den sogenannten Ausschuss für Entwicklungszusammenarbeit (*Development Assistance Committee*, DAC) der OECD.[41] In einigen (koreanischen) Publikationen wird hervorgehoben, dass Korea als einziges Land diesen Aufstieg erreicht habe. Allerdings kommt es dabei auf die Definition an: Auch Portugal und Spanien erhielten Gelder über die Entwicklungszusammenarbeit und sind nun in der DAC vertreten. In Asien kann auch Singapur als ein solches Erfolgsland gewertet werden. Dennoch sieht sich Korea als „Brücke zwischen entwickelten und Entwicklungsländern", da es selbst Erfahrungen als Nehmer gemacht hat und versucht die Erfolgsgeschichte als eigenes Modell zu übertragen.[42]

Zu den Begrifflichkeiten lässt sich noch festhalten, dass koreanische Forscher vor allem von *wonjo* sprechen, wenn es um Entwicklungszusammenarbeit

---

38 Vgl. auch: Lorenzini, *Global Development: A Cold War History*, S. 160–168.

39 In Bezug auf wirtschaftliche Umbrüche in den 1980/90er-Jahren vgl. auch: Yu, Ch'ŏlkyu (Hg.): *Pak Chŏnghŭi model-gwa shinjayujuŭi sai-esŏ* [Between Park Chung Hee Model and Neoliberalism], Hamkkeingnŭnch'aek: Seoul 2004.

40 Vgl. für die frühen Projekte auch die Webseite von KOICA zur koreanischen ODA, URL: https://www.oda.go.kr/opo/odin/mainInfoPage

41 „OECD Development Assistance Committee (DAC) Welcomes Korean Membership", Webseite der OECD, URL: https://www.oecd.org/korea/oecddevelopmentassistancecommitteedacwelcomeskoreanmembership.htm

42 Kim, Eun Mee / Kim, Pil Ho / Kim, Jinkyung: „From Development to Development Cooperation: Foreign Aid, Country Ownership, and the Developmental State in South Korea", in: *The Pacific Review* 26.3, 2013, S. 313–336; Vgl. auch: Doucette, „Anxieties of an Emerging Donor".

der 1950/60er-Jahre geht. Darin war neben finanzieller und technischer auch die militärische Zusammenarbeit enthalten. Obwohl die Bezeichnung prinzipiell bis heute für Official Development Assistance (*kongjŏk kaebal wŏnjo*) verwendet wird, kommt im Kontext der technischen Zusammenarbeit auch der Begriff *hyŏmnyŏk* vor. Han Pongsŏk ergänzt außerdem, dass der Begriff *hyŏpjo* einen Gewinn oder Nutzen der Geberseite bedeute und daher mit Investitionen in Verbindung gebracht wird. Wichtig bleibt festzuhalten, dass es verschiedene Begriffe für die gleiche Praxis gibt, die von Geber- und Nehmerseite nicht immer einheitlich verwendet wurden oder sich im Laufe der Zeit änderten.[43]

1.3 Akteure der Entwicklungszusammenarbeit

Die Akteure haben in den letzten Jahren einen größeren Stellenwert in der Forschung zur Entwicklungszusammenarbeit erhalten. Insbesondere für den US-amerikanischen und deutschen Kontext werden die persönlichen Hintergründe, Ausbildung und Verhaltensweisen der Experten, Fachkräfte und Entwicklungshelfer ausführlicher erforscht. Für die koreanischen Akteure finden sich jedoch bislang nur wenige Beiträge, sodass hier lediglich auf Forschung zu Beamten sowie Ähnlichkeiten zu anderen Ländern der ‚Dritten Welt' verwiesen werden kann.

Allgemein war der Kalte Krieg in vielerlei Hinsicht von Experten und Expertenwissen geprägt. Wie Aturo Escobar, Timothy Mitchell und andere Forscher bereits herausgearbeitet haben, war auch die Entwicklungspolitik und -zusammenarbeit davon beeinflusst. Experten produzierten Wissen über die Entwicklungsländer und entwickelten Lösungsvorschläge für deren Probleme. Diese Wissensproduktion spiegelte sich nicht nur in akademischen Kreisen und Publikationen wider, sondern fand auch in Projektberichten, Evaluierungen und Wirtschaftsplänen, also in der Praxis der Entwicklungszusammenarbeit, ihre Anwendung.[44] Der Wissenschaftsbetrieb an den Universitäten, Forschungsinstituten und Thinktanks war demnach eng mit der Entwicklungspolitik verknüpft. Dafür ließen sich für den US-amerikanischen Kontext zahlreiche Beispiele nennen, u. a. die Entwicklung der Modernisierungstheorie am Massachusetts Institute of Technology und an der Harvard University.[45] In Bezug auf die Bundesrepublik gibt es bislang keine Forschung zu einzelnen Insti-

[43] Zu den Begriffsdefinitionen und -erklärungen im Koreanischen vgl. auch: Han, *1950nyŏndae miguk-ŭi taehan kisul wŏnjo yŏn'gu*, S. 30–83.

[44] Escobar, *Encountering Development*, S. 45/112. Vgl. auch: Mitchell, Timothy: *Rule of Experts: Egypt, Techno-Politics, Modernity*, University of California Press: Berkeley 2002.

[45] Vgl. auch: Gilman, *Mandarins of the Future.*

tutionen, aber wie sich später in der Entwicklungszusammenarbeit mit Korea zeigen wird, waren verschiedene Akteure an deutschen Universitäten tätig, sei es in technischen oder agrarwissenschaftlichen Fächern, der Berufsbildung oder der öffentlichen Gesundheit. Teils wurden hier auch eigenständige Forschungsbereiche wie die internationale Landwirtschaft oder Weltforstwirtschaft etabliert.[46]

Wie Hubertus Büschel ausführt, herrschte zumindest in der Anfangsphase der Entwicklungszusammenarbeit Vollbeschäftigung in der Bundesrepublik. Auch für die berufliche Karriere war ein Auslandsaufenthalt in einem ‚Entwicklungsland' eher nachteilig, sodass sich vor allem Akteure zu Beginn oder Ende ihrer Karriere für einen Auslandseinsatz entschieden.[47] So kam es in vielen Fällen zu Generationenkonflikten, die sich auch in den frühen Projekten in Korea erkennen lassen.[48]

Neben dem Alter gibt es zwei weitere Charakteristika, auf die es einzugehen gilt, nämlich Gender und ethnische Zugehörigkeit. Bis in die 1970er-Jahre spielten Frauen weder als Akteure noch als Zielgruppe der Entwicklungszusammenarbeit eine größere Rolle. Von Seiten der Entwicklungsdienste gab es beispielsweise diskriminierende Vorschriften, wie sich die Ehefrauen von entsandten Fachkräften zu verhalten hatten und das Projekt als Sekretärin oder Deutschlehrerin unterstützen konnten.[49] Auch für die deutsch-koreanische Entwicklungszusammenarbeit gab es lediglich ein einziges Projekt (Basisgesundheitsdienste), wo Frauen die Zielgruppe darstellten und gleichzeitig als Akteurinnen mitwirkten.[50]

Der zweite Punkt, ethnische Zugehörigkeit, spielte vor allem mit Blick auf das koloniale Erbe und Rassismus eine Rolle.[51] Zunächst ist festzuhalten, dass es im Unterschied zu den anderen Geberländern in der Bundesrepublik nur we-

---

46 Dietmar Rothermund hebt für die Entwicklungszusammenarbeit auch die Rolle der Regionalwissenschaften hervor und verweist auf die Gründung des Südasien-Instituts an der Universität Heidelberg sowie des Ostasieninstituts an der Universität Bochum. Auf Details der Forschungstätigkeit und Aufgaben der Institute in Bezug auf die Entwicklungspolitik geht er jedoch nicht ein. Vgl. auch: Rothermund, Dietmar: „German Development Aid: Origins, Motives and Future Perspectives", in: *ASIEN* 116, 2010, S. 103–113.

47 Büschel, *Hilfe zur Selbsthilfe*, S. 239f.

48 Vgl. auch: Altenhofen, Max: „Westdeutsche technische Hilfe im Südkorea der 1960er-Jahre: Am Beispiel von technischen Schulen in Incheon und Naju", in: *ASIEN* 152/153, 2019, S. 81f.

49 Maß, Sandra: „‚Eine Art sublimierter Tarzan': Die Ausbildung deutscher Entwicklungshelfer und -helferinnen als Menschentechnik in den 1960er Jahren", in: *Werkstatt Geschichte* 42, 2006, S. 86–88.

50 Erste koreanische Forschung zu der Thematik findet sich beispielsweise 1979. Hong, Sawon: „Women and Development Planning", in: *Korea Journal* 19, 1979, S. 9–26.

51 White, Sarah: „Thinking race, thinking development", in: *Third World Quarterly* 23.3, 2002, S. 407–419.

nige direkte Anbindungen an koloniale Strukturen gab, da diese nur bis zum Ersten Weltkrieg bestanden hatten.[52] Dennoch gingen einige der älteren Experten in der Anfangsphase noch mit nationalsozialistischem Gedankengut in die ‚Dritte Welt' und begegneten den Counterparts mit rassistischen Vorurteilen. Für das Rote-Kreuz-Krankenhaus in Busan hat Hong Young-sun diese Problematik herausgearbeitet.[53] Ab den 1970er-Jahren setzte hier aber, wie auch in den anderen Bereichen des öffentlichen Dienstes, ein Generationenwandel ein. Wie sich für die Zusammenarbeit mit Korea zeigen sollte, blieb allerdings weiterhin ein gewisser Orientalismus und Kulturessentialismus bestehen, der sich in Erklärungsmustern über den Erfolg und das Scheitern der Projekte offenbarte.

Die Bundesregierung versuchte diesen Tendenzen, die in den Entwicklungsländern durchaus zu Problemen führten, mit einer besseren Ausbildung vor der Entsendung entgegenzuwirken. Ab 1961 gab es erste offizielle Ausbildungsprogramme, die 1965 durch das Deutsche Institut für Entwicklungspolitik übernommen wurden. Dort wurden die Fachkräfte in mehrwöchigen Kursen über das ‚Entsendungsland' informiert. Hauptsächlich diente die Fortbildung aber auch dem Zweck, die Projektmitarbeiter mit den verwaltungstechnischen Abläufen vertraut zu machen, also der Buchhaltung oder dem Verfassen von Projektberichten. Daneben sollten die Akteure auch Werte wie Geduld, Einfühlungsvermögen und Idealismus aufweisen, was aber auf Grund der niedrigen Bewerberzahlen nicht immer möglich war.[54] Einige der entsandten Experten hatten zuvor ein gewisses Interesse an dem Land oder der Region entwickelt, beispielsweise durch den Kontakt mit koreanischen ‚Gastarbeitern'. Andere wollten nach der Berufsausbildung oder dem Studium ins Ausland, waren also eher von Abenteuerlust motiviert.[55] Diese Beweggründe können allerdings nicht verallgemeinert werden und sind auch nicht für alle Fachkräfte nachzuprüfen.

Wie sich in den einzelnen Kapiteln zeigt, waren die Akteure beider Länder vor Ort als Vermittler zwischen dem Verwaltungsapparat in Bonn und der Re-

---

52 Für Kontinuitäten vgl. auch: Hoffmann, Walter K. H.: *Vom Kolonialexperten zum Experten der Entwicklungszusammenarbeit: Acht Fallstudien zur Geschichte der Ausbildung von Fachkräften für Übersee in Deutschland und der Schweiz*, Breitenbach: Saarbrücken 1980.

53 Hong, *Cold War Germany, the Third World, and the Global Humanitarian Regime*, S. 83–109; Vgl. zur Wissensvermittlung über Afrika in der Ausbildung auch: Büschel, „In Afrika helfen", S. 364f.

54 Maß, „Eine Art sublimierter Tarzan", S. 82–84; Büschel, *Hilfe zur Selbsthilfe*, S. 229–233.

55 Vgl. auch: Gespräch mit W. Link, Nehren, 19.08.2020; „10pun int'ŏbyu Noberŭt Yasŭp'ŏ-ssi (handok pusan chigŏp hullyŏnso sŏdokch'ŭk saŏp kwalliin)" [10-minütiges Interview mit Norbert Jasper (Westdeutscher Projektleiter des Deutsch-Koreanischen Ausbildungszentrums in Busan)], in: *Maeil Business Newspaper*, 23.01.1974.

gierung des ,Entwicklungslandes' tätig. In vielen Fällen prägten sie in der Folge auch das fachliche Wissen über die jeweilige Thematik und das Land, indem sie über das Projekt berichteten und ihre Forschungsergebnisse oder Erfahrungen publizierten. Einige konnten dadurch auch ihre wissenschaftliche Karriere vorantreiben, beispielsweise in der Graslandforschung oder der Ausbildung von Berufsschullehrern.[56] Gemäß dem Konzept ,Hilfe zur Selbsthilfe' sollten die deutschen Experten im Entwicklungsland nur unterstützend tätig sein und den Counterparts die Arbeit nach und nach übertragen. Allerdings unterschied sich der Grad der ,Hilfe' je nach Projekt, und so kam es auch darüber zu einigen Auseinandersetzungen.[57] Auch in Korea hatte sich der Begriff ,Selbsthilfe' (*chajo*) bereits während der japanischen Meiji-Zeit verbreitet, wurde aber unter dem Einfluss des amerikanischen *Self-Help* in der Nachkriegszeit neu bewertet und insbesondere in Regierungsprojekten im Umgang mit der armen und ländlichen Bevölkerung betont.[58]

Zu den koreanischen Akteuren der Entwicklungszusammenarbeit gibt es bislang keine eigenständige Forschung, sodass sich lediglich aus Studien über die Regierung und Verwaltungselite Informationen ableiten lassen. Für die militärische Führung in der Regierung unter den Präsidenten Park Chung Hee und Chun Doo Hwan [Chŏn Tuhwan] heben Forscher die Prägung durch deren Ausbildung an der japanischen Militärakademie in der Mandschurei hervor.[59] Die Mitarbeiter der Ministerien waren hingegen zum Großteil nach der Kolonialzeit in Korea selbst oder in den USA aus- und weitergebildet worden. Viele erhielten ab den 1950er-Jahren Stipendien für ein Studium oder eine Ausbildung im Ausland, zum Großteil in den USA, sodass die Kolonialzeit nur indirekte Auswirkungen auf die Wissensproduktion in Korea hatte.[60]

---

56 Auf den Wissenstransfer und die Wissensproduktion wird mit Bezug auf die einzelnen Sektoren ausführlicher eingegangen. Daneben gab es einige allgemeine Forschungen, in denen Korea als Fallstudie herangezogen wurde, in einigen Fällen wurden diese von Gutachtern der Entwicklungszusammenarbeit erstellt.

57 Vgl. auch: Büschel, *Hilfe zur Selbsthilfe*.

58 Han, Pongsŏk: „Naengjŏn shigi indojuŭi kuho-wa ,sonsang' toen chuch'e-ŭi t'ansaeng – Oeguk min'gan wŏnjo tanch'e-ŭi hwaltong-gwa ,chajo(self-help)' kaenyŏm-ŭi chŏnyu" [Humanitarian Aid and the Birth of the ,Damaged' Subject during the Cold War: Focusing on the Activities of Foreign Civilian Aid Organizations and the Appropriation of the concept of Self-Help], in: *Yŏksabip'yŏng* 142, 2023, S. 6–37.

59 Vgl. auch: Eckert, Carter J.: *Park Chung Hee and Modern Korea: The Roots of Militarism, 1866–1945*, Harvard University Press: Cambridge 2016.

60 Kharas, Homi / Makino, Koji / Jung, Woojin: „Overview: An Agenda for the Busan High-Level Forum on Aid-Effectiveness", in: Kharas, Homi / Makino, Koji / Jung, Woojin (Hg.): *Catalyzing Development: A New Vision for Aid*, Brookings Institution Press: Washington 2011, S. 5–6. Vgl. auch zum Wirtschaftsbeamten Kim Chaeik: Kim, Kiwhan: „Kim Jae-Ik: His Life and Contributions", in: Kraus, Lawrence B. / Kim, Kihwan (Hg.): *Liberalization in the Process of Economic Development*, University of California Press: Berkeley 1991, o. S.

Im Rahmen der technischen Zusammenarbeit, der Praktikantenprogramme, Gastarbeiterprogramme oder mit Regierungsstipendien hatten einige Akteure auch in Deutschland studieren oder eine Ausbildung absolvieren können.[61] Diese Personen spielten wegen ihrer Deutschkenntnisse eine Schlüsselrolle bei der Vermittlung zwischen den deutschen und koreanischen Projektmitarbeitern und beim Wissenstransfer durch Übersetzungen von Lehrbüchern und -materialien. Genauere Details dazu werden in den einzelnen Kapiteln nach Sektoren gegliedert erläutert.

Forschung zur koreanischen Entwicklungsdiktatur (*developmental dictatorship*) betont oftmals, dass die Rekrutierung technokratischer Eliten auf Meritokratie beruhte, da öffentliche Prüfungen (*haengsi*) zur Auswahl dienten und ein Belohnungssystem lange Karrieren in der öffentlichen Verwaltung gefördert habe. Viele Regierungsbeamte waren außerdem von einer ‚Entwicklungsmentalität' geprägt und unterstützten die Pläne der Diktatur tatkräftig.[62] In der Forschung zur deutschen Entwicklungszusammenarbeit mit Afrika betont Hubertus Büschel, dass die lokalen Eliten, seien es Beamte, Wissenschaftler oder Counterparts in den Projekten, ebenso den Fokus auf westliche Modernisierung und westliches Wissen legten wie die ausländischen Fachkräfte.[63] Dies kann für koreanische Eliten wohl ebenfalls gelten, denn die Modernisierungstheorie hatte in den 1950/60er-Jahren weite Verbreitung gefunden.[64] Gleichzeitig gab es Projekte, beispielsweise im Berufsbildungssektor, in dem ehemalige hochrangige Militärs oder Beamte als Projektleiter eingesetzt wurden. Hier zeigte sich die enge Verschränkung mit der Regierung, während die fachliche Eignung eine weniger wichtige Rolle zu spielen schien. David C. Kang hebt hierzu hervor, dass insbesondere in den weniger wichtigen Ministerien mehr militärische Führungspersonen tätig waren.[65] Andererseits waren sie von deren politischen Entscheidungen abhängig und konnten nicht immer im effektivsten Sinne entscheiden. Unter Präsident Park erfolgten immer wieder Säuberungen wegen vermeintlicher Korruption, die auch zur Stabilisierung seiner Regierung dien-

---

61 Vgl. zu den Praktikantenprogrammen mit Ghana als historische Arbeit auch: Otto, Jana: *Fachkräfte für die Entwicklung: Fortbildungskooperationen zwischen Ghana und den beiden deutschen Staaten, 1956–1976*, De Gruyter Oldenbourg: München 2022.

62 Vgl. zu diesem Begriff auch: Kang, Myungkoo: „Compressed Modernity and the Formation of a Developmentalist Mentalité", in: Sorensen, Clark W. / Kim, Hyunga (Hg.): *Reassessing the Park Chung Hee Era: Development, Political Thought, Democracy, and Cultural Influence, 1961–1979*, Washington University Press: Seattle 2011, S. 166–186. Evans, Peter: *Embedded Autonomy: States and Industrial Transformation,* Princeton University Press: Princeton 1995, S. 2.

63 Büschel, *Hilfe zur Selbsthilfe*, S. 235–239.

64 Vgl. auch: Park, Tae-Gyun: „Different Roads, Common Destination".

65 Kang, „Cut from the same Cloth", S. 211.

ten.[66] Eine Kritik der deutschen Experten bezog sich auf den häufigen Austausch von Ministern oder anderen Verwaltungsbeamten, die als Counterparts für die Projekte der technischen Zusammenarbeit verantwortlich waren. Hierbei handelte es sich um eine bis heute typische Rotation.[67]

2. Deutsch-Koreanische Beziehungen und die bilaterale Entwicklungszusammenarbeit

Dieses Kapitel gibt eine kurze chronologische Übersicht der Entwicklungszusammenarbeit vor dem Hintergrund der deutsch-koreanischen Beziehungen während des Kalten Krieges. Ein Blick auf die Zeit vor 1945 kann für das Thema auch interessante Bezugspunkte bieten, die aber in dieser Arbeit nicht weiter berücksichtigt werden konnten.[68] Obwohl es einige Überblicksdarstellungen zu den deutsch-koreanischen Beziehungen gibt, gehen diese nicht ausführlich auf die technische und wissenschaftliche Zusammenarbeit ein. Außerdem ist der Zeitraum bis Ende der 1960er-Jahre besser erforscht, während die Jahre danach ein Forschungsdesiderat darstellen. Beispielsweise gibt es zwar Forschung zum Staatsbesuch von Präsident Park Chung Hee in der BRD, aber der Gegenbesuch Heinrich Lübkes oder Ministerbesuche in der Folge fanden bislang keine Aufmerksamkeit. Im Rahmen dieser Besuche erfolgten jedoch Vertragsabschlüsse und Notenwechsel auch zur Entwicklungszusammenarbeit. Andere Kernthemen der deutsch-koreanischen Beziehungen sind die Ostberlin-Spionageaffäre und die Gastarbeiterabkommen, zu denen bereits ausführlicher geforscht wurde. Auch wenn diese beiden Themen mit der Entwicklungszusammenarbeit zusammenhingen, wurden solche Verknüpfungen nicht immer berücksichtigt. Ein Blick aus Sicht der Entwicklungszusammenarbeit trägt somit zu einem Perspektivwechsel und Neubewertung der deutsch-koreanischen Beziehungen bei.

---

[66] Kang, David C.: „Cut from the same Cloth: Bureaucracies and Rulers in South Korea, 1948–1979“, in: Chang, Yun-Shik / Lee, Steven Hugh (Hg.): *Transformations in Twentieth Century Korea*, Routledge: London/New York 2006, S. 196f.

[67] Kim, Kwangho: „Kongmuwŏn sunhwan pojik-e kwanhan yŏn'gu“ [A Study on Job Rotation in Civil Service], in: *Han'guk Kaebal Yŏn'gu* 30.2, 2008, S. 64–97.

[68] Während Paul Georg von Möllendorff am koreanischen Königshof tätig war, lud er diverse Wissenschaftler und Techniker als Berater nach Korea ein. Darunter waren der Geologe Carl Gottsche, der Deutschamerikaner Joseph Rosenbaum, der eine Glasproduktion in Korea aufbauen sollte, sowie August Maertens, der die Seidenraupenzucht modernisieren wollte. Der Landwirt Paul Helm versuchte ein Landwirtschaftsgut nach deutschem Vorbild zu bewirtschaften. Während der Kolonialzeit waren insbesondere die christlichen Missionare im Bereich des Wissens- und Technologietransfers aktiv. Vgl. auch: Kneider, Hans-Alexander: „Deutsch-koreanische Beziehungen: Von ihren Anfängen bis zum Jahre 1945“, in: Köllner, Patrick (Hg.): *Korea 1996: Politik, Wirtschaft, Gesellschaft*, Institut für Asienkunde: Hamburg 1996, S. 19–49.

2.1 Die 1950/60er: Anfänge der Entwicklungszusammenarbeit

Während in der DDR bereits zur Zeit des Koreakrieges eine große Spendenaktion für Nordkorea durchgeführt und beispielsweise der Neuaufbau der Stadt Hamhung geplant und durch die Deutsche Arbeitsgruppe Hamhung vor Ort geleitet wurde, beide also bereits früh zusammenarbeiteten, wurden seitens der BRD zunächst kleinere Projekte in Südkorea anvisiert.[69] Während des Koreakrieges war die Bundesrepublik nicht direkt beteiligt, obwohl zumindest eine medizinische Unterstützung in Form eines Feldlazaretts geplant war. Auf Grund von Verzögerungen kann daher die Gründung des umgewidmeten DRK-Krankenhauses in der Stadt Busan 1954 als erster Kontakt zwischen den beiden Ländern nach dem Zweiten Weltkrieg bezeichnet werden. In einigen Punkten ähnelte das Krankenhaus den späteren Projekten der technischen Zusammenarbeit: Deutsche Ärzte und Krankenschwestern wurden nach Busan entsandt und sollten nicht nur Patienten behandeln, sondern auch koreanisches Personal ausbilden. Allerdings musste das Krankenhaus auf Grund von Fehlverhalten der deutschen Ärzte und Krankenschwestern sowie aus hygienischen Gründen 1958 geschlossen werden.[70]

Zur gleichen Zeit wurden die offiziellen diplomatischen Beziehungen zwischen beiden Ländern aufgebaut. Nach der Eröffnung von Handelsmissionen 1954 wurden diese 1955/56 in Generalkonsulate und schließlich 1958 in Botschaften umgewandelt.[71] Im gleichen Jahr erfolgten auch gegenseitige Besuche der Wirtschaftsminister. Kim Ilhwan besuchte die BRD im Juli und Ludwig Erhard kam im Oktober zum Gegenbesuch nach Korea. In einem Memorandum bat die koreanische Regierung den Bundeswirtschaftsminister um die Aufnahme finanzieller und technischer Zusammenarbeit sowie privater Direktinvestitionen deutscher Unternehmen und stellte einen Antrag auf einen langfristigen Kredit in Höhe von 25 Mio. DM.[72] Die Regierung unter Präsident Rhee Syngman [Yi

---

[69] Vgl. zu der Zusammenarbeit zwischen der DDR und Nordkorea auch: Frank, Rüdiger: *Die DDR und Nordkorea. Der Wiederaufbau der Stadt Hamhung, 1954–1962*, Shaker: Aachen 1996. Hong, *Cold War Germany, the Third World, and the Global Humanitarian Regime*, S. 51–82; Lee, „Deutsche Entwicklungshilfe für Korea 1953–1963“, S. 145–150. Kang-Schmitz, Liana: *Nordkoreas Umgang mit Abhängigkeit und Sicherheitsrisiko: Am Beispiel der bilateralen Beziehungen zur DDR*, Dissertation, Universität Trier, 2010.

[70] Hong, *Cold War Germany, the Third World, and the Global Humanitarian Regime*, S. 83–109.

[71] Kwŏn, Ochung: „Togil yŏnbang konghwaguk-kwa taehan min'guk-ŭi oegyo kwan'gye pogwŏn kwajŏng-gwa sangho-kan-ŭi ipchang ch'ai (1954–1956)“ [The Process of Reestablishing the Relationship between the Federal Republic of Germany and the Republic of Korea and their Points of View], in: *Yŏksagyoyuk* 95, 2005, S. 275–305. Vgl. auch: Köllner, „Deutsch-koreanische Beziehungen“, S. 21.

[72] Han, *Die Beziehungen zwischen der Republik Korea und der Bundesrepublik Deutschland*, S. 112f.

Sŭngman] leitete also bereits erste Schritte einer bilateralen diplomatischen und wirtschaftlichen Zusammenarbeit ein, auch wenn die Interessen der beiden Regierungen und der Privatindustrie zu dieser Zeit divergierten.[73]

Mit der Machtübernahme der Militärregierung unter Park Chung Hee 1961 vertieften sich die Beziehungen beider Länder zunächst. Durch eine ‚multilaterale Wirtschaftsdiplomatie' (*tabyŏnjŏk kyŏngje oegyo*) und Diversifizierung der Außenpolitik strebten Park und seine Berater an, die Abhängigkeit von den USA als Hauptpartner der Entwicklungszusammenarbeit zu überwinden, wofür in Europa zunächst die BRD infrage kam.[74] Nach Verhandlungen im Jahr 1961 unterzeichneten beide Länder im darauffolgenden Jahr das ‚Protokoll zur wirtschaftlichen und technischen Zusammenarbeit'.[75] Dieses beinhaltete einerseits die Errichtung der Deutsch-Koreanischen Facharbeiterschule in Incheon als erstes Projekt der technischen Zusammenarbeit und andererseits staatliche und privatwirtschaftliche Kredite der BRD für Infrastruktur- und Industrieprojekte in Korea. Außerdem entsandte die Bundesregierung die sogenannte Deutsche Volkswirtschaftliche Beratergruppe (DVB) sowie verschiedene Experten in den Bereichen Bergbau, Geologie und Schiffbau für Studien und Beratung nach Korea.[76]

Gerade in der Anfangsphase der Zusammenarbeit zeichnete sich ein großes Interesse Koreas an der Vertiefung diplomatischer Beziehungen mit der BRD ab: Der damalige deutsche Botschafter in Seoul, Karl Bünger, hob hervor, dass die koreanische Botschaft in der BRD besser besetzt sei als in anderen europäischen Ländern und koreanische Politiker ausschließlich Bonn besuchten und nicht London oder Paris. Als Gründe dafür nannte er „Gleichheiten in der politischen Lage unserer beiden Länder, wie die Teilung und die Lage am Rande des kommunistischen Imperiums" sowie die „Bewunderung für die Leistung des Wiederaufbaus".[77] Die Zusammenarbeit mit Korea stand in dieser Zeit also auch unter politi-

---

73 Zu den Hintergründen der divergierenden Meinungen und den Lösungsansätzen vgl. auch: Kwŏn, Ochung: „Ch'ogi kwan'gye palchŏn kwajŏng-esŏ nat'anan togil yŏnbang konghwaguk-kwa taehan min'guk-ŭi oegyojŏk kaltŭng-gwa kŭ haegyŏl kwajŏng (1956–1961)" [The Diplomatic Problems and the Process of Promotion in Relationship between the FRG and the ROK (1956–1961)], in: *Yŏksa kyoyuk* 99, S. 293–322.

74 „Tabyŏnjŏk kyŏngje oegyo-ŭi ŭimi" [Die Bedeutung von multilateraler Außen- und Wirtschaftspolitik], in: *Dong-A Ilbo*, 07.12.1964.

75 Protokoll über wirtschaftliche und technische Zusammenarbeit zwischen der Regierung der Bundesrepublik Deutschland und der Regierung der Republik Korea vom 13.12.1961, in: *Bundesanzeiger* 12, 18.01.1962, S. 1.

76 National Archives of Korea, Dokumenten-Nr.: BA0084353, Handok kan-ŭi togil kyŏngje komundan sŏlch'i-e gwanhan hyŏpchŏng [Vertrag über die Einrichtung einer Wirtschaftsberatergruppe zwischen der Regierung der Bundesrepublik Deutschland und der Republik Korea], 14.02.1963.

77 PA AA, B 58–407, 886, Schreiben der Deutschen Botschaft Seoul an das AA: Unterredung mit Park Chung Hee, 28.05.1963, S. 2; „Sŏdok-ŭi taehanwŏnjo hanggujŏgin

schen Vorzeichen: Der Nachfolger Büngers, Franz Ferring, betonte die Rolle Koreas als „Bollwerk gegen die Ausbreitung des Kommunismus in Asien". Dadurch seien weitere Wirtschaftshilfen gerechtfertigt, vor allem im Vergleich zu anderen Ländern, die sich in der Deutschlandfrage, d. h. zur diplomatischen Anerkennung der Bundesrepublik oder der DDR, neutral verhielten.[78]

Abbildung 1: Unterzeichnung des Protokolls zur wirtschaftlichen und technischen Zusammenarbeit zwischen Westdeutschland und Südkorea, 1961

Quelle: BArch, B 145 Bild-F012000–0004; Fotograf: Rolf Unterberg 13.12.1961

kŏshida – Binggŏ taesa yŏnsŏl" [Die Hilfe der Bundesrepublik Deutschland für Korea ist dauerhaft – Rede von Botschafter Bünger], in: *Kyunghyang Shinmun*, 25.02.1964. Das deckt sich auch mit den Einschätzungen des Auswärtigen Amtes im Jahr 1964. Zur Vorbereitung des Gesprächs zwischen Bundeskanzler Erhard und Präsident Park hielt Referat I B 5 fest: „Die deutsch-koreanischen Beziehungen sind durch weitgehende Interessengleichheit gekennzeichnet. Beiden Ländern wird durch die Kommunisten die Verwirklichung ihres Selbstbestimmungsrechts – Wiederherstellung ihrer staatlichen Einheit in Freiheit – verwehrt. Enge Zusammenarbeit mit den übrigen Ländern der Freien Welt im Rahmen der bestehenden Bündnissysteme stellt daher eine Grundvoraussetzung der deutschen wie der koreanischen Politik dar." Vgl. Referat I B 5, Bd. 83a. Zitiert nach: Institut für Zeitgeschichte (Hg.): *Akten zur Auswärtigen Politik der Bundesrepublik Deutschland 1964*, Oldenbourg: München 1995, S. 1458.

78 PA AA, B 58–407, 886, Schreiben der Deutschen Botschaft Seoul an das AA: Deutsch-koreanische Wirtschaftsbeziehungen, 06.01.1966, S. 5.

Durch Präsident Parks Staatsbesuch in der BRD im Jahre 1964 wurden die Beziehungen weiter vertieft und neue Projekte der Entwicklungszusammenarbeit beschlossen.[79] Beide Seiten verwiesen auf die gleiche politische Ausgangssituation ihrer Länder, die in den Medien als ‚Schicksalsgemeinschaft' (*kongdong unmyŏngch'e*) betitelt wurde. Bundeskanzler Erhard versprach weitere Kredite, um dem kommunistischen Nachbarn wirtschaftliche Stärke zu zeigen.[80] Dem Besuch gingen bereits Verhandlungen über die wirtschaftliche und technische Zusammenarbeit voraus.[81] Nach 1964 verfestigte sich die wirtschaftliche Zusammenarbeit, und die Bundesregierung versprach weitere Unterstützung für den zweiten Fünfjahresplan. An den Verhandlungen dazu nahm auch BMZ-Minister Walter Scheel teil.[82] Wie zu Beginn bereits erwähnt, hatte Park sowohl in der Rede nach seiner Rückkehr als auch in seinem Buch *Der Staat, die Revolution und Ich* [*kukka-wa hyŏkmyŏng-kwa na*] das deutsche Wirtschaftswachstum zu einem Vorbild für Korea erklärt.[83]

Der Staatsbesuch von Bundespräsident Heinrich Lübke 1967 war ebenfalls von Verhandlungen über wirtschaftliche Zusammenarbeit geprägt. Die deutsche Delegation wurde in Korea mit Transparenten an den Straßen und Anzeigen in Zeitungen willkommen geheißen.[84] BMZ-Minister Wischnew-

---

[79] Vgl. zum Staatsbesuch Parks in der BRD: No, Myŏnghwan, „Naengjŏn shidae han'guk sanŏp'wa chŏngch'aek-kwa sŏdok-ŭi ŭimi-wa yŏk'al 1961–1967" [The Meaning and Role of the Federal Republic of Germany for the Industrialization of the Republic of Korea at the Beginning of the Park Chung-hee Era under the International Cold War System 1961–1967], in: *Sarim* 38, 2011, S. 289–323. Der Staatsbesuch Lübkes wurde bislang nicht ausführlicher erforscht.

[80] „Sŏdok muŏs-ŭl chugo muŏs-ŭl pad-ŭl su iss-ŭl-kka. Han'guk pon kŏt nŭkkin kŏt ŏdŭn kŏt" [Was Westdeutschland geben kann und was es bekommt. Was Südkorea sah, fühlte und bekam], in: *Kyunghyang Shinmun*, 14.12.1964.

[81] „Ponŭn ont'ong k'oriabum Pak taet'ongnyŏng-ŭl mannŭn sŏdok-ŭi p'yojŏng" [Der Koreaboom in Bonn – wie Westdeutschland Präsident Park begrüßt], in: *Dong-A Ilbo*, 05.12.1964. Daran erinnert sich auch der Wirtschaftswissenschaftler und damalige Dolmetscher Parks, Paek Yonghun. Vgl. auch: Academy of Korean Studies (AKS), Oral Archives of Modern History, Wirtschaft und Diplomatie, Paek Yŏnghun, Interview, Teil 4–3, 12.11.2009.

[82] „Sŏdok 2ch'a kaebal kyehoek chiwŏn, Handok kyŏngje kangnyo hoedam hu sŏngmyŏng" [Unterstützung für den zweiten Entwicklungsplan durch Westdeutschland, Erklärung nach dem deutsch-koreanischen Wirtschaftstreffen], in: *Dong-A Ilbo*, 24.05.1966. Zu den Hintergründen der deutsch-koreanischen Wirtschaftsbeziehungen aus zeitgenössischer koreanischer Perspektive vgl. auch: Lee, Man-ki: „Prospects for Korean-German Economic Cooperation", in: *Korea Journal* 5.2, 1965, S. 9–12.

[83] Vgl. auch: Pak, *Kukka-wa hyŏkmyŏng-kwa na*, Kapitel 5.

[84] BArch, 894/1967, Die Zeit unter der Lupe, „Lübke in Korea", in: *Neue Deutsche Wochenschau*, 14.03.1967. „Willkommen rwi sŏdok taet'ongnyŏng panghan – Kudŏjin kongdong pŏnyŏng kagyo" [Willkommen Lübke – Brücken zum gemeinsamen Wohlstand bauen], in: *Maeil Business Newspaper*, 01.03.1967.

ski, der Lübke begleitete, nahm beispielsweise an der Einweihungsfeier eines Elektrizitätskraftwerkes in Ulsan teil und besuchte die Deutsch-Koreanische Facharbeiterschule in Incheon.[85] Die Bundesregierung versprach im Rahmen des Besuchs Mittel der Entwicklungszusammenarbeit für den zweiten Fünfjahresplan der koreanischen Regierung inklusive Krediten für ein zweites Kraftwerk in Yeongnam. Außerdem wurde der Bau der Deutsch-Koreanischen Milchviehfarm („Molkereibetrieb") als Projekt der technischen Zusammenarbeit beschlossen, da Lübke einerseits die Landwirtschaft persönlich am Herzen lag und andererseits die koreanische Seite im dritten Fünfjahresplan die Technisierung der Landwirtschaft anstrebte. Hinsichtlich der koreanischen Forderung, ein Ausbildungszentrum in Busan zu errichten, nahm Lübke lediglich das Interesse der koreanischen Regierung zur Kenntnis, und das gemeinsame Projekt wurde schließlich erst fünf Jahre später begonnen.[86]

Im Jahr zuvor, 1966, wurde auch offiziell das Abkommen zur technischen Entwicklungszusammenarbeit abgeschlossen, das die genauen Bedingungen und die Rollenverteilung im Rahmen der Projekte festlegte. Darauf basierten auch alle weiteren Notenwechsel zur technischen Zusammenarbeit. Die Verhandlungen dafür hatten sich zuvor verzögert, weil die deutsche Seite viele konkrete Forderungen gestellt hatte, die die koreanische Seite nicht im Abkommen, sondern separat regeln wollte. Demnach hätten nämlich nach Veröffentlichung des Vertrages auch andere Geberländer diese Privilegien einfordern können.[87] In der Einleitung legten beide Seiten als Hintergrund für die Zusammenarbeit fest, ihre „Beziehungen zu vertiefen, in Anbetracht ihres gemeinsamen Interesses an der Pflege und Förderung der technischen und wirtschaftlichen Entwicklung ihrer Staaten, in Erkenntnis der Vorteile, die aus ihrer engeren technischen Zusammenarbeit für beide Staaten erwachsen". Die bilaterale Zusammenarbeit wurde somit offiziell als „gleichberechtigte Partnerschaft" (Artikel 1) bezeichnet.

Als Inhalte legten sie die Errichtung von fachlichen Ausbildungsstätten und Mustereinrichtungen durch die Entsendung von deutschen Lehr- und

---

[85] „Pak-Luibŭk'e kongdong sŏngmyŏng – Ije 2 ch'a kongshik chŏngsang hoedam mach'igo palp'yo" [Gemeinsame Erklärung von Park und Lübke – jetzt zum Abschluss des zweiten offiziellen Gipfels veröffentlicht], in: *Kyunghyang Shinmun*, 06.03.1967. In Wischnewskis Memoiren wird die Asienreise mit Bundespräsident Lübke nur kurz erwähnt; vgl. auch: Wischnewski, Hans-Jürgen: *Mit Leidenschaft und Außenmaß: In Mogadischu und Anderswo*, C. Bertelsmann; München 1989, S. 54–56.

[86] MOFA Diplomatic Archives, Dokumenten-Nr.: C-0022 (1965–68), Joint Communique by President Park Chung Hee of the Republic of Korea and President Heinrich Lübke of the Federal Republic of Germany, 05.03.1967.

[87] PA AA, B 58–407, 886, Schreiben der Deutschen Botschaft Seoul an das AA: Rahmenabkommen technische Hilfe, 20.12.1965, S. 2.

Fachkräften sowie die Bereitstellung von technischer Ausrüstung fest. Außerdem sollten koreanische Praktikanten und Fachkräfte in deutschen Betrieben fortgebildet werden. In Artikel 4 wurde festgelegt, dass die koreanische Seite Bau- und Personalkosten vor Ort übernehmen und den deutschen Beratern beispielsweise Dienstwohnungen zur Verfügung stellen würde. Auch in Artikel 5 und 6 spielten die Privilegien der deutschen Fachkräfte eine Rolle, so mussten sie beispielsweise in Korea keine Steuern oder Zollgebühren entrichten, und der koreanische Staat haftete zunächst für mögliche Schäden, die sie verursachten. Des Weiteren war ein Informationsaustausch über die Ausbildungs- und Arbeitspläne vorgesehen.[88] Genannte Regelungen gingen auf die Erfahrungen der ersten beiden Projekte, Deutsch-Koreanische Facharbeiterschule und Deutsche Volkswirtschaftliche Beratergruppe, zurück, für die es noch kein solches Abkommen gegeben hatte. Außerdem konnte bei der Ausarbeitung auf ähnliche Abkommen mit anderen Ländern zurückgegriffen werden.

Etwa zeitgleich trafen beide Länder eine Vereinbarung über das ‚Programm zur vorübergehenden Beschäftigung von koreanischen Bergarbeitern im westdeutschen Steinkohlebergbau', das eine Arbeitsmigration von koreanischen Bergleuten in die BRD ermöglichte. Außerdem warben westdeutsche Krankenhäuser und Altenpflegeheime, zunächst durch private Vermittlung, koreanische Krankenschwestern an. Später schlossen beide Staaten auch hier ein Abkommen zur offiziellen Anwerbung.[89] Das Verhältnis der Arbeitsmigration zur Entwicklungszusammenarbeit soll zwar in dieser Arbeit nicht im Zentrum stehen, darf allerdings auch nicht außer Acht gelassen werden, da beide Themen einige Überschneidungen aufweisen. Einerseits stellte die westdeutsche Regierung die Anwerbung von Arbeitskräften rhetorisch als Form der Entwicklungszusammenarbeit dar, auch wenn dafür der Begriff ‚umgekehrte Entwicklungshilfe' besser geeignet scheint.[90] Ander-

---

[88] MOFA Diplomatic Archives, Dokumenten-Nr.: J-0046–04/2365, Handogil kan-ŭi kisul hyŏmnyŏk-e kwanhan hyŏpchŏng [Vertrag über die technische Zusammenarbeit zwischen der Bundesrepublik Deutschland und der Republik Korea], 13.02.1967.

[89] Garz, Detlef: „Wir waren trotz der Schwierigkeiten fröhlich und mutig, weil wir von einem besseren Leben träumten: Die historische Entwicklung der südkoreanischen Migration in die Bundesrepublik Deutschland: Eine Skizze", in: Chang-Gusko, Yong-Seun et al. (Hg.): *Unbekannte Vielfalt: Einblicke in die koreanische Migrationsgeschichte*, DOMiD: Köln 2014, S. 18–41; Na, Hye-Sim: „Diplomatische Tauschgeschäfte? Eine alternative Ansicht zur Gastarbeiterschaft im Rahmen eines asiatischen Beispiels", in: *Historische Zeitschrift* 302, 2016, S. 677–702.

[90] In einem Seminar des Caritasverbandes wird die Anwerbung als ‚Entwicklungshilfe in falscher Richtung' bezeichnet; eine erste Erwähnung in der Forschung findet sich dann 2005. Choi, Sun-Ju / Lee, You Jae: „Umgekehrte Entwicklungshilfe: Die koreanische Arbeitsmigration in Deutschland", in: Kölnischer Kunstverein (Hg.): *Projekt Migration*, Köln 2005, S. 735–742.

seits führten beide Länder ab den 1970er-Jahren in der Entwicklungszusammenarbeit auch Wiedereingliederungsprogramme für koreanische Arbeitskräfte und den Ausbau des Kohlebergbaus und der Basisgesundheit in Korea durch, wie im Kapitel zur sozialen Entwicklung ausführlich erläutert werden soll. Die Migration bewirkte des Weiteren einen größeren sprachlichen und kulturellen Austausch, der das gegenseitige Interesse an den Partnerländern erhöhte.

2.2 Ostberlin-Spionageaffäre als Einschnitt

Einen Bruch der diplomatischen Beziehungen beider Länder stellte die sogenannte Ostberlin-Spionageaffäre im Jahr 1967 dar. Unter anderem wurden daraufhin die Anwerbeabkommen gestoppt sowie Verhandlungen für neue Projekte und Gelder der Entwicklungszusammenarbeit abgesagt. Projekte der technischen Zusammenarbeit, die bereits liefen, in diesem Fall also nur die Deutsch-Koreanische Facharbeiterschule in Incheon und die Beratergruppe, waren nicht betroffen. Allerdings verschob sich die Eröffnung der gemeinsamen Milchviehfarm in Anseong. Das Projekt wurde dann aber ebenfalls durch einen vertraulichen Notenwechsel im Juli 1968 fortgesetzt.[91] Die Bundesregierung setzte also vor allem die Zusage neuer Mittel der finanziellen Zusammenarbeit als außenpolitisches Druckmittel im Rahmen der Verhandlungen ein und boykottierte beispielsweise auch die Geberkonferenz der IECOK, während die technische Zusammenarbeit nicht betroffen war.[92] Bundesaußenminister Willy Brandt rechtfertigte die strikte deutsche Haltung mit den Urteilen gegen die „verschleppten" koreanischen Staatsangehörigen und betonte, dass die Bundesregierung auf Grund des innenpolitischen Drucks diesbezüglich keine andere Wahl hätte.[93] Brandt hatte dabei auch die Unterstützung seiner Fraktion, wobei einigen die Maßnahmen nicht weit genug gingen.[94] Die Solidaritätsbekundun-

---

91 Aufzeichnung des Referats I B 5 vom 13. Dezember 1968; Referat I B 5, Bd. 418. Vgl. Institut für Zeitgeschichte (Hg.): *Akten zur Auswärtigen Politik der Bundesrepublik Deutschland 1968*, Oldenbourg: München 1999, S. 519.

92 Kim, Myŏngsŏp / Yang, Chunsŏk: „1967nyŏn tongbaengnim sagŏn ihu handok kwan'gye-ŭi kinjang-gwa hoebok: pimirhaejedoen han'guk oegyo munsŏ-rŭl chungshim-ŭro" [The Diplomatic Strains between South Korea and West Germany after the East Berlin North Korean Spy Ring Incident in 1967], in: *Han'guk Chŏngch'i Oegyosa Nonch'ong* 35.1, 2013, S. 5–39.

93 Vgl. die Aufzeichnung des Vortragenden Legationsrats Fischer; Referat I B 5, Bd. 417, in: Institut für Zeitgeschichte (Hg.): *Akten zur Auswärtigen Politik der Bundesrepublik Deutschland 1968*, Oldenbourg: München 1999, S. 184.

94 „Koreaner: Freunde unter Freunden", in: *Der Spiegel* 1967/52, 18.12.1967, S. 26f.; „Nur lauwarme Hilfe für verurteilte Südkoreaner", in: *Süddeutsche Zeitung*, 29.12.1967.

gen mit den Angeklagten aus der deutschen Zivilbevölkerung, insbesondere durch Professoren, Künstler, Intellektuelle sowie Studierende, beeinflusste ebenfalls die Handlungen der Bundesregierung.[95] Insbesondere die Schriftstellerin Luise Rinser setzte sich in diesem Zusammenhang für den befreundeten Musiker Yun Isang ein.[96] Nach Versprechungen der koreanischen Regierung an den Sondergesandten Paul Frank, Teile der Inhaftierten wieder freizulassen, wurden 1969 neue Mittel für die Entwicklungszusammenarbeit versprochen, was in den deutschen Medien auch als „Gnade für Kredite" betitelt wurde.[97] Auch wenn die Politikwissenschaftler Patrick Köllner und Han Jong-Soo für die Zeit nach der Ostberlinaffäre eine Abkühlung der bilateralen Beziehungen konstatierten, da weniger Ministerbesuche stattfanden und erst wieder 1986 ein Staatsbesuch erfolgte,[98] kann man für den Bereich der wirtschaftlichen und technischen Zusammenarbeit im Gegenteil von einer Intensivierung sprechen.

2.3 Die 1970er-Jahre: Hochphase der Entwicklungszusammenarbeit

Nach der Wiederaufnahme der bilateralen Beziehungen erfolgten 1969 weitere Verhandlungen über die Entwicklungszusammenarbeit, bei denen der Bau des Berufsbildungszentrums in Busan erneut auf den Tisch kam.[99] Im Rahmen des Besuches von Außenminister Walter Scheel im Jahre 1970 unterzeichneten beide Länder nicht nur das Kulturabkommen, sondern beschlossen auch die Errichtung des Berufsbildungszentrums mit einem Notenwechsel.[100] Den Interessen der koreanischen Regierung entsprechend kamen in der Folge neue Berei-

[95] Vgl. auch: Yi, Chŏngmin: „T'anwŏnsŏ-e nat'anan sŏdogin-dŭl-ŭi tongbaengnim sagŏn inshik" [Petitions of West Germans for East-Berlin Case], in: *Sarim* 55, 2016, S. 403–426; Yi, Chŏngmin: „Sŏdok taehaksaeng-dŭl-ŭi chudok namhan taesagwan nanip sagŏn-gwa 68hyŏngmyŏng: Sangho kyujŏngsŏng-ŭi kongshisŏng-gwa pidongshisŏng" [Breaking into South Korean Embassy in West Germany by German Students and the protests of 1968: The Synchronicity and asynchrony of the mutual regulation], in: *Sarim* 64 2018, S. 223–251.

[96] Rinser, Luise / Yun, Isang: *Der verwundete Drache: Dialog über Leben und Werk des Komponisten*, S. Fischer: Berlin 1977. Vgl. zur Analyse auch: Cho, Miyang: „Luise Rinser's Third-World Politics: Isang Yun and North Korea", in: Cho, Joanne M. and Roberts, Lee M. (Hg.): *Transnational Encounters between Germany and Korea*, Palgrave Macmillan: London 2017, S. 159–175.

[97] Yi, Chŏngmin: „Handok kyŏngje hyŏmnyŏk-kwa tongbaengnim sagŏn" [South Korean-West German Economic Cooperation and the East Berlin Incident], in: *Yŏksabip'yŏng* 119, 2017, S. 160–184.

[98] Köllner spricht sogar von einer „Funkstille" bis 1979. Köllner, „Die deutsch-koreanischen Beziehungen von 1945 bis zur Gegenwart", S. 25.

[99] „Taehan wŏnjo-rŭl chaegae" [Wiederaufnahme der Entwicklungshilfen für Korea], in: *Kyunghyang Shinmun*, 24.04.1969.

[100] PA AA, Referat I B5, Bd. 503, Deutsche Botschaft Seoul an das AA, 19.05.1970; vgl.

che der Zusammenarbeit hinzu. Als Schwerpunkte können neben der Berufsbildung die ländliche Entwicklung und der Technologietransfer genannt werden. Die Zahl an Projekten der technischen Zusammenarbeit erreichte in diesem Zeitraum ihren Höhepunkt.

Beide Länder trafen sich ab 1971 jährlich für Wirtschaftsberatungen, bei denen Fragen zu Handel, Investitionen und Entwicklungszusammenarbeit besprochen wurden. Diese zweitägigen Treffen fanden abwechselnd in Bonn und Seoul statt (siehe Tabelle 2). Von beiden Seiten nahmen ca. 10 Ministerialbeamte teil, geleitet wurden die Delegationen in der Regel von einem Ministerialdirektor des BMZ oder BMWi bzw. einem stellvertretenden Staatssekretär des EPB oder MOST. Als Beispiel sollen hier die 8. Deutsch-Koreanischen Wirtschaftsverhandlungen dienen, die vom 18. bis zum 20. April 1978 in Bonn stattfanden. Auf deutscher Seite führte BMZ-Ministerialdirigent Dr. F. Klamser die Delegation und auf koreanischer Seite der stellvertretende Staatssekretär des EPB (*kyŏngje kihoegwŏn kyŏnghyŏp ch'agwanbo*), Ch'oe Sŏnrae. Nachdem die koreanische Seite einen Überblick über die aktuelle Wirtschaftslage und den neusten Fünfjahresplan gegeben hatte, bat sie die deutsche Regierung um weitere wirtschaftliche Unterstützung für die kommenden Jahre. Dann hob die deutsche Delegation die Erfolge der koreanischen Wirtschaftsentwicklung positiv hervor und versprach weitere Zusammenarbeit in der Zukunft. Im weiteren Verlauf legte die deutsche Seite ihre (geänderten) Bedingungen für die finanzielle Zusammenarbeit mit Schwellenländern vor, und die vereinbarten Projekte wurden einzeln vorgestellt.[101] Über diese Projekte hatte es bereits Vorverhandlungen und Machbarkeitsstudien gegeben, sodass im Rahmen der Wirtschaftsverhandlungen letztlich nur eine Bestätigung und genaue Mittelaufteilung erfolgte.

Tabelle 2: Staatsbesuche, Ministerbesuche und Wirtschaftsgespräche, 1961–1989

Datum	Ort	Veranstaltung
11.–13.12.1961	Bonn	Unterzeichnung des Protokolls zur wirtschaftlichen und technischen Zusammenarbeit
07.–14.12.1964	[BRD]	Staatsbesuch Präsident Park Chung Hee
05.–06.04.1965	Seoul	Wirtschaftsgespräche
20.–23.05.1966	Bonn	Wirtschaftsgespräche
02.–06.03.1967	[Korea]	Staatsbesuch Bundespräsident Heinrich Lübke
21.–24.04.1969	Bonn	Wirtschaftsgespräche

auch Institut für Zeitgeschichte (Hg.): *Akten zur Auswärtigen Politik der Bundesrepublik Deutschland 1970*, Oldenbourg: München 2001, S. 803–805.

101 MOFA Diplomatic Archives, Dokumenten-Nr.: 3315/13578, Handok che9ch'a kyŏngje shilmuja hoedam (chaejŏng ch'agwan / kisul hyŏmnyŏk punya) [9. Deutsch-Koreanische Wirtschaftsberatungen (finanzielle/technische Zusammenarbeit)], 07.–11.05.1979.

Datum	Ort	Veranstaltung
16.05.1970	Seoul	Unterzeichnung Kulturabkommen (Scheel)
19.–20.05.1971	Seoul	(1.) Wirtschaftsgespräche
27.–28.04.1972	Bonn	(2.) Wirtschaftsgespräche
31.07.–02.08.1973	Seoul	(3.) Wirtschaftsgespräche
25.–30.10.1973	Seoul	1. Wirtschaftsgespräche
25.–27.06.1974	Bonn	2. bzw. (4.) Wirtschaftsgespräche
13.–14.05.1975	Seoul	3. bzw. (5.) Wirtschaftsgespräche
05.–06.04.1976	Seoul	4. bzw. (6.) Wirtschaftsgespräche
06.–07.06.1977	Bonn	5. bzw. (7.) Wirtschaftsgespräche
18.–20.04.1978	Bonn	6. bzw. (8.) Wirtschaftsgespräche
09.–11.04.1979	Seoul	7. bzw. (9.) Wirtschaftsgespräche
20.–22.05.1980	Bonn	(10.) Wirtschaftsgespräche
26.–27.11.1981	Bonn	8. Wirtschaftsgespräche
29.–30.09.1982	Seoul	9. Wirtschaftsgespräche
24.–25.11.1983	Bonn	10. Wirtschaftsgespräche
26.–27.11.1984	Seoul	11. Wirtschaftsgespräche
03.–09.10.1985	Seoul	Besuch BMZ-Minister Warnke
05.–06.12.1985	Bonn	12. Wirtschaftsgespräche
10.–13.04.1986	[BRD]	Staatsbesuch Präsident Chun Doo Hwan
11.–12.06.1987	Seoul	13. Wirtschaftsgespräche
21.–22.11.1988	Bonn	14. Wirtschaftsgespräche
30.–31.10.1989	Seoul	15. Wirtschaftsgespräche

Quelle: Eigene Zusammenstellung des Autors basierend auf Materialen des Bundesarchivs und National Archives of Korea.

Daneben fanden in dem Zeitraum, trotz anderweitiger Darstellung in der bisherigen Forschung, verschiedene Besuche auf Ministerebene statt. 1972 wurde ursprünglich BMZ-Minister Erhard Eppler nach Korea eingeladen, an dessen Stelle kam jedoch Staatssekretär Karl-Heinz Sohn.[102] Im darauffolgenden Jahr war der koreanische Außenminister Kim Yongsik in der BRD zu Gast und 1975 der stellvertretende Premierminister und EPB-Minister Nam Tŏku. Dieser unterbreitete Außenminister Hans-Dietrich Genscher auch bereits den Vorschlag, ein Abkommen über die wissenschaftlich-technologische Zusammenarbeit (WTZ) abzuschließen.[103] Während der 1970er-Jahre spielte vor allem das Thema der Ost-

102 Vgl. auch: BArch B 213/8757.

103 PA AA, Referat 303, Bd. 101641, Vgl. Institut für Zeitgeschichte (Hg.): *Akten zur Auswärtigen Politik der Bundesrepublik Deutschland 1975*, Oldenbourg: München 2006, S. 186. Vgl. den Runderlass; Referat 341, Bd. 161986.; Vgl. Institut für Zeitgeschichte (Hg.): *Akten zur Auswärtigen Politik der Bundesrepublik Deutschland 1986*, De Gruyter Oldenbourg: Berlin/Boston 2017, S. 916.

West bzw. Nord-Süd Annäherung eine wichtige Rolle. Etwa gleichzeitig zur Ostpolitik der sozialliberalen Bundesregierung leitete auch Präsident Park Chung Hee auf Druck der amerikanischen Regierung eine Annäherung mit Nordkorea ein. Sowohl der erste als auch der zweite koreanische Minister für Wiedervereinigung besuchten die BRD, und auch der Bundesminister für innerdeutsche Beziehungen, Egon Franke, stattete 1972 einen Gegenbesuch in Seoul ab.[104]

Ab den 1970er-Jahren spielte Korea eine wichtigere Rolle als Exportnation der chemischen und Schwerindustrie. In dieser Zeit vergrößerte sich auch das Handelsvolumen mit den Ländern der Europäischen Gemeinschaft (EG). Von beiden Seiten gab es allerdings weiterhin Importbeschränkungen, die erst mit den Liberalisierungen unter Präsident Chun Doo Hwan langsam abgebaut wurden. Mit der Gründung einer ‚Arbeitsgruppe für die deutsch-koreanische wirtschaftliche Zusammenarbeit' durch die Industrie- und Wirtschaftsverbände beider Länder im Jahr 1975 vertieften sich auch die privatwirtschaftlichen Beziehungen. 1978 gründete man das Korea-Germany Investment Promotion Center zunächst an der Federation of Korean Industries (FKI), das im Rahmen des BK-Projektes gefördert wurde. Ein wichtiger Schritt in Richtung engerer Wirtschaftsbeziehungen war auch die Einführung eines Doppelbesteuerungsabkommens im Jahr 1976.[105]

Bereits ab Mitte der 1970er-Jahre stellte die amerikanische Regierung ihre finanzielle Unterstützung für Südkorea ein, auch wenn einige Projekte der technischen Zusammenarbeit in den Bereichen Gesundheitswesen, Bewässerung und Familienplanung sowie die militärische Zusammenarbeit fortgesetzt wurden. Laut amerikanischer Regierung sollte Korea in Zukunft kommerzielle Kredite oder Kredite multilateraler Geber aufnehmen.[106] Deutsche Besucher dieser Zeit, wie der BMZ-Beamte Dr. Killinger, sahen Korea als ein „dynamisches, erfolgreiches Entwicklungsland".[107] Eine Einstellung der Entwicklungszusammenarbeit erwogen sie jedoch noch nicht. Für die Projekte der technischen Zusammenarbeit sollten vor allem hochqualifizierte Fachkräfte entsandt werden, damit diese eine bessere Breitenwirkung entfalten könnten.[108]

---

104 Han, *Die Beziehungen zwischen der Republik Korea und der Bundesrepublik Deutschland*, S. 150–165. Zu einem ausführlicheren Vergleich der Situation vgl. auch: Kindermann, Gottfried Karl (Hg.): *Inter-system Detente in Germany and Korea: World Peace Promotion through inter-system Detente in Germany and Korea*, Tuduv-Verlag: München 1976.

105 Vgl. zu den privatwirtschaftlichen Beziehungen auch: Han, *Die Beziehungen zwischen der Republik Korea und der Bundesrepublik Deutschland*, S. 260–270.

106 PA AA, B 37-ZA, 103337, Schreiben der Deutschen Botschaft Washington an das AA: Die US-Auslandshilfen aus Mitteln des Bundes für die laufende Haushaltsperiode, 10.02.1976.

107 PA AA, B 37-ZA, 105107, Dr. Killinger: Bericht über eine Dienstreise nach Korea und Thailand (05. bis 28.01.1977), 11.02.1977, S. 1. Ähnliche Beschreibungen finden sich auch in den deutschen Medien dieser Zeit. Vgl. auch: „Wie im Deutschland der Nachkriegsjahre", in: *Der Spiegel* 33/1979, 12.08.1979.

108 Ibid., S. 1.

Als Projekte kamen im Berufsbildungssektor auch die Beratergruppe am koreanischen Arbeitsministerium, ein Meistercollege in Changwon sowie die Förderung des College of Industrial Education (CIE) an der Chungnam National University (CNU) hinzu. Daneben förderten deutsche Berater den Aufbau von Technologiezentren in verschiedenen Industriesektoren wie beispielsweise Materialprüfung, Maschinenentwicklung oder Telekommunikationstechnik. Die bilaterale Zusammenarbeit begleitete dadurch die Transformation der koreanischen Wirtschaft von der Leichtindustrie zur Schwerindustrie. Aber auch die Projekte im Bereich der ländlichen Entwicklung, sei es die Erweiterung der Landwirtschaftlichen Fakultät an der Korea University oder Zusammenarbeit in der Forstwirtschaft oder der Graslandforschung, weist eine enge Verknüpfung mit innerkoreanischen Entwicklungen wie dem dritten Fünfjahresplan, der Grünen Revolution (*green revolution*) und der Neuen Dorf Bewegung (*saemaŭl undong*) auf. Wie sich in den Teilkapiteln zeigt, waren die Projekte zwar Teil dieses politischen und wirtschaftlichen Kontextes, die Akteure setzten aber auch ihre eigenen Schwerpunkte, indem sie regionale Modellprojekte als Alternativen zum bestehenden System etablierten oder vertiefende Studien durchführten.

Mit der Erweiterung der Projekte erfolgte auch eine stärkere Koordinierung der Entwicklungszusammenarbeit. Auch wenn sich in den Unterlagen beider Seiten kein ‚Masterplan' findet, erfolgten regelmäßige Reflexionen sowie praktische Koordinierungen. Beispielsweise fand im März 1976 ein Projektleitertreffen unter Leitung der Deutschen Botschaft in Seoul statt, bei dem sich die deutschen Experten über ihre Projekte und mögliche Probleme austauschen konnten.[109] Für das darauffolgende Jahr stellt die Botschaft auch eine allgemeine Übersicht zu Ergebnissen der Entwicklungszusammenarbeit zusammen, die deutsche Projekte mit denen anderer Geber vergleicht und kritisch bewertet.[110] Das ist aber für den gesamten Zeitraum der Zusammenarbeit ein einzigartiges Dokument, da in allen anderen Fällen sektorale oder projektbezogene Evaluationen stattfanden oder die Bewertungen von Einzelpersonen wie Besuchsreisenden des BMZ oder der GTZ stammten. In der Übersicht erfolgte auch ein Vergleich mit den Projekten anderer Geberländer wie den USA und Japan. Demnach würde die deutsche Regierung beispielsweise bessere Kreditkonditionen gewähren. Die Zusammenarbeit sei „im Ganzen als marginal, sektoral jedoch als bedeutend zu bewerten".[111] Insbe-

[109] BArch, B 213/8760, Deutsche Botschaft Seoul an das AA: Technische Hilfe, hier: Projektleitertagung in Seoul, 08.03.1976.

[110] BArch, B 213/11964, Deutsche Botschaft Seoul an das AA: Überprüfung der Ergebnisse der deutschen Entwicklungshilfe, 22.04.1977.

[111] Ibid., S. 11f.; Genannt werden als erfolgreiche US-Projekte: KIST, Kunstdünger-Fabrik in Chungchu, USA Banpo Housing Project; erfolgreiche japanische Projekte: Kumho Technical Highschool, sowie Technische Fakultät der SNU. Vgl. auch: Köllner, „Die deutsch-koreanischen Beziehungen von 1945 bis zur Gegenwart", S. 29.

sondere in den Bereichen Berufsbildung und ländliche Entwicklung könnten durch die technische Zusammenarbeit marginalisierte, aber „entwicklungspolitisch wichtige" Bevölkerungsgruppen erreicht und somit die Wirtschaftspläne der koreanischen Regierung erfolgreich unterstützt werden.[112] Als gescheiterte Projekte werden die beiden Technologiezentren am KIST genannt; dieser Bereich solle in Zukunft der Privatwirtschaft überlassen werden. Die anderen genannten Probleme wie fehlende oder ungeeignete Counterparts oder Schwierigkeiten bei der sprachlichen Verständigung finden sich auch in der genaueren Analyse der einzelnen Projekte in den nachfolgenden Kapiteln wieder.[113]

2.4 Die 1980er-Jahre: Korea als Schwellenland und Partner

Viele der oben genannten Projekte liefen bis Ende der 1980er- oder sogar frühen 1990er-Jahre unter der Leitung deutscher oder der Nachbetreuung koreanischer Experten. Obwohl Korea nun als Schwellenland galt, setzte die deutsche Regierung die Projekte also weiterhin fort. Gleichzeitig übernahm die koreanische Regierung mehr Leistungen, indem sie beispielsweise für jeden deutschen Experten eine monatliche Pauschale von 2.500 DM bezahlte, die zwar nicht die gesamten Personalkosten deckte, aber zumindest einen Teil davon. In anderen Fällen beschäftigte die koreanische Partnerorganisation die deutschen Fachkräfte als ‚interne Experten' weiter.[114] Des Weiteren arbeiteten nun auch einzelne deutsche und koreanische Forschungsinstitutionen zusammen, z. B. die Universität Hohenheim und das Korea Advanced Institute of Science and Technology (KAIST). Die Forschungsprojekte erhielten dabei nicht nur Unterstützung durch das BMZ, sondern auch das Bundesministerium für Bildung und Forschung (BMBF). Hieran lässt sich bereits der Übergang von der Entwicklungszusammenarbeit zu einer Partnerschaft in Wissenschaft und Forschung erkennen, die beide Staaten in den Jahren ab 1986 mit Abschluss des WTZ-Abkommens weiter ausbauten.[115]

Auch in den 1980er-Jahren fanden die bilateralen Wirtschaftskonsultationen zu den zuvor genannten Themen statt. Hinzu kamen ab 1981 jedoch die Korean German Policy Consultation Meetings und Treffen der privatwirtschaftlichen Ar-

---

[112] BArch, B 213/11964, Deutsche Botschaft Seoul an das AA: Überprüfung der Ergebnisse der deutschen Entwicklungshilfe, 22.04.1977, S. 13f.

[113] Ibid., S. 15–17.

[114] Vgl. zu einer allgemeinen Einschätzung auch: PA AA, B 37-ZA, 142745, Dr. Pallmann (BMZ): Dienstreise RL 103 nach Korea, 26.11.1984, S. 4.

[115] Abkommen zwischen der Regierung der Bundesrepublik Deutschland und der Regierung der Republik Korea über wissenschaftlich-technologische Zusammenarbeit, in: *Bundesgesetzblatt* Teil II Nr. 32, 09.09.1986, S. 928–930.

beitsgruppe für deutsch-koreanische wirtschaftliche Zusammenarbeit. Die wirtschaftlichen Beziehungen diversifizierten sich also weiter und waren zunehmend privatwirtschaftlicher Natur. Als ein Vorzeigeprojekt dieser Dekade wurde daher auch das Projekt ‚betriebliche Kooperationen' bezeichnet, das einerseits deutsche Wirtschaftsinteressen stärker in den Vordergrund rückte, andererseits kleine und mittlere Unternehmen (KMU) in Korea unterstützen sollte.[116]

Aus Sicht von Botschaft und BMZ lag in der Entwicklungszusammenarbeit in diesem Zeitraum ein Fokus auf den Bereichen Berufsbildung und Technologie. Eine Fortsetzung dieser Zusammenarbeit sei auch im deutschen Interesse, da sie „einen hohen entwicklungspolitischen Nutzen wie kaum in einem anderen Land" habe.[117] Ein vorzeitiger Abbruch würde den bis dahin geschaffenen ‚Goodwill' beeinträchtigen und die BRD könnte nicht mehr von der weiteren wirtschaftlichen Entwicklung Koreas profitieren.[118] In der Zwischenzeit war der Handel mit Korea weiter gewachsen, sodass die Entwicklungszusammenarbeit stärker aus wirtschaftlicher Perspektive betrachtet wurde. Wie andere europäische Staaten sollte auch Deutschland Investitionen der Privatwirtschaft durch eine Mischfinanzierung unterstützen, beispielsweise den Bau von Atomkraftwerken.[119] Ein solches Vorgehen entsprach auch den Vorstellungen des damaligen BMZ-Ministers Warnke.

Dieser reiste im Jahr 1986 wegen einer Weltbankkonferenz für einen kurzen Besuch nach Seoul. Zu dieser Gelegenheit versprach er auch weitere technische Zusammenarbeit, die in der Hauptsache eine Fortsetzung von bereits laufenden Projekten bedeutete und als Neuprojekte nur das Thema Arbeitssicherheit umfasste. Sein koreanischer Amtskollege regte in diesem Rahmen auch gemeinsame Projekte der technischen Zusammenarbeit in Drittländern an und beabsichtigte eine Langzeitplanung bis in das Jahr 2000.[120] Bei seinem Besuch in der BRD hob der koreanische Wissenschaftsminister, Chŏn Hakche, vor allem die Erfolge des Projektes ‚betriebliche Kooperationen' hervor, das die privatwirtschaftliche Kooperation der Klein- und Mittelindustrie sowie den Technologietransfer stärke.[121]

---

[116] PA AA, B 37-ZA, 142745, Dr. Pallmann (BMZ): Dienstreise RL 103 nach Korea, 26.11.1984, S. 5.

[117] PA AA, B 37-ZA, 143744, Schreiben der Deutschen Botschaft Seoul an das AA: Entwicklungspolitische Zusammenarbeit mit Südkorea, 22.04.1982, S. 1.

[118] Ibid., S. 1f.

[119] PA AA, B 37-ZA, 143744, Schreiben der Deutschen Botschaft Seoul an das AA: Gezielter Einsatz von Entwicklungshilfemitteln zur Förderung eigener kommerzieller Interessen durch andere Geberländer, 09.09.1982, S. 1f.

[120] „Warnke sagt Korea (Rep.) 21 Mio. DM für Technische Hilfe zu", in: *Nachrichten für Außenhandel*, 10.10.1985. PA AA, B 37-ZA, 143744, Schreiben der Deutschen Botschaft Seoul an das AA: Teilnahme von Bundesminister Dr. Warnke an der Jahrestagung von Weltbank und IWF, 16.10.1985, S. 4.

[121] PA AA, B 37-ZA, 142622, Besprechungsbericht: Technische Zusammenarbeit mit der Republik Korea – Gespräch PSts Dr. Köhler mit dem koreanischen Minister für Wissenschaft und Technologie, Dr. Hak-Ze Chon, 15.04.1986, S. 2f.

In der Eigenwahrnehmung sah sich Korea bereits als gleichberechtigter Partner, und auch die Deutsche Botschaft in Seoul hob diese Entwicklung hervor, indem sie auf die Erfolge von Koreas Entwicklungspolitik in Asien und Afrika verwies. Auch wenn es sich noch um geringe Gesamtmittel handele, nutze Korea „geschickt die Chance, sich gleichzeitig als interessanter Handelspartner für die Länder der Dritten Welt darzustellen, neue Märkte zu erschließen und sich ein positives außenpolitisches Image zu verschaffen.“[122] Vor allem auf Grund des „mittleren Entwicklungsstandes“ der koreanischen Technik zeigten die Entwicklungsländer ein größeres Interesse an einer Zusammenarbeit.[123] Diese Prognose fällt in den gleichen Zeitraum, in dem Korea bereits mit der Gründung des EDCF und nachfolgend KOICA selbst eine Institutionalisierung seiner Entwicklungspolitik vornimmt. Mit dieser Entwicklung lief die technische Zusammenarbeit beider Länder langsam aus, auch wenn das BMZ sie offiziell bis 1993 fortführte. Für die Zukunft wurde vor allem eine Kooperation in Drittländern erwogen, jedoch nur in einzelnen Sektoren verwirklicht.[124]

Auch in den deutschen Medien und Forschungsbeiträgen finden sich zu dieser Zeit Bewertungen Koreas als neue aufstrebende Wirtschaftsmacht sowie Vergleiche mit Japan und anderen Ländern Asiens, den sogenannten ‚Tigerstaaten‘. Den Forschern ging es insbesondere darum, Korea als Modellland für Entwicklungsländer zu (de-)konstruieren.[125] Gleichzeitig lässt sich ein Konkurrenzdenken erkennen, auch bei den Beamten des BMZ und des Auswärtigen Amtes.[126] Verschiedene Seiten deuteten dabei den Erfolg Koreas nach ihrer eigenen Lesart. Beispielsweise erklärten neoliberale Wirtschaftswissenschaftler die ‚Tigerstaaten‘ als Vorbilder, warum staatliche Entwicklungshilfe nicht nötig sei, während sie die Rolle des starken Staates in diesen Ländern gleichzeitig ignorierten.[127]

---

[122] PA AA, B 58-ZA, 188583, Schreiben der Deutschen Botschaft Seoul an das AA: Entwicklungshilfe, hier: Korea als Geberland, 27.09.1989, S. 1.

[123] Ibid., S. 4.

[124] PA AA, B 58-ZA, 188583, Schreiben der Deutschen Botschaft Seoul an das AA: Entwicklungshilfe, hier: Korea als Geberland, 27.09.1989; Schreiben des BMZ an das AA: TZ mit Korea, 22.06.1989; PAAA, B 58-ZA, 182205, Schreiben des BMZ an das AA: EZ mit Korea, 30.10.1989.

[125] Rhein, Eberhard: „Das Dritte Wirtschaftswunder: Die Geburt einer neuen Industrienation“, in: *Die Zeit* Nr. 14, 30.03.1979. Luther, Hans Ulrich: *Südkorea: (K)ein Modell für die Dritte Welt: Wachstumsdiktatur und abhängige Entwicklung*, Simon & Magiera: München 1981. Song, Du-Yul: „Südkorea: Auf den Spuren der Japaner“, Bericht – Korea Forschungsgemeinschaft Nr. 2, 1984.

[126] PA AA, B 37-ZA, 142622, Besprechungsbericht: Technische Zusammenarbeit mit der Republik Korea – Gespräch PSts Dr. Köhler mit dem koreanischen Minister für Wissenschaft und Technologie, Dr. Hak-Ze Chon am 10.04.1986, 15.04.1986, S. 1.

[127] Lorenzini, *Global Development: A Cold War History*, S. 165

In den 1980er-Jahren beeinflusste das Thema Menschenrechte die deutsch-koreanischen Beziehungen stärker. Nach der Ermordung von Präsident Park Chung Hee übernahm nach einem kurzen Interregnum der ehemalige General Präsident Chun Doo Hwan die Macht. In dessen frühen Regierungsjahren wurde nicht nur der Aufstand der Zivilbevölkerung in Gwangju blutig niedergeschlagen, sondern auch der Oppositionspolitiker Kim Dae-Jung [Kim Taechung] verhaftet und zum Tode verurteilt. Dies löste weltweit öffentliche Solidaritätsbekundungen mit Kim aus, und auch die deutsche Regierung schloss sich einer Forderung nach seiner Freilassung an.[128] Während jedoch die japanische Regierung konkret mit der Kürzung von wirtschaftlicher und technischer Zusammenarbeit drohte, sprach Bundesaußenminister Genscher lediglich von „Auswirkungen". Die Beziehungen normalisierten sich wieder mit der Begnadigung Kims.[129] Auch der Gwangju-Aufstand hatte keine direkten Auswirkungen auf die bilateralen Beziehungen. Allerdings hebt beispielsweise der Politikwissenschaftler Han Jong-soo in seiner Dissertation hervor, dass der Besuch Chuns in der BRD seit 1983 mehrmals verschoben wurde und sich die Bundesregierung weiterhin distanziert verhielt.[130] Auch mit Diktaturen in Südamerika setzte die Bundesregierung die Entwicklungszusammenarbeit fort, da befürchtet wurde, dass ein Stopp zur Ausbreitung des Kommunismus führen könnte. Auf die Menschenrechtslage sollte nur mit „stiller Diplomatie" aufmerksam gemacht werden.[131] Ein ähnliches Vorgehen kann bei der Zusammenarbeit mit Korea beobachtet werden. Schließlich fand Chuns Staatsbesuch im April 1986 statt. Dabei standen der Ausbau des Handels und Wissenschaftsaustausches im Vordergrund, und bilaterale Abkommen über die wirtschaftlich-technologische Zusammenarbeit und friedliche Nutzung der Kernenergie wurden abgeschlossen.[132]

---

128 Zum persönlichen Austausch zwischen Willy Brandt und Kim Dae Jung vgl. auch: No, Myŏnghwan: „Sŏshin wangnae-rŭl t'onghae pon pilli pŭrant'ŭ-wa Kim Daejung-ŭi kwan'gye, 1973–1992" [The Relations between Willy Brandt and Kim Dae-jung viewed from the Correspondences, 1973–1992], in: *Togilyŏn'gu* 40, 2019, S. 195–249. Zum Protest der Regierung vgl. auch: Ch'oe, Wŏnchun: Kim Daejung samyŏn-ŭl wihan togil yŏnbang konghwaguk-ŭi taeŭng-gwa noryŏk: K'obŭllench'ŭ yŏnbang munsŏgo-wa sŏngnamshi kukka kirogwŏn charyo-rŭl chungshim-ŭro [German Federal Republic's Reaction and Efforts to Amnesty Kim Dae-jung], in: *Tongbang Hakchi* 205, 2023, S. 499–525.

129 Han, *Die Beziehungen zwischen der Republik Korea und der Bundesrepublik Deutschland*, S. 178–182.

130 Ibid., S. 196f.

131 Bresselau von Bressensdorf, Agnes / Seefried, Elke: „Introduction: West Germany and the Global South in the Cold War Era", in: Bresselau von Bressensdorf, Agnes / Seefried, Elke / Ostermann, Christian F. (Hg.): *West Germany, the Global South and the Cold War*, De Gruyter: Berlin/Boston 2017, S. 22.

132 Han, *Die Beziehungen zwischen der Republik Korea und der Bundesrepublik Deutschland*, S. 204f.

Tabelle 3: Deutsch-koreanische finanzielle Zusammenarbeit, 1961–1984

Jahr[133]	Projekttitel	Projektträger	Summe (in Mio. DM)
1962	Fernmeldewesen I	Postministerium	35,0
1962	Kohlegrubenausbau und Kohletransport-schiffe	*unbekannt*	16,1
1962	Small and Medium Industry Bank (SMIB) I	SMIB	15,0
1964	Fernmeldewesen II	Postministerium	19,0
1964	Wasserversorgung/Abwasserklärung	Stadt Busan	15,0
1964	Korea Development Bank (KDB) I	KDB	20,0
1969/72	Eisenbahnsignalanlagen I/II	Seoul	25,9
1969/70	Fernmeldewesen III/IV	Postministerium	40,0
1970/71	Stromübertragung/-verteilung I/II	*unbekannt*	46,2
1971/74	Dieselmotorfabrik	Hankook	46,0
1971	Genossenschaftsmolkerei I	NACF	16,7
1972	Reparaturwerft	Busan	29,8
1972	Small and Medium Industry Bank (SMIB) II	SMIB	8,0
1972	Korea Development Bank (KDB) II	KDB	10,0
1974	Landwirtschaftliche Mechanisierung	NACF	12,5
1974	Seidenweberei (Machbarkeitsstudie)	*unbekannt*	0,2
1974	Fernmeldewesen V	Postministerium	22,0
1975	Getreidelagerhäuser I	NACF	17,5
1975	Abwasserbeseitigung	Stadt Busan	10,0
1975	Korea Development Bank (KDB) III	*unbekannt*	20,0
1976	Genossenschaftliche Marktzentren	NACF	5,0
1976	Stromübertragung/-verteilung III	*unbekannt*	20,0
1976	Regionales Gesundheitsprojekt Yong-dong (Gesundheitsprojekt I)	Yongdong/Yonsei University	15,0
1978	Getreidelagerhäuser II	NACF	12,5
1979	Krankenhausprojekt der Korea University (Gesundheitsprojekt II)	Yeoju, Guro, Banwol (Korea University)	25,5
1979	Genossenschaftsmolkerei II	NACF	15,0
1979	Small and Medium Industry Bank (SMIB) III	SMIB	7,65
1978	Regionale Krankenhäuser (Gesundheitsprojekt III)	Pohang, Yeocheon, Eumsong	25,0

[133] Nach Projektnummer; Die Projektnummer wurde mit dem Vertragsabschluss nach der Projektvorprüfung vereinbart. In anderen Übersichten finden sich auch die Zahlen der Regierungsvereinbarung.

Jahr[133]	Projekttitel	Projektträger	Summe (in Mio. DM)
1981	Small and Medium Industry Bank (SMIB) IV	SMIB	3,0
1982	Small and Medium Industry Bank (SMIB) V	SMIB	15,0
1983	Erweiterung der Genossenschaftsmolkerei II	NACF	10,0
1983	Genossenschaftsmolkerei III	NACF	5,3
1984	Rehabilitationszentrum	Yonsei University	6,0
			Gesamtsumme: **547.250.000 DM**

Quelle: Eigene Zusammenstellung des Autors basierend auf Materialen des Bundesarchivs und National Archives of Korea.

Tabelle 4: Deutsch-koreanische finanzielle Zusammenarbeit nach Sektoren

Sektor	Projekttitel	Summe (in Mio. DM)
Industrie / Infrastruktur	Fernmeldewesen I – V	116,0
	Stromübertragung/-verteilung I – III	66,2
	Korea Development Bank I – III	50,0
	Small and Medium Industry Bank I – V	48,7
	Hankook Dieselmotorfabrik	46,0
	Reparaturwerft Busan	29,8
	Eisenbahnsignalanlagen I – II	25,9
	Kohlegrubenausbau und Kohletransportschiffe	16,1
	Wasserversorgung/Abwasserklärung Busan	15,0
	Abwasserbeseitigung Busan	10,0
	Gesamt	**423,7**
Ländliche Entwicklung	Genossenschaftsmolkerei I – III	47,0
	Getreidelagerhäuser I – II	30,0
	Landwirtschaftliche Mechanisierung	12,5
	Genossenschaftliche Marktzentren	5,0
	Gesamt	**94,5**
Soziale Entwicklung	Regionale Krankenhäuser	25,5
	Krankenhausprojekt der Korea University	25,0
	Regionales Gesundheitsprojekt Yongdong	15,0
	Rehabilitationszentrum	6,0
	Gesamt	**71,5**

Quelle: Eigene Zusammenstellung des Autors basierend auf Materialen des Bundesarchivs und National Archives of Korea.

III. BERUFSBILDUNG

1. Einleitung

1.1 Berufsbildung in der deutschen Entwicklungspolitik

Die Berufsbildung spielte in der Gesamtkonzeption der bundesdeutschen Entwicklungszusammenarbeit eine entscheidende Rolle. Insgesamt lagen die Ausgaben für die Bereiche Bildung, Ausbildung und Wissenschaft bei rund 40 % der gesamten technischen Zusammenarbeit, und die Gelder für Berufs- bzw. Facharbeiterschulen machten in den 1960er-Jahren davon mehr als 70 % aus. In den 1970er-Jahren kam die Hochschulförderung als ein weiterer wichtiger Teilbereich hinzu.[1]

In der Anfangsphase der Entwicklungszusammenarbeit wurde vor allem auf das System der Berufs- und Gewerbeschulen gesetzt, welche als Modellprojekte zusammen mit den Erziehungsministerien vor Ort gegründet wurden und eine Verbreitung des dualen Ausbildungssystems nach deutschem Vorbild anstrebten. Als wichtigste Ausbildungsfelder der damaligen Berufsschulen lassen sich metallverarbeitende Berufe, Elektrotechnik und Kraftfahrtechnik ausmachen.[2] Damit sollten neue Fachkräfte ausgebildet werden, die in den Entwicklungsländern für eine Industrialisierung benötigt wurden. Gleichzeitig führte die Bundesregierung auch in anderen Bereichen wie der Land- und Forstwirtschaft sowie dem Gesundheitswesen Projekte zur Berufsausbildung durch.[3]

In der Berufsbildung werden meist drei verschiedene Modelle unterschieden: das staatliche, privatwirtschaftliche und duale Modell. Letztgenanntes entstand im deutschsprachigen Raum, und ein Charakteristikum dieser Ausbildungsform ist der Fokus auf praktische Ausbildung im Betrieb mit theoretischem Unterricht in Schulen.[4] In den Entwicklungsländern existierten –

---

1 Hein, *Die Westdeutschen und die Dritte Welt*, S. 50–55; Stockmann, *Die Wirksamkeit der Entwicklungshilfe*, S. 158.

2 Ibid., S. 159–161.

3 Groß, Bernd / Zwick, Martin: *Der Berufsbildungsbereich in der deutschen Entwicklungshilfe: Bestandsaufnahme, Erfahrungsauswertung*, Weltforum: Köln 1981, S. 50–79. Eine Tabelle zur Übersicht der Projekte bis 1980 findet sich in der gleichen Publikation auf S. 86. In Korea wurde beispielsweise im Rahmen des Wiederaufforstungsprogramm eine Waldarbeiterschule errichtet und in Verbindung mit einem Infrastrukturprojekt auch ein Ausbildungsprogramm für Telekommunikationstechniker entwickelt (siehe Kapitel IV-3; Kapitel V-3).

4 Zur Entstehung des Berufsbildungssystems in Deutschland und seine Weiterentwicklung im Vergleich zu anderen Ländern vgl. auch: Thelen, Kathleen: *How Institutions Evolve:*

beispielsweise durch frühere Kolonialregime – bereits andere Strukturen, sodass die deutschen Modelle nicht auf ein Vakuum trafen. Allerdings wurde allgemein die berufliche Ausbildung im Vergleich zum klassischen Bildungswesen weniger gefördert und die Berufsbildung war tendenziell in Entwicklungsländern nicht vereinheitlicht.[5] Aus diesem Grund sah die deutsche Entwicklungspolitik die Chance, ein einheitliches System nach eigenem Vorbild einzuführen. Der Berufsschulexperte Jürgen A. Wissing forderte beispielsweise, „den Versuch zu machen, in der geplanten Ausbildungsstätte die deutschen Gedanken zur Berufsausbildung zu verwirklichen".[6] In diesem Zusammenhang spricht man auch von einem Export bzw. Transfer des dualen Systems. Hier gibt es diverse Beispiele der frühen Zusammenarbeit mit afrikanischen oder lateinamerikanischen Ländern im Berufsbildungssektor, die im Rückblick für ihre fehlende Nachhaltigkeit kritisiert wurden.[7]

Denn wie auch in den Projekten in Korea deutlich wird, hatte eine solche Ausbildungsform einige Nachteile. Einerseits stellten die deutschen Experten fest, dass in Entwicklungsländern oft ein sogenannter *White Collar Complex* vorherrschte, d. h. ein Großteil der Bevölkerung eine Tätigkeit als Facharbeiter nicht wertschätzte, sondern nach einer höheren, meist akademischen, Bildung strebte und die Absolventen der Berufsschulen aus diesem Grund in vielen Fällen nicht in ihren Berufen weiterarbeiteten.[8] Außerdem war das System der deutschen Facharbeiterschule mit einer vergleichsweise langen, dreijährigen Ausbildung für die Entwicklungsländer schwer finanzierbar, die Zielgruppe mit Mittelschulabsolventen zu eng definiert und an der Ausbildung wurde die Praxisferne und mangelnde Bedarfsorientierung kritisiert.[9]

Ab den 1970er-Jahren kam es daher zu einem Wandel in der Berufsbildung von Schulen zu Ausbildungszentren mit nun halbstaatlichen Trägern, bei denen technische Ausbildung in engerer Zusammenarbeit mit dem Arbeitsministerium und den Firmen durchgeführt wurde, allerdings zuvor für die Facharbeiterschulen entworfene Ausbildungspläne meist beibehalten wurden. Dieser Ansatz wird auch als *Manpower Approach* bezeichnet, da er auf die schnellere,

---

The Political Economy of Skills in Germany, Britain, the United States, and Japan, Cambridge University Press: Cambridge 2012, S. 39–91. Zur Übersicht über das deutsche Berufsbildungssystem liegt auf Koreanisch auch die folgende Monografie vor: Yu, Chinyŏng: *Togil chigŏp kyoyuk-kwa maisŭt'ŏ chedo* [Deutsche Berufsbildung und das Meistersystem], Hagishisŭp: Seoul 2015.

5 Stockmann, *Die Wirksamkeit der Entwicklungshilfe*, S. 159–161.

6 Zitiert nach: Maslankowski, Willi / Pätzold, Günter: *Grundsätze zur Berufsausbildung der Entwicklungszusammenarbeit, 1956–1970*, K. H. Bock: Bonn 1986, S. 31.

7 Vgl. auch: Wolf, Stefan: *Internationale Berufspädagogik: Beiträge einer Theorie zum internationalen Berufsbildungstransfer*, Universitätsverlag der TU Berlin: Berlin 2015.

8 Eppler, Erhard: *Wenig Zeit für die Dritte Welt*, W. Kohlhammer: Stuttgart 1971, S. 41.

9 Groß/Zwick, *Der Berufsbildungsbereich in der deutschen Entwicklungshilfe*, S. 45.

meist praktische Aus- und Weiterbildung von Facharbeitern ausgerichtet war.[10] Die Zusammenarbeit mit Firmen wurde als wichtiger angesehen, weil dadurch die Veränderungen in der Arbeitswelt besser widergespiegelt würden und eine größere Flexibilität gegeben sei.[11] Wie im Folgenden deutlich wird, lassen sich am Beispiel der technischen Zusammenarbeit mit Korea direkte Parallelen zu dieser Politik aufzeigen. Während die deutsche Regierung anfangs zunächst Facharbeiterschulen errichtete, förderte sie in der Folge den Aufbau eines Ausbildungszentrums und beriet die koreanische Regierung bei der Etablierung eines landesweiten Netzwerkes solcher Zentren.

Ab den 1980er-Jahren erfolgten weltweit erneut Versuche, das duale System einzuführen. Während vorher noch einzelne Schulen oder Berufsbildungszentren unterstützt worden waren, versuchte man in dieser Phase eine Einführung auf nationaler Ebene zu erreichen. Jedoch fehlten im Vorfeld Studien im Zielland, um das Interesse der Betriebe und Trägerorganisationen sowie die ‚soziokulturellen Bedingungen' zu erforschen.[12] Aus diesem Grund traten bei der Einführung verschiedene Probleme auf, wie sich auch in Korea zeigte. Gleichzeitig setzte in den späten 1980er-Jahren eine Kritik an den eurozentrischen Ausbildungskonzepten in der deutschen Entwicklungspolitik ein, und ein stärkeres Bewusstsein für die soziokulturellen Unterschiede zwischen Europa und den Entwicklungsländern wurde hervorgehoben. In einem Interview für eine Studie aus dem Jahr 1980 kritisierte ein Experte: „Der unreflektierte Transfer unserer Systeme in eine andere Kultur ist ein Irrweg."[13] Diese Meinung teilten auch andere Berufsbildungsexperten und räumten Schwierigkeiten ein, langfristige Projekterfolge im Rahmen der Bildungszusammenarbeit zu messen.[14] Eine solche Bewertung lässt sich im Kapitel zur Beratergruppe für Korea ebenfalls aufzeigen.

1.2 Berufsbildung und Entwicklungszusammenarbeit in Korea

In Korea wurde die technische bzw. berufliche Ausbildung am Ende der Chosŏn-Dynastie mit der Modernisierung und Öffnung des Landes eingeführt und dann unter der japanischen Kolonialmacht weiter ausgebaut. Allerdings war sowohl die allgemeine als auch die berufliche Schulbildung nur einem kleinen Personenkreis vorbehalten. Die meisten Betriebe bildeten ihre Arbeiter

---

[10] Eppler, *Wenig Zeit für die Dritte Welt*, S. 42–44.

[11] Groß/Zwick, *Der Berufsbildungsbereich in der deutschen Entwicklungshilfe*, S. 122f.

[12] Stockmann, *Die Wirksamkeit der Entwicklungshilfe*, S. 162.

[13] Zitiert nach: Groß/Zwick, *Der Berufsbildungsbereich in der deutschen Entwicklungshilfe*, S. 112.

[14] Ibid., S. 114.

durch Anlernkurse aus, und eine schulische Ausbildung war nicht unbedingt nötig.[15] Eine Handwerkerschule deutscher Benediktinermissionare in Seoul, die von 1912 bis 1920 geführt wurde, lässt sich als erste Bildungseinrichtung in Anlehnung an das deutsche Berufsbildungssystem in Korea betrachten.[16] Unter der amerikanischen Militärregierung wurde dann der Ausbau der Berufsbildung durch Programme der Entwicklungszusammenarbeit sowie mit Unterstützung der UN fortgeführt. Dafür kamen verschiedene Beratergruppen nach Korea, und koreanische Stipendiaten absolvierten in den USA eine Aus- oder Weiterbildung.[17] Allerdings fehlten nicht nur Instruktions- und Unterrichtsmaterialien in koreanischer Sprache, sondern auch der Status der Berufsschulen galt zu dieser Zeit als eher negativ.[18]

Nach dem Koreakrieg war der Diskurs um Wiederaufbau und Entwicklung bereits vorherrschend, und die Berufsbildung wurde in diesem Rahmen als entscheidend angesehen. Mitte der 1950er-Jahre stellte die Regierung von Präsident Rhee Syngman deshalb einen Fünfjahresplan zur Forcierung der technischen Berufsausbildung (*shirŏp kisul kyoyuk 5kaenyŏn kyehoek*) vor. Allerdings scheiterte wegen Budgetmangels eine erfolgreiche Implementierung des Planes. In den Schulen gab es zu wenige Werkzeuge, Maschinen und ausgebildetes Lehrpersonal, sodass so gut wie keine Möglichkeit bestand, eine angemessene praktische Ausbildung anzubieten.[19]

Mit dem Regierungsantritt von Präsident Park Chung Hee wurde die Ausbildung von Facharbeitern weiter ausgebaut. Park forderte in seiner Neujahrsbotschaft 1964 „eine Lebensreform des Volkes und Wiederbelebung des Volkswesens, indem Berufsschulen, naturwissenschaftliche Schulen und technische Schulen verstärkt gefördert" werden.[20] In der Rede nach seinem Staatsbesuch in der Bundesrepublik Ende 1964 hob er besonders das deutsche System der dualen

---

15 Georg, Walter / Lee, Eun-Koo / Schoenfeldt, Eberhard: *Internationales Handbuch der Berufsbildung: Republik Korea*, Nomos: Baden-Baden 1996, S. 35/98. Vgl. zur Schulauswahl auch: An, Hongsŏn: „Shingminji shigi chungdŭng shirŏp kyoyug-ŭi sŏnggyŏk yŏn'gu: Shirŏp hakkyo haksaeng t'ŭksŏng-gwa ip'aktonggi punsŏk-ŭl chungshim-ŭro" [A Study on the Dual System of Secondary Schools in Korea under the Japanese Imperialism 1910–1945], in: *Ashia Kyoyuk Yŏn'gu* 16.2, 2015, S. 145–174.

16 Lee, You Jae: *Koloniale Zivilgemeinschaft: Alltag und Lebensweise der Christen in Korea (1894–1954)*, Campus: Frankfurt/New York 2017, S. 145–149.

17 Kim, Hochun: *Yi Sŭngman chŏnggwŏn'gi shirŏp kyoyuk chinhŭngch'aek-ŭi ch'ujin-gwa kŭ sŏnggyŏk* [A Study on the Promotion of Technical and Vocational Education under Syngman Rhee's Regime], Masterarbeit, Yonsei University, 2014, S. 24f.; 40f.

18 Vgl. auch: Han, *1950nyŏndae miguk-ŭi taehan kisul wŏnjo*, S. 75; McGinn, Noel F. et al. (Hg.): *Education and Development in Korea*, Harvard University Press: Cambridge 1980, S. 93.

19 Kim, *Yi Sŭngman chŏnggwŏn'gi shirŏp kyoyuk chinhŭngch'aek*, S. 59–61.

20 Rede zitiert in: O, Sŏngch'ŏl: „Pak Chŏnghŭi-ŭi kukkaju-ŭi kyoyungnon-gwa kyŏngjesŏngjang" [Park Chung-hee's Theory of Nationalism Education and Economic Growth], in: *Yŏksa Munje Yŏn'gu* 11, 2012, S. 61.

Berufsausbildung als Vorbild hervor, welches bereits an der Deutsch-Koreanischen Facharbeiterschule in Incheon verwirklicht werde.[21] Für den zweiten Fünfjahresplan verfasste außerdem der amerikanische Berater E. McVoy einen Bericht, in dem er für die Entwicklung Koreas den steigenden Bedarf an Facharbeitern hervorhebt und dafür den Aufbau eines Berufsbildungssystems empfiehlt. Der KOICA-Bericht bezeichnet diese Empfehlung als wegweisend für den Ausbau der Entwicklungszusammenarbeit in diesem Sektor.[22]

Dabei handelte es sich um eine zu diesem Zeitpunkt populäre Argumentation für Entwicklungsländer, die auch auf wirtschaftswissenschaftliche Forschung zurückgeht.[23] So hebt beispielsweise der Leiter der Deutschen Volkswirtschaftlichen Beratergruppe (siehe Kapitel V-2) und spätere BMZ-Beamte W. Rau 1966 in einem Aufsatz zur koreanischen Wirtschaftsentwicklung hervor, dass Korea zwar reich an potenziellen Arbeitskräften sei, die vielen Universitätsabsolventen auf dem Arbeitsmarkt aber nicht aufgenommen werden könnten, sondern das Land für eine wirtschaftliche Entwicklung vor allem Facharbeiter und Techniker benötige. Er führte weiterhin aus, dass dafür Facharbeiterschulen und Ausbildungszentren gebaut und ausländische Berater entsandt werden sollten.[24] Damit verweist er bereits auf die kommenden Projekte der deutsch-koreanischen Zusammenarbeit im Berufsbildungssektor.

Auch andere Geber wie die UNESCO bauten zur gleichen Zeit Modellschulen, beispielsweise das so genannte ‚Berufliche und Technische Ausbildungszentrum' in Incheon.[25] Außerdem errichtete die japanische Regierung im Rahmen der technischen Zusammenarbeit ab 1971 die Kumoh Technical High School (*kŭmo kongŏp kodŭnghakkyo*) in Gumi und führte sie als Partnerprojekt bis 1976.[26] Ab den 1970er-Jahren rückte von staatlicher Seite die Formung einer Techniker- bzw. Facharbeitergesellschaft (*kinŭnggong sahoe*) weiter in den Fokus. Um die gesellschaftliche Anerkennung der Techniker zu fördern, veranstaltete die koreanische Regierung seit 1965 jährlich stattfindende nationale Berufswettbewerbe, durch die sich die Sieger

---

[21] Park, *Major Speeches*, S. 24.

[22] KOICA, *Han'guk-e taehan kaebal wŏnjo-wa hyŏmnyŏk*, S. 141.

[23] Dazu findet sich beispielsweise das einflussreiche Werk von F. Harbison und C. Myers, die bereits zu dieser Zeit den Begriff Human Resource Development (*illyŏk kaebal*) verwenden: Harbison, Frederick / Myers, Charles A.: *Education, Manpower and Economic Growth: Strategies of Human Resource Development*, McGraw-Hill: New York 1964. Vgl. auch: Chang, *Pak Chŏnghŭi chŏngbu shigi kisul illyŏk chŏngch'aek*, S. 50–60.

[24] Rau, Walter: „Economic Development in Korea", in: *Korea Journal* 6.8, 1966, S. 10–15.

[25] Yunesŭk'o han'guk wiwŏnhoe (Hg.): *Han'guk yunesŭk'o hwaltong 10nyŏnsa (1954–1964)* [10 Jahre UNESCO Aktivitäten in Korea (1954–1964)], UNESCO: Seoul 1964; Korean National Commission for UNESCO (Hg.): *Value and Impact of UNESCO Activities in Korea*, S. 197–198.

[26] Für weitere Informationen über die japanisch-koreanische Zusammenarbeit beim Aufbau der Schule vgl. KOICA, *Han'guk-e taehan kaebal wŏnjo-wa hyŏmnyŏk*, S. 167–175.

für die internationale Berufsolympiade (heute: WorldSkills) qualifizieren konnten. Dadurch sollte auch die internationale Anerkennung der koreanischen Berufsausbildung gesteigert werden.[27]

Im Rückblick lassen sich diese frühen Versuche jedoch als weniger nachhaltig und für eine Deckung des Facharbeiterbedarfs als unzureichend betrachten. Denn die Ausbildung in Facharbeiterschulen war zu zeitaufwendig und unrentabel und konnte wegen fehlender Maschinen und Werkzeuge nicht wie geplant in allen Schulen realisiert werden.[28] Mit der Verabschiedung des Berufsbildungsgesetzes (*chigŏp hullyŏn bŏp*) im Jahre 1967 und der Eröffnung des Zentralen Berufsbildungszentrums (Central Vocational Training Institute, *chungang chigŏp hullyŏnwŏn*) in Sosa, heute ein Teil Incheons, als Projekt des UNDP und der ILO begann die koreanische Regierung deshalb zunehmend die Facharbeiter- und Berufsausbildung außerhalb des regulären Schulsystems zu etablieren. Am CVTI unter Leitung des späteren Arbeitsministeriums sollten vor allem Ausbilder für Berufsschulen und Berufsbildungszentren ausgebildet werden.[29] Sŏ Sangsŏn hebt in seinen Memoiren hervor, dass man dafür die Berufsausbildungssysteme entwickelter Länder und vor allem Japans konsultiert hatte.[30] Neben Deutschland hatte Korea also durchaus andere Vorbilder zur Auswahl, auf die auch im Rahmen der technischen Zusammenarbeit mit der Bundesrepublik vereinzelt eingegangen wurde. Der Großteil der Kooperation beschränkte sich jedoch auf die bilaterale Ebene.

In den darauffolgenden Jahren wurden drei weitere Berufsbildungszentren im Rahmen der technischen Zusammenarbeit eröffnet: Mit der westdeutschen Regierung in Busan (1973), der japanischen Regierung in Daejeon und der belgischen Regierung in Changwon (beide 1976). Außerdem konnte durch die private Förderung eines amerikanischen Politikers und des Fonds der koreanischen Präsidentengattin ein Berufsbildungszentrum in Seoul errichtet werden (1976). Auch hier lässt sich der internationale Charakter der Zusammenarbeit erkennen. Die Berufsausbildung wurde nun außerhalb des klassischen Bil-

---

27 Chang, *Pak Chŏnghŭi chŏngbu shigi kisul illyŏk chŏngch'aek*, S. 105–143.

28 Sŏ, Sangsŏn: *Han'guk chigŏp hullyŏn chedo-ŭi palchach'wi: chedohwa kwajŏng-e ŏlk'in twishiyagidŭr-ŭl chungshim-ŭro* [Die Fußabdrücke des koreanischen Berufsbildungssystems: Ein Blick auf die Vorgeschichte des Institutionalisierungsprozesses], Taehan Sanggonghoeŭiso: Seoul 2002, S. 46–52.

29 Koreanisches Gesetz Nr. 1880, verabschiedet am 16.01.1967, vgl. online via: http://www.law.go.kr. Zu dem Projekt *Central Vocational Training Institute* vgl. auch: „Chigŏp hullyŏn kyosa yangsŏng hyŏnjang-ŭl ch'aja – nodongch'ŏng chungang chigŏp hllyŏnwŏn" [Suche nach einem Ausbildungsort für Berufsschullehrer – Zentrales Berufsbildungszentrum des Arbeitsministeriums], in: *Kwahak-kwa kisul* 9.7, 07.1976, S. 49–51. Sŏ, *Han'guk chigŏp hullyŏn chedo-ŭi palchach'wi*, S. 109–111; 118–122.

30 Ibid., S. 56. Vgl. auch: Chang, *Pak Chŏnghŭi chŏngbu shigi kisul illyŏk chŏngch'aek*, S. 70.

dungssektors, nicht mehr durch das Erziehungsministerium, sondern das Office of Labour Affairs (OLA, *nodongch'ŏng*), das spätere Arbeitsministerium (MOL), geleitet. Wie auch am deutsch-koreanischen Berufsbildungszentrum zu erkennen, sollten in diesen Zentren in kurzer Zeit viele Facharbeiter aus- und weitergebildet werden.

Gleichzeitig wurden ab 1972 durch einen zinsvergünstigten Kredit (*soft loan*) der Asian Development Bank (ADB) insgesamt weitere fünf Berufsbildungszentren in allen Provinzhauptstädten gegründet. Es folgten 15 weitere Zentren mit zwei Krediten der Weltbank.[31] Am Aufbau dieser Projekte war die deutsche Beratergruppe am Arbeitsministerium beteiligt, weshalb die genaueren Hintergründe des Aufbaus im Kapitel dazu behandelt werden. Im Laufe der Zeit kamen noch weitere Berufsbildungszentren mit spezieller Ausrichtung – wie z.B. landwirtschaftliche Berufe, sowie ein Forschungszentrum für ein Forschungsinstitut für Berufsbildung (*chigŏp hullyŏn yŏn'guso*) hinzu. Die Berufsbildungszentren wurden in der Folge der Agentur für Berufsbildung (heute: HRD Korea) unterstellt und bestehen bis heute unter dem Namen Korea Polytechnics (*han'guk p'ollit'ek taehak*). Deren Etablierung geht maßgeblich auf die Entwicklungszusammenarbeit in den 1970er-Jahren zurück (siehe Tabelle 5), auch wenn sich sowohl die Institution als auch die Ausbildungsinhalte in der Zwischenzeit weiter verändert haben.

Tabelle 5: Facharbeiterausbildung und Entwicklungszusammenarbeit

Projektname	**Ort /Korea Polytechnics**	**Geberland / -organisation**	**Summe in Mio. US$**	**Zeitraum**
Central VTI	Incheon/II	UNDP/ILO	2,620	1968–1981
Korean-German Public VTI	*Busan/VII*	*BRD*	*4,622*	*1970–1977*
Kumoh Technical High School	Kumi	Japan	3,651	1971–1976
Jungsu VTI	Seoul/I	USA (privat)	0,250	1976
Korean-Japanese VTI	Daejon	Japan	2,000	1976–1988
Korean-Belgian VTI	Changwon/VII	Belgien	5,461	1976–1990
German Advisory Team	*Seoul*	*BRD*	*14,187*	*1976–1996*
Industrial Masters College	*Changwon/VII*	*BRD*	*7,441*	*1979–1990*

Quelle: Nodongbu (Hg.): *Chigŏp nŭngnyŏk kaebal saŏp hyŏnhwang* [Gegenwärtige Lage der Facharbeiterausbildung], Nodongbu: Seoul 2000, S. 122–130. Überarbeitung des Autors.

Wegen des weiter steigenden Bedarfs an Facharbeitern wurde das System 1976 durch die Einführung des ‚Grundlagengesetzes für Berufsausbildung' (*chigŏp hullyŏn kibonbŏp*) reformiert. Darin wurden sowohl die staatliche als auch fir-

[31] Vgl. auch: Nodongbu (Hg.): *Kukche hyŏmnyŏk ŏmmu p'yŏllam* [Bericht zur internationalen Zusammenarbeit], Nodongbu: Seoul 1995, S. 15.

meninterne Berufsbildung neu geregelt. Größere Firmen wurden dazu verpflichtet, eine grundlegende Berufsausbildung in betriebsinternen Zentren anzubieten oder eine Abgabe zu zahlen.[32] In diese Zeit fällt auch der Versuch der deutschen Beratergruppe, nach dem Vorbild des dualen Systems eine Zusammenarbeit der Firmen und Ausbildungszentren zu intensivieren (siehe Kapitel III-4). Unabhängig vom Arbeitsministerium intensivierte auch das Erziehungsministerium die technische Ausbildung, indem humanistische Oberschulen in technische umgewandelt und die Ausbildung an sich grundlegend reformiert wurden. Die technische Ausbildung sowohl in den Berufsbildungszentren als auch den technischen Schulen war auf einen einheitlichen staatlichen Test ausgerichtet, der ebenfalls in dieser Zeit eingeführt und systematisiert wurde (siehe Tabelle 6). Die Rangstufen waren dabei an das akademische System angelehnt mit dem höchsten Abschluss Meister.[33]

Tabelle 6: Systematisierung der Facharbeiterausbildung

Prüfungsstufe	Voraussetzungen	Akademische Grade
Meister	Meisterschule	Doktor
Facharbeiter (Stufe 1)	Juniorcollege	Master
Facharbeiter (Stufe 2)	Facharbeiterschule/VTI	Bachelor
Assistent	Keine formalen Bedingungen	-

Quelle: Zusammenstellung des Autors.

Für die wachsende Zahl an Facharbeiterschulen und Berufsbildungszentren wurden Lehrer bzw. Ausbilder benötigt. Auch in diesem Bereich war die westdeutsche Regierung mit Projekten der technischen Zusammenarbeit verstärkt ab den späten 1970er-Jahren beteiligt. So sollte zunächst am Berufsbildungszentrum in Busan auch die Ausbildung von Lehrpersonal durchgeführt werden, was letztlich nicht verwirklicht wurde. Stattdessen unterstützte die BRD am College of Industrial Engineering (CIE) der Chungnam National University (CNU) sowie dem Korea Institute of Technology (KIT), die sich beide in Daejeon befinden, die Instruktorenausbildung durch Projekte der technischen Zusammenarbeit. Auch das Meistercollege in Changwon kann in diesem Zusammenhang genannt werden, da die dort ausgebildeten Meister später in den Firmen Facharbeiter anlernen sollten. Die Meister sollten zwischen den Ingenieuren und Facharbeitern in den Firmen eine Mittlerrolle einnehmen. In dem Fall handelte es sich um ein Konzept, das direkt aus Deutschland übernommen wurde. Zur gleichen Zeit finden sich außerdem Projekte der UNDP sowie je-

[32] Koreanisches Gesetz Nr. 2978, verabschiedet am 31.12.1976.

[33] Shin, Se-Ho / Lee, Jeoung Keun / Hong, Sa-Myung: *Vocational Technical Education in the Republic of Korea*, Korean Educational Development Institute: Seoul 1979, S. 39–41.

weils ein bilaterales französisches und britisches Projekt zum Aufbau technischer Universitäten für die Ausbildung von Ingenieuren und Technikern (s. u.).

Parallel zu der Ausbildung von Facharbeitern in Korea ermöglichte das Protokoll zur technischen Zusammenarbeit aus dem Jahr 1961 auch die Entsendung von Praktikanten und Facharbeitern zu einer Ausbildung in der BRD. Die meisten Praktikanten kamen aus der Industrie, aber auch aus den Bereichen Wirtschaft, Landwirtschaft und Verwaltung.[34] In einem Artikel bezeichnet Na Hyesim diese Praktikantenprogramme zwar als Entwicklungszusammenarbeit, weist jedoch auch auf deren ausbeuterische Tendenz hin und zeigt deren Verknüpfung mit den Gastarbeiterprogrammen auf.[35] Insgesamt lassen sich die Ausbildungswege der einzelnen Praktikanten nur schwer nachverfolgen, und über deren weitere Karrierewege ist ebenso wenig bekannt. Die Praktikantenausbildung hing weitläufig mit den Counterpartprogrammen der technischen Zusammenarbeit zusammen, da sie wohl einen ähnlichen Ablauf hatten. Jedoch war dafür nicht die GTZ, sondern die Zentralstelle für Gewerbliche Berufsförderung in Mannheim oder die Carl-Duisberg-Gesellschaft (CDG) zuständig.[36] Außerdem kann eine Verbindung der Berufsbildung zu der Reintegration von Gastarbeitern, insbesondere den Bergarbeitern, ausgemacht werden, von denen einige in Deutschland eine Weiterbildung als Instruktoren absolvierten und dann in Berufsbildungszentren arbeiteten (siehe Kapitel VI-3). Die Verknüpfung der Arbeitsmigration mit der technischen Zusammenarbeit ist eine Besonderheit der deutsch-koreanischen Beziehungen, die sie von anderen Entwicklungsländern unterscheidet.

1.3 Projekt- und Kapitelübersicht

Die deutsch-koreanische technische Entwicklungszusammenarbeit im Berufsbildungssektor erstreckte sich über einen Zeitraum von dreißig Jahren und ist durch eine Vielzahl an Projekten mit sehr unterschiedlicher Ausrichtung charakterisiert. Wie in der Einführung dargestellt, folgt dieses Kapitel einer

[34] Eine kurze Erwähnung der Praktikantenprogramme findet sich in diesem Übersichtsbeitrag: Seong, Sang Hwan: „Korean-German Relations from the 1950s to the 1980s: Archive-based Approach to Cold War-Era History“, in: Cho, Joanne M. / Roberts, Lee M. (Hg.): *Transnational Encounters between Germany and Korea: Affinity in Culture and Politics Since the 1880s*, Palgrave Macmillan: London 2018, S. 140.

[35] Na, Hyesim: „Togil yangmal kongjang-ŭi hanin yŏsŏng-dŭl: Handok kaebal wŏnjo kwan'gye sok chŏlmŭn hanin yŏsŏngdŭl-ŭi sam“ [Korean Women Working in Socks Factories in Germany: The Life of Young Korean Women in the Development Aid between Korea and Germany], in: *Sŏyangsaron* 104, 2010, S. 311–341.

[36] Vgl. ausführlicher zu den Praktikantenprogrammen zwischen Ghana und der BRD auch: Otto, *Fachkräfte für die Entwicklung*, S. 86–101.

sowohl inhaltlich als auch chronologisch geordneten Reihenfolge in der Projektanalyse. Beide Staaten kooperierten zunächst beim Aufbau von Facharbeiterschulen in Incheon und Naju (Kapitel 2) und eines Berufsbildungszentrums in Busan (Kapitel 3) als Modellprojekte der Facharbeiterausbildung. Im Rahmen einer Beratergruppe am koreanischen Arbeitsministerium wirkten deutsche Experten an der Systematisierung der Berufsbildung mit. Neben der Beratung zu technischen Fragen des Aufbaus weiterer Berufsbildungszentren standen die (duale) Ausbildung, das Prüfungswesen und die Weiterbildung von Counterparts im Vordergrund (Kapitel 4). Außerdem arbeiteten Deutschland und Korea bei der Etablierung von Ausbildungsprogrammen für Meister und Instruktoren in Changwon und Daejon zusammen (Kapitel 5). Damit deckten die Projekte drei Ebenen der Berufsbildung ab: von Facharbeiterschulen und Berufsbildungszentren als Modellprojekten über die Instruktoren-/Lehrerausbildung im höheren Sektor bis zu einer umfassenden Systemberatung auf der institutionellen Ebene.

In Kapitel 6 werden die Ergebnisse zusammengefasst und ein Ausblick auf die Kooperation heute gegeben. Die Gründung sogenannter ‚Meister Oberschulen' (*maisŭt'ŏ kodŭnghakkyo*) nach deutschem Vorbild unter der Regierung von Präsident Lee Myung-bak und die Resonanz auf ein duales Ausbildungsprogramm der IHK Korea zusammen mit deutschen Unternehmen sind nur zwei Beispiele für das anhaltende Interesse am deutschen Ausbildungsmodell. Daneben ist die koreanische Regierung mit KOICA und seinen Partnerorganisationen derzeit selbst in der Entwicklungszusammenarbeit im Berufsbildungssektor aktiv und somit zu einem Partner vormaliger Geberländer wie Deutschland geworden.

Wie auch in anderen Sektoren fehlt bislang eine ausführliche Aufarbeitung der technischen Zusammenarbeit im Berufsbildungswesen. Der KOICA-Bericht analysiert zwar insbesondere das deutsche Engagement in diesem Sektor, allerdings umfasst die gesamte Auswertung lediglich ca. 10 Seiten.[37] Als einzige, fast zeitgenössische Analyse der amerikanisch-koreanischen Zusammenarbeit im Bildungssektor lässt sich die Studie des Korea Development Institute (KDI) und der Harvard University nennen, in der auch die Berufsbildung Erwähnung findet.[38] Für die deutschen Projekte ist eine solche umfangreiche Studie nicht erschienen. Die Analysen deutscher Bildungswissenschaftler und Praktiker stützen sich zumeist auf eigene Erfahrungen in Korea und sind stark verkürzt. Meistens hatten sie nur einen Überblick über das eigene Projekt und können daher keine umfangreiche Auswertung der Projekte leisten. Zumeist fo-

[37] KOICA, *Han'guk-e taehan kaebal wŏnjo-wa hyŏmnyŏk*, S. 141–151.
[38] Vgl. auch: McGinn, *Education and Development in Korea*.

kussieren sie sich dabei auch auf Aspekte wie Systemtransfer und Nachhaltigkeit, was zu einer einseitigen, meist negativen Perspektive führt.[39] Des Weiteren liegen drei koreanischsprachige Artikel vor: erstens zur Facharbeiterschule Incheon, zweitens zur Instruktorenausbildung an der Chungnam National University (CNU) und drittens zu einer Auswertung der deutsch-koreanischen Entwicklungszusammenarbeit allgemein. Alle drei Beiträge stützen sich dabei jedoch zum Großteil auf koreanische Quellen und beschäftigen sich in den ersten beiden Fällen mit bildungswissenschaftlichen Fragestellungen und im dritten Fall mit Entwicklungspolitik in Bezug zur Gegenwart, sodass die vorliegende Arbeit andere inhaltliche Schwerpunkte setzt.

2. Facharbeiterschulen[40]

Die Facharbeiterschulen in Incheon und Naju konstituieren die Anfänge der deutsch-koreanischen Zusammenarbeit im Berufsbildungssektor. In dem ‚Protokoll über die wirtschaftliche und technische Kooperation zwischen der Bundesrepublik Deutschland und der Republik Korea' wurde die Errichtung einer Facharbeiterschule in Incheon als erstes Partnerprojekt vereinbart.[41] Davor hatte bereits 1960 der deutsche Experte Dr. H. Rosenthal ein Gutachten zur Situation des koreanischen Berufsbildungswesens erstellt.[42] Um eine Ausbildung nach deutschem Vorbild durchzuführen, entsandte die deutsche Seite 1962 einen Projektleiter und drei Werkstattlehrer nach Korea. Jeder der Werkstattlehrer übernahm die Aufsicht über einen Fachbereich. Der Projekt-

---

39 Vgl. auch: Greinert, Wolf-Dietrich: „Die Übertragbarkeit des Dualen Systems in Entwicklungsländer: Möglichkeiten und Begrenzungen einer politischen Strategie", in: Deissinger, Thomas (Hg.): *Berufliche Bildung zwischen nationaler Tradition und globaler Entwicklung*, Nomos: Baden-Baden 2001, S. 45–60.

40 Zu diesem Unterkapitel hat der Autor seine Masterarbeit auf Koreanisch sowie einen Artikel in der Zeitschrift *ASIEN* auf Deutsch und in der Zeitschrift *Yŏksabip'yŏng* auf Koreanisch veröffentlicht. Der deutschsprachige Artikel wurde sprachlich und inhaltlich leicht überarbeitet hier eingefügt. Altenhofen, Max: „Westdeutsche technische Hilfe im Südkorea der 1960er-Jahre: Am Beispiel von technischen Schulen in Incheon und Naju", in: *ASIEN* 152/153, 2019, S. 72–93.

41 Protokoll über wirtschaftliche und technische Zusammenarbeit zwischen der Regierung der Bundesrepublik Deutschland und der Regierung der Republik Korea vom 13.12.1961, Bekanntmachung in BAnz Nr. 12 vom 18.01.1962, S. 1. / National Archives of Korea, Dokumenten-Nr.: CA0000071, Handok kan-ŭi chigŏp hakkyo sŏlch'i-e kwanhan kaksŏ kyohwan [Notenwechsel über die gemeinsame Errichtung einer Facharbeiterschule zwischen der Regierung der Republik Korea und der Regierung der Bundesrepublik Deutschland], 18.03.1961.

42 „Kisul wŏnjo wihae chigŏp kyoyuk shich'al: Sŏdok chŏngbu p'agyŏnhan ‚ro' paksa naehan" [Begutachtung zu Berufsbildung für die technische Hilfe: Experte der westdeutschen Regierung Dr. Rosenthal reist in Korea ein], in: *Dong-A Ilbo*, 17.01.1960.

leiter war für die Durchführung des Projektes als Ganzes zuständig und vermittelte zwischen verschiedenen Akteuren, nämlich dem koreanischen Erziehungsministerium und dem BMZ sowie dem koreanischen Schulleiter und den deutschen Ausbildern. Außerdem stellte die deutsche Seite die Maschinen für die Werkstatt sowie zusätzliche technische Ausstattung wie Heizung oder Dienstwagen zur Verfügung, wie es auch in den anderen Projekten bis 1984 üblich war. Insgesamt stellte die Bundesregierung über einen Zeitraum von acht Jahren eine Gesamtsumme von 3,45 Mio. DM zur Verfügung, was verglichen mit den späteren Projekten einen kleinen Betrag darstellte. Anteilig wurde eine Hälfte für Personal- und die andere Hälfte für Materialkosten genutzt.[43]

Tabelle 7: Deutsche Projektmitarbeiter an der Facharbeiterschule Incheon

Name	Funktion	Einsatzzeitraum	Mann/Monat
F. Gatza	Werkstattleiter	04.1962–07.1966	52
R. Dreesen	Werkstattleiter	04.1962–11.1966	56
J. Horz	Werkstattleiter	05.1962–05.1965	37
F. Kluge	1. Projektleiter	06.1962–06.1966	48
H. Dorsch	Werkstattleiter	05.1965–01.1967	20
W. Runkel	Werkstattleiter	06.1966–02.1969	33
K. Schröder	2. Projektleiter	06.1966–08.1968	25
H.-G. Hammen	Werkstattleiter	12.1966–11.1968	24
H. Sieger	Werkstattleiter	08.1967–07.1969	24
O. Pfaller	Werkstattleiter	09.1967–08.1969	24
L. Heckenbücker	3. Projektleiter	08.1968–03.1970	29
H. Stefanic	Werkstattleiter	07.1969–12.1970	17,5

Quelle: BArch, B 213/24271, GTZ-Abschlussbericht: Technische Hilfe für Korea, Facharbeiterschule Inchon, 04.09.1972, S. 3f.

Von koreanischer Seite wurden als Counterparts 12 Lehrkräfte ausgewählt, die zunächst in der Bundesrepublik eine Weiterbildung absolvierten. Weiterhin bezahlte die koreanische Seite die Verwaltungs- und Hilfskräfte und stellte die Schulgebäude und Wohnhäuser für die deutschen Ausbilder sowie den Projektleiter zur Verfügung.[44] Nach einer Auswechslung des deutschen Teams aufgrund interner Streitigkeiten um den ersten Projektleiter im Jahre 1967 und

[43] BArch, B 213/24271, GTZ-Abschlussbericht: Technische Hilfe für Korea, Facharbeiterschule Inchon, 04.09.1972, S. 3f. Die deutschen Maschinen sind im Schulmuseum der heutigen *Chŏngsŏk hanggong kwahak kodŭng hakkyo* (Jungseok Aviation Science High School) in Incheon ausgestellt und den Angaben der zuständigen Lehrer zufolge noch funktionsfähig.

[44] Ibid.; vgl. für die Namen der ersten koreanischen Lehrer in Incheon auch die Festschrift der Schule: *Chŏngsŏk 50nyŏnsa*, S. 101.

Kündigungen mehrerer koreanischer Lehrer erfolgte die Übergabe der Schule 1969. Das Projekt in Incheon wird im Abschlussbericht insgesamt als erfolgreich bewertet, obwohl es zu einer Verlängerung von vier Jahren und verschiedenen Konflikten kam.[45]

In Naju wurde 1964 auf Initiative des deutschen Technikers F. Hohmann, der als Berater der Firma Lurgi am Aufbau der Honam Düngemittelfabrik beteiligt war, eine kleine technische Schule gegründet. Im gleichen Jahr beantragte Hohmann über die Carl Duisberg Gesellschaft (CDG) dafür Zuschüsse beim BMZ.[46] Die Beantragung erfolgte über das Programm zur ‚Förderung entwicklungswichtiger Vorhaben privater deutscher Träger in Entwicklungsländern', bei welcher ein Eigenanteil des privaten Trägers nötig war.[47] Die Schule finanzierte sich zunächst durch Hohmanns eigene Ersparnisse, Spenden, sowie eine monatliche Unterstützung der Provinz Jeollanam-do und Geldern aus dem Fonds des koreanischen Präsidenten.[48] Nach einer Prüfung des Projekts durch die CDG verzögerte sich allerdings die Genehmigung der Zuschüsse durch das BMZ. 1967 wurde durch externe Mitarbeiter der Schule aufgedeckt, dass Hohmann bis zu 25 seiner Schüler sexuell missbraucht hatte. Eine Prüfung durch die Deutsche Botschaft bestätigte diese Vorwürfe, da Hohmann kurz darauf aber die deutsche Staatsbürgerschaft aufgab und die koreanische annahm, konnte er in der BRD nicht strafrechtlich verfolgt werden.[49] Die Schule wurde unterdessen an eine private koreanische Stiftung übergeben und zunächst ohne deutsche Beteiligung weitergeführt. Da die CDG allerdings schon einen neuen Projektleiter ausgewählt hatte und auch von koreanischer Seite beabsichtigt war, die Schule nach den Plänen Hohmanns weiterzuführen, entschieden sich BMZ und CDG für eine Projektförderung. Schließlich wurde 1969 ein neuer Projektleiter entsandt und die deutsche Förderung der Schule um zwei Jahre verlängert. Auch nach dem Wechsel des deutschen Projektleiters 1971 wurde sie bis 1973 partnerschaftlich geführt.

---

45 BArch, B 213/24271, GAWI Abschlussbericht: Technische Hilfe für Korea, Facharbeiterschule Inchon, 04.09.1972, S. 8f.

46 BArch, B 213/24745, Projektbewerbung der CDG beim BMZ, 24.08.1964.

47 Vgl. Richtlinien für die Förderung entwicklungswichtiger Vorhaben privater deutscher Träger in Entwicklungsländern, Kapitel 2302 Titel 687 76.

48 BArch, B 213/11961, Dr. Deimann (CDG): Bericht über die Ostasienreise des Leiters der Stabstelle Ausländerdienst, 23.12.1965, S. 4–5, 18–19.

49 BArch, B 213/11961, Schreiben der Deutschen Botschaft Seoul an AA: Berufsbildungszentrum Hohmanneum in Naju, 06.07.1967. Dieser Vorfall wird hier nicht weiter ausgeführt. Für eine ausführliche Analyse vgl.: Altenhofen, Max: „Sŏdok chŏngbu-ŭi taehan kisul wŏnjo: Homanaeam/Handok kodŭng kisul hakkyo p'ŭrojekt'ŭ-rŭl chungshim-ŭro" [West German Government's Technical Assistance to South Korea: Focusing on the Hohmanneum/Korean-German Technical School], in: *Yŏksabip'yŏng* 127, 2019, S. 400–407.

Die gemeinsame Finanzierung durch die beiden Stiftungen, welche wiederum im Fall der CDG zum Großteil staatlich erfolgte, entsprach dem Vorgehen in Incheon: Während die deutsche Seite Maschinen, technische Ausrüstung und den Projektleiter stellte, war die koreanische Seite für die Counterparts und die Gebäude verantwortlich.[50] Insgesamt waren die Ausgaben aber deutlich geringer als in Incheon, da es sich in Naju um ein kleineres Projekt mit weniger Schülern handelte. Da die Schule in Naju durch eine Privatperson gegründet worden war, mussten der Standort und Bildungsplan der Schule, sowie die koreanische Trägerstiftung als gegeben akzeptiert werden. Genannte Vorbedingungen wurden von deutscher Seite im Laufe des Projekts kritisiert und das Projekt insgesamt als wenig bedeutend eingeschätzt.[51] Allerdings werden die Bemühungen der beiden Projektleiter ab 1969 hervorgehoben. Eventuell aus diesem Grund entwickelte sich die Schule zwei Berichten zufolge nach Projektübergabe sehr positiv.[52] Es ist jedoch nicht klar, ob ein solches Urteil zuverlässig ist, da die Situation noch ein Jahr zuvor gegenteilig beschrieben worden war.

Zu der Facharbeiterschule in Incheon liegt ein koreanischer Forschungsartikel der Bildungshistorikerin Yu Chinyŏng und des Erziehungswissenschaftlers Chŏng Kisŏp vor, die bereits wichtige Charakteristika der Schule, insbesondere zum Ausbildungskonzept, herausgearbeitet haben. Der Artikel stützt sich hauptsächlich auf Materialien des Schulmuseums sowie den Jubiläumsband der Schule. Die vorliegende Arbeit bezieht hingegen auch die Quellen aus den deutschen Archiven sowie Gespräche mit weiteren Absolventen und Beratern ein und kann dadurch besser auf die Perspektive der Akteure eingehen.

2.1 Lehrinhalte

An der Deutsch-Koreanischen Facharbeiterschule in Incheon haben bis zum Projektabschluss insgesamt 471 Schüler eine Ausbildung erhalten, und zum Zeitpunkt der Übergabe waren noch 514 Schüler in Ausbildung. Jedes Schuljahr wurden jeweils 30 Schüler zur Ausbildung in den drei Berufsfeldern Betriebsschlosser (*kigyegwa*), Starkstromelektriker (*chŏn'gigwa*) und Sanitätsins-

[50] BArch, B 213/24745, Schreiben der CDG an das BMZ: Privates Ausbildungszentrum ‚Koreanisch-Deutsche Technische Schule' (früher ‚Hohmanneum') in Naju, 21.02.1968, S. 2f.

[51] BArch, B 213/24746, Schreiben von N. Jasper an R. Schuster (CDG): Projekt Naju, 16.07.1972. Jasper war Projektleiter des Deutsch-Koreanischen Berufsbildungszentrums in Busan.

[52] BArch, B 213/24746, Projektnachbericht der CDG an das BMZ, 11.09.1974.

tallateur (*paegwan'gwa*) aufgenommen.[53] Für die Schule in Naju liegen keine genauen Zahlen vor, aber unter Hohmann haben rund 100 Schüler eine Ausbildung erhalten, und nach der Umbenennung in Deutsch-Koreanische Technische Schule wurden ab 1969 über einen Zeitraum von vier Jahren jedes Jahr zwischen 60 und 70 Schüler aufgenommen.[54] Pläne, die Neueinschulungen auf 100 pro Jahr zu erhöhen, wurden nach der Übergabe 1973 verwirklicht. Die Ausbildungszeit betrug in beiden Schulen drei Jahre.[55]

Die praktische Ausbildung nahm in Incheon zwei Drittel und in Naju sogar drei Viertel der Unterrichtszeit ein, während es an vergleichbaren koreanischen Schulen oft nur ein Drittel war.[56] In Naju folgte man unter Hohmann dem ‚Krupp-Rahmenplan zur Stufenausbildung', einem Ausbildungsplan der Firma Krupp, von welchem man die unterste Stufe ‚Anlernling' anstrebte. Dies wurde unter der neuen Schulleitung auch weitestgehend beibehalten.[57] Zur Ausbildung wurden Materialien der Arbeitsstelle für betriebliche Berufsausbildung (ABB) verwendet.[58]

Ein maßgeblicher Unterschied zur eigentlich angestrebten dualen Ausbildungsform bestand darin, dass die praktische Ausbildung zum Großteil in der Schule und nicht in Betrieben stattfand. Zwar hatten die Schüler die Möglichkeit, im Rahmen von Praktika auch in den Betrieben zu lernen, aber dabei handelte es sich nur um wenige Wochen im Jahr. In Incheon konnten für diese Praktika namhafte, auch große Firmen aus der Region gewonnen werden.[59] In Naju handelte es sich zumeist um kleinere Handwerksbetriebe mit wenigen Auszubildenden.[60]

---

53 BArch, B 213/24271, GAWI Abschlussbericht: Technische Hilfe für Korea, Facharbeiterschule Inchon, 04.09.1972, S. 11. / The Status of School, The Korean-German Technical Institute, 1967, S. 5.

54 BArch, B 213/11961, Schülerzeitung des Hohmanneum, 1. Ausgabe, 06.1966, S. 3; BArch, B 213/24271, GAWI Abschlussbericht, 04.09.1972, S. 11; B 213/24746, Projektbericht 1972, 25.08.1972, S. 7.

55 BArch, B 213/24745, Schreiben der Deutschen Botschaft Seoul an das AA: Ex-Hohmanneum, jetzt Koreanisch-Deutsche Technische Schule, Naju, 15.02.1968, S. 2. Sowohl in Incheon als auch in Naju gab es Programme, die außerhalb der genannten technischen Ausbildung für Schüler angeboten wurden. Zum Beispiel wurden in Incheon für Fabrikarbeiter zur Weiterbildung eine Abendschule sowie Meisterkurse durchgeführt. Vgl. auch BArch, B 213/24271, GAWI Abschlussbericht: Technische Hilfe für Korea, Facharbeiterschule Inchon, 04.09.1972, S. 4.

56 Incheon Jungseok Aviation Science High School, Museum / Archiv, Broschüre: The Status of School, The Korean-German Technical Institute, 1967, S. 7.

57 Den Ausbildungsplan für das Hohmanneum erstellte der erste Projektleiter der Deutsch-Koreanischen Facharbeiterschule. BArch, B 213/11961, F. Kluge: Vorschlag für einen Ausbildungsplan der Sonderschule Naju (Hohmanneum), 01.12.1965, S. 1.

58 Die ABB existiert bis heute unter dem Namen Bundesinstitut für Berufsbildung (BiBB).

59 BArch, B 213/24261, K. Schröder (PL): Situationsbericht 10.1967, 27.10.1967. Vgl. auch: Yu/Chong, „Togil kisul kyoyuk chiwŏn-ŭi kyoyuksajŏk ŭiŭi", S. 14.

60 BArch, B 213/11961, Dr. Deimann (CDG): Bericht über die Ostasienreise des Leiters der Stabstelle Ausländerdienst, 23.12.1965, S. 9.

Wie auch in den späteren Projekten mit deutscher Beteiligung ersichtlich wird, herrschte bei den koreanischen Betrieben die Ansicht vor, dass der Staat für die Ausbildung zuständig sei. Außerdem wollten koreanische Betriebe bei der dualen Ausbildung nicht kooperieren.[61]

Die praktische Ausbildung in beiden Schulen erfolgte nach dem sogenannten Stufensystem: Nach einer Grundausbildung folgte eine Vertiefung im gewählten Beruf. Ein Hauptbestandteil der praktischen Grundausbildung in Incheon war das Feilen, welches über sechs Monate lang ausgeübt werden musste und die Schüler laut *Kyonggi Ilbo* zu Geduld und Genauigkeit erziehen sollte. Diese Tugenden seien die Basis für ein „solides Produkt". Erst danach wurden Anreißen oder Sägen gelehrt.[62] Es lässt sich hieran schon ein Fokus auf Werteerziehung erkennen, der sich auch in den Zielen der Schule widerspiegelte.[63] In Incheon lauteten diese so bezeichneten ‚deutschen Werte' Aufrichtigkeit (*sŏngshil*), Fleiß (*kŭnmyŏn*), Genauigkeit (*chŏnghwak*) und Sparsamkeit (*kŏmso*), während in Naju einige Begriffe anders übersetzt wurden und statt Aufrichtigkeit Freundlichkeit (*ch'injŏl*) angestrebt wurde.[64] Es stellt sich die Frage, warum an Berufsschulen auch Werteerziehung durchgeführt wurde. Der koreanische Schulleiter in Incheon erklärt dies folgendermaßen:

> „In Korea wurde bisher nur Bemühen darauf verwendet, Techniker auszubilden, aber keine Menschen. [...] Doch auch wenn man ein noch so begabter Techniker ist, kann man ohne ein menschliches Wesen keine qualitativ guten Industrieprodukte herstellen."[65]

---

61 Schaack, Klaus: „Aspekte der koreanisch-deutschen Berufsbildungszusammenarbeit", unveröffentlichtes Manuskript, HRD Korea: Incheon 1996, S. 231. Allerdings wurde zumindest in Incheon zu einem späteren Zeitpunkt mit einer lokalen Stahlfirma ein Vertrag zu einer dualen Ausbildung abgeschlossen. Vgl. auch: *Chŏngsŏk 50nyŏnsa*, S. 111f.

62 „Kisul-ŭi chŏngsu iltange kanp'anboda-nŭn shilchangjuŭi pat'ang: Kongŏp erit'ŭ-rŭl k'iu-nŭn handok shirŏp hakkyo" [Die Technikerelite ausbildende Deutsch-Koreanische Facharbeiterschule], in: *Kyonggi Ilbo* 26.11.1967; Museum der *Chŏngsŏk* Oberschule, Werkstattberichtsheft des Schülers Han Iksu.

63 Incheon Jungseok Aviation Science High School, Museum / Archiv, Broschüre: The Status of School, The Korean-German Technical Institute, 1967, S. 4f.

64 Ibid.; BArch, B 213/11961, Schülerzeitung des Hohmanneum, 1. Ausgabe, 06.1966, S. 11. Neben einer Werteerziehung legte man in Incheon auch einen Fokus auf die demokratische Erziehung. Diese wurde im sogenannten ‚Bürgerkundeunterricht' in zwei Stunden pro Woche erteilt. Die Schüler sollten zu „bedeutsamen Staatsbürgern" erzogen werden.

65 „Sŏngshil-ŭi chip – Hwang Yŏngju-ssi" [Das Haus des Fleißes – Herr Hwang Yŏngchu], in: *Incheon Sinmun*, 16.11.1967; „Kisul oegyo – Hwang Yŏngju handok shirŏp hakkyojang" [Technologie-Diplomatie – Schulleiter Hwang Yŏngchu], in: *Kyonggi Maeil Sinmun*, 17.10.1967. So nahm beispielsweise der koreanische Schulleiter Hwang Yŏngchu 1965 an einem einmonatigen Seminar über technische und berufliche Bildung in der BRD teil. Dort habe er „bei der Besichtigung von Fabriken und Industrieanlagen viel gelernt". Insbesondere hebt er den Fleiß, die Geduld und Anstrengung der Deutschen hervor.

Auch Präsident Park Chung Hee verbindet in der zuvor genannten Rede die ‚deutschen' Werte Fleiß, Sparsamkeit, Ausdauer und Gemeinschaftsgefühl mit dem „Wirtschaftswunder vom Rhein".[66] Ähnlich sind auch die Worte des koreanischen Hauptlehrers am Hohmanneum zu verstehen, der „Ungründlichkeit, Ungenauigkeit, Bequemlichkeit und Gefallen an Untätigkeit" in der koreanischen Gesellschaft kritisierte und dazu aufrief, nach den Werten des Hohmanneums, also den genannten ‚deutschen' Werten, das Land zu entwickeln.[67]

Im westlichen Modernisierungs- und Entwicklungsdiskurs der 1960er-Jahre wurde der wirtschaftliche Erfolg westlicher Länder mit dem ‚Bürgersinn' des 19. Jahrhunderts verknüpft, welcher den Menschen in Entwicklungsländern entsprechend fehlen würde.[68] Eine positive Sicht der deutschen Akteure auf die ‚preußischen Werte' findet sich auch in Korea: beispielsweise wurde der Schulleiter Hwang Yŏngju als „Preuße unter den Koreanern" oder eine aufgeräumte Werkstatt in der Schule als „preußisch" bezeichnet.[69]

Deutschunterricht kann als weitere Besonderheit des Lehrplans gesehen werden. Einem Projektleiter in Incheon zufolge sollten die Schüler auf Deutsch „zumindest technisch radebrechen" können.[70] Im ersten Jahr wurden Deutschgrundkenntnisse vermittelt und ab dem zweiten Jahr ein Lehrbuch für Deutsch als Fremdsprache mit dem Titel *Der Praktikant* verwendet, das insbesondere auf die Bedürfnisse von Berufsschulen ausgerichtet war. Anhand von Lesetexten mit Titeln wie ‚Drehbank', ‚Schreinerei', ‚Stahlgewinnung' oder ‚Automontage' lernten die Schüler das Vokabular für technisches, angewandtes Deutsch. In Naju arbeitete man unter Hohmann mit Materialien des Goethe-Instituts, und es wurde ein weitaus höheres Sprachniveau angestrebt. Nach der Übergabe an die private Stiftung erfolgte nur im ersten der drei Ausbildungsjahre Deutschunterricht, und auch hier legte man den Fokus auf technisches Deutsch.[71]

---

66 Park, *Major Speeches*, S. 24.

67 Hohmanneum Schülerzeitung, 2. Ausgabe, 08.1966, S. 2 (von ehemaligem Schüler erhalten; nicht BArch-Dokument).

68 Maß, „Eine Art sublimierter Tarzan", S. 84.

69 BArch, B 213/24261, G. Rose: Bericht über die Gutachterreise nach Inchon vom 13.02. bis zum 26.02.1966, 18.03.1966, S. 11. Vgl. auch folgenden Zeitungsartikel: Bode, Thilo: „Die fleißigen Lehrlinge von Incheon", in: *Süddeutsche Zeitung*, Nr. 18, 20.01.1968. „‚Wollen Sie mal was Preußisches sehen?' werde ich gefragt, und dann werden die Schubladen einer ausschließlich unter koreanischer Leitung stehenden Werkstatt aufgezogen. Die Ordnung in den Werkzeugschubläden bestätigt in der Tat die schlimmsten Vorurteile gegen die ‚deutsche Ordnung'."

70 Ibid.

71 BArch, B 213/24745, Schreiben der Deutschen Botschaft Seoul an das AA: Besuch der Düngemittelfabrik und des Hohmanneums in Naju, 26.05.1965. Braun, Korbinian: *Der Praktikant – Eine Fibel für Ausländer*, Max Hueber: München 1960.

Eigentlich hatten die Deutschkenntnisse keinen direkten Nutzen für das Berufsziel der Schüler, nämlich Facharbeiter in Korea zu werden. Eine Absicht dahinter war es, die Wichtigkeit von Deutsch als Fremdsprache zu stärken. Ein Projektprüfer in Incheon erwartete beispielsweise, dass durch die Berufsschulen das Wort ‚Facharbeiterbrief' in den allgemeinen koreanischen Sprachgebrauch übergehen könnte. Durch die Verwendung bei weiteren Projekten der Entwicklungszusammenarbeit würde das Wort vielleicht irgendwann sogar weltweit benutzt.[72] Auf der anderen Seite ermöglichte die Deutschausbildung den Schülern, später in Deutschland ihre Ausbildung fortzusetzen und damit eine Verbindung zu Deutschland aufrechtzuerhalten. Einem Ausbildungsexperten zufolge könnten durch die Ausbildung von Facharbeitern in Deutschland langfristig die deutschen Exportmöglichkeiten erweitert werden.[73] Neben der Absicht, Korea technische Hilfe zu leisten, lassen sich also deutsche Eigeninteressen in den Ausbildungsplänen der Berufsschulen erkennen. In vielen Fällen begrüßte die koreanische Seite die deutschen Pläne, aber von Seiten der Lehrer und Schüler zeigten sich auch ablehnende Haltungen.

2.2 Schulalltag und Schülerstreiks

Die meisten Schüler stammten aus armen und kinderreichen Familien und hätten sich auf Grund von hohen Schulgebühren keine Ausbildung auf einer normalen weiterführenden Schule leisten können. An beiden deutsch-koreanischen Schulen gab es zumindest anfangs keine Schulgebühren, allerdings wurden Schulgebühren zu einem späteren Zeitpunkt eingeführt.[74] Für Incheon wurde als Grund dafür die Errichtung des Wohnheims angegeben.[75] Vor allem in Naju seien die Gebühren für die ärmeren Familien zu hoch gewesen, sodass Schüler des dritten Lernjahres oft ihren Abschluss nicht machen konnten.[76] Obwohl in

---

72 BArch, B 213/24261, G. Rose: Bericht über die Gutachterreise nach Inchon vom 13.02. bis zum 26.02.1966, 18.03.1966, S. 8; Vgl. auch: Ammon, Ulrich / Chong, Si-ho (Hg.): *Die deutsche Sprache in Korea: Geschichte und Gegenwart*, Iudicium: München 2003, S. 203–212.

73 Lenhart, Volker: „Das Counterpartprogramm: Lehrerausbildung für berufliche Schulen der Entwicklungsländer", in: *International Review of Education* 17.3, 1971, S. 280.

74 BArch, B 213/24746, Korean-German Technical School Naju: The Supplementary Revision of the Total Budget Estimates for the Year of 1972, 17.08.1972, Tabelle I.

75 Vgl. zum Bau des Wohnheims auch: „Sŏngshil-ŭi chip – Hwang Yŏngju-ssi" [Das Haus des Fleißes – Herr Hwang Yŏngchu], in: *Incheon Sinmun*, 16.11.1967.

76 BArch, B 213/24746, BMZ-interne Kurznachricht: Besprechung mit Herrn MinDir Osner, Dr. Schuster und Dr. Hoffmann (beide CDG) sowie dem BE; hier: Berufsausbildungszentrum Naju-Korea, 02.10.1972, S. 2f.

den deutschen Berichten darauf verwiesen wird, dass die Schulgebühren durch die koreanische Seite erhoben wurden und man diese nicht gutheiße, wurde von Seiten des BMZ keine zusätzliche Finanzierung bereitgestellt.

In den Schülerzeitungen werden Erfahrungen der Schüler mit den Lehrinhalten und dem Unterricht im Allgemeinen verarbeitet. Bezüglich der Lehrinhalte zeigte sich eine Divergenz zwischen den Anforderungen der Schule und den Erwartungen der Schüler. Zunächst wird deutlich, dass die Schüler nicht an eine technische Ausbildung gewöhnt waren. Der Schüler Yun Sangkyu schrieb über seinen ersten Unterrichtstag:

> „Die allererste Unterrichtsstunde war praktischer Unterricht. Weil ich bisher so was wie einen Arbeitsanzug noch nie anprobiert und auch die verschiedenen Werkzeuge noch nie gesehen hatte, war alles unglaublich und erstaunlich, als ich das erste Mal in die Lehrwerkstatt trat. Aber als ich dann die Feile in meiner Hand hielt und feilen ausprobierte, nahm ich mir vor, ab sofort fleißig zu sein."[77]

Für die Schüler aus normalen Grund- und Mittelschulen war der praktische Unterricht etwas Neues. Einige Schüler zeigten auch Unwillen, schon von der ersten Unterrichtsstunde an sechs Monate lang zu feilen. Hwang Gwangsŏn schreibt: „Heute schon wieder U-Stahl. Man nimmt eins und feilt die ganze Zeit. Das ist wirklich ermüdend. Wenn man eine Stunde fleißig feilt, schafft man gerade mal 0,5mm; das bereitet mir wirklich Widerwillen."[78] Andere Schüler berichteten ebenfalls, dass der praktische Unterricht nach ein paar Tagen sehr anstrengend gewesen sei. Auf den ersten Blick unterschieden sie sich damit nicht von Auszubildenden in der BRD in der gleichen Zeit.[79] Aus Berichten ging andererseits hervor, dass einige Schüler aufgrund von Armut unterernährt waren und aus diesem Grund nicht genügend physische Kraft zum Arbeiten hatten.[80] Andererseits könnte man den Widerwillen gegenüber körperlicher Arbeit mit dem bereits erwähnten *White Collar Complex* erklären, demzufolge in vielen Entwicklungsländern ein Streben nach Angestelltentätigkeiten vorherrschte und auf körperliche Arbeit eher herabgesehen wurde.[81]

---

[77] Yun, Sangkyu: „Hakkyo saenghwal" [Schulalltag], in: *Wŏndonggi* 1, 1972, S. 160f.

[78] Hwang, Gwangsŏn: „Shilsŭp nal" [Praktischer Unterricht], in: *Wŏndonggi* 1, 1972, S. 161f.

[79] Vgl. auch: Lempert, Wolfgang: „Feilen, bis einem die Arme abfallen: Erinnerungen junger Facharbeiter an ihre metallhandwerkliche Grundausbildung in der Lehrwerkstatt", in: Arnold, Rolf / Lipsmeier, Antonius (Hg.): *Betriebspädagogik in nationaler und internationaler Perspektive*, Nomos: Baden-Baden 1989, S. 197–210.

[80] BArch, B 213/11960, F. Kluge (PL): 2. Tätigkeitsbericht der Facharbeiterschule Inchon, 06.1963, S. 11.

[81] Rau, „Economic Development in Korea", S. 15.

Einige Schüler verglichen auch den Lehrplan mit dem anderer Schulen. Choi Raksŏb berichtete von einem Freund auf einem humanistischen Gymnasium, der dort viel mehr lernte, während es seiner Meinung nach durch den Fokus auf Praxis in Incheon zu wenige theoretische Anteile gab. Deshalb lernte er in seiner Freizeit Englisch.[82] Eventuell strebte er ein Studium an, was auf der einen Seite zeigt, dass die Schule nicht nur von Schülern besucht wurde, die später als Facharbeiter arbeiten wollten. Auf der anderen Seite wird, wie oben genannt, deutlich, dass das Bewusstsein für den Wert einer beruflichen Ausbildung allgemein in Korea nicht stark ausgeprägt war.

Schüler reagierten auf diese Bedingungen auch durch aktive Meinungsäußerung in Form von Streiks. Zu dieser Zeit sind Schülerstreiks in Korea eine Seltenheit, zumindest laut Zeitungsberichtserstattung.[83] In Incheon schrieben die koreanischen Lehrer im Mai 1965 an den Erziehungsminister über einen Streik der Schüler wegen zu langer Unterrichtszeiten. Die Lehrer konnten nach eigenen Angaben die Schüler davon überzeugen, dass ihre Forderungen keinen Streik wert seien.[84] Später wurden in einem Memorandum der Lehrer die Forderungen der Schüler jedoch an die deutsche Seite weitergegeben.[85]

Auch in Naju traten im Juni 1970 Schüler der Einführungsklasse in einen Hungerstreik, weil sie nicht die gleiche praktische Ausbildung erhielten wie die anderen Schüler. Die koreanische Stiftung hatte zu viele neue Schüler aufgenommen, und ein gleichzeitig auftretender Lehrermangel verschärfte die Situation, sodass ein Teil der Schüler nicht an den Maschinen ausgebildet werden konnte. Der deutsche Projektleiter in Naju wandte sich daraufhin an die Botschaft, aber wie eine genaue Lösung des Problems erfolgte, wird nicht erwähnt.[86] Es ist erkennbar, dass die deutsche Seite in den Berichten die Verantwortung bei der koreanischen Seite sieht, weil diese für die Anwerbung der Counterparts, also der Lehrer, zuständig war. Allerdings hätte eine bessere Vernetzung der deutschen Berufsschulen insgesamt wahrscheinlich einen Lehrermangel vermeiden können, wenn die deutsche Seite sich dafür aktiver eingesetzt hätte. Hier ist auch ein Problem der Zusammenarbeit erkennbar, welche noch hätte ausgebaut werden können.

---

82 Choi, Raksŏb: „Kal kil" [Weg], in: *Wŏndonggi* 1, 1972, S. 163.

83 Der einzige Streik zu einer ähnlichen Zeit, über welchen in einem Zeitungsartikel berichtet wird, fand 1969 an einer Berufsschule in Seoul statt. „Ch'odae hangnyŏk injŏng-hara: Kwangun chŏnja hakkyo haksaeng-dŭl maenghyu" [Erkennt unseren Abschluss an: Schülerstreik an der Technischen Schule Kwangun], in: *Dong-A Ilbo*, 17.05.1969.

84 BArch, B 213/24261, Kyŏnggwa pogosŏ: haksaeng maenghyu kŏn [Verlaufsbericht über den Schülerstreik], 06.05.1965, S. 1.

85 BArch, B 213/24261, Handok shirŏp hakkyo-e taehan kŏnŭisŏ [Memorandum zur Deutsch-Koreanischen Facharbeiterschule], 13.09.1965, S. 2.

86 BArch, B 213/24746, W. Link an den Wirtschaftsattaché der Deutschen Botschaft Seoul, 01.07.1970. Zu den genaueren Hintergründen vgl. auch: Altenhofen, „Sŏdok chŏngbu-ŭi taehan kisul wŏnjo", S. 393–395.

2.3 Nach dem Schulabschluss

In Incheon war es für den ersten Abschlussjahrgang 1965 schwierig, direkt eine Anstellung zu finden. Ab 1966 fanden die Schüler dann alle leicht eine gute Stelle, und es gab in den Betrieben sogar eine höhere Nachfrage als Absolventen. In einer Broschüre der Schule und im Projektabschlussbericht finden sich genauere Informationen über die Anstellung nach dem Abschluss: Demnach ging ein Großteil als Facharbeiter in die örtliche Industrie, und nur wenige studierten oder arbeiteten als Hilfsausbilder weiter in der Facharbeiterschule.[87] Der koreanische Schulleiter konnte für viele der Absolventen in den Firmen sogar eine höhere Bezahlung erwirken.[88] Auch in Naju arbeiteten die meisten Absolventen als Facharbeiter in der Region. Da es anfangs jedoch nur wenige Fabriken gab, war die Arbeitssuche schwierig. Später erfreuten sich die Absolventen beider Schulen aufgrund der qualitativ hohen Ausbildung Beliebtheit bei den Arbeitgebern. Damit wurde das Hauptziel der Berufsschulen, nämlich Facharbeiter für die Region auszubilden, erfüllt.

Berichterstatter und Journalisten maßen den Erfolg der Deutsch-Koreanischen Facharbeiterschule oft an den Auszeichnungen der Schüler in Berufswettbewerben. Wegen der Altersbeschränkung hatten die Schüler der Facharbeiterschule Incheon zwar einen Nachteil bei den nationalen Wettbewerben, konnten sich aber mehrfach in den internationalen Wettbewerben durchsetzen. Zwischen 1966 und 1970 stellte die Schule insgesamt elf Goldmedaillengewinner in den nationalen und sieben Teilnehmer sowie drei Gewinner bei den Internationalen Berufswettbewerben. Aus Naju finden sich erst ab 1974, also nach Übergabe der Schule, Gewinner in Berufswettbewerben.[89] Als Kritik an diesen Wettbewerben finden sich jedoch in den Facharbeiterschulen wie auch später im Berufsbildungszentrum Busan der Hinweis, dass es sich um vereinzelte Elitenbildung und die starke Ausrichtung auf Einzelfertigkeiten (*one man, one skill*) handelte, was der umfassenden Ausbildung nach deutschem Vorbild entgegenstand, sodass die Vorbereitung auf Prüfungen meist separat durchgeführt wurde.[90]

---

87 BArch, B 213/24271, GAWI Abschlussbericht: Technische Hilfe für Korea, Facharbeiterschule Inchon, 04.09.1974, S. 14.

88 Bode, Thilo: „Die fleißigen Lehrlinge von Incheon", in: *Süddeutsche Zeitung*, Nr. 18, 20.01.1968.

89 BArch, B 213/24261, Schröder: Situationsbericht 10/1967, 27.10.1967; Vgl. auch: Yu/Chŏng, „Togil kisul kyoyuk chiwŏn-ŭi kyoyuksajŏk ŭiŭi", S. 20; sowie zu den koreanischen Berufswettkämpfen allgemein: Chang, Mihyŏn: „Pak Chŏnghŭi chŏngbu shigi kinŭng kyŏnggi taehoe-ŭi toip-kwa ‚ellitŭ' kinŭnggong-dŭl-ŭi imgye" [The Introduction of National Skills Competition and Criticality of ‚Elite' Skilled Workers], in: *Yŏksa Yŏngu* 32, 2017, S. 220.

90 Vgl. auch: BArch, B 213/11971, P. Klein: Projektbericht 2. Quartal 1974. „Es wird hauptsächlich dabei übersehen, dass in den Technical Highschools nur eine sehr kleine Elitegruppe auf Kosten der großen Schülermehrheit auf Medaillengewinne ‚gedrillt' wird."

Außerdem konnten unter deutscher Leitung ab 1965 jedes Jahr bis zu sieben Absolventen aus Incheon ihre Ausbildung in der BRD fortsetzen. Aus Naju wurden schon zu Hohmanns Zeiten etwa 10 Schüler auch ohne Abschluss zur Ausbildung in die BRD geschickt, und ab 1974 bestand eine Möglichkeit wie in Incheon, jedoch nur für zwei Absolventen pro Jahrgang.[91] Kim Misŏn aus Incheon beschrieb in einem Interview die Ausbildungszeit in der BRD folgendermaßen:

> „Man wurde an Berufsschulen geschickt und durchlief eigentlich eine zweijährige Ausbildung, in der man zwei Tage pro Woche in der Schule Unterricht hatte und die restlichen drei Tage eine praktische Ausbildung vor Ort absolvierte. Aber weil meine Ausbildung an der Deutsch-Koreanischen Facharbeiterschule anerkannt wurde, konnte ich eine Einführung zur Lehrerausbildung machen."[92]

Nach seiner Rückkehr schloss er an der Abendschule der Technischen Universität Inha seine Ausbildung zum Lehrer ab und arbeitete danach 40 Jahre lang an der Deutsch-Koreanischen Facharbeiterschule bzw. deren Nachfolgeinstitutionen. Auch weitere in Deutschland ausgebildete Absolventen blieben der Berufsausbildung als Lehrer, Ausbilder oder Berater verbunden.[93] Für das Hohmanneum wird eine ähnliche Erfolgsgeschichte verzeichnet: Nam Kibong konnte nach seinem Abschluss in Korea in Deutschland studieren, schloss das Studium in Berlin mit einem Doktortitel ab und wurde nach seiner Rückkehr Professor an der Technischen Universität Naju.[94] Auch wenn nur ausgewählte Schüler nach Deutschland gingen und über die weiteren Karrieren anderer Absolventen wenig bekannt ist, kann ein gewisser beruflicher Erfolg vermutet werden.

Besonders die Schüler, die die Möglichkeit hatten, in Deutschland zu studieren, waren Deutschland und der deutschen Sprache auch nach dem Studium weiter verbunden. Gleichzeitig hatten sie die Möglichkeit, in Deutschland über Korea zu informieren und trugen damit zum Austausch zwischen beiden Ländern bei.[95] Doch auch die anderen Schüler hatten einen deutschen Facharbeiterbrief bzw. ein zweisprachiges Zertifikat und Deutschkenntnisse erworben. Die Absolventen beider Schulen arbeiteten deshalb auch in Nachfolgeprojekten der technischen Zusammenarbeit oder für deutsche Unternehmen in Korea. Durch die Schulen in Incheon und Naju wurde also eine Grundlage für die weitere Zusammenarbeit beider Länder geschaffen.

---

[91] BArch, B 213/24746, Projektnachbericht der CDG an das BMZ, 11.09.1974.

[92] Interview mit Kim Misŏn, 2015, zitiert in: Yu/Chŏng, *Togil kisul kyoyuk chiwŏn-ŭi kyoyuksajŏk ŭiŭi*, S. 18–19.

[93] *Chŏngsŏk 50nyŏnsa*, S. 310–315.

[94] *Kŭmsŏng Hagwŏn 45nyŏnsa*, S. 84–85.

[95] *Chŏngsŏk 50nyŏnsa*, S. 126.

Abbildung 2: F. Kluge verabschiedet Schüler vor der Entsendung in die Bundesrepublik, 1967

Quelle: Privatsammlung der Jungseok Aviation Science High School

2.4 Alltag und Aushandlungen der deutschen Akteure

Bezüglich des Alltags der deutschen Akteure in Korea geben die Quellen hauptsächlich eine Eigensicht wieder. Aus den Berichten geht hervor, dass das Leben zu dieser Zeit für Ausländer nicht einfach war. Die deutschen Ausbilder in Incheon lebten mit ihren Familien in Häusern auf dem Gelände der Schule, die als „primitiv" oder „extrem bescheiden" bezeichnet wurden.[96] Gerade zu Beginn entsprachen auch die Arbeitsstätten nicht den deutschen Standards. In den Sommermonaten war es oft zu heiß zum Arbeiten, in den Wintermonaten zu kalt, da es keine Lüftung bzw. Heizung gab.[97]

Westliche Lebensmittel konnten die deutschen Projektmitarbeiter zunächst nur über Läden in Seoul beziehen. Außerdem hatten sie wegen fehlender Küh-

96 BArch, B 213/11960, F. Kluge: 2. Tätigkeitsbericht der Facharbeiterschule Inchon, 12.1962, S. 9. BArch, B 213/11960, Schreiben der Deutschen Botschaft an das AA: Deutsche Lehrwerkstatt beim Technischen Institut INHA; hier: Eröffnungsfeier, 04.05.1962. Auch im Jahr 1968 werden in einem Zeitungsartikel der *Süddeutschen Zeitung* die Häuser als „extrem bescheiden" bezeichnet. Bode, Thilo: „Die fleißigen Lehrlinge von Incheon", in: *Süddeutsche Zeitung*, Nr. 18, 20.01.1968.

97 BArch, B 213/11960, F. Kluge (PL): 3. Tätigkeitsbericht der Facharbeiterschule Inchon, 06.1963, S. 1.

lungsmöglichkeit Schwierigkeiten bei deren Lagerung.[98] Zwar konnten über den koreanischen Markt Lebensmittel erworben werden, diese seien dem deutschen Team aber „nicht zuträglich“ gewesen. Aus diesem Grund besorgten sich einige deutsche Fachkräfte die westlichen Lebensmittel auch über die amerikanische Kaserne, was offiziell jedoch nicht gestattet war.[99]

Während in Incheon das deutsche Team aus vier Mitgliedern bestand, arbeitete in Naju nur ein deutscher Projektleiter an der Schule. In einem Projektprüfungsbericht wird dessen Situation folgendermaßen beschrieben:

> „Er lebt und arbeitet abgeschieden von jedem größeren Ort. Selbst das Dorf Naju ist erst nach einem langen Fußmarsch zu erreichen. Mit der Bevölkerung kann er sich praktisch nur über einen Dolmetscher verständigen, da die koreanische Sprache sehr schwer zu erlernen ist. Hinzu kommen die Frustrationen, die sich aus der fehlenden Unterstützung seitens der School Foundation ergeben. [Bei beiden Projektleitern] konnte die Botschaft daher Stresserscheinungen beobachten, die ausschließlich auf die äußerst schwierige fachliche und menschliche Situation der Experten zurückzuführen sind.“[100]

Projektleiter W. Link beschrieb in einem Gespräch mit dem Autor seine Interaktionen mit den Bewohnern vor Ort: Er und seine Frau seien als „Großnase“ (*k'ojaengi*) oder „Affen“ bezeichnet oder für Amerikaner gehalten worden. Anfangs habe ihn die Neugierde gestört, im Nachhinein bewertete er diese aber auch als eine positive Eigenschaft. Vor allem im Vergleich zu seinen späteren Stationen Busan und Seoul empfand er das Leben in Naju als einsam.[101]

Im Folgenden werden vier deutsche Akteure gesondert behandelt, um davon ausgehend auf einige Aspekte der Entwicklungszusammenarbeit der frühen 1960er-Jahre einzugehen. Für die anderen Projekte liegen in den meisten Fällen keine solch ausführlichen Berichte über die privaten Auseinandersetzungen der Akteure vor. Zunächst steht die Facharbeiterschule Incheon im Fokus: F. Kluge war dort von 1962 bis 1967 über fünf Jahre lang als Projektleiter tätig. Der damalige Rektor der Inha Universität Kim Pyonghŭi erinnerte Kluge als sehr sparsam und zeigte sich darüber erstaunt, denn Kluge habe doch viel verdient und käme aus einem entwickelten Land.[102] Andererseits wurde Kluge jedoch von koreani-

---

[98] BArch, B 213/11960, F. Kluge (PL): 2. Tätigkeitsbericht der Facharbeiterschule Inchon, 12.1962, S. 9f.

[99] BArch, B 213/24261, Aufzeichnungen des BMZ über ein Gespräch mit Dreesen, 23.09.1965.

[100] BArch, B 213/24746, Schreiben der Deutschen Botschaft Seoul an das AA: Technische Hilfe (privater Träger); hier: Übergabe der koreanisch-deutschen Schule in Naju in koreanische Verantwortung, 24.08.1972, S. 5.

[101] Gespräch mit W. Link, Nehren, 19.08.2020.

[102] Interview mit Dr. Kim Pyŏnghŭi, in: *Chŏngsŏk 50nyŏnsu*, S. 118f.

schen Lehrern vorgeworfen, Schulmaterialien verschwenderisch für private Zwecke zu benutzen. Er verhielte sich gegenüber den koreanischen Lehrern oft autoritär und teilweise beleidigend. Einige Counterparts wurden von Kluge ohne Begründung entlassen, woraufhin sich die koreanischen Lehrer gesammelt beim Erziehungsministerium beschwerten. Unter anderem beklagten sie, dass das koreanische Schulpersonal Kluge „blinden Gehorsam" bezüglich Stunden- und Ausbildungspläne hätte leisten müssen.[103] In einem BMZ-Prüfungsbericht wurde Kluge eine „starre Haltung" in bestimmten Fragen bezüglich der Schulverwaltung vorgeworfen. Als eine Ursache für Missverständnisse wurden Kluges Schwierigkeiten auf Englisch oder Koreanisch zu sprechen benannt.[104]

Die Beschwerde des koreanischen Lehrpersonals führte zu einem längeren Konflikt mit den deutschen Beratern. Auch die übrigen Projektmitarbeiter kritisierten Kluges Verhalten in einem Schreiben an die GAWI. Auf Vorschlag der Botschaft wurde deshalb 1967 schließlich das gesamte deutsche Team ausgetauscht. Die Akteure wurden an andere deutsche Berufsschulprojekte in asiatischen Ländern versetzt.[105] Der Konflikt hatte also keine direkten Konsequenzen, sondern im Gegenteil verlieh die koreanische Regierung auf Vorschlag der Deutschen Botschaft den scheidenden Experten sogar einen Orden.[106]

Kluges Verhalten lässt sich anhand eines Artikels aus der Wochenzeitung *Die Zeit* zu GAWI-Mitarbeitern einordnen. Darin wurde die neokoloniale Haltung vieler älterer GAWI-Mitarbeiter in den Projekten der Entwicklungszusammenarbeit kritisiert und die unzureichende Vorbereitung der Experten als ein Grund dafür hervorgehoben. „Ohne genügende fachliche und menschliche Vorbereitung fällt er [der GAWI-Experte] plötzlich, nicht selten an den Schalthebeln der Macht, Entscheidungen, die sich im Gastland auf Jahrzehnte auswirken können."[107]

Auch im ausgewechselten Team kam es jedoch erneut zu internen Konflikten. Der neue Werkstattleiter H.-G. Hammen kritisierte die Ausbildungsstandards an der Schule, die in Deutschland zwar positiv bewertet würden, aber nicht den gleichen Standards entsprächen.[108] Projektleiter K. Schröder warf Hammen daraufhin vor, die Lage in Korea mit „europäischen Augen" zu sehen

---

[103] BArch, B 213/24261, Handok shirŏp hakkyo-e taehan kŏnŭisŏ [Memorandum zur Deutsch-Koreanischen Facharbeiterschule], 13.09.1965, S. 9.

[104] BArch, B 213/24261, G. Rose: Bericht über die Gutachterreise nach Inchon vom 13.02. bis zum 26.02.1966, 18.03.1966, S. 21.

[105] Vgl. auch: BArch, B 213/24261, Schreiben von R. Dreesen an die GAWI, 03.04.1966; sowie: Schreiben von F. Gatza an die GAWI, 06.04.1966.

[106] „Handok shirŏp hakkyo komun togilin 4myŏng-e hunjang" [Orden für die vier Experten der Deutsch-Koreanischen Facharbeiterschule], in: *JoongAng Ilbo*, 05.03.1966; vgl. auch: *Chŏngsŏk 50nyŏnsa*, S. 121.

[107] Dolph, Werner: „Die ungeliebten Experten", in: *Die Zeit* Nr. 25, 22.06.1973.

[108] BArch, B 213/24261, H.-G. Hammen (WL): Brief an die GAWI, 28.02.1967, S. 1.

und die Situation daher nicht objektiv bewerten zu können. In der Folge schien sich Hammen Schröders Berichten zufolge weiterhin nicht an das Leben in Korea anpassen zu können.[109] In einem Bericht findet sich folgende Erklärung:

> „Es ist verständlich, dass jeder deutsche Mitarbeiter, der zum ersten Mal in einem solchen Ausbildungsprojekt eingesetzt wird, einer gewissen Einarbeitungszeit bedarf. Andererseits wird jedoch zu bedenken gegeben, dass eine umfangreiche Auslandserfahrung [...] auch negative Auswirkungen haben kann."[110]

Mit dem letzten Satz ging der Verfasser wohl auf obengenannte Probleme mit Langzeitexperten wie Kluge, aber auch Schröder ein. Diese hätten oft nicht den kritischen Abstand zu den Projekten im Ausland oder seien nicht mehr auf dem neuesten Stand der Technik, da sie sich zu lange in Entwicklungsländern aufgehalten hatten.[111] Schröder beispielsweise war vor seiner Tätigkeit in Korea bereits in Thailand und Indonesien an ähnlichen Projekten beschäftigt.[112] Es kam zwischen den deutschen Technikern in Incheon wohl zu Konflikten, da sie unterschiedliche Erwartungen an das Projekt äußerten. Vor allem die jüngere Generation der Werkstattleiter zeigte ein anderes Verständnis für die Arbeit in Entwicklungsländern.

Ein weiterer, weniger persönlicher als vielmehr systemischer Streitpunkt zwischen koreanischer und deutscher Seite war die private Trägerschaft der Schule. Dadurch waren neben dem koreanischen Erziehungsministerium auch der Inha Stiftungsrat und der von der Stiftung eingesetzte Schulleiter für die Durchführung des Projektes verantwortlich. Es stellten sich dem deutschen Projektleiter und dem Projektprüfer zufolge oft Zuständigkeitsfragen, der Status der Schule war zunächst unklar und die koreanischen Lehrer konnten nicht verbeamtet werden.[113] Außerdem wurde die Universität Inha später an die Firma Hanjin verkauft, wovon auch die Gebäude und Maschinen der Deutsch-Koreanischen Facharbeiterschule betroffen waren. Die deutsche Seite bevorzugte deshalb eine Verstaatlichung der Schule, was aber von koreanischer Seite wiederum abgelehnt wurde.[114] In gewis-

---

[109] BArch, B 213/24261, K. Schröder (PL): Beurteilung von Herrn Hammen, 13.11.1967.

[110] BArch, B 213/11970, Schreiben der GAWI an das BMZ bezüglich Gutachten von Rose, 09.06.1967, S. 3.

[111] Vgl. auch: Dolph, Werner: „Die ungeliebten Experten", in: *Die Zeit* Nr. 25/1973, 22.06.1973.

[112] „Han'guk saram mŏri chok'i-ro segyeŭttŭm – Kisul kyoyuk: hakkyo-wa kongjang ilch'idwaeya" [Koreaner haben weltweit die klügsten Köpfe – Technische Erziehung: Schule und Fabrik müssen Eins werden], in: *Kyonggi Maeil Sinmun*, 04.12.1967.

[113] BArch, B 213/24261, BMZ-Vermerk: Entwicklungshilfe für Korea; hier: Ressortbesprechung im BMZ, 22.10.1965, S. 8f; B 213/24261, Schreiben von F. Kluge an das koreanische Außenministerium, 06.12.1965.

[114] BArch, B 213/24261, Schreiben der Deutschen Botschaft Seoul an das AA: Koreanisch-Deutsche Facharbeiterschule Inchon; hier: Verkauf des Inha-Instituts, 10.10.1968.

ser Weise musste die deutsche Seite hier auf Vorstellungen der koreanischen Regierung eingehen, auch da die Grundbedingungen bereits in dem Protokoll festgelegt worden waren. In späteren Projekten wie dem Berufsbildungszentrum in Busan vereinbarten beide Seiten jedoch eine staatliche Trägerschaft (siehe Kapitel III-3). Der letzte Übergangsprojektleiter in Incheon, H. Stefanic, zieht aus den Konflikten folgendes Fazit:

> „Wie Sie wissen, sind in den 8 Jahren Laufzeit unserer Schule viele Schwierigkeiten in der Zusammenarbeit zwischen den Deutschen und Koreanern aufgetreten. Dazu möchte ich bemerken, dass einzig und allein das fachliche Können eines Mitarbeiters nicht ausreicht, um seiner Aufgabe für beide Seiten gerecht zu werden. Parallel sollte er kontaktfreudig, anpassungsfähig sein und nie vergessen, dass er als Gast in einem Entwicklungsland ist."[115]

Daran lässt sich ein Bewusstsein für die vielfältigen Anforderungen an die deutschen Auslandsexperten und eine Kritik an deren Verhalten in Korea erkennen. In den 1960er-Jahren wurde solche Kritik auf internationaler Ebene bereits vielfach geäußert. Hier sei beispielsweise auf den Ugly American-Diskurs zu amerikanischen Entwicklungsexperten verwiesen.[116]

Mit Blick auf die Akteure in Naju zeigten sich weitere Probleme im System der Entwicklungszusammenarbeit: Der Techniker F. Hohmann kam wie bereits erwähnt als externer Berater nach Naju und gründete auf Privatinitiative eine Berufsschule. In dem ersten Prüfungsbericht der CDG heißt es: „Herr Hohmann ist weder Ausbildungs- noch Verwaltungsexperte". Dennoch sei es ihm „in Korea gelungen, das Land und seine Menschen zu verstehen", wodurch ihm Anerkennung zuteilgeworden sei.[117] Dass Hohmann, obwohl er weder als Schulleiter ausgebildet noch dafür geeignet war, in diese Position gelangen konnte, gründete auf zwei Faktoren: Erstens wurde seine Absicht, eine Schule zu errichten, durch die koreanische Regierung unterstützt, da sie auf das Vorbild westlicher Berufsausbildung zur Entwicklung des Landes setzte. Zweitens waren damals die wenigen deutschen Staatsbürger in Korea zum Großteil miteinander bekannt, sodass der damalige Botschafter F. Ferring, ein deutscher Wirtschafts-

---

[115] BArch, B 213/11961, PL H. Stefanic: Projektabschlussbericht, 29.12.1970, S. 2.

[116] Vgl. dazu den Roman von William J. Lederer und Eugene Burdick aus dem Jahr 1958, sowie den gleichnamigen Film von George Englund aus dem Jahr 1963. Büschel, „In Afrika helfen", S. 343. Für einen weiteren Grund vgl. auch: Dolph, Werner: „Die ungeliebten Experten", in: *Die Zeit* Nr. 25, 22.06.1973. „Wer im Alter von 20 bis 40 Jahren in die fachliche Windstille der Entwicklungshilfe geht, verzichtet entweder auf seine Karriere oder hat keine mehr vor sich, mit der Folge, dass sich das Expertenangebot in hochqualifizierten Mangelberufen zunehmend auf GAWI-Bewerber verengt, die ihre Universitätsausbildung gerade hinter sich oder ihre Pensionierung direkt vor sich haben."

[117] BArch, B 213/11961, Dr. Deimann (CDG): Bericht über die Ostasienreise des Leiters der Stabstelle Ausländerdienst, 23.12.1965, S. 19f.

berater am koreanischen EPB und der Projektleiter der Deutsch-Koreanischen Facharbeiterschule die Förderung des Hohmanneums mit Hohmann als Projektleiter unterstützten.[118] Diese Empfehlungen sowie die Unterstützung der Schule durch die koreanische Regierung führten letztlich auch zu einer beschleunigten Genehmigung des Projektes von Seiten des BMZ ohne eine sorgfältige Prüfung der Person Hohmanns. Bis heute werden vor allem in koreanischen Medien dessen positive Leistung für Korea hervorgehoben, während seine Vergewaltigungsdelikte weder aufgeklärt wurden noch in Korea oder Deutschland weiterreichend bekannt sind.[119]

Die Fortführung der Schule in Naju nach dem Ausscheiden Hohmanns unter neuem Namen und mit neuem Projektleiter lief nicht so an wie erwartet. Die koreanische Seite war mit der Errichtung der Schulgebäude bei Ankunft des Projektleiters W. Link in Verzug. Dieser versuchte daraufhin das Projekt abzuwandeln. Dieses Verhalten kritisierte man im BMZ auf Bericht der Deutschen Botschaft folgendermaßen:

> „Der Projektleiter ist ein relativ junger Mann mit, wie es scheint, noch recht wenig Lebenserfahrung. Er neigt dazu, [...] einzelne Erlebnisse zu verallgemeinern. Er hat sich bisher kaum am Projektstandort aufgehalten, sondern Quartier bei deutschen Missionaren 270 km entfernt von Naju bezogen. [...] Er scheint überhaupt die Absicht gehabt zu haben, das Projekt eigenmächtig abzuändern und in ein Ausbildungsprojekt der Missionsstation umzuwandeln."[120]

Link versuchte eine Modifizierung des gesamten Projektes nach eigenen Vorstellungen zu erwirken, indem er vorschlug, Trägerschaft und Standort zu ändern. Ein solches ‚eigensinniges' Verhalten lehnten die BMZ-Mitarbeiter jedoch ab und wiesen Link zurecht. Später passte sich Link den Erwartungen des BMZ an und wurde von beiden Seiten als vorbildlicher Projektleiter bezeichnet.

Anhand der beiden Akteure in Naju konnte gezeigt werden, wie einerseits die deutsche Gemeinde vor Ort Entscheidungen des BMZ beeinflussen konnte

---

[118] Chronologisch in folgender Reihenfolge: BArch, B 213/24745, Schreiben von Dr. K. Hoffarth (DVB) an Dr. W. Rau (BMZ), 03.03.1965; Schreiben der Deutschen Botschaft an das Auswärtige Amt: Besuch der Düngemittelfabrik und des Hohmanneums in Naju, 26.05.1965; BArch, B 213/11961, F. Kluge: Vorschlag für einen Ausbildungsplan der Sonderschule Naju (Hohmanneum), 01.12.1965.

[119] Martin Hyun hat 2013 auf Grundlage der Archivmaterialien einen Online-Zeitungsartikel verfasst. Hyun, Martin: „Sexuelle Misshandlung von Kindern. Wie Deutschland und Korea wegschauten", in: *Migazin*, 20.08.2013. Daraufhin kam es zu einer Anfrage der Partei *Die Linke* im Bundestag und eine Stellungnahme des Auswärtigen Amtes wurde veröffentlicht. Erst danach wurde auch ein Artikel in der koreanischen *Hankook Ilbo* veröffentlicht. Kang, Hyŏnkyŏng: „Naj-e-nŭn chon'gyŏng pannŭn kyoyukcha, pam-e-nun adong sŏngbomjoeja" [Tagsüber respektierter Pädagoge, nachts pädophiler Vergewaltiger], in: *Hankook Ilbo*, 18.03.2016.

[120] BArch, B 213/24745, BMZ-internes Schreiben, 15.04.1969.

und dadurch Personen wie Hohmann in Positionen gelangen konnten, für die sie weder ausgebildet noch geeignet waren. Andererseits zeigt der Fall des jungen Projektleiter Links, wie die Vorstellungen des BMZ und der Experten vor Ort divergierten und die Situation in Korea oft nur unzureichend eingeschätzt werden konnte.

2.5 Resümee

In diesem Kapitel wurde eine Fallstudie zweier Berufsschulen in Incheon und Naju durchgeführt, die als Teil der westdeutschen Entwicklungszusammenarbeit in den 1960er-Jahren gegründet und partnerschaftlich von der deutschen und koreanischen Regierung finanziert und betrieben wurden. Die deutschen Akteure in Incheon und Naju gerieten aufgrund mangelnder Vorausbildung und unterschiedlicher Einstellungen gegenüber dem Projekt zum Teil in Auseinandersetzungen miteinander sowie mit den koreanischen Akteuren vor Ort.

In der Ausbildung lag ein Fokus auf Praxis, die zwei Drittel bis drei Viertel der Gesamtausbildung ausmachte. Im Unterschied zu der dualen Ausbildung nach deutschem Vorbild fand allerdings die gesamte Ausbildung in der Schule und nicht in Betrieben statt. Im Rahmen der Ausbildung wurden auch eine westliche Werteerziehung sowie Unterricht in deutscher Sprache durchgeführt, was die deutschen Eigeninteressen im Curriculum deutlich macht. Diese stießen in Korea wiederum auf gemischte Reaktionen. Von Schüler- und Lehrerseite wurden zum Teil Beschwerden über die Lehrpläne geäußert, und es fanden in beiden Schulen Streiks statt.

Die meisten Schüler arbeiteten nach ihrem Abschluss in Betrieben ihrer Heimatorte und wurden überdurchschnittlich gut bezahlt, während einige auch die Chance hatten, ihre Ausbildung in Deutschland fortzusetzen und danach in Korea höhere Positionen im Bildungsbereich besetzen konnten. Dies beweist einen gewissen Erfolg der Schulen auf Ausbildungsebene. Als Fazit kann außerdem festgehalten werden, dass die beiden Schulen Symbolwirkung für weitere Berufsschulen in Korea sowie nachfolgende Projekte der technischen Zusammenarbeit hatten. Aus den Problemen der Zusammenarbeit auf der Ebene der Akteure konnten für die darauffolgenden Projekte im Bildungsbereich wichtige Erfahrungen gesammelt werden. Dennoch lässt sich im Hinblick auf die folgenden beiden Kapitel zu Berufsbildungszentrum und Beratergruppe bereits festhalten, dass die Facharbeiterschulen in der bilateralen technischen Zusammenarbeit ein auslaufendes Modell waren und mit der fortschreitenden Modernisierung eine schnellere Ausbildung in ein bis zwei Jahren unter dem Arbeitsministerium bevorzugt wurde.

3. Berufsausbildungszentrum in Busan

3.1 Planung und Gründung

Im Rahmen des Staatsbesuchs von Präsident Park 1964 in der BRD äußerte die koreanische Regierung bereits ihr Interesse an einem weiteren Projekt der technischen Zusammenarbeit, allerdings wurde zunächst kein Vertrag geschlossen. Eine weitere Erwähnung fand das Projekt in der offiziellen Erklärung nach dem Staatsbesuch von Bundespräsident Lübke.[121] Kurz darauf bat die koreanische Regierung darum, einen der deutschen Ausbilder aus der Facharbeiterschule in Incheon nach Busan zu schicken. Dort war bereits eine staatliche Einrichtung gegründet worden, in der die Ausbildung mit ABB-Blättern nach dem deutschen System durchgeführt werden sollte. Es handelte sich hierbei um die spätere Berufsschule Busans (*pusan kongŏp kodŭng hakkyo*).[122] Auch wenn der Projektleiter der Facharbeiterschule in Incheon dem Wunsch der koreanischen Regierung nachkam, wurde das Vorgehen von deutscher Seite gestoppt, da es als Zusage für ein weiteres Projekt hätte verstanden werden können. Die koreanische Regierung habe in Busan „ohne feste Zusage eine Schule unter Benutzung des deutschen Namens begonnen, in der Hoffnung, eine Unterstützung zu erhalten".[123] Es wird deutlich, wie das Nehmerland Korea klare Vorstellungen gegenüber dem Geberland Deutschland formulierte und Unterstützung nach eigenen Wünschen beantragte, welche schließlich nach längerem Prozess genehmigt wurde.[124]

Durch die Ostberlinaffäre kam es zunächst zu einer Verschiebung des Projektes, und erst in einem Vertrag der beiden Außenminister im Jahre 1970 ver-

---

121 Digitalisierte Akten des koreanischen Außenministeriums, Nr. C-0022 (1965–68), Joint Communique by President Park Chung Hee of the Republic of Korea and President Heinrich Lübke of the Federal Republic of Germany, 05.03.1967. „Recognizing the significant contribution made by the Inchon Vocational School sponsored by the German Technical Assistance Programme, President Lübke took note of the desire expressed by President Park to establish another such institute in Pusan." Die Gründungsgeschichte des Ausbildungszentrums in Busan wird von Sŏ Sangsŏn in dessen Monografie sowie in weiteren koreanischen Publikationen falsch dargestellt. Sŏ führt die Gründung auf die Verhandlungen zur Entwicklungshilfe 1966 und das gemeinsame Kommuniqué der beiden Staatspräsidenten von 1967 zurück. Sŏ, *Han'guk chigŏp hullyŏn chedo-ŭi palchach'wi*, S. 123f.

122 BArch, B 213/11970, Schreiben der Deutschen Botschaft Seoul an das AA: Inspektionsreise von MR Dr. Ehmann nach Korea, 26.03.1969, S. 3. Vgl. auch: Chang, *Pak Chŏnghŭi chŏngbu shigi kisul illyŏk chŏngch'aek*, S. 40–45.

123 BArch, B 213/11970, Schreiben der Deutschen Botschaft Seoul an das AA: Koreanisch-Deutsche Facharbeiterschule in Pusan; Aufzeichnungen eines Gesprächs im koreanischen Außenministerium), 15.05.1970, S. 3.

124 Vgl. auch das Verhalten Indiens bei der Anwerbung von Geldern der Entwicklungszusammenarbeit beider Blöcke. Engerman, „Development Politics and the Cold War", S. 4.

einbarten beide Regierungen offiziell die Errichtung eines Berufsbildungszentrums.[125] Bereits in der Planungsphase werden die Erwartungen der koreanischen Regierung und Industrie als hoch bezeichnet. Busan galt als ein idealer Standort, da es sich nicht nur um die zweitgrößte Stadt Koreas handelte, sondern auch durch die Industriezonen Ulsan-Daegu-Busan Arbeitsplätze in direkter Nähe lagen.[126] Für die koreanische Regierung hatte das Projekt Vorbildfunktion beim Aufbau einer organisierten staatlichen Berufsausbildung durch das Arbeitsministerium. Als Projektpartner fungierte also nicht mehr das Erziehungsministerium, wie es noch bei den Facharbeiterschulen der Fall war. Das war eine Neuerung, die laut KOICA-Bericht maßgeblich auf den Vorschlag einer deutschen Gutachtergruppe im Jahr 1969 zurückging, da es in der Zusammenarbeit zwischen dem Projekt in Incheon mit dem Erziehungsministerium Probleme gegeben hatte.[127] Aber auch für die deutsche Seite wird der „Pionierstatus" des Projekts hervorgehoben, da in Entwicklungsländern zuvor vor allem Facharbeiterschulen unterstützt worden waren.[128]

Von deutscher Seite wurden ab 1972 insgesamt acht deutsche Berater, inklusive des Projektleiters N. Jasper, nach Busan entsandt. Die koreanische Seite stellte den Leiter des Ausbildungszentrums sowie 40 Ausbilder als koreanische Counterparts. Davon wurden im Projektzeitraum ca. 30 in der BRD ausgebildet.[129] Die Kosten des Berufsbildungszentrums werden im Prüfungsbericht ausführlich berechnet. Jeder Ausgebildete kostete demnach etwa 6.800 DM, und die Investitionskosten für einen Ausbildungsplatz beliefen sich auf 27.500 DM. Nach dem vierten Jahr im Berufsleben zahle sich die Ausbildung für die Auszubildenden aus, und gesamtwirtschaftlich seien die Kosten nach etwa sechs Jahren abgetragen. Insgesamt brachte die deutsche Seite 12,1 Mio. DM für das Projekt auf.[130]

---

125 Bundesgesetzblatt Teil II Nr. 65, 19.10.1972. Vgl. auch: Yi, „Handok kyŏngje hyŏmnyŏkkwa tongbaengnim sagŏn", S. 167.

126 BArch, B 213/11970, Schreiben der Deutschen Botschaft Seoul an das AA: Prüfung des Ausbildungszentrums Busan, 23.03.1970, S. 2f.

127 KOICA, *Han'guk-e taehan kaebal wŏnjo-wa hyŏmnyŏk*, S. 148. Es ist unklar, auf welches Gutachten sich KOICA hier bezieht, aber die Kritik am Erziehungsministerium war in verschiedenen Berichten präsent.

128 BArch, B 213/11970, Schreiben der Deutschen Botschaft Seoul an das AA: Inspektionsreise von MR Dr. Ehmann nach Korea, 26.03.1969, S. 2.

129 National Archives of Korea, Amtsblatt Nr. 6020, Dekret des Präsidenten Nr. 5860, 06.12.1971, „Handokpusanjigŏp'ullyŏnso chikche" [Amtsordnung für Deutsch-Koreanisches Berufsbildungszentrum in Busan]. Einige der Ausbilder hatten zuvor an der Facharbeiterschule Incheon ihre Ausbildung abgeschlossen.

130 BArch, B 213/11964, o. V.: Deutsch-Koreanisches Berufsbildungszentrum Busan, Korea, o. D. Die Grundinformationen zu Verfasser und Datum des Berichts fehlen; es findet sich lediglich die Anmerkung „Daten wurden Bericht Dr. Kohlheyer entnommen."

Nachdem ab September 1972 eine Probeklasse mit 60 Schülern ihre Ausbildung begonnen hatte, startete im März 1973 die reguläre Ausbildung. Eigentlich sollte der Einweihungstermin auch in diesem Zeitraum liegen, aber dieser wurde auf den Oktober verschoben. Die Berichtserstattung zur Einweihungsfeier war groß. Über die Feier wurde in den staatlichen Nachrichten und verschiedenen regionalen und nationalen Zeitschriften berichtet.[131] Später wurden weitere Artikel zum Ausbildungssystem des Instituts und zum Vergleich des deutschen und des koreanischen Erziehungssystems allgemein publiziert, auch durch den koreanischen Institutsleiter.[132] Die Gründung des Berufsbildungszentrum erweckte also sowohl in der Politik und Forschung als auch in der breiteren Bevölkerung einige Aufmerksamkeit.

Im Laufe des Projektes besuchten daher auch verschiedene hochrangige Politiker und Wirtschaftsvertreter das Berufsbildungszentrum. Darunter waren von deutscher Seite neben dem deutschen Botschafter auch der Bundesminister für innerdeutsche Beziehungen, Egon Franke (1973), und der Bundesminister für Arbeit und Soziales, Walter Arendt (1974).[133] W. Link zufolge war das Ausbildungszentrum in Busan für die westdeutsche Politik vor allem interessant, weil es sich um ein erfolgreiches Projekt handelte.[134] In einer durch das BMZ in Auftrag gegebenen allgemeinen Studie zum Berufsbildungssektor in der Entwicklungszusammenarbeit aus dem Jahr 1981 bezeichnen die Autoren das Berufsbildungszentrum in Busan als „Musterprojekt".[135]

Auch für das koreanische Arbeitsministerium hatte das Berufsbildungszentrum in Busan eine größere Bedeutung. Neben dem Zentralen Berufsbildungszentrum in Incheon, wo der Fokus stärker auf der Instruktorenausbildung lag, stand in Busan die Facharbeiterausbildung im Mittelpunkt. Aus Busan wechsel-

---

131 „Irŏnil chŏrŏnil: Handok pusan chigŏp hullyŏnwŏn kaewŏn" [Dieses und jenes: Einweihung des Deutsch-Koreanischen Facharbeiterzentrums in Busan], in: *KTV* Nr. 956, 03.11.1973; „Maenyŏn 2ch'ŏnyŏmyŏng paech'ul handok pusan chigŏp hullyŏnwŏn 26il kaewŏn" [Jedes Jahr 2.000 Auszubildende: Das Deutsch-Koreanische Facharbeiterzentrum in Busan wird am 26. eingeweiht], in: *Maeil Business Newspaper*, 26.10.1973; „Handok pusan chigŏp hullyŏnwŏn kaewŏn: 19ŏk tŭryŏ wan'gong hanhae 2,710myŏng yangsŏng" [Einweihung des Deutsch-Koreanischen Facharbeiterzentrums: 1,9 Mio. bis zur Fertigstellung – 2.500 Auszubildende pro Jahr], in: *Dong-A Ilbo*, 29.10.1973; „Kisul hullyŏn-ŭi sae sanji: Handok chigŏp hullyŏnwŏn kaewŏn" [Neuer Standort für Berufsausbildung: Eröffnung des Deutsch-Koreanischen Facharbeiterzentrums in Busan], in: Busan Ilbo, 26.10.1973; „Handok chigŏp hullyŏnwŏn kaewŏn" [Eröffnung des Deutsch-Koreanischen Facharbeiterzentrums in Busan], in: *Sanŏp-kwa Nodong* 7.4/5, 11.1973, S. 44–46; „Vocational School Dedicated in Busan", in: *The Korea Herald*, 27.10.1973.

132 Chigŏp Hullyŏn Yŏn'guso (Hg.): *Handokkan chigŏp kyoyuk chedo-ŭi pigyo* [Vergleich der Berufsbildungssysteme zwischen Deutschland und Korea], Chigŏp Hullyŏn Yŏn'guso Seoul 1980.

133 BArch, B 213/11970, N. Jasper (PL): Tätigkeitsbericht Nr. 1., 24.01.1973, S. 7.

134 Gespräch mit W. Link, Nehren, 19.08.2020.

135 Groß/Zwick, *Der Berufsbildungsbereich in der deutschen Entwicklungshilfe*, S. 121.

ten daher auch verschiedene koreanische Ausbilder und Beamte im Laufe des Projekts in das Arbeitsministerium. Außerdem übten die deutschen Ausbilder vor Ort Beratungstätigkeiten am koreanischen Arbeitsministerium, dem EPB, sowie für Firmen in der Region aus.[136] Die deutsche Beratergruppe am Arbeitsministerium setzte diese Tätigkeiten weiter fort (siehe Kapitel III-4).

3.2 Ausbildung und Auszubildende

In dem Berufsbildungszentrum sollten Facharbeiter in Industrieberufen ausgebildet werden. Einerseits konnten Schüler nach dem Abschluss der Mittelschule eine Ausbildung beginnen, und anderseits wurden bereits Berufstätige, Arbeitslose und aus dem Wehrdienst Entlassene in mehrwöchigen Abendkursen weitergebildet. Die Auszubildenden konnten in Busan zwischen den Fachrichtungen Maschinenschlosser, Elektromechaniker, Kraftfahrzeug-Mechaniker und Blechschlosser wählen. Ab der Einweihung wurden jährlich 150 Schüler aufgenommen, darunter 60 Maschinenschlosser und 30 Schüler je weitere Fachrichtung. Insgesamt wurden bis Ende 1976 516 Schüler ausgebildet. Die Kurse für Erwachsene dauerten meist nur zwischen acht und zehn Wochen, wodurch bis Ende 1976 2.536 Auszubildende die Kurse abschlossen.[137]

Der Schwerpunkt der Ausbildung war ähnlich zu den Facharbeiterschulen mit ca. 80 % größtenteils praktisch und folgte dem System der Stufenausbildung (siehe Abbildung 3). Die Ausbildung dauerte meist zwei Jahre je nach Ausbildungsrichtung, wovon drei Wochen jährlich als Fachpraktikum in Fabriken durchgeführt werden sollten, was aber in der Realität nicht immer möglich war.[138] Im ersten Jahr erhielten die Auszubildenden eine Grundausbildung in verschiedenen Bereichen, basierend auf den sogenannten ABB-Blättern. Dieser Teil unterschied sich vom deutschen System, da man in Busan sowohl die Grundqualifikationen für Metall- als auch Elektroberufe gleichzeitig lehrte, während es in Deutschland nur eine der beiden Richtungen war.[139] Im zweiten Jahr wählten die Schüler ein bevorzugtes Ausbildungsfeld und konnten entsprechend den zuvor erzielten Leistungen ihre Ausbildung in dieser Fachrichtung vertiefen. Aus einem Jahrgang wurden dann pro Fachbereich etwa fünf Auszu-

[136] BArch, B 213/11964, E. Neumann / H. Rychetsky: KGBVTI Verlaufskontrolle 1976, o. D., S. 9.

[137] „Handok chigŏp hullyŏnwŏn kaewŏn" [Eröffnung des Deutsch-Koreanischen Facharbeiterzentrums in Busan], in: *Sanŏp-kwa Nodong* 7.4/5, 11.1973, S. 46.

[138] Handok Pusan konggong chigŏp hullyŏnso (Hg.): „Annaesŏ" [Informationsbroschüre], 12.1972.

[139] BArch, B 213/11964, E. Neumann / H. Rychetsky: KGBVTI Verlaufskontrolle 1976, o. D., S. 18.

bildende für ein weiteres drittes Jahr ausgewählt. Sie hatten dann die Möglichkeit, Ausbilder zu werden.[140] Der koreanische Berufsbildungsexperte Sŏ Sangsŏn behauptete in seinen Memoiren, dass das Berufsbildungszentrum eins zu eins aus Deutschland nach Korea importiert worden sei.[141] Das trifft jedoch nicht zu, da es in Deutschland weder Facharbeiterschulen noch Berufsbildungszentren gibt und die praktische Ausbildung in den Betrieben durchgeführt wird.

Die Ausbildung wurde von Montag bis Freitag acht- und samstags vierstündig durchgeführt. Von den 44 Stunden insgesamt hatten die Auszubildenden nur acht Stunden Theorieunterricht pro Woche. Dieser war in die Fächer Fachkunde, Fachrechnen, Fachzeichnen, Wirtschafts-/Sozialkunde, Deutsch und Sport aufgeteilt.[142] Die Leistungen während der Ausbildung wurden sowohl praktisch als auch theoretisch in regelmäßigen Tests überprüft. Nach der Ausbildung mussten die Schüler eine Prüfung nach deutschen Anforderungen bestehen und erhielten neben einem Abschlusszeugnis auch einen sogenannten Deutsch-Koreanischen Facharbeiterbrief, der an das deutsche Vorbild angelehnt war. Dieser wurde in Korea zwar nicht offiziell anerkannt, die kooperierenden Firmen bewerteten aber den Abschluss vom Berufsbildungszentrum in Busan

Abbildung 3: Stufenausbildung

Quelle: BArch, B 213/11964, E. Neumann / H. Rychetsky: KGBVTI Verlaufskontrolle 1976, o. D., S. 13.

140 Ibid., S. 20. Allerdings mussten einige Auszubildende bereits nach einem Jahr aufhören, vermutlich weil es zu wenige Ausbildungsplätze gab oder sie nicht die gewünschten Leistungen erzielt hatten. Für die Auszubildenden selbst sei diese Auswahl nach dem ersten Jahr jedoch unerwartet erfolgt, wie ein ehemaliger Auszubildender in einem Gespräch berichtet. Vgl. auch: Gespräch mit Lee Kapyong, Ulsan, 30.01.2020.

141 Sŏ, *Han'guk chigŏp hullyŏn chedo-ŭi palchach'wi*, S. 125.

142 BArch, B 213/11970, PL Jasper: Bericht zur Koreareise, 04.1972, S. 16. Yi, Chongsu: „Handok pusan chigŏp hullyŏnwŏn-ŭi chigŏp hullyŏn sanghwang" [Situation der Berufsbildung am Deutsch-Koreanischen Berufsbildungszentrum Busan], in: *Wŏlgan Kyŏngyŏnggye* 19, 1978, S. 15–16.

an sich als positiv, sodass die Absolventen leicht eine Anstellung fanden. Daneben absolvierten die Auszubildenden auch den staatlichen *skill test*, den die deutschen Ausbilder zwar als uneffektiv bezeichneten, aber für die Anerkennung des Berufsbildungszentrums nötig war.[143]

Wie bereits in den Facharbeiterschulen in Incheon und Naju wurden auch am Berufsbildungszentrum in Busan Werte vermittelt. Der ehemalige Ausbilder Ko Yŏngguk erinnert sich im Interview: „Wir haben die Auszubildenden angeleitet, eine solides Verständnis für den Technikerberuf zu erlernen und dafür die richtigen Werte, also Genauigkeit, Ordnung und Kreativität, betont."[144] Darüber hinaus lassen sich auch in einem Seminar für Ausbilder die folgenden übergeordneten Ausbildungsziele finden: Das Arbeiten solle „richtig, selbständig, sicher, und schnell" erfolgen.[145] Auch wenn in Busan nicht darauf verwiesen wurde, dass es sich um ‚deutsche' Werte handelt, gab es vermutlich dennoch eine Verbindung zu den aufgezeigten Werten der Facharbeiterschulen, da einige der Ausbilder ursprünglich die Facharbeiterschule in Incheon besucht hatten und die deutschen Berater ebenfalls in dieser Tradition standen.

Ursprünglich war beabsichtigt, den praktischen Teil der Ausbildung in der Fabrik eines Unternehmens durchzuführen, aber dies gestaltete sich als schwierig, weil es dazu in Korea keine rechtliche Grundlage und wenig Verständnis von Seiten der Unternehmen gab. Die Fabrik des Joint Ventures zwischen der koreanischen Firma Goldstar Communications (*kŭmsŏng t'ongshin*) und der deutschen Firma Siemens in Anyang führte eine betriebliche Ausbildung bereits zu einem relativ frühen Zeitpunkt ein, allerdings ist nicht bestätigt, inwieweit die Ausbildungsinhalte dem deutschen Vorbild entsprachen. Auch eine Zusammenarbeit zwischen dieser Fabrik und dem Berufsbildungszentrum in Busan war zwar zunächst angedacht, Praktikanten aus Busan konnten aber nur in Einzelfällen dort arbeiten.[146] Darüber hinaus lud Siemens in den 1970er-Jahren koreanische Schulabsolventen und Lehrkräfte zu einer Facharbeiterausbildung in sein Unternehmen nach Deutschland ein. Da hierfür eine Kenntnis der deutschen Sprache unerlässlich war, ist es sehr wahrscheinlich, dass auch Ab-

---

143 BArch, B 213/11964, E. Neumann / H. Rychetsky: KGBVTI Verlaufskontrolle 1976, o. D., S. 20f./31–33. Gespräch mit Yi Kapyong, Ulsan, 30.01.2020.

144 Gespräch mit Ko Yŏngguk, Seoul, 22.01.2020.

145 Vgl. auch: Chigŏp Hullyŏn Yŏn'guso (Hg.), *Handokkan chigŏp kyoyuk chedo-ŭi pigyo* [Vergleich der Berufsbildungssysteme zwischen Deutschland und Korea], Seoul: Chigŏp Hullyŏn Yŏn'guso 1980.

146 BArch, B 213/11964, E. Neumann / H. Rychetsky: KGBVTI Verlaufskontrolle 1976, o. D., S. 9; B 213/11970, N. Jasper (PL): Bericht zur Koreareise, 04.1972, Notiz zu Gold Star / Siemens Joint Venture; BArch 213/11971, Dienstreise Dr. Barthelt nach Korea, 25.10.1974, S. 17; Chang, *Pak Chŏnghŭi chŏngbu shigi kisul illyŏk chŏngch'aek*, S. 174; 220.

solventen der Facharbeiterschulen oder des Berufsbildungszentrums unter den Bewerbern waren.[147]

Damit stellt das Joint Venture jedoch eine Ausnahme unter den Firmen dar. Das geringe Interesse der Industrie für die duale Ausbildung und die unzureichenden Absprachen über Ausbildungsinhalte mit der Industrie betrafen auch die Beratergruppe und das Meistercollege Changwon (siehe Kapitel III-4/III-5). Während im Berufsbildungszentrum die Ausbildung an deutschen Maschinen und Werkzeugen stattfand, verwendeten die Firmen oft keine deutschen Maschinen oder Werkzeuge, sondern ältere koreanische oder japanische, sodass sie dort zum Teil wieder umlernen mussten.[148]

Neben den Auszubildenden wurden im Ausbildungszentrum Berufstätige und insbesondere betriebliches Aufsichtspersonal weitergebildet. Zwar war dies auch Teil des Lehrauftrags an der Facharbeiterschule Incheon, in Busan wurde die Weiterbildung Berufstätiger nun jedoch im größeren Stil betrieben. Es gab Abendkurse zu den folgenden Themen: Drehen, Gas- und Elektroschweißen, Metallblechverarbeitung, Werkzeugherstellung und Stanzen, Elektrotechnik und gewerbliches Zeichnen.[149] Außerdem wurden Kontakte mit Universitäten und Betrieben hergestellt und Abendkurse für Lehrer an technischen Schulen angeboten.[150] Zu einer Etablierung der Instruktoren- und Lehrerausbildung am Berufsbildungszentrum Busan kam es jedoch trotz der Vorbereitungen durch die deutschen Berater schließlich nicht. Das koreanische Arbeitsministerium plante die Instruktorenausbildung stattdessen am Zentralen Berufsbildungszentrum in Incheon zu bündeln und erst mit weiteren Projekten ab den 1980er-Jahren auf das KIT auszuweiten (siehe Kapitel III-5).

Über die regulären Auszubildenden lassen sich folgende Informationen finden: Ihr Alter lag zwischen 16 und 20 Jahren, und die meisten kamen aus Busan oder der umliegenden Region Gyeongsang-do, aber einige bewarben sich auch aus anderen Regionen. Die Auszubildenden konnten ein kostenloses Wohnheim nutzen, auch wenn sie aus der Nähe von Busan kamen und bezahlten ausschließlich für ihre Lebenshaltungskosten geschätzt etwa 20.000 Won pro Mo-

---

[147] Vgl. auch: „Als Facharbeiter zurück in die Heimat“, in: *Siemens-Mitteilungen*, Heft 11, 11.1977, S. 15. Die duale Ausbildung deutscher Firmen in Korea sollte in Zukunft noch ausführlicher untersucht werden, da die betriebliche Ausbildung insbesondere ab Ende der 1970er-Jahre eine wichtigere Rolle spielte.

[148] Gespräch mit Lee Kapyong, Ulsan, 30.01.2020. Vgl. dazu auch die Statistiken zum Technologietransfer in: Köllner, Patrick: *Südkoreas technologische Abhängigkeit von Japan: Entstehung, Verlauf und Gegenstrategien*, Institut für Asienkunde: Hamburg 1998, S. 111/249–251.

[149] BArch, B 213/11964, E. Neumann / H. Rychetsky: KGBVTI Verlaufskontrolle 1976, o. D., S. 35.

[150] BArch, B 213/11971, P. Klein (WL): Projektbericht Nr. 5, 17.07.1974, S. 4f.

nat.[151] Das Berufsbildungszentrum leistete der deutschen Seite zufolge damit „einen wesentlichen Beitrag zur Integration wirtschaftlich und sozial schwacher Bevölkerungsgruppen."[152] In einem Zeitungsinterview stellte der Schulleiter jedoch fest: „[Die Summe] mag für Sie nicht wie eine große Bürde erscheinen. Das Problem ist jedoch, dass die Auszubildenden 20.000 Won pro Monat ausgeben, während ihre Familien erwarten, dass sie schon Geld verdienen."[153] Normalerweise stammten sie aus Familien mit vielen Familienmitgliedern und hatten zum Teil finanzielle Schwierigkeiten.[154] Der deutsche Ausbilder W. Link erinnert sich:

> „Die Jugendlichen, die zu uns kamen, waren die, die keine andere Möglichkeit hatten. Wenn sie eine andere Möglichkeit gehabt hätten, wären sie in eine der hervorragenden technischen Schulen gegangen. Da hatten sie das Geld nicht. [...] Einer der auf die Busan Dae oder Seoul Dae gegangen ist, war natürlich weiter oben. Aber das war ja nicht der Sinn. Der Sinn war ja, sehr schnell Facharbeiter auszubilden."[155]

Dieses Zitat bestätigt einerseits, dass viele der Auszubildenden aus ärmeren Verhältnissen stammten und impliziert andererseits, dass sie mit ausreichend finanziellen Mitteln eine andere Ausbildung absolviert hätten, weil die akademische Bildung in der koreanischen Gesellschaft angesehener war. Somit trug das Berufsbildungszentrum zur Ausbildung sozial schwacher Gruppen bei, deren Aufstiegschancen aber langfristig begrenzt waren. In ihrer Forschung kritisiert Chang Mihyŏn auf der Grundlage von Interviews mit Arbeitern, dass die Absolventen der Berufsbildungszentren in den Firmen oft nur Aufstiegschan-

---

[151] Vgl. auch: Gespräch mit Yi Kapyong, Ulsan, 30.01.2020; Gespräch mit Hŏ Kwang, Seoul, 12.02.2020.

[152] Private Unterlagen von W. Link, Beratergruppe für Berufsausbildung: Wirkungen – Erfolge – Probleme. Wegen der Unterernährung der Auszubildenden führte der Leiter N. Jaspers ab 1973 ein Ernährungsprogramm mit finanzieller Unterstützung der deutschen Regierung ein. Die Gelder konnte er über einen anderen Etat einwerben. Jährlich kostete das Programm etwa 100.000 DM. Da zunächst keine Küche vorhanden war, bot man kalte Speisen wie Milch, Brot und Eier an; mit dem Bau einer Küche konnte ab 1975 auch warmes, koreanisches Essen zur Verfügung gestellt werden. Laut Projektleiter habe sich durch das Programm die physische Situation der Schüler allgemein verbessert. Der zuständige Beamte des BMZ argumentierte jedoch, dass die koreanische Regierung für die Versorgung der Schüler zuständig sei und der Effekt von Lebensmittelhilfen nicht langfristig ausfalle. BArch, B 213/11964, Völzke (BMZ): Nahrungsmittelhilfe aus Mitteln des Kap. 2302, Tit. 686 08, hier: Weiteres Verfahren bei der Förderung des Ausbildungszentrums Pusan/Korea, 11.08.1976, S. 2/5.

[153] Kim, Kyong-hae: „Korean-German Team Refines Training", in: *The Korea Herald*, 04.10.1981.

[154] BArch, B 213/11964, E. Neumann / H. Rychetsky: KGBVTI Verlaufskontrolle 1976, o. D., S. 14, 16.

[155] Gespräch mit W. Link, Nehren, 19.08.2020.

cen hatten, wenn sie höhere schulische Abschlüsse vorweisen konnten, da ihre Ausbildung am Berufsbildungszentrum nur als Berufserfahrung zählte.[156]

Die meisten Absolventen arbeiteten als Facharbeiter in koreanischen Firmen, wie es von den beiden Regierungen vorgesehen war. Anders als in den Facharbeiterschulen in Incheon oder Naju konnten herausragende Absolventen des Berufsbildungszentrums jedoch keine Weiterbildung in der Bundesrepublik absolvieren, und so hatten nur die wenigsten nach dem Abschluss noch einen Bezug zu Deutschland oder der deutschen Sprache. Auch wenn einige sich nach dem Abschluss mit eigenen Mitteln weiterbilden konnten und im Rückblick ihre Zeit in Busan positiv in Erinnerung hatten, war der Facharbeiterbrief selbst wenig wert.

Abbildung 4: Deutsch-koreanischer Facharbeiterbrief, 1976

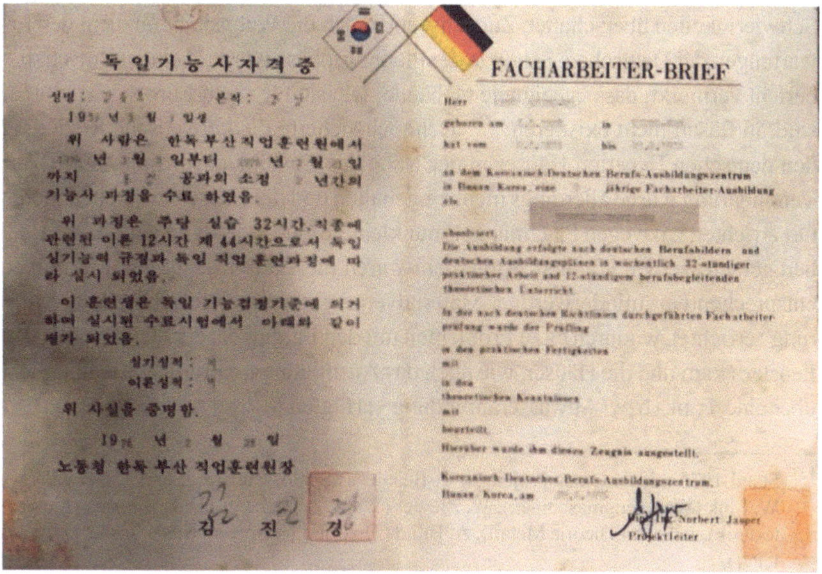

독일기능사자격증

성명 : 본적 :

19 년 월 일생

위 사람은 한독 부산 직업훈련원에서 년 월 일부터 년 월 일 까지 공과의 소정 년간의 기능사 과정을 수료 하였음.

위 과정은 주당 실습 32시간, 직종에 관련된 이론 12시간 계 44시간으로서 독일 실기능력 규정과 독일 직업 훈련과정에 따라 실시 되었음.

이 훈련생은 독일 기능검정기준에 의거하여 실시된 수료시험에서 아래와 같이 평가 되었음.

실기성적 :
이론성적 :

위 사실을 증명함.

19 년 월 일

노동청 한독 부산 직업훈련원장

김 진 경

FACHARBEITER-BRIEF

Herr

geboren am in

hat vom bis

an dem Koreanisch-Deutschen Berufs-Ausbildungszentrum in Busan Korea, eine jährige Facharbeiter-Ausbildung als

absolviert.

Die Ausbildung erfolgte nach deutschen Berufsbildern und deutschen Ausbildungsplänen in wöchentlich 32-stündiger praktischer Arbeit und 12-stündigem berufsbegleitenden theoretischen Unterricht.

In der nach deutschen Richtlinien durchgeführten Facharbeiterprüfung wurde der Prüfling

in den praktischen Fertigkeiten
mit

in den theoretischen Kenntnissen
mit

beurteilt.

Hierüber wurde ihm dieses Zeugnis ausgestellt.

Koreanisch-Deutsches Berufs-Ausbildungszentrum,
Busan Korea, am

Norbert Jasper
Projektleiter

Quelle: Privatsammlung, zur Verfügung gestellt von Kang Sŭngho.

3.3 Deutsche Experten in Busan und Counterpartausbildung

An der Schule arbeiteten neben dem Projektleiter fünf Werkstattlehrer in den Bereichen Maschinen und Werkzeuge, Elektrotechnik, Schweißen sowie zwei The-

[156] Weil das Nachholen schulischer Abschlüsse vorausgesetzt und staatlich sogar gefördert wurde, habe sich der Fokus auf Abschlüsse verstärkt. Siehe: Chang, *Pak Chŏnghŭi chŏngbu shigi kisul illyŏk chŏngch'aek*, S. 101–103.

orielehrer in den Bereichen Metall- und Elektrotechnik.[157] Damit waren an dem Projekt mehr deutsche Experten beschäftigt als in den beiden Projekten Incheon und Naju zusammen und ebenso viele wie später in der Beratergruppe am Arbeitsministerium. Der Projektleiterposten war durchgängig mit N. Jasper besetzt, was eine größere Einheitlichkeit des Projektes mit sich brachte, auch wenn die Werkstattleiter im Laufe der Zeit wechselten.[158] Der Projektleiter aus Naju, W. Link, fing ab 1973 in Busan als Werkstattleiter an und blieb damit auch für sein zweites Projekt in Korea. Zuvor kamen bereits Experten aus Incheon, die das Projekt mitbetreuten bzw. beaufsichtigten. Außerdem bereitete insbesondere der Projektleiter den Einsatz der Beratergruppe vor, und ein Werkstattlehrer arbeitete später in dieser Gruppe mit. Somit kam es zu einer personellen Verknüpfung dieser drei deutsch-koreanischen Projekte im Berufsbildungssektor.

Der Alltag der deutschen Projekt- und Werkstattleiter in Busan war von einigen Schwierigkeiten überschattet. Zunächst entsprach die Wohnsituation nicht den Erwartungen der Deutschen. Schon in der Planungsphase wurde in einem Botschaftsbericht vermerkt, dass „geeignete Gebäude, wie sie für einen Europäer zumutbar sind, in Pusan nicht existieren".[159] Dennoch sicherte die koreanische Regierung den deutschen Experten Häuser in der Nähe des Ausbildungsinstitutes zu. Diese Vereinbarung wurde allerdings nicht eingehalten und die Häuser an einem anderen Ort errichtet, wo wegen Platzmangels nur kleinere Gebäude als eigentlich vorgesehen gebaut werden konnten. Außerdem waren die Häuser deutschen Maßstäben entsprechend in „minderwertiger Materialverarbeitung und schlechter Bauausführung" errichtet, wodurch es zu Problemen mit den Leitungen, der Heizung und den Fenstern kam und die Häuser, wie auch das Ausbildungszentrum, zu Beginn nicht über eine Trink- bzw. Abwasseranbindung verfügten.[160]

---

157 Stand 1976 mit Ende des Projektes: T. Beaujean (Schlosserei), L. Leger (Schweißerei), W. Link (Werkzeugmaschinen), W. Ziegler (Werzeugmacherei), D. Koslowski (Elektrotechnik), J. Gerle (Theorie Metall), A. Blind (Theorie Elektrotechnik), N. Jasper (Projektleiter).

158 Über Projektleiter N. Jasper finden sich die meisten Informationen. Dieser hatte seinen Abschluss als Diplom-Ingenieur in Berlin erworben und war danach als Berater für die GAWI tätig. Seine Frau und zwei Töchter begleiteten den Mitte Vierzigjährigen nach Korea. Einem Interview mit *Maeil Business Newspaper* zufolge hatte er durch den Kontakt mit koreanischen Gastarbeitern über Korea erfahren und dadurch Interesse an dem Land gewonnen. „10pun int'ŏbyu Noberŭt Yasŭp'ŏ-ssi (handok pusan chigŏp hullyŏnso sŏdokch'ŭk saŏp kwalliin)" [10-minütiges Interview mit Norbert Jasper (Westdeutscher Projektleiter des Deutsch-Koreanischen Ausbildungszentrums in Busan)], in: *Maeil Business Newspaper*, 23.01.1974. Sŏ Sangsŏn erwähnt außerdem, dass Jaspers mit dem ersten koreanischen Counterpart Hong Chongrae privat befreundet war und mit diesem in Busan gerne Sashimi aß. Sŏ, *Han'guk chigŏp hullyŏn chedo-ŭi palchach'wi*, S. 127.

159 BArch, B 213/11971, Schreiben der Deutschen Botschaft an das AA: Technische Hilfe für Korea; Prüfung des Ausbildungszentrums Pusan, 23.03.1970, S. 3.

160 BArch, B 213/11970, H. Giesen: Bericht über meinen Aufenthalt in Korea vom 03. bis 12.11.1970, 29.12.1970, S. 7f.;

In einem privaten Brief an den ehemaligen Projektprüfer Giesen geht die Frau des Projektleiters, D. Jasper, auf die alltäglichen Schwierigkeiten in Korea ein. Wie auch schon in Incheon und Naju wurden die fehlenden oder schlecht funktionierenden Heizungen und Lüftungen in den Werkstätten, aber auch Privathäusern bemängelt. In Korea „brauche alles viel mehr Zeit", wodurch selbst einfache Arbeiten länger dauerten. Außerdem sei es schwierig, an bestimmte (westliche) Lebensmittel zu kommen, weshalb sie besonders den „bequemen Rewe-Laden an der nächsten Ecke" vermisse.[161] Die Experten an den Facharbeiterschulen in Incheon und Naju hatten zuvor ähnliche Probleme bemängelt. Aus dem Brief geht auch hervor, dass Frau Jasper ihren Mann mit bestimmten Bürotätigkeiten unterstützte, unter anderem Schadensmeldungen, Versicherungsangelegenheiten und Postverkehr mit Bonn. Diese Rolle übernahmen auch die Ehefrauen in den Projekten in Incheon und Naju; das kam einer idealen Vorstellung der GAWI und späteren GTZ sehr nahe.[162] Es wird ersichtlich, dass sie zum Teil bereute, nach Korea gekommen zu sein, weil sie dafür viel aufgeben musste. Gegen Ende des Briefes machte sie jedoch deutlich, dass das Land „seine Reize habe". Vor allem Koreaner seien „immer freundlich, äußerst höflich und hilfsbereit [...] und lächeln immer."[163]

Ursprünglich konnten die Kinder deutscher Berater internationale Schulen mit den Kindern der US-Soldaten besuchen. Durch eine Gesetzesänderung war dies allerdings ab den frühen 1970er-Jahren nicht mehr möglich. Daher entschied man sich, eine deutsche Schule und später auch einen Kindergarten in Busan zu gründen. Diese Einrichtungen wurden auch von Kindern anderer Nationalitäten besucht, es handelte sich jedoch insgesamt um sehr kleine Klassen mit nur wenig Lehrpersonal.[164] Die Gründung erfolgte auf Initiative der Experten vor Ort und wurde durch die GAWI lediglich mit Geldern bezuschusst. Dies zeigt eine gewisse Handlungsmacht der Akteure vor Ort, die sich an die gegebenen Umstände anpassten und ihre eigenen Akzente setzten. Trotz obengenannter positiver Sicht auf Korea und die Koreaner besuchten die Kinder eine eigene Schule. Außerdem grenzten sich die deutschen Experten in anderen Bereichen ab, indem sie beispielsweise im Ausbildungszentrum unterschiedliche Toiletten benutzten, ihre Häuser durch Wachpersonal bewachen ließen und koreanische

---

[161] BArch, B 213/11970, Privates Schreiben von D. Jasper an Hr. / Fr. Giesen (zur Information an Dr. Ehmann, BMZ), 16.02.1973, S. 1; 4.

[162] Ibid., S. 1. Maß, „Eine Art sublimierter Tarzan", S. 87f.

[163] BArch, B 213/11970, Privates Schreiben von D. Jasper an Hr. / Fr. Giesen (zur Information an Dr. Ehmann, BMZ), 16.02.1973, S. 4.

[164] BArch, B 213/11970, N. Jasper (PL): Bericht zur Koreareise vom 15.03. bis 07.04.1972, 04.1972, S. 8.

Putzfrauen beschäftigten,[165] was die Machthierarchie zwischen den deutschen Fachkräften und ihren Familien sowie den koreanischen Counterparts und der Bevölkerung unterstreicht. Mit dem anderen deutschen Projekt vor Ort, der Planungsgruppe Entwässerung Busan (PEB), bestand hingegen engerer Kontakt, obwohl sich die Projekte inhaltlich unterschieden. Auch mit einer Mädchenschule, gegründet und geleitet durch den späteren Honorarkonsul Busans, K. Schmidtke, tauschten sich die Berater regelmäßig aus, sodass es in Busan zu dieser Zeit bereits ein Netzwerk deutscher Familien gab.[166]

Laut Projektprüfer gab es im Berufsbildungszentrum Busan insgesamt weniger interne Konflikte als in vergleichbaren Projekten und wenn, handelte es sich demnach meist um kleinere Querelen. Lediglich sei durch die Wohnsituation eine gewisse „Ghettosituation" eingetreten.[167] Der Projektleiter löse Probleme „ruhig und sachlich" und werde auch von koreanischer Seite geschätzt, sodass er in der Folge für einen höheren Posten im koreanischen Arbeitsministerium vorgeschlagen wurde (s. u.).[168] Als eine Belastung für das deutsche Team wurde die „Ehekrise" eines Werkstattleiters genannt, der, wie aus Projektberichten und Sŏ Sangsŏns Aufzeichnungen hervorgeht, eine Affäre mit einer koreanischen Frau hatte, die er nach der Scheidung heiratete.[169] Auch an der Schule in Incheon hatte der Projektleiter vermutlich eine Affäre mit seiner koreanischen Sekretärin. Hier zeigte sich erneut die Rollenverteilung zwischen deutschen, männlichen Experten und den koreanischen Mitarbeiterinnen.[170]

Zwischen dem deutschen und dem koreanischen Team kam es insgesamt zu wenigen Konflikten. Es lässt sich lediglich eine sprachliche Barriere und zum Teil kulturelles Unverständnis erkennen. Nach der Versetzung des Ausbildungsleiters nach Seoul wurde ein neuer ernannt, der dem Projektbericht zufolge ehrgeizig und impulsiv sei und wenig Kooperationsbereitschaft zeige. Ohne vorherige Rücksprache mit dem deutschen Team habe er mehr Schüler aufgenommen, als es die Kapazitäten erlauben. Außerdem zeige er eine gewisse

165 Ibid., S. 7f.

166 BArch, B 213/11970, Schreiben der PEB an die BfE: Anfrage der BfE über das Projekt KGBVTI, 28.09.1971;

167 BArch, B 213/11971, o. A.: Verlaufskontrolle KGBVTI – kurzgefasstes Ergebnis, 25.10.1974, S. 5f.

168 BArch, B 213/11971, N. Japser (PL): Tätigkeitsbericht Nr. 4, 23.04.1974, S. 2f.

169 BArch, B 213/11971, N. Japser (PL): Tätigkeitsbericht Nr. 2, 24.03.1973, S. 4f.; Vgl. auch: Sŏ, *Han'guk chigŏp hullyŏn chedo-ŭi palchach'wi*, S. 127.

170 Vgl. auch die orientalistischen Beschreibungen des deutschen Firmenberaters H. Rödlich über seine Beziehungen mit koreanischen Frauen in den 1950/60er-Jahren. Rödlich, Hubertus: *Spuren eines Lebens: Eine Lebensgeschichte zwischen Deutschland und dem Fernen Osten*, Literareon: München 2009, S. 155–158.

„väterliche Art“ gegenüber den jüngeren koreanischen, aber auch deutschen Mitarbeitern, was bei beiden Gruppen auf Ablehnung stoße.[171] Des Weiteren waren viele der leitenden koreanischen Counterparts keine Fachleute für Berufsausbildung, wie sich auch in den späteren Projekten zeigte. In vielen Fällen setzte die koreanische Regierung als Direktoren der Berufsbildungszentren ehemalige Generäle ein.

Für die Counterpartausbildung sei auf die Biografie des Ausbilders Ko Yŏngguk verwiesen. Ko hatte als einer der besten 1966 seinen Abschluss an der Facharbeiterschule in Incheon gemacht und konnte daraufhin eine zweijährige Ausbildung zum Berufslehrer in der BRD absolvieren. Nach seiner Rückkehr arbeitete er zunächst als Werkstattlehrer an der Facharbeiterschule und bereitete dann mit den deutschen Beratern den Aufbau des Berufsbildungszentrums in Busan vor. 1970 ging er erneut zu einer Weiterbildung nach Deutschland und kehrte schließlich mit Beginn der Ausbildung 1972 als Lehrer nach Busan zurück.[172] Allerdings war Ko die Ausnahme, denn nicht alle Counterparts arbeiteten nach der Ausbildung weiter in Busan, da die Bezahlung verglichen mit der Industrie schlechter war und die Verträge nur eine kurze Laufzeit hatten.[173] Hinzu kam der häufige Personalwechsel von Ausbildern in das Arbeitsministerium, sodass insgesamt wenige Fachleute mit Ausbildung in der Bundesrepublik vor Ort waren.[174] Auch wenn viele Counterparts fest mit einer solchen Weiterbildung rechneten, war dies laut Berater W. Link nicht in jedem Fall erstrebenswert. Denn nach der Rückkehr wurden die Abschlüsse zum Teil nicht anerkannt und die Counterparts waren zwar fachlich gut ausgebildet, konnten aber ohne Netzwerk keine Stellen finden.[175]

3.4 Resümee

Genau vier Jahre nach der offiziellen Eröffnung des Projektes fand am 26.10.1977 zur Übergabe eine Feier im Berufsbildungszentrum statt, bei der diverse Würdenträger der Stadt und der deutsche Botschafter anwesend waren.

---

[171] BArch, B 213/11971, P. Klein (WL): Tätigkeitsbericht vom 01.01. bis 18.04.1974, 18.04.1974, S. 1.

[172] Gespräch mit Ko Yŏngguk, Seoul, 22.01.2020. Vgl. für eine verschriftlichte Selbstdarstellung auch Kos Text in der Festschrift zur deutsch-koreanischen Facharbeiterschule: *Chŏngsŏk 50nyŏnsa*, S. 310–315.

[173] BArch, B 213/11964, Schreiben von N. Jasper an die GTZ: Gutachten zur Technikerausbildung, 17.03.1976, S. 2. BArch, B 213/11964, E. Neumann / H. Rychetsky: KGBVTI Verlaufskontrolle 1976, o. D., S. 39.

[174] PA AA, B 37-ZA, 103339, Schreiben des BMZ an das AA: Technische Zusammenarbeit mit Süd-Korea, hier: Berufsbildungszentrum Busan, 05.03.1976.

[175] Gespräch mit W. Link, Nehren, 19.08.2020.

Projektleiter N. Jasper erhielt einen Verdienstorden sowie die Ehrenbürgerschaft der Stadt Busan, was die deutsche Seite positiv bewertete.[176] Im gleichen Jahr erfolgte auch die Umwandlung der Berufsbildungszentren in juristische Personen, was langfristig zu einer Systematisierung der Berufsbildung unter der Ägide des Arbeitsministeriums beitrug. Das war ein früher Vorschlag der deutschen Seite gewesen, um auch die Gehälter unabhängig zahlen zu können und so die Ausbildungsbedingungen zu verbessern.[177]

Das Berufsbildungszentrum in Busan hatte für längere Zeit eine Sonderstellung in dem Verbund unter Leitung der Agentur für Berufsbildung inne, da es die zwei- bzw. dreijährige Ausbildung weiterhin beibehielt, während andere Berufsbildungszentren anfangs nur einjährige Programme anboten. Die deutsche Beratergruppe am Arbeitsministerium übernahm bereits frühzeitig die Nachbetreuung des Projektes, nachdem die Etablierung der Instruktorenausbildung in Busan gescheitert war. Beispielsweise führten die Berater einen weiteren Ausbildungsgang ein und unterstützten das Berufsbildungszentrum mit Ersatzteilen und moderner Ausrüstung.[178] Bis in die 1990er-Jahre behielt es den Beinamen ‚Deutsch-Koreanisch' (*handok*) offiziell in seinem Titel und schloss im gleichen Zeitraum auch eine Schulpartnerschaft mit der Robert-Bosch-Schule Ulm ab.[179] Danach zog es erstens an einen anderen Standort um und wurde zweitens in den Verbund der Korea Polytechnic University eingegliedert, sodass heute keine direkten Erinnerungen an das deutsch-koreanische Berufsbildungszentrum bleiben. Auch die Schulverwaltung selbst zeigt wenig Interesse an der Geschichte der Institution und hat durch den Umzug bedingt kaum noch Materialien aus der Zeit aufgebwahrt.[180] Damit unterscheidet es sich von den Schulen in Incheon und Naju oder dem Meistercollege in Changwon, wo die Geschichte der Institutionen aufbereitet wurde und ein aktives Alumninetzwerk besteht.

Insgesamt lässt sich in Busan eine inhaltliche Anknüpfung an die Facharbeiterschulen und gleichzeitig eine stärkere Ausrichtung auf die Bedürfnisse der

---

176 PA AA, B 37-ZA, 105109, Schreiben der Deutschen Botschaft Seoul an das AA: Berufsschulprojekt Busan, hier: Übergabe an die koreanischen Behörden, 02.11.1977.

177 PA AA, B 37-ZA, 103339, Schreiben der Deutschen Botschaft Seoul an das AA: Geplante Umwandlung der VTIs in juristische Personen; hier: Facharbeiterschule Busan, 12.10.1976, S. 2.

178 Vgl. dazu auch: BArch, B 213/24248, E. Schoenfeldt / M. Stiefvater: Pre-Feasability Studie zum Projektantrag der koreanischen Regierung ‚Vocational Training College', 11.1980, S. 48; B 213/24247, o. V.: Querschnittsauswertung der Evaluierungen 1983: GAT am MOL Seoul, o. D., S. 96.

179 Die genauen Hintergründe der Partnerschaft sind nicht bekannt. Eine Förderung erfolgte durch das Land Baden-Württemberg. Vgl. auch heutige Webseite, URL: https://www.kopo.ac.kr/dongbusan/content.do?menu=6529

180 Einer Anfrage des Autors auf Einsicht in die übrigen Dokumente und Bilder wurde im Jahr 2020 aus Datenschutzgründen nicht stattgegeben.

koreanischen Regierung erkennen. Man hielt an einem Fokus auf eine praktische, breitgefächerte Ausbildung fest und reduzierte gleichzeitig die Ausbildungszeit auf zwei Jahre, sodass in kurzer Zeit mehr Personen ausgebildet werden konnten. Mit dem Einsatz einer deutschen Beratergruppe hofften die deutschen Stellen, das Ausbildungskonzept auf die Berufsbildungszentren im ganzen Land auszuweiten, wodurch sie Busan als eines der wichtigsten Projekte ansahen und zu der Annahme gelangten, „dass die deutsche Berufsbildungshilfe in Korea einen ungewöhnlich großen Einfluss nehmen" könne.[181] Verglichen mit den frühen Projekten gab es zwar noch Unzulänglichkeiten in der Wohnsituation, aber die Konflikte im Team sowie zwischen der koreanischen und deutschen Seite hatten abgenommen. Das Projekt kann als wichtiges Bindeglied zwischen den Facharbeiterschulen und der systematischen Beratung am Arbeitsministerium in der Berufsbildung gesehen werden.

4. Beratergruppe am Arbeitsministerium

Die Beratertätigkeit durch das German Advisory Team (GAT) am koreanischen Arbeitsministerium wurde von 1976 mit sechsmaliger Verlängerung inklusive Nachbetreuung bis 1993 durchgeführt.[182] Wenn man die Beratergruppe als direkte Fortsetzung des Berufsausbildungszentrums in Busan betrachtet, erstreckte sich die Beratung insgesamt auf über zwanzig Jahre. Die Gesamtkosten für das Projekt betrugen 34,9 Mio. DM. Im Rahmen des Projektes wurden insgesamt 17 deutsche Experten nach Korea entsandt und ca. 360 koreanische Counterparts in der BRD aus- oder weitergebildet (siehe Tabelle 8; Tabelle 9). Inhaltlich lässt sich der Beratungszeitraum in drei Phasen einteilen: In Phase 1 von 1976 bis 1983 beschäftigte sich das Team hauptsächlich mit dem Aufbau von weiteren Berufsbildungszentren, es handelte sich also um eine Tätigkeit mit ‚Hardware-Komponente'.[183] In Phase 2 von 1984 bis 1988 stand die Systembe-

181 Auch die koreanische Regierung zeigte Interesse am Berufsbildungszentrum und dessen Auswertung: „Es war in der Geschichte der deutsch-koreanischen technischen Zusammenarbeit das erste Mal, dass an einer Projektevaluierung nicht nur der unmittelbare Projektträger, sondern der Vizeminister des MOST und sogar das Blue House ein so hohes Interesse genommen haben." PA AA, B 37-ZA, 105109, Dr. Barthelt (BMZ): Entwicklungspolitische Zusammenarbeit mit Korea, hier: Bericht über Dienstreise vom 3.–17.05.1976, 31.05.1976, S. 6.

182 Die Behörde wurde erst im Laufe des Projektes zu einem Ministerium hochgestuft, sodass verschiedene Bezeichnungen im Englischen und Deutschen existieren. Ab 1981 handelte es sich jedoch um ein eigenständiges Ministerium, sodass im Text einheitlich Arbeitsministerium verwendet wird. Die unterschiedlichen Bezeichnungen lauteten im Englischen: Office of Labor Affairs (OLA), Administration of Labor Affairs (ALA), Ministry of Labor (MOL).

183 National Archives of Korea, Amstblatt Nr. 8854, Mitteilung des Außenministeriums Nr. 64, 02.08.1981, „Taehanmin'guk chŏngbu-wa togil yŏnbang konghwaguk chŏngbu kan-ŭi

ratung im Vordergrund, worunter unter anderem eine Verbesserung des Prüfungssystems fällt. Außerdem wurde in dieser Phase ein Modellprojekt zur Einführung eines modifizierten dualen Ausbildungssystems an fünf Berufsbildungszentren durchgeführt. Ab Phase 3 von 1989 bis 1993/96 bestand die Tätigkeit hauptsächlich in der Nachbetreuung der früheren deutschen Projekte sowie kleineren Aufträgen. Phase 2 und 3 waren also stärker auf ‚Software-Komponenten' ausgerichtet. Drei der deutschen Experten haben rückblickend ihre Tätigkeit in Korea in wissenschaftlichen Publikationen ausgewertet, sodass zwei individuell publizierte Artikel sowie ein Kapitel in einer Monografie zur Tätigkeit der Beratergruppe vorliegen. Die Publikationen beschäftigen sich daneben auch mit allgemeinen Fragen des Systemtransfers sowie kulturellen Unterschieden zwischen Deutschland und Korea.[184]

Tabelle 8: Tätigkeiten der Deutschen Beratergruppe am Arbeitsministerium

Förderung/ Phase	Zeitraum	Summe (in Mio. DM)	Inhalte
Nr. 1 (I)	01.1976–08.1978	3,00	IBRD-Projekt Beratung; Experten: 105 M/M; 53 CPs entsandt
Nr. 2 (I/II)	09.1978–12.1983	12,53	IBRD-Projekt und Prüfungssystem Beratung; Experten: 174 M/M; 120 CPs entsandt
Nr. 3 (II)	01.1984–12.1986	3,97	Einführung duale Ausbildung & Fach ‚Industrieelektroniker' am Busan VTC; Experten: 125 M/M; 27 CPs entsandt
Nr. 4 (III)	01.1987–12.1988	5,00	Verbesserung des VTC-Systems und Einführung duale Ausbildung & Fach ‚Formenbauer' am Busan VTC; Experten: 123 M/M; 53 CPs entsandt
Nr. 5 (III)	01.1989–12.1990	3,70	Beratung bei Aufbau des Korea Institute of Technology & Einführung duale Ausbildung Experten: 49 M/M; 209 M/M CPs entsandt
Nr. 6 (III)	01.1991–12.1993	6,00	Beratung bei Lehrerausbildung am KIT & Nachbetreuung Busan und Changwon; Experten: 80 M/M; 346 M/M CPs entsandt
Nachbetreuung	01.1994–12.1996	0,70	CP (Kurzzeit-)Entsendung, deutsche Kurzzeitberater
Gesamt	20 Jahre	34,9	Experten: 656 M/M; ca. 360 CPs entsandt

Quelle: KOICA, *Han'guk-e taehan kaebal wŏnjo-wa hyŏmnyŏk*, S. 146.

chigŏp hullyŏnwŏn sŏllip chamun chiwŏn-e kwanhan hyŏpchŏng" [Abkommen zwischen der Regierung der Republik Korea und der Bundesrepublik Deutschland über die Beratung bei der Einrichtung eines Berufsbildungszentrum].

[184] Bei den Autoren der Artikel handelt es sich um H. G. Schröter und Dr. G. Rösch, bei der Monografie um Prof. E. Schoenfeldt.

Tabelle 9: Liste der deutschen Berater am Arbeitsministerium, 1976–1993

Name	Bereich	Einsatzzeitraum
A. Schnitter	**1. Projektleiter**	08.1976–12.1980
W. Brencher	Maschinenbau	04.1976–06.1982
W. Weinegg	Elektrotechnik	08.1976–08.1978
W. Link	Maschinenbau	11.1976–07.1980
E. Schroff	Elektrotechnik	08.1978–09.1979
A. Schott	Elektrotechnik	10.1978–06.1982
G. Karrer	Elektrotechnik	03.1980–11.1982
J. Marx	Maschinenbau	04.1981–06.1985
J. Danker	**2. Projektleiter**	09.1981–06.1986
E. Pietzrak	Prüfungssystem	02.1982–12.1982
H. G. Schröter	Elektrotechnik	04.1984–12.1988
L. Refardt	Elektrotechnik	10.1985–09.1987
G. Rösch	**3. Projektleiter**	05.1988–05.1991
A. Sachs	Maschinenbau	05.1986–11.1990
H. Heusser	Metalltechnik	07.1988–06.1990
E. Schoenfeldt	**4. Projektleiter**	01.1991–12.1993
P. Hirthe	Bauingenieur	11.1991–12.1993

Quelle: Yu/Chŏn, „Taehanmin'guk-e taehan togil-ŭi ODA chiwŏn-e kwanhan yŏn'gu", S. 58.

4.1 Einrichtung weiterer Berufsbildungszentren

Die südkoreanische Regierung erhielt in den Jahren 1975 und 1977 das dritte und vierte Darlehen der Weltbank im Bildungsbereich zur Errichtung von insgesamt 15 neuen Berufsbildungszentren im ganzen Land, allerdings unter der Bedingung, eine ausländische Beratergruppe zu beschäftigen und koreanische Ausbilder und Beamte im Ausland weiterzubilden. Wie sich Sŏ Sangsŏn erinnert, hätte der Darlehensbetrag jedoch nicht ausgereicht, um die Kosten für den Aufbau inklusive Beratung und Weiterbildung zu tragen, weshalb man es im Rahmen eines Projektes der technischen Zusammenarbeit abdecken wollte. Hong Chongrae, Abteilungsleiter für die Berufsausbildung im koreanischen Arbeitsministerium, der zuvor bereits Direktor des Berufsbildungszentrums in Busan war, bat auf Grundlage seiner bestehenden Beziehungen zu deutschen Beratern und Beamten deshalb die deutsche Regierung während der Begutachtung des Berufsbildungszentrums Busan im Jahre 1974 um Unterstützung.[185]

[185] Sŏ, *Han'guk chigŏp hullyŏn chedo-ŭi palchach'wi*, S. 151–152. Vgl. auch Interview mit Sŏ: National Institute of Korean History, Oral History Quellen: „1960/70nyŏndae nodong

Über die Planung der Beratertätigkeit sowie Gründe für und gegen einen Beratereinsatz berichtete der Projektleiter des Berufsbildungszentrums Busan, N. Jasper, in einem Schreiben an die GTZ. Jasper selbst schloss eine Tätigkeit in der Beratergruppe jedoch aus, da er seine Arbeit in Busan zu Ende bringen wolle. Er ging von einer geschwächten Stellung der Beratergruppe im Arbeitsministerium aus, betonte aber auch die Chancen, weiter Einfluss auf die Facharbeiterausbildung zu nehmen.[186] In den bilateralen Wirtschaftsverhandlungen 1975 zeigte die deutsche Regierung Interesse an der Entsendung der Beratergruppe, war jedoch intern weiter zurückhaltend, da die Bedingungen der Weltbank abgewartet werden sollten.[187]

In Malaysia, wo zu späterem Zeitpunkt ebenfalls ein deutsches Beraterteam tätig war, kam die Anfrage für ein solches Team von der malaysischen Regierung selbst und ging nicht auf eine Vorgabe der Weltbank zurück wie in Korea. Dem Bildungswissenschaftler S. Wolf zufolge lasse sich daran im Rückblick bereits ein geringeres Interesse der koreanischen Regierung an einer Implementierung des deutschen Systems ablesen.[188] Zeitgenössische Beobachter wie der BMZ-Beamte Barthelt sehen dagegen in der Entscheidung einen Vertrauensbeweis der koreanischen Regierung für die BRD als Partner und Modell. Deutschland hätte sich im Wettbewerb mit den anderen Ländern durchgesetzt.[189]

Nach Abschluss des Notenwechsels entsandte die GTZ 1976 zunächst vier Experten nach Korea, 1978 folgten zwei weitere: Neben dem Leiter der Gruppe gab es in der ersten Phase jeweils einen Berater für Maschinenbau, Elektrotechnik, Bauwesen und Schweißen. Die erste Beratergruppe war für einen Zeitraum von fast vier Jahren gemeinsam in Korea tätig, sodass sie als ein eingespieltes Team effektiv zusammenarbeiten und sich die Aufgabenbereiche aufteilen konnten. Als Projektleiter kam A. Schnitter an das koreanische Arbeitsministerium; er hatte zuvor im Iran bereits eine ähnliche Tätigkeit ausgeübt.[190] Der

haengjŏngga-ŭi sam-kwa kŭ ŭimi – kukka-ŭi nodong chŏngch'aek-kwa nodongja-e taehan inshik-ŭl chungshim-ŭro" [Das Leben von Beamten der Arbeitsverwaltung und deren Bedeutung – Fokus auf die koreanische Arbeitspolitik und die Wahrnehmung der Arbeitnehmer].

186 BArch, B 213/24244, Schreiben von N. Jasper an H. Rychetsky (GTZ): Technischer Berater für das OLA, 31.01.1975.

187 BArch, B 213/24244, H. Rychetsky (GTZ): Technische Hilfe für Korea, hier: Das Erziehungsprojekt der Weltbank für Korea, 21.04.1975; bilaterale Wirtschaftsverhandlungen: Agreed Minutes, 14.05.1975, S. 6.

188 Wolf, *Beiträge einer Theorie zum internationalen Berufsbildungstransfer*, S. 205. Als weiteres Vergleichsland für eine Systemberatung ziehen Berufsbildungsexperten wie S. Wolf und W.-D. Greinert auch Ägypten und die Mubarak-Kohl-Initiative heran. Vgl. auch: Greinert, „Die Übertragbarkeit des Dualen Systems in Entwicklungsländer", S. 51.

189 PA AA, B 37-ZA, 105109, Dr. Barthelt (BMZ): Entwicklungspolitische Zusammenarbeit mit Korea, hier: Bericht über Dienstreise vom 3.–17.05.1976, 31.05.1976, S. 5.

190 Vgl. Gedenktafel an der Albrecht-Schnitter-Berufsschule in Peiting, Bayern.

Berater für Maschinenbau, W. Link, war als einziger schon zuvor in Korea tätig, nämlich sowohl in Naju als auch Busan.[191]

In den neugeplanten Berufsbildungszentren sollten, ähnlich wie in Busan, Facharbeiter in ein- und zweijährigen Kursen ausgebildet und Berufstätige zu Facharbeitern weitergebildet werden. Die Beratung umfasste in der Anfangsphase viele Tätigkeiten, die bereits im Berufsbildungszentrum in Busan durchzuführen waren, nur dass es sich nicht um eines, sondern gleich 15 Berufsbildungszentren handelte. Die Aufgaben lassen sich in folgende Bereiche einteilen:[192]

1. Gebäude: Bauplanung, Werkstätten, Überprüfung der Planung
2. Ausrüstung: Evaluierung der Ausrüstungslisten, Erstellen von Ausschreibungsunterlagen, Überprüfung der Angebote, Abnahme und Installation der Geräte
3. Organisation: Erarbeitung und Überprüfung von Organisationsplänen (Belegungspläne, Stundenpläne etc.), Materialbeschaffung
4. Programmplanung: Erstellen von Ausbildungs- und Lehrplänen
5. Lehrmittel: Entwicklung von Ausbildungsunterlagen für praktische und theoretische Ausbildung unter Nutzung technischer Lehrmittel
6. Prüfungen: Entwicklung von praxisorientierten Aufnahme-, Zwischen- und Abschlussprüfungen
7. Ausbilderschulungen: Planung und Systematisierung der Instruktoren-Ausbildung

Bei der Beschaffung von Ausrüstungsmaterialien und -maschinen wählten die deutschen Berater aus und entwickelten die Bestelllisten. Aus einer Übersicht geht hervor, dass etwa 35 % aus Japan und 23 % aus Korea selbst bestellt wurden. An dritter Stelle lag mit 18 % die BRD, gefolgt von den USA mit 16 %.[193] Es kann zwar vermutet werden, dass sich das Beraterteam an internationale Ausschreibungsvorgaben halten musste, dennoch stellt sich die Frage, ob deutsche Firmen häufiger ausgewählt wurden, als dies mit einem anderen Beraterteam der Fall gewesen wäre, so wie es auch Sŏ Sangsŏn impliziert.[194] Neben den Einrichtungen beschäftigten sich die Berater auch schon im Vorfeld mit der Etablierung eines Wartungs- und Reparatursystems, sodass im Arbeitsministerium ein gesonderter Etat für mögliche Kosten eingerichtet werden konnte.[195]

---

[191] Gespräch mit W. Link, Nehren, 19.08.2020.

[192] BArch, B 213/24244, Projektangebot der GTZ für eine Verlängerung der Stabstelle im kor. OLA, 05.07.1978, S. 8f.

[193] Private Unterlagen von W. Link, Beratergruppe für Berufsausbildung: Foreign Equipment procured in 1977.

[194] Sŏ, *Han'guk chigŏp hullyŏn chedo-ŭi palchach'wi*, S. 156.

[195] BArch, B 213/24245, A. Schnitter (PL): Projektfortschrittsbericht 13, 07.01.1980, S. 14.

Wenn man sich die Arbeit der Beratergruppe genauer ansieht, wurden nicht nur neue Berufsbildungszentren eingerichtet, sondern versucht, die Ausbildung an den Berufsbildungszentren insgesamt zu systematisieren. In diesem Prozess konnten Erfahrungen aus dem Berufsbildungszentrum in Busan genutzt werden. Etwa 60 bis 80 % der Lehrpläne und -materialien aus Busan wurden in den neuen Berufsbildungszentren übernommen, aber über die Zeit den Anforderungen der Industrie angepasst sowie neue Lehrpläne für weitere Berufe entwickelt. Auch wenn die meisten Berufsbildungszentren auf ähnliche Industriebereiche abzielten, gab es regionale und inhaltliche Schwerpunkte. Insbesondere auf den Bedarf der Industrie konnte in der kurzen Zeit nicht ausreichend eingegangen werden, wie deutsche Gutachter bemängelten.[196] Im Unterschied zu Busan zeigte sich auch eine stärkere Modularisierung der Ausbildung, wodurch sich einzelne Lehrinhalte flexibel zusammensetzen ließen. Die Aufteilung in Module entsprach dabei den Leitlinien der ILO.[197]

Gerade für die erste Phase wird die Arbeit der deutschen Beratergruppe als positiv bewertet. Yun Suk Choon, ein Beamter im Arbeitsministerium, schreibt im Rückblick: „Sie waren eine große Hilfe und haben einen wesentlichen Beitrag zum beruflichen Bildungswesen in Korea geleistet, insbesondere bei der Vorbereitung von Listen der benötigten Ausrüstungen und Möbel und bei der technischen Überprüfung und Beratung beim Kauf der benötigten Ausrüstungen."[198] Bei einer Projektbegutachtung hob der BMZ-Beamte N. Stolpe positiv hervor, dass die neuen Berufsbildungszentren sehr übersichtlich und funktional seien, aber kritisierte auch den militärischen Ausbildungsstil, den die Direktoren verfolgten. Insgesamt waren ca. 20 der Direktoren ehemalige Militärgeneräle.[199] Das Arbeitsministerium trage durch die Berufsbildungszentren, wie bereits für Busan konstatiert, auch zu einer Integration der wirtschaftlich und sozial schwachen Bevölkerungsgruppen

---

[196] BArch, B 213/24245, F. Hammerschmidt / H. Thiemann: Beratergruppe bei der ALA – Verlaufskontrolle, 01.1979, S. 29.

[197] Ibid., S. 24; BArch, B 213/24245, A. Schnitter (PL): Projektfortschrittsbericht 13, 07.01.1980, S. 12. ILO (Hg.): *Introduction of a Vocational Training System using Modules of Emplyoable Skills*, ILO: Genf 1973. Vgl. dazu auch: Gespräch mit E. Schoenfeldt, Kassel, 26.08.2022; Schoenfeldt, Eberhard: „Internationalisierung versus Partikularisierung der Berufspädagogik: Aspekte der Entwicklungszusammenarbeit", in: Arnold, Rolf / Dobischat, Rolf / Ott, Bernd (Hg.): *Weiterungen der Berufspädagogik*, Franz Steiner: Stuttgart 1997, S. 205–212.

[198] Yun, Suk Choon: „Berufsausbildung in Korea", in: Haag, Eugen (Hg.): Bericht über das Internationale Seminar *Der Beitrag der Berufsbildung zur wirtschaftlichen Entwicklung in den Partnerländern*, 20.09.–02.10.1982, DSE: Mannheim 1982, S. 218.

[199] BArch, B 213/24247, N. Stolpe (BMZ): Bericht über die Evaluierung des Projektes Deutsche Beratergruppe bei der Administration of Labour Affairs, 16.02.1979, S. 11.

bei, da keine Schulgebühren entstehen und die Auszubildenden meist in Internaten untergebracht wurden.[200]

Insgesamt habe die Beratungstätigkeit in dieser Phase „systembildend gewirkt und kann entwicklungspolitisch nicht hoch genug bewertet werden."[201] So ging das Arbeitsministerium beispielsweise auch in anderen Bereichen, wie der Lehrerausbildung, auf die Vorschläge der deutschen Seite ein, einen hohen Anteil praktischer Ausbildung zu integrieren und so eine „Vertheoretisierung" zu verhindern. Die Lehrpläne der Berufsbildungszentren hätten auch in den technischen Oberschulen zu einer Anpassung des Lehrplans geführt.[202] Von vorneherein hatte die Beratergruppe bei ihrer Tätigkeit also nicht nur das Arbeitsministerium, sondern auch das Erziehungsministerium im Blick.

Wie wichtig der deutschen Regierung der Einfluss auf die Berufsbildung in der Frühphase der Beratergruppe war, zeigt auch eine Episode aus dem Jahr 1981. Das koreanische Arbeitsministerium nahm zu dieser Zeit Kontakte zur kanadischen Regierung auf, um über ein gemeinsames Projekt zur Aus- und Fortbildung von Fachkräften und Vorarbeitern zu verhandeln. Das alarmierte die deutsche Beratergruppe, die Deutsche Botschaft in Seoul und das BMZ. Laut A. Schnitter galt es zu verhindern, dass „das mühsam über Jahre konzipierte und nunmehr recht gefestigte Konzept eines ausgewogenen und zukunftsorientierten koreanischen Berufsausbildungssystems durch einen völlig anders gearteten kanadisch/amerikanischen Einfluss von außen wieder verunsichert oder durchlöchert wird".[203] Die Deutsche Botschaft wunderte sich über die Hintergründe dieser Entscheidung und kommt zu dem Schluss, dass es auf

---

200 BArch, B 213/24247, J. Danker: German Advisory Team at Ministry of Labor – Projektkurzdarstellung: Wirkungen – Erfolge – Probleme, 09.08.1984, o. S. Gesonderte Berufsbildungszentren für ‚benachteiligte Gruppen in der Berufsbildung', wie Behinderte und Frauen, richtete die koreanische Regierung jedoch erst Mitte der 1980er-Jahre ein. Hierbei erhielt sie einen weiteren ADB-Kredit, eine direkte deutsche Beteiligung an diesen Zentren ist jedoch nicht zu erkennen. Vgl. auch: „Yŏsŏng kaebalwŏn yŏsŏng palchŏn changgi kibon kyehoek-an palp'yo: 2000nyŏndae yŏsŏngsang hwangnip-e ch'ojŏm" [Vorstellung eines langfristigen Plans für die Errichtung eines Berufsbildungszentrums für Frauen: Fokus auf das Frauenbild der 2000er], in: *Kyunghyang Shinmun*, 13.03.1985.

201 BArch, B 213/24247, N. Stolpe (BMZ): Bericht über die Evaluierung des Projektes Deutsche Beratergruppe bei der Administration of Labour Affairs, 16.02.1979, S. 4. Zu einer ähnlichen Auffassung kommt auch eine Querschnittsevaluierung aus dem Jahr 1983. „Das GAT hat [...] auf der Grundlage umfangreicher Vorarbeiten und Systemberatungskontakte in kurzer Zeit eine beachtliche Entwicklungsarbeit zur Einführung der neuen dualen Berufsbildung geleistet. Die Untersuchung erkennt dies als einen ‚bemerkenswerten Erfolg' an." BArch, B 213/24247, o. V.: Querschnittsauswertung der Evaluierungen 1983: GAT am MOL Seoul, o. D., S. 99.

202 BArch, B 213/24246, A. Schnitter: Bericht über den Beratereinsatz vom 08.–19.06.1981 am Ministry of Labor Korea im Rahmen des Projektes der deutschen Beratergruppe für Berufsausbildung, 06.1981, S. 27f.

203 Ibid., S. 17f.

„die Unsicherheit über die künftige deutsche Haltung und das Fehlen einer Zusicherung“ über die Verlängerung der deutschen Projekte zurückzuführen sei. Durch deutsche Restriktionen der Entwicklungszusammenarbeit auf Grund von politischen Entwicklungen im Jahre 1980 sei es zu einem „Vertrauensschwund“ gekommen.[204] A. Schnitter handelte in der Folge mit den koreanischen Beamten eine Übereinkunft aus, dass sich das mögliche kanadische Projekt nicht mit den deutschen Projekten überschneiden und sich mit diesen direkt absprechen sollte.[205] Es zeigt sich die Sorge der Fachkräfte und Beamten vor einer Einmischung in die ansonsten durch Deutschland geprägte Domäne der Berufsbildung und der Entschluss, sich weiter in Korea zu engagieren. Auch aus diesem Grund regten beide Länder eine Weiterführung der Tätigkeit nach dem abgeschlossenen Aufbau der Berufsbildungszentren an.

4.2 Duale Ausbildung und Prüfungssystem

Neben dem institutionellen Aufbau der Berufsbildung verfolgte die deutsche Beratergruppe auch einen Systemtransfer des dualen Ausbildungs- und deutschen Prüfungssystems. Statt direkt den Begriff duales System zu verwenden, starteten die koreanische Agentur für Berufsbildung und die deutsche Beratergruppe ein Programm unter dem Namen *Cooperative Training* (CT, *sanhak hyŏptong hullyŏn*). Damit sollte auch die firmeninterne Berufsbildung in die

---

204 PA AA, B 37-ZA, 142745, Schreiben der Deutschen Botschaft an das AA: Technische Zusammenarbeit mit Korea; hier: Beratung des koreanischen Arbeitsministeriums, 06.05.1981, S. 2. A. Schnitter kommentiert das Verhältnis von Sanktionen in der Entwicklungshilfe und Demokratisierung folgendermaßen: „Nach Auffassung des BE sollte man trotz und gerade wegen der ‚schwierigen‘ politischen Situation des Landes die Zusammenarbeit in diesem Bereich intensiv und bis zu dem oben skizzierten Abschluss fortsetzen. Der Sprung von der Industrialisierung eines Landes zur Demokratisierung ist nur über Pädagogisierung, d. h. hier Ausbildung und Erziehung, zu schaffen. Und gerade hier liegen die Schwerpunkte des Projektes.“ BArch, B 213/24246, A. Schnitter (ehem. PL): Bericht über den Beratereinsatz vom 08.–19.06.1981 am Ministry of Labor Korea, im Rahmen des Projektes der deutschen Beratergruppe für Berufsausbildung, 06.1981, S. 24. Interessanterweise hatte Schnitter während der Unruhen 1980 auch den Regimekritiker und späteren Parlamentsabgeordneten, Sim Chaekwŏn, für mehrere Monate in seinem Privathaus in Hannam-dong versteckt und sich auf diese Weise indirekt auch persönlich für die Demokratisierung eingesetzt. Die deutsche Regierung legte ihm aus diesem Grund nahe, nicht mehr nach Korea einzureisen. BArch, B 213/24247, Schreiben der Deutschen Botschaft Seoul an das AA: Angebliche Unterstützung eines koreanischen Staatsangehörigen, der wegen Beteiligung an der ‚Rebellion‘ von 1980 polizeilich gesucht wurde, durch den deutschen Staatsangehörigen Herrn A. Schnitter, 03.02.1983.

205 BArch, B 213/24246, A. Schnitter: Bericht über den Beratereinsatz vom 08.–19.06.1981 am Ministry of Labour Korea, im Rahmen des Projektes der deutschen Beratergruppe für Berufsausbildung, 06.1981, S. 17f.

Beratung stärker integriert und mit dem staatlichen System vernetzt werden.[206] Zunächst führten sie eine Machbarkeitsstudie mit dem Ziel „Einführung, Verbreitung und dauerhafte Verankerung des Kooperativen Berufsausbildungssystems in Korea“ durch und trafen einige vorbereitende Maßnahmen, indem sie Kontakte zu interessierten Firmen herstellten. In einer Umfrage des Arbeitsministeriums zeigte sich, dass nur wenige Firmen überhaupt Interesse an der Einführung des CT-Systems hatten.[207]

Im Jahre 1983 starteten dann drei Berufsbildungszentren als Pilotprojekte (Incheon, Changwon, Seoul), im folgenden Jahr kamen zwei weitere hinzu (Busan, Ulsan). In jedem Berufsbildungszentrum wurden zwei der vier Ausbildungsberufe Maschinenschlosser, Maschinenbediener, Schweißer und Elektriker angeboten. Während im ersten Jahr die Ausbildung ausschließlich im Berufsbildungszentrum durchgeführt wurde, fand sie im zweiten und dritten Jahr zum Großteil in den teilnehmenden Betrieben statt. Die Beratergruppe war unter anderem für die Auswahl von Fachbüchern und Partnerfirmen zuständig, gestaltete Informationsseminare und entwickelte die Curricula und weitere Materialien wie Broschüren mit.[208]

Sowohl den Firmen als auch den Auszubildenden versprach man mit der Einführung des dualen Systems Vorteile. Einerseits konnten die teilnehmenden Firmen Steuererleichterungen erwarten und gewannen durch die Ausbildung vor Ort gleichzeitig qualifizierte Arbeitskräfte. Durch die firmeninterne Ausbildung sollte außerdem die Loyalität zur Firma gestärkt werden. Andererseits erhielten die Auszubildenden ein Ausbildungsgehalt, kostengünstige Wohnheimplätze sowie die Aussicht auf soziale Anerkennung. Wie auch im deutschen Ausbildungssystem üblich, stieg das Ausbildungsgehalt von 40.000 Won monatlich im ersten Jahr auf 90.000 Won monatlich im dritten Jahr. Durch das CT sollten die Auszubildenden außerdem die Möglichkeit haben, die neuesten Maschinen zu benutzen und eine anwendungsorientierte, praktische Ausbildung zu absolvieren.[209]

---

[206] Diese Aufgaben übernahmen in der Beratergruppe ab 1982 zwei Experten separat. Sie verfassten im gleichen Jahr auch die wegweisende Studie ‚Reorganization of Vocational Training‘. BArch, B 213/24246, A. Schnitter (ehem. PL): Bericht über den Beratereinsatz vom 08.–19.06.1981 am Ministry of Labor Korea im Rahmen des Projektes der deutschen Beratergruppe für Berufsausbildung, 06.1981, Anhang 2: Aufgaben der Berater Karrer/ Marx. Vgl. auch: Schoenfeldt, *Dem Lernen widmet sich der edle Mensch*, S. 336.

[207] Ibid., S. 335.

[208] Han'guk chigŏp hullyŏn kwalli kongdan (Hg.): *Sanŏp hyŏptong (2wŏnhwa) hullyŏn-ŭl t'onghan kogŭp kinŭng illyŏk yangsŏng* [Kooperative Ausbildung von hochqualifizierten Facharbeitern], Han'guk chigŏp hullyŏn kwalli kongdan: Seoul 1983. Vgl. dazu auch ausführlicher: Schröter, „Systemberatung am Beispiel der Pilotversuche zur kooperativen Ausbildung in Korea“, S. 313–323.

[209] Vgl. auch: *Sanŏp hyŏptong (2wŏnhwa) hullyŏn*, Tabelle.

Probleme und Scheitern des CT-Programms

Im Laufe der Zeit machten sich jedoch Probleme bemerkbar. Die Auszubildenden wurden in den Firmen oft als „billige Arbeitskräfte" eingesetzt. Darüber hinaus mussten sie in vielen Fällen Überstunden machen, um sich auf die zusätzliche staatliche Prüfung (*Skill Test I & II*) oder die Berufswettkämpfe vorzubereiten. Das führte zu einer Rangordnung zwischen denjenigen Auszubildenden, die nur ihren Abschluss hatten und denen, die auch noch die Prüfung bestanden oder bei Berufswettkämpfen gewonnen hatten. Die Überstunden summierten sich auf bis zu 37 % der Gesamtausbildungszeit. Aufgrund dieser schlechten Bedingungen betrug die Abbrecherquote unter den Auszubildenden in einigen Zentren bis zu 70 %.[210]

Außerdem hielten sich die Partnerunternehmen zum Teil nicht an Absprachen, sondern unterrichten nach eigenen Vorstellungen. Der Rahmen von zu erlernenden Fertigkeiten hätte eigentlich mit den Unternehmen abgestimmt werden müssen. In der BRD entwickelte man die Ausbildungspläne meist arbeitsplatzübergreifend, während in Korea die Ausbildung auf einen konkreten Arbeitsplatz zugeschnitten war. Für die Unternehmen schien eine übergreifende Ausbildung nicht notwendig und zu aufwendig. E. Schoenfeldt zufolge hatten das Arbeitsministerium und die Beratergruppe die Ausbildungspläne und -richtlinien ohne direkten Einbezug der Unternehmen erstellt und somit von oben nach unten diktiert. Daneben hätte das Programm besser wissenschaftlich begleitet werden müssen und erfahrene Ausbilder hätten gefehlt.[211] Schoenfeldt argumentierte außerdem, dass die soziokulturellen Bedingungen andere waren. So gäbe es in Korea keine einflussreichen Industrie- und Handelskammern oder Wirtschaftsverbände, wodurch eine Einbeziehung der Unternehmen schwierig sei. Daneben hatte Korea bereits viele Oberschulabsolventen, für die eine dreijährige Ausbildung im Anschluss zu lang gewesen wäre, was sich von der deutschen Situation auch unterschied.[212]

Unabhängig von diesen konkreten Kritikpunkten findet sich auch eine Betonung allgemeiner Unterschiede zwischen Deutschland und Korea. Der zweite Leiter der Beratergruppe, J. Danker, stellte bereits vor Beginn des CT-Programmes fest, dass die Industrie wenig Interesse an der dualen Ausbildung hatte, obwohl die Unternehmen wettbewerbsorientiert arbeiteten und dafür auch längerfristig planen mussten. Er vergleicht hier auch mit Deutschland:

> „Aber schon bei unseren Bemühungen um einen qualifizierten Facharbeiterstamm müssen wir erkennen, dass dieser für uns Deutsche wichtige und

[210] Schoenfeldt, *Dem Lernen widmet sich der edle Mensch*, S. 331.

[211] Ibid., S. 334f.

[212] Ibid., S. 336. Vgl. auch: Prof. E. Schoenfeldt: Unveröffentlichter Abschlussbericht zu CT Programm, 1992, S. 36–38. Sowie zu der gleichen Thematik: Schaak, *Aspekte der koreanisch-deutschen Berufsbildungszusammenarbeit*, S. 232f.

> nachweisbare Zusammenhang von Fachpersonal und betrieblicher Effizienz hier noch nicht mit der entsprechenden Konsequenz durchdacht wird: es sind lästige Kosten und keine Investition für die Zukunftssicherung. Insofern muss man doch wieder von kurzfristiger Profitorientierung sprechen, und der Begriff Raubbaumentalität trifft in diesem Bereich mit Überstunden, schwach entwickelten Sozialleistungen, weithin fehlender Arbeitssicherheit und Niedriglöhnen sicherlich zu."[213]

Für die Unternehmen waren also weder die Ausbildungspläne an ihre Vorstellungen angepasst noch die Kosten für eine solche umfangreiche Ausbildung gerechtfertigt. W. Link ergänzte in einem Gespräch mit dem Autor, dass die Betriebe sich nur aktiv beteiligen, wenn sie selbst darin einen Vorteil sehen und verweist auch auf Änderungen in der Einstellung deutscher Betriebe heute, denen eine Ausbildung zu aufwendig oder teuer erscheint.[214] Im Rückblick auf die bilaterale Zusammenarbeit konstatierte E. Schoenfeldt: „Eine kooperative Ausbildung in Anlehnung an das deutsche duale System wird auf absehbare Zeit in Korea bedingt durch starke sozio-kulturelle Unterschiede nicht möglich sein. Es besteht dafür auch kein Bedarf."[215] Auf die sogenannten soziokulturellen Unterschiede zwischen Deutschland und Korea, die E. Schoenfeldt hier meint, wird im letzten Unterkapitel ausführlicher eingegangen.

Prüfungssystem

Den zeitgenössischen Zeitungsartikeln sowie aktuellen Forschungsergebnissen gemäß wurzelte das koreanische Fachprüfungssystem im deutschen System.[216] Das widerspricht jedoch den Aussagen der Berater und Gutachter, die das kore-

---

213 BArch, B 213/24246, J. Danker (PL) an H. Rychetsky (GTZ): Sonderbericht für langfristige Absicherung des Projekterfolges, 16.06.1982, S. 6.

214 Gespräch mit W. Link, Nehren, 19.08.2020.

215 Bericht aus dem Jahr 1992 von E. Schoenfeldt und P. Hirthe, zitiert in: Rösch, „Systemberatung in Korea und Chile", S. 292. Zu dem gleichen Schluss kommt auch R. Stockmann, allerdings aus der Sicht eines Entwicklungsforschers: „The implementation of a dual form of training failed completely in Korea. While there were considerable numbers of graduates during the assistance phase, in the meantime, dual training totally ceased. Therefore, Korea is a good example of the importance of ex-post evaluations of sustainability, because the positive effects achieved during the phase of assistance do not automatically guarantee a successful continuation in the post-assistance phase. [...] In Korea there is basically no demand for dually trained skilled workers, because companies qualify their personnel by internal training measures; therefore, they prefer graduates of secondary schools." Stockmann, Reinhard: „The Implementation of Dual Vocational Training Structures in Developing Countries: An Evaluation of Dual Projects Assisted by the German Agency for Technical Cooperation", in: *International Journal of Sociology* 29.2, 1999, S. 52/55.

216 „Technical Training", in: *The Korea Herald*, 28.11.1981; Chang, *Pak Chŏnghŭi chŏngbu shigi kisul illyŏk chŏngch'aek*, S. 151f.

anische Prüfungssystem und dessen Fokus auf die höchste Qualifikation in einer Tätigkeit (*one man, one skill*) scharf kritisierten. Denn diese Form des Testens kollidierte insbesondere mit der stufenweisen Ausbildung in den Facharbeiterschulen und Berufsbildungszentren nach deutschem Vorbild. Obwohl die Berufsbildungseinrichtungen versuchten, ein größeres Spektrum an Fähigkeiten zu lehren, konzentrierten sich die Ausbilder wegen der Fachprüfung meist nur auf einen Bereich. Die Gutachter F. Hammerschmidt und H. Thiemann schrieben 1978 dazu: „Untersuchungen vor Ort ergaben Drill-Zeiten von über 50 % und teilweise noch höher, in denen nur ehemalige Prüfungsstücke nachgebaut werden, um die speziellen *Skills* zu erlernen. Die hohen theoretischen Anforderungen der Prüfung verschlingen weitere Zeit.“[217]

A. Schnitter empfahl mit Bezugnahme zum deutschen dualen System deshalb die Schwerpunktsetzung auf praktische Komponenten und statt der spezifischen Ausbildung für eine Tätigkeit den Erwerb multipler Fertigkeiten.[218] Hieran knüpfte sich auch eine Forderung nach Ablösung des bestehenden *Skill Test*-Systems. Es sollte vielmehr landesweit nach Berufsbildern ausgebildet und getestet werden.[219] Aus diesem Grund versuchte die deutsche Beratergruppe bereits frühzeitig, das Prüfungssystem zu ändern und konnte durch Einflussnahme auf die gesetzgebenden Stellen den Umfang der Anforderungen in späteren Tests schrittweise erweitern.[220] Außerdem wurde mit der Einführung einer übergeordneten Agentur für das Berufsschulwesen, die auch auf Anregung der deutschen Berater entstanden war, eine zentrale Steuerung der Lehrpläne und Prüfungen erreicht.[221] Die deutschen Stellen bemerkten in dieser Hinsicht jedoch selbstkritisch, dass auf eine Reform des Prüfungssystems trotz konstanter Beratung nur mäßige Hoffnung bestand und aus diesem Grund auch die Ausbildung nicht immer nach den Plänen der Beratergruppe lief. Während in der ersten Phase noch eine direkte Einmischung in das Prüfungssystem erfolgte, veränderte sich diese Haltung hin zu einer ‚kritischen Beobachtung‘.[222]

---

[217] BArch, B 213/24245, F. Hammerschmidt / H. Thiemann: Beratergruppe bei der ALA – Verlaufskontrolle, 01.1979, S. 24f. Vgl. auch das Interview mit W. Brencher in: Kim, Kyong-hae: „Korean-German Team Refines Training“, in: *The Korea Herald*, 04.10.1981.

[218] Schnitter, Albrecht E.: „The Role of Industry in Vocational Education in the Federal Republic of Germany“, in: *Taehan Kongŏp Kyoyuk Hak'oeji* 4.1, 1979, S. 24.

[219] Vgl. auch: BArch, B 213/24246, A. Schnitter: Bericht über den Beratereinsatz vom 08.–19.06.1981 am Ministry of Labor Korea im Rahmen des Projektes der deutschen Beratergruppe für Berufsausbildung, 06.1981, S. 16.

[220] Vgl. u. a. BArch, B 213/24244, A. Schnitter (PL): Projektfortschrittsbericht 8, 02.05.1977, S. 1f.

[221] Kim, Kyong-hae: „Korean-German Team Refines Training“, in: *The Korea Herald*, 04.10.1981.

[222] BArch, B 213/24247, o. A.: Querschnittsauswertung der Evaluierungen 1983: GAT am MOL Seoul, o. D., S. 99.

4.3 Nachbetreuung und Stipendienprogramme

Nachdem die Einrichtung der Berufsbildungszentren im Rahmen des Weltbankdarlehens abgeschlossen war, bestand eine der wichtigsten Aufgaben der deutschen Beratergruppe in der Vermittlung neuester Technologien. Zu diesem Zweck reichten die Experten in koreanischen wissenschaftlichen Magazinen Beiträge ein, hielten Vorträge oder veranstalteten Seminare über die deutsche Berufsausbildung. Außerdem wurden die neuesten Forschungs- und Unterrichtsmaterialien aus Deutschland ins Koreanische übersetzt und koreanische Lehrer und Beamte in Westdeutschland ausgebildet.[223] Absolventen solcher Programme besichtigten in der BRD Fabriken und Berufsschulen und publizierten im Anschluss oft ebenfalls Artikel über ihre Erfahrungen in Deutschland, insbesondere über das duale Berufsbildungssystem.[224]

Die Nachbetreuung von deutschen Projekten wie dem Berufsbildungszentrum Busan, dem Meistercollege Changwon und der CNU und KIT (s. u.), war eine weitere wichtige Aufgabe der späteren Beratergruppe. Durch die Nachbetreuung konnte die Ausbildung mit den neuesten Technologien aufrechterhalten und mögliche Probleme nach dem Abzug der eigentlichen Experten gelöst werden. Für das Berufsbildungszentrum in Busan wurden neue Ausbildungspläne für den Beruf ‚Formenbauer' entwickelt und implementiert und die Ausbildung für den Beruf ‚Industrieelektroniker' um ein Jahr auf insgesamt drei Jahre verlängert.[225] In Zusammenarbeit mit zwei großen Unternehmen entwickelten die Berater ein Fachausbildungsprogramm für die Berufe ‚Bekleidungsfertiger' und ‚Pharmakant', wovon aber letztendlich nur das erstgenannte Programm implementiert werden konnte.[226] GTZ und BMZ konnten die Beratergruppe somit langfristig zur Steuerung der deutschen Projekte und Förderungen in der Berufsbildung nutzen. Außerdem profitierten weitere Projekte der deutsch-koreanischen Zusammenarbeit in Sektoren wie der Telekommunikation oder der

---

223 Über ein allgemeines Seminar durchgeführt von dem Leiter der Beratergruppe A. Schnitter: „Manpower Training", in: *The Korea Herald*, 24.11.1976 / „Sanae chigŏp hullyŏn shigŭp-hada – Syunit'ŏ-ssi chigŏp hullyŏn kandamhoe-sŏ kangjo" [Betriebsinterne Berufsausbildung ist dringend – Hr. Schnitter betont dies auf der Konferenz für Berufsausbildung], in: *Nodong*, 12.1976. Über ein Seminar zu dem Thema ‚Improvement of In-plant Training': „Vocational Training Seminar: Improvement of In-Plant Training", in: *Hyundai Daily Economic Press*, 08.03.1977. Sowie über ein späteres Seminar zu gleichem Thema: „Seminar für Südkoreaner – am dualen System interessiert", in: *Niedersächsische Wirtschaft* 19/80, 08.10.1980.

224 Vgl. auch: Ryu, Munsŏng: „Kinŭngjang-ŭl wihan kyoyuk haengjŏng-ŭi yŏn'gu" [Research on Meister Education Administration], in: *Kisul shidae* 1.2, 1982, S. 39–43.

225 BArch, B 213/24247, J. Marx: Untersuchungsbericht über die geplante Erweiterung der Werkzeugmacherabteilung im KGVTI Busan, 13.02.–07.03.1985.

226 Schaack, Klaus: „Aspekte der koreanisch-deutschen Berufsbildungszusammenarbeit", unveröffentlichtes Manuskript, HRD Korea 1996, S. 230f.

Forstwirtschaft, sowie Projekte kirchlicher Organisationen ebenfalls von Beratungsleistungen der Berufsbildungsexperten.[227]

Koreanische Counterparts, also Beamte, Berufsschullehrer und Instruktoren, absolvierten weiterhin in Deutschland Weiterbildungen. In den 1980er-Jahren schlossen beispielsweise insgesamt 23 Ausbilder des Berufsbildungszentrum in Busan und 21 Ausbilder des Meistercolleges in Changwon Fortbildungsprogramme ab. Insbesondere für die Ausbilderfortbildung spricht die deutsche Regierung von einem der größten Stipendienprogramme in diesem Sektor.[228] Obwohl in Abschlussberichten und Publikationen als Gesamtzahl der Counterpartstipendien ca. 360 angegeben wurde, ist eine genaue Auswertung schwierig, da sich die Länge und Inhalte der Programme unterschieden und es sich teilweise auch um projektbezogene Stipendien handelte, die einem der Projekte wie dem Meistercollege oder der CNU direkt zugeordnet waren, aber über die Beratergruppe abgewickelt wurden. Zwar enthalten die Zahlen keine mehrtägigen Besuchsprogramme, aber selbst unter den Langzeitprogrammen konnte sich die Dauer von einigen Monaten bis auf zwei Jahre unterscheiden. Die meisten Counterparts absolvierten ihre Ausbildung an der DSE in Mannheim und im Falle der technischen Ausbildungen an teilnehmenden Meisterschulen und Betrieben. Außerdem gab es Weiterbildungen zu Berufsbildungsmanagement mit Themenbereichen wie Curriculumentwicklung, Schulverwaltung oder Berufspädagogik. Hinzu kommen ca. 50 Personen, die an sogenannten Dialogprogrammen teilgenommen haben. Themen waren dabei zum Beispiel „Die Berufsausbildung als Mittel der industriellen Entwicklung“ oder „Internationaler Erfahrungsaustausch über Berufsausbildung“. So kamen die koreanischen Counterparts auch mit Ausbildern und Beamten anderer Länder des Globalen Südens in Kontakt.[229]

Im Rückblick bewerteten sowohl deutsche als auch koreanische Berufsbildungsexperten diese Form des Austausches als erfolgreichste Komponente der technischen Zusammenarbeit. Das deutsche Berufsbildungssystem stellte für die koreanischen Beamten einen Spiegel auf das eigene System dar, was eine

---

[227] A. Schnitter erwähnt z. B. die Beratung einer Schule für Taubstumme, gefördert durch das katholische Hilfswerk Misereor. BArch, B 213/24244A. Schnitter (PL): Projektfortschrittsbericht 7, 05.02.1977, S. 11. Auch für die Waldarbeiterschule und die Telekommunikationsausbildung war das systemische Wissen der Beratergruppe nützlich; ein Austausch erfolgte aber nur sporadisch. Siehe Kapitel IV. und V.

[228] Ibid., S. 229f.; BArch, B 213/24244, GTZ-Angebot: Technische Hilfe für Korea; hier: Berater beim OLA für das koreanische Berufsbildungswesen, 01.09.1975, Anlage 1, S. 4; B 213/24244, A. Schnitter (PL): Projektfortschrittsbericht 7, 05.02.1977, S. 7; BArch, B 213/24245, A. Schnitter (PL): Projektfortschrittsbericht 13, 07.01.1980, Summary.

[229] Schaak, *Aspekte der koreanisch-deutschen Berufsbildungszusammenarbeit*, S. 237–241. Daneben erwähnt Schaak auch Stipendien für Ausbilder in privaten Firmen, die das Land Baden-Württemberg finanzierte. Die koreanischen Counterparts erzählen in Gesprächen auch über ihre Ausbildungsstationen in Deutschland. Vgl. insbesondere Gespräch mit Ko Yŏngkuk, Seoul, 22.01.2020.

kritische Reflexion ermöglichte. Schaak fasste zusammen: „Ein nicht unwichtiger ‚Nebeneffekt' der bisherigen Berufsbildungszusammenarbeit war das gegenseitige Sich-Kennenlernen zwischen Organisationen und Menschen aus zwei weit voneinander entfernten Ländern mit sehr unterschiedlichen Kulturen."[230] Allerdings nahm aus deutscher Perspektive das Interesse an der Beratertätigkeit im koreanischen Arbeitsministerium in der letzten Phase ab 1987 deutlich ab.[231] Als letzter Projektleiter war Prof. E. Schoenfeldt in Korea tätig. Er verfolgte, nach eigenen Worten, keine Implementierung des dualen Systems. Seine Aktivitäten bestanden hauptsächlich in der „freundlichen Abwicklung" der Entwicklungszusammenarbeit im gesamten Berufsbildungssektor.[232]

4.4 Bewertung und Kritik der Berater

Wie bereits erwähnt, reflektierten deutsche wie koreanische Berufsbildungsexperten, insbesondere im Rahmen ihrer Tätigkeit in der Beratergruppe, über die Möglichkeiten eines Systemtransfers und Multiplikatoreffektes durch die bilaterale Zusammenarbeit. Das unterscheidet sich nicht grundlegend von den frühen Projekten wie den Facharbeiterschulen oder anderen Bereichen der technischen Zusammenarbeit. Insbesondere für den Bildungsbereich lassen sich aber ab den späten 1980er-Jahren verstärkt Diskussionen über die soziokulturellen Unterschiede zwischen Deutschland und Korea ausmachen, die sich in kulturessentialistischer Manier auf die konfuzianische Tradition oder ‚koreanische Charaktereigenschaften' beziehen. Vielfach finden sich Verallgemeinerungen wie „koreanischer Weg", „die Koreaner" oder „in Ostasien". Einige dieser Ideen hängen wohl auch mit Forschungstrends in den Wirtschaftswissenschaften oder der Betriebswirtschaftslehre dieser Zeit zusammen, in denen in Bezug auf den wirtschaftlichen Erfolg ostasiatischer Staaten auf kulturelle Eigenschaften und Besonderheiten dieses ‚Kulturraumes' verwiesen wurde.[233] Einer ähn-

---

230 Schaak, *Aspekte der koreanisch-deutschen Berufsbildungszusammenarbeit*, S. 244. Vgl. auch Gespräch mit E. Schoenfeldt, Kassel, 26.08.2022.

231 Projektfortschrittsbericht 1987, zitiert in: Rösch, Günter: „Systemberatung in Korea und Chile", in: Biermann, Horst / Greinert, Wolf-Dietrich / Janisch, Rainer (Hg.): *Systementwicklung in der Berufsbildung. Berichte, Analysen und Konzepte zur internationalen Zusammenarbeit*, Nomos: Baden-Baden 1994, S. 289.

232 Gespräch mit E. Schoenfeldt, Kassel, 26.08.2022.

233 Vgl. dazu die bereits zu dieser Zeit kritische Analyse von Eun-jeung Lee zu den Themen ‚konfuzianischer Kapitalismus' und autokratische, hierarchische Herrschaftsformen in Ostasien: Lee, Eun-Jeung: *Konfuzianismus und Kapitalismus: Markt und Herrschaft in Ostasien*, Westfälisches Dampfboot: Münster 1997. Weitergeführt wurde diese Debatte auch um sogenannte ‚asiatische Werte'. Vgl. dazu: Riegel, Klaus-Georg: „‚Asiatische Werte': Die Asiatisierungsdebatte im Kontext der Globalisierung", in: *Zeitschrift für Po-*

lichen Rhetorik bedienen sich allerdings auch die koreanischen Counterparts, die ebenfalls Unterschiede zu Deutschland hervorheben und den Sinn der Beratung grundlegend in Frage stellen. Einige dieser Ausführungen sind eindeutig kulturessentialistisch und orientalistisch bzw. nationalistisch.

Systemtransfer und Multiplikatoreffekt

Die deutschen Fachkräfte in der Berufsbildung erwarteten, dass durch die Projekte ein Systemtransfer und ‚Multiplikatoreffekt' von Einzelprojekten in Korea selbst sowie in anderen Entwicklungsländern auftreten würde. Zum Teil erfüllte sich diese Hoffnung, denn die koreanische Regierung führte in der Folge auch Projekte in anderen Entwicklungsländern durch und erhielt beispielsweise Anfragen, diese bei der Entwicklung eines Berufsbildungssystems zu beraten. Diese sogenannte Süd-Süd-Kooperation zwischen Ländern des Globalen Südens sah die deutsche Seite als besonders erstrebenswert an.[234] Außerdem führten die GTZ und das koreanische Arbeitsministerium gemeinsam Konferenzen zum Thema Berufsbildung in Entwicklungsländern durch, an denen auch Fachkräfte aus anderen Ländern der Region teilnahmen, sodass es zu einem transnationalen Austausch über das Thema kommen konnte.[235]

Deutschen Berichten zufolge wurde das duale Ausbildungssystem bis in die 1980er Jahre als Vorbild gesehen, und die deutsche Beratergruppe hatte einen direkten Einfluss auf Planungen in der Berufsausbildung. Die Errichtung von Institutionen wie dem ‚Forschungsinstitut für Berufsbildung' (*chigŏp hullyŏn yŏn'guso*) im Jahr 1980 oder der ‚Agentur für die technische Berufsbildung' (*han'guk chigŏp hullyŏn kwalli kongdan*, heute: HRD Korea), sowie die Mitwirkung an Fünfjahresplänen für Berufsbildung, waren wichtige Meilensteine in der deutsch-koreanischen Zusammenarbeit in diesem Bereich.[236]

---

litik 48.4, 2001, S. 397–426. Geiger, Klaus F. / Kieserling, Manfred (Hg.): *Asiatische Werte: Eine Debatte und ihr Kontext*, Westfälisches Dampfboot: Münster 2002.

234 BArch, B 213/24247, N. Stolpe: Bericht über die Evaluierung des Projektes Deutsche Beratergruppe bei der Administration of Labour Affairs, 16.02.1979, S. 4; B 213/24246, A. Schnitter: Bericht über den Beratereinsatz vom 08.–19.06.1981 am MOL Korea im Rahmen des Projektes der deutschen Beratergruppe für Berufsausbildung, 06.1981, S. 13.

235 Vgl. auch: BArch, B 213/24244, W. Brencher: Projektfortschrittsbericht 9, 07.07.1977; BArch, B 213/24245, F. Hammerschmidt / H. Thiemann: Beratergruppe bei der ALA – Verlaufskontrolle, 01.1979, S. 2; BArch, B 213/24245, A. Schnitter (PL): Projektfortschrittsbericht 13, 07.01.1980, S. 21; „Training Craftsmen in high-tech Skills urged at FKI Seminar", in: *The Korea Herald*, 24.11.1983.

236 BArch, B 213/24245, A. Schnitter (PL): Projektfortschrittsbericht 13, 07.01.1980, S. 17; BArch, B 213/24246, A. Schnitter: Bericht über den Beratereinsatz vom 08.–19.06.1981 am Ministry of Labor Korea im Rahmen des Projektes der deutschen Beratergruppe für Berufsausbildung, 06.1981, S. 11/21.

Der Kommentar zu einem Fortbildungsprogramm für koreanische Counterparts im Jahr 1980 untermauert die Absichten eines direkten Transfers. Ziel der Fortbildung war es, „die koreanischen Teilnehmer von den wesentlichen Vorteilen des ‚dualen Systems' zu überzeugen. Die Koreaner haben den Vorteil der ‚dualen Berufsausbildung' für die Erhaltung und Stärkung der Wirtschaftskraft erkannt."[237] Jedoch stieß der Versuch eines direkten Systemtransfers mehr und mehr auf Widerstand, und die deutsche Beratergruppe verlor an Einfluss in der koreanischen Politik, wie oben bereits geschildert wurde. Damit setzte langsam auch ein stärkerer Zweifel an der bis dahin verfolgten Politik ein.

Soziokulturelle Unterschiede und Referenzmodell

Seit den 1980er-Jahren übten Bildungswissenschaftler eine fundamentale Kritik an einem direkten Export des deutschen Berufsbildungssystems in andere Länder. Auch wenn dies einerseits als eine stärkere Reflexion des neokolonialistischen Auftretens von deutschen Beratern im Ausland gewertet werden kann, das noch in den 1960er-Jahren üblich war, wie auch die Projekte in Incheon und Naju gezeigt haben, beschränkte sich die Erklärung der soziokulturellen Unterschiede zumeist auf ein begrenztes Wissen und driftete schnell in einen Kulturessentialismus ab. So wurde in vielen Publikationen und Projektberichten auf den Konfuzianismus als Grund für eine kritische Einstellung gegenüber Berufsbildung selbst verwiesen.[238]

Wie bereits erwähnt, erläuterten drei deutsche Berater am Arbeitsministerium ihre Erfahrungen in der bilateralen Zusammenarbeit im Rahmen von Publikationen. Einige der Punkte sollen hier kurz zusammengefasst werden: Erstens sind „Harmoniebestreben" und „Höflichkeit" zu finden. Schröter schreibt, dass in der Zusammenarbeit die koreanische *kibun* nicht verletzt werden dürfe und die Harmonie gewahrt bleiben müsse.[239] Rösch ergänzt dazu auch: „Ein deutscher Berater, neu eingeflogen, dynamisch und kritikbereit, voll des guten Willens zum Helfen, Verbessern und ‚Anleiten', kann auf dem dünnen Eis koreanischer Harmoniebestrebungen fürchterlich einbrechen."[240] Zweitens nennen sie als Unterschied die „repressive und hierarchische Gesellschafts-

[237] „Seminar für Südkoreaner – am dualen System interessiert", in: *Niedersächsische Wirtschaft* 19/80, 08.10.1980.

[238] Vgl. allein die Titel der beiden einschlägigen Monografien von E. Schoenfeldt.

[239] Schröter, „Systemberatung am Beispiel der Pilotversuche zur kooperativen Ausbildung in Korea", S. 337f. Die Verwendung dieses Begriffes geht wohl auf das zu dieser Zeit einflussreiche Werk von H. Eliseit zurück. Auch E. Schoenfeldt verweist in einem Gespräch mit dem Autor darauf, dass er zur Vorbereitung seines Korea-Aufenthaltes dessen Buch gelesen habe. Gespräch mit E. Schoenfeldt, Kassel, 26.08.2022. Eliseit, Horst: *Korea: Das zerrissene Lächeln*, Safari: Berlin 1978.

[240] Rösch, „Systemberatung in Korea und Chile", S. 294.

struktur“, weshalb „demokratische oder kooperative Ansätze“ nicht funktionierten.[241] Das „Hierarchiedenken“ wird dabei ebenfalls auf konfuzianische Wurzeln zurückgeführt. Auch die gescheiterte Einführung des dualen Systems in Korea führte E. Schoenfeldt darauf zurück:

> „Es ist kaum eine Übertreibung, wenn man feststellt, dass für einen Ostasiaten horizontale Beziehungen nicht zu ordnen, sondern [...] in vertikale zu transformieren oder – falls dies nicht möglich ist – zu kappen sind. Deshalb steht ein guter Koreaner unserer Form der partnerschaftlichen Zusammenarbeit ziemlich hilflos gegenüber, denn per Definition gibt es dabei kein Oben und Unten. [...] Aus diesem Grund ist es kaum verwunderlich, dass es in Korea eine partnerschaftliche Zusammenarbeit zwischen Staat und Wirtschaft, zwischen staatlicher Schule und privatem Betrieb nicht gibt.“[242]

Auch wenn bestehende Hierarchien in der koreanischen Verwaltung eine Zusammenarbeit mit der Beratergruppe erschwert haben mögen, ist die Erklärung mit dem Verweis auf „den Ostasiaten“ jedoch stark vereinfachend. Schröter geht noch einen Schritt weiter und bezieht sich auf bestimmte Charaktereigenschaften von Koreanern, die sich seiner Meinung nach die meisten Arbeiten selbst zutrauten und nur selten Schwächen zugäben. Schröter schienen sie deshalb „selbstsicher und arrogant“.[243]

Als weitere systemische Unterschiede nennen die Berater einerseits, dass Planungen unkonkret waren und Beamte des koreanischen Arbeitsministeriums oft den Zugang zu Informationen verhindert hätten. Durch die Stellenrotation in Korea hätten die Beamten alle zwei Jahre Ergebnisse nachweisen müssen und seien deshalb nicht bereit gewesen, verbindliche Pläne aufzustellen.[244] Prob-

---

241 Schröter, „Systemberatung am Beispiel der Pilotversuche zur kooperativen Ausbildung in Korea“, S. 337f.

242 Schoenfeldt, *Dem Lernen widmet sich der edle Mensch*, S. 333. Ähnlich argumentierte 1982 auch J. Danker in einem Bericht. BArch B 213/24246, J. Danker (PL) an H. Rychetsky (GTZ): Sonderbericht für langfristige Absicherung des Projekterfolges, 16.06.1982, S. 6. „Der Koreaner entwickelt bei entsprechender Schulung glänzende analytische Fähigkeiten und nennt auch die Knirschpunkte beim Namen. Bei allen daraus abzuleitenden Aktionen stehen dann allerdings die hierarchischen Strukturen im Wege, die nur ein ‚von oben nach unten‘ und ganz selten ein ‚von unten nach oben‘ kennen.“

243 Schröter, „Systemberatung am Beispiel der Pilotversuche zur kooperativen Ausbildung in Korea“, S. 337f. Auch Schoenfeldt bestätigt in einem Gespräch mit dem Autor, dass die koreanischen Counterparts ein großes Selbstvertrauen und Stolz auf ihre eigene Kultur besaßen und daher von Deutschen nicht lernen wollten. Gespräch mit E. Schoenfeldt, Kassel, 26.08.2022.

244 Schröter, „Systemberatung am Beispiel der Pilotversuche zur kooperativen Ausbildung in Korea“, S. 337f. Der Berater W. Link stellt jedoch im Gegenteil fest, dass Koreaner „hervorragende Planer“ gewesen seien. Gespräch mit W. Link, Nehren, 19.08.2020. Auch Danker weist in einem Bericht auf das Paradoxon hin, dass zwar Fünf- und Zehnjahrespläne auch für Sektoren wie die Berufsbildung aufgestellt wurden, aber die korea-

leme durch das Rotationssystem der Beamten kritisierten auch andere deutsche Berater, beispielsweise im Forstsektor (siehe Kapitel IV-3). Die Probleme der Zusammenarbeit gehen jedoch auch auf einen Wissensunterschied zurück: Während die koreanischen Counterparts durch die Schulbildung, gemeinsame Workshops oder ihre Ausbildung in der Bundesrepublik viel über die deutsche Seite lernten, hatten deutsche Berater oft kein großes Interesse, das koreanische Berufsbildungssystem zu verstehen, wie einige im Rückblick kritisch feststellen.[245]

Gleichzeitig argumentierten die deutschen Berater im Nachhinein, dass die deutsche Entwicklungspolitik lange Zeit die Vorbilder Koreas aus dem gleichen Kulturkreis, wie z. B. Japan und Taiwan, ignoriert habe. Der Berater G. Rösch konstatierte, dass die japanische *Employment Promotion Corporation* in Korea ein wichtiges Vorbild für das Berufsbildungssystem darstellte. Überspitzt formulierte er, dass durch die deutsche Beratung das „kopierte" japanische System optimiert werden sollte. E. Schoenfeldt hingegen verwies darauf, dass ein Transfer aus „kulturverwandten Ländern" einfacher sei.[246] Diese Erklärung ist vor allem vor dem Hintergrund der internationalen Zusammenarbeit im koreanischen Berufsbildungssektor stark vereinfacht. Erstens hatten einige deutsche Berater Japan selbst besucht, um das Ausbildungssystem kennenzulernen und die zu liefernden Maschinen für die Berufsbildungszentren zu begutachten und damit keineswegs die Nachbarländer übersehen.[247] Zweitens waren neben den deutschen Beratern außerdem Experten(-gruppen) aus verschiedenen Ländern im Arbeitsministerium, zum Teil sogar im gleichen Büro wie die deutschen Berater, tätig, die im Rahmen der ABD-Kredite, der ILO/UNDP-Projekte sowie der bilateralen Kooperationen an den Berufsbildungszentren und im Arbeitsministerium eingesetzt waren.[248] Somit lässt sich zumindest für die 1970/80er-Jahre nicht ein einzelnes System, weder das deutsche noch das japanische, als Vorbild ausmachen, denn es sind verschiedene internationale Einflüsse und Transferversuche zu erkennen. Vielmehr argumentieren Berufsbildungsexper-

---

nische Seite sich nicht daran hielt, sondern diese unerwartet anpasste. Er spricht in diesem Zusammenhang auch von „verwirrenden, sprunghaften Aktivitäten der Koreaner". BArch, B 213/24246, J. Danker (PL) an H. Rychetsky (GTZ): Sonderbericht für langfristige Absicherung des Projekterfolges, 16.06.1982, S. 1.

245 Ibid.; W. Link bezieht sich hier auf das Wissen koreanischer Counterparts über deutsche Volkslieder und Sprache, während E. Schoenfeldt in seinem Artikel darauf eingeht, dass nie ein koreanischer Experte je im deutschen Arbeitsministerium als Experte befragt worden sei. Vgl. auch: Schoenfeldt, „Internationalisierung versus Partikularisierung der Berufspädagogik", S. 206.

246 Rösch, „Systemberatung in Korea und Chile", S. 287f.; Schoenfeldt, *Dem Lernen widmet sich der edle Mensch*, S. 338.

247 BArch, B 213/24245, A. Schnitter (PL): Projektfortschrittsbericht 13, 07.01.1980, S. 18.

248 BArch, A. Schnitter (PL): Projektfortschrittsbericht 7, 05.02.1977, S. 3. Vgl. auch Gespräch mit W. Link, Nehren, 19.08.2020.

ten wie S. Wolf heute, dass Korea lange Zeit sogenannte *Best Practices* aus entwickelten Ländern heranzog und sich an diesen zunächst gleichermaßen orientierte.[249]

Der langjährige Gutachter und Berater E. Schoenfeldt fasst in einem Gespräch seinen Blick auf die deutsche Entwicklungszusammenarbeit mit Korea zusammen. Demnach verfolgte die GTZ trotz des Scheiterns einzelner Projekte wie des Meistercolleges Changwon bis in die 1980er-Jahre eine Implementierung des dualen Systems. Die GTZ habe Erfolgsmeldungen an das BMZ weitergeben müssen, sodass ‚Schlechtachten' oder Kritik an dieser Politik nicht erwünscht waren. Schoenfeldt selbst lehnte den Export des dualen Systems in einen anderen soziokulturellen Kontext ab. Dennoch bewertete er die Entwicklungszusammenarbeit als hilfreich, da so nicht nur Maschinen und Materialien geliefert und verschiedene Mitarbeiter wie Dolmetscher beschäftigt wurden, sondern die koreanischen Counterparts durch die Aufenthalte in der BRD und die Aktivitäten der deutschen Berater auch ein anderes System kennenlernen konnten. Wie beim Fremdsprachenlernen könnte eine andere Sprache bzw. ein anderes System als Referenz dienen, um das Eigene besser zu verstehen. Aus diesem Grund verwendete er Korea auch als Beispielland in seinen Lehrveranstaltungen an der GHS Kassel. Der wirtschaftliche Erfolg Koreas galt als Aufhänger. Seine Fragestellung lautete dabei, wie Koreaner in der Berufsbildung Erfolg haben konnten, „obwohl sie nach deutschen Maßstäben ein entsetzlich schlechtes Ausbildungssystem haben". Der Vergleich weckte seines Erachtens bei den Studierenden Interesse, weil sie ihr eigenes System hinterfragen konnten, sodass lebendige Diskussionen entstanden.[250]

Koreanische Sichtweise: Sinn der Beratung?

Die koreanischen Counterparts sind mit einem kritischen Urteil vorsichtiger und verwiesen in den Gesprächen mit dem Autor zum größten Teil auf die positiven Ergebnisse der deutsch-koreanischen Zusammenarbeit. Man sollte an dieser Stelle jedoch darauf hinweisen, dass die meisten Counterparts in ihrer Karriere nach eigenen Angaben auch von den Projekten der technischen Zusammenarbeit profitiert haben, insbesondere die Absolventen der Facharbeiterschule in Incheon, die zum Teil auch im Rahmen der Beratergruppe tätig waren und mehrere Aufenthalte in Deutschland absolvierten. Für sie steht die Erinnerung an die Weiterbildungen im Ausland und die persönliche Zusammenarbeit und Freundschaft mit den deutschen Beratern stärker im Vorder-

---

[249] Wolf, *Beiträge einer Theorie zum internationalen Berufsbildungstransfer*, S. 225.
[250] Gespräch mit E. Schoenfeldt, Kassel, 26.08.2022.

grund.[251] Wie auch in anderen Bereichen hat diese Verbundenheit zu Deutschland auch zu einem erweiterten Interesse am deutschen Berufsbildungssystem geführt, das zum Teil bis heute anhält.[252]

Dennoch finden sich auch kritische Stimmen. Vor allem in Bezug auf die gescheiterte Einführung des dualen Systems bedauerte der damalige Beamte des koreanischen Arbeitsministeriums, Sŏ Sangsŏn, in seinen Memoiren die geringe Nachhaltigkeit der deutsch-koreanischen technischen Zusammenarbeit, sowohl der Software- als auch Hardware-Komponente:

> „Weil man im Deutsch-Koreanischen Berufsbildungszentrum Busan versuchte, das deutsche duale Ausbildungssystem ohne Änderung umzusetzen, gab es immer wieder auch kritische Einwände, dass es sich teilweise um Verschwendung handele. [...] Seit die deutschen Experten Korea verlassen haben, ist die Methodik der deutschen Ausbildung nun spurlos verschwunden. [...] Wenn man von den damals Beteiligten hört, dass selbst das durch die deutsche Seite vermittelte Know-how nun nicht mehr vorhanden ist, kann man das nur bedauern."[253]

Wenn hier vom Berufsbildungszentrum Busan die Rede ist, lässt sich die Tätigkeit der Beratergruppe direkt mitdenken, da wie oben erwähnt viele Ähnlichkeiten bestanden und mit dem ‚Verschwinden' der dualen Ausbildung in Busan diese auch aus Korea insgesamt verschwand. Auch wenn die Kritik der Akteure des Nehmerlandes Korea vorsichtiger formuliert ist, findet sich doch eine Reflexion über das Auftreten der deutschen Berater in Korea, die oft als „Missionare des dualen Ausbildungssystems" belächelt wurden. In einem Abschlussbericht aus dem deutsch-koreanischen Projekt verweisen die koreanischen Berichterstatter auf einige Unzulänglichkeiten in der Zusammenarbeit. Deutsche hätten demnach nur ein „unzureichendes Wissen um den Konfuzianismus, der das tragende Fundament für die Struktur des Systems von Politik, Erziehung und Familie bildet". Auch in Bezug auf Charaktereigenschaften und Verhaltensweisen stehen die koreanischen Beobachter den deutschen in nichts nach. Genauso wie von den deutschen Beratern wird erneut auf Unterschiede in der Zeiteinteilung, Planung und Zielstrebigkeit hingewiesen. Während deutsche

---

[251] Vgl. diverse Gespräche mit koreanischen Counterparts. Eine ähnliche Sichtweise vertritt auch E. Schoenfeldt, der auf die Karriere seines Dolmetschers und Übersetzers verweist. Dieser konnte, auch über seine Kontakte zur deutschen Beratergruppe, in der Folge selbst Leiter eines Berufsbildungszentrums werden. Gespräch mit E. Schoenfeldt, Kassel, 26.08.2022. Vgl. auch: Wolf, *Beiträge einer Theorie zum internationalen Berufsbildungstransfer*, S. 209. „Auch besteht weiterhin eine große Sympathie für die deutschen Partner, da die Bundesrepublik in der langjährigen Zusammenarbeit die koreanischen Berufsbildungsaktivitäten stark unterstützte."

[252] Vgl. auch: Schoenfeldt, *Dem Lernen widmet sich der edle Mensch*, S. 336.

[253] Sŏ, *Han'guk chigŏp hullyŏn chedo-ŭi palchach'wi*, S. 123f.

Berater die Höflichkeit als Charakteristikum betonten, verwiesen die koreanischen Berichterstatter auf das gegenteilige, nämlich unhöfliche Verhalten der Deutschen:

> „Aber darüber hinaus muss jeder [Deutsche] lernen, dass man keinesfalls sofort zu etwas ‚Nein' sagt. Die Ablehnung hat sich zu entwickeln und nicht direkt und harsch zu erfolgen. Das verbietet nun einmal in Korea die Höflichkeit. Dieses Verhalten führt aber auch leicht dazu, dass Deutsche glauben, ein Vorschlag sei angenommen, nur weil kein Koreaner ‚Nein' gesagt hat. Dabei bedeutet es aber keinesfalls ein ‚Ja', selbst wenn dieses erfolgt. Es ist oft nur das Zeichen, dass man das Problem verstanden hat. Hier gilt es, Geduld zu haben und Rückversicherungen zu wählen, die nicht verletzend sind."[254]

Hier zeigt sich, dass koreanische Counterparts sich zu dieser Zeit ähnlich vereinfachender Argumente bedienten wie die deutschen Berater. Jedoch ist eine solche Kritik von koreanischer Seite deutlich seltener zu finden.

4.5 Resümee

Die Einrichtung der deutschen Beratergruppe am Arbeitsministerium war zunächst eine Bedingung für die Weltbankkredite und kann damit in der Frühphase für die koreanische Regierung als ein Mittel zum Zweck betrachtet werden. Trotzdem zeigt die Wahl Deutschlands unter den Geberländern, dass das koreanische Arbeitsministerium ein Interesse an einer längerfristigen Zusammenarbeit hatte. Das Berufsbildungszentrum in Busan wurde zum Vorbild bei der Einrichtung der 15 neuen Berufsbildungszentren landesweit. Vor allem bei den Ausbildungsinhalten reichten die neuen Zentren aber nicht an den Standard Busans heran, und die Absicht der deutschen Beratergruppe, eine intensive Systemberatung in den Feldern duale Ausbildung und Prüfungswesen durchzuführen, wurde ersichtlich. Dadurch beabsichtigte man auch die Einmischung anderer Länder, wie z. B. Kanadas, zu verhindern und den ‚Export' des deutschen Berufsbildungssystems voranzutreiben. Das zunächst als Modellprojekt geführte CT-Programm, als andere Bezeichnung für eine duale Ausbildung in Berufsbildungszentren und Betrieben, stieß jedoch auf wenig Interesse und konnte sich nicht als Norm durchsetzen. Auch eine Einflussnahme auf das Prüfungssystem stellte sich als wenig erfolgreich heraus. Das koreanische Arbeitsministerium blieb bei den *Skill Tests*, mit denen lediglich einzelne Fertigkeiten ge-

---

[254] Bericht von Kee-Zeung Kim und Jae-Won Lee „Weiterbildung durch Kooperation", zitiert nach: Schoenfeldt, *Dem Lernen widmet sich der edle Mensch*, S. 341.

prüft wurden. Damit musste auch die umfassende Ausbildung, die von der deutschen Beratergruppe beabsichtigt war, langfristig scheitern.

Für die GTZ und das BMZ stellte die Beratergruppe ein Steuerungsinstrument für die Berufsbildungsprojekte in Korea dar. Die Berater waren nicht nur für die Nachbetreuung der Projekte im Berufsbildungssektor wie Changwon und Busan zuständig, sondern berieten auch Projekte in anderen Sektoren und privater Geber. Eine ähnliche Rolle übernahm in den 1960er-Jahren die Deutsche Volkswirtschaftliche Beratergruppe (DVB) für die frühen Projekte der finanziellen und technischen Zusammenarbeit (siehe Kapitel V-2). Im Rahmen der Stipendienprogramme konnten bis zu 360 koreanische Counterparts in Deutschland eine Langzeitfortbildung absolvieren, deren Dauer und Inhalte allerdings sehr unterschiedlich ausfallen konnten.

Als sich gegen Ende der 1980er-Jahre das Scheitern des Systemtransfers bemerkbar machte, suchten die Experten nach Erklärungen. Insbesondere im Rückblick hoben einige der ehemaligen Berater die soziokulturellen Unterschiede zwischen Korea und Deutschland hervor. Unter anderem nannten sie in kulturessentialistischer Manier das Harmoniebestreben, die bestehenden Hierarchien oder einzelne Charaktereigenschaften als Hindernisse für eine Etablierung des dualen Systems. Koreanische Akteure vertraten meist eine positivere Sicht auf die Zusammenarbeit als ihre deutschen Kollegen, aber hoben ebenfalls Probleme wie das unhöfliche Auftreten deutscher Experten kritisch hervor.

Auch wenn also ein Systemtransfer erfolglos blieb, konnten die koreanischen Counterparts durch die Beschäftigung mit dem deutschen ihr eigenes System hinterfragen und reflektieren. Die deutschen Berater waren Teil einer größeren Gruppe internationaler Berater am Arbeitsministerium, die in der Aufbauphase an der Schaffung eines koreanischen Berufsbildungssystems beteiligt waren. Durch sie konnte der Fokus von quantitativen stärker auf qualitative Aspekte gerichtet werden, indem man auf verschiedene Probleme von der Instruktorenausbildung bis hin zum Prüfungswesen verwies und diese diskutierte.

5. Meister-/Instruktoren- und Lehrerausbildung

Für ein funktionierendes Berufsausbildungssystem wurden vor allem fähige Meister, Ausbilder und Lehrer benötigt. In diesem Bereich gab es insgesamt drei deutsch-koreanische Projekte, die zum Teil parallel ab Ende der 1970er-Jahre durchgeführt wurden und sich inhaltlich in gewisser Hinsicht überschnitten. Zunächst eröffnete 1979 unter deutscher Beteiligung das Meistercollege in Changwon. Außerdem war ein deutscher Berater ab 1980 am Aufbau des College for Industrial Education (CIE) der Chungnam National

University (CNU) als Zentrum für die Ausbildung von Berufsschullehrern in Daejeon tätig. Im Rahmen eines dritten Projektes richteten ab 1985 drei deutsche Professoren für Berufspädagogik einen Kurs für Instruktoren am neugegründeten Korea Institute of Technology (KIT), ebenfalls in Daejeon, ein. Die Projekte markierten eine weitere Stufe in der deutsch-koreanischen Zusammenarbeit, nach Berufsschülern und Auszubildenden nun eine höhere Qualifikation für bereits ausgebildete Vorarbeiter, Ingenieure und Lehramtsstudierende anzubieten.

5.1 Meistercollege Changwon

Im September 1973 erließ die koreanische Regierung den ‚Plan zur Errichtung des Changwon Industriekomplexes' (*ch'angwŏn chohap kigyegongŏp kiji kŏnsŏlgyehoek*), wonach insgesamt 104 neue Fabriken der Feinmechanik, Leicht- und Schwerindustrie in der Region zwischen Masan und Busan angesiedelt werden sollten. Kurz darauf traf sie auch die Entscheidung, vor Ort Ausbildungszentren für diese Industriesektoren zu errichten.[255] 1976 eröffnete das Koreanisch-Belgische Berufsbildungszentrum in Changwon und drei Jahre später auch das durch die Bundesregierung geförderte Meistercollege Changwon (Changwon Industrial Master's College, *ch'angwŏn kinŭngdaehak*) in direkter Nachbarschaft zueinander. 2006 wurden die Berufsbildungszentren neu geordnet und die beiden Einrichtungen zum Korea Polytechnic Campus VII zusammengeschlossen. Zur gleichen Zeit förderte die deutsche Regierung in Changwon den Aufbau des Korea Institute of Machinery and Metals (KIMM). Die Region konnte so langfristig zu einem wichtigen Standort der Präzisions- und Schwerindustrie werden.

Planung und Gründung

1977 verabschiedete die koreanische Regierung bereits das Meistercollege-Gesetz (*kinŭng taehak pŏp*) und die rechtliche Gründung des ersten Meistercollge in Changwon erfolgte.[256] Nach dem offiziellen Beschluss zur Förderung des Projektes in den Regierungsverhandlungen 1978 folgte im gleichen Jahr die Machbarkeitsstudie eines deutschen Expertenteams. Im Jahr darauf schlossen

[255] Vgl. auch: Korea Polytechnical University VII (Hg.): *Han'guk p'ollit'ek VII taehak (Ch'angwŏn) 40nyŏnsa* [40 Jahre Geschichte der Korea Polytechnical University VII in Changwon], Korea Polytechnical University: Changwon 2017, S. 81.

[256] Koreanisches Gesetz Nr. 3009, 23.07.1977; Ausführung durch das Dekret des Präsidenten Nr. 8684, 12.09.1977.

beide Regierungen den offiziellen Projektvertrag ab.[257] Noch vor dem Eintreffen der deutschen Berater startete die koreanische Regierung eigenständig mit den Vorbereitungen und somit der Aufbauphase. Die Ausbildungsstätte wurde errichtet und unter dem ersten Rektor eine Ausbildungskonzeption ohne direkte deutsche Beteiligung vorbereitet. Auf Grund von Budgetschwierigkeiten des zuständigen Wissenschaftsministeriums verzögerte sich der Bau des Meistercolleges jedoch um ein Jahr.[258] Im Herbst 1979 starteten zunächst die Aufnahmeprüfungen für den ersten Jahrgang. Dabei bewarben sich über 1.000 Personen, von denen nur ein Viertel aufgenommen wurde.[259] Für die Aufnahme durchliefen die Bewerber ein dreistufiges Auswahlverfahren inklusive Interview; eine praktische Prüfung erfolgte jedoch nicht. Vor allem das staatliche Stipendium zur Deckung der Studiengebühren und Lebenshaltungskosten stellte wohl für viele Bewerber eine attraktive Voraussetzung dar.[260]

Neben dem ersten Jahrgang Auszubildender wählte man auch die Theorie- und Werkstattlehrer aus. Für die Eröffnung waren zunächst 30 koreanische Ausbilder sowie 5 deutsche Berater vorgesehen. In der Folge verdoppelte sich die Zahl der Lehrer insgesamt, auch wenn es weiterhin einen Mangel an Werkstattlehrern gab (s. u.). Der erste Dekan des Meistercolleges bemerkte, dass viel Wert auf die Ausstattung der Wohnheime und Werkstätten gelegt wurde, da es sich bei den Meisteranwärtern um erfahrene Personen mitten im Leben handelte.[261] Das Meistercollege war zunächst dem Wissenschaftsministerium zugeordnet und wurde ab 1982 der ‚Agentur für Berufsausbildung‘ (*han'guk chigŏp'ullyŏn kwalli kongdan*) des Arbeitsministeriums unterstellt.[262]

Die deutschen Counterparts hatten bei der Ausreise auf Grund der politischen Umbrüche zunächst Schwierigkeiten. Auch wenn in den Projektunterlagen nicht explizit erwähnt, ist damit wohl die Ermordung von Präsident Park Chung Hee, der zweite Militärputsch durch Chun Doo Hwan und der Gwangju-

---

257 National Archives of Korea, Amtsblatt Nr. 8402, Mitteilung des Außenministeriums Nr. 51, 21.11.1979, „Taehanmin'guk chŏngbu-wa togil yŏnbang konghwaguk chŏngbu kan-ŭi Ch'angwŏn kinŭngdaehak chiwŏn-ŭl wihan kaksŏ“ [Abkommen zwischen den Regierungen der Republik Korea und der Bundesrepublik Deutschland zur Unterstützung des Meistercolleges Changwon].

258 „Kinŭngdae yesan sakkam-ŭro kŏnsŏl nŭjŏ kinŭng kwallija yangsŏng kyehoek ch'ajil“ [Rückschläge bei der Planung der Ausbildung von Meistern aufgrund von Budgetkürzungen beim Meistercollege], in: *Maeil Business Newspaper*, 23.11.1978.

259 „Ch'angwŏn kinŭngdae kyŏngjaeryul 4tae1“ [Wettbewerb im Meistercollege Changwon bei 4 zu 1], in: *Maeil Business Newspaper*, 13.10.1979.

260 BArch, B 213/24262, Broschüre Changwon Industrial Master's College, 1982, o. S.

261 „Kaegyo ch'aebikkŭnnaen Ch'angwŏn kinŭngdaehak“ [Die Vorbereitungen zur Eröffnung des Meistercollege Changwon sind zu Ende gebracht], in: *Chosun Ilbo*, 30.08.1979.

262 *Han'guk p'ollit'ek VII taehak (Ch'angwŏn) 40nyŏnsa*, S. 140–144. Vgl. auch: Gespräch mit Yi Chŏngwŏn, Incheon, 13.10.2021.

Aufstand gemeint.[263] Der Projektleiter war somit erst ab 1981 in Changwon tätig, und weitere drei Werkstattleiter kamen im darauffolgenden Jahr an das Projekt (siehe Tabelle 10). Die Bundesregierung lieferte außerdem einen großen Teil der Ausrüstung für die Werkstätten, insgesamt in einem Wert von 4,5 Mio. DM und übernahm die Kosten für die Ausbildung von insgesamt 10 Counterparts in der BRD. Damit beliefen sich die Gesamtkosten für das Projekt auf ca. 11,9 Mio. DM. Zuvor hatte die koreanische Regierung jedoch bereits für die Gebäude und die restliche Ausstattung größere Investitionen getätigt, die laut Projektgutachten ca. 30 Mio. DM betrugen, jedoch zum Teil von zu geringer Qualität für eine Meisterausbildung gewesen seien.[264]

Tabelle 10: Deutsche Experten am Changwon Meistercollege

Name	Funktion	Einsatzzeitraum
M. Szigoleit	Projektleiter	05.1981–07.1985
B. Zimmermann	Laborlehrer: Arbeitslehre	01.1982–11.1984
K. E. Schöning	Laborlehrer: Produktion	02.1982–12.1984
W. Wallis	Wartung/Reparatur	06.1982–12.1984
J. Braasch	Theorie: Metall	01.1983–07.1985

Quelle: *Han'guk p'ollit'ek VII taehak (Ch'angwŏn) 40nyŏnsa*, S. 87.

Zu den Vorarbeiten des Projektes nach Ankunft der ersten deutschen Berater gehörte die Einrichtung der Werkstätten mit deutschen Maschinen. Ein wichtiger Teil der Beratung bestand in der Übersetzung von Curricula und Lehrmaterialien aus dem Deutschen ins Koreanische, darunter auch das Lehrbuch *Der Industriemeister* sowie Lehrpläne oder Berufseignungstests der deutschen Firmen Bosch und Volkswagen. Die Ausbildung erfolgte dabei nach Richtlinien des Deutschen Industrie- und Handelskammertages.[265] In einer Publikation des ‚Forschungsinstituts für Berufsbildung' (*chigŏp hullyŏn yŏn'guso*) wird insbesondere diese Vermittlungs- und Forschungstätigkeit der deutschen Berater positiv hervorgehoben. Von 1983 bis mindestens 1992 publizierte das Meistercol-

263 Vgl. auch: PA AA, B 37-ZA, 142724, GTZ: Angebot über Berater Meisterausbildung/Nachbetreuung CIMC Korea, 23.04.1985, S. 1.

264 BArch, B 213/24274, Dr. E. Schoenfeldt: Evaluation des Chang Won Industrial Master's College, 20.09.–10.10.1982, S. 11.

265 BArch, B 213/24262, Hammerschmidt/Sammet (GTZ): Fachliche Stellungnahme 2: Changwon Industrial Master's College, 07.05.1982, S. 7/10. Die Übersetzung des Lehrbuches *Der Industriemeister* wurde freundlicherweise von einem Absolventen des zweiten Jahrgangs und heutigem Professor an der Korea Polytechnic University Changwon Campus, O Tongsu, bereitgestellt. Bauer, Georg et al. (Hg.): *Sanŏp kinŭngjang* [Der Industriemeister], übersetzt von Yi Sangmun und An Sŏkkyo, Ch'angwŏn Kinŭngdaehak: Changwon 1985. Zur Lehrplanarbeit und Formulierung von Unterrichtszielen lag auch die koreanische Übersetzung des folgenden Standardwerkes vor: Mager, Robert F.: *Lernziele und Unterricht*, Beltz: Weinheim 1972.

lege Changwon eigens Artikelbände zu theoretischen wie didaktischen Fragen. Daneben entwickelten die deutschen Experten in Zusammenarbeit mit ihren koreanischen Kollegen und den Auszubildenden Lehrmaterialien und evaluierten die eigenen Lehrmethoden, u. a. zu dem Thema „Roboterproduktion durch Nutzung von Luftdruck".[266] Ein weiteres Interessensgebiet der deutschen Berater war die Forschung zu Ergonomie und Lärmreduzierung, also die Arbeitsgesundheit (siehe Kapitel VI-3).[267] Beide Themen waren bis dahin in Korea wenig erforscht und somit auch für Wissenschaftler und Praktiker außerhalb des Meistercolleges von Interesse. Verglichen mit der Beratergruppe am Arbeitsministerium oder dem Projekt an der Chungnam National University haben die Berater in Changwon jedoch wenig zum deutschen Berufsbildungssystem oder insbesondere dem Meistersystem selbst publiziert, sodass keine akademische Auseinandersetzung zu dem Thema erfolgte.[268]

Die Gründung des Meistercolleges erzielte durch die direkte Verbindung zur koreanischen Regierung ein großes Medienecho. Der Tenor war dabei insgesamt positiv. Ein Artikel der Zeitung *Chosun Ilbo* verknüpfte die Errichtung des Meistercolleges auch mit dem Trend, humanistische zu technischen Schulen umzuwandeln und erklärte, dass in der Zukunft viele Universitäten eigene Meistercolleges einrichten würden, sodass Changwon als Modellprojekt gelten kann. Außerdem wird diese Politik als wichtige Erweiterung des technischen Sektors betrachtet.[269] Der erste Rektor des Meistercolleges ging auch auf die Bedeutung des Meisterausbildungssystem für die deutsche Industrialisierung in der Vergangenheit ein und betonte, dass die Einrichtung von Meisterschulen zu deren gesellschaftlichem Ansehen beigetragen habe. Er verband damit die Hoffnung auf eine ähnliche Entwicklung in Korea.[270] Auch von deutscher Seite hob man die Wichtigkeit des Projektes als eine konsequente Fortsetzung der Entwicklungszusammenarbeit im Bereich der Berufsbildung und den ‚Pilotcharakter' des Projektes hervor.[271]

---

266 Chigŏp Hullyŏn Yŏn'guso (Hg.): *Han'guk chigŏp hullyŏn palchŏnsa* [Entstehungsgeschichte der koreanischen Berufsbildung], Report, 12.1989, S. 323f. Vgl. auch die Ausstellungsstücke im Museum der Korea Polytechnic University Changwon Campus.

267 BArch, B 213/24274, M. Sziegoleit (PL): 5. Projektbericht Meistercollege Changwon, o. D., S. 29.

268 Erst nach Ende des Projektes findet sich eine umfangreiche koreanische Publikation: Chigŏp Hullyŏn Yŏn'guso (Hg.): *Togil-ŭi kinŭngjang chedo* [Das deutsche Meistersystem], Chigŏp Hullyŏn Yŏn'guso: Seoul 1986.

269 „Pushil inmun'go konggo-ro kaep'yŏn" [Umstrukturierung von der untüchtigen humanistischen Oberschule zur technischen Oberschule], in: *Chosun Ilbo*, 03.06.1977.

270 „Int'ŏbyu Oh Hyŏnwi paksa ch'angwŏn kinŭngdaehak ch'odae hakchang" [Interview mit Dr. Oh Hyŏnwi, dem ersten Dekan des Meistercollege Changwon], in: *Kyunghyang Shinmun*, 13.12.1977.

271 BArch, B 213/24262, GTZ-Angebot: Chang Won Industrial Masters College, 04.07.1980, S. 2.

Ausbildung und Auszubildende

Das Meistercollege plante nach deutschem Vorbild Industriemeister (*kinŭngjang*) auszubilden. Diese sollten in den Betrieben als Mittler zwischen Ingenieuren und Facharbeitern tätig sein, dazu im Vorfeld bereits praktische und theoretische Erfahrung in ihren Berufen gesammelt haben und in Changwon lediglich eine offiziell anerkannte Weiterbildung und Prüfung durchlaufen.[272] In der Projektausschreibung der GTZ sowie im Projektabkommen findet sich dazu folgendes Zitat:

> „Als Industriemeister sollten jene Fachkräfte gelten, die in einem Industriebetrieb im Rahmen der durch den Betriebsleiter oder diesem nachgeordneten Abteilungsleiter gegebenen Direktiven die Arbeit einer bestimmten, im allgemeinen Werkstatt, Anlage oder Baustelle genannten betrieblichen Sektion oder Einheit leiten, die der Gewinnung, Be- und Verarbeitung, Konstruktion oder Instandhaltung (Reparatur und Wartung) von Stoffen oder Fabrikaten dient."[273]

In der koreanischsprachigen Broschüre des Meistercolleges von 1982 wurde der Meistertitel mit dem Doktortitel bzw. einem Technikerabschluss verglichen. Wie im Projektabkommen galt der Meister als Mittler zwischen Ingenieuren und den leitenden Büroangestellten, der die technischen Fachkräfte überwacht und anleitet.[274] Auch in koreanischen Zeitungsartikeln kurz vor und nach der Eröffnung des Meistercolleges zeigte sich, wie das deutsche Meistersystem zunächst erklärt und dann dessen Wichtigkeit für die koreanische Industrialisierung herausgehoben wurde. Insbesondere die finanzielle und gesellschaftliche Anerkennung hochqualifizierter Meister fehle in Korea noch. Oft findet sich auch in den Medien der Vergleich mit dem universitären Doktortitel, und der Meisterabschluss wird als ‚technischer Doktor' (*kisul paksa*) bezeichnet. Der promovierte Wissenschaftler sei in der Industrie für die Erforschung neuer Produkte zuständig, während der Techniker deren Design und Überarbeitung verantworte. Der Meister übernähme schließlich den letzten Schritt, nämlich die Qualitätssicherung und -verbesserung. Die Gründung des Meistercolleges trage dadurch langfristig zu einer steigenden Anerken-

---

272 Vgl. dazu das Projektabkommen: National Archives of Korea, Amtsblatt Nr. 8402, Mitteilung des Außenministeriums Nr. 51, 21.11.1979, „Taehanmin'guk chŏngbu-wa togil yŏnbang konghwaguk chŏngbu kan-ŭi Ch'angwŏn kinŭng taehak chiwŏn-ŭl wihan kaksŏ" [Memorandum zwischen den Regierungen der Republik Korea und der Bundesrepublik Deutschland zur Unterstützung des Meistercolleges Changwon].

273 Ibid.; BArch, B 213/24262, GTZ-Angebot: Chang Won Industrial Masters College, 04.07.1980, S. 9–10.

274 BArch, B 213/24262, Broschüre Changwon Industrial Master's College: „Kinŭngjang chedo", o. S., 1982.

nung des Meisterberufes bei.[275] Neben einer reinen Ausbildung sollte im Meistercollege also auch ein Berufsethos geschaffen werden.[276]

Einige koreanische Journalisten übertrieben das tatsächliche Ansehen des Meisters in Deutschland, indem sie dessen Wichtigkeit auch über einen akademischen Abschluss, z. B. das Diplom einer Ingenieurswissenschaft, stellten. Diese Sichtweise dürfte sich jedoch auch in der Bundesrepublik mit dem schrittweisen Übergang zur Massenuniversität in der gleichen Zeit geändert haben. Dennoch verwiesen die Artikel auch kritisch auf die Notwendigkeit der Anerkennung durch die Industrie, für die die staatliche oder gesellschaftliche Ebene nicht ausreiche.[277] Hier traf der Jurnalist bereits vor der Gründung einen wunden Punkt der gesamten staatlich angeordneten Berufsbildungspolitik, die lange Zeit ohne die direkte Einbindung der Industrie lief, obwohl auch in vorangegangenen Projekten schon früh auf die Wichtigkeit der Industrie verwiesen wurde.

Aufgenommen wurden Absolventen der Technikerprüfung Rang 1 sowie Medaillengewinner der internationalen Berufsolympiade unabhängig von der Art des vorangegangenen Abschlusses oder Alters. Eigentlich mussten alle Bewerber auch Berufserfahrung vorweisen. Die Anforderung ging hier von sieben Jahren später auf fünf zurück.[278] Im März 1980 begann schließlich der erste Jahrgang mit der Ausbildung. Von den 240 Personen absolvierte die eine Hälfte den Unterricht tagsüber und die andere Hälfte abends nach der Arbeit. Im ersten Jahrgang waren 169 Personen zwischen 20 und 30 und 71 Personen zwischen 30 und 40 Jahre alt. Die meisten hatten davor eine Ausbildung an einer Fachschule oder einem Berufsbildungszentrum absolviert.[279] Unter anderem konnten einige Absolventen des deutsch-koreanischen Berufsbildungszentrums in Busan ihre Ausbildung in Changwon fortsetzen.[280]

Der Großteil der angehenden Meister stammte laut Projektgutachten aus unteren und mittleren sozialen Schichten und wurde landesweit rekrutiert, sodass das Meistercollege in dieser Hinsicht auch zu einer sozialen Mobilität beitragen

---

275 „Kisul paksa-e-ŭi kil kinŭngjang chedo“ [Die Meisterausbildung: Weg zum technischen Doktor], in: *Kyunghyang Shinmun*, 04.06.1977; „Kinŭngjang shidae yŏllinda“ [Das Zeitalter der Meister wird kommen], in: *Dong-A Ilbo*, 23.02.1982; Vgl. auch: „2nyŏnje-ro Ch'angwŏn-e yŏnnae kinŭngdae sŏllip“ [Gründung des Meistercollege Changwon in diesem Jahr mit zweijähriger Ausbildung], in: *Kyunghyang Shinmun*, 03.06.1977.

276 „Kaegyo ch'aebikkŭnnaen Ch'angwŏn kinŭngdaehak“ [Die Vorbereitung zur Eröffnung des Meistercollege Changwon sind zu Ende gebracht], in: *Chosun Ilbo*, 30.08.1979.

277 „Kisul paksa-e-ŭi kil kinŭngjang chedo“ [Die Meisterausbildung: Weg zum technischen Doktor], in: *Kyunghyang Shinmun*, 04.06.1977.

278 Ibid.; Vgl. auch: BArch, B 213/24262, Broschüre Changwon Industrial Master's College: Haksaeng mojip kyehoek, o. S., 1982.

279 „Ch'angwŏn kinŭngdaehak ch'ŏt ip'akshik“ [Erste Aufnahmefeier des Meistercollege Changwon], in: *Kyunghyang Shinmun*, 05.03.1980.

280 Vgl. auch Gespräch mit Yi Kapyong, Ulsan, 30.01.2020.

konnte.[281] Im ersten Jahrgang fanden sich neben 23 Beamten unter anderem auch der 29-jährige, zweifache Goldmedaillengewinner der 22. und 23. Berufsolympiade, Yi Ch'ŏlkwŏn. Außerdem berichtete die Zeitung *Joongang Ilbo*, dass einer der Ausbilder des Koreanisch-Belgischen Berufsausbildungszentrums den Abendkurs des Mastercolleges besuchte.[282] Somit kamen in den ersten Jahren einige erfahrene und angesehene Meisteranwärter nach Changwon. Laut dem deutschem Projektleiter M. Sziegoleit waren die Unterschiede in der Qualifizierung der Auszubildenden jedoch sehr groß, da einige direkt aus den Berufsbildungszentren rekrutiert worden waren, während andere bis zu 17 Jahre Arbeitserfahrung vorweisen konnten. Die Aufnahmetests umfassten außerdem keine praktische Prüfung, sodass vor Beginn das eigentliche Level nicht klar war.[283]

Den angehenden Meistern wurde eine kostenfreie Ausbildung sowie ein Stipendium für die Lebenshaltungskosten entweder durch Unterstützung der entsendenden Unternehmen oder durch die koreanische Regierung gewährt. Dafür mussten sie sich jedoch verpflichten, nach dem Abschluss in einem ausgewählten Unternehmen zu arbeiten.[284] Zur Auswahl standen Spezialisierungen in den Fächern Maschinentechnik, Metallurgie, Maschinenschweißen, Elektrotechnik, Kfz-Technik und Elektronik.[285] Dieser Fokus wies Übereinstimmungen zu der Politik des Entwicklungsregimes auf, da in den 1970er-Jahren diese Industriebereiche stark gefördert wurden. Vor diesem Hintergrund bot sich auch der Standort Changwon an, da sich dort auf staatliche Initiative hin bereits verschiedene Industrien angesiedelt hatte.

Nach zwei Jahren, Ende Februar 1982, hatte der erste Jahrgang die Meisterausbildung absolviert. Ein Reporter der *Kyunghyang Shinmun* inter-

---

[281] BArch, B 213/24274, Dr. E. Schoenfeldt: Evaluation des Chang Won Industrial Masters College, 20.09.–10.10.1982, S. 5. Am Rande sei hier darauf verwiesen, dass – wie auch in den anderen Einrichtungen der koreanischen Berufsbildung – ausschließlich männliche Auszubildende aufgenommen wurden. In einem Zeitungsartikel aus dem Jahr 1985 wird diese Politik kritisiert. „Yŏsŏng kaebalwŏn yŏsŏng palchŏn changgi kibon kyehoek-an palp'yo: 2000nyŏndae yŏsŏngsang hwangnip-e ch'ojŏm" [Vorstellung eines langfristigen Plans für die Errichtung eines Berufsbildungszentrums für Frauen: Fokus auf das Frauenbild der 2000er], in: *Kyunghyang Shinmun*, 13.03.1985.

[282] „Kinŭngin-ŭi chŏngsang kinŭngjang-ŭl kirŭnda – 3wŏl 5il-e kaegyoha-nŭn Ch'angwŏn kinŭngdaehak" [Gipfel der Techniker: die ‚Meister'-Ausbildung – Eröffnung des Mastercollege Universität Changwon am 5. März], in: *JoongAng Ilbo*, 27.02.1980.

[283] BArch, B 213/24274, M. Sziegoleit (PL): Tabelle zu Gegenwärtiger Situation, Problemen und Lösungen, 20.08.1984, S. 5.

[284] „2nyŏnje-ro Ch'angwŏn-e yŏnnae kinŭngdae sŏllip" [Gründung Meistercolleges Changwon in diesem Jahr mit zweijähriger Ausbildung], in: *Kyunghyang Shinmun*, 03.06.1977.

[285] „Ch'angwŏn kinŭngdaehak ch'ŏt ip'akshik" [Erste Aufnahmefeier des Meistercollege Changwon], in: *Kyunghyang Shinmun*, 05.03.1980. PA AA, B 37-ZA, 142724, GTZ: Angebot über Berater Meisterausbildung/Nachbetreuung CIMC Korea, 23.04.1985, S. 1. Es finden sich unterschiedliche Bezeichnungen für die Fächer auf Koreanisch und Deutsch, und die Zusammensetzung wechselte im Laufe der Zeit.

viewte den besten Absolventen, An Chedŏk. Dieser war 31 Jahre alt, Vater zweier Kinder und hatte zuvor als Ausbilder im Deutsch-Koreanischen Berufsbildungszentrum in Busan gearbeitet. Danach war er, auch während seiner Meisterausbildung im Abendkurs, als Ausbilder im betriebsinternen Ausbildungszentrum von Hyosung Heavy Industries (*hyosŏng chunggongŏp*) in Changwon tätig. In dem Interview sagte An, dass er aus armen Verhältnissen stammte und daher nicht die Universität besuchen konnte, dies aber im Nachhinein nicht bereue, sondern in seinem Feld als Meister das Beste geben wolle.[286] Diese Aussage unterstreicht allerdings, dass seine erste Wahl eine Universitätsausbildung gewesen wäre. Gleichzeitig wird deutlich, dass die Meisterausbildung vor allem in den Abendkursen mit gleichzeitiger Berufstätigkeit und familiären Pflichten eine große Belastung darstellte, da die Abendkurse oft erst nach 21:30 Uhr endeten und zusätzlich verpflichtende, gemeinsame Lerneinheiten bis spät abends stattfanden. Außerdem war das Verlassen des Geländes für die Auszubildenden der Tageskurse während der Wochentage nicht gestattet.[287]

Wie in Tabelle 11 ersichtlich, pendelte sich die Zahl der Absolventen auf ca. 240 pro Jahr ein. Von diesen arbeiteten die meisten zunächst als Meister oder Facharbeiter. Es finden sich jedoch keine genauen Informationen über die Art der Tätigkeit, die hier als Meister kategorisiert wurde. In den Jahren 1982 und 1984 arbeitete auch eine beträchtliche Zahl in anderen Berufen als den eigentlich vorgesehenen. Auch hier findet sich keine genauere Spezifizierung der Berufsfelder, es dürfte sich aber ähnlich wie in den Berufsbildungszentren um Tätigkeiten als Lehrer oder Ausbilder, Weiterbildung durch ein Hochschulstudium oder Militärdienst etc. gehandelt haben.[288] In der Publikation des Forschungsinstituts für Berufsbildung finden sich etwas andere Zahlen. Demnach machten zwischen 1982 und 1989 jährlich ca. 250 bis 300 Personen ihren Abschluss, wovon jedoch nur zwischen 20 und 90 Personen auch den Meisterabschluss erwarben. Fast alle Absolventen, ob mit oder ohne Meister, fanden in der Folge wieder eine Anstellung.[289] Neben den Langzeitprogrammen kamen außerdem Weiterbildungsprogramme für Vorarbeiter zu bestimmten Themen hinzu. An diesen Kursen nahmen jährlich ca. 50 bis 200 Personen teil. Diese

---

286 Yi, Yongsu: „Ch'angwŏn kinŭngdae susŏk chorŏp An Chaedŏk-ssi)" [An Chaedŏk: Bester Absolvent des Meistercollege Changwon], in: *Dong-A Ilbo*, 23.02.1982.

287 Ibid.; vgl. auch: „Kinŭngin-ŭi chŏngsang kinŭngjang-ŭl kirŭnda – 3wŏl 5il-e kaegyohanŭn Ch'angwŏn kinŭngdaehak" [Gipfel der Techniker: die ‚Meister'-Ausbildung – Eröffnung des Meistercollege Universität Changwon am 5. März], in: *JoongAng Ilbo*, 27.02.1980.

288 PA AA, B 37-ZA, 142724, GTZ: Angebot über Berater Meisterausbildung/Nachbetreuung CIMC Korea, 23.04.1985, S. 2.

289 Chigŏp Hullyŏn Yŏn'guso (Hg.): *Han'guk chigŏp hullyŏn palchŏnsa* [Entstehungsgeschichte der koreanischen Berufsbildung], Bericht, 12.1989, S. 322f.

Weiterbildung bot insbesondere für die ortsansässigen Firmen in Changwon die Möglichkeit, Kenntnisse und Fähigkeiten ihrer Vorarbeiter auf den neuesten Stand zu bringen.[290]

Tabelle 11: Weitere Karriere nach dem Abschluss am Meistercollege Changwon

Jahr	Absolventen	Facharbeiter	Meister	Sonstige
1982	210	15	137	58
1983	247	76	138	33
1984	304	107	131	66
1985	243	103	117	23

Quelle: PA AA, B 37-ZA, 142724, GTZ: Angebot über Berater Meisterausbildung/ Nachbetreuung CIMC Korea, 23.04.1985, S. 2.

Probleme des Konzepttransfers

Bereits im Laufe des Projektes stellte sich heraus, dass sich eine direkte Übertragbarkeit des Meistersystems auf Korea als schwierig gestaltete. Die Zulassungsbedingungen für das Meistercollege wurden aufgeweicht und der Fokus verlagerte sich von Praxis schließlich stärker auf Theorie. Vor allem das letztgenannte Phänomen führte auch in allen weiteren Projekten der Lehrer- und Instruktorenausbildung zu Konflikten zwischen dem deutschen und dem koreanischen Team, da die koreanische Seite insbesondere für die höhere Berufsausbildung, also von Meistern und Ausbildern, theoretisches Wissen als wichtiger ansah, was dem deutschen Praxisfokus entgegenstand.

Das Meistercollege bietet hier ein gutes Beispiel, an dem sich die unterschiedlichen Auffassungen der Akteure beider Länder erkennen lassen. In seinem 5. Projektbericht kam der deutsche Projektleiter zu dem Schluss, dass die Etablierung eines praxisorientierten Meistersystems, wie eigentlich in der Projektplanung vorgesehen, nicht erreicht werden könne. Der Leiter des Büros für Berufsbildung im Arbeitsministerium, Shim Dae-Sup, schreibt ihm daraufhin:

> „Korea should develop her own concept on master craftsman which is appropriate to the Korean social conditions and different from German's due to the existence of dissimilarities in social qualifications of CIMC [Changwon Industrial Meister College], I can't help deducing that German experts scarcely reflect the basic systematic points of cultivating master craftsman with the high emphasis on practice."[291]

---

[290] Ibid., S. 322f.

[291] BArch, B 213/24274, Schreiben von Shim Dae Sup (Arbeitsministerium, Büro für Berufsbildung) an M. Sziegoleit (PL): Request of Presenting Report on Model of Master Craftsmen, 26.09.1984, S. 1.

Nachdem er eine direkte Übertragung wegen gesellschaftlicher Unterschiede als schwierig bezeichnet und die mangelnde Flexibilität der deutschen Experten kritisiert hatte, forderte er von Sziegoleit, Vorschläge für die Verbesserung der genannten Probleme zu machen. In seinem Antwortschreiben rekapitulierte Szigoleit daraufhin das von beiden Seiten durch den Projektvertrag und gemeinsame Diskussionen vereinbarte Meisterbild. Kurz nach Ankunft der deutschen Berater im April 1981 fand ein erstes Orientierungsseminar zum dualen Ausbildungssystem und insbesondere der Meisterausbildung statt, an dem Vertreter des Arbeitsministeriums, des Meistercolleges und der Industrie teilnahmen. Die koreanische Seite erarbeitete als Ergebnis dieses Seminars einen Plan zur Meisterausbildung und legte dafür Funktion, Fähigkeiten und Kenntnisse von Meistern fest. Allerdings gab es, laut Sziegoleit, keine weitere Diskussion zwischen deutschen und koreanischen Experten über dieses Thema.[292] Der Projektleiter warf der koreanischen Seite vor, ohne gemeinsame Absprache die Gesetze und Regelungen zu Meisterausbildung und -system erlassen und das Projekt bereits vor Ankunft der deutschen Berater unter Missachtung des Projektvertrages begonnen zu haben. In diesem Zusammenhang seien auch die Standards zur Rekrutierung von Meistern heruntergesetzt und unqualifizierte Bewerber aufgenommen worden.[293] Aus deutscher Sicht waren dies negative Startbedingungen, da man nun unter Zeitdruck stand und weder das koreanische Lehrpersonal ausreichend vorbereitet noch die Werkstätten angemessen eingerichtet waren.[294] In der genannten Arbeitsgruppe war vor Projektbeginn ein genaues Meisterbild erarbeitet worden, das neben den technischen auch die charakterlichen Eigenschaften festlegte:

> „Der Meister ist eine Führungspersönlichkeit. Er ist fähig, seine ihm unterstellten Mitarbeiter zu unterweisen, fachlich richtig einzusetzen und menschlich zu beurteilen. Der Meister ist für unfallfreies Arbeiten verantwortlich. Der Meister erfüllt mittlere Managementaufgaben. Er ist das Bindeglied zwischen Betriebsleitung und Werkstattmitarbeitern. Für seine Werkstatt ist er nach langer fachpraktischer Erfahrung allein voll verantwortlich. Er entscheidet zusammen mit der Betriebsleitung über anzuschaffende Betriebsmittel (Maschinen, Werkzeuge, etc.). Er ist in der Lage, sein Equipment optimal einzusetzen. Er ist dafür verantwortlich, dass der größtmögliche Qualitätsstandard sichergestellt ist. Seine Aufgabe ist, fehlerhafte Produkte zu vermeiden, weil er kostenbewusst denken kann. Der Meister ist

---

292 BArch, B 213/24274, Schreiben von M. Sziegoleit (PL) an Shim Dae Sup (Arbeitsministerium, Büro für Berufsbildung, 10.10.1984, S. 1f.

293 Ibid., S. 3.

294 Vgl. auch: BArch, B 213/24262, GTZ Angebot über Chang Won Industrial Masters College, 04.07.1980, S. 2.

> mehr als ein *skilled worker* auf höchstem Level. Der Meister erfüllt menschliche Führungsaufgaben. Er sorgt durch ein gutes Betriebsklima dafür, dass qualifizierte Fachkräfte dem Betrieb dauerhaft erhalten bleiben."[295]

Diese Definition scheint allerdings ein Ideal gewesen zu sein, das sich in der Praxis nur schwerlich erfüllen ließ und die Bedingungen vor Ort nicht miteinbezog. Als ein Vorbild für die Ausbildung von Technikern und das gelungene Zusammenspiel von Entwicklungszusammenarbeit, Ausbildungsstätte und Industrie sahen die deutschen Berater M. Sziegoleit und B. Zimmermann das bereits 1969 gegründete Ulsan Institute of Technology (*ulsan'gonggwadae*, heute: University of Ulsan) an, das von Anfang an in enger Kooperation mit dem Unternehmen Hyundai gegründet und gleichzeitig durch britisch-koreanische technische Zusammenarbeit unterstützt wurde. Der deutsche Projektleiter argumentierte, dass eine Zusammenarbeit auf nicht-staatlicher Ebene einfacher sei, weil dort mehr Fachleute arbeiteten und von vorneherein eine engere Anbindung an die Industrie bestünde.[296] Mit anderen Worten argumentierte er, dass das Meistercollege Changwon als Einrichtung der koreanischen Regierung nur von Beamten oder ehemaligen Militärs und damit nicht qualifizierten Personen geleitet und die Führungsebene zusätzlich häufig ausgetauscht würde. Beispielsweise stellte er den vierten Dekan des Meistercolleges, den ehemalige General Ch'oe Chongrae, vor. Dieser war seit der Machtübernahme durch Park Chung Hee in verschiedenen politischen Funktionen tätig, aber kein Berufsbildungsexperte.[297] Dem deutschen Projektbericht zufolge war er aus diesem Grund leicht von einflussreichen Lehrern manipulierbar, die wiederum einen Fokus auf Theorie durchsetzten oder selbst eine bessere Stellung anstrebten.[298] Auf Grund des häufigen Wechsels der Dekane konnten nicht alle mit dem deutschen System ausführlich vertraut gemacht werden, wie es in anderen Projekten der Fall war. So konnte nur der zweite Dekan im Rahmen einer Besuchsreise Meister- und Technikerschulen in Deutschland kennenlernen und daraus Anregungen für das Meistercollege in Changwon ableiten.[299]

Auch auf der unteren Ebene fehlte demnach das Fachpersonal. Vor allem die praxisorientierte Ausbildung litt unter den fehlenden Werkstattlehrern (WL).

---

295 Ergebnisse der deutsch-koreanischen Arbeitsgruppe zu Berufs- und Meisterausbildung. Vgl. auch: BArch, B 213/24274, M. Sziegoleit (PL): Statements to be delivered to the Technical Cooperation Bureau, 29.09.1981.

296 BArch, B 213/24274, M. Sziegoleit (PL): 5. Projektbericht Meistercollege Changwon, o. D., S. 7.

297 Ibid., S. 43; vgl. auch: *Han'guk p'ollit'ek VII taehak (Ch'angwŏn) 40nyŏnsa.*

298 BArch, B 213/24274, M. Sziegoleit (PL): 5. Projektbericht Meistercollege Changwon, o. D., S. 46.

299 BArch, B 213/24262, Hammerschmidt/Sammet (GTZ): Fachliche Stellungnahme 2: Changwon Industrial Master's College, 07.05.1982, S. 1.

Der deutsche Projektleiter schreibt in einem Bericht: „Es ist überdeutlich merkbar, dass die WL als Menschen niedriger Klasse behandelt werden. Eine Kooperation zwischen Theorie- und Praxislehrern findet nicht statt, wenn deutsche Experten nicht unmittelbar im Hintergrund stehen."[300] Auf Grund dieser Spannungen, sowie weiterer Probleme mit dem Abschluss von Arbeitsverträgen mit Werkstattlehrern, konnte eine Werkstatteinheit mit ca. 20 Teilnehmern nur von einem Werkstattlehrer betreut werden. Durch die fehlende Aufsicht kam es zur unsachgemäßen Verwendung von Maschinen und Werkzeug, sodass für aufwendige Reparatur und Instandhaltung weitere Arbeit entstand.[301] Wie auch in den anderen Projekten war die sprachliche Verständigung ein Problem. Insbesondere waren Counterparts, die eine Aus- oder Fortbildung in der BRD absolviert hatten und deshalb Deutsch sprachen, für die Kommunikation entscheidend. Aus diesem Grund schlug der deutsche Projektleiter auch vor, dass nach Deutschland entsandte Counterparts nach ihrer Rückkehr mindestens fünf Jahr am Meistercollege arbeiten sollten.[302]

Solche Vorgaben passten jedoch nicht zu dem eigensinnigen Verhalten der koreanischen Akteure. Aus einem Zeitungsartikel gehen die Hintergründe und insbesondere die Motivation eines Lehrers des Meistercolleges hervor. Kim Chongdu, der bei der 17. Berufsolympiade die Bronzemedaille gewonnen hatte,[303] konnte parallel zu seiner Lehrtätigkeit am Meistercollege und im Anschluss an der Chungnam National University (CNU) parallel eine Universitätskarriere machen, indem er über ein Counterpartprogramm nach Deutschland ging und später an der Dankook University promovierte. In dem betreffenden Artikel wurde hervorgehoben, dass er unter den 65 Professoren seiner Universität einer von nur vier Professoren mit koreanischem Doktortitel (*kungnae paksa*) war, was die hohe Wichtigkeit von Auslandserfahrung unterstreicht.[304] Somit nutzte er die Tätigkeit am Meistercollege (sowie der CNU) als ein

300 Ibid., S. 45.

301 Ibid., S. 33/44. „Für die fachpraktische Ausbildung stehen damit zu wenig Arbeitsplätze zur Verfügung. Einige der Meisterschüler ‚gammeln' gezwungenermaßen während der fachpraktischen Ausbildung herum, spielen gelangweilt an Maschinen, an denen sie nicht eingewiesen sind und erproben die Bruchgrenze. Das Aufsichtspersonal ist so unterbesetzt, dass man den ausbildenden WL keinen Vorwurf machen kann, die Aufsichtspflicht zu verletzen."

302 BArch, B 213/24274, M. Sziegoleit (PL): Statements to be delivered to the Technical Cooperation Bureau, 29.09.1981.

303 „Kinŭngin-ŭi chŏngsang kinŭngjang-ŭl kirŭnda – 3wŏl 5il-e kaegyoha-nŭn Ch'angwŏn kinŭngdaehak" [Gipfel der Techniker: die ‚Meister'-Ausbildung – Eröffnung des Meistercollege Universität Changwon am 5. März], in: *JoongAng Ilbo*, 27.02.1980.

304 „Kwahakkisultae Kim Chŏngdu paksa-ŭi in'gan sŭngni – kinŭnggong-i yŏngjae taehak kyosu dwaetta" [Der menschliche Sieg von Dr. Kim Chŏngdu von der Staatlichen Universität für Wissenschaft und Technologie – Ingenieur wurde Professor an der Hochschule für begabte Studenten], in: *Kyunghyang Shinmun*, 16.11.1985.

Sprungbrett, um einen Auslandsaufenthalt in der BRD zu absolvieren, der ihm wiederum für seine Universitätskarriere nützlich war.

Daneben war im Projektabkommen eigentlich festgelegt, dass die Ausbildung im Meistercollege eng auf den Bedarf der Industrie abgestimmt sein sollte.[305] Im Rahmen einer Projektprüfung kritisierte der Gutachter E. Schoenfeldt jedoch, dass es an praktischer Ausrichtung auf die Industrie fehle. Die Planung kam scheinbar nur sehr langsam voran, da zu diesem Zeitpunkt noch keine Rahmenpläne oder didaktischen Leitpläne erarbeitet worden waren.[306] Das Curriculum war zunächst nach Richtlinien des Deutschen Industrie- und Handelskammertages für die Ausbildung von Industriemeistern erstellt worden, und man verwendete Materialien deutscher Firmen in Übersetzung (s. o.). Eine Anpassung an die koreanischen Bedürfnisse erfolgte also augenscheinlich nicht. Ähnlich wie im Berufsbildungszentrum war ein vorgesehenes Praktikum nur kürzer als geplant möglich. Statt einem halben Jahr führte man zwei jeweils einmonatige Praktika durch. Doch auch für die kürzeren Zeiträume traten Schwierigkeiten auf, ausreichende Stellen zu finden, da nicht viele Unternehmen die Meisterausbildung unterstützten.[307]

Die Projektleitung versuchte aus diesem Grund einen engeren Kontakt mit koreanischen Firmen in der Umgebung herzustellen. Wie sich herausstellte, war in den Firmen das Konzept des Meisters weiterhin eher unbekannt. Die Besuche in den Firmen sowie ein direkter Austausch über die Funktion eines Meisters waren also dringend nötig. Da sich viele Firmen in der direkten Umgebung des Meistercolleges in Changwon selbst, aber auch Busan und Ulsan befanden, konnten sie leicht Kontakte zu großen *chaebŏl* wie Goldstar, Tongil oder Hyundai herstellen.[308] Dennoch bewertete die Zeitung *Maeil Business Newspaper* im Jahre 1984 den Stand der Meisterausbildung als unzureichend, insbesondere im Vergleich mit den Industrienationen. Auf der höheren Ausbildungsebene fehlte demnach weiterhin die Anerkennung und die rechtliche Grundlage:

> „[Die Absolventen des Meistercolleges] gehen nach dem Abschluss in das betreffende Unternehmen zurück, werden dort aber nicht als Meister behandelt. Der Grund dafür ist, dass die Arbeitgeber nicht entscheiden können, wie sie die Meiser einsetzen sollen. Die Arbeitgeber erklären dies

---

305 Vgl. Projektabkommen: „Da die Ausbildung industriebedarfsbezogen erfolgen muss, ist sicherzustellen, dass eine enge Zusammenarbeit mit der Industrie erfolgt. Der Praxisnähe ist der Vorzug vor der Vermittlung akademischer Inhalte einzuräumen."

306 BArch, B 213/24274, Dr. E. Schoenfeldt: Evaluation des Chang Won Industrial Master's College, 20.09.–10.10.1982, S. 7.

307 BArch, B 213/24274, M. Sziegoleit (PL): Tabelle zu Gegenwärtiger Situation, Problemen und Lösungen, 20.08.1984, S. 6.

308 BArch, B 213/24274, M. Sziegoleit (PL): 5. Projektbericht Meistercollege Changwon, o. D., S. 6/28.

damit, dass es im aktuellen Arbeitsrecht keinen Paragrafen für die Meister gibt. So muss es also eine Lücke im Meisterausbildungssystem selbst geben."[309]

Die Journalisten verknüpften die fehlende Systematisierung der Meisterausbildung sowie die unzulängliche Forschung mit der allgemeinen wirtschaftlichen Entwicklung, da Länder ohne neuentwickelte Technologien und deren richtige Anwendung der Unterentwicklung nie entkommen könnten.[310] Beide Seiten hätten mehr Wert auf die Anpassung des Meistersystems an koreanische Verhältnisse legen können, beispielsweise durch Vermittlung der Beratergruppe am Arbeitsministerium.

In einem Gespräch mit dem Autor blickte der ehemalige Werkstattlehrer des Meistercolleges, Yi Chŏngwŏn, kritisch auf das Projekt zurück und kam insgesamt zu dem Schluss, dass die Übertragung des Meistersystems gescheitert und damit das Projektziel nicht erfüllt worden sei. Er zitierte dazu eine soziologische Theorie, wonach man ein inhaltlich noch so gutes System nicht einfach übernehmen könne, sondern dafür längere Zeit brauche. Yi zufolge hätte die Übernahme des Systems vielleicht 30–50 Jahre später Erfolg haben können, aber war für die 1980er-Jahre noch verfrüht. Korea hätte sich zu diesem Zeitpunkt nämlich noch in der Frühphase der Berufsbildung befunden. Schuld am Scheitern habe aber auch die deutsche Seite, da kulturelle Unterschiede nicht weiter berücksichtigt worden seien und sie das System eins zu eins zu übertragen plante. Yi, der selbst in Deutschland einen Abschluss als Handwerksmeister erworben hatte, hob in dem Gespräch auch die Unterschiede in der Ausbildung und Anerkennung von Meistern in beiden Ländern hervor: Während Meister in Deutschland Wirtschaftswissenschaften, Betriebswirtschaftslehre, Arbeitsrecht etc. lernten und diese Lehrmaterialien auch für das Meistercollege ins Koreanische übersetzt worden seien, hätten die koreanischen Ausbilder zu diesen Themen kein Hintergrundwissen und sie deshalb auch nicht weitergeben können. Wie bereits in den Zeitungsartikeln betont, argumentierte auch Yi, dass das Ansehen von Meistern in Deutschland, aber auch deren Einkommen und soziale Stellung hoch sei, in Korea hingegen nur akademische Abschlüsse wertgeschätzt würden. Beispielsweise könnten Meister in Deutschland auch in Berufsschulen arbeiten, was in Korea ebenfalls nicht möglich war.[311]

---

309 „Naeseul tokcha kisul ajik ŏpta" [Noch keine vorzuweisenden Technologien], in: *Maeil Business Newspaper*, 01.01.1984.

310 Ibid.

311 Gespräch mit Yi Chŏngwŏn, Incheon, 13.10.2021. Yi hebt allerdings auch positiv hervor, dass die Meisterstudenten bereits viel Erfahrung hatten und die Unternehmen meist nur die Besten empfahlen. Außerdem sei es ein Vorteil gewesen, dass sie nach dem Abschluss in den meisten Fällen in das Unternehmen zurückkehren und dort mehr verdienen konnten.

Das bestätigte auch der Absolvent des Meistercolleges und spätere Berufsschullehrer Hŏ Kwang in einem Gespräch mit dem Autor. Seine Abschlüsse vom Deutsch-Koreanischen Berufsausbildungszentrum Busan, dem Zentralen Berufsausbildungszentrum Incheon und schließlich dem Meistercollege Changwon seien letztlich nicht anerkannt worden und nur durch den Erwerb weiterer, akademischer Abschlüsse an Technischen Hochschulen und Universitäten habe er in dem Feld der Berufsbildung weiter Karriere machen können.[312]

Projektende und Weiterführung

Im Falle des Meistercolleges führten diese „ungelösten, konzeptionellen Probleme" schließlich zur Beendigung des Projektes. Die deutsche Seite stellte die direkte Förderung ein und übertrug die restlichen Projektmittel an die deutsche Beratergruppe am Arbeitsministerium, wo ein Berater für die Weiterbetreuung des Projektes vorgesehen war.[313] Als inhaltliche Fortführung plante man, am Zentralen Berufsausbildungszentrum in Incheon eine Ausbildung von Handwerksmeistern einzurichten. Während die Industriemeister aus Changwon in Mittel- und Großbetrieben arbeiten sollten, waren Handwerksmeister meist in kleineren Betrieben oder selbstständig tätig. Die Ausbildung der Meister sollte dabei vor allem „zum selbstständigen, analytischen und kreativen Denken zur Bewältigung betrieblicher Anforderungen" anregen.[314] Eine kritische Reflexion über die Gründe für das Scheitern einer Übertragung des Meistersystems erfolgte zu diesem Zeitpunkt nicht. Weder die deutsche Seite noch die koreanische Seite war jedoch an einer weiteren Zusammenarbeit in diesem Bereich interessiert.

Trotz der insgesamt kritischen Bewertung wurden zwischen 1992 und 1997 insgesamt 17 Meistercolleges im ganzen Land neu gegründet, indem einige der Berufsbildungsinstitute zu Meistercolleges hochgestuft wurden, darunter auch das Zentrale Berufsbildungszentrum in Incheon. Die Meistercolleges waren ursprünglich auf eine zweijährige Ausbildung und die Berufsausbildungszentren auf eine einjährige Ausbildung ausgerichtet, wurden aber schließlich zusammengelegt und erhielten 2005 den gleichen Status wie zweijährige Berufsfachschulen (*chigŏp chŏnmun hakkyo*). Im Jahr darauf wurden auch diese zwei Schultypen

---

312 Gespräch mit Hŏ Kwang, Seoul, 12.02.2020.

313 PA AA, B 37-ZA, 142745, Dr. Pallmann (BMZ): Vermerk: TZ mit Korea, hier: Berufsausbildungsprojekte, 23.10.1984, S. 2f. Das BMZ, vertreten durch Dr. Pallmann, lehnte auch von vorneherein die weitere Vergabe von Stipendien auf dem neueren Sektor ‚computergesteuerte Technologien' sowie die Lieferung von Ausrüstungsgegenständen (ausgenommen Ersatzteile) ab und kam damit den koreanischen Forderungen nicht nach.

314 PA AA, B 37-ZA, 142724, GTZ: Angebot über Berater Meisterausbildung/Nachbetreuung CIMC Korea, 23.04.1985, S. 2–4.

schließlich zusammengefasst und unter dem Namen Korea Polytechnics neugegründet.[315] Insgesamt hatten aber die Meistercolleges der 1990er-Jahre inhaltlich nichts mehr mit dem deutschen Meisterbegriff zu tun, und es vollzog sich schließlich eine weitere Akademisierung der Berufsausbildung.[316]

5.2 Ausbildung von Berufsschullehrern an der Chungnam National University

Die BRD förderte von 1979 bis 1992 in insgesamt drei Phasen den Aufbau des College of Industrial Education (CIE, *kongŏpkyoyuktaehak*) an der Chungnam National University (CNU). Das Projekt begann mit einer Förderung von 8,5 Mio. DM von 1979 bis 1983 und wurde in der Folge zweimal bis 1989 verlängert. Außerdem wurde bis 1992 eine Nachbetreuung durchgeführt. Insgesamt unterstützte die deutsche Regierung die Fakultätserweiterung der CNU mit 15,6 Mio. DM, wovon 6,6 Mio. DM für die Anschaffung technischer Ausrüstung zur Verfügung gestellt wurden.[317] Neben der Ausstattung von Laboren und Werkstätten wurden ein Medienzentrum für Professoren eingerichtet und deutsche Experten nach Korea sowie koreanische Professoren zur Weiterbildung nach Deutschland entsandt. Bei der Entwicklung eines Curriculums für die Studiengänge Maschinenbau und Chemie (Fertigungstechnik, Chemietechnik) auf Lehramt, wurde insbesondere die praktische Ausbildung betont.[318]

Für dieses Projekt liegt bereits ein Forschungsartikel aus dem Jahr 2018 von Yu Nayŏn und Pak Hwanpo, zwei Forschern der Erziehungswissenschaften der CNU, vor.[319] Dieser Artikel stützt sich insbesondere auf die private Dokumentensammlung eines koreanischen Zeitzeugen sowie interne Forschungsartikel

---

315 Vgl. auch: Cho, Hwanghŭi et al.: *Han'guk-ŭi kwahak kisul illyŏk chŏngch'aek* [Koreanische Politik für Arbeitskräfte in der Wissenschaft und Technologie], Bericht, Kwahak Kisul Chŏngch'aek Yŏn'guwŏn: Daejeon 2002, Kapitel 2, S. 144–191.

316 Vgl. zu dem Begriff ‚Akademisierung' auch einen frühen Zeitungsartikel, der von einer ‚Akademisierung des Technikers' spricht. „Kinŭngin-ŭi chŏngsang kinŭngjang-ŭl kirŭnda – 3wŏl 5il-e kaegyoha-nŭn Ch'angwŏn kinŭng taehak)" [Gipfel der Techniker: die ‚Meister'-Ausbildung – Eröffnung des Meistercollege Universität Changwon am 5. März], in: *JoongAng Ilbo*, 27.02.1980.

317 Vgl. auch Yu/Pak, „1970–80nyŏndae togil-ŭi kyoyuk wŏnjo", Tabelle 2.

318 Die Ingenieurswissenschaftliche Fakultät an der CNU hatte folgende Fächer, von denen die genannten zwei unterstützt wurden: Architectural Engineering, Civil Engineering, Mechanical Engineering, Mechanical Design Engineering, Electrical Engineering, Electronics Engineering, Metallurgical Engineering, Chemical Engineering.

319 Es findet sich ein inhaltlicher Fehler in dem Artikel: Dort heißt es, dass die koreanische Seite die Kosten für die deutschen Experten und die Flugkosten für die Counterpart-Fortbildungen tragen musste, was jedoch – wie in allen anderen Projekten – erst ab 1984 der Fall war und demnach nicht für die ersten fünf Jahre zutrifft.

der CNU, sodass die koreanische Perspektive stärker widergespiegelt wird. Für dieses Kapitel wird, wenn nötig, auf diesen Artikel verwiesen. Jedoch liegt der inhaltliche Fokus, ähnlich wie bei Yu und Chŏng, auf einer erziehungswissenschaftlichen Perspektive, sodass im Rahmen dieser Arbeit durchaus neue Erkenntnisse in Bezug auf die Akteure gewonnen werden können. In der Jubiläumsschrift der CNU zu derem 50-jährigen Bestehen wird das Projekt lediglich auf einer Seite kurz erwähnt, aber auf die genauen Hintergründe nicht eingegangen.[320] Dies zeigt auch, dass es für die Universität als Ganzes womöglich eine untergeordnete Rolle spielte. Im Folgenden wird zunächst auf die Hintergründe des Projektes eingegangen. Danach folgen die Diskussionen vor Beginn und Modifikationen im Laufe des Projektes. Schließlich wird das Projekt in seinem lokalen und transnationalen Netzwerk betrachtet sowie die Perspektive der deutsch-koreanischen Akteure genauer beleuchtet.

Hintergründe und Anfang des Projektes

In einer Rede bei der Übergabefeier 1992 schildert der koreanische Chemieprofessor Yi Posŏng seine aktive Rolle bei der Antragsstellung: Demnach habe er bereits im Jahr 1974 bei einem Besuch von Botschafter Ferring an der CNU die Möglichkeit eines Projektantrags besprochen. Im gleichen Jahr verfasste er selbst einen Antrag und reichte ihn über die koreanische Regierung bei den deutsch-koreanischen Wirtschaftsverhandlungen ein, um eine Förderung zu erhalten. Ein Jahr später besuchte Yi die Hochschulen in Karlsruhe und Dortmund, um Musterlehrpläne zu erstellen, sowie das BMZ und die GTZ, um dort über seinen Antrag zu sprechen; auch die erste Gutachterreise im gleichen Jahr begleitete er. Es zeigt sich hier, wie in vielen Projekten, das aktive Engagement von Einzelpersonen in den Geberländern. Yi selbst hatte in der BRD in Chemie promoviert und war zu dieser Zeit nach eigenen Worten der einzige CNU-Professor mit einem Doktortitel einer deutschen Universität. Aus diesem Grund scheint er von Seiten der Universität für die Antragsstellung prädestiniert gewesen zu sein.[321]

Zunächst schlugen die deutschen Gutachter U. Onken und H. Victor vor, an der CNU eine Ingenieursausbildung „nach deutschem Muster unter Anpassung an koreanische Verhältnisse" zu etablieren.[322] Die koreanische Regierung än-

---

[320] *Ch'ungnam Taehakkyo 60nyŏnsa: 1952–2012,* Bd. 1, „Chinaon 60nyŏn: Widaehan palchach'wi" [60 Jahre Chungnam National University, Bd. 1, Vergangene 60 Jahre: Große Leistungen], S. 168.

[321] Internes Dokument der CNU, Rede von Prof. Yi Posŏng bei der Übergabefeier, 04.12.1992. Erhalten durch Pak Hwanbo (CNU).

[322] BArch, B 213/24358, Prof. Dr. U. Onken / Prof. Dr. H. Victor: Kurz-Bericht – College of Engineering, CNU, 10.11.1974, S. 2.

derte jedoch im Jahre 1977 ihre Strategie bei der Ausbildung von Technikern an staatlichen Universitäten und legte regionale Schwerpunkte fest: Danach richtete beispielsweise die Busan National University ihren Schwerpunkt auf Maschinenbau, die Chonnam National University ihren Schwerpunkt auf Chemieingenieurswesen und die CNU ihren Schwerpunkt auf die Ausbildung von Berufsschullehrern. Diese Spezialisierung war auf die regionalen, benachbarten Industrien ausgerichtet.[323] Aus diesem Grund musste auch das geplante Entwicklungsprogramm für die CNU überarbeitet werden, da man neben der Ingenieursausbildung nun auch die Berufsschullehrerausbildung parallel anstrebte. Die CNU sah lediglich die Ergänzung der Ingenieursausbildung um weitere Studienleistungen in erziehungswissenschaftlichen Fächern vor, um die Absolventen sowohl für eine Tätigkeit in der Industrie als auch dem Berufsschulwesen vorzubereiten.[324]

Die Universität war also nur bedingt an einer Änderung des ursprünglichen Antrages interessiert, während die deutschen Berufsbildungsexperten, die in Folge des geänderten Projektentwurfes als Gutachter entsandt worden waren, die Umwandlung des Projektes in eine angewandte und praktische Berufsschullehrerausbildung anstrebten. So hob der BMZ-Beamte Dr. Barthelt in einer Besprechung hervor, dass die neue Ausrichtung auf Berufsbildung dem Gesamtkonzept der deutsch-koreanischen technischen Zusammenarbeit stärker entsprach als die Förderung der Ingenieursausbildung.[325] Das Projekt „setzt die Reihe der Projekte fort, durch die seit Jahren [...] schwerpunktmäßig das berufliche Bildungswesen Koreas gefördert wird. Die koreanische Regierung erhofft sich von der deutschen Projektunterstützung außerdem die Entwicklung eines Ausbildungsmodells, das später auf andere Lehrerbildungsinstitutionen im Lande übertragen werden soll."[326] Zuvor hatte die deutsche Regierung bereits eine Ausbildung von Berufsschullehrern am Berufsbildungszentrum in Busan geplant, was aus verschiedenen Gründen allerdings nicht ausgeführt werden konnte.[327] Das CNU-Projekt kam also gelegen, um eine solche Planung zu verwirklichen. Im Angebot der GTZ zu Gründen der Durchführung des Projektes wurde neben dem Wandel von der Leicht- zur Schwerindustrie auch die Entsendung von koreanischen Ingenieuren in den Nahen Osten genannt und damit der

---

[323] Shin/Lee/Hong, *Vocational Technical Education in the Republic of Korea*, S. 22f.; BArch, B 213/24358, GTZ-Besprechungsbericht: CNU in Daeduk: Ingenieurfakultät, 16.09.1977, S. 1.

[324] Ibid., S. 2.

[325] BArch, B 213/24358, GTZ-Besprechungsbericht: CNU in Daeduk: Ingenieurfakultät, 30.09.1977, S. 1.

[326] BArch, B 213/24359, GTZ-Angebot: Bildungszusammenarbeit mit Südkorea; Ausbildung von technischen Lehrern an der Chungnam-Universität, 02.05.1979, S. 4.

[327] Vgl. Unterlagen in BArch, B 213/24270; 24275.

steigende Bedarf an technischer Ausbildung erklärt. Insbesondere fehlten in der bestehenden Ausbildung die Praxisausrichtung und Orientierung am Bedarf der Industrie.[328]

Als Grund für die Auswahl der CNU als Trägerinstitution wurde einerseits die geplante Dezentralisierung des koreanischen Bildungssystems genannt, sodass die deutsch-koreanische technische Zusammenarbeit ebenfalls als ein Beitrag zu diesem Prozess verstanden werden kann.[329] Nach der Förderung der Seouler Korea University seit 1974 (siehe Kapitel IV-4) stand damit das erste Mal eine Universität außerhalb der Metropole auf der Förderliste. Yu und Pak heben außerdem hervor, dass Absolventen des gleichen Fachbereichs an der prestigereicheren Seoul National University (SNU) nach dem Abschluss meist in die Industrie abwanderten, während man sich durch die Förderung der CNU eine größere Wirkung versprach. Die koreanische Regierung machte außerdem ein Studium an der CNU attraktiver, indem sie den Ausbau des umliegenden Daeduk Science Town vorantrieb und Studiengebühren durch Stipendien minderte.[330]

Modifizierung der Projektkonzeption

Die Deutsche Botschaft in Seoul sprach 1982 von einem „versteckten Dissens“ zwischen der deutschen und der koreanischen Seite in Bezug auf die frühe Projektkonzeption, da die GTZ von einer reinen Ausbildung technischer Lehrer ausgegangen war, während sich die CNU die Ausbildung von technischen Lehrern und Ingenieuren wünschte. Diese Fehlkommunikation wurde darauf zurückgeführt, dass die ersten deutschen Experten erst verspätet eintrafen und daher das Projekt ein „Eigenleben“ entwickelt hatte.[331] Die ersten Curricula, Fortbildungsprogramme und Materiallisten waren bereits ab 1975 erarbeitet und 1977 vorgestellt worden, mussten aber mit der Änderung der Ausrichtung auf die Lehrerausbildung dann wieder modifiziert werden.[332]

---

[328] BArch, B 213/24359, GTZ-Angebot: Bildungszusammenarbeit mit Südkorea; Ausbildung von technischen Lehrern an der Chungnam-Universität, 02.05.1979, S. 3.

[329] BArch, B 213/39063, K. Griesbaum / H.-O. Vesper: Evaluierungsgutachten zum Projekt ‚Ausbildung von technischen Lehrern an der CNU‘, 12.1984, S. 15.

[330] Yu/Pak, „1970–80nyŏndae togil-ŭi kyoyuk wŏnjo“, S. 91f. Vgl. auch: Shin/Lee/Hong, *Vocational Technical Education in the Republic of Korea*, S. 23.

[331] BArch, B 213/24359, Schreiben der Deutschen Botschaft Seoul an das AA: TZ mit Südkorea; hier: Projekt Ausbildung Technischer Lehrer an der CNU, Daejon, 02.04.1982. Demnach hatte es Probleme gegeben, geeignete Experten zu rekrutieren. Die politische Lage wird in den Berichten hingegen nicht erwähnt.

[332] BArch, B 213/24359, Projektübersicht: CNU College of Industrial Education, 12.1979.

Insbesondere der Antragssteller Yi Posŏng kritisierte die neuen Absichten der deutschen Seite und wollte die Forschungskomponente des Studiengangs nicht aufgeben. Er war außerdem der Auffassung, dass die deutsche Seite versuche, „die koreanischen Partner zu kontrollieren, Fehler zu suchen und Kritik zu üben, anstatt ‚getreu das Abkommen zu erfüllen'". Ihm zufolge interpretierten die zuständigen Stellen das Projektvorhaben vollkommen anders, auch in Bezug auf Materiallieferungen, aber vor allem hinsichtlich der erziehungswissenschaftlichen Ausrichtung der Studiengänge, die „von koreanischer Seite überhaupt nicht gewünscht wird". Auf Grund dieser harschen Auseinandersetzung stoppte die GTZ weitere Materiallieferungen bis auf weiteres.[333] Durch Gespräche unter Leitung der Botschaft konnten die Missverständnisse zwar ausgeräumt und Yi wieder von der Projektausrichtung überzeugt werden, aber die Auseinandersetzungen zeigen auch, welche Schwierigkeiten noch auf das Projekt zukommen würden. Insbesondere der Spagat zwischen Lehrer- und Ingenieursausbildung war schwierig zu bewältigen und führte in der Folge zu weiteren Projektmodifikationen.

Von 1972 bis 1982 stieg die Anzahl von Schülern an Berufsschulen und technischen Schulen von 360.000 auf 852.000. Aus diesem Grund gab es einen erhöhten landesweiten Bedarf an Berufsschullehrern, und am CIE wurden auf staatliche Regulierung hin mehr Studierende als geplant aufgenommen (siehe Tabelle 12). Da aber die Anzahl der Labor- und Werkstattplätze beibehalten und das Hochschulpersonal nur bedingt erweitert wurde, mussten viele Komponenten in der praktischen Ausbildung eingeschränkt werden, indem beispielsweise bis zu vier Studierende gemeinsam praktische Aufgaben absolvierten.[334] In der Folge zeichnete sich jedoch ein Abwärtstrend an Berufsschülern ab, u. a. da die Berufsschulen nicht ausreichend auf die Universitätszulassungsprüfung vorbereiteten und die Eltern diese Schulform demnach als ‚Sackgasse' wahrnahmen. Dies hatte zur Folge, dass auch der Bedarf an Berufsschullehrern über die Jahre zurückging und auf staatliche Weisung weniger Zulassungen in die berufspädagogischen Studiengänge der CNU erfolgten.[335] Die deutschen Gutachter er-

---

[333] BArch, B 213/24359, Gesprächsnotiz Dekan Maeng, koreanische Professoren und deutsche Experten vom 27.08.1980, 02.09.1980; B 213/24359, Gesprächsnotiz Hr. Schnitter, Hr. Neugebauer, Dr. Sigrist vom 24.08.1980, 31.08.1980. In einem der Klärungsgespräche fragte der Leiter der Beratergruppe am Arbeitsministerium, A. Schnitter, welche Art der Lehrerausbildung die GTZ überhaupt verfolge, und verweist damit auch auf ungeklärte interne Streitigkeiten, die nicht vollständig ausgeräumt waren. Auch der Informationsaustausch zwischen Universität, GTZ und Projekt erfolgte nicht immer reibungslos.

[334] BArch, B 213/39063, K. Griesbaum / H.-O. Vesper: Evaluierungsgutachten zum Projekt Ausbildung von technischen Lehrern an der CNU, 12.1984, S. 7.

[335] Vgl. auch: BArch, B 213/39063, K. Griesbaum / H.-O. Vesper: Evaluierungsgutachten zum Projekt ‚Ausbildung von technischen Lehrern an der CNU', 12.1984, S. 19f.

warteten daher im Jahr 1984, dass sich der Bedarf an Lehrern pro Fach und Jahr auf ca. 20–30 Personen landesweit einpendeln würde.[336]

Tabelle 12: Zulassungen am College of Industrial Engineering

Jahr	1977	1978	1979	1980	1981	1982	1983	1984	1985
Zulassungen	475	475	800	900	910	559	351	351	264

Quelle: BArch, B 213/39063, K. Griesbaum/H.-O. Vesper: Evaluierungsgutachten zum Projekt Ausbildung von technischen Lehrern an der CNU, 12.1984; Anhang.

Aus diesem Grund änderte sich auch die inhaltliche Ausrichtung der Studiengänge im Projektverlauf erneut. Die CNU hatte bereits frühzeitig im Jahre 1978 kommuniziert, dass sie im Falle einer Deckung des Bedarfs an Lehrern wieder zu einer reinen Ingenieursausbildung zurückkehren würde.[337] Ab 1984 änderte die Fakultät ihren Namen wieder von College of Industrial Education zu College of Engineering, wodurch insbesondere auch den Absolventen die Arbeitsplatzsuche in der Industrie erleichtert werden sollte.[338]

Lehrerausbildung zwischen Theorie und Praxis

Wie bereits in den anderen Projekten deutlich wurde, war sowohl die koreanische Berufsbildung als auch die Berufsschullehrerausbildung auf Theorie anstatt auf Praxis ausgerichtet. Allerdings legte die Bundesregierung, wie bereits bei den Facharbeiterschulen und Berufsbildungszentren ersichtlich, großen Wert auf einen Praxisbezug, sodass man diesen auch für die Lehrpläne an der CNU anstrebte. Der erste deutsche Projektleiter R. Bode organisierte zu Beginn des Projektes gemeinsam mit koreanischen Professoren ausführliche Exkursionen zur Erkundung der Situation in Firmen und Berufsschulen, um die Curricula auf deren Bedarf auszurichten.[339] In Absprache mit dem deutschen Berufsbildungsexperten H. Nölker entwickelte er ein vorläufiges Curriculum, das in der gesamten Ingenieursfakultät, nicht nur in den von der Bundesrepublik unterstützten Abteilungen, übernommen werden sollte.[340] Im Rahmen des Projektes wurde auch das Standardwerk zur Berufsbildung von H. Nölker und E. Schoenfeldt, die beide jahrelang als Experten für die Berufsbildung in verschie-

---

[336] BArch, B 213/39063, K. Griesbaum / H.-O. Vesper: Evaluierungsgutachten zum Projekt Ausbildung von technischen Lehrern an der CNU, 12.1984, S. 8.

[337] BArch, B 213/24358, Dr. Barthelt: Bildungspolitische Zusammenarbeit mit der Republik Korea, hier: Chungnam-Universität in Daeduk, 21.03.1978, S. 2.

[338] BArch, B 213/39063, Fachliche Stellungnahme zu Projektfortschrittsbericht Nr. 10 – Training of Technical Teachers CNU, 17.07.1984, S. 2.

[339] Vgl. auch: Yu/Pak, „1970–80nyŏndae togil-ŭi kyoyuk wŏnjo“, S. 98.

[340] BArch, B 213/24359, Ergebnisprotokoll (Agreed Minutes): CNU, College of Industrial Education, 28.07.1978.

denen Ländern Afrikas und Asiens tätig waren, übersetzt.[341] Für die kommenden Jahre planten die deutschen Experten außerdem den Aufbau eines Graduiertenprogramms mit Master und Doktor für gehobene Positionen in Lehre und Forschung sowie Verwaltung zu etablieren.[342] Letztlich kam es im Projektverlauf dazu jedoch nicht.

Im Rahmen der Ausbildung beklagten die deutschen Experten bei den koreanischen Studierenden und Professoren oftmals ein fehlendes „Verständnis für sauberes, exaktes Experimentieren, sowie die Notwendigkeit einer Verbindung von Theorie und Praxis".[343] Probleme wurzelten demzufolge „hauptsächlich an der koreanischen Mentalität, nämlich nicht praktisch arbeiten zu wollen".[344] In diesem Zusammenhang wurde auch auf den bereits erwähnten *White Collar Complex* verwiesen. Diese Betonung kultureller Unterschiede, hier vor allem im Negativen, setzte sich bis in spätere Jahre fort und führte letztlich auch zu einer Revision der technischen Zusammenarbeit im Berufsbildungssektor (s. o.). Der Langzeitexperte H. Winkler verweist in einem Rückblick auf seine Zeit in Korea auf folgende Anekdote:

> „Dieser Mangel an Praxisorientierung war schon ersichtlich, wenn man den koreanischen Studenten bei ihren Labor- und Werkstattpraktika zusah: Zum Schutz der Hände trugen sie weiße Baumwollhandschuhe, die auch im Alltagsleben der Koreaner eine große Rolle spielen — fast jeder Bus- oder Taxifahrer trägt sie. Auf meine Nachfrage nach dem Sinn dieser Sitte erhielt ich die Antwort, dass es unter der menschlichen Würde sei, direkt mit Maschinen in Berührung zu kommen: *Der Edle ist kein Instrument.* Das war freilich keine gute Startbedingung für eine technische Ausbildung."[345]

Diese Erklärung schloss sich deutlich an die oben diskutierten Narrative der Beratergruppe an und nennt auch explizit den Buchtitel E. Schoenfeldts, der auf einem klassisch konfuzianischen Text beruhte. Das Problem hatte jedoch nicht nur einen (vermeintlich) kulturellen, sondern auch einen strukturellen Hinter-

---

341 Schoenfeldt, Eberhard / Nölker, Helmut: *Berufsbildung: Unterricht, Curriculum, Planung*, Expert Verlag: Tübingen 1980. Koreanische Version übersetzt von Chŏng Wansik, herausgegeben von CNU: *Shilgwajido-ŭi iron-gwa shilche*, Sŏngandang, 1983.

342 BArch, B 213/24359, Niederschrift der Beratungsergebnisse der Herren Dr. Bode und Prof. Nölker über das Chungnam Projekt, 31.10.–09.11.1980.

343 BArch, B 213/39063, K. Griesbaum / H.-O. Vesper: Evaluierungsgutachten zum Projekt Ausbildung von technischen Lehrern an der CNU, 12.1984, S. 28f.

344 BArch, B 213/39063, Fachliche Stellungnahme zu Projektfortschrittsbericht Nr. 9 – Training of Technical Teachers CNU, 26.01.1984, S. 2; B 213/39063, Hinrichs (BMZ): TZ mit der Republik Korea; hier: Ausbildung von technischen Lehrern an der CNU, Gespräch mit dem PS Hr. Neugebauer, 24.04.1984, S. 1.

345 Winkler, Helmut: „Als deutscher Ingenieur im Ausland: Als Lang- und Kurzzeitexperte der GTZ in Südkorea", in: Kaiser, Walter / König, Wolfgang (Hg.): *Geschichte des Ingenieurs: Ein Beruf in sechs Jahrtausenden*, Hanser: München 2006, S. 314.

grund. Die deutschen Experten stellten frühzeitig fest, dass die CNU bzw. koreanische Universitäten allgemein keinen akademischen Mittelbau aufwiesen, was insbesondere für die ingenieurs- und naturwissenschaftlichen Fächer einen Mangel an Werkstattmeistern und Labortechnikern bedeutete.[346] Aus diesem Grund setzten die koreanischen Counterparts die gelieferten Maschinen und Werkzeuge weniger ein als eigentlich geplant, und auf Grund fehlender Ersatzteile und Wartung waren diese nach einiger Zeit teilweise nicht mehr funktionsfähig.[347] Als Reaktion auf diese Lücke wurden bis zum Ende des Projektes im Rahmen der Counterpartausbildung nicht nur Professoren, sondern auch sieben koreanische Techniker bzw. Ingenieure im Rahmen von drei- bis sechsmonatigen Programmen an Hochschulen in Dortmund und Darmstadt weitergebildet. Neben der Ausbildung in der BRD erfolgten auch Weiterbildungen am Korean Educational Development Institute (KEDI) und dem SNU-Mediacenter.[348] Eine weitere Facette der praxisorientierten, pädagogischen Ausbildung an der CNU war der Aufbau eines Medienzentrums. Dadurch sollten die Ingenieurswissenschaften enger mit den Erziehungswissenschaften und insbesondere Didaktik verknüpft werden.[349]

Auch wenn in der Planung eine enge Verschränkung von Theorie und Praxis vorgesehen war, konnte in der Durchführung des Projektes der Praxisbezug nicht immer hergestellt werden. Die Gutachter K. Griesbaum und H.-O. Vesper stellten 1984 mehrere Mängel fest: Erstens erfolgte der Aufbau eines Praktikums in der technischen Chemie und Fertigungstechnik erst verspätet, während in anderen Bereichen zwar von Anfang an ein Praktikum integriert wurde, aber eine angemessene Betreuung fehlte. Die koreanischen Assistenten bzw. Techniker waren demnach noch zu unerfahren in der Durchführung oder es fehlte allgemein an Personal. Daneben wurde die gelieferte Ausrüstung nicht immer optimal eingesetzt, sondern z. T. im Lager zurückbehalten. Pädagogisch waren die praktischen Übungen nicht in allen Bereichen eindeutig mit dem theoretischen

---

346 BArch, B 213/24359, Gesprächsnotiz Präsident Suhr, Dekan Maeng, Hr. Neugebauer, Dr. Sigrist, Hr. Peter vom 26.08.1980, 01.09.1980; B 213/39063, K. Griesbaum / H.-O. Vesper: Evaluierungsgutachten zum Projekt ‚Ausbildung von technischen Lehrern an der CNU', 12.1984, S. 24.

347 BArch, B 213/39063, Fachliche Stellungnahme zu Projektfortschrittsbericht Nr. 9 – Training of Technical Teachers CNU, 26.01.1984, S. 4; B 213/39063, Gesprächsnotiz Projektbesprechung, 21.03.1984.

348 BArch, B 213/39063, Gesprächsnotiz Projektbesprechung, 21.03.1984. Vgl. auch: Yu/ Pak, „1970–80nyŏndae togil-ŭi kyoyuk wŏnjo", S. 96.

349 BArch, B 213/39063, Fachliche Stellungnahme zu Projektfortschrittsbericht Nr. 12 – Training of Technical Teachers CNU, 19.07.1985. Der Aufbau des Zentrums wurde insgesamt als erfolgreich bewertet. Vgl. auch: BArch, B 213/39063, K. Griesbaum / H.-O. Vesper: Evaluierungsgutachten zum Projekt Ausbildung von technischen Lehrern an der CNU, 12.1984, S. 43f.

Wissen der Studierenden verknüpft.[350] Yu und Pak ergänzen außerdem, dass sich das Ausbildungskonzept an der CNU nicht durchgesetzt hat. An den Berufsschulen, aber auch an der CNU selbst, gab es selten die neusten Maschinen und Werkzeuge, die für eine praktische Tätigkeit nach der Ausbildung relevant gewesen wären.[351] Ein solches Problem hatte sich auch bereits bei den Berufsbildungszentren gezeigt, in denen die Absolventen zwar praktisch an Maschinen ausgebildet worden waren, in den Fabriken aber meist ältere oder andere Maschinen verwendet wurden. So erwähnte Langzeitexperte H. Winkler auch, dass Geräte aus Deutschland zwar geliefert, an der CNU dann aber nicht eingesetzt wurden. So seien die Bunsenbrenner für das Labor der Verfahrenstechnik nicht einmal ausgepackt worden, weil die Universität sich das Gas nicht habe leisten können.[352]

Von deutscher Seite wurde dennoch in den Gutachten hervorgehoben, dass die Praxisorientierung eine positive Wirkung hatte. Neben den drei geförderten Fachbereichen am CIE konnte sich das Projektkonzept auch auf andere Fächer ausweiten, da diese über das Medienzentrum verbunden waren.[353] In einer Studie aus dem Jahr 1992 befragten K. Rütters, Ryu Chang-yeol und Jung Woo-hee Absolventen des deutsch-koreanischen Projektes an der CNU über ihre Erfahrungen. Die meisten schätzten die Unterrichtsmethoden und -materialien der deutschen Professoren positiv ein und gaben an, dass sie dadurch leichteren Zugang zu deutscher Technik erlangen konnten.[354]

Globalisierung der CNU und Transnationale Akteure

Schon vor der Förderung des CNU-Projektes wurde in Westberlin eine Konferenz zum Thema Ingenieursausbildung im Rahmen der westdeutschen technischen Zusammenarbeit durchgeführt. Das BMZ förderte weltweit Mitte der 1970er-Jahre bereits diverse Fakultäten für Ingenieurswissenschaften mit dem Ziel, den Bedarf an hochqualifizierten Technikern zu sichern und darüber hinaus Professoren und technisches Personal vor Ort auszubilden sowie die angewandte Forschung und Zusammenarbeit bzw. Beratung der Wissenschaft mit Industrie und Regierung voranzutreiben. Im Rahmen der Konferenz sollten Leitlinien für die technische Zusammenarbeit im (Berufs-)Bildungssektor fest-

[350] Ibid., S. 28f.

[351] Yu/Pak, „1970–80nyŏndae togil-ŭi kyoyuk wŏnjo", S. 104.

[352] Winkler, „Als deutscher Ingenieur im Ausland", S. 314.

[353] BArch, B 213/39063, K. Griesbaum / H.-O. Vesper: Evaluierungsgutachten zum Projekt Ausbildung von technischen Lehrern an der CNU, 12.1984, S. 10/27.

[354] Rütters, Klaus / Ryu, Chang-yeol / Jeong, Woo-hee: „Follow-up Study on the Graduates of the Technical Teacher Education Program of CNU, Report of the Industrial Education Research Center CNU", 1992, S. 57–71.

gelegt werden, sodass bestehende und neue Projekte besser unterstützt und die internationale Kooperation der Projekte untereinander und mit den Hochschulen in der BRD gefördert werden können.[355]

Im CNU-Projekt wurde aus diesem Grund auch die Kooperation mit dem King Mongkut's Institute of Technology (KMIT) in Thailand angestrebt, das auch lange Zeit in ähnlicher Weise von der GTZ unterstützt worden war.[356] Obwohl einige Berater des Berufsbildungswesens wie H. Nölker und E. Schoenfeldt dort ebenfalls regelmäßig tätig waren,[357] scheint es jedoch in der Folge keinen weiteren Austausch gegeben zu haben. Die deutsche Entwicklungszusammenarbeit selbst war also trotz der Vergleiche untereinander an ein Land und meist ein Projekt gebunden. Ein konkreter Vorschlag auf der Konferenz bezog sich auf die direkte Auswahl von Gastprofessoren durch die Universität des Entwicklungslandes.[358] Auch wenn dieses Vorgehen in Teilen ermöglicht wurde, gab es insbesondere am Anfang Schwierigkeiten, überhaupt geeignete Professoren zu finden.

Auf der anderen Seite konnte die CNU sich während der 1970er-Jahre weiter globalisieren. Um sich eine Zusammenarbeit mit der Bundesrepublik zu sichern, weitete die CNU zunächst ihre „Deutsch(land)kompetenz" aus, indem in Zusammenarbeit mit dem Goethe-Institut weitere Sprachkurse angeboten, eine eigenständige Germanistikabteilung eröffnet und sechs neue Dozenten mit Ausbildung an deutschen Universitäten eingestellt wurden.[359] Ein ähnliches Vorgehen zeigte sich auch bei der Korea University (siehe Kapitel IV-4/VI-2). Die deutschen Berater hatten anfangs vor allem deutschsprachige Literatur und Materialien nach Korea liefern lassen, dann jedoch festgestellt, dass diese wenig genutzt wurden. Daraufhin ließen sie hauptsächlich englischsprachige Literatur anschaffen und übersetzten auch mehr ins Koreanische.[360] So konnte also auch

---

355 BArch, B 213/24358, „Training of Engineers in Less Industrialized Countries – Experiences from Projects of German Technical Assistance"; Konferenzbericht 26.09–06.10.1975. Auf der Konferenz u. a. besprochen: Indian Institute of Technology in Madras, Faculty of Technology der Helwan University (Ägypten), Faculty of Mechanical Engineering, Universidad Tecnica Federico Santa Maria in Valparaiso (Chile), Faculty of Technology der National University in Addis Ababa (Äthiopien), Faculty of Engineering der University of Dar es Salaam (Tansania).

356 Vgl. auch die Webseite des Instituts, URL: https://www.kmutnb.ac.th/About-(1)/Profile/KMUTNB-History.aspx?lang=en-gb.

357 Vgl. auch: Gespräch mit E. Schoenfeldt, Kassel, 26.08.2022.

358 BArch, B 213/24358, „Training of Engineers in Less Industrialized Countries – Experiences from Projects of German Technical Assistance"; Konferenzbericht 26.09–06.10.1975.

359 BArch, B 213/24358, Offizielles Antragsschreiben der CNU: Bedürfnis der deutschen Unterstützung für das College of Industrial Education Chungnam National University, 13.01.1978, S. 3. Vgl. auch: Yu/Pak, „1970–80nyŏndae togil-ŭi kyoyuk wŏnjo", S. 101.

360 BArch, B 213/39063, Gesprächsnotiz Projektbesprechung, 21.03.1984.

die Bibliothek um internationale Forschungsliteratur erweitert werden. Die deutschen Berater publizierten außerdem in koreanischen Fachzeitschriften zur Lehrerausbildung, was insgesamt zu einer Internationalisierung der Forschungslandschaft beitrug.[361]

Neben der Zusammenarbeit mit der deutschen Regierung beantragte die CNU außerdem einen Weltbankkredit zur Modernisierung der Universität.[362] Die Doppelförderung durch Weltbank und westdeutsche technische Zusammenarbeit führte auch zu einigen Überschneidungen, in diesem Fall u. a. bei der Anschaffung von Videoeinrichtungen. Die Abstimmung zwischen Universität und den beiden Gebern war in diesem Fall nicht erfolgreich.[363] In direkter Nähe zur CNU wurden in den 1970/80er-Jahren außerdem diverse staatlich-finanzierte Forschungszentren zu Naturwissenschaft und Technik aufgebaut, die auch durch deutsch-koreanische Entwicklungszusammenarbeit gefördert wurden, aber hier ist ebenfalls keine Kooperation erfolgt, obwohl sich eine solche sicherlich angeboten hätte. Im Rahmen der Berufsbildung gab es allerdings einige personelle Überschneidungen und dadurch vereinzelte Zusammenarbeit mit anderen deutschen Projekten. Vor allem die Projekte zur Ausbildung von Berufsschullehrern am KIT ab 1985 und die Beratergruppe am Arbeitsministerium pflegten einen intensiveren Kontakt mit dem CNU-Projekt. Insbesondere einige Kurzzeitexperten waren sowohl an der CNU als auch an anderen Projekten tätig. Kurzzeitexperten für den Bereich Chemietechnik führten Spezialvorlesungen und Praktika durch, und der Kurzzeitexperte für den Bereich Medientechnik wirkte beim Aufbau des Medienzentrums sowie der Entwicklung von Lehrmaterialien mit, die auch über die CNU hinaus verwendet werden konnten.[364]

Die Counterpartausbildung erfolgte in Form von Kurz- und Langzeitprogrammen. Anfangs wurden fünf Stipendiaten für ein Jahr entsandt. Die GTZ hatte daraufhin zunächst geplant, drei weitere Counterparts im Colombo Staff Institute in Singapur weiterzubilden. Allerdings baten die koreanischen Professoren darum, statt in Singapur ebenfalls in der Bundesrepublik ihre Weiterbil-

---

361 Es finden sich u. a. zwei Veröffentlichungen von R. Bode: Bode, Rudolf: „Vocational/ Industrial Reacher Education in Germany: With Emphasis on its Curricula“, in: *Taehan Kongŏp Kyoyuk Hak'oeji* 5.2, 1980, S. 57–66; Bode, Rudolf: „Vocational Education and Technical Teacher Education in the Republic of Korea“, in: *Taehan Kongŏp Kyoyuk Hak'oeji* 7.1, S. 17–23.

362 BArch, B 213/24358, Dr. Barthelt: Bildungspolitische Zusammenarbeit mit der Republik Korea, hier: Chungnam-Universität in Daeduk, 21.03.1978, S. 2.

363 BArch, B 213/39063, K. Griesbaum / H.-O. Vesper: Evaluierungsgutachten zum Projekt Ausbildung von technischen Lehrern an der CNU, 12.1984, S. 30; B 213/39063, Fachliche Stellungnahme zu Projektfortschrittsbericht Nr. 11 – Training of Technical Teachers CNU, 16.01.1985.

364 BArch, B 213/39063, K. Griesbaum / H.-O. Vesper: Evaluierungsgutachten zum Projekt ‚Ausbildung von technischen Lehrern an der CNU‘, 12.1984, S. 26; sowie Anhang: Deutsche Kurz- und Langzeitexperten.

dung absolvieren zu können.[365] Ein Grund für diesen Wunsch wird in den deutschen Unterlagen nicht genannt. Der Versuch der GTZ, Counterparts regional weiterzubilden bzw. die Weiterbildungen auszulagern, war somit nicht erfolgreich. In der vorlesungsfreien Zeit des Sommers 1980 fand dann ein zweimonatiges Seminar mit sieben Stipendiaten unter dem Titel „Mediendidaktische Konzeptionen und medientechnische Lehrverfahren“ an der GHS Kassel unter der Leitung der dortigen Professoren H. Nölker und E. Schoenfeldt statt. Dabei wurden aktuelle Forschungen der Berufspädagogik sowie betrieblicher und schulischer Ausbildung erörtert und Exkursionen zu Hochschulen, Berufsschulen, Industriebetrieben etc. durchgeführt.[366] Ab 1982 wurden weitere 10 Stipendiaten für Zeiträume von sechs Monaten fortgebildet.[367]

Im März 1984 führten dann der Hamburger Berufsschullehrer R. Peter sowie die Professoren für Berufspädagogik R. Eckstein und E. Schilling an der CNU ein zweiwöchiges Seminar mit dem Titel „Trends in Production Engineering and Technical Teacher Education“ durch. Sie beabsichtigten vor allem in der BRD weitergebildete Counterparts in neuen Unterrichtsmethoden zu schulen und sie zu deren Anwendung zu motivieren. Nach einer theoretischen Einführung veranstalteten die Organisatoren Labor- und Werkstatttage, um die Wichtigkeit von Praxis noch einmal hervorzuheben.[368] Im Anschluss wurden weitere, allgemeine Vorträge angeboten, z. B. der Erfahrungsbericht eines in Japan weitergebildeten Professors zu neuen fertigungstechnischen Entwicklungen dort, sowie eine Einführung in die Arbeit der deutschen Beratergruppe beim Arbeitsministerium durch deren damaligen Leiter J. Danker, der einen Fokus auf die neuen Ansätze der dualen Berufsausbildung legte. Der Projektsprecher sah die Seminare als besonders wirksam an, da die koreanischen Counterparts und Studierenden dadurch in kürzerer Zeit mit den neuen Techniken vertraut gemacht werden könnten.[369]

Wie auch im Fall der Korea University (siehe Kapitel IV-4), erwähnten die deutschen Berichterstatter die innerkoreanische Situation der Zeit, wie Studierendenproteste an der CNU, nur am Rande. Auch wenn vielleicht nicht so ausgeprägt wie in Seoul, forderten auch in Daejeon während des Militärputsches

---

365 BArch, B 213/24359, Esderts (GTZ): Bericht des Projektsprechers zu CIE, CNU: für den Zeitraum 01.07.–31.12.1979, S. 2.

366 BArch, B 213/24359, Fachliche Stellungnahme Nr. 2: CNU, College of Industrial Education, 25.07.1980. Vor allem die GHS Kassel spielte eine wichtige Rolle in den Berufsbildungsprojekten der GTZ, u. a. existierte ein Partnerschaftsabkommen beider Institutionen für Gastdozenturen. Vgl. auch: Gespräch mit E. Schoenfeldt, Kassel, 26.08.2022.

367 BArch, B 213/39063, K. Griesbaum / H.-O. Vesper: Evaluierungsgutachten zum Projekt Ausbildung von technischen Lehrern an der CNU, 12.1984, Anhang: Scholarships granted to CIE-staff by FRG.

368 BArch, B 213/39063, Schlussbericht über das Seminar Trends in Production Engineering and Technical Teacher Education, S. 5f.

369 Ibid., S. 7f.

von Chun Doo Wan viele Studierende Demokratisierung und Freiheit, worauf die CNU geschlossen und die Lehre eingestellt werden musste. Dem Projektsprecher zufolge führte dies zu einer Verzögerung des Projektes, weitere Kommentare fehlen jedoch.[370]

Gesamtbewertung

In einem Projektgutachten wurde festgehalten, dass durch die modernen Geräte und „neuzeitlichen Arbeitstechniken" bei den Praktika sowie die Counterpartausbildung ein Beitrag zur Entwicklung des CIE geleistet wurde. Dennoch sahen die Gutachter den Wissenstransfer differenziert, da bei theoretischen Lehrveranstaltungen die fehlenden Englischsprachkenntnisse der koreanischen Studierenden den Erfolg erschwerten, während die praktischen Lehrveranstaltungen, also Praktika und Workshops, deutlich erfolgreicher verliefen.[371] Neben der Ausbildung von Lehrern trug das Projekt auch indirekt zu einer Stärkung der Forschungskapazität in den geförderten Fachbereichen sowie der Berufspädagogik bei. Insgesamt konnte das Projekt laut den Gutachtern zur Institutionalisierung einer „modernen" Ausbildung technischer Lehrer beitragen und „besitzt insofern Beispielcharakter".[372] Weil jedoch große Teile des Gesamtbudgets der CNU für einzelne Fachbereiche im Rahmen des Projektes verwendet wurden, beklagten die anderen Institute und Fakultäten Kürzungen ihrer eigenen Gelder und die unverhältnismäßige Bevorzugung des deutschen Projektes.[373]

Letztlich konnte sich die praxisorientierte Lehrerausbildung nicht durchsetzen, und die CNU kehrte zur reinen Ingenieursausbildung zurück. Damit hatte das Projekt für den Sektor Berufsbildung kaum Nachwirkungen. Mit der Etablierung einer Germanistik, der Erweiterung des deutschen Sprachunterrichts und einer schrittweisen Internationalisierung durch den engeren wissenschaftlichen Austausch mit Deutschland förderte die Entwicklungszusammenarbeit die CNU zumindest auf einer Metaebene. Bis heute pflegt die CNU Partnerschaften mit verschiedenen deutschen Technischen Universitäten und Fakultäten für die Ingenieursausbildung.[374]

---

370 BArch, B 213/24359, Fachliche Stellungnahme Nr. 2: CNU, College of Industrial Education, 25.07.1980.

371 BArch, B 213/39063, K. Griesbaum / H.-O. Vesper: Evaluierungsgutachten zum Projekt Ausbildung von technischen Lehrern an der CNU, 12.1984, S. 35.

372 Ibid., S. 36.

373 BArch, B 213/39063, Fachliche Stellungnahme zu Projektfortschrittsbericht Nr. 17 – Training of Technical Teachers CNU, 15.01.1988.

374 Vgl. auch: Webseite der CNU, URL: https://plus.cnu.ac.kr/html/en/sub01/sub01_010502.html.

5.3 Ausbildung von Instruktoren am Korea Institute of Technology (KIT)

Im Jahr 1979 stellte das koreanische Arbeitsministerium einen Antrag auf Unterstützung beim Aufbau eines Vocational Training Colleges (VTC) für Instruktoren an technischen Schulen und Berufsbildungszentren.[375] Nach einer Projektvorstudie im darauffolgenden Jahr wurde zunächst eine Arbeitsgruppe eingerichtet. Auf Grundlage von Beratungen beauftragte man 1983 zwei Gutachter, die deutsche Beteiligung am Aufbau des Korea Institute of Technology (KIT, heute: KIST) in Daedok als Ausbildungsstätte für sogenannte *Comprehensive Instructors* zu prüfen.[376] Von 1985 bis 1993 wurde dann ein solches Ausbildungsprogramm am KIT im Rahmen der technischen Zusammenarbeit mit ca. 9 Mio. DM unterstützt, wovon ein Teilbetrag übrigblieb. Insgesamt weist das Projekt einige Überschneidungen mit dem CNU-Projekt auf, weshalb an geeigneter Stelle auf die Unterschiede eingegangen wird.

Das Arbeitsministerium plante am KIT neben Studiengängen in naturwissenschaftlich-technischen Fachbereichen gleichzeitig die Instruktorenausbildung für diese Fächer anzusiedeln. Das KIT selbst unterstand jedoch nicht dem Arbeitsministerium, sondern dem Wissenschaftsministerium und war daher eigentlich nicht direkt für die Berufsausbildung verantwortlich. Das Arbeitsministerium bekundete seit Beginn des Projektes Interesse, separat eine Instruktorenausbildung aufzubauen, aber mit dem Ende der deutsch-koreanischen Kooperation wurde das KIT-Projekt umgewidmet und in das Korea Institute of Technology and Education (KITE, *han'guk kisul kyoyuk taehakkyo*) integriert. Die Beratergruppe am Arbeitsministerium arbeitete eng mit dem Projekt zusammen, was deren herausgehobene Stellung in der Steuerung technischer Zusammenarbeit im Berufsbildungssektor erneut unterstreicht.

Die deutschen Projektmitarbeiter, bei denen es sich zum Großteil um Dozenten und Professoren der Erziehungswissenschaften mit einem Hintergrund in Berufsbildung und Ingenieurswissenschaften der Universitäten Hamburg und Bremen handelte, erarbeiteten in den ersten Jahren eine Ausbildungskonzeption.[377] Wie in den anderen Projekten auch, wurden die Curricula und Lehr-

---

[375] BArch, B 213/39066, R. Möhlenbrock / K. Rütters: Projektfortschrittskontrolle – Korean-German Instructor Course Project Korea Institute of Technology, 03.1989, S. 21.

[376] Vgl. auch: Schilling, Ernst-Günther / Schmidt, Hermann: *Studie zur Beteiligung am Aufbau des Korea Institute of Technology (KIT) als Ausbildungsstätte für Comprehensive Instructors*, GTZ: Eschborn 1983.

[377] Berater: Projektleiter: Prof. Dr. Ernst Günter Schilling; Experten: Prof. Dr.-Ing Detlef Gronwald (Universität Bremen), Dr. Jörn Haas (Hamburg), Prof. Dr. Jörn Lütjens (Hamburg).

materialien auf Grundlage deutscher Studiengänge entwickelt sowie ein Medienzentrum und eine Bibliothek eingerichtet. Daneben forcierten die deutschen Experten auch den Aufbau und die Pflege von Kontakten mit der Industrie und führten Workshops oder Seminare durch, die einen engen Austausch mit anderen Projekten und Wissenschaftlern ermöglichten.[378]

Für das Projekt wurde in Deutschland außerdem ein Fachbeirat mit Berufspädagogen eingerichtet, die als Berater für das Projekt zur Verfügung standen, die Counterpartausbildung in der BRD übernahmen und als Gutachter und Kurzzeitexperten tätig wurden. Darunter waren u. a. auch E. Schoenfeldt, der später ein Semester lang Gastprofessor am KIT sowie im Anschluss der letzte Berater am Arbeitsministerium war oder R. Bode, der bereits am Projekt der CNU als Langzeitexperte mitgewirkt hatte.[379] Daran zeigt sich die enge Verknüpfung der Projekte in der letzten Phase der technischen Zusammenarbeit im Berufsbildungssektor.

Die eingesetzten Kurz- und Langzeitexperten nutzen ihre Einsätze in Korea auch zur Fortsetzung ihrer eigenen Forschungs- und Veröffentlichungsarbeit. Die Lehrveranstaltungen am KIT dienten ihnen als Material für Studien. Unter anderem publizierten die Professoren H. Jörn und E.-G. Schilling eine Studie zu ihrer Unterrichtsmethode einer praxisorientierten Lehrerausbildung und bezogen sich dabei auch auf den negativen Einfluss der „konfuzianischen Bildungsphilosophie" bei der Einführung praktischorientierter Studiengänge.[380] Im Rahmen von Konferenzen berichteten sie dann über ihre Ergebnisse. Gleichzeitig trugen die in Daedok organisierten Konferenzen und Seminare zum weiteren Austausch zwischen Korea, Deutschland und anderen Ländern, wie Japan, bei.[381] Das Projekt ist in dieser Hinsicht weniger eine Hilfeleistung als eine Zusammenarbeit in Wissenschaft und Forschung.

---

378 BArch, B 213/39066, R. Möhlenbrock / K. Rütters: Projektfortschrittskontrolle – Korean-German Instructor Course Project Korea Institute of Technology, 03.1989, S. 23.

379 Vgl. auch BArch, B 213/39066, Heintze / Sammet (GTZ): Fachliche Stellungnahme – Instruktorenausbildung am KIT (4), 04.07.1986, S. 1f.

380 Hass, Jörn / Schilling, Ernst-Günter: „Arbeiten mit Projekten am Korea Institute of Technology – Allgemeine Bedingungen und versuchte Ansätze", in: Kath, Fritz et al.: *Diskussionsfeld technische Ausbildung: Technikunterricht, CIM-Technologie, Arbeiten mit Projekten*, Leuchtturm-Verlag: Alsbach 1992, S. 329–351.

381 Beispielsweise wurde folgende Konferenzen im Projektzeitraum durchgeführt: Korean-German-Japanese Symposium on Technological Development and Vocational Education and Training: 11.–12.11.1986 in Seoul. Der Konferenzband wurde auf Koreanisch von der Friedrich-Ebert-Stiftung veröffentlicht. Sowie im darauffolgenden Jahr: Gronwald, Detlef / Hass, Jörn / Schilling, Ernst-Günter: „The Education of Field Engineers and Instructors, Contributions and Results from a Korean-German Seminar", 29.–30.09.1987, KIT: Daejeon 1987.

Aufbau und Inhalte der Ausbildung

Das berufspädagogische Studium wurde als Ergänzung zum angewandten Ingenieursstudium in den Fachrichtungen Produktionstechnik, Metalltechnik und Industrieelektronik an der Fakultät für Angewandte Ingenieurswissenschaften des KIT angeboten.[382] Die Ausbildung verfolgte im Rahmen eines vierjährigen Studienganges zwei Absichten: einen Abschluss als Ingenieur (Engineer Class I) und als Ausbilder (Instructor). Die Instruktorenausbildung war allerdings nicht in den Studiengang integriert, sondern Studierende mussten dazu zusätzliche Veranstaltungen belegen.[383] Der Ansatz der Ausbildung war also von Anfang an zweigleisig: Die Instruktoren „sollen in der Industrie sowohl ingenieurmäßige, praktisch-produktionsbezogene als auch betriebspädagogische aus- und fortbildungsbezogene Funktionen wahrnehmen können", sodass sie später für verschiedene Tätigkeiten qualifiziert wären.[384]

Das Arbeitsministerium sicherte zu, dass die ausgebildeten Instruktoren auch Stellen in den staatlichen oder betriebsinternen Berufsbildungszentren übernehmen könnten. Hingegen waren die Instruktoren anders als an der CNU nicht für den Einsatz als Gewerbelehrer an den technischen Schulen vorgesehen; diese standen, wie auch die CNU selbst, nämlich unter der Ägide des Erziehungsministeriums.[385] Die GTZ erwartete, dass die Absolventen des KIT „Schlüsselpositionen in Industrie, Lehre und in Verwaltungen besetzen" könnten, da bisher keine andere Institution Ingenieure mit den nötigen berufspädagogischen Zusatzqualifikationen ausgebildet hatte. Die Absolventen der CNU hingegen seien „nur Lehrer" und keine Berufspädagogen. In dem Curriculum wurden Schwerpunkte auf die Gleichgewichtung und inhaltliche Verknüpfung von Theorie und Praxis, Anwendungs- und Handlungsorientierung sowie Medienentwicklung und unterrichtspraktische Übungen gelegt.[386]

R. Möhlenbrock und K. Rütters erhoben am Ende des Projektes 1989 im Rahmen eines Gutachtens Daten zu den Studierenden des Instruktorenkurses: Diese waren zum Großteil zwischen 22 und 23 Jahre alt und Absolventen technischer Schulen. Im ersten Studienjahr hatte mit ca. 70 % die Mehrheit den Schwerpunkt Produktionstechnik belegt. Die meisten Studierenden wählten die

---

382 Vgl. auch Gronwald, Detlef / Hass, Jörn / Schilling, Ernst-Günter: „Ausbildung von Betriebs-Ingenieuren und Instruktoren in der Republik Korea: Koreanisch-deutsches Seminar am Korea Institute of Technology (KIT)", in: *gtz info* 1/88, 1988, S. 50–53.

383 BArch, B 213/39066, R. Möhlenbrock / K. Rütters: Projektfortschrittskontrolle – Korean-German Instructor Course Project Korea Institute of Technology, 03.1989, S. 15.

384 BArch, B 213/39066, Prof. Dr. E. Schilling: Bericht über die Dienstreise zur Klärung der veränderten Voraussetzungen für die Instruktorenausbildung am KIT, 20.06.1985, S. 8.

385 Ibid., S. 8.

386 BArch, B 213/39066, R. Möhlenbrock / K. Rütters: Projektfortschrittskontrolle – Korean-German Instructor Course Project Korea Institute of Technology, 03.1989, S. 28.

Instruktorenausbildung dann freiwillig dazu. Für die Zeit nach dem Studium gaben 83 % an, eine Tätigkeit als Ingenieur anzustreben, während nur 10 % eine Tätigkeit als Instruktor planten. Die restlichen Studierenden wünschten, in der Zukunft ihre Ausbildung weiterzuführen. Obwohl also eigentlich nur ein kleiner Teil der Studierenden eine Tätigkeit als Ausbilder ausüben wollte, schätzte die Mehrheit die Inhalte der Instruktorenausbildung positiv ein und sah diese als nützlich für ihre späteren Berufe an. Der Lehrstil des deutschen Teams war praktischer orientiert, was laut 86 % der Studierenden zu einer aktiven Teilnahme anregte. Allerdings ergaben sich einige sprachliche Hindernisse, da die Hochschullehrer auf Englisch unterrichteten.[387] Die Gutachter überraschte zwar die klare Entscheidung gegen eine Tätigkeit als Instruktor, es wurden jedoch nur am Rande Gründe wie die schlechtere Bezahlung angegeben. Ansonsten gingen sie dem Grund für die Ablehnung des Instruktorenberufs nicht weiter nach und machten auch keine Vorschläge zur Verbesserung dieser Situation.

Tabelle 13: Entwicklung der Studierendenzahlen im Instruktorenkurs (1986–1989)

Jahrgang	1986	1987	1988	1989
Bewerber (ges.)	1776	1810	1722	1422
Studierende (ges.)	506	531	520	516
School of Applied Engineering	125	89	98	98
davon Instruktorenkurs	56	39	39	25

Quelle: BArch, B 213/39066, R. Möhlenbrock/K. Rütters: Projektfortschrittskontrolle – Korean-German Instructor Course Project Korea Institute of Technology, 03.1989, S. 35.

Generell wurde in dem Gutachten kritisiert, dass „einerseits der Anspruch des KIT, Elitenbildung für den naturwissenschaftlich-technischen Nachwuchs zu betreiben, und andererseits die Ausbildung von Instruktoren für die gewerblich technische Berufsausbildung in diesen elitären Anspruch einzubinden“, strukturell unvereinbar gewesen seien und sich diese „Interessensunterschiede“ auch negativ auf das Projekt auswirkten.[388] Die Studierenden würden demnach durch das zusätzliche Lehrangebot der deutschen Professoren in englischer Sprache eher belastet.[389] Diese Auslegung widerspricht zum Teil den gesammelten Daten, da die Studierenden die Zusatzausbildung auch als Bereicherung wahrnahmen, weshalb es schwierig ist, die eigentliche Bedeutung der Ausbildung für die Studierenden zu erfassen. Insgesamt kamen die Gutachter aber zu einer positiven Gesamteinschätzung,

387 Ibid., S. 37–39.

388 Ibid., S. 24.

389 Die Veranstaltungen konnten anfangs nicht auf Koreanisch durchgeführt werden, weil die koreanischen Professoren zu dieser Zeit zunächst die entsprechende Ausbildung in der BRD erhielten.

sodass die geäußerte Kritik wohl eher auf die allgemeine Ausrichtung bezogen war.[390]

In einem wissenschaftlichen Artikel gingen Projektleiter H. G. Schilling und sein Mitarbeiter J. Hass genauer auf Methoden der praktischen Ausbildung ein, insbesondere Projektarbeiten, die in vielerlei Hinsicht dem Vorgehen an der CNU entsprachen. Die Dozenten teilten die Studierenden in Arbeitsgruppen auf und ließen sie zu klar eingegrenzten Projekten selbstständig arbeiten. In einer Einführungsphase stellten die Dozenten den theoretischen Hintergrund vor. Daraufhin folgte die Arbeitsphase bestehend aus interdisziplinärer Teamarbeit mit Elementen aus den Fachgebieten Fertigungstechnik, Werkstofftechnik und Industrieelektronik. Des Weiteren beabsichtigten die deutschen Experten im Rahmen der Projektarbeiten die Entwicklung verschiedener Lehrmittel zu fördern, indem sie die Studierenden Arbeitsblätter, Diaserien, Lernzielkataloge und ein zugehöriges Experiment bearbeiten ließen. Es wird ersichtlich, dass, ähnlich wie im CNU-Projekt auch, neue Medien einbezogen und ein Fokus auf praktische und berufspädagogische Anwendung gelegt wurde.[391]

Die Berater am KIT bemerkten beispielsweise, dass die Studierenden auf reinen Wissenserwerb aus Büchern eingestellt seien und große Ehrfurcht vor Professoren als Verkörperung von Theoriebeherrschung hatten. Produktives oder praktisches Lernen wurde hingegen als dysfunktional empfunden, und Berufstätigkeiten im praktischen Bereich würden die Professoren als ein Makel ihrer Hochschullehrerkarriere empfinden, wodurch auch eine Distanz zur Arbeitswelt und Abneigung gegenüber praktischen Problemen entstand. Die deutschen Berater urteilten, dass dadurch das Bildungs- und Beschäftigungssystem unverbunden nebeneinanderstünden.[392]

Counterpartausbildung und Internationalisierung des KIT

Im Rahmen einer Besuchsreise des KIT-Präsidenten wurden auch Kontakte mit deutschen technischen Hochschulen zum Austausch von Studierenden und Wissenschaftlern geknüpft. Das deutsche Projektteam – mehrheitlich selbst aus Hamburg stammend – stellte dafür Kontakte zur Technischen Universität Hamburg-Harburg (TUHH) her. Gleichzeitig konnte die koreanische Delegation bei dem Besuch auch die unterschiedlichen Schwerpunkte erkennen, und es ent-

---

[390] BArch, B 213/39066, R. Möhlenbrock / K. Rütters: Projektfortschrittskontrolle – Korean-German Instructor Course Project Korea Institute of Technology, 03.1989, S. 47.

[391] Vgl. auch: Hass/Schilling: „Arbeiten mit Projekten am Korea Institute of Technology“, S. 329–351; Hass, Jörn / Schilling, Ernst-Günter: „Rationale and Approaches for Project Work in Instructor Training“, in: *Taehan Kongŏp Kyoyuk Hak'oeji* 15.1, 1990, S. 78–90.

[392] Gronwald/Hass/Schilling, „Ausbildung von Betriebs-Ingenieuren und Instruktoren in der Republik Korea“, S. 50.

spann sich eine Diskussion, ob mehr Wert auf Forschung oder Lehre gelegt werden sollte.[393] Durch die Professoren der TUHH wurden folgende wichtige Punkte für eine interdisziplinäre Zusammenarbeit hervorgehoben: „enge Zusammenarbeit mit der Industrie [...], Beteiligung der Studenten an den Forschungs- und Entwicklungsvorhaben als Form praxisbezogener wissenschaftlicher Ausbildung, Unverzichtbarkeit von Industriepraktika, Teamarbeit quer durch die Personalhierarchien und Wissenschaftsdisziplinen."[394]

Neben der Bundesrepublik sprach die Führungsebene des KIT zu dieser Zeit auch mit anderen Ländern über Austauschprogramme von Wissenschaftlern und Studierenden. Der genannte Besuch des KIT-Präsidenten fand beispielsweise im Anschluss an eine längere Reise nach Schweden und England statt. Nach nur zwei Tagen brach der KIT-Präsident den Besuch schließlich ab und ließ nur einen Mitarbeiter an seiner Stelle die Reise fortsetzen. Von deutscher Seite wurden verschiedene Gründe vermutet, u. a. dass die Hotels nicht dem gewünschten Niveau entsprachen und die Reise bereits zu lang gewesen war.[395] Es wird deutlich, dass in dieser Zeit das KIT sich selbst als gleichwertigen Partner verstand und Besuchsreisen nach eigenem Belieben modifizierte, wenn diese nicht in die eigene Planung passten. Der zuständige Beamte des Arbeitsministeriums erklärte, warum die Wahl dennoch auf die Bundesrepublik als Hauptpartner des KIT gefallen war: Obwohl bei der Instruktorenausbildung auch eine Kooperation mit UNDP, ILO oder anderen Partnern möglich gewesen wäre, wollte die koreanische Regierung lieber „einen Berufsbildungsansatz aus einem Guss mit der deutschen Seite" weiterverfolgen.[396]

Im Rahmen der Counterpartausbildung wurden koreanische Professoren des KIT zur Promotion in Erziehungswissenschaften nach Deutschland entsandt und die Counterparts auch vor Ort durch Seminare und Schulungen weitergebildet. Bei einem späteren Professor handelte es sich auch um einen Doktoranden des Kasseler Berufsbildungsexperten E. Schoenfeldt.[397] Dass auch die Promotion in der BRD ermöglicht wurde, stellte einen Unterschied zur Counterpartnerausbildung im CNU-Projekt dar, wo neben Hochschullehrern stattdessen Techniker weitergebildet wurden.

---

393 BArch, B 213/39066, Prof. Dr. E. Schilling: Bericht über die Informationsreise der KIT-Delegation in die BRD, 13.12.1985, S. 4f.

394 Ibid., S. 4f.

395 Ibid., S. 5.

396 BArch, B 213/39066, Hammerschmidt (GTZ): Ergebnisvermerk über eine Dienstreise nach Südkorea, 26.06.1985, S. 7 (Anhang).

397 BArch, B 213/39066, R. Möhlenbrock / K. Rütters: Projektfortschrittskontrolle – Korean-German Instructor Course Project Korea Institute of Technology, 03.1989, S. 32.

Projektende

Nach siebenjähriger Laufzeit ließ die koreanische Regierung das Programm am KIT 1993 auslaufen und ordnete die Instruktorenausbildung stattdessen dem Arbeitsministerium zu. Von deutscher Seite wurde daher ein Transfer der entwickelten Ausbildung an das neugegründete Korea Institute of Technology and Education (KITE, *han'guk kisul kyoyuk taehakkyo*) geplant, wozu jedoch die Archivakten noch nicht vorliegen. Nach Bewertung des letzten deutschen Berufsbildungsexperten in Korea, K. Schaak, war der Transfer nur bedingt erfolgreich. Die Gründe für dieses Urteil konkretisierte er jedoch nicht.[398] Vor diesem Hintergrund stellt sich die Frage, warum das KIT als Partnerinstitution gewählt wurde, wenn bereits frühzeitig, im Jahre 1985, deutlich wurde, dass das Arbeitsministerium eine eigene Ausbildungsstelle für Instruktoren einzurichten plante und das KIT als ungeeignet betrachtet wurde.

5.4 Resümee

Die bilateralen Projekte der Meister- und Instruktorenausbildung liefen an drei verschiedenen Institutionen. Zunächst eröffnete das Meistercollege in Changwon zur Ausbildung von Industriemeistern nach dem Vorbild deutscher Meisterschulen. Das Konzept des Meisters war in Korea zu diesem Zeitpunkt wenig verbreitet und bedurfte der Vorstellung durch die koreanische Regierung und Medien sowie der deutschen Ausbilder. Meister sollten zwischen den Technikern und Facharbeitern stehen und zur Weiterbildung und Qualitätssicherung in den Betrieben beitragen. Allerdings war den Betrieben bis zuletzt nicht klar, welche Rolle der Meister übernehmen könnte, sodass das Projekt letztlich als gescheitert betrachtet wurde.

Die Ausbildung von Berufsschullehrern bzw. Instruktoren erstreckte sich auf das CNU- und das KIT-Projekt, die beide in Daejeon angesiedelt waren. Hier waren die Ausbildungsinhalte stärker auf die Bedürfnisse vor Ort ausgerichtet und mit einer Ingenieursausbildung verknüpft. Das führte aber zu Aushandlungen über den Anteil von Praxis und Theorie, da die koreanische Seite gerade bei den höheren Ausbildungsstufen den Schwerpunkt auf Theorie legen wollte. Auch eine Ausrichtung auf die Industrie war zwar vorgesehen, konnte aber nicht immer verwirklicht werden. Für die Ausbildung von Meistern und Instruktoren übersetzte man deutsche Lehrmaterialien und -bücher ins Koreanische und passte sie teilweise an die Gegebenheiten vor Ort an. Der anwendungsorientierte Unterricht mit neusten Ausbildungsmaterialien und -maschi-

---

[398] Schaak, *Aspekte der koreanisch-deutschen Berufsbildungszusammenarbeit*, S. 234.

nen stieß bei den Auszubildenden und Studierenden auf großes Interesse, und auch die Ausbilder und Professoren profitierten von den Aufenthalten in der Bundesrepublik, wie Umfragen im Nachhinein ergaben. In den Projekten erfolgte das erste Mal auch eine wissenschaftliche Auswertung der Erfolge, was bei der Beratergruppe oder dem Berufsbildungszentrum gefehlt hatte.

6. Zusammenfassung und Ausblick

Die deutsch-koreanische Entwicklungszusammenarbeit im Berufsbildungssektor erstreckte sich über 30 Jahre auf die Bereiche Facharbeiterausbildung, Berufsschullehrer- und Meisterausbildung sowie die allgemeine Systemberatung. Damit deckte sie nicht nur einen langen Zeitraum, sondern auch eine große Bandbreite an Projekten ab. Für die deutsche Regierung war die Förderung der Berufsbildung ein Alleinstellungsmerkmal der Entwicklungszusammenarbeit und die Projekte somit konsistenter und besser abgestimmt als in anderen Sektoren. Das erste Modellprojekt war die Facharbeiterschule in Incheon. Die koreanische Regierung zeigte Interesse an der Einführung eines dualen Ausbildungssystem. Auch wenn die Ausbildung in vielen Punkten dem deutschen Vorbild entsprach, fehlte die direkte Kooperation mit den Unternehmen, und der praktische Teil der Ausbildung musste somit in den Werkstätten der Schule stattfinden. Die mangelnde Bereitschaft der Unternehmen, sich wie in Deutschland an der staatlich geleiteten Ausbildung zu beteiligen, blieb auch in der Folge ein Problem. Schon früh äußerten auch die Akteure vor Ort Widerstand gegen den Fokus auf praktische Ausbildung. So traten Schülerstreiks und Konflikte zwischen den deutschen und koreanischen Lehrern auf. Insbesondere in der Frühphase der Zusammenarbeit zeigt sich die fehlende fachliche Qualifikation einiger deutscher Berater, sowie ein Generationenkonflikt zwischen den meist älteren Projektleitern und den jüngeren Mitarbeitern. Auch wenn in anderen Sektoren ähnliche Probleme auftraten, hatte dies für die Berufsbildung umso gravierendere Konsequenzen, da Schüler involviert waren, wie der Fall um F. Hohmann zeigt.

Nachdem sich das Modell der deutschen Facharbeiterschule, auch auf Grund der hohen Kosten und langen Ausbildungszeiten, in Korea nicht etablieren konnte, ging die Entwicklungszusammenarbeit Anfang der 1970er-Jahre auf die Berufsbildungszentren über. Diese sollten den Bedarf an Facharbeitern in schnellerer Zeit decken, sodass die ursprünglich dreijährige Ausbildung der Facharbeiterschulen auf ein bis zwei Jahre gekürzt wurde. Während in den Facharbeiterschulen auch die deutsche Sprache auf dem Lehrplan stand und herausragende Absolventen eine Weiterbildung in der BRD absolvieren konnten, fielen diese Komponenten im Berufsbildungszentrum Busan vollständig weg. Der Bezug zu Deutschland ist damit geringer, und die Absolventen aus Busan spielten in den nachfolgenden Projekten im Vergleich zu Incheon und Naju eine weniger wichtige Rolle. Weiterhin verwendete man in der Lehre deutsche Ausbildungsmaterialien und Maschinen. Neben Deutschland errichteten auch andere Geber wie die UNDP, Belgien und Japan in dieser Zeit vergleichbare Berufsbildungszentren, wodurch die koreanische Regierung die unterschiedlichen Ansätze vergleichen und den geeignetsten auswählen konnte.

Um Bedingungen für die Kreditvergabe durch die Weltbank zu erfüllen, brauchte das koreanische Arbeitsministerium ab 1977 eine ausländische Beratergruppe. Als Partner wählte es die Bundesregierung aus, die der Anfrage nachkam, auch in der Hoffnung, durch die Tätigkeit das deutsche Ausbildungsmodell in Korea weiterzuverbreiten. Die Bundesregierung fühlte sich in ihrer Entwicklungspolitik bestätigt. Auch nach dem Abschluss der Aufbauphase weiterer Berufsbildungszentren verlängerte sie daher den Einsatz der Berater bis zum Ende der gesamten technischen Zusammenarbeit im Jahre 1993.

Allerdings verlagerte sich das Interesse der koreanischen Regierung auf andere Themen, und der Einfluss der deutschen Berater verringerte sich. Ein kooperatives Ausbildungsprogramm, erneut angelehnt an das duale System, stieß nur auf wenig Interesse von Seiten des Staates und der Industrie. Auch in anderen Bereichen wie dem Prüfungswesen konnten sich die deutschen Berater nicht weiter durchsetzen. Die koreanische Seite fand langfristig andere Vorbilder und Partner oder eigene Wege in der Berufsbildung, und die deutschen Berater reflektierten ihren Einsatz in Korea, zumindest rückblickend, vermehrt kritisch. Sie lehnten den Systemtransfer ab, da sie die Bedeutung soziokultureller Unterschiede nun stärker berücksichtigten. Dass sie sich dabei kulturessentialistisch auf einzelne Aspekte wie den Konfuzianismus stützten, mag aus heutiger Sicht einseitig und orientalistisch wirken. Insgesamt übernahm die Beratergruppe eine Steuerungsfunktion der deutsch-koreanischen Projekte sowohl für die Berufsbildung als auch für Ausbildungselemente in anderen Sektoren, sodass deren Rolle vor allem für eine Systematisierung der Entwicklungspolitik als hoch eingeschätzt werden kann.

Damit die steigende Nachfrage nach Facharbeitern erfüllt werden konnte, benötigte man für die Ausbildungszentren und Berufsschulen auch Instruktoren und Lehrer. In diesem Bereich der höheren Berufsbildung führten die beiden Länder drei gemeinsame Projekte durch, die sich zum Teil inhaltlich, zeitlich und räumlich überschnitten. Am Meistercollege Changwon sollten wie in deutschen Meisterschulen Industriemeister als Mittler zwischen Technikern und Facharbeitern ausgebildet werden. Obwohl Regierung und Öffentlichkeit anfangs großes Interesse zeigten, scheiterte langfristig die Etablierung des Meistersystems nach deutschem Vorbild jedoch, und stattdessen führte die koreanische Regierung die Berufsbildungszentren und Meisterschulen später zusammen. Die Lehrerausbildung an der CNU und dem KIT war in beiden Fällen direkt mit einem (theoretischen) Ingenieursstudium verknüpft, sodass der Schwerpunkt auf

Praxis, wie in deutschen Lehrplänen vorgesehen, zu Auseinandersetzungen führte. Auch wenn CNU und KIT als Institutionen von der Zusammenarbeit profitierten, war der deutsche Einfluss in der Lehrerausbildung nicht langfristig. Im Falle der CNU trug sie jedoch zu einer Globalisierung der Universität bei. Ein solches Phänomen lässt sich generell auch bei anderen Bildungs- und Forschungsprojekten in der Entwicklungszusammenarbeit beobachten.

Die Counterpartausbildung hatte in allen Projekten einen positiven und langfristigen Einfluss auf Verantwortliche der Berufsbildung. Einige der Gesprächspartner konnten über verschiedene Projekte sogar mehrere Aufenthalte in der BRD absolvieren. Die meisten behalten den Deutschlandaufenthalt bis heute in guter Erinnerung und sehen ihn als wichtig für den Verlauf ihrer weiteren Karriere an. Entsandt wurden anfangs Facharbeiter und Berufsschullehrer, später dann auch Beamte des Arbeitsministeriums und Professoren der Berufspädagogik. So konnten verschiedene Personengruppen mit der deutschen Berufsausbildung in Berührung kommen. Auch die neugegründeten Institutionen bestehen, wenn auch teils in anderer Form, alle bis heute. Während die Facharbeiterschulen als technische Schulen in privater Hand weitergeführt wurden, integrierte die koreanische Regierung das Berufsbildungszentrum Busan und das Meistercollege Changwon in den landesweiten Verbund der Korea Polytechnics. In Ausstellungen und Erinnerungsbänden verweisen sie weiterhin auf die deutsch-koreanische Entwicklungszusammenarbeit, und die Alumni erinnern als Zeitzeugen an die gemeinsame Geschichte.

Deutsche wie auch koreanische Berufsbildungsexperten sehen das deutsche Engagement im koreanischen Berufsbildungssektor insbesondere mit Blick auf den Systemtransfer als gescheitert an. Das koreanische Arbeits- und Erziehungsministerium übernahmen deutsche Modelle zwar zu Anfang, orientierten sich aber gleichzeitig auch an anderen Ländern und wählten daraus letztlich nach ihren eigenen Bedürfnissen, z. B. Unterrichtsmaterialien oder Lehrbücher, aus. Dennoch hat sich durch die technische Zusammenarbeit einerseits das Wissen, andererseits der Diskurs über die duale Ausbildung, das Meistersystem oder die Methoden der Lehrerausbildung vertieft, und diese werden weiterhin positiv betrachtet. Die deutschen Projekte haben den koreanischen Counterparts eine Reflexion ihres eigenen Systems ermöglicht. Auch aus diesem Grund wird das deutsche Berufsbildungssystem bis heute diskutiert, wie ein kurzer Ausblick unter Beweis stellt.

Ab 2008 führte die Regierung von Präsident Lee Myung Bak sogenannte ‚Meister Oberschulen' (*maisŭt'ŏ kodŭnghakkyo*) ein.[399] Auch im Koreanischen

[399] Vgl. auch: Min, Hyanggi: „Han'guk'yŏng maisŭt'ŏ kodŭnghakkyo-wa togil Meisterschule-ŭi pigyo yŏn'gu" [Vergleichende Forschung zu koreanischer Meister School und deutscher Meisterschule], in: *Oegugŏrosŏ-ŭi togilŏ* 28, 2011, S. 31–53.

verwendete man explizit das deutsche Wort ‚Meister', wie es auch schon beim englischen Titel des Meistercollege in Changwon der Fall war. Obwohl unter den folgenden Regierungen dieser Trend nicht beibehalten wurde, bestehen die Schulen bis heute weiter. Daneben gibt es ähnliche Versuche der Korea Polytechnics, als Nachfolgeorganisationen der Berufsbildungszentren, das duale System in Zusammenarbeit mit Unternehmen umzusetzen. Auch ein Ausbildungsprogramm der AHK Korea in enger Zusammenarbeit mit deutschen Unternehmen folgt dem deutschen Ausbildungssystem und weist damit inhaltlich große Ähnlichkeit zu den Projekten der Entwicklungszusammenarbeit auf. Wie in den Facharbeiterschulen und Berufsbildungszentren der 1960/70er-Jahre besteht die Ausbildung aus 70 % praktischen und 30 % theoretischen Anteilen. Die Ausbildung sei „bis auf wenige landesspezifische Anpassungen genauso aus Deutschland übernommen" worden. Die Auszubildenden sind zumeist Absolventen der technischen oder Meister Oberschulen und haben bereits dort die Bereiche Kfz-Technik oder Maschinenbau vertieft. Als Textbücher verwenden die Ausbilder empfohlene Materialien der IHK München in Absprache mit den beteiligten Unternehmen. Eine Erweiterung auf weitere Berufe, wie z. B. Florist, ist ebenfalls geplant.[400]

Daneben gab und gibt es auf der Ebene einzelner Schulen weiterhin einen Austausch. In loser Anknüpfung an das Projekt in Busan etablierte sich 1990 eine Schulpartnerschaft zwischen dem Berufsbildungszentrum mit einer Berufsschule in Ulm, worüber ein Austausch von Lehrmaterialien und -personal ermöglicht wurde.[401] Nach Gründung der Meister Oberschulen folgten außerdem vereinzelte Kooperationen mit deutschen Berufsschulen, so beispielsweise zwischen einer privaten Berufsschule in der Oberpfalz und einer Meister Oberschule in der Provinz Jeollabuk-do.[402] Direkte institutionelle Partnerschaften vertiefen somit die deutsch-koreanischen Beziehungen auch auf der regionalen Ebene.

In der Entwicklungszusammenarbeit führen GIZ und HRD Korea (*han'guk sanŏb illyŏk kongdan*) seit den 2010er-Jahren gemeinsam Berufsausbildungsprojekte in Entwicklungsländern wie Malaysia durch, indem vor allem Lehr-

---

400 Brings, Christin: *Berufsbildung in der Republik Korea*, Bericht, Institut für Innovation und Technik: Berlin 2020; Gespräch mit Youngjin Kim, AHK Korea, 07.12.2021. Yi, Sangho: „Il-haksŭp pyŏnghaeng-ŭi chedohwa-wa kaesŏn'gwaje: Handok sanggong hoeŭiso-ŭi ‚Ausbildung' sarye yŏn'gu" [The Institutionalization of Apprenticeship and Problems to be Solved: A Case Study for the Ausbildung of AHK], in: Kyŏngsang Nonch'ong 38.1, 2020, S. 27–44.

401 Vgl. auch: Georg/Lee/Schoenfeldt, *Internationales Handbuch der Berufsbildung: Republik Korea*, S. 100.

402 Webseite der Eckert Schools, „From South Korea in the Oberpfalz", 25.09.2018, URL: https://www.eckert-schools-international.com/en/news/von-suedkorea-in-die-oberpfalz; vgl. auch: Brings, *Berufsbildung in der Republik Korea*.

kräfte aus- und fortgebildet wurden. Dadurch erfüllte sich auch der zuvor erhoffte ‚Multiplikatoreffekt', und Korea wurde in diesem Sinne zu einem Partner für die Berufsausbildung. Ehemalige Auszubildende oder Lehrer der deutschen Facharbeiterschulen oder des Berufsbildungszentrums waren und sind zum Teil bis heute als Berater in diesen Projekten tätig.[403] In der Forschung werden die Projekte der deutsch-koreanischen technischen Zusammenarbeit ebenfalls rezipiert und beispielsweise mit koreanisch-usbekischer Zusammenarbeit im gleichen Sektor verglichen.[404] Somit lässt sich die deutsch-koreanische Zusammenarbeit im Rückblick auch als eine Fallstudie für heutige Projekte in der Berufsbildung betrachten, aus denen sich Rückschlüsse über das Vorgehen oder die Nachhaltigkeit ziehen lassen.

Außerdem besteht ein Partnerschaftsabkommen zwischen den beiden Forschungsinstituten dieses Bereiches, dem Korea Research Institute for Vocational Education and Training (KRIVET, *han'guk chigŏp nŭngnyŏk kaebalwŏn*) und Bundesinstitut für Berufsbildung (BIBB). Auf der Ebene der Forschung orientieren sich die Institute gegenseitig bei Themen wie Berufsbildung nach der Wiedervereinigung, während der COVID-Pandemie etc.[405] Die deutsch-koreanische Zusammenarbeit ist somit nicht unterbrochen, sondern in eine neue Phase eingetreten.

Tabelle 14: Phasen der Deutsch-Koreanischen Zusammenarbeit im Berufsbildungssektor

	Bezeichnung	**Zeitraum**	**Inhalte**
Phase 1	BRD als Geber-ROK als Nehmerland	1961–1993	Gründung und Errichtung von Berufsbildungsstätten unter deutscher Leitung in Korea; Beratung bei Aufbau des Berufsbildungssystems
Phase 2	Bilateraler Austausch und Zusammenarbeit	1994–2009	Jährliche gegenseitige Besuche und bilateraler Austausch
Phase 3	Zusammenarbeit als Partner in Drittstaaten	2010 – heute	Gemeinsamer Aufbau von Berufsbildungsstätten in Drittstaaten

Quelle: Yu/Chŏn, „Taehanmin'guk-e taehan togil-ŭi ODA chiwŏn-e kwanhan yŏn'gu", S. 70.

403 Beispielsweise war Ha Hyŏn in einem der ersten Projekte in den Jahren 1987–89 in Indonesien tätig. Vgl. auch: Gespräch mit Ha Hyŏn, Gunpo, 05.10.2021.

404 Yu, Kisŭng/Chŏn, Sangyung: „Taehanmin'guk-e taehan togil-ŭi ODA chiwŏn-e kwanhan yŏn'gu: Handok chigŏp hullyŏn hyŏmnyŏk saŏp-ŭl chungshim-ŭro" [A Study on German ODA to Korea – Focusing on Korean–German Vocational Training Cooperation Projects], in: *Sanŏp Kisul Yŏn'gu Nonmunji* 26.2, 2021, S. 65–76.

405 Vgl. auch die Webseite des BiBB, URL: https://www.bibb.de/en/114805.php.

IV. LÄNDLICHE ENTWICKLUNG

1. Einleitung

1.1 Entwicklungspolitik im ländlichen Raum

Im zeitgenössischen Diskurs sowie in der geschichtswissenschaftlichen Forschung erfuhr die Entwicklungszusammenarbeit in der ländlichen Entwicklung bislang eine geringere Aufmerksamkeit, vor allem im Vergleich zu großen Industrieprojekten. Die ländlichen Regionen wurden meist als rückständig betrachtet und weniger mit dem Begriff Entwicklung und Modernisierung assoziiert. Die Historikerin Corinna Unger führt dies auch auf die städtische Prägung der diskursbestimmenden Akteure einerseits und der heutigen Historiker und Historikerinnen andererseits zurück.[1] Dennoch galten Dörfer nicht nur als Symbol der Unterentwicklung, sondern auch als Ort für Erneuerung, der im Rahmen des *nation building* während des Kalten Krieges relevant schien.[2] Als Kernbereiche der ländlichen Entwicklung lassen sich neben einer quantitativen Steigerung der land- und forstwirtschaftlichen Produktivität vor allem die Bodenordnung, die ländliche Infrastruktur, inklusiver Zugang zu Bildung und Gesundheit sowie der Umgang mit Umweltproblemen und Arbeitsverhältnissen auf dem Land ausmachen.[3]

Seit den 1950er-Jahren gab es verschiedene entwicklungspolitische Ansätze für die Land- und Forstwirtschaft bzw. die ländlichen Regionen. Zunächst ist die *Community Development* zu nennen, die auf eine ganzheitliche Reform der ländlichen Strukturen auf Gemeindeebene abzielt. Meistens wurden diese Reformen durch den Staat ‚von oben nach unten' durchgesetzt. Ein Beispiel dafür wäre auch die Neue Dorf Bewegung (*saemaŭl undong*) in Korea.[4] Ein weiteres Konzept, das vermehrt in den 1960/70er-Jahren die Entwicklungspolitik bestimmte, war die sogenannte ‚landwirtschaftliche Entwicklung' (*agricultural*

---

[1] Unger, Corinna: „Agrarwissenschaftliche Expertise und ländliche Modernisierungsstrategien in der internationalen Entwicklungspolitik, 1920er bis 1980er Jahre", in: *Geschichte und Gesellschaft* 41, 2015, S. 555.

[2] Vgl. auch: Sackley, Nicole: „The Village as Cold War Site: Experts, Development, and the History of Rural Reconstruction", in: *Journal of Global History* 6, 2011, S. 481–504.

[3] Unger, „Agrarwissenschaftliche Expertise und ländliche Modernisierungsstrategien", S. 552.

[4] Vgl. auch: Kuhnen, Frithjof: „Community Development: Folgerungen aus den Aktivitäten in Indien, Pakistan und Südkorea", in: Stark, Jürgen (Hg.): *Strukturwandel und Strukturpolitik im ländlichen Raum: Festschrift für Helmut Röhm*, Ulmer: Stuttgart 1978, S. 105–122.

development), bei der die Verbesserung von Technik und Infrastruktur und eine damit einhergehende Steigerung der agrar- und forstwirtschaftlichen Erträge im Mittelpunkt standen. Als mögliche Projekte der technischen Zusammenarbeit traten hier beispielsweise Genossenschaften, Musterfarmen oder technische Beratung hervor. Auch die ‚grüne Revolution' (*green revolution*) kann als Teil dieses Ansatzes gesehen werden, da sie auf die quantitative Steigerung der Produktionsmengen ausgerichtet war.[5] Forscher weisen heutzutage vor allem auf die Umweltprobleme hin, die mit den Genveränderungen oder der übermäßigen Verwendung von Düngemitteln im Zeichen der grünen Revolution einhergingen.[6]

In der Folge wurde dieser Ansatz als zu einseitig erkannt und durch die ‚integrierte ländliche Entwicklung' (*integrated rural development*) mit einer allumfassenderen Konzeption abgelöst. Es sollten dabei neben der Agrar- und Forstwirtschaft alle Bereiche des ländlichen Raumes und die jeweiligen Bedürfnisse der Akteure vor Ort in den Blick genommen werden. In einer Publikation der Weltbank aus dem Jahr 1975 wurden die Schwerpunkte wie folgt gesetzt:

> „A program of rural development must embrace a wide range and mix of activities, including projects to raise agricultural output, to improve health and education, to expand communications and to improve housing. The mix of activities will vary with the requirements of a region and the priorities assigned to components within a program at particular times and at particular stages of development. [...] Rural development programs are intended to provide a sustained increase in the output and level of living of a significant proportion of the rural poor in a given area."[7]

Damit rückten gleichzeitig die individuellen Grundbedürfnisse der ländlichen Bevölkerung mehr in den Fokus: Für jeden sollten Ernährung, Wohnraum, Bekleidung etc. zur Verfügung stehen. Aber auch der Zugang zu öffentlichen Dienstleistungen wie Gesundheits- und Bildungseinrichtungen, Trinkwasser und sanitären Anlagen sowie öffentlichen Verkehrsmittel war vorgesehen.[8] Vor allem die technische Modernisierung, der vermehrte Einsatz von Düngemitteln

---

5 Vgl. auch: Altendeitering, Sylvia: *Die sozioökonomische Bewertung von ländlichen Technologie-Projekten: Dargestellt am Beispiel der Einführung von Nacherntetechnologien in Korea*, Nomos: Baden-Baden 1989, S. 85–124.

6 Vgl. auch: Robertson, Thomas: „Cold War Landscapes: Towards an Environmental History of US Development Programmes in the 1950s and 1960s", in: *Cold War History* 16.4, 2016, S. 417–441.

7 World Bank (Hg.): *The Assault on World Poverty: Problems of Rural Development, Education and Health*, Johns Hopkins University Press: Baltimore/London 1975, S. 17–18.

8 ILO (Hg.): *Employment, Growth and Basic Needs: A One-World Problem*, ILO: Genf 1976, S. 32. Zitiert nach Altendeitering, *Die sozioökonomische Bewertung von ländlichen Technologie-Projekten*, S. 110.

und die Züchtung neuer Pflanzenarten hatten Auswirkungen auf die Umwelt. Auch wenn Wissenschaftler vereinzelt Bedenken zu Umweltproblemen während der grünen Revolution geäußert hatten,[9] wurde erst ab den frühen 1970er-Jahren das Thema Umwelt verstärkt in die Entwicklungspolitik aufgenommen. Vor allem der Bericht des *Club of Rome* „The Limits to Growth" rückte die Verbindungen zwischen den Themen Bevölkerungswachstum und Umwelt in den Mittelpunkt. Allerdings überwogen weiterhin lange Zeit ökonomische Themen.[10]

Neben den Modernisierungsmaßnahmen beeinflusste auch die sogenannte ‚Nahrungsmittelhilfe' die Landwirtschaft in den Entwicklungsländern. Insbesondere die Weizenüberschüsse aus den USA, die über das Public Law (PL) 480 kostenfrei in die ganze westliche Welt verteilt wurden, dienten einerseits als diplomatisches Mittel im Kalten Krieg, da sie über den Weiterverkauf große Einkünfte brachten, hatten aber andererseits negative Auswirkungen auf die Lebensmittelproduktion vor Ort. In diesem Zusammenhang sprechen Soziologen wie Harriet Friedman auch von einem Ernährungsregime (*food regime*), das die Entwicklungsländer durch die kostenlose Bereitstellung letztlich in eine Importabhängigkeit führte.[11]

Die frühe deutsche Entwicklungszusammenarbeit für die ländlichen Regionen war neben diesen internationalen Trends auch durch die Erfahrungen aus der Kolonialzeit und Weimarer Republik geprägt. Der Historiker Heinrich Hartmann hat eines der frühsten Projekte, nämlich die Deutsch-Türkische Schafsfarm in Tahirova, ausführlich untersucht. In der Türkei waren bereits während der 1920/30er-Jahre deutsche Agrarwissenschaftler als Berater tätig, und in der frühen Bundesrepublik konnte an die bestehenden Netzwerke und Wissenstraditionen angeknüpft werden. Einer der deutschen Berater war außerdem ein ehemaliger Gutsbesitzer aus Westpreußen und organisierte die Schafsfarm nach ähnlichem Muster. Andererseits gab es wissenschaftliche Anknüpfungen durch neugegründete Professuren für ausländische Landwirtschaft, beispielsweise an der Universität Göttingen oder der TU Berlin.[12] Für die Entwicklungszusammenarbeit in der ländlichen Entwicklung spielten also forstwirtschaftliche und agrarwissenschaftliche Expertise eine wichtige Rolle. Daneben gab es auch immer wieder eine Auseinandersetzung mit Umweltfragen, so beispielsweise bei dem Projekt

---

9 Lorenzini, *Global Development*, S. 125–127.

10 Ibid., S. 133–137.

11 McGlade, Jacqueline: „More a Plowshare than a Sword: The Legacy of U. S. Cold War Agricultural Diplomacy", in: *Agricultural History* 83, 2009, S. 79–102; Friedmann, Harriet: „The Political Economy of Food: The Rise and Fall of the Postwar International Food Order", in: *American Journal of Sociology* 88, 1982, S. 248–286.

12 Hartmann, Heinrich: „Meeting Again at Tahirova: German Expertise in Turkish Agriculture in the 20th Century", in: *Contemporary European History* 32.3, 2023, S. 441–458.

der Firma *Volkswagen* im brasilianischen Regenwald, das später auf Grund der umweltlichen Probleme aufgegeben wurde.[13] Die genannten Punkte weisen auch Ähnlichkeiten zu der deutsch-koreanischen Zusammenarbeit in diesem Sektor auf, worauf in der Folge Bezug genommen wird.

1.2 Ländliche Entwicklung in Korea

Während in der Kolonialzeit bereits verschiedene Pläne zur ländlichen Entwicklung vorangetrieben wurden, stellte vor allem die Landreform nach der Befreiung von der japanischen Kolonialherrschaft einen ersten tiefergreifenden Einschnitt dar.[14] Bis in die 1960er-Jahre lebte die Mehrheit der koreanischen Bevölkerung auf dem Land. Mit der zunehmenden Industrialisierung setzte jedoch eine ‚Landflucht' und Urbanisierung ein, da die ländliche Bevölkerung anfangs kaum von dem technischen und industriellen Fortschritt des Landes profitierte. Obwohl bereits Anfang der 1960er-Jahre neue Gesetze für die Land- und Forstwirtschaft erlassen wurden, die eine ländliche Entwicklung und Modernisierung fördern sollten, ist ein verstärkter Fokus auf diese Sektoren erst ab den frühen 1970er-Jahren zu erkennen.[15] Auch um sich die schwindende politische Unterstützung der Landbevölkerung zu sichern, richtete Präsident Park Chung Hee seine Politik mit dem dritten Fünfjahresplan stärker auf die ländliche Bevölkerung aus. Als wichtige Leitlinien sind hier vor allem die (halb-)staatliche Lenkung der Agrargenossenschaften durch die National Agricultural Cooperative Federation (NACF, *nongŏp hyŏptongjohap*),[16] die grüne Revolution (*noksaek hyŏngmyŏng*), insbesondere die Entwicklung neuer Baum- und Reissorten,[17] sowie die Mobilisierung

---

13 Acker, *Volkswagen in the Amazon*, Kapitel 3, S. 113–190.

14 Der Landreform wurde daher auch in der Forschungsliteratur größere Aufmerksamkeit zuteil. Vgl. auch: Kim, Inhan: „Land Reform in South Korea under the U. S. Military Occupation, 1945–1948", in: *Journal of Cold War Studies* 18.2, 2016, S. 97–129; Yu, Yongtae (Hg.): *Tongashia-ŭi nongji kaehyŏk-kwa t'oji hyŏngmyŏng* [Landreform und Landrevolution in Ostasien], Sŏultaehakkyoch'ulp'anmunhwawŏn: Seoul 2014.

15 Vgl. auch: Sorensen, Clark W.: „Rural Modernization under the Park Regime in the 1960s", in: Sorensen, Clark W. / Kim, Hyunga (Hg.): *Rethinking the Park Chung Hee Era: Development, Political Thought, Democracy, and Cultural Influence, 1961–1979*, University of Washington Press: Seattle 2011, S. 145–165.

16 Burmeister, Larry: *Research, Realpolitik and Development in Korea: The State and the Green Revolution,* Westview Press: Boulder 1988. / Pinkston, Daniel A.: „The Evolution of South Korea's Rural Institutions: The Political Economy of Export Promotion and Market Protection", in: *Journal of East Asian Studies* 7.1, 2007, S. 61–92.

17 Kim, Taeho: *T'ongilbyŏ-wa 1970nyŏndae ssal chŭngsan ch'eje-ŭi hyŏngsŏng* [New Rice Tongil and the Technology System of Rice Production in South Korea in the 1970s], Dissertation, Seoul National University, 2009; Mun, Manyong: „Ijung-ŭi noksaek hyŏngmyŏng: Pak Chŏnghŭi shidae shingnyang chŭngsan-gwa sallim nok'wa" [The Dual

der ländlichen Bevölkerung in der dörflichen Erneuerungsbewegung *saemaŭl undong* zu nennen.[18]

Auf die Dorfgemeinschaften hatte diese Reformpolitik starke Auswirkungen. So kamen neue Technik und Infrastruktur wie Strom-, Telefon- und Wasserleitungen ab den 1970er-Jahren in die Dörfer, und eine bessere Verkehrsanbindung in die Städte wurde geschaffen.[19] Gleichzeitig richtete sich die Schwerpunktsetzung in der Landwirtschaft nach staatlichen Leitlinien: Beispielsweise wurde in den 1960er-Jahren die Seidenraupen- und Viehzucht sowie die Benutzung von Reispflanzmaschinen verstärkt gefördert und dazu Kurse und Schulungen angeboten.[20] Auf Grund der Landflucht und der *saemaŭl undong* änderte sich außerdem die traditionelle dörfliche Gesellschaftsordnung, da junge Menschen das Land verließen, ein Generationenwechsel in der Dorfführung erfolgte und Frauen vermehrt beteiligt wurden.[21] Gleichzeitig regulierte und kontrollierte die autoritäre Regierung das Alltagsleben der Landbevölkerung stärker. Nicht nur wurden staatlich ritualisierte Feste und anti-kommunistische Schulungen veranstaltet und die Bevölkerung für Baumpflanzaktionen, Straßenbau oder Ähnliches mobilisiert, der vorherrschende Entwicklungsdiskurs wirkte sich auch direkt auf das moralische Verständnis der dörflichen Bevölkerung aus, wodurch Individualinteressen oft ig-

---

Green Revolution in South Korea: Reforestation and Agricultural Revolution under the Authoritarian Regime], in: *Chŏnbuk Sahak* 36, 2010, S. 155–184. / Burmeister, Larry: „The South Korean Green Revolution: Induced or Directed Innovation?", in: *Economic Development and Cultural Change* 35.4, 1987, S. 767–790.

18 Vgl. auch: O, Yusŏk et al.: *Pak Chŏnghŭi shidae-ŭi saemaŭl undong: kŭndaehwa, chŏnt'ong kŭrigo chuch'e* [Saemaul Undong in der Park Chung Hee Ära: Modernisieurng, Tradition und Akteure], Hanulak'ademi: Seoul 2014. / Yi, Hwanpyŏng: *Nongch'on saemaŭl undong: Shinhwa-wa yŏksa sai-esŏ* [Ländliche Saemaul Undong: Zwischen Mythos und Geschichte], Sŏnin: Seoul 2017.

19 Sorensen, Clark W.: *Over the Mountains Are Mountains: Korean Peasant Households and Their Adaptations to Rapid Industrialization*, Washington University Press: Seattle 2013, Preface. Yi, Sŏngho / Mun, Manyong: „Ilgi-rŭl t'onghae pon 1970nyŏndae nongch'on kaebal chŏngch'aek-kwa maŭl sahoe-ŭi pyŏnhwa" [The Rural Development Plans and Change of Rural Community in the 1970s], in: *Chiyŏk Sahoe Yŏn'gu* 22.2, 2014, S. 33.

20 Ibid., S. 41.

21 Han, Toyŏn: „1970nyŏndae Saemaŭl undong-esŏ maŭl chidoja-dŭl-ŭi kyŏnghŏm segye: Namsŏng chidoja-dŭl-ŭl chungshim-ŭro" [Life World of Village Leaders during the Saemaul Movement in the 1970s: Focusing on Male Leaders], in: *Sahoewa Yŏksa* 88, 2010, S. 267–305; Lee, Eunjin: „Rediscovery of Social Capital in Korea's Saemaul Undong: Focus on Bonds, Bridges, and Links", in: *The Korean Journal of Local Government Studies* 20.2, 2016, S. 231–253; Mun, Yongsŏn / Yi, Misuk: „Saemaŭl punyŏhoe-rŭl t'onghan Han'guk nongch'on yŏsŏng-ŭi sahoe ch'amyŏ: 1970nyŏndae sodŭk chŭngdae saŏb-ŭi ch'amyŏ-rŭl chungshim-ŭro" [Social Participation of Korean Rural Women through Saemaul Women's Association: Focusing on Participation in Income Increase Projects in the 1970s], in: *Han'guk Chibang Ch'aji Yŏn'gu* 19.1, 2017, S. 23–40.

noriert wurden.[22] Trotz der staatlichen Eingriffe spielte jedoch auch die Handlungsmacht des Einzelnen eine Rolle, und es kam zu Aushandlungsprozessen vor Ort.[23]

Mit Bezugnahme auf die Regierung, aber auch die beteiligten Wissenschaftler und Akteure soll in diesem Kapitel die Entwicklungszusammenarbeit im ländlichen Raum untersucht werden. Während zu der Regierungspolitik und den Modernisierungen auf dem Land bereits verschiedene Forschungen vorliegen, wurde die technische Entwicklungszusammenarbeit im ländlichen Raum bislang fast nicht erforscht, wenngleich deren Bedeutung in koreanischen Publikationen beiläufig erwähnt wird. Der KOICA-Bericht hebt zunächst die umfangreiche Lebensmittelhilfe über das amerikanische Public Law (PL) 480 sowie das Welternährungsprogramm (WFP) der UN und der FAO positiv hervor. Während die Hilfen über PL 480 im Jahre 1960 endeten, erfolgten über WFP und FAO weitere Lieferungen bis Ende der 1970er-Jahre.[24] Des Weiteren förderte die UNDP die ländliche Entwicklung mit einer umfangreichen Bodenstudie (1964–1971) und den *Nakdong River Basin Delta Studies* (1966–1981) und trug zur Ausbildung und Forschung bei, beispielsweise über die Förderung einer Fischereischule und eines Forschungsprogrammes zum Pflanzenschutz. Außerdem unterstützte die UNDP die Entwicklung des koreanischen Hochlandes (1967–1976) und die Wasserzufuhr durch Röhrenbewässerung in ländlichen Gegenden.[25] Geschichtswissenschaftliche Forschung liegt hierzu jedoch noch nicht vor, sodass nur auf Grundlage und aus Sicht der deutsch-koreanischen Projekte darauf Bezug genommen werden kann.

1.3 Projekt- und Kapitelübersicht

Die deutsch-koreanische technische Zusammenarbeit erstreckte sich im ländlichen Bereich über insgesamt sechs Projekte und lässt sich inhaltlich in drei Themen gliedern: Milchvieh- und Graslandwirtschaft, Forstwirtschaft und agrarwissenschaftliche Forschung bzw. Hochschulförderung. Die Projekte der fi-

---

22 Yi/Mun, „Ilgi-rŭl t'onghae pon 1970nyŏndae nongch'on", S. 41–43. Vgl. auch allgemein zur Auswirkung der Modernisierung auf die Dörfer: Nemeth, David J.: „Blame Walt Rostow: The Sacrifice of South Korea's Natural Villages", in: Tangherlini, Timothy R. / Yea, Sallie (Hg.): *Sitings: Critical Approaches to Korean Geography*, University of Hawaii Press: Manoa 2008, S. 83–98.

23 Vgl. hierzu vor allem die folgende Forschung zur *saemaul undong* und Akteuren: Kim, Yŏngmi: *Kŭdŭl-ŭi saemaŭl undong* [Deren Saemaul Undong], P'urŭnyŏksa: Seoul 2009. Kim, Sungjo: *The Countryside and the City: A Spatial Economy of the New Village Movement in 1970s South Korea*, Dissertation, University of Toronto, 2015.

24 KOICA, *Han'guk-e taehan kaebal wŏnjo-wa hyŏmnyŏk*, S. 97–99.

25 Ibid., S. 135f.

nanziellen Zusammenarbeit fallen ebenfalls in die genannten Bereiche: Einerseits wurden über drei Kredite Genossenschaftsmolkereien gefördert, die als ein wichtiger Baustein der modernen Milchviehwirtschaft gelten können. Andererseits unterstützte die Bundesrepublik den Aufbau neuer Getreidelager.[26] Die technische und finanzielle Zusammenarbeit ergänzten sich also in dieser Hinsicht. Ab 1973/74 wurden mit der Reform der Landwirtschaftlichen Fakultät, dem Graslandforschungsprojekt und dem Forstwirtschaftsprojekt gleich drei größere Projekte in diesem Sektor durchgeführt, was in den Berichten und Verträgen sowohl auf die Ausrichtung des dritten Fünfjahresplans der koreanischen Regierung als auch auf die Entwicklungsziele der UN zurückgeführt wurde.

Die koreanischen Projektpartner waren ebenso vielfältig wie die Projektthemen: Regierungsbehörden wie das Office of Forestry (OoF) und das Office of Rural Development (ORD), die Hochschulen bzw. Forschungsinstitute Korea University und Korea Institute of Science and Technology (KIST) sowie die Landwirtschaftliche Genossenschaftsvereinigung (NACF). Für die Koordination der Projekte in der Entwicklungszusammenarbeit allgemein war zu dieser Zeit zwar das Wissenschaftsministerium verantwortlich, aber die unterschiedlichen Partnerorganisationen und Zuständigkeiten verursachten wohl dennoch einige Überschneidungen und Diskrepanzen zwischen den einzelnen Projekten, beispielsweise über die Landnutzung im Sinne der Forstwirtschaft oder Landwirtschaft. Die ländliche Entwicklung lässt sich zwar räumlich abgrenzen, weist jedoch viele Überschneidungen mit Entwicklungsprozessen in anderen Bereichen auf, sodass auf Schnittstellen hingewiesen wird. Beispielsweise gab es Ähnlichkeiten zwischen der Waldarbeiterausbildung und der praktischen Technikerausbildung an der Korea University mit Kapitel III zu Berufsbildung.

Wie auch in den Projekten anderer Sektoren, waren verschiedene deutsche Lang- und Kurzzeitberater sowie koreanische Counterparts in den Projekten tätig, die den Wissenstransfer maßgeblich prägten. Hier sind den Projekten entsprechend Wissenschaftler aus der Forstwirtschaft, ‚ausländischen Landwirtschaft' oder Agrarwissenschaft vertreten. Daneben finden sich aber auch andere Wissenschaftler wie Ethnologen, Geographen oder Soziologen mit Studien zum koreanischen Dorfleben oder der ländlichen Entwicklung allgemein, die den Wissensdiskurs entscheidend prägen. Hier sind als deutsche Akteure beispielsweise der Geograph E. Dege, der Koreanist D. Eikemeier oder die Entwicklungssoziologin S. Altendeitering zu nennen.[27]

---

[26] Zu den Getreidelagern vgl. BArch, B 213/11955 und zu den Krankenhäusern bzw. Basisgesundheitsdiensten vgl. auch: BArch, B 213/24234 sowie Kapitel VI.

[27] Dege, Eckart: *Entwicklungsdisparitäten der Agrarregionen Südkoreas*, Geographisches Institut der Universität Kiel: Kiel 1982; Eikemeier, Dieter, *Documents from Changjwa-ri: A further Approach to the Analysis of Korean Villages*, Harrassowitz: Wiesbaden 1980.

2. Milchviehwirtschaft und Grünlandforschung

2.1 Ausbau der Milchvieh- und Futterwirtschaft in Korea

Der Konsum von Milch und Milchprodukten setzte sich in Korea in der zweiten Hälfte des 20. Jahrhunderts durch. Auch wenn die ersten gezüchteten Milchkühe bereits 1902 importiert worden waren und während der Kolonialzeit vor allem westliche Missionare Milch, Kondensmilch und Trockenmilch beworben hatten,[28] begann der Diskurs um den Aufbau einer heimischen Milchviehwirtschaft erst nach der Befreiung von der Kolonialherrschaft. Nach dem Koreakrieg erhielt Südkorea internationale und vor allem amerikanische Lebensmittelhilfen. Neben den Hilfslieferungen der Cooperative for American Relief Everywhere (CARE), den sogenannten CARE-Paketen, und dem Export von Weizenüberschüssen aus den USA, war in Korea vor allem das UNICEF Milk Feeding Program von großer Bedeutung für die Verbreitung von Milchpulver. Allerdings stießen die neuen Lebensmittel zunächst auf Ablehnung in der koreanischen Bevölkerung.[29]

Erst als die Regierung von Präsident Park Chung Hee Milch und Milchprodukte als Teil einer westlichen und modernen Ernährungsweise bewarb und deren Konsum beispielsweise im Rahmen eines Schulmilchprogrammes aktiv förderte, nahm ab den 1970er-Jahren der Konsum von Milch rapide zu.[30] Milch kann daher, neben Weizen, als ein Beispiel dafür gelten, wie Lebensmittelhilfe und die autoritäre Regierung das Konsumverhalten

[28] Yi, Ŭnhŭi: „Ilche kangjŏmgi uryanga yangyuk-kwa uyu, yŏnyu, punyu-ŭi sangnyuk“ [The Formation of the Dairy Market and „Baby Shows“ in Korea during the Japanese Colonial Period], in: *Kyŏngjesahak* 43.3, 2019, S. 399–436. / Yi, Kwangchŏn: „Nangnong“ [Milchwirtschaft], *Encyclopedia of Korean Culture* (online).

[29] Chung, Daejong: *Foreign Things No Longer Foreign: How South Koreans Ate U. S. Food*, Dissertation, Columbia University, 2015. Han, Pongsŏk: „Kuhomulcha-e tamgin naengjŏn: Chuhan k’ea(C.A.R.E.)-ŭi p’aek’iji-ro salp’yŏbo-nŭn naengjŏn-gwa indojuŭi“ [Cold War in ‚C.A.R.E. Packages‘: Cold War and Humanitarianism in C.A.R.E. – Korea’s Relief Service], in: *T’ongil-gwa P’yŏnghwa* 12.1, 2020, S. 81–128; Heo, Na-Sil: „Racialising Baby Boys: Racial and Gender Politics in Infant Formula Advertisements in Cold War Korea, 1950s–1960s“, in: *Gender & History* 34, S. 243–262.

[30] Bereits während des ersten Schulkantinenessens wurden 1970 gegen ein Entgelt von 26 Won 140g Brot und 180ml Milch angeboten. Es handelte sich also um eine Förderung der westlichen Ernährungsweise. Gleichzeitig wurde diese Ernährungsweise beispielsweise in Frauenzeitschriften beworben. Ein offizielles Gesetz zur Einführung des Kantinenessens wurde erst 1980 erlassen. „Hakkyo kŭpshik pŏp“ [Schulkantinengesetz], Koreanisches Gesetz Nr. 3356, erlassen am: 29.01.1981. Vgl. hierzu auch die Themenseite des National Archive of Korea, URL: https://theme.archives.go.kr//next/koreaOfRecord/cafcteria.do.

der koreanischen Bevölkerung stark verändert haben.[31] Auch in anderen asiatischen Ländern wie Indien und China lassen sich ähnliche Prozesse nachzeichnen. Milchkonsum wurde und wird auch heute noch mit positiven Eigenschaften wie physischem Wachstum, aber auch Wohlstand verbunden. Denn die Mechanisierung der Milchproduktion sowie der Pasteurisierungsprozess machen Milch zu einem ‚modernen' Produkt.[32]

Die koreanische Regierung, aber auch Wissenschaftler betrachteten die Etablierung einer heimischen Milchviehwirtschaft als Chance, die Landwirtschaft im Allgemeinen zu modernisieren. Der Diskurs drehte sich hier zum Beispiel um die Erfolge der landwirtschaftlichen Entwicklung in Dänemark, deren Kernbereich die Milchviehhaltung war.[33] Mit Erlassen des ‚Gesetzes zur Förderung der Milchindustrie' (*nangnong chinhŭngbŏp*) im Jahre 1967 sollten vor allem die größeren Milchbauern und die Milchindustrie gefördert werden. Es folgten daraufhin vermehrt Farmgründungen durch Großbetriebe (*chaebŏl*) sowie ranghohe Militärs aus der Regierung, da eine Investition in diesem Bereich durch staatliche Zuschüsse begünstigt wurde.[34]

Mit dem Ausbau der Milchviehwirtschaft ging jedoch ein steigender Bedarf an Tierfutter einher, der möglichst auch durch heimische Produktion gedeckt werden sollte. Weil die Reisproduktion jedoch in der Landwirtschaft Vorrang hatte, sollten für die Futterproduktion vor allem Regionen in Höhenlagen nutzbar gemacht werden, die für den Reisanbau ungeeignet waren. Obwohl die koreanische Regierung 1969 das ‚Graslandgesetz' (*ch'ojibŏp*) verabschiedet hatte, durch das die Umwandlung von bewaldeten Flächen in Grasland gefördert werden sollte, stiegen die Futterpreise ab 1970 stark an. Die meist aus dem Ausland importierten Kühe waren daher oft unterernährt und starben früher, weshalb die Milchproduktion nicht so rentabel wie erwartet war.[35]

---

[31] Vgl. auch: Yi, Ŭnhŭi: „Pak Chŏnghŭi shidae nangnong chinhŭng chŏngch'aek-kwa nangnongŏb-ŭi paltal" [Park Chung-hee's Dairy Promotion Policy and Development of Dairy Farming], in: *Tongbang Hakchi* 183, 2018, S. 235–270; Yu, Chong Amy: *What's End: Feeding Industrialization, Fueling Lifestyle Changes, and Starving Agriculture in South Korea*, Dissertation, Cornell University, 2016, Kapitel 4.

[32] Zum Diskurs um Milch als Teil der Moderne und modernen Landwirtschaft sowie zu der Bedeutung von Milch in anderen Teilen der Welt vgl. auch: Wiley, Andrea S.: „Milk for ‚Growth': Global and Local Meanings of Milk: Consumption in China, India, and the United States", in: *Food and Foodways* 19, 2011, S. 11–33. Valenze, Deborah: *Milk: A Local and Global History*, Yale University Press: New Haven 2011, Part 4: „Milk as Modern", S. 235–291.

[33] Ryu, Hochin: *1950–60nyŏndae Han'guk-ŭi tenmak'ŭ tamnon-e kwanhan yŏn'gu: ‚Yaksoguk', ‚hwangmuji', ‚munhwa nongmin'* [A study of the Danish Discourse in South Korea during 1950–60s: ‚Yaksoguk', ‚Hwangmooji', ‚Munhwa Nongmin'], Masterarbeit, Hanyang University, 2015, S. 35–46.

[34] Vgl. auch: Song, Jooho / Sumner, Daniel A.: „Dairy Demand, Supply and Policy in Korea: Potential for International Trade", in: *Canadian Journal of Agricultural Economics* 47, 1999, S. 133–142.

[35] Yi, „Pak Chŏnghŭi shidae nangnong chinhŭng chŏngch'aek", S. 253f.

In Korea fehlten anfangs sowohl die finanziellen Mittel als auch das notwendige technische Knowhow für die Etablierung einer heimischen Milchproduktion. Im ersten Fünfjahresplan war als Ziel angegeben, jährlich etwa 1.000 Milchkühe nach Korea zu importieren, was jedoch aus Kostengründen nicht realisiert werden konnte. Bereits 1965 schloss die koreanische Regierung daher einen Vertrag mit der kanadischen Regierung über die Lieferung von 1.600 kanadischen Milchkühen im Wert von ca. $ 1 Mio. als Projekt der finanziellen Zusammenarbeit.[36] Mit dem Vertragsabschluss über die deutsch-koreanische Milchviehfarm in Anseong im darauffolgenden Jahr wurde dann auch das erste Projekt der technischen Zusammenarbeit in diesem Bereich vereinbart. Möglicherweise auf Grund der Lieferverzögerungen durch die kanadische Regierung und den verschobenen Projektbeginn der deutsch-koreanischen Milchviehfarm wurde im Jahr 1967 ein ähnlich angelegter Projektvertrag mit der neuseeländischen Regierung über die Errichtung einer weiteren Modellfarm abgeschlossen. Später folgten außerdem Abkommen mit der australischen und britischen Regierung zur Schafhaltung (siehe Tabelle 15). Die Historikerin Yi Ŭnhŭi argumentiert, dass diese mehrgleisige Zusammenarbeit vor allem auf die Pläne der koreanischen Regierung zur quantitativen Steigerung der Milchkühe zurückzuführen ist.[37]

Weiterhin beantragte die koreanische Regierung 1968 einen Weltbankkredit über $ 9,8 Mio. zum Import weiterer Milchkühe. Ein zur Projektprüfung entsandter japanischer Agrarexperte verglich die Entwicklung der koreanischen Milchviehwirtschaft mit der Situation Japans in den 1950er-Jahren und schlug daher die Entsendung einer japanischen Expertengruppe vor.[38] Diese zwölfköpfige Gruppe erstellte 1969 im Auftrag der Weltbank ein ausführlicheres Gutachten, woraufhin die Kredite gewährt wurden und die koreanische Regierung insgesamt 5.000 weitere Milchkühe importieren konnte. Außerdem wurde zwischen 1971 und 1974 jährlich ein dänischer Graslandexperte nach Korea entsandt, da bei einem Bedarf von ca. einem Hektar pro Milchkuh vor allem zu einem Ausbau der Futterlandflächen in Korea geraten wurde. Im Jahr 1976 wurde der Weltbankkredit aufgestockt

---

36 National Archives of Korea, Dokumenten-Nr.: BA0147570, Han'guk nangnong saŏp k'anada ch'agwan kwan'gye ch'ŏl [Koreanische Milchviehprojekte; Aktenordner zu Kanada], o. D., 1966; „Chŏtso yŏnnae 3340mari toip" [In diesem Jahr 3340 Kühe importiert], in: *Dong-A Ilbo*, 03.05.1969; „Chŏtso 3ch'ŏn340tu toip" [Import von 3340 Kühen], in: *Maeil Business Newspaper*, 15.02.1969. Vgl. auch: Yi, „Pak Chŏnghŭi shidae nangnong chinhŭng chŏngch'aek", S. 241–248.

37 Ibid., S. 247f.

38 Ibid., S. 233–236, 245–248. National Archives of Korea, Dokumenten-Nr.: BA0146121, Finanzministerium, Ch'uksan chinhŭng kyehoek: Han'guk-ŭi nongŏp kaebal kyehoek saŏp-e kwanhan IBRD-ŭi Mr. Takahasi pogosŏ [Plan zur Förderung der Viehhaltung: Bericht des IBRD-Beraters Mr. Takahasi über den koreanischen Landwirtschaftsentwicklungsplan], 12.12.1968.

und es konnten weitere 4.800 Milchkühe eingeführt werden.[39] Dieser Kredit überschnitt sich also zeitlich und teilweise inhaltlich mit dem deutsch-koreanischen Projekt zur Graslandforschung. Aber auch ein Projekt der FAO und UNDP mit dem Titel ‚Upland Development and Watershed Management' sowie die oben genannten bilateralen Projekte zur Milchkuh- und Schafhaltung beschäftigten sich mit dem Futteranbau. Im Folgenden stehen nun die beiden Projekte der westdeutschen Regierung in diesem Bereich im Fokus. Es wird dabei nach Möglichkeit auf die Projekte der anderen Geber verwiesen.

Tabelle 15: Projekte der technischen Zusammenarbeit im Milchvieh- und Graslandsektor

Projekt	Ort	Zeitraum	Finanzierung	Trägerinstitution
Korean-German Dairy Model Farm (*Handok nangnong shibŏm mokchang*)	Provinz Gyeonggi-do, Anseong	1966–1972	3,4 Mio. DM	GTZ, NACF
Korean-New Zealand Dairy Model Farm (*Hannyu nangnong shibŏm mokchang*)	Provinz Gyeonggi-do, Pyeongtaek	*unbekannt*	*unbekannt*	Neuseeländische und koreanische Regierung
Korean-Australian Sheep Demonstration Farm[40] (*Hanho myŏnyang shibŏm mokchang*)	Provinz Jeolla-buk-do, Unbong-eup	1970–1976	926.000 $	Australische und koreanische Regierung
San Isidore Development Association Farm (*Sŏngishidol mokchang*)	Insel Jeju-do	*unbekannt*	*unbekannt*	San Isidore Stiftung, christliche Geber
Graslandforschungsprojekt (*Handok Ch'oji yŏn'gu saŏp*)	Provinz Gyeonggi-do, Suwon	1973–1985	7,4 Mio. DM	GTZ, ORD
Integrated Dairy Beef Development Project[41]	nahe Daejeon und Gwangju	*unbekannt*	7,0 Mio. $	Weltbank, Korean Dairy Beef Company

[39] Zum Import amerikanischer Milchkühe vgl. auch: Jean, C. V.: „Korean Imports of U. S. Dairy Cattel set Record in 1973", in: *Foreign Agriculture*, 29.07.1974, S. 10–11; International Development Association, Press Release No. 71/3, Subject: $ 7,0 million IDA credit for an integrated dairy-beef project in Korea, 28.01.1971.

[40] „Yangt'ŏl chagŭp-ŭi kkum-i charanda: namwŏn unbong mokchang" [Der Traum von der Autonomie des Wolle-Markts ist langsam erfüllt: Namwon Un-bong Bauernhof], in: *JoongAng Ilbo*, 05.01.1979. Vgl. auch: Park, Hea-Jin / Elfing-Hwang, Joanna / Seo Whitney, Younghye: „Why Aid Diplomacy Eventually Pays Off: Lessons from Australia's Sheep Demonstration Farm Project in 1970s South Korea", in: *Melbourne Asia Review*, 26.10.2022.

[41] International Development Association, Press Release No. 71/3, Subject: $ 7,0 million IDA credit for an integrated dairy-beef project in Korea, 28.01.1971. Dieses Projekt wurde durch einen Weltbankkredit finanziert und von der Korea Dairy Beef Company in zwei Regionen, in der Nähe von Daejeon und Gwangju, durchgeführt.

Projekt	Ort	Zeitraum	Finanzierung	Trägerinstitution
Agricultural (Crop) Research Programme	Provinz Gyeonggi-do, Suwon	1974–1980	5,0 Mio. $	USAID, ORD
Korean-New Zealand Grassland Utilization Beef Production Project (*Hannyu yugu shibŏm saŏp*)	Provinz Gangwon-do, Daegwallyeong	1974–1979	*unbekannt*	Neuseeländische und koreanische Regierung

Quelle: Zusammenstellung des Autors.

Tabelle 16: Milcherzeugung und -konsum in Korea

Jahr	1965	1970	1975	1980	1985
Kühe	6,612	22,827	85,542	206,851	390,135
Milchviehbetriebe	1,210	3,126	9,415	17,666	43,760
Milchproduktion (in 1000 Tonnen)	10.7	51.9	162.9	457.6	1011.1
Milchkonsum pro Kopf (in kg)	0.3	1.4	4.6	10.8	23.3

Quelle: Thalheimer, Frank: *Milchproduktion in Südkorea auf unterschiedlicher Futtergrundlage und Bewertung agrarpolitischer Maßnahmen im Milchsektor*, Dissertation, Universität Hohenheim, 1991, S. 34/41; Korean Ministry of Agriculture: *Nangnong kwan'gye charyo* [Materialen zur Milchviehwirtschaft], 1996.

2.2 Milchviehfarm

Die Gründung einer deutsch-koreanischen Milchviehfarm ging Medienberichten zufolge bereits auf den Besuch des Präsidenten Park Chung Hee in der BRD 1964 zurück.[42] 1966 fand diesbezüglich eine erste Gutachterreise statt, und im Rahmen des Besuches von Bundespräsident Lübke wurde das Projekt im März 1967 offiziell vereinbart. Während die Errichtung des Ausbildungszentrums in Busan zunächst nicht verhandelt wurde, sei die Milchviehfarm als Projekt unter anderem beschlossen worden, weil Lübke als studierter Agrarwirt und ehemaliger Landwirtschaftsminister ein persönliches Interesse an der Landwirtschaft hatte.[43] Zwar wurde im gleichen Jahr ein erster deutscher Berater nach Korea entsandt, um Vorbereitungen für das Projekt zu treffen, aber auf Grund von Verzögerungen bei der Vertragsunterzeichnung, einer Erkrankung des betreffenden

[42] Ein Passus in offiziellen Reden oder Vereinbarungen zur Bestätigung dieser Aussage findet sich nicht. Vgl. als Medienbericht auch: „Model Dairy Farm Opened at Ansong in Ceremony“, in: *The Korea Herald*, 12.10.1969.

[43] MOFA Diplomatic Archives, C-0022 (1965–68), Joint Communique by President Park Chung Hee of the Republic of Korea and President Heinrich Lübke of the Federal Republic of Germany, 05.03.1967, S. 4.

deutschen Beraters und der Ostberlin-Spionageaffäre zögerte sich der offizielle Beginn des Projektes um einige Monate hinaus.[44] Das Auswärtige Amt versuchte die Entwicklungszusammenarbeit in der Ostberlin-Spionageaffäre als politisches Mittel einzusetzen, ging aber wiederum nicht so weit, das Projekt gänzlich zu stoppen, wohl auch, weil beide Regierungen bereits Vorbereitungen und Investitionen für die Errichtung der Farm getätigt hatten.[45] Im Oktober 1968 wurde die Wiederaufnahme des Projektes im Rahmen einer Dienstreise des BMZ-Beamten Dr. Wichelmanns beschlossen.[46]

Die deutsche Regierung stellte für das Projekt Maschinen und Einrichtungsgegenstände bereit und entsandte ab 1969 insgesamt vier Berater, einen Landmaschinenschlosser, zwei Agraringenieure und einen Tierarzt, während die koreanische Regierung die Errichtung der Gebäude und den Ankauf des großflächigen Geländes in Anseong übernahm und einen Farmdirektor stellte. Außerdem wurden im Sommer 1969 auf deutsche Kosten 100 Rinder aus Kanada eingeschifft.[47] Die Einweihungsfeier der Farm fand am 11.10.1969 in Anwesenheit des koreanischen Präsidenten Park Chung Hee, verschiedener koreanischer Minister und des deutschen Botschafters sowie koreanischer Bürger aus der Region statt.[48] Ziel des Projektes war, wie der Name bereits vermuten lässt, der Aufbau einer Milchviehfarm mit Modellcharakter. Auf dem zugewiesenen Projektgebiet wurden zunächst Felder für Getreide, Mais und Kohl angelegt, die zur Futtergewinnung zweimal im Jahr bebaut wurden (Winter- und

[44] BArch, B 213/24264, BMZ-internes Schreiben: Technische Hilfe in Korea, Zentrum für die regionale Entwicklung der Milchviehhaltung in Korea, 09.07.1968. Vgl. auch: Yi, „Han-dok kyŏngje hyŏmnyŏk-kwa tongbaengnim sagŏn", S. 167.

[45] BArch, B 213/45578, BMZ-internes Schreiben, Korea – Projekt der deutschen Kapitalhilfe und der Technischen Hilfe, hier: Vorläufiges Einstellen der Förderung beider Projekte und Nicht-Unterzeichnung der betreffenden Regierungsabkommen, 29.12.1967 / Aufzeichnung: Korea: Vorläufiges Einstellen der Förderung von 2 Projekten der deutschen Entwicklungshilfe, hier: Sitzung des Lenkungsausschusses am 11.01.1968, 08.01.1968.

[46] BArch, B 213/24264, Dr. Wichelmann: Bericht über eine Dienstreise nach Korea vom 25.09. bis 04.10.1968, 18.10.1968.

[47] BArch, B 213/24264, PL Dr. J. Senn: Projektbericht Nr. 2, 25.11.1969, S. 1f. In den ersten Projektberichten wird ausführlich erörtert, aus welchem Land die Milchkühe eingeführt werden sollen. Auch wenn deutsche Rinderzüchter eine Lieferung aus Deutschland befürworteten, kam eine solche auf Grund von langer Lieferdauer und möglichen Erkrankungen nicht in Frage. Die koreanische Seite sprach sich wiederum gegen eine Lieferung aus Japan aus, sodass letztlich Kanada gewählt wurde. Insgesamt wurden zu diesem Zeitpunkt 3.340 Kühe aus Kanada geliefert. Darin waren auch 50 Kühe für die neuseeländisch-koreanische Modellfarm sowie 930 Kühe aus einem Abkommen zur Entwicklungszusammenarbeit mit Kanada enthalten. „Chŏtso3ch'ŏn340tu toip" [Import von 3.340 Milchkühen], in: *Maeil Business Newspaper*, 15.02.1969.

[48] BArch, B 213/24264, PL Dr. J. Senn: Bericht über die Einweihungsfeier des Zentrums für die regionale Entwicklung der Milchwirtschaft am 11.10.1969, 19.10.1969.

Sommernutzung). Außerdem wurde ein Gebäudekomplex aus Milchviehstall, Wohngebäuden, Geräteschuppen und Futterlagersilos errichtet.[49]

Abbildung 5: Präsident Park begutachtet die Holstein-Kühe, 1969

Quelle: Provinz Gyeonggi-do Multimedia Archiv, Nonghyup Anseong Farmland.

Nach Bewertung der deutschen Gutachter wies Korea im Vergleich zu anderen Entwicklungsländern zwei Vorteile für den Ausbau der Milchviehwirtschaft auf: Erstens könne der Stand der koreanischen Landwirtschaft allgemein als hoch bezeichnet werden, lediglich die Milcherzeugung stelle eine Entwicklungslücke dar. Zweitens würden die Klimaverhältnisse Ähnlichkeiten zu Deutschland aufweisen, sodass deutsche „Zucht- und Viehhaltungsmethoden von Milchkühen, die Form der Milchgewinnung und -verarbeitung und vor allem die Futtergewinnung mit geringfügigen Modifikationen auf koreanische Verhältnisse übertragen werden können".[50] Dass dieser Punkt allerdings nicht auf die Situation in anderen Teilen Koreas, sondern nur auf das Projekt in Anseong zutraf, wurde im Rahmen des folgenden Graslandforschungsprojektes deutlich, das den Ausbau der Gras- und Futterlandwirtschaft in Korea anhand von drei verschiedenen Klimazonen untersuchte (s. u.). Das Gutachten untermauerte neben diesen Ungenauigkeiten in der Bewertung jedoch den eindeutigen Anspruch der deutschen Berater, eine Milchviehwirtschaft nach deutschem Vorbild auf der Farm zu etablieren.

Auf der Modellfarm wurden u. a. das Maschinenmelken, die Silage, das regelmäßige Wiegen der Tiere, die Milchfettmengenbestimmung sowie die Markierung mit Ohrmarken als neue Praktiken in Korea eingeführt, da weder die dazu benötigten Maschinen noch die Bedienungstechniken zu dieser Zeit be-

[49] BArch, B 213/24264, PL Dr. J. Senn: Projektbericht Nr. 3, 28.06.1970, S. 2.

[50] BArch, B 213/24264, Schreiben der GAWI an das BMZ: Entsendung eines Gutachters zur Prüfung eines Demonstrationsprojektes für Viehzucht und Milchwirtschaft / Korea, 07.10.1966, S. 1f.

kannt waren.[51] Es wird deutlich, wie die Milchviehfarm dadurch auch eine Verknüpfung von Naturwissenschaft, Technik und Agrarwirtschaft förderte. Milchfarmer aus der Umgebung sowie der ganzen Provinz Gyeonggi-do wurden durch Schulungen auf der Modellfarm weitergebildet. Themen waren dabei u. a. die Winterstallhaltung, Milchbehandlung, Klauenpflege, Kälberaufzucht sowie das Heumachen.[52] Einem Bericht zufolge nahmen daran jährlich bis zu 400 Farmer teil. Außerdem wurden ab Ende 1969 jährlich ca. 20 Auszubildende in zehnmonatigen Kursen in der Milchviehhaltung unterwiesen. Diese fanden im Nachhinein meist auf Farmen in der Region eine Anstellung.[53]

Das Projektteam unterstützte die Milchfarmer in der Umgebung außerdem mit Ausrüstungsgegenständen und leistete im Bedarfsfall tierärztliche Hilfe. Die deutschen Berater hielten auch Vorträge beispielsweise an der Landwirtschaftsschule (*nongŏp chŏnmun hakkyo*) in Anseong (heute: *han'gyŏng daehakkyo*) zu Land- und Milchviehwirtschaft in der Bundesrepublik.[54] Das Projekt nahm damit einen direkten Einfluss auf die Entwicklung der Milchviehwirtschaft in der Provinz Gyeonggi-do, die mit anderen Regionen verglichen bis heute führend in diesem Sektor ist.[55] Im Rahmen des Projektes wurden außerdem die Themen Molkereiwesen und Milchverarbeitung aufgegriffen. Die Bundesregierung unterstützte im Anschluss den Aufbau von Molkereien durch Kredite im Rahmen der finanziellen Zusammenarbeit.[56] Im Rahmen der Molkereiprojekte, die im Großraum Seoul errichtet wurden, war

---

[51] BArch, B 213/24264, PL Dr. J. Senn: Projektbericht Nr. 2, 25.11.1969, S. 2f. Nam, Sŏngu: „Handok mokchang-ŭi sŏllip-kwa yŏk'al" [Die Gründung und die Rolle der deutsch-koreanischen Farm], in: *Ch'uksan Shinmun*, 02.05.2019.

[52] BArch, B 213/24264, PL Dr. J. Senn: Projektbericht Nr. 3, 28.06.1970, S. 2.

[53] Es wird hervorgehoben, dass im zweiten Kurs 1970 auch ein weiblicher Lehrling teilnahm, was in den industriellen Berufen wohl kaum vorstellbar gewesen wäre. Die zehnmonatige Ausbildung wurde später auf sechs Monate gekürzt. BArch, B 213/24264, H.-G. Gysae: Abschlussbericht – Projekt: Zentrum für die regionale Entwicklung der Milchviehhaltung, 22.12.1972, S. 4.

[54] BArch, B 213/24264, PL Dr. J. Senn: Projektbericht Nr. 4, 11.1970, S. 2; PL Dr. J. Senn: Projektbericht Nr. 8, 05.10.1971, S. 3. Der erste Projektleiter J. Senn publizierte in der Folge einen Artikel über das koreanische Rind sowie die Möglichkeiten, eine koreanische Seidenraupenproduktion aufzubauen, womit er neben der Milchviehwirtschaft einen gänzlich anderen Aspekt der „tropischen" bzw. ausländischen Landwirtschaft abdeckte: Senn, Joachim: „Das einheimische koreanische Rind (Südkorea)", in: *Zeitschrift für Tierzüchtung und Züchtungsbiologie* 89, 1972, S. 312–322; Senn, Joachim: „Die Seidenraupenzucht, ein bedeutsamer landwirtschaftlicher Betriebszweig in tropischen und subtropischen Ländern; dargestellt am Beispiel der Republik Korea", in: *Der Tropenlandwirt* 74, 1973, S. 150–160.

[55] Vgl. auch: „Glückliche Kühe: Koreanisch-deutsche Milchfarm in Ansong erfolgreich", in: *Koreana* Nr. 3/1972.

[56] Der GTZ-Mitarbeiter Dr. Clemens sowie der Projektleiter der Milchviehfarm Dr. Senn berichten jeweils über die Pläne der koreanischen Regierung zum Bau einer neuen Molkerei. BArch, B 213/24264, Dr. Clemens: Dienstreisebericht, o. D., S. 16; 18./B 213/24264, PL Dr. J. Senn: Projektbericht Nr. 8, 05.10.1971, S. 1.

auch die Fort- und Ausbildung von Mitarbeitern in der BRD enthalten, u. a. für fünf Mitarbeiter in den Bereichen Trinkmilch, Pulvermilch, Butter, Käse und Eiscreme, sodass auch die Weiterverarbeitung der Milch in der Region gefördert wurde.[57]

Im Abschlussbericht hob der letzte Projektmitarbeiter die „hervorragende Ausstrahlung" und Modellwirkung der Farm hervor. Insbesondere hätten sich im Laufe des Projektes der Viehbestand sowie die produzierte Milchmenge stark erhöht. Außerdem sei bei einer Landestierschau ein Rind des Projektes ausgezeichnet worden.[58] Gleichzeitig bedauerte er, dass die Übergabe des Projektes bereits so früh erfolge, denn „der Aufbau des Betriebes ist nicht voll abgeschlossen (Verlegung von Drainagen, Ausbau der Weidezäune, Anlage von Weidetränken, Meliorationsdüngung), noch ist eine echte Betreuung der bäuerlichen Betriebe angelaufen". Eigentlich sei daher eine Weiterführung oder zumindest Belieferung mit Ersatzteilen notwendig. Der koreanische Partner sei jedoch nur daran interessiert, „kurzfristige Gewinne aus dem Projekt zu erwirtschaften, während die ursprüngliche Konzeption, auch die regionale Förderung der Milchviehhaltung unter Einschluss aller damit verbundenen Fragen, [...] weitgehend aus den Augen verloren" worden sei.[59] Dies bestätigt die oben genannte These der Historikerin Yi Ŭnhŭi, dass die koreanische Regierung in diesem Projekt vor allem an quantitativen Erfolgen Interesse hatte.

Insgesamt erfuhr die deutsch-koreanische Milchviehfarm große mediale Aufmerksamkeit und war Teil verschiedener Besuchsprogramme, was wohl auch auf das Interesse des Präsidenten Park Chung Hee sowie der Deutschen Botschaft zurückzuführen ist.[60] Dies lässt sich auch dadurch erklären, dass es sich um ein frühes Projekt der bilateralen Zusammenarbeit handelte. Im Jahr 2014 wurde durch den Besuch der Präsidentin Park Geun-hye, die 1969 die Farm mit ihrem Vater bereits besucht hatte, die mediale Aufmerksamkeit erneut auf das Projekt und dessen Geschichte gelenkt.[61] In einem Forschungsbericht des Korea Rural Economic Institute (KREI, *han'guk nongch'on kyŏngje yŏn'guwŏn*) aus dem

---

57 PA AA, B37 ZA, 103341, Schreiben der KfW: Kapitalhilfe Süd-Korea – Entwicklungsbankenkredit an die NACF über DM 16,7 Mio., hier: Abschlusskontrolle des Endkredites Genossenschaftsmolkerei Seoul; vgl. auch: „Seoul Dairy 2nd Plant Dedicated", in: *The Korea Times* 28.12.1975.

58 BArch, B 213 24264, H.-G. Gysae: Abschlussbericht – Projekt: Zentrum für die regionale Entwicklung der Milchviehhaltung, 22.12.1972, S. 4.

59 Ibid., S. 7.

60 Die Botschaft lud beispielsweise 1970 vierzig koreanische Journalisten in das Projekt ein. Dabei wurde speziell über die Tätigkeiten der deutschen und koreanischen Mitarbeiter gesprochen. BArch, B 213/24264, PL Dr. N. Senn: Projektbericht Nr. 4, 11.1970, Anhang. / Vgl. darauffolgende Presseberichte.

61 Min, Sangsik: „Pak Chŏnghŭi kkum tamgin ansŏng p'amlaendŭ kada: Handok mokchang Yi Pŏmyŏl ch'odae changjang ‚1969nyŏn 17se sonyŏ Pak Kŭnhye-do mokchang pangmun'" [Besuch beim Anseong-Farmland, das nach der Philosophie von Park Chung-

Jahr 2005 wurde auch auf den Vorbildcharakter des deutschen Projektes verwiesen und dieses als Modell für ein mögliches Projekt der Entwicklungszusammenarbeit der süd- und nordkoreanischen Regierungen herangezogen.[62]

Betrachtet man die Dauer und Finanzierung, handelte es sich jedoch um ein weniger wichtiges Projekt. Wie in der Einleitung erwähnt wurde, schloss die koreanische Regierung im gleichen Zeitraum weitere Verträge über Modellfarmen, unter anderem wurde in der direkten Nachbarschaft die neuseeländisch-koreanische Modellfarm in Pyeongtaek gegründet. Mit der Übergabe im Jahr 1971 übernahm Nonghyup die Farm und nach verschiedenen Nutzungen – u.a. zur Züchtung des koreanischen Rindes (*hanu*), dient sie heute als Schulungszentrum und Freizeitpark unter dem Namen *Anseong Farmland.*[63] Deutschland und Korea setzten ihre Zusammenarbeit in den 1970/80er-Jahren durch ein gemeinsames Graslandforschungsprojekt fort, das im folgenden genauer untersucht wird.

2.3 Grünlandforschungsprojekt

Während der Durchführung des Milchviehwirtschaftsprojektes bemerkte man, dass „fundierte wissenschaftliche Versuchsarbeit" fehlte, um die Weiterentwicklung dieses Bereiches in Korea voranzutreiben. Der Leiter des Office of Rural Development (ORD, *nongch'on chinhŭng ch'ŏng*) Kim Inhwan fragte daher den deutschen Gutachter Prof. Bommer, ob die BRD bereit sei, den Aufbau einer Versuchsstation für Grünlandwirtschaft und Futterbau zu unterstützen. Die koreanische Regierung plante die Rinderproduktion zu fördern, da die Nachfrage nach Milch- und Fleischprodukten stetig wachse.[64] Auch von deutscher Seite wurde eine solche Zusammenarbeit als wichtige Weiterentwicklung gesehen, um einen tiefergehenden Einfluss auf die Entwicklung der Milchviehwirtschaft in Korea erzielen zu können. Man könnte dabei auch gut auf die Erfahrungen des Milchviehfarmprojektes aufbauen.

Hee erbaut wurde: Der erste Leiter der deutsch-koreanischen Farm berichtet: ‚1969 besuchte auch die 17-jährige Park Geun-hye den Bauernhof'], in: *Herŏltŭgyŏngaejmun*, 23.03.2013.

62 Kim, Hyŏnghwa et al. (Hg.): *Puk'an-ŭi ch'uksan hyŏnhwang-gwa nambukhan ch'uksanhyŏmnyŏk panghyang* [Current Status of Livestock in North Korea and Direction of Livestock Cooperation between South and North Korea], Han'guk Nongch'on'gyŏngje Yŏn'guwŏn: Naju 2005.

63 „Nonghyŏp-sŏ chikyŏnghage toe-nŭn handongmokchang" [Von der Landwirtschaftlichen Genossenschaft direkt verwaltete koreanisch-deutsche Farm], in: *Chosun Ilbo*, 18.12.1971.

64 BArch, B 213/24253, Prof. Dr. Bommer: Bericht über Gutachterreise vom 18. bis 31.10.1970, o. D., S. 30–33.

Das Grünlandforschungsprojekt wurde als eine direkte Erweiterung dessen gesehen.[65]

Mit dem Projekt wurden drei Absichten verfolgt: Erstens die Steigerung der Rindfleisch- und Milchproduktion, zweitens die Steigerung des Einkommens von Farmern, also der ländlichen Bevölkerung, und drittens die Schaffung von nutzbarem Land in Bergregionen und dadurch die Verhinderung von Bodenerosionen. Als Hauptziel des Projektes wurde vereinbart, die Erforschung von Grünland und dessen Nutzung im Rahmen der Futterproduktion auszubauen und ein Grünlandforschungsinstitut zu gründen. Nebenziele waren die Ausbildung koreanischer Agrarwissenschaftler und Techniker sowie die Durchführung von Weide-, Gewächshaus- und Laboruntersuchungen.[66]

Der offizielle Vertragsabschluss zwischen beiden Regierungen erfolgte mit einem Notenwechsel im Jahre 1972. Gemäß dieser Vereinbarung wurden von deutscher Seite zunächst zwei promovierte Agrarwissenschaftler und zwei Versuchstechniker aus dem Bereich Grünlandwirtschaft nach Korea entsandt. Außerdem stellte die deutsche Seite Ausrüstung für das chemische Labor zur Durchführung von Nährstoffanalysen sowie Geräte, Maschinen und Material für die Durchführung von Feldversuchen zur Verfügung.[67] Die offizielle Eröffnung des Projektes fand im Mai 1975 im Anschluss an eine erste Verlaufskontrolle im ODR in Suwon statt.[68] In seiner Rede zur Eröffnungsfeier hob der deutsche Botschafter die Verbindung von traditioneller Viehhaltung mit moderner Wissenschaft und Technologie im Rahmen des Projektes hervor. Dadurch sei eine effektivere, aber auch umweltfreundliche Landwirtschaft möglich.[69] Neben einer ‚grünen Revolution' waren also Aspekte wie Nachhaltigkeit, zumindest in der Rhetorik, durchaus vorgesehen.

---

65 BArch, B 213/24253, Dr. Haniel: Technische Hilfe für Korea – Deutsch-koreanische Zusammenarbeit bei der Grasland-Forschung, 30.09.1971.

66 MOFA Diplomatic Archives, Dokumenten-Nr. 741.91GE, Han-dok kan-ŭi ch'ojiyŏn'guso sŏllip-e kwanhan yakchŏng [Abkommen zwischen der Bundesrepublik Deutschland und der Republik Korea über die Errichtung eines Graslandforschungszentrums], 01.11.1972 / BArch, B 213/24253, Note des Botschafters der Bundesrepublik Deutschland Sarrazin an den Minister für Auswärtige Angelegenheiten der Republik Korea Kim Yong Shik, 01.11.1972.

67 Ibid.; vgl. auch: Weinberger, Peter: *Basic Research into Grassland and Forage Crop Farming in Korea*, TZ-Verlagsgesellschaft: Eschborn 1987, S. 17f. In einem späteren Bericht wird kritisiert, dass einige der aus der BRD gelieferten Landmaschinen später nicht mehr gebraucht worden seien, da sie nicht für ein Forschungsprojekt, sondern nur für einen Betrieb geeignet waren.

68 BArch, B 213/24253, Botschafter der BRD Seoul an das Auswärtige Amt, Betr.: Eröffnung des Grünland-Forschungsprojektes, Suwon am 15.05.1975, 29.05.1975.

69 PA AA, B37-ZA, 101650, Deutsche Botschaft Seoul an das AA: Eröffnung des Grünland-Forschungsprojektes, Suwon am 15. Mai 1975 – Anlage: Rede des Botschafters, 29.05.1975.

Das Projekt lässt sich von 1973 bis zu seinem vorläufigen Abschluss 1985 in zwei Hauptphasen einteilen: Während in der ersten Phase (1973–79) hauptsächlich Grundlagenforschung im Mittelpunkt stand, erfolgte in der zweiten Phase (1980–85) die praktische Anwendung der Forschungsergebnisse vor Ort.[70] In der ersten Phase wurden drei Forschungsstationen in Suwon, auf dem Berg Daegwallyeong und auf der Insel Jeju-do sowie ein zentrales Labor ebenfalls in Suwon eingerichtet. Damit sollten die drei wichtigsten ökologischen und klimatischen Regionen Koreas abgedeckt werden.[71] An diesen Versuchsstationen führten die deutschen und koreanischen Wissenschaftler gemeinsam Studien durch, um den jeweiligen klimatischen Bedingungen angepasste Grassorten auswählen zu können. Weiterhin leitete das Team eine umfangreiche Grünlandkartierung (*grassland survey*) zur Nutzung von Wald- und Feldflächen (*imya*) in Bergregionen.[72]

In der zweiten Phase ging man Kooperationen mit insgesamt acht Demonstrationsfarmen ein, um die gewonnenen Erkenntnisse in der Praxis anzuwenden und die koreanischen Milchviehfarmer in Pflanz- und Düngemethoden von Grünland zu unterweisen. Beispielsweise wurde ein Rotationssystem für die Futterpflanzung vorgestellt, aber auch der Bau von Ställen, Silos und Zäunen durch die Ausbildung von Beratern forciert.[73] Nach dem offiziellen Projektabschluss 1985 wurde die Kooperation beider Länder in der Grünlandforschung durch einen in Deutschland promovierten, ehemaligen koreanischen Projektmitarbeiter bis 1993 weitergeführt.[74]

Die deutschen Ausgaben für das Projekt lagen bei 7,4 Mio. DM, wovon etwa 55 % für das Personal und 25 % für die technische Ausstattung ausgegeben wurden. Außerdem wurde die Ausbildung von sieben koreanischen Doktoran-

---

70 In einem vorläufigen Abschlussbericht sowie im Projekt selbst wurden vier Phasen unterschieden, welche sich allerdings inhaltlich zu zweien zusammenfassen lassen.

71 BArch, B 213/24253, Dr. E. Pahl: Korean-German Grassland Research Project – Ausdehnung des Projektes auf die Cheju-Do Station und Alpine Experiment Station des Office of Rural Development, 03.12.1974. / BArch, B 213/24253, Prof. Dr. E. Zimmer: Versuchsstation für Grünlandwirtschaft in Suwon/Korea – Bericht über eine Gutachterreise vom 3. bis 17. Mai 1975, 10.06.1975, S. 6f.

72 Die Ergebnisse dieser Studie wurden in der folgenden Publikation auch auf Deutsch veröffentlicht. Weinberger, Peter / Park, Geun-Je / Kwon, Du-Jung: *Korean Woodlands (Im-Ya) as resources for grassland development* (GTZ Publikation 149), TZ-Verlagsgesellschaft: Eschborn 1983.

73 BArch, B 213 24254, Prof. Dr. E. Reisch: Korean-German Grassland Research Project, Suweon – Bericht über den Verlauf und das Ergebnis des Gutachtereinsatzes vom 10. bis 16.09.1979, 17.10.1979, S. 12.

74 Yi, Yongil: „Nangnongyugu-ga mannan saram – Hwang Sŏkchung paksa -nangnong-ŭi mirae, Togil-ŭi nongŏp ch'ŏrhak-esŏ ch'atcha“ [Treffen mit einem Menschen der Milch- und Viehwirtschaft – Dr. Hwang Sŏkchung – Die Suche nach der Zukunft der koreanischen Milchviehhaltung in der deutschen Agrarphilosophie], *Nangnongyugu Wŏlgan* 9, 2009, S. 72.

den an Universitäten in der BRD durch DAAD-Stipendien gefördert und 17 Beamte des ORD im Rahmen von zweimonatigen Kurzaufenthalten weitergebildet. Bereiche dieser Weiterbildung waren u. a. die Grünlandnutzung, Futterproduktion, Pflanzenzüchtung, Saatgutproduktion oder Futterkonservierung.[75] Die koreanische Regierung steuerte in der gleichen Zeit bis zu 4,8 Bio. Won für Gebäude und Counterparts bei.[76]

Während der Projektlaufzeit wurde eng mit verschiedenen Forschungseinrichtungen in Deutschland und Korea zusammengearbeitet, u. a. der Landwirtschaftlichen Fakultät an der SNU, der Bundesforschungsanstalt für Landwirtschaft (heute: Thünen-Institut) in Braunschweig und der Universität Hohenheim.[77] Als Gutachter und Kurzzeitberater besuchten verschiedene deutsche Professoren Korea, um dort Vorträge oder Seminare zu halten, das Projekt zu begutachten und zu beraten, aber auch Studien zur koreanischen Agrarpolitik im Allgemeinen durchzuführen. Im Jahr 1978 erstellten beispielsweise drei deutsche Professoren Gutachten zu den Themenbereichen kleinbäuerliche Betriebswirtschaft, Grünlandmanagement und Düngung.[78]

Auch mit anderen Ländern der Region wie Japan oder Neuseeland erfolgte im Rahmen des Projektes ein enger Austausch. Unter anderem unternahmen koreanische und deutsche Grünlandexperten gemeinsam eine Informationsreise zum Thema Saatgutproduktion von Futterpflanzen nach Hokkaido.[79] Bereits während der Gründung der Modellfarm und zu Anfang des Grünlandforschungsprojektes erbaten die zuständigen Gutachter bei einem in Japan tätigen deutschen Landwirtschaftsexperten Informationen über dessen Erfahrungen dort und mögliche Einschätzungen zu Korea.[80] Bezüglich der Düngeverfahren hatte die GTZ bereits in anderen Ländern ähnliche Projekte durchgeführt, bei-

---

[75] BArch, B 213/24255, PL Dr. P. Weinberger: Korean-German Grassland Research Project – Projektfortschrittsbericht 18, 28.07.1980, S. 8 (Original ohne Seitennummerierung).

[76] BArch, B 213/39053, W. Hannover / Dr. W. Klocker: Preliminary Report on the Results of an Evaluation Mission Concerning the Korean/German Grassland Research Development Project, 18.05.1984, S. 5.

[77] Vgl. auch: Weinberger, *Basic Research into Grassland and Forage Crop Farming in Korea*, S. 18.

[78] BArch, B 213/24254, Schreiben der GTZ an das BMZ: Versuchsstation für Grünlandwirtschaft in Suwon, Korea – Übersendung und Kommentierung von drei Gutachten, 17.01.1979.

[79] PA AA, B57-ZA, 103342, Deutsche Botschaft Tokyo: Agrarhilfe für Korea; hier: Studium der Futterbau- und Grünland-Wirtschaft in Japan durch deutsche Expertendelegation aus Korea (26.–30.07.76), 11.08.1976.

[80] BArch, B 213/24264, R. Fernsebner: 1. Kurzbericht Korea-German Diary Farm, 14.04.–31.05.1967, o. D., S. 2. / BArch, B 213 24253, Schreiben von U. R. von Uexküll an Prof. Dr. Bommer: Grassland Institute in South Korea, 17.05.1971.

spielsweise in Brasilien durch Kalkung, sodass Experten vor Ort eine Übertragung dieser Ergebnisse anregten.[81] Dies untermauert die engen Verknüpfungen der bilateralen Forschungskooperation mit einem transnationalen Netzwerk der Entwicklungspolitik.

Außerdem erfolgte eine enge Zusammenarbeit mit den anderen Projekten innerhalb Koreas. So wurde beispielsweise Anfang der 1980er-Jahre eine gemeinsame Fortbildungsreise für koreanische Experten nach Neuseeland geplant, jedoch letztlich auf Grund der politischen Situation in Korea nicht durchgeführt.[82] Auf Initiative eines FAO-Beraters wurde bereits 1972 eine ‚Arbeitsgruppe für Graslandforschung' (*Grassland Working Group, ch'ojiyŏn'guhoe*) ins Leben gerufen. Beispielsweise nahmen der Projektleiter der neuseeländischen Milchviehfarm und der australischen Schaffarm sowie Experten der UNDP und FAO daran teil. Außerdem beteiligten sich koreanische Professoren von der Landwirtschaftlichen Fakultät der SNU. Die Gruppe veranstaltete wissenschaftliche Konferenzen, aber auch Feldbesichtigungen.[83] Das war verglichen mit anderen Sektoren außergewöhnlich, da beispielsweise in den Projekten der Berufsbildung fast kein Austausch zwischen den verschiedenen Geberländern zustande kam (vgl. Kapitel III). 1977 wurde auf Basis dieser Gruppe die ‚Koreanische Forschungsgesellschaft für Grasland und Futterwirtschaft' (*han'guk ch'oji chosaryo hak'oe*) gegründet, die bis heute besteht.[84]

Auf Grund der ähnlichen Ausrichtung des deutschen, neuseeländischen und australischen Projektes kann man von inhaltlichen Überschneidungen ausgehen. Der deutsche Projektleiter relativierte eine solche Vermutung aber und erklärte die thematische Unterteilung folgendermaßen: Während das deutsch-koreanische Projekt für die Grünlandforschung und zum Teil Demonstration zuständig sei, kümmerten sich die anderen bilateralen Projekte, aber auch das Weltbankprojekt, die Projekte privater Unternehmen oder kirchliche Projekte um die Grünlandentwicklung.[85] Er hatte in dem Sinne Recht, dass die Demonstrationsfarmen eine ausgeprägte praktische Komponente aufwiesen, das deut-

---

[81] BArch, B 213/24254, Dr. Binsack (GTZ): Stellungnahme zum Gutachterbericht über den Einsatz von Prof. Bussler/Berlin vom 25.08. bis 09.09.1978 im Projekt Versuchsstation für Grünlandwirtschaft in Suwon, Korea, 17.01.1979.

[82] BArch, B 213/24255, PL Dr. P. Weinberger: Korean-German Grassland Research Project – Projektfortschrittsbericht 20, 01.09.1981, Anlage 2, 2.3.

[83] Vgl. Materialen von Sŏ Sang, einem ehemaligen Mitarbeiter des Projektes. Die Fotos zeigen beispielsweise die Organisierung eines Seminars im Juni 1973 sowie im September 1984 und 1985.

[84] BArch, B 213/24254, PL Dr. P. Weinberger: Korean-German Grassland Research Project – Projektfortschrittsbericht 12, 17.10.1977, S. 6 (Original ohne Seitennummerierung). Vgl. auch Webseite der Korean Society of Grassland and Forage Science, URL: http://forage.or.kr/html/sub1_02.html.

[85] BArch, B 213/24253, PL Dr. E. Pahl: Grassland Research Institute – 3. Quartalbericht, 12.10.1974, S. 2.

sche Projekt hingegen stärker auf Forschung ausgerichtet war. Allerdings wurden auch im Rahmen des deutschen Projektes später Demonstrationsfarmen gegründet, und teilweise führten die anderen Projekte Forschungen durch, sodass eine solche Zweiteilung zu kurz greift.

Auch wenn im Projektabkommen die Einrichtung eines eigenständigen Grünlandforschungsinstitutes vorgesehen war und die deutsche Seite durchgängig darauf bestand, wurde von koreanischer Seite dieser Teil anfangs wegen Geldmangels verschoben und später gänzlich verworfen. Das Projekt war daher als Teil der Futterpflanzenabteilung in der Nutztierversuchsstation des ORD angesiedelt, was die deutschen Berater als eine Schwächung des Projektes ansahen. Erst später wurden zwei separate Abteilungen für Grünland und Futterbau eingerichtet.[86] Auch wenn im Abschlussbericht hervorgehoben wurde, dass einer der größten Erfolge des Projektes auch die Institutionenbildung gewesen sei, mag die ausbleibende Gründung des Graslandinstitutes zu der eher geringen Aufmerksamkeit für das Projekt geführt haben, da die Arbeit nur im Rahmen einer der vielen Zweigstellen des ORD erfolgen konnte. In der Festschrift des ORD zur Geschichte der Tierhaltung wird die Bedeutung des Projektes für die Etablierung der koreanischen Grünlandforschung hervorgehoben. Vor allem die Forschung zu Grassorten und Düngemitteln habe davon profitiert.[87] Auf die genauen Inhalte des Projektes wird nun im Folgenden anhand der beiden Phasen, Forschungsprojekte und Demonstrationsfarmen, eingegangen.

Forschungsprojekte

Die Forschungsthemen des Projektes lassen sich als vielfältig bezeichnen. Obwohl Grünlandforschung im Mittelpunkt stand, wurden auch verwandte Themen wie Düngung und Samenanbau behandelt. Hauptsächlich sollte die Umwandlung von ungenutzten Wald- und Feldflächen in Weideland realisiert werden. Dazu erforschten das koreanisch-deutsche Team verschiedene Grassorten, die den koreanischen Klimabedingungen mit heißfeuchten Sommern und kalten Wintern entsprachen. Grassorten aus Deutschland, wie das deutsche Weidelgras, der Wiesenschwingel und das Knaulgras, eigneten sich auf Grund der starken Auswinterung weniger gut. Stattdessen erwogen die Forscher als mögliche Grassorten das Lieschgras, den Rohrschwingel und Trespen. Für die Viehwirtschaft war außerdem entscheidend, welche Nährstoffe die Grassorten

86 Materialsammlung des Ausbildungszentrums für Waldarbeiter, GTZ: Abschlussbericht – Förderung der Grünlandwirtschaft in Korea, 06.1986, S. 24.

87 ORD (Hg.): *Ch'uksan yŏn'gu 60 nyŏnsa* [60 Jahre Forschung zu Tierhaltung], ORD: Suwon 2012, S. 421.

erbrachten, sodass diese auch einer Weender Futtermittelanalyse unterzogen wurden.[88]

Neben der Auswahl von geeigneten Grassorten war die Sondierung von Wald- und Wiesenland (*imya*) zur Erschließung als Weideflächen ein wichtiger Bestandteil des Projektes. Dazu wurde eine so bezeichnete Graslandstudie durchgeführt, die als Kriterien die Hangneigung (bis zu 24°), die Parzellengröße (größer als 5ha), sowie die Entlegenheit zu Siedlungsgebieten, Bodenbeschaffenheit, Holzbewuchs etc. berücksichtigte. P. Weinberger und sein Team kamen schließlich zu dem Ergebnis, dass von den 6,57 Mio. ha Wald- und Feldflächen 540.000ha für die Grünlandentwicklung geeignet seien.[89]

Ein umstrittener Forschungsbereich im Projekt war die Düngung. Während ein Projektmitarbeiter die Notwendigkeit der Düngung mit Stickstoff, Phosphor und Kalium hervorhob, da vor allem die Böden in Hanglage einen niedrigen pH-Wert hatten und arm an Nährstoffen seien,[90] verwies ein Gutachter darauf, die Art und Menge der Düngung kritisch zu prüfen: „Insbesondere wird angeregt, die Stickstoffdüngung zu reduzieren, da nicht die pflanzenbaulich erreichbaren Höchsterträge, sondern nachhaltig und mit tragbarem Aufwand erzielbare und mit den Mitteln der landwirtschaftlichen Praxis ausnutzbare Erträge interessieren."[91] Bei den Überlegungen standen jedoch weniger die möglichen Umweltprobleme im Fokus, sondern vor allem die Schwierigkeiten, die koreanische Bauern hätten, eine solche Düngung durchzuführen.

Weiterhin wurde im Rahmen eines Gutachterberichtes die Grassamenproduktion in Korea thematisiert. Die vorhandenen Sorten waren vor allem auf Knäuelgras, Rohrschwingel und italienisches Weidelgras beschränkt und die meisten Samen würden aus den USA importiert. Es wurde daher angeregt, eine heimische Produktion aufzubauen, wodurch die koreanische Regierung Kosten für den Import sparen könnte.[92] Dies wurde jedoch im Rahmen des Projektes nicht weiterverfolgt. Wie bereits bei der Milchviehfarm war auch im Grünlandforschungsprojekt ein Veterinärmediziner aktiv, der verschiedene Regionen Koreas bereiste, um die wichtigsten Rinderkrankheiten zu erfassen. Dabei stellte er u. a. das Auftreten von Pyroplasmose fest, die er durch Impfungen einzudämmen versuchte. Während des Einsatzes bildete er außerdem koreani-

---

[88] Vgl. auch: Mühlschlegel, Friedrich: „Probleme der Grünlandverbesserung in Korea", in: *Entwicklung und Ländlicher Raum*, Heft 5/1979, S. 22–25.

[89] Weinberger, *Basic Research into Grassland and Forage Crop Farming in Korea*, S. 49–52. Vgl. auch: Thalheimer, *Milchproduktion in Südkorea*, S. 53f.

[90] Mühlschlegel, „Probleme der Grünlandverbesserung in Korea", S. 23.

[91] BArch, B 213/24253, Prof. Dr. E. Zimmer: Versuchsstation für Grünlandwirtschaft in Suwon/Korea – Bericht über eine Gutachterreise vom 3. bis 17. Mai 1975, 10.06.1975, S. 15.

[92] BArch, B 213/24254, Prof. Dr. U. Simon: Present Position and Future Possibilities of Forage Plant Seed Production in the Republic of Korea (Summary of Report), 09.1976.

sche Tierärzte in der Erkennung solcher Rinderkrankheiten weiter.[93] Das Projekt beschäftigte sich also auch mit der Verbesserung der Rinderhaltung und Grünlandentwicklung allgemein.

Demonstrationsfarmen

Der zweite Projektabschnitt war hauptsächlich auf die Anwendung der Forschungsergebnisse ausgerichtet. Dazu wurden sogenannte Demonstrationsfarmen eingerichtet. Während der ersten Phase stellten die deutschen Berater fest, dass die Forschungsergebnisse des Projektes eher in großen Betrieben Anwendung finden würden, was nicht dem ursprünglichen Ziel entsprach, eine Einkommenssteigerung für die allgemeine Landbevölkerung zu erzielen.[94] Daher wurden für die Einrichtung der Demonstrationsfarmen vor allem kleine und mittlere Betriebe ausgewählt und eine Modifizierung der Forschungsergebnisse für diese angestrebt. Zunächst wählten die Forscher im Jahr 1978 zwei Farmen in den Landkreisen Hwanggye-ri in der Provinz Gyeongsangnam-do und Nae-ri in der Provinz Gyeonggi-do aus. Durch Projektmittel und Eigenmittel der betreffenden Farmer richteten sie diese als Demonstrationsfarmen ein. Im Laufe der Zeit wurde die Zahl der Demonstrationsfarmen, vor allem auf Bestreben des ORD, auf insgesamt acht erhöht, sodass es in jeder Provinz eine gab.[95] Außerdem wurden an weiteren Orten Demonstrationsflächen für Futterpflanzen sowie Demonstrationszäune für die Weidewirtschaft, meist in der Nähe von Zweigstellen des ORD, errichtet, um den Landwirten deren Nachbau zu erleichtern.[96]

Für die Farm in Nae-ri liegt ein ausführlicher Bericht vor, der auf die Themen Infrastruktur, Klima, Landnutzung, Futterproduktion, Tierhaltung und Milchproduktion einging und den Kosten-Nutzen-Faktor für die Landwirte bewertete. Die Farm wurde von einem Landwirt und dessen Frau geführt und beschäftigte einen Mitarbeiter. Von der 11,7ha großen Farm nutzte der Landwirt 4,5ha für den Reisanbau und 3ha für die Grasland- und Futterwirtschaft. Er pflanzte die Grassorten, die im Projekt als geeignet ausgewählt worden waren, und folgte einem Weideprinzip mit täglichen Rotationen auf insgesamt sieben

93 BArch, B 213/24255, PL Dr. P. Weinberger: Korean-German Grassland Research Project – Projektfortschrittsbericht 18, 28.07.1980, S. 5 (Original ohne Seitennummerierung).

94 BArch, B 213/24254, PL Dr. P. Weinberger: Korean-German Grassland Research Project – Projektfortschrittsbericht 11, 04.04.1977, S. 21f. (Original ohne Seitennummerierung).

95 BArch, B 213/24255, PL Dr. P. Weinberger: Korean-German Grassland Research Project – Projektfortschrittsbericht 19, 07.01.1981, S. 8/10 (Original ohne Seitennummerierung).

96 BArch, B 213/24255, PL Dr. P. Weinberger: Korean-German Grassland Research Project – Projektfortschrittsbericht 21, 12.01.1982, S. 2 (Original ohne Seitennummerierung).

Feldern. Für die Winterfütterung wurden außerdem Mais und Winterroggen angepflanzt. Insgesamt hielt der Landwirt auf der Farm neun Milchkühe, die er täglich zweimal melkte. Jede Kuh produzierte durchschnittlich 150 kg Milch pro Jahr, womit die Farm durchschnittlich etwa 1 Mio. Won jährlich hinzuverdienen konnte. Im Rahmen des Projektes wurde die Farm anfangs mit Maschinen, Düngemittel und dem Bau eines Silos unterstützt. Gleichzeitig hatte der Landwirt laufende Kosten für die Arbeitskraft, die Düngemittel (inklusive Kalk), die Gras- und Futtersamen sowie einmalige Kosten für die Errichtung eines Weidezaunes und die Anschaffung von weiteren Maschinen zu tragen, die auf jährliche Ausgaben von ca. 740.000 Won geschätzt wurden, sodass er insgesamt einen Gewinn von 26,5 % erwirtschaften konnte.[97]

Die Demonstrationsfarmen dienten außerdem, wie zuvor die Modellfarm, zur Durchführung verschiedener Lehrgänge und Seminare. Zur Veranschaulichung wurden dazu Broschüren und Informationsberichte verbreitet.[98] Das ORD beschäftigte Berater, die meist eine Tierzüchterausbildung absolviert, aber wenig Erfahrung in der Grünlandwirtschaft hatten. Daher schulten die koreanisch-deutschen Projektmitarbeiter sie nun auch in diesen Bereichen.[99] Ein ähnliches Vorgehen wählte man auch für die Waldbesitzergenossenschaft und ländlichen Technologien (s. u.). Insgesamt wurden im Rahmen des Projektes etwa 50 ORD-Berater weitergebildet, 24 Pilotfarmen direkt oder indirekt betreut sowie 2.000 Landwirte in Seminaren und Lehrgängen über Themen der Milchviehwirtschaft informiert.[100]

Über den Erfolg der Demonstrationsfarmen gingen die Meinungen im deutschen Team auseinander. Im Umland der Demonstrationsfarmen seien direkte positive Auswirkungen sichtbar gewesen. Die koreanischen Landwirte fingen an, Grünland zu düngen und Weidezäune zu errichten. Auch die Lokalbehörden gründeten neue Farmen nach Vorbild der Demonstrationsfarmen. Den verschiedenen deutschen Projektleitern zufolge habe sich die koreanische Regierung vor allem auch an der Saatbettbereitung, Ansaatmischung und den Weidezäu-

---

97 BArch, B 213/24254, Korean-German Grassland Research Project – Dairy Demonstration Farm Nae-ri, 1978.

98 BArch, B 213/24255, J. van Bargen: Korean-German Grassland Research Project – Projektfortschrittsbericht 23, 03.10.1983, S. 12 (Original ohne Seitennummerierung).

99 BArch, B 213/24254, Dr. Binsack (GTZ): Kurzbericht über eine Verlaufskontrolle im Projekt Versuchsstation für Grünlandwirtschaft in Suwon, Korea, 25.09.1979, S. 2. Zu den landwirtschaftlichen Beratungsdiensten vgl. auch: Yoo, Duck-Ki: *Die Landwirtschaft im Bergland Südkoreas – Agrarstrukturwandel und regionale Entwicklungsperspektiven: Dargestellt am Beispiel des Bezirks Pyongchang*, Dissertation, Universität Bonn, 1988, S. 150f./196f.

100 BArch, B 213/24255, GTZ-interner Bericht: Ergebnis einer Aussprache in der GTZ über das Projekt Grünlandwirtschaft in Korea, 10.09.1983, S. 4f.

nen orientiert.[101] Gleichzeitig betonten die deutschen Experten, dass die Weidehaltung in Korea bislang noch nicht weit verbreitet war und für die Einrichtung von Weiden einerseits die praktische Erfahrung, andererseits die notwendigen Maschinen und Düngemittel fehlten. Auch die Errichtung der Zäune bedurfte größerer Investitionen, wozu wiederum Kredite benötigt wurden. Obwohl die koreanische Regierung die Milchviehwirtschaft förderte, reichte diese Förderung für kleinere Bauern oft nicht aus, und die Kreditvergabe bereitete ebenfalls Schwierigkeiten.[102] Ein Gutachter erklärte daher ausführlich die Möglichkeiten einer Reform der Kreditvergabe für kleinere Landwirte.[103]

Der Projektleiter J. van Bargen hebt auch hervor, dass die betriebswirtschaftlichen Fragen des Projektes nicht ausreichend thematisiert worden seien, weil zumeist technische Fragen im Vordergrund standen. Für die Nachbetreuung forderte er deshalb, auf dieses Thema weiter einzugehen, indem die betriebs- und volkswirtschaftlichen Auswirkungen untersucht werden sollten.[104] Viele Probleme der Kleinbauern konnten im Rahmen des Projektes nicht gelöst werden. So fehlte in den entlegenen Bergregionen oft die nötige Infrastruktur für die Milchviehhaltung und -verarbeitung, wie z. B. Besamungsstationen oder ein Milchkontrollsystem. In vielen Fällen wären beispielsweise Zusammenschlüsse kleinerer Landwirte zu Genossenschaften sinnvoll gewesen, wie Yoo Duck-Ki in seiner 1988 erschienen Doktorarbeit hervorhebt.[105] Er bewertete auf Grundlage von Umfragen auch die am Projekt beteiligten Beratungsdienste eher kritisch, da die Implementierung neuer Technologien in die bestehenden Strukturen den Landwirten oft Schwierigkeiten bereitet hätten.[106] Außerdem hatten die „eher bevormundende Beratungsmethode und die erlebten Misserfolge bei Übernahme der empfohlenen Neuerungen“ zu einer gewissen Skepsis bei der Bevölkerung vor Ort geführt. Solche Kritikpunkte berücksichtigte die deutsche Projektleitung allerdings nicht, sondern man folgte der Vorgabe des ORD, indem man auf die Schulung der Berater setzte anstatt auf direkte Schulungen der interessierten Landwirte. Hier bietet sich auch ein Blick auf andere

---

[101] BArch, B 213/24255, PL G. B. Bartels: Korean-German Grassland Research Project – Projektfortschrittsbericht 22, 12.07.1982, S. 10 (Original ohne Seitennummerierung). B 213/24255, PL J. van Bargen: Korean-German Grassland Research Project – Projektfortschrittsbericht 23, 03.10.1983, S. 1 (Original ohne Seitennummerierung).

[102] Mühlschlegel, „Probleme der Grünlandverbesserung in Korea“, S. 24f.

[103] BArch, B 213/24254, Dr. Binsack (GTZ): Stellungnahme zum Gutachterbericht über den Einsatz von Prof. Erwin Reisch (Hohenheim) vom 20.08. bis 09.09.1978 im Projekt, 19.10.1978.

[104] BArch, B 213/24255, PL J. van Bargen: Korean-German Grassland Research Project – Projektfortschrittsbericht 23, 03.10.1983, S. 16/23f. (Original ohne Seitennummerierung).

[105] Yoo, *Die Landwirtschaft im Bergland Südkoreas*, S. 125f.

[106] Ibid., S. 150.

Projekte wie im Landkreis Goesan an, wo amerikanische Missionare, OXFAM und die katholische Bauernbewegung die Viehhaltung durch Genossenschaftsgründungen finanziell unterstützten.[107] Insbesondere vor dem Hintergrund der Waldbesitzervereinigungen in Yangsan (s. u.) hätte diese Projektausrichtung ebenfalls gut in die Konzeption der deutsch-koreanischen technischen Zusammenarbeit gepasst.

2.4 Austausch und Konflikte der Akteure

Viele der koreanischen Counterparts absolvierten Kurzzeit- oder Langzeitprogramme in der BRD. Einige konnten auch mit Hilfe von DAAD-Stipendien ein Promotionsstudium absolvieren. Die Kurzzeitfortbildungen in der BRD wurden in verschiedenen geographischen Regionen (speziell Voralpen, Rhön, norddeutsche Tiefebene) durchgeführt und waren in drei Phasen – theoretische Einführung, Besuche und Besichtigungen sowie Auswertung aufgeteilt.[108] Die koreanischen Beamten bewerteten ihre Ausbildung in der BRD generell positiv. Der in Gießen promovierte Graslandforscher Hwang Sŏkchung beschreibt in einem Interview seinen Werdegang im Rahmen des Projektes folgendermaßen:

> „[Das erste Mal kam ich mit Deutschland in Kontakt,] als ich im ORD als Abteilungschef der Graslandabteilung arbeitete. Ursprünglich hatte ich Viehzucht studiert. Im Jahr 1972 gingen vier Personen der Viehzuchtprüfstelle für die koreanische Grünlandforschung zur Ausbildung nach Deutschland, darunter war auch ich selbst. Für ein Jahr und sechs Monate assistierte ich bei der Forschung und schrieb Berichte in der Bundesforschungsanstalt für Landwirtschaft; das war meine erste Beziehung mit Deutschland. Später, im Jahr 1977, wählte ich für meine Promotion erneut den Weg nach Deutschland und erhielt meinen Doktortitel an der Universität Gießen im Fachbereich Umweltbiologie. Der Austausch mit den damaligen Kommilitonen besteht bis heute.“[109]

---

107 Kim, Sonam: „1960–70nyŏndae ch'o koesan kach'uk sayang chohap-ŭi hyŏptong chohap undong yŏn'gu“ [A Study on the Goesan Livestock Rearing Co-operative Movement from 1960s to Early 1970s], in: *Sarim* 43, 2019, S. 63–112.

108 BArch, B 213/24255, GTZ-interner Bericht: Ergebnis einer Aussprache in der GTZ über das Projekt Grünlandwirtschaft in Korea, 10.09.1983, S. 1.

109 Yi, Yongil: „Nangnongyugu-ga mannan saram – Hwang Sŏkchung paksa -nangnong-ŭi mirae, Togil-ŭi nongŏp ch'ŏrhak-esŏ ch'atcha“ [Treffen mit einem Menschen der Milch- und Viehwirtschaft – Dr. Hwang Sŏkchung – Die Suche nach der Zukunft der koreanischen Milchviehhaltung in der deutschen Agrarphilosophie], *Nangnongyugu wŏlgan* 9, 2009, S. 72.

An diesem Zitat wird die Handlungsmacht der koreanischen Counterparts deutlich. Hwang sprach von seiner freien Entscheidung, für die Weiterbildung nach Deutschland zu gehen, was der in den Projektberichten verwendeten ‚Entsendung' entgegensteht. Das DAAD-Stipendium für seine Promotion über das Projekt der technischen Zusammenarbeit erwähnte er dabei nicht. Nach dem Abschluss seines Promotions-Studiums kehrte er 1983 an das ORD zurück und setzte sich bis zum Eintritt in den Ruhestand noch weitere zehn Jahre für den Austausch beider Länder im Bereich der Graslandforschung ein.[110] In dieser Hinsicht erwies er sich als ein wichtiger Akteur im Sektor Futtermittel- und Graslandforschung. Auch die Informationen zu Forschungsthema und Studienaufenthalten der anderen sechs Counterparts, die eine Promotion in Deutschland absolvierten, liegen vor. Diese studierten an der TU Berlin, TU München sowie den Universitäten Gießen und Hohenheim bei Professoren, die auch als Kurzzeitgutachter bereits im Projekt aktiv waren oder mit denen das Projekt über die deutschen Mitarbeiter engere Kontakte pflegte. Beispielsweise promovierte Kim Chŏngkap an der TU München zum Anbau von Grassorten und Mais, wobei es sich um ein weiteres Unterprojekt im Rahmen des Forschungsprojektes handelte.[111] Nach ihrer Rückkehr arbeiteten einige wie Hwang weiter in der Futterabteilung des ORD, andere wechselten aber auch an die Universität.

Auch die deutschen Forscher nutzten ihren Aufenthalt in Korea, um eigene Forschungsprojekte voranzutreiben. Der Projektmitarbeiter W. Mühlschlegel promovierte 1981 an der TU München mit einer vergleichenden Studie zu Ertragsbildung und Futterwert zweier Grassorten in Korea und Deutschland.[112] Sein Doktorvater war auch als Gutachter im Projekt tätig und hatte persönliche Verbindungen zur Universität Hohenheim, die mit dem Projekt in der zweiten Phase eng zusammenarbeitete. Der Graslandforscher und spätere Projektleiter P. Weinberger publizierte ebenfalls seine Forschungsergebnisse in Form kurzer,

---

[110] Ibid, S. 72. Seine Promotion absolvierte er zu folgendem Thema: Hwang, Sŏkchung [Hwang, Suk-Joong]: *Ein Beitrag zur Beurteilung der Ertragssicherheit von mehrjährig genutzten Futterpflanzensorten am Beispiel von Feldversuchen in Korea*, Dissertation, Universität Gießen, 1983.

[111] Kim, Chŏngkap [Kim, Jeong Gap]: *Ertrags- und Stoffbildung einiger Sorten von Sorghum-Sudangras, Hybrid-Sorghum und Silomais in Abhängigkeit von Anbaumaßnahmen und Temperaturbedingungen*, Dissertation, TU München, 1982.

[112] Mühlschlegel, Friedrich: *Ertragsbildung und Futterwert von je 2 Sorten der Arten Lolium perenne L. Festuca pratensis Huds. und dactylis glomerata L. in Abhängigkeit von Witterungsfaktoren und Nutzungshäufigkeit auf 5 Standorten in Deutschland und Südkorea*, Dissertation, TU München, 1981. Vgl. auch einen Aufsatz zu dem Thema mit seinem Doktorvater: Mühlschlegel, Friedrich / Voigtländer, Gerhard: „Ertragsbildung und Futterwert von je zwei Sorten der Arten Lolium perenne L., Festuca pratensis Huds. und Dactylis glomerata. L. in Abhängigkeit von Witterungsfaktoren und Nutzungshäufigkeit auf drei Standorten in Südkorea", in: *Zeitschrift für Acker- und Pflanzenbau* 152, 1983, S. 100–115.

koreanischsprachiger Artikel und in zwei deutschsprachigen Monografien. Insbesondere im Rahmen der Monografie zum Projektabschluss bezog sich Weinberger auf die Projektberichte, Gutachten und Forschungsergebnisse seiner deutschen, koreanischen und internationalen Kollegen der Graslandforschungsgruppe.[113] Das untermauert die enge Zusammenarbeit der Wissenschaftler über Projekt- und Ländergrenzen hinweg. Viele Artikel erschienen auch in dem im Jahr 1978 gegründeten *Journal of the Korean Society of Grassland and Forage Science* (*han'guk ch'oji josaryo hak'oeji*), das von diesem Austausch ebenfalls profitierte.[114]

Das Graslandforschungsprojekt wies jedoch auch Probleme in der Zusammenarbeit zwischen deutschen und koreanischen Akteuren auf. Die sprachliche Verständigung sei auf Englisch kaum möglich gewesen. Der Projektleiter stellte fest: „Das mag manchmal ausreichen, wenn es sich um die Vermittlung bloß technischer Fertigkeiten handelt. Bei der Diskussion wissenschaftlicher Fragen (...) ist dieses Hindernis von ernsthafter Bedeutung."[115] Nur ein koreanischer Counterpart konnte zu dieser Zeit fließend Englisch sprechen. Dieser Punkt spiegelte sich auch in der Tatsache, dass ein koreanischer und ein deutscher (bzw. englischer) Jahresbericht unabhängig voneinander angefertigt wurden und es wegen fehlender Übersetzer keine gemeinsame Version gab.[116] Andere Projekte wie das Waldbewirtschaftungsprojekt hatten hingegen eine gemeinsame Projektzeitschrift, wodurch Ergebnisse festgehalten und besser kommuniziert werden konnten (s. u.).

Ein weiteres Problem bereiteten gesellschaftliche Unterschiede. Die Betreuung der Counterparts durch die deutsche Futtermittellaborantin sei wegen der koreanischen „Einstellung des Mannes zu einer Frau im Allgemeinen, einer im Beruf gleichgeordneten (wenn nicht sogar an Erfahrung überlegenen), ganz im Besonderen" nicht möglich. Der Counterpart entziehe sich einer direkten Konfrontation dieser Situation durch häufige Abwesenheit. Weitere Probleme könnten jedoch entstehen, wenn die deutsche Laborantin das Projekt verließe und die koreanische Seite dann auf sich allein gestellt sei.[117]

---

113 Vgl. Weinberger, *Basic Research into Grassland and Forage Crop Farming in Korea*, Referenzenliste.

114 Ein Artikel von G. H. Davis (neuseeländisches Projekt) erschien in Vol. 1. No. 1 (1978), ein Artikel von P. Weinberger in Vol. 1. No. 2 (1979). Auch in den darauffolgenden Jahren folgten weitere, meist kurze Veröffentlichungen über die Projektinhalte.

115 BArch, B 213/24254, PL Dr. P. Weinberger: Korean-German Grassland Research Project – Projektfortschrittsbericht 11, 04.04.1977, S. 12 (Original ohne Seitennummerierung).

116 Ibid., S. 18. In den Materialen von Sŏ Sang finden sich englisch- und koreanischsprachige Berichte; ob sich diese inhaltlich unterscheiden, konnte jedoch nicht überprüft werden.

117 BArch, B 213/24253, Prof. Dr. E. Zimmer: Versuchsstation für Grünlandwirtschaft in Suwon, Korea (vertraulich), 10.06.1975.

Ein tiefgreifendes Problem der deutsch-koreanischen technischen Zusammenarbeit hob der dritte deutsche Projektleiter Dr. P. Weinberger in einem Bericht hervor. Ihm zufolge dominierte die deutsche Seite das Projekt zu stark. Die Ideen der koreanischen Seite würden „zu schnell als unrealistisch, falsch, unbrauchbar abgetan." Nach ‚europäischen Standards' sei diese Vorgehensweise zwar oft richtig, der Lerneffekt für die koreanischen Counterparts unterbleibe dadurch jedoch und das Projekt hätte keine langfristige Wirkung. Die koreanischen Experten würden vor allem assistierende Tätigkeiten ausführen, z. B. die Auswertung des statistischen Materials. Weinberger schlug daher vor, den koreanischen Experten wichtigere Aufgaben zu übertragen. Nach der Projektübergabe würde sonst die Qualität der Forschung rapide abnehmen.[118] Das BMZ stimmte Weinberger zu und kritisierte ebenfalls die Vorgehensweise im Projekt: es gebe eine „absolute Dominanz der deutschen Seite", das Projekt müsse nicht ‚europäischen Standards' entsprechen und solle sich in der zweiten Phase daher weniger auf Experimente und mehr auf „in Korea und durch Koreaner Machbares" konzentrieren. Es wurde auch auf die Problematik des Sendungsbewusstseins mit der Einstellung ‚am deutschen Wesen soll die Welt genesen' verwiesen.[119]

Die für die Durchführung zuständige GTZ reagierte jedoch mit einer ausweichenden Haltung: Es sei selbstverständlich, dass sich die deutschen Experten im Ausland beweisen wollten, und dies könne auch positiv bewertet werden. Der Berichterstatter P. Weinberger sei das erste Mal in einem Projekt der technischen Zusammenarbeit tätig und habe die Lage des Projektes kritisch überzeichnet.[120] Eine ähnliche Reaktion hatte es bereits in Projekten des Berufsbildungssektors am Ende der 1960er-Jahre gegeben (vgl. Kapitel III). Wohl auch in Folge der Kritik wurden Teile des Projektes nach dem jeweiligen Abschluss gänzlich in die Verantwortung der koreanischen Partner übergeben. Darunter waren nach dem Abschluss der ersten Phase beispielsweise die drei Versuchsstationen und Labore. Nach abgeschlossener Ausbildung und Rückkehr der Counterparts aus der BRD wurden auch die Düngungs- und Weideversuche in Suwon übertragen.[121]

---

[118] BArch, B 213/24254, PL Dr. P. Weinberger: Korean-German Grassland Research Project – Projektfortschrittsbericht 11, 04.04.1977, S. 17f. (Original ohne Seitennummerierung).

[119] BArch, B 213/24254, BMZ-internes Schreiben: Versuchsstation für Grünlandwirtschaft Suweon – Stellungnahme, 10.06.1977, S. 1f.

[120] BArch, B 213/24254, Schreiben der GTZ an das BMZ: Versuchsstation für Grünlandwirtschaft in Suweon, Südkorea – Projektfortschrittsbericht 11, 24.06.1977.

[121] Vgl. auch: Materialsammlung des Ausbildungszentrums für Waldarbeiter, GTZ: Abschlussbericht – Förderung der Grünlandwirtschaft in Korea, 06.1986.

2.5 Resümee

Ausgehend von der US-amerikanischen Nahrungsmittelhilfe und dem UNICEF-Milchprogramm nach dem Koreakrieg wurde Milch(-pulver) in Südkorea auf breiter Basis eingeführt. Unter der Regierung von Präsident Park Chung Hee stieg dann auch die Milcherzeugung stark an. Dies ging auf zwei damals vorherrschende Diskurse zurück: Zum einen strebten koreanische Agrarwissenschaftler und Politiker eine ‚moderne' Landwirtschaft nach dem Vorbild Dänemarks im 19. Jahrhundert an. Zweitens galten Milchprodukte als nährstoffreicher als einheimische Produkte, da sie mit körperlichem Wachstum und wirtschaftlichem Wohlstand in Verbindung gebracht wurden.

Neben diesem Diskurs spielten Projekte der ausländischen Entwicklungszusammenarbeit eine wichtige Rolle bei der Schaffung der materiellen Grundlagen der koreanischen Milchindustrie. Mit bilateraler Unterstützung der deutschen, kanadischen, neuseeländischen und australischen Regierungen wurden Viehbestände importiert, Modellmilchviehfarmen gegründet und Forschungsprojekte zu Grünland und Futtermitteln durchgeführt. Mit der Gründung der deutsch-koreanischen Milchviehfarm und dem anschließenden Grünlandforschungsprojekt arbeiteten beide Länder über einen langen Zeitraum in diesem Bereich zusammen. Während es sich bei der Milchviehfarm um ein kleines Projekt mit geringer Fördersumme und kurzem Förderzeitraum handelte, erhielt sie politisch und medial umso mehr Aufmerksamkeit. In kleinem Rahmen konnten Erfolge bei der Ausbildung von Milchviehbauern in der umliegenden Region erzielt werden. Beide Seiten sahen das Grünlandforschungsprojekt als eine logische Fortsetzung und Vertiefung der begonnenen Zusammenarbeit. Wie der Name bereits sagt, stand in dem Projekt die Forschung im Fokus, aber vor allem die zweite Phase beinhaltete auch eine Anwendungskomponente mit Demonstrationsfarmen.

Das Projekt trug nach Aussage koreanischer Experten zur Etablierung der Grünland- und Futterforschung in Korea bei, und einige Sorten aus Europa wurden erfolgreich für die Anpflanzung getestet. Die Demonstrationsfarmen hingegen trugen zwar zur Ausbildung von Landwirten mit kleineren Betrieben bei, das Projekt konnte aber deren weitere Probleme bezüglich Krediterhalt oder der Errichtung von zusätzlicher Infrastruktur für die Milchproduktion nicht lösen. In Bezug auf die Counterpart-Ausbildung sind wenige Quellen der koreanischen Akteure überliefert, aber im Falle des Gründlandexperten Hwang Sŏkchung wurde dessen Handlungsmacht deutlich, den Ort für sein Auslandsstudium nach eigenen Interessen auszuwählen. Die Zusammenarbeit zwischen deutschen und koreanischen Wissenschaftlern war nicht immer kollaborativ, sondern spaltete sich auf Grund von Sprachschwierigkeiten in zwei Teams auf. Deutsche Wissenschaftler waren außerdem anfangs kaum offen für die Vorschläge ihrer koreanischen Counterparts. Dennoch profitierten beide Seiten von der Zusammenarbeit im Rahmen ihrer eigenen Forschung, und Grundlagen der Grünlandforschung konnten etabliert werden.

Nach Ende des Projektes, seit Ende der 1980er-Jahre, ist der Bedarf an Fleisch- und Milchprodukten gestiegen und die inländische Viehwirtschaft weiter ausgebaut worden. Man spricht hier von sogenanntem *factory farming*, also Massentierhaltung, woran vor allem die Großkonzerne beteiligt sind. Um den Bedarf zu decken, bezieht sie den Großteil des Futters nun aus dem Ausland, sodass die Grünlandwirtschaft vor Ort eine geringere Rolle spielt.[122] Wie auch in anderen Bereichen der technischen Zusammenarbeit hat sich das Projekt dennoch zu einer Partnerschaft weiterentwickelt. Neue Themen wie organische Landwirtschaft oder *Smart Farming* bieten Möglichkeiten für Forschungskooperationen heute. Zwischen 2014 und 2016 forschten das Thünen-Institut und die National Academy for Agricultural Science des koreanischen ORD (heute RDA) zur organischen Landwirtschaft.[123]

3. Wiederaufforstung und Waldbewirtschaftung

Umweltgeschichtlich zeichnet sich das 20. Jahrhundert durch die weltweit gravierendste Abholzung aller Zeiten aus.[124] Durch Abholzungen seit dem Ende der Choson-Dynastie – insbesondere während der Kolonialzeit – und der extremen Verwüstungen während des Koreakrieges waren auch die Wälder Koreas weitestgehend zerstört. Dennoch gelang Südkorea eine als weltweit einzigartig und erfolgreich bezeichnete Wiederaufforstung. Der zuständige Korea Forest Service (*sallimch'ŏng*, KFS) hebt in Publikationen als Gründe dafür die eigenen Zehnjahrespläne und Gesetzgebung hervor. Außerdem wird auf die Top-down-Leadership des damaligen Präsidenten Park Chung Hee verwiesen, die eine Mobilisation der Bevölkerung beispielsweise durch landesweite Baumpflanz-

---

[122] Song, Inchu: „Nongŏp-ŭi sanŏp'wa-wa han'guk-ŭi ch'uksan hyŏngmyŏng" [Agricultural Industrialization and Livestock Revolution in Korea], in: *Nongch'on Sahoe* 23.1, 2013, S. 143–192; Muller, Anders Riel: „Rice Fields, Mountains, and the Invisible Meatification of Korean Agriculture", in: Fedman, David / Kim, Eleana J. / Park, Albert L. (Hg.): *Forces of Nature: New Perspectives on Korean Environments*, Cornell University Press: Ithaca 2023, S. 109–121.

[123] Vgl. auch Webseite des Thünen-Instituts, URL: https://www.thuenen.de/en/institutes/organic-farming/x-1/crop-and-fodder-production/organic-farming-in-korea; Böhm, Herwart / Schüler, Maximilian: *Final Report: Assessing the Environmental Eco-Benefits of Organic Farming*, Bericht, Thünen-Institut: Braunschweig 2017.

[124] Williams, Michael: *Deforesting the Earth: From Prehistory to Global Crisis*, University of Chicago Press: Chicago 2003, Kapitel 4, S. 395–430.

aktionen oder die *saemaŭl undong* möglich machte.[125] Die Rolle von Projekten der internationalen Entwicklungszusammenarbeit durch FAO und UNDP oder die bilaterale Unterstützung der westdeutschen Regierung im gleichen Zeitraum werden hingegen nicht erwähnt.[126] In diesem Kapitel steht daher das deutsch-koreanische Waldbewirtschaftungsprojekt im Vordergrund. Dieses wurde von 1973 bis 1993 als Projekt der deutsch-koreanischen technischen Entwicklungszusammenarbeit geführt und gliederte sich in zwei Phasen mit den Teilprojekten Yangsan Forest Management Station (1974–1983, *yangsan sallimgyŏngyŏng saŏpso*) in Yangsan in der Provinz Gyeongsangnam-do und Forest Worker Training Center (1982–1989, *imŏp kigyehwa hullyŏnwŏn*) in Gangneung in der Provinz Gangwon-do.

Die Forschung stützt sich neben den Quellen aus dem Bundesarchiv auch auf Dokumente der hessischen Landesforstverwaltung aus dem Hessischen Hauptstaatsarchiv Wiesbaden. Weitere Materialien konnten in der umfangreichen Dokumentensammlung des Ausbildungszentrums für Waldarbeiter in Gangneung eingesehen werden. Außerdem wurden die Autobiografien zweier koreanischer Counterparts herangezogen und vertiefende Interviews geführt.[127] Zunächst sollen die Hintergründe der koreanischen Wiederaufforstungspolitik und die dazu ergriffenen Maßnahmen inklusive der Zehnjahrespläne vorgestellt und ein kurzer Überblick zur Entwicklung der (west-)deutschen Forstwirtschaft und der forstlichen Entwicklungszusammenarbeit gegeben werden. Dann folgt die Analyse des deutsch-koreanischen Waldbewirtschaftungsprojektes, mit einem Fokus auf die genannten Teilprojekte und Akteure.

3.1 Forstwirtschaftliche Entwicklungszusammenarbeit in Korea

Vor allem die Kolonisierung und der Koreakrieg hatten eine starke Abholzung der koreanischen Wälder begünstigt.[128] Auch wenn die Regierung unter Präsident Rhee Syngman erste Versuche unternahm, die Wälder wieder aufzuforsten,

---

125 Sallimch'ŏng (Hg.): *Sallimch'ŏng50nyŏnsa (1967–2017)* [50 Jahre Geschichte des Korea Forest Service (1967–2017)], Sallimch'ŏng: Daejeon 2017; Klock, John: „The Advancement of South Korean Forestry", *Korea Journal* 35.1, 1995, S. 119–132.

126 In der umfangreichen Publikation zum 50-jährigen Bestehen des KFS werden diesem Projekt lediglich zwei Seiten eingeräumt, obwohl auch dessen Wichtigkeit hervorgehoben wird. Vgl. auch: *Sallimch'ŏng50nyŏnsa*, S. 434f.

127 Kim, Chongkwan: *Sup-kwa sanju-rŭl wihan kkum* [Träume für den Wald und die Waldbesitzer], Han'gugimŏpshinmun: Daejeon 2003; Ma, Sangkyu / Yi, Kango: *Sup kyŏngyŏng, sallim kyŏngyŏng* [Waldmanagement, Forstmanagement], P'urŭnsup: Wonju 2017.

128 Vgl. Fedman, David: *Seeds of Control: Japan's Empire of Forestry in Colonial Korea*, University of Washington Press: Seattle 2020.

hatte diese Politik aus verschiedenen Gründen keinen Erfolg: Einerseits waren die finanziellen Ressourcen nicht ausreichend und es fehlte den zuständigen Beamten an Erfahrung. Andererseits stellte Holz eine wichtige Geldquelle für die Landbevölkerung dar, sodass illegale Baumfällungen kaum gestoppt werden konnten. Hinzu kamen Naturkatastrophen und Insektenplagen, die vor allem in den 1950er-Jahren eine erfolgreiche Wiederaufforstung verhinderten.[129] Die Militärregierung unter Park Chung Hee verabschiedete 1962 das erste übergreifende Forstgesetz (*sallimbŏp*) und initiierte im Rahmen des ersten Fünfjahresplans auch ein Wiederaufforstungsprogramm, das allerdings nicht die gewünschten Erfolge brachte.[130]

Im Jahre 1973 wurde das Office of Forestry (OoF) vom Landwirtschaftsministerium dem Innenministerium zugeordnet, was eine bessere Durchsetzung des Waldschutzes ermöglichte. Unter dem neuen Leiter Son Suik wurde im gleichen Jahr der ‚Erste Zehnjahresplan für Waldschutz und Wiederaufforstung' (*ch'isan nok'wa saŏp 10kaenyŏn kyehoek*, 1973–1978) aufgenommen, der in die Wirtschaftsplanung des EPB integriert war. Für den Forstsektor konnten etwa 1–2 % des Staatshaushaltes aufgewendet werden, was eine deutliche Steigerung gegenüber vorherigen Jahren darstellte. Die Umsetzung des ersten Zehnjahresplanes erfolgte außerdem in enger Zusammenarbeit mit den Behörden sowie der Polizei. Unter anderem wurden Holzdiebstahl und Brandrodung streng geahndet.[131]

Koreanische Forschungseinrichtungen wie der Fachbereich für Forstwirtschaft der Seoul National University (SNU) und das Forschungsinstitut für Forstgenetik (*imŏp yukchong yŏn'guso*) wirkten an der Entwicklung von neuen, schnellwachsenden Bäumen mit. So entwickelte beispielsweise Hyŏn Sinkyu neue Baumsorten, wie eine koreanische Piniensorte (*pinus rigitaeda*). Mun Manyong fasst aus diesem Grund die Maßnahmen im forst- und landwirtschaftlichen Sektor unter dem Begriff *Green Revolution* zusammen.[132] Während der Schwerpunkt des ersten Zehnjahresplans also eine ‚absolute Wiederaufforstung' (*chŏltae/wanjŏn nok'wa*) vorsah und damit vor allem ein quantitativer

---

129 BArch, B 213/24240, Deutsche Botschaft Seoul an das Auswärtige Amt, Betr.: Forstwirtschaft – Neue Aufforstungspolitik, 22.03.1973, S. 1. Vgl. auch Kang, Chŏngwŏn: „Haebang hu sallim munje-rŭl tullŏssan kaehyŏk nonŭi-wa kŭ kwigyŏl" [The Reform Discussions and Consequences on Forest Problems after Liberation], in: *Sahakyŏn* 136, 2019, S. 155–192.

130 Vgl. auch: Kang, Chŏngwŏn: „1960nyŏndae Pak Chŏnghŭi chŏnggwŏn-ŭi sallimbŏp chejŏng-gwa nok'wa saŏp" [Enactment of the Forest Law and Greening Project by the Park Chung-hee Regime in the 1960s], in: *Han'gukkŭnhyŏndaesayŏn'gu* 92, 2020, S. 141–173.

131 Die Deutsche Botschaft in Seoul führt aus, dass „selbst das Einsammeln von Blättern ohne Genehmigung mit Strafen von Won 200.000 (ca. DM 1.600) oder Gefängnisstrafe bis zu 6 Monaten belegt" wurde und bezeichnet die Maßnahmen als „drakonisch". BArch, B 213/ 24240, Deutsche Botschaft Seoul an das Auswärtige Amt, Betr.: Forstwirtschaft – Neue Aufforstungspolitik, 22.03.1973, S. 1f. Siehe auch: *Sallimch'ŏng50nyŏnsa*, S. 82–86.

132 Vgl. Mun, „Ijung-ŭi noksaek hyŏngmyŏng"; Sim, Sangyong: „Immok yukchong yŏn'guso" [Forschungsinstitut für Forstgenetik], in: *Encyclopedia of Korean Culture* (online).

und sichtbarer Erfolg erwartet wurde, sollten im zweiten Zehnjahresplan (1979–1988) die Waldpflege und damit die Qualität des neuaufgeforsteten Waldes verbessert werden.[133] Die Bezeichnung der damaligen Forstpolitik als ‚grüne Yushin' (*p'urŭn yushin*) untermauert die enge Verbindung mit der autoritären Regierung.[134] Der Umwelthistoriker David Fedman verweist in diesem Zusammenhang auch auf vergleichbare Aspekte der Forstpolitik unter Präsident Park und der japanischen Kolonialregierung, da auch personelle und institutionelle Verflechtungen bestanden.[135]

Die koreanische Forstwirtschaft und speziell die Wiederaufforstung wurden dabei im Rahmen der internationalen Entwicklungszusammenarbeit unterstützt. Dem KFS zufolge wurden von 1955 bis 1961 ca. 51 Techniker in den Bereichen Forstmanagement, Forststudien oder Wiederaufforstung im Ausland ausgebildet. Genauere Details zu Inhalt oder Länge der Ausbildung liegen nicht vor. Mit finanzieller Unterstützung der FAO wurde von 1964 bis 1972 eine umfangreiche Wald- und Bodenstudie um Seoul und die Provinz Gangwon-do durchgeführt. Darunter fiel nicht nur eine Studie über die Nutzung des staatlichen Waldes und den Ausbau der Holzindustrie, sondern auch die erste moderne Luftaufnahme dieses Waldgebietes. Außerdem wurden von 1968 bis 1973 mit technischer Unterstützung der UNDP verschiedene Studien durchgeführt, in denen auch Wald- und Bodenstudien enthalten waren.[136] Von 1973 bis 1977 wurde durch ein Darlehen der IBRD ein ‚Brennstoffwald' angelegt, und 1977 wurde durch UNDP und FAO ein Bildungszentrum für Forstwirtschaft (*imŏp yŏnsuwŏn*) gegründet.[137] Das deutsche-koreanische Waldbewirtschaftungsprojekt war damit im Forstsektor das einzige Projekt der bilateralen technischen Zusammenarbeit, das gleichzeitig auch in die Zeit der beiden Zehnjahrespläne für Wiederaufforstung fiel.

---

133 Yi, Kyŏngchun: „Che1ch'a mit che2ch'a ch'isan nok'wa10kaenyŏn kyehoek" [The First and Second Plan for Forest Protection and Reforestation], in: Yi, Kyŏngchun (Hg.): *Han'guk-ŭi sallim nok'wa 70nyŏn* [70 Years of Forest Recreation in Korea], AKS Press: Seongnam 2015, S. 101–188.

134 Chin, Chonghŏn: „Palchŏn-ŭi sangjing kyŏnggwan-ŭrosŏ-ŭi ‚p'urŭn san': Sallim nok'wa chŏngch'aek-e taehan pip'anjŏk yŏn'gu" [‚Green Mountain' as Symbolic Landscape of Development – Critical Approach on Forest Greening Policy], in: *Kukt'ojirihak'oeji* 50.4, 2016, S. 539–548.

135 Fedman, *Seeds of Control*, S. 229–233. Vgl. auch: Ch'oe, Pyŏngt'ae: „Haebang chik-hu-1960nyŏndae ch'o sallimgye sŏllip nonŭi-ŭi chŏn'gae-wa kŭ sŏnggyŏk" [The Developments and Character of Setting-up the Forestry Mutual-Aid Society in 1945–1960s], in: *Sahak Yŏn'gu* 90, 2008, S. 291–336.

136 *Sallimch'ŏng50nyŏnsa*, S. 412f.

137 Ibid.; Vgl. auch BArch, B 213 24241, H. Lichtenberger: Bericht über die Evaluierung des Koreanisch-Deutschen Waldbewirtschaftungsprojektes, 08.1979, Anlage 6; BArch, B 213/24241, Schreiben des Director General des Office of Forestry an PL E. Scuhr – Subject: Response for Consideration of Project Plan, 10.01.1980, S. 2.

3.2 Westdeutsche Forstwirtschaft und Entwicklungszusammenarbeit

Die Forstwissenschaft in Deutschland entstand im 18. Jahrhundert. Dadurch etablierte sich parallel eine systematische Waldbewirtschaftung. Gleichzeitig bemerkten die Forscher eine ‚Holznot', und man erweiterte daraufhin vor allem den Anbau von Nadelhölzern, die auch bis heute noch zur Abholzung gepflanzt werden.[138] Die quantitativen Methoden der deutschen Forstwissenschaft breiteten sich später in anderen europäischen Ländern, den USA und durch den (deutschen) Kolonialismus schließlich auch weltweit aus.[139] Seit den 1970er-Jahren haben Umweltschutz und Nachhaltigkeit in der Bundesrepublik an Bedeutung gewonnen, und auch die Bedrohung der Waldökosysteme wurde insbesondere durch die Diskussion um das Waldsterben stärker betont. An der Waldnutzung hat sich jedoch trotzdem wenig geändert, und durch die Einführung der elektrischen Kettensäge wurde es ab den 1950er-Jahren sogar möglich, die Holzproduktion um bis zu 200 % zu steigern.[140] In Korea förderte das deutsch-koreanische Projekt auch die Mechanisierung der Forstwirtschaft, wie in der Folge deutlich wird.

Die forstwirtschaftliche Entwicklungszusammenarbeit bildete seit den späten 1950er-Jahren bis heute einen Teil der internationalen wie auch der westdeutschen technischen Zusammenarbeit. An vielen Hochschulen und Universitäten gab und gibt es Lehrstühle für Forstliche Entwicklungszusammenarbeit. Die Projekte in diesem Bereich beschäftigten sich allgemein mit „der Erhaltung, der nachhaltigen Nutzung oder dem Wiederaufbau von Waldökosystemen" und waren bzw. sind häufig Teil größerer ländlicher Entwicklungsprogramme.[141] Während die Mittel für den Forstsektor bis 1967 lediglich etwa 3,4 % der gesamten technischen Zusammenarbeit ausmachten, erhöhte sich dieser Anteil mit dem neuen Fokus auf Umweltschutz und Nachhaltigkeit auf bis zu 20 % im Jahr 1990. Obwohl die GTZ für die Durchführung von Projekten der Entwicklungszusammenarbeit verantwortlich ist, bestanden im Forstbereich enge Kooperationen mit den Landesforstverwaltungen.[142] Ab dem Ende der

---

[138] Ko, Yukyŏng: „Chisok kanŭnghan sup kaenyŏm-gwa togil kŭndae imhak-ŭi t'ansaeng" [The Idea of the ‚Sustainable Forest' and the Birth of the Modern Forestry in Germany], in: *Togilyŏn'gu* 44, 2020, S. 95–131.

[139] Kaufman, Scott: *The Environment and International History*, Bloomsbury: London 2018, S. 6f.

[140] Uekötter, Frank: *Umweltgeschichte im 19. und 20. Jahrhundert*, R. Oldenbourg: München 2007, S. 8–9; 24; Radkau, Joachim: *Holz. Wie ein Naturstoff Geschichte schreibt*, Oekom: München 2007, S. 238–239. Scuhr, Eduard: „Techniques of Silvicultural Care and Tending at Forestry in Germany", in: *Han'guk Imhak Hoeji* 41, 1979, S. 40.

[141] Zundel, Rolf / Schwartz, Ekkehard: *50 Jahre Forstpolitik in Deutschland (1945 bis 1994)*, Landwirtschaftsverlag: Münster 1996, S. 113.

1970er-Jahre spielten der Umweltschutz sowie die Bedürfnisse der ländlichen Bevölkerung eine wichtigere Rolle.[143] In einer Publikation der GTZ aus dem Jahr 1980 zur forstwirtschaftlichen Entwicklungszusammenarbeit werden drei Hauptbereiche der Projekte vorgestellt: 1.) Forstliche Produktion und Forstschutz, 2.) Aufbau der institutionellen Basis der Forstwirtschaft, sowie 3.) Holzwirtschaft und Holzverarbeitung. Oft deckte ein einzelnes Projekt aber mehrere Themen gleichzeitig ab.[144] Außerdem war und ist der Ersatz von Holz durch alternative Energierohstoffe ein wichtiges Thema der Entwicklungszusammenarbeit. Beispielsweise förderte ein weiteres Entwicklungsprojekt der westdeutschen Regierung die Nutzung von Solarenergie in ländlichen Gebieten. Denn in den Ländern des Globalen Südens hält das „Holzzeitalter" teilweise bis heute an.[145]

Wie die technische Entwicklungszusammenarbeit im Allgemeinen, durchlief auch die Zusammenarbeit im forstwirtschaftlichen Sektor einen Wandel über die Jahrzehnte: In den 1960er-Jahren war sie international hauptsächlich auf die wirtschaftliche Nutzung des Waldes ausgerichtet. Holz als Rohstoff sollte für die Modernisierung verwendet werden.[146] Michael Williams hebt diesbezüglich die wechselseitige Beziehung von Unterentwicklung, Entwicklungsparadigmen und Entwaldung hervor.[147] Einige Projekte der Entwicklungszusammenarbeit im Regenwald beispielsweise trugen zur weiteren Entwaldung bei, so auch ein Farmprojekt der Firma Volkswagen im Amazonas, zu dem Antoine Acker ausführlich geforscht hat.[148] Timothy Nunan untersucht in einem Unterkapitel seiner Monographie zu internationaler Entwicklungszusammenarbeit in Afghanistan ein Wiederaufforstungsprojekt der BRD in der ostafghanischen Provinz Paktia, welches inklusive Vorstudien von 1963 bis 1973 geführt wurde. Er versteht das Projekt als ein politisches Mittel im Ringen um Einfluss in Afghanistan und bezeichnet es aus verschiedenen Gründen als Misserfolg.[149] In der folgenden Untersuchung des deutsch-koreanischen Projektes wird deutlich, dass dieses trotz einiger Schwierigkeiten deutlich erfolgreicher lief.

---

142 Ibid., S. 114f.

143 Arnold, J. E. M. / Persson, R.: „Reorienting Forestry Development Strategies in the 1970s towards Forests for People", in: *International Forestry Review* 11.1, 2009, S. 111–118.

144 Grotthuss, Otto von (Hg.): *Die Bundesrepublik Deutschland und die Forstwirtschaft der Dritten Welt*, TZ-Verlagsgesellschaft: Eschborn 1980, S. 9–11.

145 Radkau, *Holz: Wie ein Naturstoff Geschichte schreibt*, S. 292f.

146 Arnold/Persson, „Reorienting Forestry Development Strategies", S. 111–118.

147 William, *Deforesting the Earth*, S. 395–430.

148 Acker, *Volkswagen in the Amazon*, Kapitel 3: Development in the Age of Scarcity (1976–1983), S. 51–112.

149 Nunan, *Humanitarian Invasion*, S. 106–116.

3.3 Deutsch-Koreanisches Waldbewirtschaftungsprojekt

Die koreanische Regierung stellte 1972 den Antrag für ein Projekt im forstwirtschaftlichen Sektor, woraufhin im gleichen Jahr zwei deutsche Gutachter einer Privatfirma im Auftrag der GTZ eine Machbarkeitsstudie durchführten. Die Experten schlugen drei mögliche Projektschwerpunkte vor und empfahlen insbesondere eine Ausrichtung auf Waldbewirtschaftung und Ausbildung.[150] In den Regierungsverhandlungen 1973 wurde daraufhin die Einrichtung des koreanisch-deutschen Waldbewirtschaftungsprojektes mit einer deutschen Förderung in Höhe von zunächst 4,8 Mio. DM bis 1978 beschlossen. Die Ziele des Projektes waren vielfältig: Einerseits sollte ein System der kooperativen Privatwaldbewirtschaftung eingeführt werden. Dies beinhaltete die Ausarbeitung eines Musterplanes aber auch die Weiterentwicklung von Arbeitsverfahren durch Aus- und Fortbildung. Damit sollte die koreanische Regierung bei der Wiederaufforstung, Erosionsbekämpfung und Waldpflege unterstützt werden. Langfristig wurde dadurch einerseits eine erhöhte Holzproduktion, andererseits ein besserer Schutz von Wäldern, Bergen und Wasserressourcen angestrebt.[151] Die westdeutsche Regierung entsandte im Laufe der Zeit verschiedene Lang- und Kurzzeitexperten nach Korea. Außerdem wurden koreanische Beamte des OoF in der BRD weitergebildet. Die GTZ ging hierzu eine Kooperation mit der Hessischen Landesforstverwaltung ein. Die hessische Behörde übernahm damit die Anwerbung von Mitarbeitern, die auch zu einem großen Teil aus ihrem eigenen Mitarbeiterstab gestellt wurden. Die Regierungsvereinbarung sah weiterhin die Bereitstellung von Material, Maschinen und Werkzeugen durch die BRD vor, während sich die koreanische Regierung verpflichtete, Counterparts, Dolmetscher und Gebäude zur Verfügung zu stellen.[152]

Der erste Projektmitarbeiter war zunächst in einem Büro des OoF in Seoul tätig. 1975 wurde dann eine Außenstelle in Yangsan, dem eigentlichen Projektgebiet der ersten Phase, gegründet. Nach einer Verlängerung mit weiterer Unterstützung in Höhe von 4 Mio. DM wurde dieser Projektabschnitt 1984 übergeben. Während der Durchführung des Projektes wurde deutlich, dass in Korea gut ausgebildete Waldarbeiter fehlten und deren Ausbildung bislang nicht sys-

[150] BArch, B 213/24240, Prof. Dr. Bünig / Dr. R Patt: Studie über die technische und wirtschaftliche Situation der Forst- und Holzwirtschaft der Republik Korea, S. 85.

[151] Grotthuss (Hg.), *Die Bundesrepublik Deutschland und die Forstwirtschaft der Dritten Welt*, S. 72f.

[152] BArch, B 213 24240, Notenwechsel zwischen der Botschaft der BRD und dem Außenministerium der ROK, 31.07.1974. National Archives of Korea, Dokumenten-Nr. 510, Han-dok kan-ŭi sallim nok'wa saŏp-ŭl wihan kaksŏ kyohwan [Notenwechsel zwischen der Bundesrepublik Deutschland und der Republik Korea über das Projekt zur Wiederaufforstung], 31.07.1974.

tematisiert war. Daher wurde die Errichtung eines Ausbildungszentrums für Waldarbeiter im Rahmen des Projektes vereinbart. Dieses wurde 1982 in der Nähe von Gangneung in der Provinz Gangwon-do gegründet und bis Ende der 1980er-Jahre von beiden Regierungen gemeinsam geführt. Die Kosten für diesen zweiten Teilabschnitt betrugen von deutscher Seite ca. 6 Mio. DM. Das Projekt erstreckte sich also in zwei Phasen (1974–1984; 1982–1989), auf drei verschiedene Standorte (Seoul, Yangsan, Gangneung) und erhielt von deutscher Seite eine Förderung von insgesamt ca. 14 Mio. DM. Bis 1993 erfolgte außerdem die Entsendung von deutschen Kurzzeitexperten sowie die Ausbildung koreanischer Counterparts in der BRD als Nachbetreuung des Projektes. Von koreanischer Seite wurden insgesamt 81,94 Mio. Won für die Counterparts aufgebracht und in Waldwegebau investiert.[153]

Yangsan Forest Management Cooperatives

Den deutschen Experten zufolge stellte die Parzellierung des Privatwaldes, der in Korea bis zu 75 % der Gesamtwaldfläche ausmacht, ein Hindernis für eine forstwirtschaftliche Nutzung dar. Ein einzelner Waldbesitzer verfügte oft nur über eine kleine Waldfläche und hatte weder eine forstwirtschaftliche Ausbildung noch ein Verständnis für die Notwendigkeit von Wiederaufforstung oder die effiziente wirtschaftliche Waldnutzung. Hier sollte das Projekt ansetzen, indem ein genossenschaftliches, also kooperatives Forstmanagement angestrebt wurde.[154] Die Planung orientierte sich dabei an den hessischen Waldbesitzervereinigungen.[155] Als Ziel des Projektes wurde die „Schaffung einer nachahmbaren, geordneten Bewirtschaftung auf den bäuerlichen Kleinforstflächen zur nachhaltigen Erfüllung der Einkommens-, Rohstoff- und Sozialfunktionen des Waldes unter Wahrung forst- und landwirtschaftlicher Belange“ vereinbart.[156] Das hier entwickelte Modell des kooperativen Forstmanagements sollte im Anschluss auch in weiteren Regionen Anwendung finden.

---

153 Handok sallim kyŏngyŏng saŏp kigu (Hg.): *Handok imŏp kisul hyŏmnyŏk 20nyŏnsa* [20 Jahre Deutsch-Koreanische technische Zusammenarbeit in der Forstwirtschaft], Handok sallim kyŏngyŏng saŏp kigu: Seoul 1993, S. 21.

154 Vgl. auch: Grotthuss, *Die Bundesrepublik Deutschland und die Forstwirtschaft der Dritten Welt*, S. 72–75.

155 Bei einem Besuch in Deutschland wurde den koreanischen Forstwirten deutsche Waldbesitzervereinigungen vorgestellt, die nach den folgenden vier Prinzipien geleitet wurden: 1. Gegenseitiges Kennen, 2. Freiwillige Mitgliedschaft, 3. Führungsperson, 4. Wirtschaftlicher Nutzen. Vgl. auch: O. V.: „Impulse für die forstliche Entwicklung Koreas: Interview mit einer Studiengruppe koreanischer Forstleute“, in: *Allgemeine Forstzeitschrift* 13, 1980 (Sonderdruck).

156 Vgl. auch: Grotthuss, *Die Bundesrepublik Deutschland und die Forstwirtschaft der Dritten Welt*, S. 72–75.

Zur Durchführung des Projektes wurde die Yangsan Forest Management Station (YFMS) in der Provinz Gyeongsangnam-do eröffnet. Die YFMS umfasste sechs Gemeinden im Landkreis Ulju zwischen Busan und Ulsan mit ca. 1.300 Waldbesitzern. In der Region gab es zu Projektbeginn 4.600ha privaten und 2.000ha staatlichen Wald. Durchschnittlich betrug die Größe des individuellen Privatwaldbesitzes etwa 4ha.[157] Eine lohnende Bewirtschaftung sei jedoch erst ab 500ha und eine geplante sowie nachhaltige Bewirtschaftung ab 2000ha möglich.[158] Im Jahr 1977 gründeten sich die ersten vier Genossenschaften (*sallim kyŏngyŏng hyŏbŏpch'e*, Forest Management Cooperative) mit rund 250 Mitgliedern, die im Rahmen des Projektes finanzielle, technische und administrative Unterstützung erhielten. Insgesamt verwalteten die Genossenschaften mehr als 2.500 ha Wald, was 57 % des Privatwaldes in der Region entsprach (siehe Tabelle 17).[159]

Tabelle 17: Mitglieder und Landfläche der Forest Management Cooperatives

FMC	Gründung	Bei Gründung		Bei Übergabe (1983)	
		Mitglieder	Fläche (ha)	Mitglieder	Fläche (ha)
Seoha/Inbeo-ri	1977.12	29	175	62	744
Soho-ri	1977.12	18	135	49	417
Naewa-ri	1978.12	29	238	63	905
Cha-ri/Guryang-ri	1979.02	33	94	54	501
Gesamt	–	109	642	228	2.567

Quelle: Kim, Chongkwan: *Accomplishments of the Korean German Forest Management Project*, private Materialien, 2018, S. 12.

Um eine nachhaltige, wirtschaftliche Nutzung der Wälder zu ermöglichen, erstellte das deutsch-koreanische Beraterteam Studien zu Waldböden, Erosionen und Klima in der Region. Durch Lehrgänge, Filmvorführungen, Faltblätter sowie eine regelmäßig erscheinende Projektzeitschrift (*hyŏbŏpch'e soshik*) bildeten sich die Genossenschaftsmitglieder weiter und konnten die wirtschaftlichen Vorteile einer Wiederaufforstung mit anschließender Bewirtschaftung verdeutlichen.[160] Nach erfolgter Wiederaufforstung wurden im Rahmen der Wald-

[157] Broschüre „Han-dok imŏp kisul hyŏmnyŏk" [Deutsch-Koreanische technische Zusammenarbeit in der Forstwirtschaft], hg. von Handok sallim kyŏngyŏng saŏp kigu und KFS, Übersicht über den Privatwald, 1979.

[158] Ma/Yi, *Sup kyŏngyŏng, sallim kyŏngyŏng*, S. 50/265.

[159] Vgl. auch: Kim, Chongkwan: „Sanju chudohyŏng hyŏbŏp kyŏngyŏng saŏp-kwa kŭ chidoch'egye-ŭi hyogwa-e taehan sarye yŏn'gu: Handok kigu sayurim hyŏbŏp kyŏngyŏng shibŏm saŏp-ŭl chungshim-ŭro" [A Case Study on the Effectiveness of the Forest owner-led Collaborative Management Project and its Guidance System – Focusing on the Korean-German Private Forest Cooperative Management Pilot Project], in: *Han'guk Imhak Hoeji* 67, 1984, S. 17–27.

[160] BArch, B 213/24241, H. Lichtenberger: Bericht über die Evaluierung des Koreanisch-Deutschen Waldbewirtschaftungsprojektes, 08.1979, S. 2f.

pflege Unkraut beseitigt, gedüngt, ausgeholzt und Sämlinge produziert. Außerdem errichtete man im Rahmen des Projektes eine Baumschule, um die Genossenschaften bei der Pflanzenproduktion zu unterstützen und neue Baumarten für die Pflanzung zu testen. Unter anderem erwogen die deutschen Berater die Anpflanzung deutscher Baumsorten wie Fichte und Eiche.[161] Laut Abschlussbericht zur Übergabe wurden in den vier Genossenschaften von 1977 bis 1982 folgende Leistungen erzielt: 668 ha Wiederaufforstung, 109 ha Anlage forstlicher Versuchsflächen, 2.129 ha Unkrautbeseitigung, 1.299 ha Düngung, 73 ha Waldpflege (Läuterung, Ästung, Durchforstung), 16 ha Ausholzung, Produktion von 637.400 Sämlingen, Anlegen von 3.189 m an Waldwegen.[162] Damit trugen die Genossenschaften zu der Wiederaufforstung in der Region maßgeblich bei.

Allerdings äußerten einige Waldbesitzer auch Zweifel, ob die Einnahmen durch die Forstwirtschaft ausreichen würden, die Kosten für die Wiederaufforstung zu decken.[163] Während sie zunächst größere Summen für die Wiederaufforstung investieren mussten, konnten die Bäume, anders als in der Landwirtschaft, erst viele Jahre später wirtschaftlich genutzt werden. Auch die bereitgestellten Gelder der koreanischen Regierung deckten die Kosten dafür nicht.[164] Deswegen schlugen die deutschen Berater eine sogenannte Nebennutzung des Waldes durch Pilzzucht, Honigproduktion und Obstbäume vor. Aus nichtgenutztem Altholz sollte außerdem Holzkohle hergestellt werden, um den Bedarf an Brennmaterial zu decken.[165] Das Genossenschaftsprojekt erzielte dadurch, verglichen mit der staatlich durchgeführten Wiederaufforstung, eine effizientere Nutzung der Wälder, von der idealerweise die Waldbesitzer wirtschaftlich profitieren konnten.

---

161 HHStAW, 509 8686, Dr. E. Gärtner: Zielsetzung und Methoden von Provenienzversuchen mit Waldbaumarten, insbesondere Fichte, 23.11.1976; Ma/Yi, *Sup kyŏngyŏng, sallim kyŏngyŏng*, S. 186. Hier zeigte sich erneut die enge Verknüpfung zwischen Projekten der technischen Zusammenarbeit im ländlichen Raum und der zuvor erwähnten ‚grünen Revolution', wie auch schon im Forschungsteil des Graslandprojektes deutlich wurde.

162 BArch, B 213/39057, Final Report about the Activities of the YFMS (1974–1982), 11.1983, S. 24.

163 Pak, Yŏngch'an: „Nae-ga pon handok sallim-ŭi palchach'wi" [Die Fußabdrücke des koreanisch-deutschen Waldes aus meiner Perspektive], in: *Hyŏbŏpch'e Soshik* 14, 30.06.1982, S. 6.

164 HHStAW, 509 8684, D. Müller: Bericht über das Deutsch-Koreanische Waldbewirtschaftungsprojekt, 09.04.1978, S. 6./BArch, B 213 24242, PL E. Scuhr: Koreanisch-Deutsches Waldbewirtschaftungsprojekt – Projekt-Berichterstattung zum Treffen von Herrn Dr. Barthelt (BMZ) mit den örtlichen Ansprechpartnern, 22.11.1979, S. 2.

165 HHStAW, 509 8689, Koreanisch-Deutsches Waldbewirtschaftungsprogramm – Kurzdarstellung von Zielen, Ergebnissen und Planung, o. J., S. 10.

An dieser Stelle soll auf die Unterschiede zwischen VFA und FMC näher eingegangen werden. Genossenschaften in Korea wurden auf der Grundlage des Forstgesetzes von 1961 in drei Ebenen organisiert: Village Forest Association (*sallimgye*) auf Dorfebene, Forest Association Union (*sallimjohap*) auf Kreisebene (*gun*) und ihre Dachorganisation, die National Federation of Forest Associations (*sallim chohap chunganghoe*). 1980 wurde ein eigenes Gesetz für die Forstverbände geschaffen, während es für die FMC keine gesetzliche Grundlage gab.[166] Dieses Gesetz regelte im Wesentlichen das Verhältnis zwischen den Forstverbänden und dem Staat und weist ihnen eine klare Rolle zu. Alle Bewohner eines Dorfes mussten einer VFA beitreten, unabhängig davon, ob sie selbst einen Wald besaßen oder nicht. Wie oben erwähnt, führte die VFA im Auftrag des Staates die Aufforstung in der Umgebung des Dorfes durch und pflanzte bzw. bewirtschaftete genossenschaftlich Brennholzwälder. Der Verkauf von Holz war vor allem in der Anfangsphase stark reglementiert. Unter anderem wurde durch den Forstverband ein Preis festgesetzt, was dazu führte, dass die direkten Einnahmen der VFA-Mitglieder gering waren und die Mitglieder dadurch keinen Anreiz hatten, sich aktiv in der VFA zu engagieren.[167]

Tabelle 18: Vergleich von VFA und FMC

Kategorie	VFA	FMC
Mitgliedschaft	Alle Haushalte des Dorfes (erzwungene Mitgliedschaft)	Waldbesitzer (freiwillige Mitgliedschaft)
Festlegung der Ziele	Durch VFA	Selbstbestimmung
Intensität der Beratung	Extensiv (ca. 14,000 ha/Förster)	Intensiv (ca. 1,200 ha/Förster)
Ausbildung der Forest Manager	Nur wenige mit Universitätsabschluss	Alle mit Universitätsabschluss
Haus des Beraters	In der Provinzhauptstadt	In der Nähe der FMC
Beratungsprinzipien	Hierarchisch	Kooperativ

Quelle: Song, *Forstwirtschaftliche Zusammenschlüsse in Süd-Korea*, S. 151.

Den Argumenten der deutschen, aber auch einiger koreanischer Forstwissenschaftler zufolge sei ein solcher direkter staatlicher Eingriff kontraproduktiv für die erfolgreiche Bewirtschaftung der Privatwälder. Stattdessen schlug man vor, die Bewirtschaftung durch die Waldbesitzer in den FMCs zu regeln. Die FMCs wurden also als Interessenvertretungen für die Waldbesitzer gegründet und boten ihnen einen Anreiz, in ihren Wald zu investieren. Da die gewählten Präsi-

[166] Kim, Namkyun: *Sallim chŏngch'aek'ak* [Studium der Forstpolitik], Meik'ingbuksŭ: Seoul 2020, S. 373–375.

[167] Vgl. auch: Song, Young-Gun: *Forstwirtschaftliche Zusammenschlüsse in Süd-Korea: Untersuchungen zur Umstrukturierung des forstlichen Zusammenschlusswesens unter besonderer Berücksichtigung der Forest Management Cooperative*, Centaurus: Pfaffenweiler 1989, S. 73–152.

denten der FMCs auch keine forstwirtschaftliche Ausbildung hatten, waren sie auf die Ratschläge externer Förster angewiesen. Dabei handelte es sich dem Forstwissenschaftler Song Young-gun zufolge jedoch um eine horizontale Form der Zusammenarbeit, während die VFAs staatliche Entscheidungen nur von oben nach unten weitergaben, was zu einem schwindenden Vertrauen der Waldbesitzer gegenüber den Forstverbänden führte. So ermöglichten die FMCs neben wirtschaftlichen Vorteilen auch eine demokratische Partizipation von Akteuren unterschiedlicher politischer und gesellschaftlicher Ebenen. Die Waldbesitzer, Waldarbeiter, Dorfbewohner, beteiligte Berater/Förster sowie die Regionalregierung handelten Entscheidungen gemeinsam aus. Die Genossenschaften boten damit den Akteuren die Möglichkeit, ihre eigenen Ideen und Praktiken unter dem autokratischen Regime einzubringen, da sie sich deutlich von den hierarchisch organisierten VFA unterschieden. Ein FMC-Mitglied erläuterte einen der Unterschiede folgendermaßen:

> „Bei normalen Aufforstungsmaßnahmen ist es erforderlich, die Baumart auszuwählen, während die FMC-Aufforstungsmaßnahmen die Meinung der Mitglieder respektieren und sich alle Pläne auf die Entscheidung ihrer Mitglieder stützen. Das bedeutet, dass die Zahl an Mitgliedern weiter zunimmt und deren Ruf sehr gut ist."[168]

Ein Kritikpunkt des Projektes wird allerdings in Ma Sang-kyus Monografie verdeutlicht. Er zitiert einen ehemaligen freiwilligen Helfer, der auf die Ungerechtigkeit hinweist, dass mit den Waldbesitzern eine landbesitzende Klasse unterstützt wird und nicht die vielen besitzlosen Bauern.[169] Auch wenn Ma direkt im Anschluss erläutert, warum die Unterstützung aus forstwirtschaftlicher Perspektive notwendig gewesen sei, zeigt sich hier eine Schwachstelle des Projektes. Zumindest hätte das Vermögen der Waldbesitzer im Vergleich zu anderen Gruppen der ländlichen Bevölkerung erfasst werden müssen, um die Notwendigkeit der Förderung auch sozialpolitisch besser zu begründen.[170] In der Projektzeitschrift kommt auch ein Waldbesitzer zu Wort, der vor dem Eintritt in die Genossenschaft verschiedene Bedenken gegen eine Mitgliedschaft hegte:

---

[168] Kim, Chaesang / Chang, Sŏnghŭi: „Sanju-ga pon *hyŏbŏp chorim*" [Die Sichtweise der Waldbesitzer auf genossenschaftliche Aufforstung], in: *Hyŏbŏpch'esoshik* 4, 01.06.1979, S. 2.

[169] Ma/Yi, *Sup kyŏngyŏng, sallim kyŏngyŏng*, S. 191.

[170] In einer Stellungnahme des Projektleiters zu einem Arbeitsunfall wird indirekt das Leben des ärmsten Teiles der Landbevölkerung erwähnt. Bei diesem Unfall wurden zwei Tagelöhnerinnen, die im Projektgebiet einen Weg ausbesserten, im dazu benutzten Schotter verschüttet. Eine vierfache Mutter kam dabei ums Leben, und eine sechsfache Mutter musste ärztlich behandelt werden. BArch, B 213 24241, PL E. Scuhr, Erklärung zu einem Unfall mit tödlichem Ausgang im Projekt, 17.05.1979, S. 1f.

„Als die ersten Genossenschaften gegründet wurden, gab es wirklich nicht nur ein oder zwei Bedenken dagegen. Wenn man da eintritt, wird einem da nicht das Land genommen oder eine Gebühr erhoben? Auch ich gehörte zu diesen Leuten, und als dann nach einiger Zeit die Ausländer kamen, fragte ich mich wirklich, ob wir jetzt nicht alle betrogen werden. Aber dann setzte ich im Jahr '77 als einer der letzten meinen Stempel unter den Mitgliedsantrag. Wenn ich jetzt daran denke, ist es wirklich ein Glück, dass ich auch mit etwas Verspätung Mitglied geworden bin."[171]

Laut dem deutschen Experten Erhardt zweifelten die Dorfbewohner seine Vorschläge an: „Warum versuchen Sie immer wieder, hier Forstwirtschaft zu betreiben? Die Bäume wachsen hier sowieso nicht."[172] Die koreanische Bevölkerung hatte vermutlich während und nach der japanischen Kolonialzeit negative Erfahrungen mit ausländischen Beratern gemacht, welche noch im kollektiven Gedächtnis verankert waren, sodass sie dem Projekt zunächst misstrauisch gegenüberstanden. Gleichzeitig zeigt es, wie sich die wissenschaftliche Herangehensweise und das lokale Wissen gegenüberstanden.

Kurz vor der Übergabe des Projektes im Jahre 1982 erstellte der Kurzzeitexperte B. Riedesel eine Studie zur Verbesserung der Privatwaldwirtschaft in Korea. Als eine problematische Folge der Landflucht hob er die ‚abwesenden Waldbesitzer' (*pujae sanju*) hervor, welche trotz Waldbesitz in die Städte zögen und in der Folge meist ihre Wälder nicht mehr bewirtschafteten. Diese machten im Jahr der Studie etwa 20 % der gesamten Waldbesitzer aus. Riedesel schlug einerseits vor, ein Gesetz wie in Hessen einzuführen, demzufolge die Waldeigentümer eine „ordnungsgemäße Bewirtschaftung ihrer Waldflächen sicherstellen müssen", was durch die Forstbehörden durchgesetzt wurde.[173] Für Aufforstungsmaßnahmen sollten die Waldbesitzer auch eine finanzielle Kompensation erhalten. In Deutschland gab es zu jener Zeit eine Förderung von Privatwaldbesitzern durch ein Gemeinschaftsprogramm des Bundes und der Länder, welche Hilfen für die Aufforstung, die Umwandlung von Wäldern in ertragsstärkere Bestände, Ästungs- und Läuterungsmaßnahmen vorsah. Waldbesitzer erhielten zwischen 6 bis 18 DM pro ha und Jahr. Weiterhin riet er der koreanischen Regierung, den staatlichen Forstbesitz von 20 % auf bis zu 45 % zu erhöhen, um eine effektivere Bewirtschaftung von größeren Waldeinheiten zu ermöglichen und die „sozialen Aufgaben" des Waldes zu sichern. Der Staat könnte über ei-

---

171 Hwang, Ch'aetu: „Na-nŭn hyŏbŏpch'e hoewŏnida" [Ich bin Mitglied in einer Genossenschaft], in: *Hyŏbŏpch'e Soshik* 14, 30.06.1982, S. 7.

172 Yi, Chongho: „Ulchu handok sallim k'ŭnsup-ŭl ashinayo" [Kennen Sie den großen Deutsch-Koreanischen Wald?], in: *Ulsan Journal*, 28.06.2018.

173 HHStAW, 509 8690, B. Riedesel: Studie zur Verbesserung der Privatwaldbewirtschaftung in Korea, Juli 1982, S. 40–43. Vgl. auch damaliges Hessisches Forstgesetz § 67 (zitiert in ibid., Anlage 9).

nen längeren Zeitraum durch ein Vorkaufsrecht auch die Wälder der ‚abwesenden Waldbesitzer' erwerben.[174]

Auch koreanische Experten schlugen vor, dass die Verwaltung privater Waldflächen in der Hand des Staates bleiben und nicht an die Waldbesitzergenossenschaften übertragen werden sollte, da diese lediglich ihre Eigeninteressen verfolgen und nicht dem Gemeinwohl dienen würden.[175] Während offiziell als Ziel des Projektes also eine demokratische Partizipation der Waldbesitzer an den Prozessen der Wiederaufforstung sowie eine privatwirtschaftliche Nutzung des Waldes angestrebt worden waren, trauten die Experten beider Länder den Waldbesitzern nach Abschluss des Projektes nicht zu, ihre Wälder selbstständig zu verwalten und forderten daher sowohl eine Aufsicht und wenn nötig direktes Eingreifen des Staates als auch die Erhöhung des Anteils staatlicher Wälder. Es wird deutlich, dass die Zielsetzung des Projektes von den beteiligten Fachkräften auch intern diskutiert wurde.

Übergabe und Erweiterung des Projektes

Im Jahre 1984 wurde der Projektteil an die NFCF übergeben; bis heute bildet sie dort Waldbesitzer, Studierende und Forstbeamte aus.[176] Bereits im Jahresbericht von 1983 und auch bei der Übergabefeier hoben die Akteure die Genossenschaftsgründungen in Yangsan als ein modellhaftes Projekt hervor. Gemäß dem Grundsatz von ‚Hilfe zur Selbsthilfe' seien die koreanischen Mitarbeiter durch die „geschickte Förderung" der deutschen Berater zu einem selbstständigen Arbeiten angeleitet worden. Aus deutscher Sicht stellte das Projekt, trotz einiger hier herausgearbeiteter Mängel, ein gutes Vorbild für andere sogenannte Entwicklungsländer dar.[177]

Wegen des hohen Anteils an Privatwald in Korea habe das Projekt großen Einfluss auf die koreanische Forstwirtschaft nehmen können.[178] Dem Projekt entsprechend wurden bis 1990 im ganzen Land sogenannte Informationszentren zur genossenschaftlichen Waldbewirtschaftung (*hyŏbŏp kyŏngyŏng chidoso*) gegründet und im Ausbildungszentrum Yangsan dafür zuständige Berater (*hyŏbŏp kyŏngyŏng chidowŏn*) ausgebildet. Insgesamt gründeten sich unter die-

[174] Ibid., S. 43f. Seine Vorschläge gehen auf drei Modelle von Prof. F. Kuhnen zurück, der an der Korea University die Landwirtschaftliche Fakultät mitaufbaute und ein entsprechendes Gutachten für das Waldbewirtschaftungsprojekt verfasst hatte.

[175] Ma/Yi, *Sup kyŏngyŏng, sallim kyŏngyŏng*, S. 222.

[176] Webseite der Zentralen Forstgenossenschaftsvereinigung (NFCF), Ausbildungszentrum in Yangsan, URL: http://member.nfcf.or.kr/forest/user.tdf?a=user.index.IndexApp&c=1004&d=fttc&mc=MEM_FTT.

[177] HHStAW, 509 8688, PL R. Becher: Projektjahresbericht 1983, 29.12.1983, S. 3.

[178] HHStAW, 509 8688, PL R. Becher: Ergänzende Stellungnahme zum Projektfortschrittsbericht 14, 27.02.1984, S. 3.

ser Anleitung über 200 neue FMCs landesweit.[179] Die allgemeinen Aufgaben der FMCs folgten dem Projekt im Landkreis Ulju-gun und wurden wie folgt definiert:

1. Waldbewirtschaftungsplan
2. Planung und Durchführung von waldbaulichen Maßnahmen (Anpflanzung, Bestandsverbesserung usw.) und Baumschulen, Waldwegen usw.
3. Verkauf von Holz und Waldnebenerzeugnissen
4. Vorbeugung und Bekämpfung von Krankheiten und Schädlingen
5. Lieferung von Werkzeugen und Materialien
6. Beschaffung von Mitteln zur Entwicklung der Forstwirtschaft
7. Bereitstellung von Büro- und Lagerräumen für Geräte und Produkte

Im Laufe der 1980/90er Jahre unterstützte die koreanische Regierung die Einrichtung von FMCs. Sechs Jahre später besuchte Riedesel Korea erneut und stellte fest: Im Jahr 1987 wurden im Durchschnitt 11.210 Won (25 DM) pro Hektar für Aufforstung (17 %), den Betrieb von Genossenschaftsbüros und die Einrichtung von Forststraßen (45 %) ausgegeben. Die Gesamtzuschüsse an die Genossenschaften beliefen sich auf rund 600 Mio. Won (1,3 Mio. DM).[180] Laut Song Young-gun waren externe Beratung und ausreichende finanzielle Unterstützung durch den Staat ein ausschlaggebender Faktor für den Erfolg des Projektes, weil der koreanische Wald in dieser Entwicklungsphase nur wenig Holz produzieren konnte. Um den Erfolg der FMCs zu gewährleisten, mussten jedoch die freiwillige Mitgliedschaft und ihre Unabhängigkeit von offizieller Einflussnahme gesichert werden, was zu einer paradoxen Situation führte.[181] Auch nach Ende der 2000er-Jahre, als die staatliche Förderung eingestellt wurde, sahen viele Forscher die FMCs mit ihrem Fokus auf die Waldbesitzer als einen effektiven Weg zur Bewirtschaftung von Privatwäldern an.[182] Dies führte auch zu der Annahme, dass die Einstellung der Finanzierung ein Fehler war und in Zukunft einer Revision bedarf.

---

[179] Kim, Chongkwan: „Handok kigu chiwŏn hyŏbŏp kyŏngyŏng saŏp naeyong-gwa kyŏlgwa“ [Contents and Results of Collaborative Management Projects: Support of the Korea-German Organization], in: *Sallim Chŏngch'aek Yŏn'gu* 62, 2017, S. 16.

[180] Privates Archiv: Ausbildungszentrum für Waldarbeiter, B. Riedesel: KGFMP – Follow-up Mission Report, 05/06.1987, S. 28.

[181] Song, *Forstwirtschaftliche Zusammenschlüsse in Süd-Korea*, S. 154.

[182] Choi, Soo Im et al.: „A Study on Main Actor for Sustainable Forest Management in Korea“, in: *Journal of the Faculty for Agriculture, Kyushu University* 49.2, 2004, S. 533–548.

Ausbildungszentrum für Waldarbeiter

Bei einem Besuch im Jahre 1979 stellten zwei Gutachter der hessischen Forstverwaltung den Bedarf an ausgebildeten Waldarbeitern und Förstern in Korea fest. Bis dahin waren in diesem Sektor oft nur ungelernte Saisonarbeiter tätig. Aufgrund der Zehnjahrespläne stieg der Bedarf an Arbeitskräften nicht nur für die Aufforstung, sondern auch das anschließende Forstmanagement. Auch wenn in Yangsan bereits ein Teil der Waldbesitzer ausgebildet worden waren, sahen sie es als notwendig an, ein Ausbildungszentrum speziell für diesen Zweck zu errichten.[183] Daraufhin wurde 1982 das Ausbildungszentrum für Waldarbeiter (*imŏp kigye hullyŏnwŏn*, Forest Worker Training Center) in Gangneung gegründet. Der Fokus lag auf einer praktischen Ausbildung für Waldarbeiter in den Bereichen Wiederaufforstung und Waldpflege. Dabei vermittelte das Zentrum vor allem die richtige Benutzung von neuen Maschinen und Werkzeugen. Unter der deutschen Leitung nahmen von 1982 bis 1988 insgesamt 1072 Personen an den Kursen vor Ort teil und 971 bei Schulungen in anderen Teilen des Landes. Angeboten wurden zwei- bis vierwöchige Kurzzeitkurse sowie zweijährige Langzeitkurse.[184]

Auch im Waldarbeiterzentrum war, wie in den industriellen Berufsausbildungszentren, zunächst eine duale Ausbildung, also theoretisch im Ausbildungszentrum und praktisch in Betrieben und der Forstverwaltung, vorgesehen, aber wegen fehlender Ausbilder konnte dies nicht verwirklicht werden. Die praktische Ausbildung fand daher auf einem gesonderten Ausbildungsgelände am Odaesan im Landkreis Yangyang statt.[185] Außerdem führten die Ausbilder Schulungen in verschiedenen Forstverwaltungen durch. Im Ausbildungszentrum fehlten anfangs Lehrpläne und Lehrmaterialien, weshalb diese aus der hessischen Landesforstverwaltung zur Verfügung gestellt wurden.[186] Auf Grund des unterschiedlichen Entwicklungsstandes des koreanischen Waldes passte man sie in der Folge jedoch an. Die Schwerpunkte der Langzeitausbildung waren in Gangneung Jungwuchspflege, Läuterung, Nebennutzungen und Arbeits-

---

[183] HHStAW, 509 8689, Koreanisch-Deutsches Waldbewirtschaftungsprogramm – Kurzdarstellung von Zielen, Ergebnissen und Planung, o. J., S. 11.

[184] Lorbach, Joachim: „Waldarbeiterausbildung als Beitrag zur Entwicklungshilfe", in: *Allgemeine Forstzeitschrift* 46.9, 1991, S. 457.

[185] Auf dem Übungsgelände des Waldarbeiterzentrums waren zu Anfang schwierige Sprengungen durchzuführen, sodass auch die deutschen Experten mit der Anlegung der Wege überfordert waren. Deshalb wurde die Entsendung eines Kurzzeitberaters für solche Arbeiten erwogen. HHStAW, 509 8689, Dr. E. Gärtner: Bericht über die Bereisung des Koreanisch-Deutschen Waldbewirtschaftungsprojektes vom 12.05. bis 25.05.1984, 02.06.1984, S. 4f.

[186] Vgl. auch: HHStAW, 509 8683, Zusammenstellung des von der Hessischen Forstlichen Versuchsanstalt an das Koreanisch-Deutsche Waldbewirtschaftungsprojekt gesandten Informationsmaterials, 1978.

sicherheit.[187] Kurzzeitkurse umfassten ebenfalls verschiedene Themen, darunter Baumschularbeiten, Kulturbegründung, Jungwuchspflege, Läuterung, Ästung, Durchforstung, Waldschutz, Holzernte und Waldbrandbekämpfung.[188]

Neben zwei deutschen Beratern arbeiteten an dem Ausbildungszentrum neun koreanische Ausbilder und ein Direktor. Die koreanischen Ausbilder hatten bei vorangegangenen Besuchen in der BRD die dortige Ausbildung für Waldarbeiter kennengelernt. In einem Interview mit der *Allgemeinen Forstzeitschrift* betonte eine Gruppe koreanischer Forstwirte, dass die akademische Forstwirtschaft in Korea zwar gut entwickelt sei, aber man vor allem von der praxisorientierten deutschen Waldarbeiterausbildung lernen könne:

> „Wir müssen dieses Ausbildungssystem übernehmen, um die Produktivität der Arbeit im Walde zu erhöhen und die Kosten zu vermindern. Wir sind überzeugt, dass uns hierbei die Form der deutschen Waldarbeiterausbildung helfen kann.“[189]

Der deutsche Projektleiter J. Lorbach nannte in einem Interview die Erfolge des Zentrums: Die Absolventen seien in der Lage, viermal mehr Bäume zu pflanzen als zuvor (pro Person 600 an einem Tag). Durch das Anlegen von Waldwegen könnten Maschinen für Arbeiten wie das Fällen oder Zerkleinern des Holzes zum Einsatz kommen, die vorher mit der Hand erledigt werden mussten.[190] Auch wurden in Deutschland bereits erprobte Verfahren, darunter beispielsweise die Winkelpflanzung (*kakshik chaebŏp*), nach Korea transferiert und damit die Effektivität der Wiederaufforstung, aber auch der Waldpflege erhöht.[191] Dem deutschen Projektleiter zufolge gebe die Waldarbeiterausbildung der Bevölkerung auf dem Land eine Perspektive und verspreche solide Einkommensverhältnisse.[192]

Auszubildende waren hauptsächlich Waldarbeiter ohne Berufsausbildung, die aus ländlichen Regionen stammten. Daneben wurden Forstbeamte und Studierende der Forstwirtschaft umliegender Universitäten weitergebildet. Es war vorgesehen, in der Folge alle Berufsanfänger systematisch auszubilden. Die koreanische Regierung war bemüht, auch in der Forstwirtschaft die Berufsausbildung zu professionalisieren.[193] In diesem Zusammenhang wurden auch Ab-

---

187 Lorbach, „Waldarbeiterausbildung als Beitrag zur Entwicklungshilfe“, S. 456.

188 HHStAW, 509 8683, K. Döhrer: Gutachten zu Waldarbeiterausbildung im Rahmen des koreanisch-deutschen Waldbewirtschaftungsprojektes, 06.1981, S. 11f.

189 O. V.: „Impulse für die forstliche Entwicklung Koreas: Interview mit einer Studiengruppe koreanischer Forstleute“, in: *Allgemeine Forstzeitschrift* 13, 1980 (Sonderdruck).

190 Myung, Sung-Hwan: „W. Germany Extends Technical Aid to Create Advanced Forestry Nation“, in: *The Korean Times*, 06.10.1984.

191 HHStAW, 509 8691, PL J. Lorbach: Projektfortschrittsbericht 17, 23.09.1985, S. 9.

192 Lorbach, „Waldarbeiterausbildung als Beitrag zur Entwicklungshilfe“, S. 457.

193 HHStAW, 509 8690, PL R. Becher: Erste Schule für Forstarbeiter in Korea eröffnet (Bericht für GTZ), o. D., S. 2.

schlussprüfungen für drei verschiedene Stufen eingeführt. Nach dem Abschluss der zweijährigen Ausbildung im Ausbildungszentrum konnte die zweite Stufe erreicht werden, welche dem Forstwirtschaftsdiplom in Deutschland entsprach.[194] Mit dem Ende ihrer Ausbildung arbeiteten die Waldarbeiter meist in Arbeitsgruppen von acht bis zehn Mann in privaten oder staatlichen Wäldern und konnten dort die gelernten Techniken anwenden.[195]

Die tatsächlichen Einkünfte eines Waldarbeiters dürften jedoch weit unter denen eines Industriearbeiters gelegen haben. Außerdem wurde den ausgebildeten Forstwirten nicht die gleiche Anerkennung zuteil wie einem Universitätsabsolventen. Es handelte sich dabei um ein ähnliches Problem wie in der industriellen Berufsbildung (siehe Kapitel III). Vermutlich war aus diesen Gründen eine Ausbildung zum Waldarbeiter auch nicht so populär wie erwartet, sodass gerade anfangs nicht alle vorhandenen Ausbildungsplätze besetzt werden konnten.[196] Hinzu kam, dass Waldarbeiter in Korea oft nur saisonal beschäftigt wurden, sodass einem abschließenden Gutachterbericht zufolge „Zweifel am Sinngehalt des in die Ausbildung investierten Geldes" entstanden seien. Außerdem war die Bezahlung nicht vereinheitlicht.[197] Dennoch vertraten die Gutachter die Auffassung, dass durch das Projekt der Waldarbeiterberuf in Korea stärker etabliert worden sei.[198]

3.4 Deutsch-Koreanische Akteure

Beratung der deutschen Forstwirtschaftler

Die Zahl der deutschen Projektmitarbeiter vor Ort veränderte sich im Verlauf des Projektes stetig. Bis 1976 war in Korea lediglich ein deutscher Forstwirt tätig, obwohl im Projektvertrag drei vorgesehen waren.[199] Diese Situation war auf einen Mangel an geeignetem Personal in der Hessischen Landesforstverwaltung zurückzuführen. Die deutsche Seite sei daher zu Anfang des Projektes geschwächt gewesen und habe aus dieser Position vielen Forderungen der korea-

194 Lorbach, „Waldarbeiterausbildung als Beitrag zur Entwicklungshilfe", S. 457.

195 Ma/Yi, *Sup kyŏngyŏng, sallim kyŏngyŏng*, S. 189/217–220; Myung, Sung-Hwan: „W. Germany Extends Technical Aid to Create Advanced Forestry Nation", in: *The Korea Times*, 06.10.1984; HHStAW, 509 8691, PL J. Lorbach: Projektfortschrittsbericht 17, 23.09.1985, S. 9.

196 HHStAW, 509 8691, Kommentar zu Projektfortschrittsbericht 16 durch die Hessische Forstliche Versuchsanstalt an die GTZ, 20.05.1985, S. 1.

197 BArch, B 213 39058, K. Döhrer: Gutachten zur Frage der Weiterführung der Arbeiten am Forest Work Training Center (FTC), 06.1986, S. 5.

198 Ibid., S. 8f.; BArch, B 213/24243, Dr. G. Sabiel: Evaluierungsbericht Koreanisch Deutsches Waldbewirtschaftungsprojekt, 08.1983, S. 51f.

199 Vgl. diverse Projektberichte in BArch, B 213/24240.

nischen Seite, die nicht als Teil des Projektes vorgesehen waren, zugestimmt, beispielsweise der Bestellung von deutschem Saatgut und einer Studienreise koreanischer Counterparts nach Japan.[200] Mit dem Eintreffen von drei zusätzlichen deutschen Mitarbeitern ab 1977 und dem Wechsel der Projektleitung 1979 veränderte sich auch die Ausrichtung des Projektes wieder. Auf Wunsch der koreanischen Seite wurde in der Folge mit dem Aufbau des Ausbildungszentrums für Waldarbeiter begonnen.[201] Nach Vereinbarung beider Länder beteiligte sich die koreanische Seite ab 1984 an den Personalkosten für die deutschen Berater mit 2.500 DM pro Mann und Monat, sodass möglichst qualifizierte Experten in geringer Zahl angefordert wurden. Im Ausbildungszentrum war deshalb am Ende des Projektes nur noch ein deutscher Berater tätig.[202]

Auch wenn die Zusammenarbeit im Projekt generell als gut bezeichnet wurde, lassen sich einige Schwierigkeiten erkennen. So mussten trotz der Sonderstellung des Projektes Vorgaben der koreanischen Wirtschaftsplaner aus dem EPB eingehalten werden, was bei den deutschen Beratern auf Unverständnis stieß:

> „In diesem sehr zentral gelenkten Land sind auch für alle forstlichen Tätigkeiten einheitliche Standards vorgeschrieben unter Missachtung standörtlicher und lokaler Gegebenheiten, und es brauchte lange Verhandlungen mit dem OoF, bis unsere Projekttätigkeiten von der Einhaltung dieser Standards befreit wurden.“[203]

So seien beispielsweise bei der Baumauswahl für die Wiederaufforstung lediglich in Süden und Norden unterschieden und damit die regionalen Bedingungen nicht ausreichend berücksichtigt worden. Der Projektleiter erklärte das mit „althergebrachten hierarchischen Verwaltungsprinzipien“ und der koreanischen „Mentalität und Erziehung“. Es kritisierte, dass der Zehnjahresplan keine wissenschaftlichen Erkenntnisse berücksichtigte und nur auf die ‚absolute Wiederaufforstung‘ (*chŏltae nok'wa*) fokussiert war.[204]

---

200 HHStAW, 509 8683, Schreiben von W. Erhardt an den hessischen Landesforstmeister Prof. W. Fröhlich, 26.07.1976, S. 2. Die genauen Hintergründe der Entscheidungsprozesse gehen aus den Projektberichten des ersten Projektmitarbeiters H. von Christen hervor. Vgl. auch: BArch, B 213/24240, Projektberichte 7–8.

201 BArch, B 213 24241, H. Lichtenberger: Bericht über die Evaluierung des Koreanisch-Deutschen Waldbewirtschaftungsprojektes, 08.1979, S. 74f.

202 HHStAW, 509 8688, PL Becher: Projektjahresbericht 1983, 29.12.1983, S. 6.

203 HHStAW, 509 8684, Schreiben von PL E. Scuhr an den hessischen Landesforstmeister Prof. W. Fröhlich, 04.04.1979, S. 2.

204 HHStAW, 509 8684, PL E. Scuhr an die GTZ, 13.07.1977, S. 2. Projektleiter E. Scuhr schildert in Projektberichten die ‚Untergebenenhaltung‘ seines Counterparts, der lediglich „schön brav und still auf die Zustimmung und Befehle aus dem OoF“ warte, weshalb eine Zusammenarbeit erschwert sei. BArch, B 213/24241, PL E. Scuhr: Tätigkeitsbericht 4. Quartal 1976, 12.02.1977, S. 3.

Ein größerer Konflikt zwischen der deutschen und koreanischen Seite entspann sich um die Personalpolitik des OoF, die ebenfalls auf das hierarchische System zurückgeführt werden kann. Der deutsche Projektleiter Scuhr kritisierte, dass die Angestellten des Projektes nicht nach Leistung, sondern auf Grundlage von persönlichen Beziehungen ausgewählt worden seien und sich zu wenige Mitarbeiter direkt vor Ort befänden, während die meisten in Seoul lebten. Nachdem sich Scuhr zunächst beim OoF und der Botschaft erfolglos beschwert hatte, wählte er den Weg über die hessische Forstverwaltung und die GTZ, welche wiederum das koreanische Außenministerium anschrieben. Das Außenministerium übte daraufhin Druck auf das Innenministerium aus, unter dessen Leitung sich das OoF befand. Dessen Direktor blieb daher nichts anderes übrig, als viele Mitarbeiter zwangsweise nach Yangsan zu versetzen und allen anderen zu kündigen.[205]

Sowohl die deutschen Berater vor Ort als auch die Gutachter und Kurzzeitexperten äußerten in Berichten und Gutachten ihre Meinung zu der Entwicklung der koreanischen Forstpolitik und übten gerade am Anfang viel Kritik. Einerseits wurden als Probleme die starke Parzellierung der privaten Wälder, ein mangelnder Nährstoffhaushalt der Waldböden sowie geringe Holzqualität und die wenigen Altholzbestände hervorgehoben. Gleichzeitig hätten Maßnahmen zur Waldpflege bislang eine zu geringe Rolle gespielt.[206] Auch der erste Zehnjahresplan hätte, den deutschen Experten zufolge, nur unbefriedigende Erfolge gezeigt. Als Gründe wurden dafür folgende Punkte genannt:

> „Das Fehlen einer effektiven forstlichen Gesetzgebung, Unkenntnis in modernen forstlichen Bewirtschaftungsverfahren, mangelhafte Betreuung durch ein praktisch orientiertes Forstpersonal, vor allem aber die geringe Motivation der meist kleinen und verarmten Waldbesitzer, die zu diesen Arbeiten gezwungen wurden und daraufhin Schutz und Pflege der angelegten Kulturen unterließen."[207]

Die deutschen Forstexperten widersprachen damit dem vorherrschenden Narrativ einer durchwegs erfolgreichen Wiederaufforstung durch die Zehnjahrespläne. Die zentrale Steuerung der Wiederaufforstung, welche in der konservativ ausgerichteten Forschung häufig als Grund des Erfolges hervorgehoben wurde, brachte demnach Probleme mit sich, da auf regionale Besonderheiten nicht eingegangen werden konnte. Wie auch in anderen

---

[205] Kim, *Sup-kwa sanju-rŭl wihan kkum*, S. 269–272. Vgl. auch Gespräch mit Kim Chong-kwan, Ulju-gun, 16.10.2021.

[206] Scuhr, „Techniques of Silvicultural Care and Tending at Forestry in Germany", S. 39.

[207] HHStAW, 509 8689, Koreanisch-Deutsches Waldbewirtschaftungsprogramm – Kurzdarstellung von Zielen, Ergebnissen und Planung, o. J., S. 1f.

Wirtschaftsbereichen achteten die Regierung von Präsident Park Chung Hee und insbesondere der KFS eher auf die Quantität als auf die Qualität der Wiederaufforstung.

Im Rahmen des Projektes wurde aus diesem Grund versucht, eine geplante und wissenschaftlich fundierte Wiederaufforstung und Waldpflege zu verwirklichen und die Notwendigkeit von forstwirtschaftlicher Infrastruktur zu vermitteln.[208] In Kooperation mit dem Institut für Forstgenetik in Suwon, an dem 1977 auch ein deutscher Kurzzeitexperte tätig war, wurden beispielsweise Versuchsflächen mit deutschen Fichten an zehn verschiedenen, forstlich wichtigen Orten in Korea angelegt. Nach zehn Jahren sollte dann darauf aufbauend über eine mögliche Anpflanzung dieser Baumsorte entschieden werden.[209] Ma Sangkyu bemerkte daher zu den Unterschieden in der Vorgehensweise:

> „Unsere Regierung verteilte Setzlinge an die Bürger und zwang sie, diese zu pflanzen. Ohne wissenschaftliche Überlegungen, welcher Baum an welchem Ort, folgten sie der Methode, zunächst zu pflanzen und dann weiterzusehen. Die deutschen Forstwirte hingegen erkundeten zuerst den Boden und die Eigenschaften der Bäume und pflanzten dann eine passende Baumsorte je nach Bodenfruchtbarkeit und Klima. Sie führten die Wiederaufforstung also wissenschaftlich und geplant durch.“[210]

Den deutschen Beratern zufolge konnte die Wiederaufforstung nicht allein durch forstwirtschaftliche Maßnahmen geregelt werden, sondern sollte auch „die Wiederherstellung eines geregelten Nährstoffkreislaufes“ sowie Verbesserungen der Landwirtschaft und Energiegewinnung berücksichtigen. Es wurden beispielsweise auf alternative Energien wie Biogas und Solarenergie verwiesen, die auch in das Projekt integriert werden sollten.[211] Außerdem gab es Vorschläge für mögliche weiterführende Forschungsthemen, u. a. zur technologischen Verbesserung der traditionellen Fußbodenheizung oder zur Züchtung von Waldbäumen mit besonderer Eignung für die Brennholz- und Grünmaterialge-

---

208 HHStAW, 509 8688, H. J. Fröhlich: Bericht über die Bereisung des Koreanisch-Deutschen Waldwirtschaftsprojektes vom 16.10. bis 26.10.1982, o. D. In einigen Fällen nutzten die deutschen Berater ihre Stellung in Korea auch, um Versuche für ihre eigene Forschung durchzuführen, die aber nicht unbedingt dem Projekt förderlich waren. So plante der Berater D. Müller beispielsweise Pflanzungen von Koniferen durchzuführen und diese im Rahmen seiner Doktorarbeit zu untersuchen. HHStAW, 509 8684, Schreiben von D. Müller an den hessischen Landesforstmeister Prof. W. Fröhlich, 29.01.1979.

209 HHStAW, 509 8684, D. Müller: Bericht über das Deutsch-Koreanische Waldbewirtschaftungsprojekt, 09.04.1978, S. 4; HHStAW, 509 8686, Gärtner: Bericht über die Bereisung des Koreanisch-Deutschen Waldbewirtschaftungsprojektes vom 25.06. bis 07.07.1979, 30.07.1979, S. 10.

210 Ma/Yi, *Sup kyŏngyŏng, sallim kyŏngyŏng*, S. 187.

211 HHStAW, 509 8684, D. Müller: Bericht über das Deutsch-Koreanische Waldbewirtschaftungsprojekt, 09.04.1978, S. 7.

winnung.[212] Zeitgleich zu dem forstwirtschaftlichen Projekt kooperierten die beiden Regierungen auch im Rahmen von zwei weiteren Projekten auf den Forschungsgebieten Grasland und ländlichen Technologien. Zum Teil überschnitten sich diese Themen und es fanden Kooperationen statt, beispielsweise wurden Planungen zu einer gemeinsamen Nutzung von Wald- und Weideland durchgeführt.[213]

Die Studien und Gutachten beeinflussten den Projektverlauf, aber auch die koreanische Forstpolitik und -praxis im Allgemeinen. In vielen Fällen verwiesen die Gutachter auf Deutschland bzw. Hessen, um Vorschläge zu Gesetzesänderungen und neuen forstwirtschaftlichen Praktiken zu machen. Beispielsweise regte ein Gutachter 1979 an, die bestehenden Gesetze (Waldgesetz, Waldlandentwicklungsgesetz, Gesetz zu Forstprodukten, etc.) zu vereinheitlichen und zudem ein Gesetz zur Organisation der forstlichen Genossenschaften zu schaffen.[214] Im Jahr 1980 wurde schließlich ein ‚Gesetz für forstliche Genossenschaften‘ (*sallimjohappŏp*) verabschiedet, das auch den Vorstellungen des deutsch-koreanischen Expertenteams entsprach.[215] Außerdem stießen beispielsweise die Empfehlungen des Kurzzeitexperten C. Foet zu Verfahren der Forsteinrichtung, auch Taxation genannt, auf großes Interesse und wurden als offizielles Verfahren übernommen.[216]

Tabelle 19: Forstwirtschaftliche Kurzzeitexperten und deren Gutachten

Experte	Gutachtentitel	Jahr
C. Foet	Verfahren der Forsteinrichtung (Taxation)	1979/81
Dr. E. Gärtner	Provenienzversuche mit Waldbaumarten	1976
Dr. W. Dietze	Forstgenetik	1977
A. de Lasson	Forest Management Cooperatives	1978
B. Riedesel	Verbesserung der Privatwaldbewirtschaftung	1982/87
G. Roetzer	Forstwege und Holzernte	1985
K. Döhrer	Einrichtung und Betrieb von Holzhöfen	1980/86
E. Metz	Planung und Durchführung von Fortbildungskursen für Förster	1990
H. Branz	Entwicklung von Baumtransportmaschinen	1991
K.-H. Schmincke	Schwachholznutzung und -bearbeitung: Holzhöfe und holzwirtschaftliche Entwicklung	1991

[212] HHStAW, 509 8686, Gärtner: Bericht über die Bereisung des Koreanisch-Deutschen Waldbewirtschaftungsprojektes vom 29.10. bis 11.11.1977, Anlage 4.

[213] Vgl. auch Gespräch mit Kim Chongkwan, Ulju-gun, 16.10.2021.

[214] HHStAW, 509 8686, Gärtner: Bericht über die Bereisung des Koreanisch-Deutschen Waldbewirtschaftungsprojektes vom 25.06. bis 07.07.1979, 30.07.1979, S. 2.

[215] HHStAW, 509 8689, Koreanisch-Deutsches Waldbewirtschaftungsprogramm – Kurzdarstellung von Zielen, Ergebnissen und Planung, o. J., S. 5.

[216] BArch, B 213/24242, Schreiben von Prof. F. Kuhnen an die GTZ, 09.06.1980, S. 1f.

Experte	Gutachtentitel	Jahr
Dr. K. Winter	Bekämpfung der Kiefernnadelgallmücke (ländliche Technologien)	1992
Dr. S. Sabiel	Anfertigung von Fortschrittsberichten	1992
Dr. J. Eichhorn	Luftverschmutzung	1993

Quelle: *Handok imŏp kisul hyŏmnyŏk 20nyŏnsa*, Anhang. Ergänzungen durch den Autor.

Abbildung 6: Deutsche und koreanische Forstexperten im Gespräch, ca. 1980

Quelle: Privatsammlung, bereitgestellt durch Ma Sangkyu.

Fortbildung koreanischer Counterparts

Ein Großteil der koreanischen Counterparts wurde in der BRD aus- oder weitergebildet. Bis 1993 nahmen insgesamt 63 Personen an Langzeitprogrammen in der BRD teil.[217] Während Langzeitprogramme bis zu 16 Monate dauerten und neben einem Deutschkurs verschiedene Stationen in Forstbetrieben und -verwaltungen enthielten, waren die Kurzzeitprogramme auf das Kennenlernen ausgewählter Aspekte der deutschen Forstwirtschaft ausgerichtet und wurden in wenigen Wochen durchgeführt.

[217] Ibid., Anhang.

Ein Zeitungsartikel berichtete über das Langzeitprogramm des Counterparts Lee Tae-Hwan, der nach einem Deutschkurs am Goethe-Institut im Forstamt von Schwäbisch Hall ausgebildet wurde. Er begleitete den Leiter des Forstamtes und lernte dadurch vor allem die lokale Forstverwaltung kennen. Allerdings unterschieden sich die thematischen Schwerpunkte der Forstwirtschaft in Deutschland und Korea: Während koreanische Forstwirte hauptsächlich an Wiederaufforstung interessiert waren, wurde in Deutschland eher Wert auf die Waldpflege und wirtschaftliche Nutzung, also Abholzung, gelegt.[218] Trotz der Sprachausbildung seien die Sprachkenntnisse der Counterparts gerade am Anfang nicht ausreichend gewesen. Außerdem waren die deutschen Forstbeamten mit der Betreuung der Stipendiaten zum Teil überlastet, sodass die Ausbildung nicht immer den Planungen entsprach.[219]

Als Beispiel für eine Kurzzeitfortbildung kann der zweimonatige Besuch einer Gruppe koreanischer Counterparts 1979 in der BRD gelten, welcher durch die Deutsche Stiftung für Internationale Entwicklung (DSE) organisiert wurde. Durch die Fortbildung sollte den Teilnehmenden ein Einblick in die „intensive Forstwirtschaft in einem Industrieland“ ermöglicht werden. Die Gruppe besuchte Forstbetriebe, Ausbildungsstätten und Baumschulen in der gesamten BRD, jedoch mit einem regionalen Fokus auf Hessen. Im Anschluss des Besuchs betonten die Counterparts in einem Interview, dass Deutschland als Vorbild für eine effektive Forstwirtschaft gesehen werde, während der Entwicklungsstand des koreanischen Waldes als rückständig bezeichnet wurde:

> „Die deutsche Forstwirtschaft kann heute mit einem befriedigenden Gesamtholzvorrat und damit erheblichem Betriebskapital arbeiten. In dieser Hinsicht stehen wir in Korea vor der gleichen Situation wie die deutsche Forstwirtschaft vor 200 Jahren, als sie auf verwüsteten Waldflächen mit dem Waldaufbau beginnen musste.“[220]

Den koreanischen Counterparts zufolge ließ sich der Stand der jeweiligen Forstwirtschaften zwar kaum vergleichen, man ging jedoch langfristig von einer gleichen Prämisse aus, nämlich der Aufforstung mit anschließender ‚multifunktionaler‘ wirtschaftlicher Nutzung des Waldes. Um diese zu verwirklichen, sollten bestimmte Aspekte der deutschen Forstwirtschaft nach Korea transferiert

---

218 „Korean in Training: German Forests Well Managed“, in: *The Korea Times*, 20.08.1975. In dem Artikel wird Lee folgendermaßen paraphrasiert: „Lee finds it rather confusing that the German public forestry bureaus also manage communal and private forests. Lee considers this a form of socialism in forestry.“

219 HHStAW, 509 8691, Kommentar zu Projektfortschrittsbericht 17 durch die Hessische Forstliche Versuchsanstalt an die GTZ, 17.03.1986, S. 2.

220 „Impulse für die forstliche Entwicklung Koreas: Interview mit einer Studiengruppe koreanischer Forstleute“, in: *Allgemeine Forstzeitschrift* 13, 1980 (Sonderdruck).

werden, beispielsweise die wissenschaftliche Planung, die Einrichtung forstlicher Genossenschaften und das Ausbildungssystem. Ein konkretes Beispiel des Praxistransfers sind die künstlich angelegten Waldwege zur forstwirtschaftlichen Nutzung (*imdo*), die bis dahin in Korea nicht existierten. Hier ist vor allem die persönliche Initiative des Counterparts Kim Chongkwan zu erwähnen, der die Waldwege bei seiner Weiterbildung in der Bundesrepublik das erste Mal gesehen hatte und diese vor Ort in Yangsan ebenfalls einrichten wollte. Er wählte ein Waldstück aus und überzeugte die Waldbesitzer sowie den deutschen Mitarbeiter vor Ort, die Umsetzung zu finanzieren.[221]

Allerdings haben koreanische Experten die Situation des deutschen Waldes nicht nur positiv gesehen: Kang Kunsu, der 1983 eine Weiterbildung in der BRD absolvierte, berichtete insbesondere über Waldschäden durch Luftverschmutzung und betonte in seinem Beitrag für die Zeitschrift *Sallim*, dass „durch internationale Zusammenarbeit ein Bewusstsein für die Wichtigkeit der Umwelt sowie für Energiesparen in der Öffentlichkeit verankert werden muss“. Damit stellte er die in Deutschland geführte Debatte zum Waldsterben und Umweltschutz vor.[222] Außerdem wurden beispielsweise Broschüren des hessischen Umweltministeriums zu diesem Thema an die koreanischen Partner weitergeleitet.[223] Obwohl auch im gemeinsamen Projekt der Umweltschutz eine Rolle spielen sollte, wurde in beiden Phasen des Projektes die wirtschaftliche Nutzung der Wälder unter Verwendung von Maschinen und Düngemitteln in den Vordergrund gerückt. Ein Reporter der *Deutschen Welle* warf der koreanischen Bevölkerung in einem Bericht aus dem Jahr 1986 fehlendes Umweltbewusstsein vor, während er das deutsch-koreanische Projekt in einem positiven Licht betrachtete.[224]

Es zeigt sich, dass koreanische Forstwirte, auch aufgrund des Projekts, größeres Interesse an der deutschen Forstwirtschaft zeigten. Auch in der forstwirtschaftlichen Forschung wurden oft Mitteleuropa und vor allem die Bundesrepublik als Vorbilder hervorgehoben, vermutlich da der Zugang zu deutscher Forschung im Rahmen des Projektes, aber auch über die erworbenen Sprachkenntnisse einfacher möglich war. In Ma Sangkyus Forschungsartikel

---

[221] Kim, *Sup-kwa sanju-rŭl wihan kkum*, S. 286–300. Vgl. auch Interview mit Kim Chongkwan, Ulju-gun, 16.10.2021.

[222] Kang, Kunsu: „P'agoedoeŏ ka-nŭn togil-ŭi sallim“ [Deutschlands Wälder am Rande der Zerstörung], in: *Sallim* 7, 1984, S. 75–82; Vgl. auch: Schäfer, Roland, *„Lamettasyndrom“ und „Säuresteppe“: Das Waldsterben und die Forstwissenschaften 1979–2007*, Dissertation, Universität Freiburg, 2012.

[223] Hessisches Ministerium für Landesentwicklung, Umwelt, Landwirtschaft und Forsten (Hg.): *Umweltschutz in Hessen – Waldsterben*, Broschüre, Hessisches Umweltministerium: Wiesbaden 1983.

[224] BArch, B 213/39058, Deutsche Welle: Projektbericht 02/86 – Koproduktionsserie Hörfunk ‚Entwicklung und Umwelt‘, 12.1986, S. 20.

zu einer professionellen Ausbildung von Waldarbeitern verwies er speziell auf Praktiken der Hessischen Landesforstverwaltung; 1988 wurde auch ein Buch über Waldbewirtschaftungspläne im Land Hessen übersetzt,[225] denn durch das Projekt konnte leichter auf neue deutsche Forschungsdaten zugegriffen werden.

Auch wenn es sich um ein bilaterales Projekt handelte und kein nennenswerter Kontakt zu Projekten anderer Geber bestand, wurde der deutsche Ansatz nicht isoliert betrachtet. Unter anderem wurde eine dreiwöchige Fortbildungsreise nach Japan mit einem deutschen und vier koreanischen Experten organisiert. Offizielles Ziel der Reise war ein Austausch über die japanischen Erfahrungen mit forstlichen Genossenschaften. Japan wurde in dem deutschen Reisebericht eine Vorbildrolle zugeschrieben.[226] Auch koreanische Forstwissenschaftler zogen lange Zeit japanische Forschungsliteratur zur Forstwirtschaft heran, wie sich auch in der Bibliothek des Ausbildungszentrums für Waldarbeiter zeigt.

3.5 Resümee

Das Projekt lief über fast 20 Jahre und gliederte sich in zwei Phasen. In der ersten Phase des Projektes wurden fortwirtschaftliche Genossenschaften in Yangsan nach Vorbild der hessischen Waldbesitzervereine gegründet, in der zweiten Phase ein Waldarbeiterausbildungszentrum in Gangneung errichtet. Das Projektziel bestand darin, die Wiederaufforstung und Waldpflege in Korea zu fördern. Dazu wurden verschiedene Berater der Hessischen Forstverwaltung nach Korea entsandt sowie Material, Maschinen und Werkzeuge geliefert. Gleichzeitig wurden koreanische Counterparts in der BRD im Rahmen von Lang- und Kurzzeitprogrammen weitergebildet. Während ihrer Tätigkeit in Korea übten die deutschen Berater Kritik an den zentralistischen Aufforstungsplänen der koreanischen Regierung und versuchten stattdessen eine wissenschaftlich fundierte und regional spezifische Aufforstung durchzuführen.

In der ersten Phase des Projektes unterstützte das deutsch-koreanische Expertenteam die Gründung von Waldbesitzergenossenschaften in Yangsang, die sich an einem hessischen Modell orientierte. Den Waldbesitzern wurde durch Lehrgänge eine effizientere Nutzung ihrer Wälder nahegelegt. Im Unterschied zu den

[225] Ma, Sangkyu: „Imŏp kisul mit chigŏp hullyŏn-e koryŏdoeŏya hal sahang“ [Matters to be considered in Forestry Technology and Vocational Training], in: *Han'guk Sallim Hak'oeji* 51, 1981, S. 56–65.

[226] HHStAW, 509 8686, Dr. E. Gärtner: Bericht über die Bereisung des Koreanisch-Deutschen Waldbewirtschaftungsprojektes vom 29.10. bis 11.11.1977, S. 8. Ein ausführlicher Bericht zu der Reise liegt auch im Bundesarchiv vor.

dörflichen Forstverbänden der *saemaŭl undong* war die Mitgliedschaft freiwillig und die Organisation demokratisch strukturiert. In der zweiten Phase des Projektes wurde ein Waldarbeiterausbildungszentrum in Gangneung gegründet. Dadurch sollte den Waldarbeitern eine professionelle Ausbildung hauptsächlich im Bereich der Waldpflege ermöglicht und dieser Beruf damit gestärkt werden.

Im Unterschied zu der auf Quantität ausgerichteten Wiederaufforstung der koreanischen Regierung wurde durch das Projekt auch die Waldpflege sowie eine langfristige wirtschaftliche Nutzung des Waldes angestrebt. Davon profitierten Gruppen wie die Waldbesitzer aber auf lange Sicht auch die Waldarbeiter. Die bislang in der Forschungsliteratur vorgebrachten Erklärungen für den Erfolg der Wiederaufforstung in Korea, hauptsächlich die Top-down-Leadership und Mobilisierung der Bevölkerung, erwähnen diese beiden Gruppen nicht und sind daher zu einseitig, um die deutlich komplexeren Zusammenhänge erklären zu können.

Die Zusammenarbeit zwischen den beiden Ländern im Forstsektor dauert bis heute an. Einige koreanische Forstwissenschaftler, die ihre Ausbildung in der BRD abgeschlossen hatten, treffen sich regelmäßig im genannten *handok imuhoe*.[227] Im Jahr 2018 feierten beide Länder das 44. Jubiläum ihrer Zusammenarbeit. Zu diesem Anlass lud der KFS zwei ehemalige deutsche Fachkräfte aus dem Projekt nach Korea ein.[228] Darüber hinaus wurde im Rahmen einer wissenschaftlichen Konferenz, die gleichzeitig mit der Jubiläumsfeier stattfand, das wiedervereinigte Deutschland als Beispiel für die Zusammenarbeit zwischen Süd- und Nordkorea im Forstsektor diskutiert.[229] Verglichen mit anderen Sektoren und Ländern ist die Zusammenarbeit bis heute lebendig geblieben.

Im Rahmen der Entwicklungszusammenarbeit im 21. Jahrhundert lassen sich Vergleiche mit dem Projekt damals ziehen: Die Hanns-Seidel-Stiftung Korea führte von 2014 bis 2017 ein Projekt mit Unterstützung der Europäischen Union durch, um eine nachhaltige Waldbewirtschaftung in Nordkorea zu fördern. Das Projekt umfasste verschiedene Aktivitäten wie die Entsendung von Experten, die Einrichtung von Baumschulen, internationale wissenschaftliche

---

[227] Han, Munyŏng: „Handok imŏp kisul hyŏmnyŏk saŏp-kwa handok imuhoe" [Koreanisch-Deutsche technische Zusammenarbeit im Forstsektor und der Koreanisch-Deutsche Forstfreundschaftsverband], in: *Ulsan Journal*, 18.04.2020.

[228] Kim, Bo-gyung: „German forestry experts visit Korea to commemorate 44th anniversary of partnership", in: *The Korea Herald*, 07.10.2018. Außerdem feierte die Kooperation zwischen der Waldbesitzervereinigung aus Hessen und Kangwon-do 2019 ihr 30-jähriges Jubiläum. Chang, Sŭngchun: „Handok sallim chohap chamae kyŏryŏn 30chunyŏn kinyŏm haengsa kaech'oe" [Koreanische und deutsche Waldbesitzervereinigung feiern das 30-jährigen Bestehen ihrer schwesterlichen Beziehung], in: *Nongŏch'on Gyŏngje Shinmun*, 28.08.2019.

[229] Seliger, Bernhard / Park, Kyung-Seok: „Greening German Unification – Forests, Forest Administrations and the Process of Unification", in: *T'ongil Munje Yŏn'gu* 59, 2013, S. 445–485.

Konferenzen und Schulungen für nordkoreanische Forstwirte.[230] Auch wenn sich die beiden Projekte in Süd- und Nordkorea in vielen Punkten unterscheiden, kann die Situation der Wälder als vergleichbar angesehen werden. Darüber hinaus arbeitet die südkoreanische Regierung derzeit mit diversen asiatischen Ländern im forstwirtschaftlichen Sektor zusammen und unterstützt selbst Entwicklungsländer mit technischer Zusammenarbeit.[231] Ein Mitarbeiter aus dem deutsch-koreanischen Projekt war beispielsweise nach seinem Ruhestand über sechs Jahre als Berater in einem internationalen Wiederaufforstungsprogramm in der Mongolei tätig,[232] sodass sich auf dieser Grundlage die Kooperation zwischen Korea und Deutschland indirekt fortsetzt.

Am ehemaligen Projektstandort Yangsan und Ulsan gründete sich außerdem der ‚Gemeinnützige Verein für einen 100-jährigen Wald' (*100nyŏnsup sahoejŏk hyŏptongjohap*). Das Projekt wurde gestartet, „um einen gesunden Wald und eine glückliche Gemeinschaft zu schaffen" und zielt darauf ab, die Wälder des deutsch-koreanischen Projektes nachhaltiger zu gestalten. Die im Rahmen des Projektes gepflanzten Bäume sind mittlerweile 40 bis 50 Jahre alt, aber deren Pflege wurde vernachlässigt. Die Bäume stehen zu eng beieinander, und nach Abschluss des Projekts wurden keine neuen Bäume mehr gepflanzt.[233] Viele Wälder in ganz Korea sind mit einem ähnlichen Problem konfrontiert, da die meisten Bäume während der Wiederaufforstungskampagnen gepflanzt wurden. Wie beim Projekt selbst, zielt der Verein auch auf die Einbeziehung der Bevölkerung vor Ort ab. Auch wenn die Probleme heute andere sind, kann hier an die langjährige bilaterale Zusammenarbeit angeknüpft werden.

4. Hochschulreform und Forschungskooperation

Die deutsch-koreanische Zusammenarbeit in der ländlichen Entwicklung erstreckte sich auch auf die Hochschule und wissenschaftliche Forschung. Von 1973 bis 1983 wurde die Landwirtschaftliche Fakultät der Korea University im Rahmen eines Projektes der technischen Zusammenarbeit erweitert und reformiert. Von 1978 bis 1985 kooperierten das Korea (Advanced) Institute of Science and Tech-

---

230 Vgl. die Webseite der Hanns-Seidel-Stiftung, Büro Korea, URL: https://korea.hss.de/en/eu-project/.

231 *Sallimch'ŏng50nyŏnsa*, S. 436–437/442–443.

232 Offizieller englischer Titel des seit 2007 laufenden Projektes lautet Korea-Mongolia Greenbelt Plantation Project. Vgl. auch: Kim, Chongkwan: *Monggol-ŭi samak'wa pangji chorim kŭrinbelt'ŭ chosŏng namu shimgi shilche* [Planting Trees for Greenbelt Construction to Prevent Desertification in Mongolia], KOICA: Seoul 2014.

233 Ma/Yi, *Sup kyŏngyŏng, sallim kyŏngyŏng*, S. 123–129. Vgl. auch: Spezialausgaben des *Ulsan Journal* zu Jobs in der Forstwirtschaft, 03.12.2018/12.11.2020.

nology (KAIST) und verschiedene deutsche Hochschulen in Forschungsprojekten zu ländlichen Technologien. Das Kapitel stellt zunächst das Projekt an der Korea University vor und geht auf die zeitgenössische Bewertung in den Medien ein. Danach wird die Sicht eines deutschen Beraters zu der Hochschulreform, den kulturellen Unterschieden und den Studierendenprotesten genauer betrachtet und auf die Ausbildung der Counterparts in der Bundesrepublik eingegangen. Im zweiten Teil folgt die Forschungskooperation im Bereich der Technologien für eine integrierte ländliche Entwicklung. Auch wenn in der ersten Phase verschiedene Projekte verfolgt wurden, richtet sich der Fokus der Zusammenarbeit in der zweiten Phase vor allem auf die Nacherntetechnologien für Reis und Früchte, wobei hier ebenfalls die beteiligten Wissenschaftler einbezogen werden.

4.1 Landwirtschaftliche Fakultät der Korea University

Übersicht und Ziele des Projektes

Die Korea University reichte Ende 1971 einen Antrag zur Unterstützung ihres ‚langfristigen Reformplanes' (*changgi chonghap palchŏn kyehoek*) beim damaligen deutschen Botschafter in Seoul, W. Sarrazin, ein. Gleichzeitig sandte der koreanische Außenminister dieses Schreiben an das Auswärtige Amt. In dem Antragsschreiben waren schon die grundlegenden Reformpläne festgelegt worden. Nach Abschluss der offiziellen Verhandlungen führte der spätere Projektleiter Prof. F. Kuhnen Anfang 1973 eine Machbarkeitsstudie durch.[234] Durch einen Notenwechsel wurde dann 1974 der Projektvertrag geschlossen. Dieser sah vor, fünf deutsche Wissenschaftler bzw. Gastprofessoren und zwei wissenschaftliche Assistenten aus der BRD nach Korea zu entsenden. Außerdem sollten sieben ältere und fünf jüngere Professoren der Landwirtschaftlichen Fakultät in der BRD weitergebildet werden. Gleichzeitig wurden Promotionsstipendien für zunächst zehn koreanische Doktoranden für eine Dauer von jeweils vier Jahren vergeben. Die Bundesregierung lieferte weiterhin technisches Material und wissenschaftliche Fachbücher im Wert von 1,5 Mio. DM und beteiligte sich an den Baukosten für ein neues vierstöckiges Fakultätsgebäude mit einem Kredit über 1,2 Mio. DM. Das Gebäude wurde 1977 eröffnet und vereinte Labore, ein Wohnheim, sowie Vorlesungsräume und Büros.[235] Insgesamt

[234] BArch, B 213/8745, Deutsche Botschaft Seoul an das Auswärtige Amt: Antrag der Korea-Universität auf Unterstützung bei der Reform und Erweiterung der landwirtschaftlichen Fakultät, 27.04.1972.

[235] National Archives of Korea, Dokumenten-Nr. CA0003099, „Handok kan-ŭi Koryŏdaehakkyo nonggwa taehak hwakch'ung saŏp-ŭl wihan kaksŏ kyohwan" [Notenwechsel zwischen der Bundesrepublik Deutschland und der Republik Korea zur Erweiterung der Landwirtschaftlichen Fakultät an der Korea University], 09.07.1974.

wurden von der westdeutschen Regierung über sieben Jahre von 1974 bis 1981 damit 7 Mio. DM für das Projekt bereitgestellt. In einem zeitgenössischen koreanischen Zeitungsartikel wird mit Blick auf andere Projekte der Entwicklungszusammenarbeit in Korea festgestellt, dass Mittel in dieser Höhe für eine Institution bis dahin einmalig gewesen seien. Auch der Fokus auf den bislang vernachlässigten landwirtschaftlichen Sektor wird positiv hervorgehoben.[236]

Im Laufe der Ausführung einigten sich beide Länder auf eine Anpassung des Vertrages, da auf Grund der Sprachbarriere sowie kultureller Unterschiede der Einsatz von mehreren deutschen Experten als wenig sinnvoll erachtet wurde.[237] Die GTZ hatte jedoch auch Probleme, geeignete Bewerber für die eingeplanten Stellen zu finden.[238] Es wurde daher 1978 vereinbart, weniger wissenschaftliche Assistenten und Kurzzeitexperten aus der BRD zu entsenden und dafür zusätzlich fünf Promotionsstipendien an koreanische Studierende zu vergeben sowie weitere Labor- und Forschungsausrüstung an die Korea University zu liefern.[239]

Die übergeordneten Ziele der Reform waren es, eine stärkere Berufs- und Praxisorientierung der Ausbildung zu erreichen sowie gleichzeitig die akademische Forschung auszubauen und die Universität für die Bevölkerung zugänglich zu machen. Kuhnen hatte auf Grundlage des Projektantrages einen eigenen Plan für die Reformen gestaltet, den er bis zum Ende des Projektes zu einem großen Teil erfüllen konnte. Die Maßnahmen der Reform lassen sich in die drei Teile Lehre, Forschung und außeruniversitäre Aktivitäten gliedern.[240] In der Lehre legte die Universität den Fokus auf die Fächer Agrochemie und Lebensmitteltechnologie, deren Curriculum an bestimmten Berufen wie Agrikulturchemiker oder Genossenschaftsmanager ausgerichtet wurden. Dies stellte eine Neuerung dar, weil Studierende zuvor oft ohne konkrete Berufsausrichtung ihr Studium absolviert hatten. Nun stand es ihnen frei, nach Abschluss des Grundstudiums eigene Schwerpunkte zu wählen und einen konkreten Beruf anzustreben.[241] In einer späteren Phase des Projektes wurde außerdem ein neuer Fachbereich für

236 „Sŏdok chŏngbu-ŭi uri kyoyuk chiwŏn" [Die Unterstützung der westdeutschen Regierung für unsere Bildung], in: *Dong-A Ilbo* 24.12.1973.

237 BArch, B 213/8745, Prof. Dr. F. Kuhnen: Tätigkeitsbericht 10–12 1974, 02.01.1975, S. 2f.

238 BArch, B 213/8745, Prof. Dr. F. Kuhnen: Tätigkeitsbericht 08–10 1977, o. D., S. 6f.

239 National Archives of Korea, Dokumenten-Nr. CA0003099, „Handok kan-ŭi Koryŏdaehakkyo nonggwadaehak hwakch'ungsaŏb-ŭl wihan kaksŏgyohwan" [Notenwechsel zwischen der Bundesrepublik Deutschland und der Republik Korea zur Erweiterung der Landwirtschaftlichen Fakultät an der Korea University], 09.07.1974.

240 Diese Unterteilung nimmt Kuhnen selbst in einem ausführlichen Bericht aus dem Jahre 1977 vor. Kuhnen, Frithjof: „Reform der Landwirtschaftlichen Fakultät der Korea-Universität Seoul. Projektkonzeption, Reformprogramm und Implementierung", *GTZ Bildungsreport* 5, GTZ: Eschborn 1977.

241 BArch, B 213/8745, Prof. Dr. F. Kuhnen: Tätigkeitsbericht 08–09 1976, o. D., S. 5f.

Pflanzenschutz (Phytomedizin) geschaffen, während zwei andere Fachbereiche aufgelöst wurden, weil sie nicht zeitgemäß waren oder das Angebot an anderen koreanischen Hochschulen bereits ausreichte.[242] 1977 öffnete im Rahmen des Projektes die landesweit erste ‚Graduiertenschule für Lebensmittelentwicklung' (*shingnyang kaebal taehagwŏn*).[243] Dies deutete bereits auf die Entwicklung von der traditionellen Landwirtschaftlichen Fakultät zu der heutigen Fakultät für Lebenswissenschaften (*saengmyŏng kwahak taehak*) hin.[244]

Neben der inhaltlichen Ausrichtung wurden auch die Lehrmethoden auf verschiedene Weise praktischer gestaltet, indem der Unterricht um Laborübungen und Seminare erweitert und in den Ferien Exkursionen auf Farmen und in Betriebe durchgeführt wurden. Außerdem sah der Lehrplan einen Ausbau von Modulen für das selbstständige Lernen vor.[245] Auch die Einrichtung der genannten Graduiertenschule hing mit einer praxisorientierten Lehre eng zusammen. Oft fehlte Berufstätigen eine Möglichkeit zur Weiterbildung. An der Graduiertenschule konnten sie nun Abendkurse belegen und nach zwei Semestern ein Zertifikat oder nach fünf Semestern einen Masterabschluss erwerben. Als Schwerpunkte konnte man Lebensmittelchemie, Lebensmittelmikrobiologie, Lebensmittelverarbeitung oder Gartenbauwirtschaft wählen.[246] Der Unterricht wurde zu einer Hälfte praktisch und zur anderen Hälfte theoretisch angeboten, indem die Labore ausgebaut und stärker in die Lehre einbezogen wurden. Die Abendkurse bedeuteten für viele der Berufstätigen jedoch auch eine hohe Belastung, weshalb beispielsweise 1979 fast ein Drittel die Ausbildung abbrechen musste.[247]

Um den Forschern verschiedener Fachbereiche die Nutzung der gelieferten wissenschaftlichen Geräte zu ermöglichen, wurde ein eigenständiges Dienstleistungszentrum eingerichtet. Ein deutscher Berater führte dort Praktika und Lehrgänge für fortgeschrittene Studierende und Professoren durch; Themen

---

242 BArch, B 213/24250, Prof. Dr. R. Heitefuss: Gutachten zur Errichtung eines Departments of Phytomedizin am College of Agriculture der Korea-Universität in Seoul, 04.1978.

243 „Shikyang kaebal taehagwŏn kaesŏl – urinara ch'oech'o-ro koryŏdae-e" [Graduiertenschule für die Entwicklung von Lebensmitteln – Als landesweit erste an der Korea University eröffnet], in: *Dong-A Ilbo* 08.02.1977.

244 Ausführliche Hintergründe zu den einzelnen Fächern findet sich in der Festschrift der Fakultät zu deren 70-jährigem Bestehen: Saengmyŏng kwahak taehak 70chunyŏn kinyŏm yŏksa p'yŏnch'an wiwŏnhoe (Hg.): *Saengmyŏng kwahak taehak70nyŏnsa: 70nyŏn-ŭl nŏmŏ 100nyŏn-ŭl hyanghan tojŏn* [70 Jahre Fakultät für Lebenswissenschaften: Über 70 Jahre hinaus, Richtung 100 Jahre], Korea University: Seoul 2023.

245 In der Anfangsphase wurden pro Semester in der gesamten Fakultät bis zu 38 Exkursionen durchgeführt, später reduzierte sich diese Anzahl jedoch. BArch, B 213/8745, Prof. Dr. F. Kuhnen: Tätigkeitsbericht 08–09 1976, S. 4.

246 Kuhnen, „Reform der Landwirtschaftlichen Fakultät der Korea-Universität Seoul", S. 15f.

247 BArch, B 213/24271, Prof. Dr. F. Kuhnen: Tätigkeitsbericht 08–09 1980, S. 3f.

waren beispielsweise Mechanik, Optik, Elektrik oder Kühltechnik.[248] Des Weiteren versuchten die Professoren ihre Forschung stärker auf die Bedürfnisse der Industrie auszurichten, um einerseits die Anwendungsmöglichkeiten der Forschung zu erhöhen und andererseits durch Kooperationen finanzielle Mittel anzuwerben, wodurch bestehende Finanzierungsprobleme gelöst werden sollten. Im Jahr 1979 wurden dadurch bis zu 19,4 Mio. Won (60.000 DM) an Drittmitteln eingeworben, was eine große Steigerung darstellte.[249] Laut F. Kuhnen waren Drittmittel zuvor an koreanischen Universitäten weniger üblich, stattdessen hatten Professoren oft private Nebentätigkeiten ausgeführt.[250]

Um eine bessere Eingliederung der Universität in die Gesellschaft zu erreichen, baute die Landwirtschaftliche Fakultät auch ihre außeruniversitären Veranstaltungen aus. Professoren hielten beispielsweise Vorträge für Landwirte oder Beteiligte der *saemaŭl undong*, wodurch sie idealerweise neue Forschungserkenntnisse weitergeben und gleichzeitig mehr über die Bedürfnisse der ländlichen Bevölkerung erfahren konnten.[251] Außerdem boten sie Fortbildungen für Personen im Arbeitsleben an, die sich laut Projektberichten großer Beliebtheit erfreuten.[252] Ebenso wie das Masterprogramm konnte dadurch Wissen weitergegeben werden, was auch für die Betriebe und Landwirte einen praktischen Nutzen hatte. Im Rahmen der ländlichen Entwicklung nahmen die meisten Studierenden außerdem an der *saemaŭl undong* teil, und Lehramtsstudierende unterrichteten an Schulen in ländlichen Regionen.[253]

Neben den genannten Maßnahmen schlug F. Kuhnen auch vor, eine Laborantenausbildung für die Bereiche Agrarchemie und Mikrobiologie an der Landwirtschaftlichen Fakultät anzubieten, welche ab 1977 durch die Errichtung eines ‚Technischen Ausbildungszentrums für Landwirte' (*yŏngnongja yagan tan'gi hullyŏnwon*) umgesetzt wurde. Das Zentrum bot zunächst Kurse zu den Themen Ernährung, Gartenbau oder praktische Landwirtschaft für bis zu 200 Teilnehmer an. Bei den Teilnehmern handelte es sich um Absolventen der Oberschule, aus dem Militärdienst Entlassene und Arbeitslose, die hofften, im landwirtschaftlichen Sektor Arbeit zu finden oder die Ausbildung als Vorstufe für ein Universitätsstudium sahen.[254] Da allerdings die Ausbildung ohne anerkann-

[248] Vgl. BArch, B 213/24250, Dr. C. Pertzsch: Tätigkeitsbericht 01–06 1979, S. 2.
[249] BArch, B 213/8745, Prof. Dr. F. Kuhnen: Tätigkeitsbericht 02–03 1980, S. 5.
[250] Kuhnen, „Reform der Landwirtschaftlichen Fakultät der Korea-Universität Seoul", S. 17f.
[251] BArch, B 213/8745, Prof. Dr. F. Kuhnen: Tätigkeitsbericht 10–12 1974, S. 6f.
[252] „Nongch'on chidoja hullyŏnwŏn koryŏdae nongdae-sŏ kigong)" [Eröffnung eines Ausbildungszentrums für ländliche Führungskräfte an der Landwirtschaftlichen Fakultät der Korea University], in: *Dong-A Ilbo* 20.06.1975.
[253] Kuhnen, „Reform der Landwirtschaftlichen Fakultät der Korea-Universität Seoul", S. 18f.
[254] BArch, B 213/8745, Prof. Dr. F. Kuhnen: Tätigkeitsbericht 08–09 1978, S. 4.

ten Abschluss blieb und das Berufsziel oft nicht klar definiert war, brachen viele Auszubildende diese ab.

Wie in Kapitel III zu Berufsbildung deutlich wurde, hatte die koreanische Regierung seit Mitte der 1970er-Jahre versucht, eine Standardisierung der technischen Ausbildung durch die Einführung von staatlichen Abschlussprüfungen für die Technikerausbildung zu erreichen. Diese Planungen wurden allerdings zunächst nicht berücksichtigt, wofür F. Kuhnen die schnelle und unüberlegte Errichtung des Ausbildungszentrums verantwortlich machte. Er schlug daher in einem Bericht vor, eine fachspezifische, einjährige Berufsausbildung anzubieten, für die jeweils ein Zertifikat erworben werden konnte, da eine zweijährige Ausbildung mit praktischen Anteilen für die Landwirtschaftliche Fakultät nicht rentabel sei. Außerdem sollten alle weiteren Kurse eingestellt werden.[255] Auch wenn die Absicht, eine praktische und angewandte Ausbildung an der Universität anzubieten, gut zu den Reformplänen passte, schien F. Kuhnen hier nicht gut über die koreanische Gesetzeslage zur Berufsausbildung informiert gewesen zu sein und sich auch nicht mit den anderen deutschen Projekten in diesem Bereich abgestimmt zu haben. Obwohl der Bedarf an der Einrichtung eines Ausbildungszentrums bestanden haben mag, hätte es dafür eines eigenständigen Projekts bedurft. Letztlich scheint das Ausbildungszentrum für Landwirte deshalb auch nicht weiter verfolgt worden zu sein.

Das deutsche Personal wurde 1981 abgezogen, womit das Projekt planmäßig nach sieben Jahren endete. In seinem letzten Experteneinsatz machte F. Kuhnen weitere Vorschläge zur Verbesserung der Curricula und traf Abstimmungen bezüglich neuer Forschungsvorhaben und Mittelverwendung. Eigentlich hatte die Korea University im gleichen Jahr auch einen Vorschlag für eine Verlängerung des Projektes eingereicht, der zunächst auch von F. Kuhnen befürwortet, aber letztlich nicht durch die Bundesregierung gefördert wurde.[256]

Zeitgenössische Rezeption

In koreanischen Zeitungen wurde die technische Zusammenarbeit an der Korea University ausführlich besprochen, während andere Projekte wie das Waldbewirtschaftungsprojekt oder das Graslandforschungsprojekt im gleichen Zeitraum deutlich weniger Aufmerksamkeit erhielten. Verschiedene Journalisten berichteten über die Projektinhalte und geplante Verwendung der Fördergelder.

---

[255] BArch, B 213/24271, Prof. Dr. F. Kuhnen: Comments on the Current Stage of the Reform Project of College of Agriculture, 13.09.1978.

[256] BArch, B 213/24271, Korea University: Reform of College of Agriculture – Proposal for a Second Phase of the German Technical Assistance Project, 20.09.1981.

Die Förderung sei bis zu diesem Zeitpunkt die größte im Bereich der Bildungszusammenarbeit gewesen.[257] Ein Kolumnist der *Dong-A Ilbo* blickte auf die Zukunft der Zusammenarbeit:

> „Das Geld wird in der Zukunft [...] Früchte tragen und für die Entwicklung unserer Landwirtschaft eine epochale Grundlage darstellen. Wir dürfen dabei aber nicht vergessen, dass wir diese Gunst den westdeutschen Bürgern in irgendeiner Form zurückzahlen müssen."

Bezogen auf eine mögliche Rückzahlung dieser Mittel erwähnte der Journalist auch den sogenannten *German Marshall Fund*, der 1972 als Dank für die amerikanische Unterstützung im Rahmen des Marshallplanes durch eine Schenkung des damaligen Bundeskanzlers, Willy Brandt, an der Harvard University eingerichtet worden war.[258] Auch die Korea University müsse sich später für die deutsche Hilfe erkenntlich zeigen. In einem anderen Artikel forderte der Redakteur, dass die Korea University der Projektmittel gerecht werden müsse, indem die Reform umgesetzt und damit der erhoffte Beitrag zur Verbesserung der koreanischen Landwirtschaft geleistet würde.[259] Für erweiterte Aufmerksamkeit in den Medien sorgten auch symbolische Akte wie die Einladung des Universitätspräsidenten der Korea University in die BRD sowie eine Ehrendoktorwürde der Korea University für den damaligen deutschen Botschafter in Seoul und den Projektleiter F. Kuhnen.[260] Sowohl für die deutsche als auch koreanische Seite kann es also als ein Prestigeprojekt gelten.

Die Reformbemühungen lassen sich auch im Kontext einer angestrebten Internationalisierung der koreanischen Universitätslandschaft bewerten. Die Korea University vereinbarte etwa zur gleichen Zeit enge Kooperationen mit der japanischen Waseda University und der amerikanischen Washington University St. Louis.[261] Die deutsche Entwicklungszusammenarbeit ermöglichte For-

---

257 Chŏng, Yŏnch'un: „Segye sok-e taehak-ŭro – Sŏdok-esŏ musang wŏnjo 11ŏk padŭn Koryŏdae usŏn nonghwahak punya yuksŏng-k'iro)" [Universität in der Welt – Die Korea Universität, die 1,1 Mrd. Won an kostenloser Hilfe aus der Bundesrepublik Deutschland erhalten hat, wird zunächst den Agrar- und Chemiesektor fördern], in: *Dong-A Ilbo* 21.12.1973. Yi, Kyusŏk: „Nongŏp kaebal-e sae hwalgi – Sŏdok-ŭi Koryŏdae nongdae chiwŏn" [Neue Impulse für die landwirtschaftliche Entwicklung – Westdeutschlands Unterstützung für die Landwirtschaftliche Fakultät der Korea University], in: *Dong-A Ilbo* 20.07.1976.

258 „Hoengsŏlsusŏl" [Kauderwelsch], in: *Dong-A Ilbo,* 22.12.1973.

259 Vgl. auch die Webseite des German Marshall Plan, URL: https://www.gmfus.org/about-gmf.

260 „Roit'eritchŭ sŏdok taesa-e koryŏdae-sŏ myŏngye pŏppak suyŏ" [Die Korea Universität verlieh dem Westdeutschen Botschafter Leuteritz eine juristische Ehrendoktorwürde], in: *Dong-A Ilbo*, 26.10.1978.

261 „Sŏdok chŏngbu-ŭi uri kyoyuk chiwŏn" [Die Unterstützung der westdeutschen Regierung für unsere Bildung], in: *Dong-A Ilbo,* 24.12.1973.

schenden und Graduierten einen Aufenthalt in der BRD und die Lieferung moderner Geräte und Fachliteratur, die den internationalen Standards entsprachen. Der Titel eines koreanischen Zeitungsartikels mit dem Thema lautete dementsprechend auch „hin zur Universität im Zentrum der Welt“.[262]

Zu Anfang des Projektes schlug eine koreanische Regierungsdelegation auch eine direkte Kooperation der Korea University mit einer deutschen Universität vor, was die deutsche Seite jedoch ablehnte.[263] Der Gutachter und spätere Projektleiter Kuhnen argumentierte, dass die Fakultät an einer solchen Kooperation weniger interessiert sei, weil deren Bedürfnissen dadurch nicht entsprochen werden könne.[264] Solche direkten Kooperationen im Rahmen der Entwicklungszusammenarbeit waren in Korea zuvor beispielsweise zwischen der Seoul National University und der University of Minnesota erfolgreich durchgeführt worden.[265] Außer der Argumentation eines fehlenden Interesses durch die koreanische Seite werden in den Projektberichten keine weiteren Gründe für die gewählte Form der Beratung erwähnt; es wird jedoch deutlich, dass die GTZ sich schwertat, deutsche Professoren zu finden, die an einem Austausch interessiert waren. Demnach schien die politische Lage in Korea zu gefährlich und für die eigene Forschung wenig attraktiv zu sein.[266] Die Entscheidung kann auch mit der Struktur der deutschen Entwicklungszusammenarbeit zusammenhängen, die hauptsächlich über die GTZ und deren (externe) Experten abgewickelt wurde und nicht über einzelne Universitäten. Beispielsweise baute der Agrarsoziologe Ulrich Planck, sehr ähnlich zu dem Projekt an der Korea University, an der Universität in Ankara ein Institut für Dorfsoziologie auf.[267]

Die deutsche Förderung der Landwirtschaftlichen Fakultät stellte auch den Anlass für ein weiteres Projekt an der Korea University dar, nämlich im Rah-

---

262 Chŏng, Yŏnch'un: „Segye sok-e taehak-ŭro – Sŏdok-esŏ musang wŏnjo 11ŏk padŭn Koryŏdae usŏn nonghwahak punya yuksŏng-k'iro)“ [Universität in der Welt – Die Korea Universität, die 1,1 Mrd. Won an kostenloser Hilfe aus der Bundesrepublik Deutschland erhalten hat, wird zunächst den Agrar- und Chemiesektor fördern], in: *Dong-A Ilbo* 21.12.1973.

263 BArch, B 213/8745, Ergebnisbericht: Besuch der koreanischen Regierungsdelegation in der BRD, 24.–29.04.1972, Anschlussgespräch mit Direktor Lee (MOST), 19.06.1972, S. 9.

264 PA AA, B 37-ZA, 100252, Dr. Obermüller (BMZ): Vermerk über technische Hilfe für Korea; hier: Gutachten über die Förderung der landwirtschaftlichen Fakultät der Korea-Universität, 24.07.1973, S. 1f.

265 Zwischen 1954 und 1961 unterstützte die University of Minnesota im Auftrag der U. S. International Cooperation Administration den Wiederaufbau der Seoul National University. Die Primärquellen dazu sind auf der Webseite der University of Minnesota digital verfügbar, URL: https://hdl.handle.net/11299/94335. In der Forschungsliteratur finden sich beispielsweise folgende Beiträge: DiMoia, *Reconstructing Bodies*, Kapitel 3, S. 72–106. Kim, „1950nyŏndae miguk kyoyuk wŏnjo-rŭl t'onghan kyosu haeoe yŏnsu p'ŭrogŭraem-e taehan sarye yŏn'gu“.

266 BArch, B 213/8745, Prof. Dr. F. Kuhnen: Tätigkeitsbericht 08–10 1977, o. D., S. 6f.

267 Hartmann, *Eigensinnige Musterschüler*, S. 354/377.

men der Basisgesundheit. Im ersten Antrag der Universität für dieses neue Projekt wurde argumentativ auf eine Fortsetzung der Reform verwiesen, deren Fokus nun auf der Medizinischen Fakultät liegen sollte. Die Deutsche Botschaft sah eine Förderung durchaus positiv, da so „die Reform der Universität, zu der wir [...] einen erheblichen Beitrag geleistet haben, fortgesetzt werden soll", kritisierte aber gleichzeitig auch einen einseitigen Schwerpunkt auf nur eine Universität.[268] Letztlich wurde zwar einem Projekt der Yonsei University im Rahmen der finanziellen Zusammenarbeit Vorrang gewährt, aber auch die Korea University konnte sich in der Folge erneut für eine Förderung durch die Bundesregierung qualifizieren (siehe Kapitel VI-2).

Deutsche Beratung und koreanische Realitäten

Hauptverantwortlicher Berater der deutschen Seite war der Professor für Ausländische Landwirtschaft der Universität Göttingen, F. Kuhnen, der nicht nur in Korea, sondern auch in anderen Ländern Asiens als Berater und Wissenschaftler tätig war.[269] F. Kuhnen hatte 1955 an der Universität Hohenheim in Agrarwissenschaften und 1960 an der Universität Tübingen in Wirtschaftswissenschaften zur ländlichen Entwicklung in Baden-Württemberg promoviert. 1965 wurde er als Professor an die Universität Göttingen berufen. Bereits ab den frühen 1960er-Jahren beschäftigte er sich in seiner Forschung vor allem mit der sogenannten ‚ausländischen' Landwirtschaft und war parallel als Berater in der Entwicklungszusammenarbeit tätig. Von 1969 bis 1970 arbeitete er für die ILO als Regionalberater für ländliche Entwicklung in Asien. Es folgten Beratungstätigkeiten für die FAO, GTZ, KfW und UNDP in diversen Entwicklungsländern. Die meisten Besuche absolvierte er in Asien; am häufigsten war er in Pakistan, Taiwan, Korea und Indien. Insbesondere zu Pakistan veröffentlichte er während der 1960/70er-Jahre auch verschiedene Monografien.

F. Kuhnen hatte nach der ersten Projektprüfung in einem einjährigen Aufenthalt von 1974 bis 1975 die Grundausrichtung des Projektes mitgestaltet. Bis 1982 reiste er meist zweimal pro Jahr in den deutschen Semesterferien zur Beratung und Prüfung der Reformen nach Seoul. Aber seine Aufenthalte an der Korea University nutzte er auch für seine eigene Forschung. Beispielsweise schrieb er über Landbesitzrechte, ländliche Reform und Entwicklung in Asien und bezog sich als Fallbeispiel auf Korea. Einige seiner Artikel sind außerdem auf Koreanisch erschienen, u. a. in einer Festschrift für den Forstwirtschaftswis-

[268] PA AA, B37-ZA, 103340, Schreiben der Deutschen Botschaft Seoul an das AA: KH für Korea; hier: KH-Wunsch der Korea Universität Seoul (Medizin. Fakultät mit Krankenhaus), 29.06.1976, S. 2.

[269] Vgl. auch: Webseite von Frithjof Kuhnen, Biografie und Publikationen, URL: http://www.professor-frithjof-kuhnen.de/publications.htm

senschaftler und Dekan der Landwirtschaftlichen Fakultät Kim Changsu (1919–2004) oder im Magazin *Shindonga*. Darin reflektierte er auch die Rolle der Landwirtschaftlichen Fakultät in der ländlichen Entwicklung, Konzepte der integrativen Entwicklung oder landwirtschaftliche Genossenschaften.[270]

In einem Artikel mit dem Titel ‚Land Tenure and Socioeconomic Development' verglich F. Kuhnen die Veränderungen der ländlichen Sozialstruktur in der Industrialisierungsphase Deutschlands und Koreas. Insbesondere ging er auf die Landflucht und Urbanisierung in Westdeutschland nach 1945 ein. In seinem Kapitel zu Korea erklärte er zunächst die Veränderungen der Landstruktur in der koreanischen ‚vormodernen' Geschichte, bevor er sich der Landreform in Südkorea zuwandte und Möglichkeiten für weitere Reformen aufzeigte. Insbesondere argumentierte er, dass die Landwirtschaft als Wirtschaftssektor eine Interessensvertretung bräuchte.[271] In einem anderen Artikel bewertete er die Landwirtschaftliche Fakultät als eine Einrichtung, die in der veränderten ländlichen Struktur eine wichtige Rolle übernehmen müsse. Die Universität müsse sich statt auf die Elitenausbildung stärker auf die nationale Entwicklung ausrichten, die Lehre praktisch-anwendbarer gestalten und auf bestimmte Berufe spezialisieren. Die Studierenden müssten in Dörfern und Fabriken mit der ‚echten Welt' vertraut gemacht werden, während Forschung ebenfalls für das Gemeinwohl gedacht und anwendungsbezogen sein solle.[272] F. Kuhnen fasste im Rahmen des Artikels also das Projekt an der Korea University und Tendenzen in der koreanischen Gesellschaft der Zeit, wie die *saemaŭl undong*, zusammen und übertrug es auf andere Entwicklungsländer.

Aus Kuhnens ausführlichen Projektberichten gehen auch die allgemeinen Veränderungen an der Korea University in dieser Zeit hervor. Schon in der Frühphase erwähnte er die Proteste der Studierenden sowie Gegenaktionen des KCIA und der Polizei auf dem Campus. Er hob dabei besonders die Mittlerrolle hervor, die koreanische Professoren oft einnahmen, indem sie die Studierenden beschwichtigten und dafür Geldzahlungen von Seiten der Universität erhielten.[273] Auf Grund der Proteste kam es während der Projektlaufzeit auch zwei-

---

[270] Kuhnen, Frithjof: „Causes of Underdevelopment and Concepts for Development: An Introduction to Development Theories", in: *Festschrift für Kim Chang Soo*, Korea University Press: Seoul 1979, S. 181–195.

[271] Kuhnen, Frithjof: „Land Tenure and Socioeconomic Development", in: *Agricultural Adaption Processes in Newly Industrialized Countries*, Korea Rural Economics Institute: Seoul 1981, S. 78–91. Basierend auf Vortragsmanuskript auf der gleichnamigen Konferenz organisiert von KREI und DSE im September 1980.

[272] Kuhnen, Frithjof: „The Role of Agricultural Colleges in Modern Society: The University as an Instrument in Social and Economic Development", in: *Zeitschrift für ausländische Landwirtschaft* 17.2, 1978, S. 77–88.

[273] BArch, B 213/8745, Prof. Dr. F. Kuhnen: Tätigkeitsbericht 04–06 1975, 01.07.1975, S. 1f.

mal zum Wechsel des Universitätspräsidenten in den Jahren 1975 und 1977. F. Kuhnen zufolge sei die Rolle des Universitätspräsidenten durch die Androhung erneuter Proteste geschwächt gewesen, weshalb einige Reformen nicht durchgesetzt werden konnten.[274]

Ein wichtiges Mittel der staatlichen Kontrolle war die Verhängung von Universitätsschließungen oder des Ausnahmezustandes für einzelne Universitäten inklusive der Korea University, die F. Kuhnen auch in seinen Berichten erwähnte. Damit konnten unliebsame Proteste von Studierenden verboten werden, die sich gerade Anfang der 1970er-Jahre mehrten. F. Kuhnen lässt dabei neben den politischen Gründen allerdings außer Acht, dass auch das Alltagsleben der Studierenden verschiedentlich reguliert und militarisiert wurde. An der Universität mussten, wie auch an Schulen, Kurse zur ‚bürgerlichen Moral' (*kungmin yulli*) belegt werden. Neben den verpflichtenden, militärischen Übungen (*kyoryŏn*) wurden ab 1975 spezielle militärische Vereinigungen an allen Universitäten eingerichtet (*haktohoguktan*).[275]

Neben diesen eher neutral geschilderten politischen Hintergründen beschrieb F. Kuhnen den Status quo der Korea University oft kritisch und mit indirektem Vergleich zu Deutschland. Die Korea University stehe vor dem Wandel von einer Elite- zu einer Massenuniversität und müsse deshalb entsprechend verwaltet werden. Die Studierendenzahlen stiegen in dieser Zeit auf bis zu 19.000 Personen an. Die universitäre Führungsstruktur müsse daher von einem Familienbetrieb zu einem Großunternehmen umgewandelt werden, wodurch sich Veränderungen sowohl bei der Finanzierung als auch in der Hierarchie ergeben würden. Durch den Ausbau von Graduiertenprogrammen nahmen auch die Kosten für Ausstattung und Forschung stetig zu, und die Finanzierung allein durch Studiengebühren sei nicht mehr ausreichend.[276]

F. Kuhnen wies in einem Bericht darauf hin, dass Institutionen sich nur langsam reformieren ließen. In Deutschland hätten die Reformen ab den 1960er-Jahren auch eine längere Zeit benötigt.[277] Auch wenn er dies nicht explizit nannte, sprach er wohl den Übergang zur ‚Massenuniversität' sowie die sozialen Proteste der westeuropäischen Studierenden in den 1960/70er-Jahren an.[278]

---

274 BArch, B 213/8745, Prof. Dr. F. Kuhnen: Tätigkeitsbericht 08–09 1978, o. D., S. 1f.

275 Kang, Myŏngsuk: „1960–70nyŏndae taehak-kwa kukka t'ongje" [A study on the National Control over University in the 1960–1970's], in: *Han'guk Kyoyuk Sahak* 36.1, 2014, S. 150–152.

276 BArch, B 213/8745, Prof. Dr. F. Kuhnen: Tätigkeitsbericht 08–10 1979, 23.10.1979, S. 1f.

277 BArch, B 213/8745, Prof. Dr. F. Kuhnen: Förderung der Landwirtschaftlichen Fakultät der Korea University, Seoul/Korea – Eine Analyse der Projektsituation nach sechs Monaten, 20.04.1975, S. 6.

278 Vgl. auch: Kraushaar, Wolfgang: „Fortschritt, Bildung und Demokratie: Die Massenuni-

Auch die koreanische Studierendenbewegung zeigte damals Interesse an einer Universitätsreform. Vor allem sollten die Verwaltung und Hierarchien abgebaut und der Unterricht in Form von Kolloquien flexibler gestaltet werden. In dieser Hinsicht wird in der Sekundärliteratur auch eine Bezugnahme der koreanischen Studierendenbewegung auf Europa erkannt.[279] Die unterstützten Reformen an der Landwirtschaftlichen Universität der Korea University scheinen in dieser Hinsicht den Forderungen der koreanischen Studierenden entgegenzukommen, da nicht nur eine direkte Initiative der Studierenden ermöglicht, sondern auch Flexibilität im Lehrplan geschaffen wurde.

Auch wenn F. Kuhnen Verständnis für den mangelnden Reformwillen einzelner, vor allem älterer koreanischer Professoren unter einer ausländischen Beratung aufbrachte, kritisierte er dennoch die fehlende Eigeninitiative und Diskussionskultur an der Korea University auf Grund der hierarchisierten Strukturen und des Konkurrenzkampfes. Die gesellschaftlichen Zwänge, hauptsächlich das Statusdenken, stammten F. Kuhnen zufolge noch aus der Chosŏn-Dynastie und wiesen zum Teil eine stärkere Ausprägung auf als das Kastensystem in Indien.[280] Gleichzeitig seien koreanische Akademiker nicht mit dem westlichen Ausbildungssystem vertraut und hätten keine Erfahrung im Umgang mit Ausländern, weil das Land „bis in die letzte Generation hermetisch abgeriegelt gewesen" sei.[281] Interessanterweise verfolgte F. Kuhnen den Ansatz, dass er sich „eigentlich nicht durchsetzen möchte, sondern an der Arbeit teilnehmen und durch gute Argumente und Vorschläge bewirken möchte, dass die Koreaner selbst die richtige Entscheidung treffen", denn der westliche Weg sei nicht immer der einzig richtige.[282] An anderer Stelle im Bericht äußerte er sich ähnlich: „Zahlreiche Erfolge Koreas in den letzten 20 Jahren legen Zeugnis davon ab, dass offensichtlich auch ein uns fremder Weg zum Ziele zu führen vermag."[283] Somit verglich er also einerseits in orientalistischer Manier asiatische Länder wie Indien und Korea und vereinfachte die Hintergründe sozialer Strukturen, während er andererseits einer direkten Übertragung westlicher Modelle kritisch gegenüberstand.

---

versität im Zeichen der Gesellschaftskritik von 1968", in: Sieg, Ulrich / Korsch, Dietrich (Hg.): *Die Idee der Universität heute*, De Gruyter Saur: München 2005, S. 73–86.

279 O, Cheyŏn: „1970nyŏn chŏnhu han'guk haksaeng undong-ŭi saeroun yangsang-gwa 68undong-ŭi sŭt'yudŏnt'ŭ p'awŏ" [A New Aspect of Student Movements in Korea around 1970 and ‚Student Power' in 68 Movement], in: *Yŏksabip'yŏng* 123, 2018, S. 102–139.

280 BArch, B 213 8745, Prof. Dr. F. Kuhnen: Förderung der Landwirtschaftlichen Fakultät der Korea University, Seoul/Korea – Eine Analyse der Projektsituation nach sechs Monaten, 20.04.1975, S. 8.

281 Kuhnen, „Reform der Landwirtschaftlichen Fakultät der Korea-Universität Seoul", S. 5.

282 BArch, B 213 8745, Prof. Dr. F. Kuhnen: Förderung der Landwirtschaftlichen Fakultät der Korea University, Seoul/Korea – Eine Analyse der Projektsituation nach sechs Monaten, 20.04.1975, S. 10–12.

283 Ibid., S. 7.

Gleichzeitig blendete F. Kuhnen in seinen Berichten, aber auch bei seiner Beratung im Allgemeinen, den starken Einfluss der koreanischen Regierung auf die Privatuniversitäten aus. Die Regierung unter Park Chung Hee setzte sich zum Ziel, die elitäre Universität zu einer nationalen umzuformen. An sogenannten ‚Versuchsuniversitäten' (*shirhŏm taehak*) wurden mögliche Reformen getestet, indem unter anderem Lehrveranstaltungen gekürzt, intensive Sommer- und Winterkurse in Ergänzung zum regulären Semester eingeführt und eine Ausrichtung auf bestimmte Fächer forciert wurden. Dazu stellte die Regierung finanzielle wie materielle Unterstützung zur Verfügung.[284] F. Kuhnen erwähnte in seinem Bericht, dass die Korea University einerseits versuchte, ein eigenes Modell zu entwickeln und sich als ‚Pilotuniversität' darstellte, sich andererseits aber gegen die Einmischung der koreanischen Regierung wehrte.[285] Gleichzeitig wurde von deutscher Seite auf die mögliche gesamtkoreanische Wirkung des Projektes verwiesen: „Von der Korea University wird eine beachtliche Multiplikatorwirkung mit vielfältigen Einflüssen auf Wirtschaft und Gesellschaft Koreas ausgehen."[286]

Auch an der Korea University weist die Beziehung zwischen Professoren und Studierenden sowie der Regierung unterschiedliche Facetten auf. Einerseits waren einige Professoren als Berater für die Regierung tätig und wirkten beispielsweise an der Gesetzgebung und der Evaluierung von Wirtschaftsplänen mit. Diese wurden deshalb auch als ‚gleichgeschaltete Professoren' (*ŏyong gyosu*) bezeichnet. Andererseits konnten Professoren, auch an den Privatuniversitäten, durch die neuerlassenen Gesetze jederzeit ihres Amtes enthoben werden. (Wissenschaftliche) Publikationen wurden durch die Regierung geprüft und konnten zensiert werden. Auch bei der Berufung neuer Professoren gab es Auswahlkriterien wie Staatstreue, denn die Regierung hatte sich über das Erziehungsministerium Eingriffsmöglichkeiten gesichert.[287] All diese Eingriffe des Staates erwähnte F. Kuhnen nicht, obwohl sie das Projekt sicherlich stark beeinflusst haben.

Eine neue Generation von Professoren

Zuletzt soll auf die koreanischen Akteure eingegangen werden. Aus den deutschen Berichten gingen die Namen und Fächer der Promotionsstipendiaten nicht hervor, sodass auf Grundlage der Professorenlisten aus der Festschrift der Fakultät und der *Liste der promovierten Koreaner in Deutschland* rekonstruiert

---

284 Kang, „1960–70nyŏndae taehak-kwa kukka t'ongje", S. 149f.

285 BArch, B 213/8745, Prof. Dr. F. Kuhnen: Tätigkeitsbericht 08–09 1976, 28.10.1976, S. 2.

286 „Verstärkte Förderung koreanischer Hochschulen", in: *E+Z* 6/76, 16.06.1976.

287 Kang, „1960–70nyŏndae taehak-kwa kukka t'ongje", S. 152–156.

wurde, welche Promotionen vermutlich im Rahmen des Projektes gefördert wurden. Auch wenn Tabelle 20 unvollständig ist, lassen sich einige Punkte auf deren Grundlage analysieren: Zunächst fällt die überdurchschnittliche Zahl an Promotionen an der Universität Göttingen auf. Vermutlich über die Vermittlung von F. Kuhnen, der selbst in Göttingen gelehrt hatte, konnten dort insgesamt acht Personen in den Fächern Viehzucht, Forstwirtschaft und Phytomedizin promovieren. Für den letztgenannten Fachbereich geht aus den Berichten hervor, dass ursprünglich drei Doktoranden im Rahmen des Projektes entsandt worden waren, von denen einer später nicht an die Korea Universität zurückkehrte.[288] Auch für die anderen Fächer kann eine solche Möglichkeit nicht ausgeschlossen werden. Ansonsten lässt sich mit Blick auf das Abschlussjahr der Promotion und die Berufung auf eine Professur an der Korea University jedoch feststellen, dass dazwischen meist weniger als ein Jahr Abstand lag und somit die meisten Absolventen direkt im Anschluss eine Stelle antreten konnten.

Bereits in einem frühen Bericht stellte F. Kuhnen fest, dass ein Großteil der Professoren Mitte der 1980er-Jahre pensioniert würde, sodass die Ausbildung junger Professoren als ein Kernelement des Projektes gesehen wurde.[289] Auch aus den Professorenlisten der Festschrift geht hervor, dass insbesondere die früh etablierten Fächer ihre Professuren bereits in den 1950/60er-Jahren besetzt hatten und somit ein Generationenwechsel in den 1980er-Jahren nötig wurde. Gleichzeitig gingen mit der Reform der Landwirtschaftlichen Fakultät auch die Neugründung einiger Fächer wie Phytomedizin und Lebensmitteltechnologie einher, die gänzlich neu besetzt wurden. Obwohl es neben den in Deutschland promovierten Professoren auch weitere Anwerbungen gab, beispielsweise von Wissenschaftlern mit Promotion in den USA oder anderen europäischen Ländern, übte das Projekt großen Einfluss auf eine ganze Generation an Professoren bis in die frühen 2000er-Jahre aus. Wenn auch nicht im Einzelnen bestätigt, gab es wohl wie im Falle des Graslandprojektes auch weiterhin Kontakte zwischen den Professoren mit ihrer deutschen Alma Mater und der deutschen Forschung. Weitere Details sollten in Zukunft mit Blick auf die Veröffentlichungen und Konferenzbesuche der Professoren untersucht werden. Auch ein Blick auf andere Universitäten ist nötig, um bewerten zu können, wie überdurchschnittlich diese Prägung tatsächlich war. Für einige Fächer, wie Forstwissenschaften, kann davon ausgegangen werden, dass auch an anderen Universitäten viele Professoren eine Promotion in Deutschland absolviert hatten, auch wenn dazu noch keine einschlägige Forschung vorliegt.

---

[288] Yi, Chaeyŏl [Lee, Jaeyoul]: *Untersuchungen zur Übertragung des Viroids der Spindelknollensucht der Kartoffel durch Insekten und zu einem Nachweis durch Polyacrylamid-Gel-Elektrophorese*, Dissertation, Universität Gießen, 1982.

[289] Kuhnen, „Reform der Landwirtschaftlichen Fakultät der Korea-Universität Seoul", S. 20.

Tabelle 20: Promotion in der BRD und Professur an der Korea University

Name	Promotion (Ort, Jahr)	Thema	Professur (Fach, Periode)
Sim Ungsŏp [Sim, Woong-Seop]	Bonn, 1973	Ein in-vitro-Proteinsynthesesystem aus Maiskeimlingen	Biologie 1978–2003
U Suncha	Gießen, *unbekannt*	*unbekannt*	Lebensmittel-technologie 1976–1999
Yi Ch'ŏl [Rhee, Chul]	TU Berlin, 1979	Beeinflussung von Qualitätseigen-schaften von Trockengemüse durch unterschiedliche Lagerbedingungen	Lebensmittel-technologie 1981–2013
Kim Yŏngpae	Münster, 1982	*unbekannt*	Lebensmittel-technologie 1984–2003
Kwŏn Hyŏkchi [Kwon, Hyok-Ji]	Göttingen, 1981	Vererbung und Rassenspezifität der Mehltauresistenz induzierter Gers-tenmutanten	Landwirtschaft 1982–2000
Kang Pyŏnghwa [Kang, Byeung Hoa]	Hohen-heim, 1983	Verhalten und Verbleib sowie Ursa-chen für die selektive Wirkung von Chlorsulfuron in Kulturpflanzen und Unkräutern	Landwirtschaft 1985–2012
Kim Chinsu [Kim, Zin-Suh]	Göttingen, 1980	Veränderung der genetischen Struk-tur von Buchenpopulationen durch Viabilitätsselektion im Keimlings-stadium	Forstwirtschaft 1981–2014
Paek Kihyŏn [Paik, Ki-Hyon]	Hamburg, 1983	Zum Einfluss von Chinonen auf den Lignin- und Kohlenhydratabbau beim alkalischen Holzaufschluss	Forstwirtschaft 1983–2011
Pyŏn Uhyŏk [Byun, Woo-Hyuk]	Göttingen, 1984	Verhaltensweisen und Einstellungen der Einwohner von Seoul/Korea zu ihrer forstlichen Umwelt	Forstwirtschaft 1985–2013
Kim Pyŏngch'ŏl [Kim, Byoung-Chul]	Göttingen, 1984	Der Schlachtkörperwert und die Fleischqualität bei Regenbogenfo-rellen	Tierzucht 1985–2015
Hong Kich'ang [Hong, Ki-Chang]	Göttingen, 1985	Der Antagonismus zwischen Fleischleistung und Futteraufnahme in der deutschen Schweinezucht und seine züchterischen Konsequenzen	Tierzucht 1986–2018
Son Yongsŏk [Son, Yong-Suk]	Göttingen, 1985	Zur Beeinflussung des Nitrat- und Nitrit-Stoffwechsels sowie der Met-hämoglobinbildung unter Nitratbe-lastung bei Milchkühen durch eine differenzierte Energieversorgung über das Ergänzungsfutter	Tierzucht 1985–2016

Name	Promotion (Ort, Jahr)	Thema	Professur (Fach, Periode)
Hwang Pyŏngkuk [Hwang, Byung Kook]	Göttingen, 1981	Characterization of adult plant resistance of spring barley to powdery mildew	Phytomedizin 1981–2012
Ryu Munil [Ryoo, Mun Il]	Göttingen, 1982	An Analysis of an acarine predator-prey system with special reference to the influence of spatial dispersion patterns on the components of the predation	Phytomedizin 1982–2013
Pak Kwŏnu [Park, Kuen-Woo]	TU München, 1981	Einflüsse von Jahreszeit, Nährstoffangebot und Erntetermin auf die Qualität des Rettichs	Gartenbau 1981–2012

Quelle: *Saengmyŏng kwahak taehak70nyŏnsa*, S. 42–99. Botschaft der Republik Korea in Deutschland (Hg.): *Liste der promovierten Koreaner in Deutschland (1924–1996)*, Koreanische Botschaft: Bonn 1997.

4.2 Technologien für ländliche Entwicklung

Der Vorschlag für dieses Projekt ging auf den Besuch von Professoren des Korea Institute of Science and Technology (KIST) in der BRD und eines BMZ-Mitarbeiters am KAIST zurück. Bereits davor hatte das koreanische Wissenschaftsministerium verschiedene Projekte für Forschungskooperationen mit KIST, aber auch anderen Organisationen bei der Deutschen Botschaft Seoul eingereicht.[290] Ein Projektantrag wurde daraufhin in den Regierungsverhandlungen besprochen und schließlich genehmigt. Ziel des Projektes war es, die Forschung zu Technologien in der ländlichen Entwicklung zu fördern und die Kooperation zwischen deutschen und koreanischen Forschern auf diesem Gebiet auszubauen. Die GTZ führte bereits in anderen Ländern vergleichbare Projekte durch, die meist einen thematischen Fokus wie Umweltschutz oder erneuerbare Energien aufwiesen. Als Forschungsthemen wurden von Seiten des KIST fünf Schwerpunkte vorgeschlagen:[291]

[290] PA AA, B37-ZA, 105109, Schreiben der Deutschen Botschaft Seoul an das AA: Technische Zusammenarbeit mit Südkorea; hier: Besuch Direktor Kim Hyung Ki (MOST) am 23.11.1976 im BMZ, 02.03.1977, Anlage.

[291] BArch, B 213 24256, GTZ: Angebot – Technische Zusammenarbeit mit Korea, hier: Forschungsprogramm Technologien für ländliche Entwicklung, 03.08.1978, S. 7f. Vgl. auch: „The Research Program of Technologies for Rural Development seen promising", in: *KIST News*, 1980, S. 16.

1. Nacherntetechnologien für landwirtschaftliche Projekte
   a. Verhinderung von Nachernteverlusten an Getreide auf Dorfebene
   b. Verbesserung der Lagerungsmöglichkeiten für Obst und Gemüse auf Farmebene
2. Hygienisierung und Nutzung von Fäkalien
   a. Abwasserbehandlung und Toilettenverbesserung in ländlichen Gebieten
   b. Nutzung von Fäkalien und mikrobiologische Reinigung der ländlichen Umwelt
3. Nutzung tierischer und pflanzlicher Abfallstoffe
   a. Pflanzliche und tierische Abfallstoffe als Futtermittel in ländlichen Gebieten
   b. Biokonversion von zellulosischen Abfällen zur Produktion von Biochemikalien
4. Nutzung der Sonnenenergie
   a. Entwicklung billiger Solarkollektoren für Warmwassererzeugung und Raumheizung in ländlichen Gebieten
   b. Entwicklung von solaren Entsalzungsanlagen für abgelegene Inseln
   c. Entwicklung von Solartrocknern für landwirtschaftliche Produkte
5. Sonderprojekte
   a. Untersuchungen über das Juvenilhormon zur Bekämpfung der Kiefernadelgallmücke und für die Behandlung von Seidenraupen
   b. Entwicklung eines bakteriellen Laugungsprozesses für niedrighaltige Uranerze

Nach einer Projektprüfung durch den GTZ-Mitarbeiter Yousif Thoma wurde dieser als Langzeitkoordinator für die administrative Abwicklung des Projektes eingesetzt. Außerdem vermittelte die GTZ verschiedene deutsche Professoren und entsandte sie als Kurzzeitexperten zur Beratung oder Erstellung von Gutachten. Die koreanischen Counterparts hatten die Möglichkeit, Forschungsaufenthalte in der BRD zu absolvieren. Außerdem bezahlte die deutsche Regierung anfangs auch die Forscher des KAIST in den Projekten und stellte Forschungsmaterialien zur Verfügung. Mit der Projektverlängerung 1983 übernahm die koreanische Seite diese Kosten und damit auch die gesamte Leitung vor Ort. Das Budget für drei Jahre von 1978 bis 1981 betrug 4,9 Mio. DM. Es erfolgte eine Verlängerung mit Mitteln von rund 1,5 Mio. DM bis 1984 sowie eine weitere dreijährige Verlängerung für die Diversifizierung bis 1987.[292]

Nach der ersten Phase stellte sich allerdings heraus, dass einige Forschungsprojekte nicht zum Überthema des Projektes passten, während andere nicht auf die

[292] Altendeitering, *Die sozioökonomische Bewertung von ländlichen Technologie-Projekten*, S. 280f.

Bedürfnisse der ländlichen Bevölkerung abgestimmt waren. Daher wurde die weitere Förderung auf nur drei Projekte beschränkt, nämlich die Reislagerung und -trocknung, die Früchtelagerung und die Produktion von Düngemitteln auf Grundlage von landwirtschaftlichem Abfall.[293] Das Projekt zu Solarenergie wurde um die Komponente Windenergie erweitert und separat gefördert. Die Voruntersuchungen starteten 1982, zwei Jahre später wurde dann ein eigenständiges Labor auf der Insel Jeju-do eingerichtet. KAIST ging dazu auch Kooperationen mit koreanischen Firmen ein, die die benötigte Ausrüstung zur Verfügung stellten. Es war geplant, diese Technologie später nach Südostasien zu exportieren.[294]

Während KIST und später KAIST als koreanischer Projektträger fungierte, waren auch verschiedene Regierungsbehörden und Forschungseinrichtungen direkt oder indirekt an dem Projekt beteiligt, darunter vor allem MOST, OoF, ORD und die Korea Science and Engineering Foundation (KOSEF). Das Projekt überschnitt sich dadurch zum Teil auch mit anderen Projekten der technischen Zusammenarbeit wie den oben behandelten Projekten zu Waldbewirtschaftung und Graslandforschung. Beispielsweise wurden in einem Sonderforschungsprojekt Möglichkeiten zur Bekämpfung der Kiefernadelgallmücke (*theocodiplosis japonensis*) untersucht, die meist neu aufgeforstete Waldstücke bedrohte. In dem Projekt sollten Insektizide entwickelt, aber auch die Larvenbekämpfung durch Parasiten sowie ein Frühwarndienst für einen Insektenbefall entwickelt werden.[295] Während die Leitung der Projekte ein Forscher des KIST übernahm, arbeiteten auch diverse andere Wissenschaftler von Universitäten in ganz Korea daran mit, darunter von der Seoul National University, Korea University, Yonsei University und Pusan National University.[296]

Zusätzlich zu den Forschungskooperationen wurden 1981 und 1985 internationale Konferenzen zu Technologien für die ländliche Entwicklung durchgeführt. Die Teilnehmer stammten zum Großteil aus verschiedenen südostasiatischen Ländern und dem Mittleren Osten. Neben Forschern waren auch zuständige Beamte und Techniker eingeladen. Die Themenschwerpunkte der Konferenz stimmten dabei mit denen des Projektes überein. Mit den Konferenzen war zum einen die Etablierung von Netzwerken und ein internationaler

[293] Bohnstedt, Bengt: „Technologies for rural development: A German-Korean Development Project“, in: *GATE Information – the Key to Sustainable Development* 1/87, o. S.

[294] „T'aeyangnyŏl p'ongnyŏk pok'ap palchŏn kaebal“ [Entwicklung von gemischter Energie wie Solar- und Windenergie], in: *Maeil Business Newspaper*, 23.06.1984.

[295] BArch, B 213/24256, GTZ: Fachliche Stellungnahme zu Gutachten und Berichten bezüglich ‚Bekämpfung der Kiefernnadelgallmücke (Thecodiplosis Japonensis Uchida et Inouye) mit insektistatischen Maßnahmen‘, 08.06.1981.

[296] Vgl. beispielsweise die beteiligten Forscher an dem Projekt zu Reistrocknung und -verarbeitung. Ch'oe, Hongsik / Mühlbauer, Werner / Im, Chonghwan / Sin, Myŏngkon: „In-Bin Drying of Paddy with Ambient Air: Influence of Drying Parameters on Drying Time, Energy Requirements and Quality“, in: *Han'guk Shikp'um Kwahak Hoeji* 17.1, 1985, S. 25–32.

Austausch beabsichtigt, zum anderen wollten sowohl KAIST als auch die GTZ eine Anwendung der gemeinsamen Forschungsergebnisse in Drittländern umsetzen.[297] Vor allem für die GTZ war das gemeinsame Forschungsprojekt ein Modell, das in anderen Ländern ebenfalls Anwendung finden könnte.[298]

Neben der BRD hatte KAIST um 1980 mit drei weiteren Ländern gemeinsame Forschungsprojekte in den Bereichen Industrie, Computertechnik und Landwirtschaft vereinbart. In einem Forschungsprojekt mit Japan wurde ein Verfahren zur Verschmelzung von Wolfram entwickelt, während in Zusammenarbeit mit Taiwan die Herstellung von Gasturbinenblättern für ein Schmelzverfahren vorangetrieben wurde. Mit Saudi-Arabien führte KAIST Forschungsvorhaben im Bereich der Materialindustrie, Faseroptik und Landwirtschaft durch. Außerdem wurden vier Informatiker von KAIST nach Saudi-Arabien entsandt, um den Aufbau eines Rechenzentrums zu unterstützen. In der Folge sollten weitere Forschungsvorhaben mit England, Frankreich und Kanada realisiert werden. Dabei handelte es sich bei einem der englisch-koreanischen Projekte ebenfalls um die Entwicklung einer Technologie von Nachernteverfahren, welche sich mit dem deutsch-koreanischen Projekt zu überschneiden schien. Auch das kanadische Projekt war im landwirtschaftlichen Bereich angesiedelt, jedoch stärker auf Pflanzenforschung ausgerichtet.[299] Eine Kooperation zwischen den einzelnen bilateralen Forschungsprojekten scheint jedoch nicht erfolgt zu sein. Es zeigt sich allerdings, dass KAIST sich zu dieser Zeit bereits als Forschungseinrichtung international etabliert hatte und nicht nur mit deutschen Universitäten Partnerschaften einging, sondern ein globales Netzwerk aufbaute.

Nacherntetechnologien

Im Folgenden soll die Forschungskooperation zur Entwicklung neuer Technologien für die Trocknung und Verarbeitung von Reis sowie zur Lagerung von Obst und Gemüse genauer untersucht werden, die auch der Entwicklungssoziologin Sylvia Altendeitering in ihrer Dissertation als Fallstudie diente. Beide Forschungen wurden von Wissenschaftlern des KIST (bzw. KAIST) und der Universität Hohenheim gemeinsam durchgeführt. Die Leitung hatten Kwon Taewan und Werner Mühlbauer, die beide die Forschungskooperation als erfolgreich bewerteten (siehe Akteure).

---

297 KAIST (Hg.): *Proceedings of the Regional Works on Rural Development Technology*, KAIST: Seoul 1981; Bohnstedt, Bengt: „Technologies for Rural Development", o. S.

298 „Yanggok chŏjang pumnyo iyong dŭng nongjae kisul kaebal sŏnggwa kŏdwŏ" [Errungenschaften in der Entwicklung von Agrartechnologien wie Getreidelagerung und Düngerverwertung], in: *Maeil Business Newspaper*, 10.03.1981.

299 „Kukche kongdong yŏn'gu saŏp" [Ausweitung der internationalen gemeinsamen Forschungsprojekte], in: *Maeil Business Newspaper*, 27.03.1981.

Die Reisernte stellte die wichtigste Einkommensquelle für koreanische Landwirte da, weshalb die Forschungskooperation in diesem Bereich Priorität hatte. Da die landwirtschaftlich nutzbare Fläche in Korea voll ausgeschöpft war, erkannte das Forschungsteam Verbesserungsmöglichkeiten bei den Nachernteprozessen, also beispielsweise der Trocknung und Lagerung. Zunächst wurde vermutet, dass die Lagerung der Reiskörner die größten Ernteverluste mit sich brachte, aber im Laufe der Voruntersuchungen stellte sich heraus, dass Verluste hauptsächlich zwischen Ernte und Lagerung auftraten. Das Dreschen und die anschließende Trocknung der Reiskörner wurden in Korea zumeist manuell ausgeführt. Durch die anhaltende Landflucht fehlten jedoch Arbeitskräfte, weshalb man die Reisernte zu mechanisieren versuchte. Die hohen Temperaturen und die Größe der vorhandenen Trocknungsgeräte waren jedoch für die koreanischen Landwirte mit einer geringen Erntemenge nicht geeignet. Daher wurde eine ‚Reistrocknung im Lagerbehälter durch die Zufuhr von Außenluft' (Low Temperature In-Bin Drying and Storage) entwickelt. Die Landwirte konnten die Trocknungsgeräte in traditionellen Lagerbehältern oder neueren Stahlsilos verwenden und sparten somit Arbeitskraft und Energie. Außerdem konnten die Ernteverluste wie erwartet reduziert und dadurch das Einkommen der Landwirte erhöht werden.[300]

Eine weitere Forschungskooperation war auf die Lagerung von Obst und Gemüse fokussiert. Bis zum Anlauf des Projektes war deren Lagerung kaum temperaturreguliert, sodass beispielsweise Äpfel außerhalb der Saison nicht oder nur zu sehr hohen Preisen verkauft werden konnten. Über den Bau von Lagerhäusern mit guter Isolierung und Luftkühlung durch manuell bedienbare Ventilationsklappen wurde dieses Problem auf einfache Weise gelöst. Im Sommer bewirkten die geöffneten Luftklappen eine Kühlung der Lebensmittel, während die Temperaturen im Winter durch die Isolierung um den Gefrierpunkt stabilisiert werden konnten. Durch einen Wasserspeicher gewährten die Lagerhäuser außerdem eine hohe Luftfeuchtigkeit. Die Lagerverluste konnten somit um bis zu 20 % auf nur noch 5 % reduziert werden.[301] Wie Sylvia Altendeitering hervorhebt, änderten die Landwirte dennoch ihre Verkaufsstrategien zunächst kaum und verkauften weiterhin den Großteil ihrer Ernte bereits in den Wintermonaten.[302]

---

[300] Toma, Yousif: „Nachemtebehandlung von Reis: Ein deutsch-koreanisches Forschungs- und Entwicklungshilfeprojekt", in: *Entwicklung und ländlicher Raum* 4/84, 1984, S. 19–22. Mühlbauer, Werner: „Introduction of low-temperature in-storage paddy drying systems on Korean farms", in: *GATE Post-harvest processing*, 2/91, o. S. / W. Mühlbauer: Gutachten zu dem Forschungsprojekt ‚Prevention of Post-Harvest-Loss of Grain at the Village Level', 1982.

[301] Altendeitering, *Die sozioökonomische Bewertung von ländlichen Technologie-Projekten*, S. 291–298.

[302] Ibid., S. 315f.

Die Landwirte konnten die neuen Technologien meist nicht mit Eigenkapital finanzieren, weshalb für deren Verbreitung eine Kreditvergabe durch staatliche Stellen nötig war. Für das Obstlagerhaus wurde beispielsweise ein Kredit durch das Landwirtschaftsministerium für bis zu 70 % der Kosten bei einem Zinssatz von 10 bis 14,5 % vergeben.[303] Auch für die Reistrocknungstechnologie konnten die Landwirte einen Kredit über Nonghyup erhalten.[304] Daneben testeten die Wissenschaftler in der Abschlussphase eine Modifizierung der Maschinen für andere Zwecke, z. B. für Gerste statt Reis, optimierten die maschinelle Produktion und erstellten eine Kosten-Nutzen-Analyse für die Landwirte.[305]

Der GTZ-Mitarbeiter B. Bohnstedt ging in einem Artikel auf die Gründe des Erfolges ein: Erstens müsse die Forschung für die Zielgruppe praktisch und leicht anwendbar sein. Zweitens sei der Transfer von der Forschung in die Anwendung entscheidend, und drittens übernehme der Projektpartner vor Ort eine zentrale Rolle bei Aushandlungsprozessen, wie es für ausländische Berater oder Techniker unmöglich sei.[306] Neben der engen Zusammenarbeit zwischen beiden Projektpartnern machte er also vor allem den Praxisbezug und lokales Wissen als Erfolgsgrund aus. Mit Blick auf die zunächst vorgeschlagenen, aber dann abgelehnten Projekte zeigt sich, dass diese in einigen Fällen keinen direkten Nutzen für die Landwirte hatten oder nur einer kleinen Gruppe genützt hätten.

Abbildung 7: Trocknungs- und Lagersystem für Reis

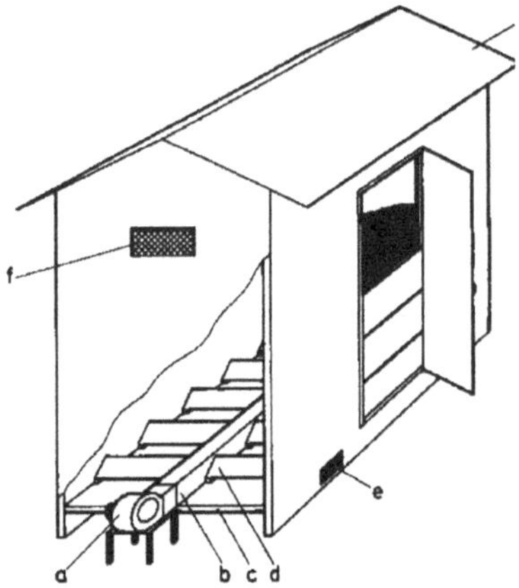

Beschreibung: a – Radialventilator, b – Hauptluftkanal, c – Seitenkanal, d – Doppelboden, e – Luftauslass, f – Lüftungsöffnung, g – Wellblechdach; Quelle: W. Mühlbauer.

303 Ibid., S. 295.

304 Mühlbauer, „Introduction of low-temperature in-storage paddy drying systems on Korean farms", o. S. / W. Mühlbauer: Gutachten zu dem Forschungsprojekt ‚Prevention of Post-Harvest-Loss of Grain at the Village Level', 1982.

305 Bohnstedt, „Technologies for Rural Development", o. S.

306 Ibid., o. S.

Enge Kooperation der Wissenschaftler

An dieser Stelle ist auch ein Blick auf die beteiligten Wissenschaftler und deren Bewertung interessant, denn beide stellten ihre eigene Leistung positiv heraus. Kwon Taewan hatte nach seinem Abschluss von der Florida State University im Jahr 1963 für einige Jahre als Professor in den USA gearbeitet und war schließlich mit Gründung des KIST nach Korea zurückgekehrt. Dort betreute er von 1967 bis 1988 hauptsächlich das Thema Reisverarbeitung (Rice Processing Complex, RPC) und erforschte somit neben der Lagerung auch dessen Weiterverarbeitung. Nach der erfolgreichen Zusammenarbeit mit den deutschen Wissenschaftlern bei der Entwicklung und der Verbreitung des ‚koreanischen' (*han'guk hyŏng*) RPC wurde er 1988 Präsident des neugegründeten Korea Food Research Institute (*han'guk shikp'um yŏn'guwŏn*). In einem Artikel aus dem Jahr 1998 erinnerte er sich an zwei seiner großen Forschungsprojekte, darunter das RPC-Projekt. Er hob bei der Initiierung des Projektes seine eigene Rolle besonders hervor. Bei dem Besuch des BMZ-Beamten Dr. H. Thairl im Jahre 1978 habe er diesem ein von KIST bereits erfolgreich verwirklichtes Projekt vorgeführt und die in Planung befindliche Forschung zu Technologien für die ländliche Entwicklung vorgestellt. Dr. Thairl habe ihm daraufhin eine Förderung von $ 1,2 Mio. versprochen. Auch für die Verlängerung des Projektes hätten vor allem Kwons Besuch in der BRD und dortige Gespräche beigetragen.[307]

Wie oben erwähnt, waren neben dieser interpersonellen Ebene aber auch Regierungsentscheidungen ausschlaggebend, die Kwon hier übergeht. Er erinnerte sich allerdings, dass zu dieser Zeit die Hoffnung auf Erfolge in der ländlichen Entwicklung auf Grund der *saemaŭl undong* groß waren, was für die deutsche Gutachterkommission sicherlich zur Entscheidung für das Projekt beigetragen hatte. Kwon schätzte das Projekt insbesondere als positiv für Landwirte mit geringem Einkommen ein und hob noch im Jahr 1998 die große Bedeutung des Projektes hervor.[308] Auch der beteiligte deutsche Forscher Werner Mühlbauer verwies in seiner Kurzbiographie auf die positive Rolle der Forschungskooperation mit Korea und betonte seinen eigenen Beitrag im Rahmen des Projektes.[309]

---

307 Kwŏn, T'aewan: „P'adong-ŭro sajangdoen sŏkyu tanbaek saryo yŏn'gu, kaeryang kotkan migok ch'ŏrijang kŏnsŏl-e poram" [Die Forschung über Erdölproteinfuttermittel zahlt sich beim Bau einer verbesserten Getreideverarbeitungsanlage aus], in: *Kwahak-kwa kisul* 31.2, 1998, S. 43f.

308 Ibid., S. 44.

309 Mühlbauer hatte nach seinem Maschinenbaustudium in Agrartechnik promoviert und war ab 1986 Professor am Institut für Agrartechnik der Universität Hohenheim mit dem regionalen Schwerpunkt Tropen und Subtropen. Neben den Nacherntetechnologien beschäftigte er sich auch mit der Nutzung von Solarenergie in der Landwirtschaft und galt als ein weltweiter Experte in Trocknungsprozessen. Vgl. Mühlbauer, Werner / Müller, Joachim: *Drying Atlas: Drying Kinetics and Quality of Agricultural Products*, Elsevier Science: o. O. 2020, Einleitung.

Hier zeigt sich der Anspruch Mühlbauers und der deutschen Seite, an den Erfolgen in Korea teilzuhaben, für die KAIST und koreanische Wissenschaftler wie Kwon den Großteil der Arbeit geleistet hatten.

In einem geschichtswissenschaftlichen Artikel zur Modernisierung von Reiserntetechnologien geht der Wissenschaftshistoriker Mun Manyong kurz auf das gemeinsame Forschungsprojekt ein. Auch wenn die Landwirte die RPCs aus genannten Gründen gut adaptiert hatten, wurden in der Folge neue und bessere Technologien entwickelt, sodass die Wirkung nicht als langfristig bezeichnet werden kann.[310] Das gilt als ein generelles Problem von Technologie, aber vor allem für Landwirte mit wenig Einkommen stellte eine solche Entwicklung Probleme dar. Im Rahmen der deutsch-koreanischen Projekte an Forschungszentren des KIST wurden ähnliche Probleme ersichtlich, da sich die Technik in der Industrie ebenfalls schnell veränderte und eine Anpassung in den kurzen Projektzeiträumen nicht immer möglich war (siehe Kapitel V-4).

4.3 Resümee

Die beiden Projekte an der Korea University und am KIST bzw. KAIST trugen zur Forschung im Bereich der ländlichen Entwicklung bei. Während bei der Korea University der Fokus auf der Institution und deren Reform an sich lag, hatte das gemeinsame Forschungsprojekt zwischen Wissenschaftlern am KAIST mit deutschen Wissenschaftlern eine direktere Auswirkung auf das Leben der Landbevölkerung, da es eine Diversifizierungsphase gab. Beide widmeten sich inhaltlich den Themen Ernährung, Landwirtschaft und Forschung. An der Korea University wurde eine Graduiertenschule für Ernährungswissenschaften gegründet, die heute als Fakultät ausgeweitet die vormalige Landwirtschaftliche Fakultät abgelöst hat. Das Forschungsprojekt am KAIST widmete sich der Verarbeitung und Lagerung von Reis, Obst und Gemüse, hatte also ebenfalls Bezug zu den genannten Themen. Inhaltlich gibt es in der Forschung einige Überschneidung mit dem Grünlandforschungsprojekt oder dem Waldbewirtschaftungsprojekt, beispielsweise zu Parasiten oder Düngemitteln. Allerdings übernahmen in der zweiten Phase des Projektes zu ländlichen Technologien die Wissenschaftler des KAISTs die alleinige Federführung, und deutsche Wissenschaftler waren nur unterstützend tätig.

[310] Mun, Manyong: „Chŏngmiso-esŏ migok chonghap ch'ŏrijang (RPC)-kkaji: Shingnyang-ŭi suhwak hu kwalli kisul-ŭi pyŏnch'ŏn-gwa nongch'on sahoe-ŭi pyŏnhwa" [Rice Mill to Rice Processing Complex: Development of post-harvest Grain Management and Changes of rural Society], in: *Chiyŏk Sahoe Yŏn'gu* 25.2, 2017, S. 1–22.

Für beide Hochschulen bedeutete die ausländische Förderung eine Internationalisierung ihrer Forschung und Ausweitung nationaler wie internationaler Partnerschaften. Während andere koreanische Universitäten wie Seoul National University bereits von der amerikanischen Entwicklungszusammenarbeit profitiert hatten und die Yonsei University von internationalen christlichen Gebern gefördert wurde, war die deutsche Förderung bis dato die größte ausländische Bildungshilfe für die Korea University. Entsprechend viel berichteten die Medien darüber und schürten die Erwartungen. Im gleichen Zeitraum schloss die Korea University jedoch auch Partnerschaftsabkommen mit einer amerikanischen und einer japanischen Universität. Auch KIST bzw. KAIST hatte sich in dieser Zeit als ein internationales Forschungsinstitut etabliert und kooperierte bei diversen Forschungsprojekten mit ausländischen Partnern, davon im Bereich der ländlichen Entwicklung mit der BRD.

Auf der Ebene der Akteure sind vor allem die Berichte des deutschen Beraters F. Kuhnen interessant, da er über die Veränderungen in der Universitätslandschaft, die Studierendenproteste und kulturellen Unterschiede zwischen beiden Ländern reflektierte. Kuhnen war nicht nur in Korea, sondern auch in anderen Ländern Asiens aktiv und forschte zur sogenannten ‚ausländischen' Landwirtschaft und ländlichen Entwicklung. Dabei zog er auch Lehren aus der Landflucht und Urbanisierung in der BRD nach dem Zweiten Weltkrieg und wandte diese auf Entwicklungsländer wie Korea an. Während seiner Aufenthalte ereigneten sich Studentenunruhen, von denen auch die Korea University betroffen war. Diese bewertete er in seinen Berichten aus Sicht eines Professors eher kritisch und verglich die Ereignisse indirekt mit der 68er-Bewegung und den Reformen zur Massenuniversität in Deutschland. Die Meinungen koreanischer Professoren zu dieser Thematik wären hier interessant, aber konnten auf Grund der unzureichenden Quellenlage nicht einbezogen werden. Allerdings ließ sich anhand verschiedener Listen die Ausbildung einer jungen Professorengeneration an der Landwirtschaftlichen Fakultät der Korea University nachvollziehen, die bis in die frühen 2000er-Jahre tätig war und somit die Forschung an der Fakultät nachhaltig prägte. Insbesondere lässt sich eine enge Zusammenarbeit mit der Universität Göttingen erkennen, an der insgesamt acht spätere Professoren promoviert hatten.

Im Forschungsprojekt des KAIST spielten die koreanischen Forscher wie Kwon Taewan eine aktivere Rolle. Obwohl deutsche Wissenschaftler zur Beratung an den Projekten beteiligt waren, führten koreanische Wissenschaftler den Großteil der Forschungsarbeiten, politischen Aushandlung und praktischen Anwendung durch. Während von den ursprünglich geplanten Projekten nicht alle weiterverfolgt oder verwirklicht werden konnten, war insbesondere die neuentwickelte ‚koreanische' Nacherntechnologie für Reis (RPC) und Früchte erfolgreich. Sowohl GTZ als auch KIST planten eine Anwendung der Technologie in

Ländern Südostasiens, was jedoch auf Grund unterschiedlicher klimatischer Bedingungen nicht einfach war.

Wie auch bereits im Ausblick zum Grünlandforschungsprojekt erwähnt wurde, kooperieren Deutschland und Korea weiterhin auf dem Gebiet der landwirtschaftlichen Forschung, beispielsweise zu ökologischer Landwirtschaft oder der Smartfarm. Allerdings haben sich die Prioritäten zumindest in Korea verschoben, wo es beispielsweise an der Korea University keine eigenständige Landwirtschaftliche Fakultät mehr gibt, sondern diese nun unter dem Namen *College of Life Sciences and Biotechnology* fungiert.

5. Zusammenfassung und Ausblick

Die untersuchten deutsch-koreanischen Projekte aus drei verschiedenen Teilbereichen der ländlichen Entwicklung weisen einige Charakteristika auf, die im Folgenden zusammengefasst werden sollen. Zunächst ist die wichtige Rolle des Wissens- und Technologietransfers zu nennen. So spielten die Weiterbildung der koreanischen Counterparts von praktischer Ausbildung über Fortbildung bis hin zu Promotionsstipendien in der BRD, aber auch vor Ort in Korea eine herausragende Rolle in allen Projekten. Die deutschen Experten gaben neuestes Wissen und Praktiken mit ihren persönlichen Einschätzungen an die koreanischen Counterparts weiter. Diese wählten daraus für sie Passendes aus und modifizierten das Gelernte in der Anwendung vor Ort. Über die Forschungskooperationen konnten Wissenschaftler als Teil der höheren Bildung aus- und weitergebildet werden, während das Ausbildungszentrum für Waldarbeiter oder der Technikerkurs an der Landwirtschaftlichen Fakultät schwerpunktmäßig auf praktisch-angewandte Bildung Wert legte.

Gleichzeitig wurde durch die technische Zusammenarbeit im ländlichen Raum die Gründung und Reform von Institutionen gefördert, indem beispielsweise eine Modellfarm und zwei Ausbildungszentren für Waldarbeiter errichtet wurden, die bis heute weiterbestehen, auch wenn die Nutzung der Modellfarm nun eine andere ist. Im Rahmen der Hochschul- und Forschungsförderung hatte die Kooperation für die damalige Zeit eine wichtige Bedeutung zur Weiterentwicklung der koreanischen Partnerinstitutionen, beispielsweise im Hinblick auf eine Internationalisierung und zur Festigung von Forschungskooperationen mit deutschen Universitäten und Forschungseinrichtungen.

Ein Projektziel, das bei den meisten Projekten der ländlichen Entwicklung eine Rolle spielte, war die Steigerung des Einkommens bzw. der Versorgung der ärmeren ländlichen Bevölkerung. Zum einen sollten dafür bestimmte periphere Regionen, zum anderen besonders benachteiligte Bevölkerungsgruppen gefördert werden. Allerdings gelang dies nicht in allen Fällen: Während die Projekte der Milchviehwirtschaft zunächst auf die Landwirte mit einer größeren Zahl an Kühen ausgerichtet waren, wechselte der Fokus später auf Kleinbauern vor allem in Bergregionen. Im Waldbewirtschaftungsprojekt wurden zumeist die Waldbesitzer mit kleineren Waldflächen gefördert, was auch zu Kritik koreanischer Mitarbeiter führte, da diese Bevölkerungsgruppe bessergestellt war als andere Dorfbewohner ohne Land- oder Waldbesitz. Dennoch konnte durch das Ausbildungszentrum für Waldarbeiter noch eine weitere Gruppe der ländlichen Bevölkerung in die Förderung einbezogen werden. Im Projekt für ländliche Technologien wurde u. a. die Förderung von Nacherntetechnologien speziell für Kleinbauern entwickelt und durch Kreditvergabe zugänglich gemacht, sodass hier das gesteckte Ziel erreicht werden konnte.

Des Weiteren ist auf das Wechselverhältnis der Projekte mit der Umwelt zu verweisen. Ein Großteil der Projekte griff über die Land- und Forstwirtschaft direkt oder indirekt in die Umweltbedingungen ein. So führten einerseits die Wiederaufforstung und die Anlegung von Weideflächen im Bergland zu einer Befestigung, wodurch die Zahl der Erdrutsche verringert werden konnte. Andererseits wurde in allen Projekten der Einsatz von veränderten Samen, Maschinen und Düngemitteln aktiv gefördert, was wiederum negative Einflüsse auf die Umwelt hatte. Gleichzeitig beeinflussten Umweltbedingungen wie Landschaft, Klima oder Wetterverhältnisse den Verlauf der Projekte. Das südkoreanische alpine Hochland stellte für die deutschen Berater aus Mittelgebirgsregionen ein unbekanntes Terrain dar. Genauso mussten die Graspflanzung sowie die Stall- bzw. Weidehaltung der Milchkühe dem koreanischen Klima angepasst werden. In den späteren Projekten ab den 1980er-Jahren bildete sich auch ein stärkeres Bewusstsein für die negativen Folgen der Umweltverschmutzung heraus. Beispielsweise bemerkten koreanische Forstwissenschaftler die Folgen des sauren Regens für die Wälder in der BRD.

Die einschneidenden Veränderungen im Stadt-Land-Verhältnis, aber auch auf dem koreanischen Land selbst hatten, wie in der Einleitung erwähnt, verschiedene Ursachen. Neben der Landreform, der *saemaŭl undong* und der grünen Revolution sollten in der Forschung auch die Projekte der Entwicklungszusammenarbeit der damaligen Zeit stärker berücksichtigt werden, da sie, oft im Rahmen der Leitlinien koreanischer Politik, aber auch mit eigener Schwerpunktsetzung der Akteure, Einfluss auf die Ausrichtung der ländlichen Entwicklung genommen haben. Auch für die Wissensproduktion über die ländliche Entwicklung können die inländischen wie ausländischen Wissenschaftler miteinbezogen werden.

Der ländliche Raum in Korea steht heute vor neuen Herausforderungen: So gibt es neben der anhaltenden Landflucht und Überalterung der ländlichen Bevölkerung auch eine Bewegung zur Rückkehr auf das Land (*kwinong*). Gleichzeitig erfolgte seit den 1990er-Jahre eine vermehrte Migration zumeist chinesischer und vietnamesischer Frauen als Ehepartnerinnen von koreanischen Bauern.[311] Während die meisten Landwirte weiterhin auf chemische Düngemittel und genetisch optimiertes Saatgut setzen, zeigen sich vor allem in der jüngeren Generation auch Tendenzen einer ökologischen Land- und Forstwirtschaft.[312] Hieran wird deutlich, wie schnell sich die gesellschaftliche Struktur des ländlichen Raumes, Vorstellungen über dessen ideale Entwicklung, aber auch die Prinzipien der Natur- und Ingenieurswissenschaften ändern können und wie kurzfristig dadurch die Wirkung bestimmter Maßnahmen im Rahmen von Projekten der Entwicklungszusammenarbeit sein kann. Gleichzeitig bestehen einzelne Institutionen und Partnerschaften, wie bereits in den Unterkapiteln angedeutet, bis heute weiter, und die Entwicklungszusammenarbeit mit anderen Ländern Asiens sowie zwischen Nord- und Südkorea kann auf die bilateralen Projekte zurückblicken.

---

311 Vgl. auch: Lim, Hannah Saeyoung: *The Troubled Category of Rural Bachelors in Contemporary South Korea*, Dissertation, UCLA, 2015.

312 Vgl. auch: Ku, Do-wan: „The Emergence of Ecological Alternative Movement in Korea", in: *Korean Social Science Journal* 36.2, 2009, S. 35–66. Suh, Bo Won et al.: „Consumers' Attitude and Understanding of Organic Food: The Case of South Korea", *Journal of Foodservice Business Research* 15.1, 2012, S. 49–63.

V. INDUSTRIE UND INFRASTRUKTUR

1. Einleitung

1.1 Industrie und Infrastruktur in der Entwicklungspolitik

Mit der Popularisierung der sogenannten Modernisierungstheorie richtete sich in der frühen Entwicklungspolitik der Fokus auf den Bau von Industrie und Infrastruktur. Den Entwicklungsländern sollte durch die finanzielle und technische Zusammenarbeit der sogenannte *Take-off* von der Agrargesellschaft zur Industrialisierung und Modernisierung ermöglicht werden. Davon erhoffte man sich einerseits die politische und wirtschaftliche Anbindung an den Westen, andererseits die Schaffung von Absatzmärkten und Handelspartnern. Somit waren neben staatlichen Akteuren auch private Firmen in diesem Sektor aktiv.[1] Auch frühe Projekte der deutschen Entwicklungszusammenarbeit waren eng mit der Privatwirtschaft verknüpft, beispielsweise das Stahlkraftwerk Rourkela in Indien, das durch ein Konsortium um die Firma Krupp und mit Absicherung durch Hermes-Bürgschaften und des BMWi gebaut wurde.[2] Auch der Aufbau von Infrastruktur wurde im Kontext der Modernisierungstheorie als wichtig angesehen. Das bedeutete jedoch nicht nur den Bau von Straßen, Brücken oder Wasserleitungen, sondern auch eine ‚Zivilisierungsmission' zu deren Benutzung. Vor allem in Entwicklungsregimen mit autoritärer Führung galten Infrastrukturprojekte wie der Dammbau auch als entscheidend für das eigene Prestige und wurden deshalb begrüßt.[3]

Allerdings setzte sich ab Ende der 1960er-Jahre eine kritischere Sicht auf solche Großprojekte durch, und andere Bereiche wie die ländliche Entwicklung oder die menschlichen Grundbedürfnisse spielten eine wichtigere Rolle. Den-

---

[1] Vgl. auch: Gilman, *Mandarins of the Future: Modernization Theory in Cold War America.* Unger, Corinna: „Export und Entwicklung: Westliche Wirtschaftsinteressen in Indien im Kontext der Dekolonisation und des Kalten Krieges", *Jahrbuch für Wirtschaftsgeschichte* 53.1, 2012, S. 69–86.

[2] Unger, „Rourkela, ein Stahlwerk im Dschungel", S. 371.

[3] Vgl. auch: Adamson, Matthew: „Science Diplomacy at the International Atomic Energy Agency: Isotope Hydrology, Development, and the Establishment of a Technique", in: *Journal of Contemporary History* 56.3, 2021, S. 522–542. Kunkel, Sönke: „Science Diplomacy in the Twentieth Century: Introduction", in: *Journal of Contemporary History* 56.3, 2021, S. 473–484. Speziell zur Max-Planck-Gesellschaft, die auch in Korea als Vorbild für die Wissenschaftspolitik betrachtet wurde vgl. auch: Sachse, Carola: *Wissenschaft und Diplomatie: Die Max-Planck-Gesellschaft im Feld der internationalen Politik (1945–2000)*, Vandenhoeck & Ruprecht: Göttingen 2023.

noch blieben beispielsweise die industrielle Forschung oder Beratung in Normenwesen und Standardisierung weiterhin wichtige Themenbereich der industriellen Entwicklungspolitik. Hier findet sich eine enge Verknüpfung mit Forschungseinrichtungen unter Führung der UN wie der Internationalen Atomenergie-Organisation, aber auch in der Bundesrepublik, die im Rahmen der Forschung zu *Science Diplomacy* ausführlicher thematisiert wurden.[4]

Die Projekte der (deutschen) technischen Zusammenarbeit in diesem Sektor waren zum Teil als Ergänzung zur finanziellen Zusammenarbeit gedacht. Beispielsweise waren die Deutsche Volkswirtschaftliche Beratergruppe (DVB) sowie die Beratergruppe für die Telekommunikation in Korea auch zur Koordinierung bzw. zum Transfer von Knowhow im Zusammenhang mit der finanziellen Zusammenarbeit zuständig (s. u.). Allerdings gibt es in diesem Zusammenhang wenig Forschungsliteratur zu anderen Ländern. Lediglich Eric Burton erwähnt westdeutsche Wirtschaftsberater, insbesondere zu den Themen Edelsteinen und Ingenieurswissenschaften, während der 1970/80er-Jahre in Tansania.[5] In der bundesdeutschen Entwicklungszusammenarbeit kam es insbesondere mit der Verabschiedung eines Schwellenlandprogramms 1978 sowie unter BMZ-Minister Warnke erneut zu einer Ausrichtung auf die Privatwirtschaft, indem ‚betriebliche Kooperationen' gefördert wurden.[6]

1.2 Industrielle Entwicklungszusammenarbeit in Korea

Für die rasante koreanische Wirtschaftsentwicklung gilt der Ausbau einer Exportindustrie als wichtiger Faktor. Die Regierung unter Park Chung Hee widmete sich daher schon früh dem Ausbau von Infrastruktur und Industrie und setzte in diesem Zusammenhang auch auf Entwicklungszusammenarbeit. In einschlägigen Publikationen wird insbesondere auf die Zusammenarbeit der koreanischen Regierung mit den Großunternehmen, den *chaebŏl*, sowie auf den dritten Fünfjahresplan mit Ausrichtung auf die chemische Industrie und Schwerindustrie verwiesen.[7] Der Ökonom Kim Chuk Kyo geht in seiner Monografie zusätzlich auf die Rolle von kleinen und mittleren Unternehmen (KMU)

---

[4] Vgl. auch: Bresselau von Bressensdorf, Agnes: „Fortschritt und Entwicklung: Die beiden deutschen Staaten in der Dritten Welt seit den 1960er Jahren", in: Seefried, Elke / Hoffmann, Dierk (Hg.): *Plan und Planung: Deutsch-deutsche Vorgriffe auf die Zukunft*, De Gruyter Oldenbourg: Berlin 2018, S. 138–142.

[5] Burton, *In Diensten des Afrikanischen Sozialismus*, Kapitel 6, S. 389–408.

[6] Vgl. auch: Warnke, Jürgen: *Auf gutem Kurs: Neuorientierung der deutschen Entwicklungspolitik*, Busse + Seewald: Herford 1987; Bohnet, *Geschichte der deutschen Entwicklungspolitik*, S. 116.

[7] Vgl. auch: Kim, Hyung-A: *Korea's Development under Park Chung-Hee: Rapid Industrialization 1961–1979*, Taylor & Francis: London 2004.

sowie die Forschung und Entwicklung (*research & development*) als wichtige Komponenten der industriellen Entwicklung in Korea ein.[8]

Zum Technologietransfer, zu Forschungskooperationen und zur Beratung durch japanische und amerikanische Regierungseinrichtungen und deren Privatwirtschaft liegen bereits einzelne Forschungsbeiträge vor. Vor allem Wirtschaftswissenschaftler, aber auch einige Forscher der Wissenschafts- und Technikgeschichte widmeten sich den erfolgreichen Großprojekten Korea Institute of Science and Technology (KIST) und Pohang Iron and Steel Company (POSCO), die durch USAID und ein amerikanisches Forschungsinstitut bzw. japanische Reparationen und die Privatwirtschaft gefördert wurden.[9]

Hingegen hat die deutsch-koreanische Entwicklungszusammenarbeit in diesem Sektor bislang keine Aufmerksamkeit erhalten. Anders als zu Berufsbildung oder ländlicher Entwicklung, zu denen bereits vereinzelte Beiträge vorliegen, finden sich für die Projekte im Bereich Industrie und Infrastruktur neben den Archivquellen und vereinzelten Nennungen in Jubiläumsbänden der geförderten Einrichtungen keine weiteren Sekundärquellen. Dies führt dazu, dass ein Bezug auf Forschungsliteratur nur im Vergleich zu Japan oder den USA in einigen Fällen möglich und somit stark eingeschränkt ist. Neben der staatlichen Förderung war insbesondere für den Technologietransfer im Industriesektor die Privatwirtschaft entscheidend, deren Rolle allerdings nur am Rande einfließen kann, da sich die Arbeit der staatlichen Zusammenarbeit widmet. Außerdem können die Quellen zu privaten Unternehmen über die staatlichen Archive zwar zu einem gewissen Grad erschlossen werden, aber eine weitere Recherche in den Unternehmensarchiven scheint für eine ausführlichere Darstellung notwendig.

Als staatlicher Träger der Entwicklungszusammenarbeit war auf koreanischer Seite neben dem EPB nun verstärkt das Wissenschaftsministerium unter seinem ersten Minister Ch'oe Hyŏngsŏp aktiv. Dieser beschäftigte sich nach seiner Tätigkeit als Gründungsdirektor des KIST in seiner Amtszeit als Minister auch mit den größeren Entwicklungsfragen wie Braindrain oder Technologietransfer. Nach ersten Erfolgen in Korea veröffentlichte er auch Handreichungen für andere Entwicklungsländer mit ähnlichen Problemen.[10] Wissenschaft und

[8] Vgl. auch: Kim, *Korea's Development Policy*, Kapitel 4/5.

[9] Vgl. auch: Park, Tae-Gyun: „The Roles of the United States and Japan in the Development of South Korea's Science and Technology during the Cold War", in: *Korea Journal* 52.1, 2012, S. 206–231; Köllner, Patrick: *Südkoreas technologische Abhängigkeit von Japan: Entstehung, Verlauf und Gegenstrategien*, Mitteilungen des Instituts für Asienkunde: Hamburg 1998.

[10] Vgl. auch: Mun, Manyong: „A Policy Text Created from History: Choi Hyung Sup's Theory of Scientific and Technological Development Applicable to Developing Countries", in: *Korea Journal* 63.3, 2023, S. 170–200.

Technologie werden oft als objektiv und wertfrei verstanden, obwohl sie gerade im Entwicklungszeitalter national aufgeladen waren und im Rahmen des *Nation Building* verwendet wurden.[11] Hierbei ist es umso wichtiger, die Rolle des transnationalen Wissenschaftsaustausches herauszuarbeiten, an dem koreanische Wissenschaftler durch ihre Studienerfahrung in Deutschland und deutsche Berater in Korea beteiligt waren.

Tabelle 21: Ausländischer Technologietransfer nach Korea, 1962–1986

Land	Japan	USA	BRD	Großbritannien	Frankreich	Sonstige	Gesamt
Fall	2.199	981	215	143	128	389	4.055
Anteil (in %)	54,2	24,2	5,3	3,5	3,2	9,6	100

Quelle: MOST (Hg.): *Kwahak kisul yongam* [Yearbook of Science and Technology], MOST: Seoul 1987, S. 396. Zitiert nach: Han, *Die Beziehungen zwischen der Republik Korea und der Bundesrepublik Deutschland 1948–1986*, S. 298.

1.3 Projekt- und Kapitelübersicht

Vor allem in der Frühphase der deutschen finanziellen Zusammenarbeit wurden viele Industrie- und Infrastrukturprojekte gefördert, so beispielsweise in der Telekommunikation, dem Kohlebergbau oder der Abwasserbeseitigung. Köllner hebt die deutsche Förderung zum „Aufbau der Infrastruktur“ hervor, da diese mit den kommerziellen Krediten und Darlehen zwischen 1962 und 1967 insgesamt 17,5 % der Auslandskredite an die koreanische Regierung ausmachten.[12] Die deutschen Projekte der technischen Zusammenarbeit begleiteten jedoch die gesamte Phase der Wirtschaftsentwicklung von der Frühphase mit der Deutschen Volkswirtschaftlichen Beratergruppe (DVB) bis zu Projekten der betrieblichen Kooperation, in denen privatwirtschaftliche Direktinvestitionen wichtig waren. Auch hier wurden ähnliche Sektoren wie in der finanziellen Zusammenarbeit abgedeckt. Die BRD legte in ihrer Förderung einen besonderen Wert auf die traditionellen Industriebereiche wie Maschinenbau, chemische und Elektroindustrie.

Chronologisch gesehen startete die deutsch-koreanische technische Zusammenarbeit mit der DVB bereits 1962. Diese war direkt im EPB tätig und beriet die koreanischen Wirtschaftsplaner zu diversen Themen von makroökonomischen Fragen bis hin zu sogenannten Sektoranalysen einzelner Industriezweige. Insbesondere kann sie als Steuerungsgruppe für die frühe finanzielle Zusammenarbeit sowie privatwirtschaftliche Direktinvestitionen gesehen werden (Ka-

[11] Kim, Sang Hyun: „Science, Technology, and the Imaginaries of Development in South Korea“, in: *Development and Society* 46.2, 2017, S. 352–358.

[12] Köllner, „Deutsch-Koreanische Beziehungen“, S. 29f.

pitel 2). Die Planungsgruppe Entwässerung Busan (PEB) hingegen widmete sich ab 1971 der Planung eines Abwassersystems in Busan und damit einem einzelnen Bereich der Infrastrukturentwicklung. Das Projekt war eine Ergänzung der bereits erfolgten finanziellen Zusammenarbeit in diesem Bereich. Ebenfalls unter dem Stichwort Infrastruktur lassen sich die beiden Projekte der Telekommunikation einordnen: Zunächst war eine Beratungsgruppe aktiv, danach wurde außerdem eine Technikerschule gegründet (Kapitel 3).

Ab Mitte der 1970er-Jahre förderte die deutsche Regierung dann zwei Zentren am KIST, die sich auf die Industriebereiche Gießereiwesen und Präzisionsmaschinen fokussierten. In der Folge schlossen beide Regierungen weitere Kooperationsverträge zu zwei staatlichen Forschungszentren auf dem Gebiet des Metall- und Maschinenwesens sowie des Normenwesens. Hiermit stärkten sie einerseits den Technologietransfer und gingen andererseits auf die Bedürfnisse der sich entwickelnden Industrie ein (Kapitel 4). Zum Abschluss der technischen Zusammenarbeit steht ein Projekt mit engen Verbindungen zur Privatwirtschaft, das die Förderung betrieblicher Kooperationen von kleinen und mittleren Unternehmen (KMU) zum Ziel hatte. Das Projekt markierte eine neue Form der Zusammenarbeit, die aus Sichtweise der koreanischen Regierung bereits außerhalb der Reichweite klassischer technischer Zusammenarbeit lag und sich mit den Aufgaben der Handelskammern teilweise überschnitt (Kapitel 5).

Dieses Kapitel weist viele inhaltliche Verknüpfungen zu Kapitel III auf, da die meisten Absolventen der Berufsschulen oder -zentren später in der Industrie tätig waren. Während die Projekte im Berufsbildungssektor auf Ausbildung von Facharbeitern und Technikern ausgerichtet waren, beeinflussten die Projekte im Bereich Infrastruktur und Industrie deren spätere Arbeitswelt wie Maschinen, Technologie und Arbeitsbedingungen. In der Counterpartförderung standen jedoch nicht mehr die Facharbeiter, sondern Ingenieure und Wissenschaftler im Fokus. Insbesondere für den Ausbau des Exports von der Leicht- zur Schwerindustrie waren die koreanischen Unternehmen stärker an internationale Qualitätsstandards gebunden, sodass sie neben präziseren Maschinen auch gesetzliche Normen und Standards sowie Mittel zur Qualitätssicherung benötigten. Diesen Bedarf subsumierte man in der Entwicklungspolitik unter dem Akronym MNPQ: Messen, normen, prüfen, Qualität messen. Daneben gehörte zu einer erfolgreichen wirtschaftlichen Entwicklung die Zusammenarbeit mit anderen erfolgreichen Unternehmen weltweit. Neben den Forschungszentren waren also vor allem die betrieblichen Kooperationen entscheidend für einen Technologie- und Wissenstransfer.

2. Deutsche Volkswirtschaftliche Beratergruppe (DVB)

Im Folgenden werden die Tätigkeiten und die Bedeutung der Deutschen Volkswirtschaftlichen Beratergruppe (DVB) in Korea untersucht.[13] Die DVB arbeitete von 1962 bis 1968 im neu gegründeten EPB und bestand aus drei jungen deutschen Wirtschaftswissenschaftlern und einem Ingenieur vor Ort sowie dem Projektleiter Walter Rau, der zwischen Seoul und Bonn pendelte. Die Zusammensetzung der Gruppe variierte im Laufe der Zeit etwas (siehe Tabelle 22). Ursprünglich war die Beratergruppe für zwei Jahre entsandt, der Vertrag wurde jedoch anschließend um vier weitere Jahre verlängert.[14] Die Berater waren durch ihre Arbeit an den Fünfjahresplänen, die Erstellung von Sektorstudien sowie die Beratung zu Infrastrukturprojekten und Unternehmenskooperationen an der Gestaltung der koreanischen Wirtschaftspolitik beteiligt. Die DVB übermittelte aber auch Informationen über die koreanische Wirtschaft und konkrete Projekte an die deutschen Ministerien, Banken und Unternehmen, um Förderentscheidungen im Rahmen der bilateralen Zusammenarbeit zu ermöglichen. Obwohl die DVB in der Regel eng mit den koreanischen und amerikanischen Ökonomen zusammenarbeitete, kritisierten diese sie auch und setzten eigene wirtschaftspolitische Akzente.

Zunächst soll ein Hintergrund zu der Entwicklung der Wirtschaftswissenschaften während des Kalten Krieges und den Wirtschaftsplanern beider Länder gegeben werden. Dann werden die Tätigkeiten der Beratergruppe genauer analysiert, welche neben Beratung zu einzelnen Wirtschaftssektoren oder Projekten der Entwicklungszusammenarbeit auch die Erstellung und Überarbeitung der ersten beiden Fünfjahrespläne beinhalteten. Es steht dabei im Fokus, wie eine wirtschaftspolitische Einflussnahme durch die Beratung erfolgte. Zum Schluss soll dann die internationale Kooperation einerseits mit amerikanischen Wirtschaftsberatern vor Ort, andererseits im Rahmen der internationalen Wirtschaftsberatergruppe IECOK genauer betrachtet werden.

---

13 Dieses Unterkapitel wurde auf Englisch übersetzt und überarbeitet als Teil eines Sammelbandes veröffentlicht. Altenhofen, Max: „German Economic Advisory Group to Korea, 1962–1968“, in: Lim, Sojin (Hg.): *International Aid and South Korea*, Routledge: London 2025, S. 23–45.

14 Das gemeinsame Abkommen zur DVB wurde Anfang 1962 unterzeichnet. National Archives of Korea, Dokumenten-Nr. BA0084353, Handok kan togil kyŏngje komundan sŏlch'i-e kwanhan hyŏpchŏng [Abkommen zwischen der Bundesrepublik Deutschland und der Republik Korea über die Einrichtung der Deutschen Volkswirtschaftlichen Beratergruppe], 25.01.1962.

Tabelle 22: Leiter und Mitarbeiter der DVB

Name	Position/ Dauer	Ausbildung (Wirtschafts-wissenschaften)	Vorige/spätere Tätigkeiten
Dr. W. Rau[15]	Leiter, 1962–64	Promotion (Universität Kiel, 1940)	Ministerialdirigent BMWi & BMZ; Wirtschaftsberatung in Afghanistan 1958
Dr. W. Nittscher	Leiter, 1964–65	Promotion (Universität Hamburg, 1948)	*unbekannt*
W. Boucherie	Komm. Leiter, 1965–68	Diplom-Volkswirt (Universität Münster)	Harvard Development Advisory Group in Indonesien
Dr. R. Glaeser	Mitarbeiter, 1965–67	Promotion (Universität Tübingen, 1964)	Westafrikanische Entwicklungsbank in Togo; OECD; Weltbank
J. von Gyldenfeldt	Mitarbeiter, 1963–64	*unbekannt*	*unbekannt*
Dr. K. Hoffarth	Mitarbeiter, 1964–67	Promotion (Universität Münster, 1962)	ADB (ab 1968)
G. Selbach	Mitarbeiter, 1965–67	Diplom-Ingenieur	*unbekannt*

Quelle: Eigene Zusammenstellung des Autors aus BArch-Unterlagen.

2.1 Wirtschaftswissenschaften während des Kalten Krieges

Während des Kalten Krieges kam der Wirtschaft und gleichzeitig den Wirtschaftswissenschaften eine wichtige Rolle zu, da die beiden Systeme in einer direkten, auch wirtschaftlichen Konkurrenz standen.[16] Während der kommunistische Block planwirtschaftlich ausgerichtet war, erfolgten im Westen mehrere Paradigmenwechseln von der neoklassischen Schule über Keynesianismus und Ordo-Liberalismus zu Neoliberalismus. Hieran lässt sich bereits die Komplexität des zu behandelnden Themas erkennen. Denn weder war die westdeutsche noch die südkoreanische Wirtschaftspolitik eindeutig und dauerhaft an einer der Theorien orientiert.

Auf Grund der Wichtigkeit wirtschaftspolitischer Fragen arbeiteten sowohl im Bundeswirtschaftsministerium (BMWi) als auch im koreanischen EPB viele Wirtschaftswissenschaftler als Fachexperten. Auch wenn im BMWi die größte

[15] Webseite des Bundesarchivs, Die Kabinettsprotokolle der Bundesregierung: „Personenangaben zu Walter Rau“, URL: https://kabinettsprotokolle.bundesarchiv.de/register/person/cae5ba10-a24d-43d6-b6fb-cc55514a6208.

[16] Vgl. auch: Loth, Wilfried: „The Cold War and the Social and Economic History of the Twentieth Century“, in: Leffler, Melvin P. / Westad, Odd A. (Hg.): *The Cambridge History of the Cold War*, Cambridge University Press: Cambridge 2010, S. 503–524.

Anzahl der Beamten Juristen waren, folgten Wirtschafts- und Betriebswissenschaftler an zweiter Stelle, und auch die meisten ehemaligen Bundeswirtschaftsminister hatten eine vergleichbare Ausbildung erhalten, darunter beispielsweise Ludwig Erhard, Karl Schiller und Helmut Schmidt.[17] Auch in Korea waren die Mitarbeiter des EPB Wirtschafts- oder Betriebswissenschaftler, zum Großteil ausgebildet an der Seoul National University (SNU).[18] Gleichzeitig spielten externe Berater wie Professoren eine wichtige Rolle, in der BRD beispielsweise der seit 1963 berufene ‚Sachverständigenrat zur Begutachtung der gesamtwirtschaftlichen Entwicklung‘, dessen Mitglieder auch als ‚fünf Wirtschaftsweise‘ bezeichnet werden und bis heute die Bundesregierung in Wirtschaftsfragen beraten.[19] Für das koreanische EPB sind hier neben der DVB vor allem amerikanische Berater, aber auch koreanische Professoren und ab 1966 die internationale Beratergruppe IECOK zu nennen.[20]

Für die deutschen Wirtschaftswissenschaften wird in der Forschung klassischerweise der Einfluss der sogenannten Freiburger Schule des Ordoliberalismus hervorgehoben, womit sich die Ausrichtung von den stärker durch John M. Keynes geprägten anglo-amerikanischen Wirtschaftswissenschaften unterschied. Vor allem das Schlagwort ‚soziale Marktwirtschaft‘ fällt meist in diesem Zusammenhang. Der Keynesianismus oder die neoklassische Wirtschaftstheorie galten hingegen eher als ‚amerikanische Importe‘ und setzten sich nur langsam in der Bundesrepublik durch.[21] Gleichzeitig betonen Historiker den steigenden Einfluss amerikanischer Theorien auf die deutschen Wirtschaftswissenschaften, denn vor allem in den 1960er-Jahren wurden viele westdeutsche Wirtschaftswissenschaftler zu Forschungsaufenthalten an amerikanischen Universitäten eingeladen.[22] Außerdem wird in der neueren Forschung auch der frühe Einfluss der neoliberalen Schule vor allem

[17] Nützenadel, Alexander: *Stunde der Ökonomen: Wissenschaft, Politik und Expertenkultur in der Bundesrepublik 1949–1974*, Vandenhoeck & Ruprecht: Göttingen 2005, S. 124. / Löffler, Bernhard: „Personelle und institutionelle Strukturen des Bundeswirtschaftsministeriums 1945/49 bis 1990“, in: Abelshauser, Werner et al.: *Wirtschaftspolitik in Deutschland 1917–1990*, Bd. 4, De Gruyter Oldenbourg: München 2016, S. 95–192.

[18] Kim, „Economic Policy and the Economic Planning Board (EPB) in Korea“, S. 202–205.

[19] Vgl. auch: Nützenadel, *Stunde der Ökonomen*, S. 152–174. Hesse, Jan-Otmar: „Wissenschaftliche Beratung der Wirtschaftspolitik: Das Bundeswirtschaftsministerium und die Volkswirtschaftslehre“, in: Abelshauser, Werner et al.: *Wirtschaftspolitik in Deutschland 1917–1990*, Bd. 4, De Gruyter Oldenbourg: München 2016, Abschnitt 3: Der Sachverständigenrat zur Begutachtung der gesamtwirtschaftlichen Entwicklung, S. 427–435.

[20] Vgl. auch: Pak, Taekyun: *Wŏnhyŏng-gwa pyŏnyong: Han'guk kyŏngje kaebal kyehoek-ŭi kiwŏn* [Prototyp und Transformation: Die Ursprünge von Koreas Wirtschaftsentwicklungsplänen], Sŏultaehakkyoch'ulp'anmunhwawŏn: Seoul 2007, S. 330–336.

[21] Van Hook, James C.: „Translating Economics into Politics in Cold War Germany“, in: *German Politics & Society* 25.2, 2007, S. 104–116.

[22] Bianchini, Mario: „Theoretical Soldiers: German Economists in the Cold War“, in: *German Studies Review* 43.1, 2020, S. 41–58.

durch Beratungstätigkeiten und die einflussreiche Mont Pèlerin Society (MPS) unterstrichen.[23] Die neoliberalen Wirtschaftswissenschaftler kritisierten dabei auch am heftigsten die Entwicklungspolitik, da diese einen starken Eingriff des Staates voraussetzte.[24]

Zu der Entwicklung der Wirtschaftswissenschaften in Korea gibt es bislang wenig Forschungsliteratur. Der Historiker Eric Helleiner skizzierte den transnationalen Transfer des Neomerkantilismus, beginnend mit dem deutschen Ökonomen Friedrich List, der beispielsweise von Denkern der Gaewha-Gruppe unter der späten Chosŏn-Dynastie aufgegriffen wurde, was frühe Einflüsse deutscher Wirtschaftslehren in Korea zeigt. Gleichzeitig betonte er aber auch die bereits bestehenden Traditionen des Merkantilismus in Ostasien.[25] Wie in anderen Wissenschaften auch üblich, wurden in der Kolonialzeit die meisten koreanischen Wirtschaftswissenschaftler in Japan ausgebildet. Nach 1945 lehrten daher an koreanischen Universitäten mehrheitlich linksgerichtete Professoren in den Wirtschaftswissenschaften. Nach der Teilung und der Besatzung durch die USA wurden hingegen viele Wirtschaftswissenschaftler in den USA aus- oder weitergebildet und passten sich auch dem Anti-Kommunismus der südkoreanischen Regierung an, sofern sie nicht in den Norden geflüchtet waren. Außerdem fand die Modernisierungstheorie in Korea großen Zuspruch.[26] In Bezug auf den ersten Fünfjahresplan der Regierung unter Park Chung Hee galt Pak Hŭipŏm als einflussreichster koreanischer Wirtschaftswissenschaftler und Berater der koreanischen Regierung. Dessen Nähe zur Institutionenökonomik stieß jedoch bei amerikanischen Beratern auf Ablehnung, da sie diese als sozialistische Planwirtschaft betrachteten.[27]

Unabhängig von den verschiedenen Wirtschaftstheorien zeigte sich vor allem nach dem Ende des Zweiten Weltkrieges eine Tendenz, dass sich Wirtschaftswissenschaftler stärker von den Geisteswissenschaften abzugrenzen und ihr Fach zu verwissenschaftlichen versuchten, indem sie vermehrt

---

23 Bank, Max: *Stunde der Neoliberalen? Politikberatung und Wirtschaftspolitik in der Ära Adenauer*, Dissertation, Universität zu Köln, 2013. / Plehwe, Dieter / Schmelzer, Matthias: „Marketing Marketization: The Power of Neoliberal Expert, Consulting, and Lobby Networks“, in: *Zeithistorische Forschungen* 12, 2015, S. 488–499.

24 Slobodian, Quinn: *Globalisten. Das Ende der Imperien und die Geburt des Neoliberalismus*, Suhrkamp: Berlin 2019, Kapitel 5.

25 Helleiner, Eric: *The Neomercantilists: A Global Intellectual History*, Cornell University Press: Ithaca 2021, S. 261–281.

26 Yi, Sangch'ŏl: „Han'guk kyŏngje kwallyo-ŭi ilche shingminji kiwŏnsŏl kŏmt'o (1950nyŏndae–1960nyŏndae chŏnban)“ [The Colonial Origin of Economic Bureaucrats in Korea (During 1950s – Early 1960s)], in: *Minju Sahoe-wa Chŏngch'aek Yŏn'gu* 21, 2012, S. 202–247.

27 Vgl. auch: Eintrag zu Pak Hŭipŏm, in: *Encyclopedia of Korean Culture* (online).

ökonometrische, also quantitative Ansätze anwandten und Modelle der Natur- oder Ingenieurswissenschaften übernahmen. Dadurch sollte auch eine größere politische Neutralität suggeriert werden. Ähnliche Tendenzen lassen sich in anderen Wissenschaften nachweisen, so beispielsweise der Demographie, Ernährungswissenschaft oder Agrarwissenschaft. In der Bundesrepublik bildeten sich vor allem außeruniversitäre Forschungsinstitute für angewandte Wirtschaftswissenschaften mit einem Fokus auf Themen wie Konsumforschung, Ökonometrie oder Statistik heraus, die verschiedene sektorale, aber auch volkswirtschaftliche Studien für Politik und freie Wirtschaft erstellten. Darunter fielen beispielsweise das Deutsche Institut für Wirtschaftsforschung (DIW), das Ifo-Institut für Wirtschaftsforschung oder das Kieler Institut für Weltwirtschaft.[28] Die Tätigkeit der DVB war ähnlich ausgerichtet, worin sich die vorherrschenden wirtschaftswissenschaftlichen Tendenzen spiegeln.

Abbildung 8: DVB bei der Arbeit, 1964

Quelle: National Archives of Korea, Foto-Nr.: CET0033501.

---

[28] Vgl. auch: Nützenadel, *Stunde der Ökonomen*, S. 90–122.

2.2 Politische und volkswirtschaftliche Prägung

Obwohl nach dem Ende des Zweiten Weltkrieges die wirtschaftliche Beratung auch in den Industrieländern, beispielsweise für den Wiederaufbau im Rahmen des Marshallplans, eine wichtige Rolle spielte, wiesen die eingesetzten Wirtschaftsberatergruppen in Entwicklungsländern eine Form von geopolitischer Hegemonie und Einflussnahme auf.[29] Auch für die DVB wird an verschiedener Stelle deren politische Bedeutung vor dem Hintergrund des Kalten Krieges betont. Bereits in einem ersten Überblicksbericht im Jahr 1962 nahm der Leiter der DVB, W. Rau, zur politischen und volkswirtschaftlichen Lage Koreas ausführlich Stellung. Korea sei „keineswegs durch den Kommunismus völlig ungefährdet oder gegen ihn immun". Gerade das „bäuerliche Proletariat" und linke Intellektuelle könnten durch „kommunistische Demagogen" leicht beeinflusst werden. Die stabile Regierung unter Park Chung Hee bemühe sich dagegen, eine korruptionsfreie Verwaltung zu schaffen und die wirtschaftliche Entwicklung voranzutreiben.[30] W. Rau hob deshalb die politische Bedeutung der DVB hervor:

> „Die Regierung Park hat einige Jahre Zeit, um sich zu bewähren. Besteht sie diese Bewährungsprobe nicht, so ist die politische Stabilität dieses Landes in Frage gestellt. Die Gefahr der Selbstzerfleischung und des Kommunismus ist dann in greifbare Nähe gerückt. Das Bestehen dieser Bewährungsprobe hängt nicht zuletzt von den wirtschaftlichen Erfolgen der Regierung ab. Ein wirtschaftlicher Erfolg wäre ein Erfolg des Westens."[31]

---

[29] Bislang gibt es allerdings meist Forschung zu amerikanischen Wirtschaftsberatern während der 1950er-Jahre in verschiedenen westlichen Ländern. Vgl. auch: Calvo-Gonzales: Oscar: „Neither a Carrot Nor a Stick: American Foreign Aid and Economic Policymaking in Spain during the 1950s", in: *Diplomatic History* 30.3, 2006, S. 409–438. / Simpson, Bradley R.: *Economists with Guns: Authoritarian Development and U. S.-Indonesian Relations, 1960–1968*, Stanford University Press: Stanford 2008. / Schiffman, Daniel et al.: *The Role of Economic Advisers in Israel's Economic Policy: Crises, Reform and Stabilization*, Springer: Cham 2017. Eine Ausnahme stellt die kürzlich erschienene Monografie von Eric Burton zu ost- und westdeutscher Entwicklungszusammenarbeit mit Tansania dar, worin er in einem Kapitel auch Projekte der Wirtschafts- und Finanzberatung untersucht. Vgl. auch: Burton, *In Diensten des Afrikanischen Sozialismus*, Kapitel 6.

[30] BArch, B 213/11968, Dr. W. Rau: Zur politischen und wirtschaftlichen Lage Südkoreas (Anlage zum Bericht vom 28. März 1962 über die Dienstreise nach Südkorea vom 28. Februar bis 22. März 1962), 06.04.1962, S. 1f.

[31] BArch, B 102/102239, Dr. W. Rau: Vermerk für Dr. Stedtfeld / Dr. Daniel; Betreff: Südkorea, hier: Frage der partnerschaftlichen Leistung im Zusammenhang mit Entsendung einer wirtschaftlichen Beratergruppe, 30.04.1962, S. 3.

Die Entsendung der DVB stand also auch im Zeichen der Systemkonkurrenz mit dem Kommunismus und verfolgte politische Ziele. Die Rhetorik wies dabei klare Parallelen zu Konrad Adenauers und Ludwig Erhards Politik der wirtschaftlichen Stabilität auf, welche später auch von der koreanischen Regierung unter Park aufgegriffen wurde.[32] Des Weiteren sah W. Rau die Möglichkeit einer deutschen „Einflussnahme auf die südkoreanische Wirtschaftspolitik".[33] Interessanterweise betonte er jedoch, dass eine direkte Beeinflussung der deutschen Berater aber eher vermieden werden und diese lediglich unbemerkt erfolgen sollte:

> „Eine wirtschaftliche Beratergruppe steht vor einer psychologisch besonders schwierigen Aufgabe. Jedes Entwicklungsland würde bereit sein, zuzugeben, dass es keine geologische oder technische Erfahrung besitzt. Kein Entwicklungsland wird ohne weiteres zugeben, dass es wirtschaftspolitische Fehler macht. Es kommt daher darauf an, sich in geschickter Weise in die Mentalität des betreffenden Landes ‚einzuschleichen' und unmerklich auf die Prozessgestaltung Einfluss [zu] nehmen. Dies setzt eine besondere Art geistiger Unabhängigkeit voraus […]."[34]

Das Auftreten der deutschen Berater in Korea scheint sich von anderen Ländern der Entwicklungszusammenarbeit zu unterscheiden. Der Historiker Eric Burton beschreibt die westdeutschen Wirtschafts- und Finanzberater in Tansania als „selbstbewusster, bisweilen sogar forsch und offensiv fordernd" im Vergleich zu den ostdeutschen Experten des gleichen Fachgebiets.[35] Vor allem durch die Wortwahl ‚einschleichen' und ‚unbemerkt' wurde die Tätigkeit der DVB wie eine Geheimmission dargestellt. Rau vertrat die Auffassung, dass der Versuch eines direkten Auftretens oder gar der Einmischung in Korea auf Ablehnung stoßen würde. Eventuell war dies auch eine Erkenntnis, die amerikanische Berater zuvor gemacht hatten. Die deutschen Berater passten sich demnach an die Gegebenheiten vor Ort an. Dies könnte ein Grund dafür sein, warum es schwierig ist, den direkten Einfluss der Beratergruppe auf die tatsächliche Wirtschaftspolitik zu ermitteln.

Nach außen hin wurde auch betont, dass es den Beratern nicht um ein Aufoktroyieren westlicher Werte, Institutionen oder Technik ginge. W. Rau schrieb beispielsweise, dass eine solche Übernahme zwar zu einem gewissen Grad nötig sei, viele Werte und Institutionen in Korea der wirtschaftlichen Entwicklung

---

32 No, „Naengjŏn shidae han'guk sanŏp'wa chŏngch'aek", S. 298f. Siehe auch Kapitel I.

33 BArch, B 102/102239, Dr. W. Rau: Vermerk für Dr. Stedtfeld / Dr. Daniel; Betreff: Südkorea, hier: Frage der partnerschaftlichen Leistung im Zusammenhang mit Entsendung einer wirtschaftlichen Beratergruppe, 30.04.1962, S. 3.

34 Ibid., S. 3f.

35 Burton, *In Diensten des Afrikanischen Sozialismus*, S. 420.

aber nicht im Wege stünden.[36] Gleichzeitig betonte er die Gegenseitigkeit der technischen Zusammenarbeit, ein Gedanke, der eigentlich erst später stärker reflektiert wurde. In einem Beitrag für das *Korea Journal* schrieb W. Rau: „Learning and teaching is a matter of reciprocity and mutuality. In a ‚reversed technical assistance program' Korea might teach something to the Western countries of her arts and her skills."[37]

An anderer Stelle lässt sich die starke Beeinflussung der deutschen Wirtschaftsberater in Korea durch die Modernisierungstheorie erkennen. W. Rau führte die „Rückständigkeit" Koreas auf eine damals populäre Wirtschaftstheorie zurück, die auch als *vicious circle of poverty* bezeichet wird.[38] Er fasste dieses Modell in einem englischsprachigen Artikel folgendermaßen zusammen:

> „The most important domestic obstacle can be subsumed in this connection under the general heading: vicious circle, thus showing that [...] many obstacles to development are both cause and consequence. The basic vicious circle in the sense of a circular relationship is: backwardness – low productivity – low income – low level of saving – low level of capital formation – backwardness."[39]

Um aus diesem Kreis auszubrechen, wurde dem Modell zufolge beispielsweise ausländisches Kapital in Form von Krediten benötigt. Als erfolgreiche Beispiele von Entwicklung nannte W. Rau in den 1960er-Jahren beispielsweise Israel, Taiwan und Hongkong, wo staatliche Eingriffe minimal gewesen seien.[40] Auch wenn der Rückgriff auf die in Korea zu diesem Zeitpunkt weit verbreitete Modernisierungstheorie zunächst passend erscheint, kann die Erwähnung der Modellländer als Kritik am direkten Eingreifen des EPB gesehen werden. Gleichzeitig war die DVB später selbst aktiv an diesen Planungsbemühungen der Regierung beteiligt, indem sie die Fünfjahrespläne überarbeitete und mitentwickelte.

W. Rau kritisierte an anderer Stelle auch die ökonometrische Ausrichtung der Wirtschaftswissenschaften im koreanischen EPB. Er führte diese Prägung darauf zurück, dass viele koreanische Beamte in den USA studiert hatten.[41] Al-

---

36 Rau, Walter: „Obstacles of Economic Growth", in: *Korea Journal* 3.9, 1963, S. 36. „Therefore, the question is not to decide either for Koreanization or Westernization."

37 Ibid., S. 37.

38 Es finden sich jedoch auch zeitgenössische Kritiker dieser Theorie. Vgl. auch: Bauer, Peter Thomas: „The Vicious Circle of Poverty", in: *Weltwirtschaftliches Archiv* 95, 1965, S. 4–20.

39 Rau, „Obstacles of Economic Growth", S. 36.

40 Rau, Walter: „Economic Development in Korea", in: *Korea Journal* 6.8, 1966, S. 11.

41 Dies lässt sich auch anhand verschiedener Dokumente der USAID nachvollziehen, die über die Webseite der National Library of Korea digitalisiert eingesehen werden können.

lerdings ließ sich wie oben erwähnt weltweit eine solche Tendenz zur Verwissenschaftlichung der Wirtschaftswissenschaften durch ökonometrische Ansätze feststellen. Auch W. Rau bemerkte deshalb, dass eine deutsche Beratung und Einflussnahme zu qualitativen Themen erst möglich seien, wenn sich die DVB Anerkennung im Bereich der quantitativen Fragen verschafft habe. Aus diesem Grund wurden quantitative Berechnungen an das außeruniversitäre Institut für angewandte Wirtschaftsforschung (IAW) in Tübingen übertragen. Beispielsweise führte das Institut spezielle Berechnungsaufträge für die Fünfjahrespläne durch.[42] Wie die obengenannten Forschungsinstitute, hatte das Tübinger Forschungsinstitut zu dieser Zeit einen ökonometrischen Fokus.[43] Obwohl W. Rau selbst in den 1930er-Jahren studiert und 1940 promoviert hatte, scheint er sich durchaus den vorherrschenden wirtschaftswissenschaftlichen Trends angepasst zu haben. Bei der Analyse der Tätigkeiten der DVB im folgenden Kapitel wird darauf genauer eingegangen.

2.3 Umfangreiche Beratungstätigkeiten

Die Hauptaufgaben der Gruppe bestanden in der Beratung der koreanischen Regierung zu volkswirtschaftlichen, aber auch technischen Fragen, der Stellungnahme zu Projekten der deutschen und ausländischen Entwicklungszusammenarbeit sowie der Beratung deutscher Firmen. Durch die DVB wurden verschiedenste Bereiche der Wirtschaft und Industrie abgedeckt. Die wichtigsten Aufgaben wurden am Ende der Tätigkeit 1967 in einem Übersichtsblatt festgehalten:[44]

NARA RG 286 Records of the Agency for International Development, Korea Subject Files, FY 71, Official Files of USAID/Korea-Participant Training Files (PIO/Ps) Covering Period FY 1970. Beispielsweise wurde der EPB-Beamte G. B. Kang zu einem Studium der Ökonometrie nach Colorado entsandt.

42 BArch B 102/102239, Dr. W. Rau an den Bundesminister für wirtschaftliche Zusammenarbeit: Mittel für Forschung auf dem Gebiet der Entwicklungshilfe; hier: Finanzierung eines Forschungsprojektes (Berechnung von Entwicklungsmodellen für die Programmierung im Zusammenhang mit der Beratung der Regierung von Südkorea, 24.08.1962, S. 1f. / BArch, B 213/11968, Dr. W. Rau: Bericht für die Zeit vom 06.12.1962 bis zum 28.02.1963, 28.02.1963, S. 19f. Für die Zusammenarbeit wurden dem Institut durch BMWi und BMZ 72.000DM zugesagt.

43 Der Tübinger Wirtschaftswissenschaftler Hans Peter „baute die Universität Tübingen zu einem Zentrum der ökonometrischen Forschung aus“ und gründete u. a. 1957 das Institut für angewandte Wirtschaftsforschung als universitätsunabhängiges Forschungsinstitut. Nützenadel, *Stunde der Ökonomen*, S. 106. Vgl. auch die Webseite des Instituts heute, URL: https://www.iaw.edu

44 BArch, B 213/11968, W. Boucherie: Überblick über die Tätigkeiten der Deutschen Volkswirtschaftlichen Beratergruppe in Korea, 11.01.1967, S. 2f.

1. Vorbereitung und Mitarbeit an der Aufstellung des ersten und zweiten koreanischen Fünfjahresplans.
2. Stellungnahme zu Wirtschaftsgesetzen, bevor diese dem Parlament vorgelegt werden.
3. Teilnahme an den wöchentlich stattfindenden Sitzungen des Wirtschaftskabinetts.
4. Technische Ausarbeitung von Projekten aus dem Sektor Schiffsbau und Maschinenindustrie.
5. Erstellung von Gutachten über die weitere Entwicklung der Eisen- und Stahlindustrie, der Textilindustrie, des Maschinenbaus und der Petrochemischen Industrie.
6. Nachfrageschätzungen für den Energiebedarf und den Düngemittelverbrauch.
7. Beteiligung bei der Aufstellung von Investitionskriterien für 43 Industriezweige.
8. Beratung deutscher Firmen, die sich für eine finanzielle Beteiligung an koreanischen Unternehmen interessieren.
9. Beteiligung an der Ausarbeitung langfristiger Wachstumsmodelle für die koreanische Gesamtwirtschaft und einzelne Sektoren.
10. Diskussion der amerikanischen Vorträge (AID-Behörde) zur langfristigen Wirtschaftsentwicklung Koreas.
11. Diskussion mit koreanischen und japanischen Dienststellen über die Entwicklung einzelner Wirtschaftssektoren in Korea.

Volkswirtschaftliche Planung und Fünfjahrespläne

Als erstgenannte und wichtigste Aufgabe der DVB galt die enge Zusammenarbeit mit dem EPB bei der Überarbeitung des ersten und Erarbeitung des zweiten Fünfjahresplans. Die DVB erstellte außerdem eine Langzeitprognose zur koreanischen Wirtschaftsentwicklung. Von Seiten des EPB wurde vor allem diese volkswirtschaftliche Planungstätigkeit positiv hervorgehoben.[45] Auf den ersten Blick war die Wirtschaftsplanung unter der Regierung von Präsident Park Chung Hee sehr eng mit den Fünfjahresplänen verknüpft. Allerdings wurden fast alle Fünfjahrespläne überarbeitet, indem die Zahlen angepasst, Projekte verworfen oder neu aufgenommen wurden. In der Forschung wird die Aufstellung der Pläne daher auch als Teil einer Symbolpolitik verstanden, da sich die ursprüngliche Planung und politische Wirklichkeit

---

[45] EPB: Status as of June 26, 1964, of Economic and Technical Cooperation between the Federal Republic of Germany and the Republic of Korea and Proposal for Further Cooperation, 26.06.1964, S. 4f.

nicht eins zu eins deckten.[46] Dennoch spielte die Erstellung gerade der ersten Pläne eine wichtige, auch politische Rolle für die Regierung, und vor allem in der Bevölkerung wurde das rapide Wirtschaftswachstum eng mit den Fünfjahresplänen verknüpft.

Der Leiter der deutschen Beratergruppe W. Rau kritisierte von Anfang an die starke Fokussierung auf Planung durch die koreanischen Beamten im EPB und nannte diese „planbesessen". Die Wirtschaftsplaner seien zum Großteil in den USA ausgebildet worden und daher Anhänger einer „mathematischen Richtung der Nationalökonomie", wodurch auch die volkswirtschaftliche Planung lediglich auf quantitative Aspekte ausgerichtet sei. Seiner Meinung nach ließ aber vor allem die Ausgewogenheit der Planung zu wünschen übrig.[47] Eine ähnliche Kritik wurde auch intern von koreanischen Wirtschaftswissenschaftlern sowie in Gesprächen von der amerikanischen Seite vorgebracht.[48] Den ersten Fünfjahresplan kritisierte er dabei folgendermaßen: „So ist der Plan letzten Endes trotz aller ökonomischen Scheinbrillanz weder homogen noch realistisch."[49] Die Planung sei „zu anspruchsvoll" und aus makroökonomischer Sicht „zu überdimensioniert", da ein Maß an finanzieller Zusammenarbeit („Kapitalhilfe"), eigener Kapitalbildung und Produktivitätszuwachs vorausgesetzt werde, das nicht realisiert werden könnte.[50]

Es zeigte sich im ersten Jahr an den Auswirkungen der gescheiterten Währungsreform und Reisimportkrise, dass der Plan verschiedene Mängel aufwies, weshalb auch auf Druck der USA eine Überarbeitung eingeleitet wurde. Diese begann im November 1962 und sollte auf Grundlage der Erfahrungen des ersten Planungsjahres erfolgen. Im Juli 1963 wurde zunächst die Planung bis zum dritten Jahr veröffentlicht und im Februar 1964 dann die

---

46 Vgl. auch: Kim, Pohyŏn: „Pak Chŏnghŭi chŏngbu shigi kyŏngje kaebal 5kaenyŏn kyehoeg-ŭi sujŏng-e kwanhan yŏn'gu: kyehoek hamnisŏng-in'ga, sŏngjang sungbae-in'ga?" [The Revised Five-Year Economic Development Plans in the Park Chung-Hee Government Era: Plan Rationality or Growth Fetishism?], in: *Kyŏngje-wa sahoe* 124, 2019, S. 228–256.

47 BArch, B 213/11968, Dr. W. Rau: Zur politischen und wirtschaftlichen Lage Südkoreas (Anlage zum Bericht vom 28. März 1962 über die Dienstreise nach Südkorea vom 28. Februar bis 22. März 1962), 06.04.1962, S. 3f.

48 Von amerikanischer Seite wurde der Plan als ein ‚Patchwork' mit unrealistischen Wachstums- und Investitionsraten bezeichnet. Pak, *Wŏnhyŏng-gwa pyŏnyong*, S. 321/330. Vgl. auch: Kimiya, Tadashi: *Han'guk-ŭi naep'ojŏk kongŏp'wa chŏllyak-ŭi chwajŏl – 5.16 kunsa cjŏngbu-ŭi kukka chayurhwa-ŭi kujojŏk han'gye* [Frustration of Korea's Implicit Industrialization Strategy – Structural Limitations of the Military Government's National Autonomy on May 16], Dissertation, Korea University, 1991, S. 95f.

49 BArch, B 213 11968, Dr. W. Rau: Bericht für die Zeit vom 06.12.1962 bis zum 28.02.1963, 28.02.1963, S. 27f.

50 Ibid., S. 27f.

Planung der restlichen zwei Jahre unter dem Titel ‚Ergänzung zum ersten fünfjährigen Wirtschaftsplan' (*che1ch'a kyŏngje kaebal 5kaenyŏn kyehoek powan kyehoek*).[51]

Für die Ausarbeitung des zweiten Fünfjahresplans nahm die deutsche Beratergruppe mit den amerikanischen Wirtschaftsberatern an wöchentlichen Sitzungen des Wirtschaftskabinetts teil, welches auf Grund seiner Uhrzeit auch als „10:30 Uhr-Meeting" bezeichnet wurde.[52] Die DVB arbeitete also auch eng mit dem Finanz- und Handelsministerium sowie der koreanischen Zentralbank zusammen.[53] Im Unterschied zum ersten Fünfjahresplan waren von Anfang an ausländische Berater beteiligt, und es wurde eine stärkere Zusammenarbeit der einzelnen Ressorts angestrebt.[54] Im Einzelnen erarbeitete die DVB für den zweiten Fünfjahresplan beispielsweise einen Kapitalkoeffizienten und ein Modell zur Abschätzung der Wachstumsrate, hier eng in Zusammenarbeit mit dem Tübinger IAW. Die DVB kritisierte außerdem die fehlenden quantitativen Richtlinien der Investitionsverteilung. Während zwar Exportziele, Importsubstitution und Wechselkurse realistisch geplant worden seien, fehlte jedoch eine Abstimmung der Teilplanung. Daher arbeiteten die deutschen und amerikanischen Berater gemeinsam eine spezifischere Investitionsplanung aus.[55]

Vermutlich auf Grund von Erfolgen der DVB schlug Präsident Park Chung Hee nach seinem Staatsbesuch in der BRD vor, einen persönlichen Wirtschaftsberater aus der BRD einzustellen. Park beschäftigte zu dieser Zeit bereits einen privaten amerikanischen Berater für Wirtschaftsfragen (s. u.). Auf deutscher Seite führte dies zu einer Diskussion, da ein solcher persönlicher Berater laut deutscher Botschaft eine Einmischung in Kompetenzen der amerikanischen Berater bedeuten und sich Überschneidungen mit der DVB und Deutschen Botschaft ergeben würden. Außerdem könnte die koreanische Regierung über diesen privaten Berater versuchen, mehr Gelder für die Entwicklungszusammenarbeit zu fordern.[56] Die fünfköpfige DVB könnte eine ausreichende Bera-

---

51 BArch, B 213/11968, Dr. W. Rau: Bericht für die Zeit vom 06.12.1962 bis zum 28.02.1963, 28.02.1963, S. 27f. Vgl. auch die Themenseite des National Archives of Korea zu den Fünfjahresplänen. Vgl. auch: Pak, *Wŏnhyŏng-gwa pyŏnyong*, S. 321.

52 BArch, B 213/11968, W. Boucherie: Bericht für die Zeit vom 01.06. bis zum 01.10.1965, 30.10.1965, S. 7f.

53 Gespräch mit R. Glaeser, 13.07.2021, telefonisch.

54 Vgl. auch Cole, David C. / Lyman, Princeton N.: *Korean Development: The Interplay of Politics and Economics*, Harvard University Press: Cambridge 1971, S. 205.

55 BArch, B 213/11968, W. Boucherie: Bericht für die Zeit vom 01.06. bis zum 01.10.1965, 30.10.1965, S. 6.

56 BArch, B 213/8749, Schreiben der Deutschen Botschaft Seoul an das AA: Entsendung eines persönlichen Wirtschaftsberaters für den koreanischen Staatspräsidenten, 03.03.1965, S. 1f.

tung gewährleisten.[57] Auch wenn die DVB selbst und das BMZ eigentlich eine Entsendung befürworteten, weil dies eine Ausweitung der deutschen Einflussmöglichkeiten auf die koreanische Regierung bedeutet hätte, erfolgte die Entsendung schließlich nicht.

Sektorale Beratung und Stellungnahmen

Während der fünfjährigen Tätigkeit haben sich die Beratungen von grundsätzlichen makro-ökonomischen zu differenzierteren Fragestellungen bezogen auf einzelne Projekte oder Wirtschaftssektoren verschoben. Es wurden eine Reihe von Projektgutachten und Studien zu verschiedenen Wirtschaftssektoren erstellt (siehe Tabelle 23).[58] In einem Gutachten zu der Tätigkeit der DVB findet sich folgende Einordnung:

> „Das Arbeitsgebiet der Gruppe ist ungemein breit. Es erstreckt sich auf alle wirtschaftspolitischen Fragen und Planungsaufgaben. Dies bedeutet, dass die Gruppe gegebenenfalls mit Sachverhalten von der Wasserhaltung bis zum Steuersystem, von der Projektprüfung bis zum fertigen Gesetz befasst ist. Gleichwohl steht im Zentrum der Beratungstätigkeit die Planung der Produktionsstruktur."[59]

Auf Grund der Komplexität und Vielfältigkeit der Themen war eine enge Zusammenarbeit der DVB-Mitarbeiter untereinander unerlässlich. Weil die Themen nicht eingegrenzt wurden, waren, dem Gutachter zufolge, große Flexibilität und Eigeninitiative der Gruppe gegeben.[60] Vor allem letztere erhöhte wiederum deren Einfluss auf die koreanische Wirtschaftsplanung und Gesetzgebung. Die Berater konnten sich vom EPB aus auch direkt an Ministerien wenden und nahmen an wichtigen Sitzungen zur Wirtschaftsplanung sowie den Kabinettssitzungen teil. Auch die Größe und fachliche Eignung der Gruppe schätzte der Gutachter als optimal ein, da mit vier Beratern eine gute Zusammenarbeit untereinander möglich sei.[61] An der Facharbeiterschule in Incheon, an der parallel zur DBV die gleiche Anzahl an Beratern tätig war, zeigte sich

---

[57] PA AA, B 58–407/Abt 8/III B1–3, 886, Schreiben des AA an die Deutsche Botschaft Seoul: Entsendung eines persönlichen deutschen Wirtschaftsberaters für den koreanischen Staatspräsidenten, 22.02.1965, S. 1f.

[58] Die Berater teilten sich die Zuständigkeiten folgendermaßen auf: Glaeser – Eisen- und Stahlindustrie; Pharmaindustrie; Selbach – Schiffsbau und Elektrizität; Hoffarth – Textilindustrie; Boucherie – Petrochemie, amerikanische und japanische Entwicklungszusammenarbeit. Siehe auch Tabelle 23: Berichte und Stellungnahmen der DVB (Auswahl).

[59] BArch, B 213/11968, Prof. Dr. W. Kraus: Stellungnahme zur Tätigkeit der deutschen Beratergruppe in Südkorea, 16.07.1966, S. 2.

[60] Ibid., S. 2.

[61] Ibid., S. 4f.

jedoch, dass die Zusammensetzung der Gruppe eine wichtigere Rolle spielte als deren Größe (siehe Kapitel III-2). Dennoch war auch die DVB nicht frei von kleineren Problemen.[62]

Tabelle 23: Berichte und Stellungnahmen der DVB (Auswahl)

Jahr	Autor/en	Titel	Themenbereich
1963	W. Boucherie/J. v. Gyldenfeldt	Long-term Projection of Economic Development in Korea, 1965–1980	Wirtschaft
	W. Rau	Export Promotion in Korea	Handel
	W. Rau/W. Boucherie/J. v. Gyldenfeldt	Project Evaluation for the Production of Ramie Fibres in Korea	Projekt
	W. Rau/W. Boucherie/J. v. Gyldenfeldt	Project Evaluation for the Production of Viscose Rayon in Korea	Projekt
	W. Rau/W. Boucherie/J. v. Gyldenfeldt	Project Evaluation for the Production of Electrical Appliances with Foreign Licenses in Korea	Projekt
	W. Rau	Proposals for a Reorganisation of the Administration in Korean Ministries	Verwaltung
1964	W. Rau/W. Boucherie/J. v. Gyldenfeldt	Proposals for a Reorganisation of the System of Import Duties in Korea	Handel
	W. Rau	Proposals for Measures of Long-term Economic Policies in Korea	Wirtschaft
	G. Selbach	Comments on the Ferro-Silcon Project	Projekt
1965	W. Boucherie	A Four-Sector Analysis of the Mahalabonis-type, Including Foreign Trade for the Period 1961–1966	Handel
	K. Hoffarth	Present Structure and Some Aspects of the Korean Cotton Textile Industry	Textilindustrie
	R. Glaeser/G. Selbach	Survey of the Korean Iron and Steel Industry, Part I & II	Eisen-/Stahlindustrie
	K. Hoffarth	Comments on the Expansion Project of a Korean Textile Machinery Company	Textilindustrie
	K. Hoffarth	Development Potential of the Korean Textile Machinery Industry	Textilindustrie
	K. Hoffarth	Stellungnahme und Projektbeurteilung einer koreanischen Papierfabrik	Papierindustrie

[62] Gerade anfangs beschwerten sich die Mitarbeiter der DVB über mangelnde Leistungen der GAWI und die nicht gewährten PX (*post exchange*) Privilegien. Außerdem gab es verschiedentlich Konflikte über die Eingruppierung der Mitarbeiter in angemessene Gehaltsstufen sowie um die Neueingruppierung bezüglich des Kaufkraftausgleichs. Auch der ungeklärte Status des kommissarischen Leiters W. Boucherie führte zu einem Konflikt mit den anderen Mitarbeitern. Vgl. u. a. BArch, B 213/11968, Schreiben von Dr. W. Rau an GAWI, Betreff: FEP 609, FE402, GF 516/539, 14.01.1963. / Ereignisbericht über die Ressortbesprechung am 12.92.1963 betreffend die Beschwerden des Leiters der DVB für Südkorea.

Jahr	Autor/en	Titel	Themenbereich
	G. Selbach	Survey of Busan Shipyard	Schiffsbau
	G. Selbach	Comments on the Expansion and Modernization of a Korean Bearing Production Company	Industrie
	G. Selbach	Comments on the Expansion of a Korean Gear Company	Industrie
	G. Selbach	Comments on the Dam Projects at Tanyang, Chungju and Sovang Kang	Infrastruktur
	G. Selbach	Objectives of the Operation of Factory Vessels for the Korean Fishery	Fischerei
	G. Selbach	Water Supply for a Paper Manufacturing Plant Project	Papier-industrie
1966	G. Selbach	Some Aspects of Power in Korea	Infrastruktur
	W. Boucherie	Export Potential of Plywood and Veneer	Handel
	R. Glaeser	Some Remarks Regarding Expansion of the Korean Ceramic Industry	Keramik-industrie
	R. Glaeser	Some Suggestions of Price Analysis and Price Policy	Wirtschaft
	W. Boucherie	Some Remarks on Aims and Objectives of the Second Five-Year Plan	Wirtschaft
	W. Boucherie	Stellungnahme und Projektbeurteilung einer Anlage für die Produktion von Nylon	Projekt
	W. Boucherie	Stellungnahme zur Errichtung eines 200MW Kraftwerks in Korea	Infrastruktur
	W. Boucherie/R. Gläser/G. Selbach	Market Survey and Profitability Account for the Production of Methanol and Nitric Acid in Korea	Chemie-industrie
1967	R. Glaeser	Direct Investments of the Republic of Korea – Basic Facts (Eng. und Dt.)	Handel
	G. Selbach	Aspects of Proficiency of the Korea Fishing Fleet with Particular Consideration of Domestic Ship-Building Capabilities	Fischerei/ Schiffsbau
	W. Boucherie	Stellungnahme zur Errichtung eines Krankenhauses (deutsche Ausfuhrbürgschaften)	Projekt
	K. Hoffarth	Stellungnahme zu einem Textilprojekt (deutsche Ausfuhrbürgschaften)	Projekt
	R. Glaeser	Stellungnahme zu einem Eisen- und Stahlprojekt (deutscher Ausfuhrbürgschaften)	Projekt
	R. Glaeser	Investment Financing of Corporations in Korea	Handel

Quelle: BArch, B 213 11960, W. Boucherie: Bericht über die Tätigkeit der DVBG in Seoul, 01.04.1968, S. 4–6.

Die Anfertigung von Stellungnahmen und Studien zu einzelnen Sektoren glich dabei der Beratertätigkeit obengenannter privater Institute für angewandte Wirtschaftswissenschaften. Allerdings wurde auch schon von Zeitgenossen die große Menge an Gutachten und deren geringe Wirkungskraft auf die Politik kritisiert. So sprach der westdeutsche Wirtschaftswissenschaftler G. Weisser beispielsweise von einem „Gutachtenfriedhof".[63] Es bleibt dabei offen, welche Studien und Gutachten der DVB wirklich Auswirkungen auf politische Entscheidungen der koreanischen Akteure hatte. Auch ist bislang nicht geklärt, ob die gesamtwirtschaftlichen oder die sektoralen Gutachten eine wichtigere Rolle spielten. Trotz möglicherweise eingeschränkter Wirkung stellen Gutachten bis heute in der Entwicklungspolitik eine entscheidende Komponente der Beratertätigkeit dar.

Auch die Institutionen der deutschen Regierung stützten sich auf die genannten Gutachten und Studien. Obwohl eigentlich der Wirtschaftsattaché der Botschaft für Bewertungen und Entscheidungen zu Projekten der deutsch-koreanischen Entwicklungszusammenarbeit zuständig war, wandten sich das BMZ, das BMWi oder die KfW oft an die DVB, da deren Mitglieder eine bessere Kenntnis der koreanischen Wirtschaftslage zu haben schienen.[64] Die Stellung der DVB ist daher eigentlich von Anfang an zweigeteilt: Einerseits wurde hervorgehoben, dass die Experten nach außen hin unabhängig von der Bundesregierung oder der deutschen Privatwirtschaft die koreanische Regierung beraten und auch Stellungnahmen zu Projekten der deutsch-koreanischen Entwicklungszusammenarbeit objektiv verfassen sollten. Die Deutsche Botschaft sei für die koreanische Regierung der einzige offizielle Gesprächspartner zu Fragen der Entwicklungspolitik. Gleichzeitig wurde aber verlangt, dass die DVB intern Kenntnisse zu Projekten der Entwicklungszusammenarbeit und Wirtschaftsentwicklung weitergibt.[65] Unter anderem wurden auch Stellungnahmen zu außenpolitisch wichtigen Fragen abgegeben, beispielsweise zu den in der Ostberlin-Spionageaffäre umstrittenen Projekten Wärmekraftwerk Yongnam II und der deutsch-koreanischen Milchviehfarm (siehe Kapitel IV-2).[66]

---

[63] Weisser, Gerhard: „Die Problematik des Sachverständigenrates in politischen Angelegenheiten und die Funktion der wissenschaftlichen Beiräte bei den Bundesministerien", in: *Ratgeber von Parlament und Regierung: Eine Vortragsreihe zur Förderung öffentlicher Angelegenheiten*, Institut zur Förderung öffentlicher Angelegenheiten: Frankfurt am Main 1951, S. 30–40. Vgl. auch Nützenadel, *Stunde der Ökonomen*, S. 130.

[64] BArch, B 213/11968, Dr. W. Rau: Bericht für die Zeit vom 01.03. bis zum 31.05.1963, 07.06.1963, S. 16.

[65] Vgl. u. a. BArch, B 213/11968, Schreiben der GAWI an das BMZ: DVB Korea, Bericht vom 01.06–01.10.1965, 07.12.1965. Eine ähnliche Doppelrolle lässt sich auch bei westdeutschen Wirtschaftsberatern in anderen Ländern erkennen. Vgl. auch: Burton, *In Diensten des Afrikanischen Sozialismus*, S. 376/402.

[66] BArch, B 213/11968, Dr. Wichelmann: Besuch des kommissarischen Leiters der DVB in Korea, Herrn Wilhelm Boucherie bei Herrn Dirig. I A am 20.10.1966, 21.10.1966. W.

Auch bei der Entsendung von koreanischen Praktikanten in die BRD, bei denen die Botschaft eigentlich federführend entschied, hatte die DVB eine beratende Funktion und dementsprechenden Einfluss.[67] Diese Rolle der DVB führte auch zu Konflikten mit der Botschaft und dem Auswärtigen Amt: W. Rau kritisierte in einer Sitzung beispielsweise, dass seine Rolle als Leiter der DVB von AA-Mitarbeitern und der Deutschen Botschaft in Seoul immer wieder in Frage gestellt worden sei. Wörtlich sagte er auch, dass Botschafter K. Bünger ihn hasse „wie die Pest", aber seine Arbeit in Korea anerkennen müsste.[68] Die Botschaft akzeptierte, wohl auch auf Grund der fachlichen Kenntnisse der DVB-Mitarbeiter, letztlich deren Rolle.

Zwischen Privatwirtschaft und Entwicklungszusammenarbeit

Interessanterweise erinnerte sich der koreanische Wirtschaftswissenschaftler Paek Yŏnghun, der 1957 in Nürnberg promoviert hatte,[69] in einem *Oral History*-Interview hauptsächlich an die Stellungnahmen und Gutachten der DVB zu Projekten der finanziellen Zusammenarbeit. Das unterstreicht deren Bedeutung für die koreanischen Stellen, zumindest für die zweite Hälfte des Tätigkeitszeitraums. Paek nennt vor allem vier Bereiche der finanziellen Zusammenarbeit, die für die damalige Wirtschaftsentwicklung relevant gewesen seien: Kohlebergbau, Düngemittelproduktion, Zementproduktion und Telefonleitungen.[70] Alle diese Bereiche wurden tatsächlich durch Kredite und Hermes-Bürgschaften der Bundesrepublik gefördert, aber die DVB hatte daneben auch Projekte in anderen Sektoren untersucht, beispielsweise in der Textil- oder Stahlindustrie (siehe Tabelle 23). Das *Oral History*-Interview skizziert daher eine andere Perspektive auf die DVB, nämlich deren Zusammenhang mit den (privatwirtschaftlichen) Investitionen und der bilateralen Entwicklungszusammenarbeit. Nach Bewertung des Gutachters W. Kraus war den koreanischen

---

Boucherie nahm auch in einem Spiegel-Artikel dazu Stellung. „Affären: Koreaner – Lage des K.", in: *Der Spiegel*, Nr. 36/1967, 28.08.1967, S. 23.

67 PA AA, B 58–407/Abt 8/III B1–3, 1162, Deutsche Botschaft Seoul an das AA: Fortbildung von Angehörigen der Entwicklungsländer im Haushaltsjahr 1967, 23.03.1967, S. 1.

68 PA AA, B 58–407/Abt 8/III B1–3, 1114, Interner Ergebnisvermerk des AA: Ressortbesprechung im BMZ am 26. August 1966 über Verlängerung der Vereinbarung über die Entsendung einer deutschen volkswirtschaftlichen Beratergruppe nach Korea, 29.08.1966, S. 3.

69 Sein Doktorvater war der Volkswirt und Verkehrswissenschaftler Fritz Vogt, und seine Dissertation trug folgenden Titel: Paek, Yŏnghun [Paik, Young Hoon]: *Industrialisierungsprozess Koreas*, Dissertation, Hochschule für Wirtschafts- und Sozialwissenschaften Nürnberg, 1957.

70 Academy of Korean Studies, Oral Archives of Modern History, Wirtschaft und Diplomatie, Paek Yŏnghun, Interview, Teil 4–3, 12.11.2009. Paek datierte die Entsendung der DVB in dem Interview allerdings falsch.

Stellen jedoch klar, dass die Beratergruppe keine direkten Verbindungen zur Exportindustrie aufweise, während sie von japanischen oder amerikanischen Beratern hingegen Eigeninteressen vermuten würde.[71] Es zeigte sich hier auch ein Selbstverständnis der DVB, politisch neutral und wissenschaftlich orientiert zu sein, vor allem im Vergleich zu den anderen Partnern Koreas.

Allerdings wurde die Beratergruppe oft von deutschen Geschäftsleuten in ganz Asien kontaktiert, denn diese gingen davon aus, dass die Gruppe vor allem die deutschen Exportinteressen in Korea verträte.[72] So wurden beispielsweise Kontakte zwischen deutschen und koreanischen Unternehmen hergestellt, koreanische Unternehmen für deutsche Messen ausgesucht und auf diesen Besuch vorbereitet oder Marktbeurteilungen sowie Studien für einzelne Großunternehmen erstellt.[73] DVB-Mitarbeiter R. Glaser zufolge war die Zusammenarbeit mit deutschen Firmen vor allem ein „wechselseitiger Meinungs- und Gedankenaustausch".[74] Wie Unternehmen jeweils ausgewählt wurden und ob beispielsweise gesondert Beraterhonorare gezahlt wurden, geht aus den Berichten nicht hervor. Vermutlich wurden Kontakte jedoch auch über private Beziehungen hergestellt und verfolgten ein bestimmtes Interesse.

Auch zeigt sich am Beispiel der Keramikindustrie eine enge Verknüpfung von privaten Interessen deutscher Firmen, bilateraler Entwicklungszusammenarbeit und der Beratertätigkeit der DVB. Die deutsche Firma Villeroy & Boch ging bereits im Jahr 1962 eine private Kooperation mit einer koreanischen Keramikfirma ein und entsandte auch auf eigene Kosten einen technischen Berater. Wegen finanzieller Schwierigkeiten der koreanischen Firma scheiterte jedoch eine weiterführende Zusammenarbeit.[75] Über das BMZ und die DVB trat der Präsident der Firma Villeroy & Boch dann schließlich ab 1965 wieder mit verschiedenen koreanischen Firmen in Kontakt, reiste persönlich nach Korea und erkundigte sich speziell nach Direktinvestitionen.[76] In der Folge wurde dann von der koreanischen Regierung die Entsendung eines Experten für die Keramikindustrie angefordert, dafür dann ebenfalls ein Mitarbeiter der Firma Villeroy & Boch ausgewählt und für drei Jahre von 1967 bis 1970 auf Kosten der Bundesregierung nach Korea entsandt.[77] Es lässt sich also nicht immer eine

---

71 BArch, B 213/11968, Prof. Dr. W. Kraus: Stellungnahme zur Tätigkeit der deutschen Beratergruppe in Südkorea, 16.07.1966, S. 6.

72 Ibid., S. 1.

73 BArch, B 213/11968, W. Boucherie: Bericht für die Zeit vom 01.06. bis zum 01.10.1965, 30.10.1965, S. 17f.

74 Gespräch mit Dr. R. Glaeser, 13.07.2021, telefonisch.

75 BArch, B 213/11969, Memorandum der Firma Villeroy & Boch, 13.09.1965, S. 1.

76 Ibid.; BArch, B 213/11969, Hofmann: Korea – Investitionsvorhaben der Fa. Villeroy & Boch, 04.10.1965.

77 Die koreanische Regierung machte den Vorschlag 1965, woraufhin dieser von der DVB geprüft und eine Entsendung schließlich empfohlen wurde. BArch, B 213/11969, Dr. R.

klare Abgrenzung der privatwirtschaftlichen Interessen und deutsch-koreanischen Entwicklungszusammenarbeit erkennen.

Ab den 1980er-Jahren wurde der Bereich der betrieblichen Kooperation im Rahmen von Beraterkreisen ausgebaut. Jeweils zwei deutsche und koreanische Berater unterstützten den Abschluss von Verträgen zum Technologietransfer oder Joint Ventures zwischen deutschen und koreanischen Unternehmen, überwiegend im Industriesektor (siehe Kapitel V-5). Während dies traditionell Bereiche der Deutschen Außenhandelskammer oder der Korea Trade-Investment Promotion Agency (KOTRA) waren, spielten auch Projekte der Entwicklungszusammenarbeit eine immer wichtigere Rolle. Da die Zahl der Interessenten in den 1960er Jahren eher gering und die oben genannte AHK in Korea noch nicht aktiv war, mussten die DVB-Berater die Fälle alleine bearbeiten, obwohl sie keine Experten für Joint Venture Unternehmen waren.

Wissenstransfer und Counterparts

Ein wichtiger Teil der Tätigkeit waren neben der Anfertigung von Studien und Gutachten auch Vorlesungen und Vorträge vor den Beamten des EPB. Vor allem drehten sich diese um die wirtschaftliche Entwicklung der BRD, aber behandelten auch allgemeine wirtschaftliche Themen. Die deutschen Berater erhofften sich dadurch die Möglichkeit einer indirekten Einflussnahme auf die koreanische Wirtschaftspolitik.[78] W. Boucherie und J. von Gyldenfeldt hielten gemeinsam eine englischsprachige Vorlesung an der Sungkyunkwan University vor rund 30 Studierenden der Wirtschaftswissenschaften. Darin wurden allgemeine „ökonomische Probleme unterentwickelter Länder“ behandelt.[79] Auch die anderen Berater hielten Vorträge oder Vorlesungen an verschiedenen koreanischen Universitäten.[80] Den Beamten des EPB, aber auch Studierenden der Volkswirtschaften an koreanischen Universitäten wurden dadurch nicht nur die deutsche Wirtschaftsentwicklung, sondern auch im Allgemeinen deutsche wirtschaftswissenschaftliche Ansätze nähergebracht. Somit trug die DVB auch zu einer weiteren Verbrei-

---

Glaeser: Keramische Industrie in Korea; Entsendung eines deutschen Keramikfachmanns im Rahmen der technischen Hilfe, 30.11.1965. Vgl. u. a. auch den Abschlussbericht des Experten: BArch, B 213/11969, A. Härtel: Bericht über die Keramik-Industrie Südkorea, 01.03.1970.

78 BArch, B 213/11968, Dr. W. Rau: Bericht für die Zeit vom 06.12.1962 bis zum 28.02.1963, 28.02.1963, S. 22.

79 BArch, B 213/11968, Dr. W. Rau: Bericht für die Zeit vom 01.09. bis zum 30.11.1963, 04.12.1963, S. 9.

80 Beispielsweise hielt R. Glaeser einen Vortrag an der Hankuk University of Foreign Studies zur wirtschaftlichen Entwicklung der BRD. Glaeser, Rolf: „Die Wirtschaftliche Entwicklung in der Bundesrepublik Deutschland“, in: *The Argus*, 15.11.1966.

tung des Diskurses über das ‚Wirtschaftswunder vom Rhein' bei und hob die deutsche Vorbildrolle für Korea hervor.

Des Weiteren konnte der koreanische Counterpart im EPB, Kang Sincho, mit Unterstützung des BMZ einen Aufenthalt an einer deutschen Universität absolvieren.[81] Kang erwähnte sein Auslandsstudium in einem *Oral History*-Interview, ging aber dabei nicht auf genauere Details ein. Während seines zweijährigen Studiums in Hamburg und Kiel, das nicht zu einem Abschluss führte, entstand die Monografie *Economic Integration in Asia*. In dem Interview hob Kang auch hervor, dass ein Studium der Wirtschaftswissenschaften in der BRD eher eine Ausnahme war und er dadurch auch in der Folge immer wieder nach Europa entsandt wurde.[82] Auch der damalige EPB-Beamte Wi Sŏngyong erwähnte in einem *Oral History*-Interview, dass er auf Grund seines Studiums in der BRD bevorzugt an den deutsch-koreanischen Beratungen zur Entwicklungszusammenarbeit teilnahm. Wi hatte 1965 ein Studium der Wirtschaftswissenschaften an der Universität Bonn absolviert und spielte in den 1970er-Jahren eine wichtige Rolle bei den Verhandlungen zu finanzieller Zusammenarbeit mit der Bundesregierung.[83]

Im Vergleich zu späteren Projekten wurde auf die Counterpart-Ausbildung jedoch vergleichsweise wenig Wert gelegt, wohl auch weil es in Korea bereits eine große Zahl an ausgebildeten Ökonomen mit Hintergrund in Japan oder den USA gab. Mit Blick auf die *Liste der promovierten Koreaner in Deutschland* hatten nur fünf Personen in den 1950/60er-Jahren eine Promotion in Wirtschafts- oder Betriebswissenschaften abgeschlossen.[84] Eine anschließende Tätigkeit dieser Absolventen im EPB konnte jedoch nicht überprüft werden. Im Rahmen der Beratergruppe für den Berufsbildungssektor hingegen wurden jährlich mehrere Counterparts aus dem Arbeitsministerium in die Bundesrepublik entsandt (siehe Kapitel III-4), was einen deutlich höheren Stellenwert der Counterpartausbildung in diesem Sektor unterstreicht. Es finden sich dadurch auch weniger Informationen zu den koreanischen Partnern der DVB selbst.

---

[81] PA AA, B 58–407/Abt 8/III B1–3, 934, Schreiben der Deutschen Botschaft Seoul an das AA: Fortbildung von Fachkräften, hier: Koreanischer Staatsangehöriger Kang Shin Joe, 14.04.1965.

[82] Academy of Korean Studies, Oral Archives of Modern History, Wirtschaft und Diplomatie, Kang Sincho, Interview 1–1, Teil 2, 25.04.2012; Kang, Shin Joe: *Economic integration in Asia*, Verl. Weltarchiv: Hamburg 1969.

[83] Academy of Korean Studies, Oral Archives of Modern History, Wirtschaft und Diplomatie, Wi Sŏngyong, Interview 1–1, 18.06.2014. Vgl. auch: „Sŏngŏp kongsa pusajang Wi Sŏngyong-ssi" [Vizepräsident der Korea Asset Management Corporation Wi Sŏngyong], in: *Maeil Business Newspaper*, 29.07.1993.

[84] Vgl. auch: Botschaft der Republik Korea in Deutschland (Hg.): *Liste der promovierten Koreaner in Deutschland (1924–1996)*, Koreanische Botschaft: Bonn 1997.

2.4 Zusammenarbeit mit amerikanischen Wirtschaftsberatern

Die USOM bzw. USAID war seit dem Ende des Koreakrieges in Korea vertreten. Die amerikanischen Berater arbeiteten eng mit den koreanischen Behörden wie dem Finanz- und Wirtschaftsministerium zusammen. Die Beratung war dabei vor allem auf wirtschaftliche Themen ausgerichtet, was einerseits zur Förderung der wirtschaftlichen Entwicklung Koreas beitragen, andererseits die Interessen amerikanischer Unternehmen in Korea stärken sollte.[85] Unter anderem waren die amerikanischen Berater an der Erarbeitung eines grundsätzlichen Wirtschaftsprogramms 1954 sowie dem Vorläufer des ersten Fünfjahresplans beteiligt.[86]

In der Übergangszeit von der Regierung unter Rhee Syngman zu Park Chung Hee von 1959 bis 1961 war die Oregon Advisory Group in Korea tätig.[87] Mit der Machtübernahme Park Chung Hees folgte dann eine direktere Einflussnahme durch persönliche Wirtschaftsberater. Park wünschte schon 1961 die Entsendung eines amerikanischen Beraters für seine privaten Dienste. Dafür wurde zunächst Albert Boucher ausgewählt; später übernahm der Direktor des USAID Korea, Joel Bernstein, die Stelle. Park erkundigte sich direkt bei den Beratern nach Entwicklungsprojekten, fragte nach deren Erfolgsaussichten und möglichen Problemen. Die USAID selbst, aber auch Wirtschaftswissenschaftler der damaligen Zeit betonen daher die außergewöhnliche Rolle der USOM/USAID in Korea, da diese in anderen Ländern normalerweise keine direkte Beratungsfunktion innehatte.[88]

Außerdem wurden in den 1960ern mehrere amerikanische Kurzzeitexperten zur Wirtschaftsberatung mit verschiedenen Schwerpunkten entsandt. Darunter waren chronologisch Edward S. Shaw, John G. Gurley zur Entwicklung

---

[85] Rau schreibt dazu: „Die bisherige amerikanische Hilfe war ein Fehlschlag, und zwar in erster Linie deswegen, weil sie im Interesse des Absatzes amerikanischer Surplus-Güter in allzu starkem Maße als ‚Konsumentenhilfe' gewährt wurde." BArch, B 213/11968, Dr. W. Rau: Zur politischen und wirtschaftlichen Lage Südkoreas (Anlage zum Bericht vom 28. März 1962 über die Dienstreise nach Südkorea vom 28. Februar bis 22. März 1962), 06.04.1962, S. 5.

[86] Nathan, Robert R.: *An Economic Program for Korean Reconstruction: Prepared for the UNKRA*, Nathan Advisory Group: Seoul 1954. Vgl. auch: Pak, *Wŏnhyŏng-gwa pyŏnyong*, S. 35–42.

[87] Oregon Advisory Group to Korea (Hg.): *A Report on the University of Oregon Advisory Mission to the Korean Economic Development Council, 1959–61*, University of Oregon: Eugene 1961.

[88] USAID (Hg.): *Case Study South Korea – From Aid Recipient to Donor: USAID's Role in South Korea's Extraordinary Transformation*, Report Number: PDACY151, USAID: Washington 2011; Cole, David C. / Lyman, Princeton N.: *Korean Development: The Interplay of Politics and Economics*, Harvard University Press: Cambridge 1971, S. 205. Vgl. auch: Brazinsky, „From Pupil to Model", S. 97.

von Finanzinstitutionen, Irma Adelman zu Planungsmodellen und -konzepten, Richard A. Musgrave zu Steuer- und Fiskalpolitik, Peggy B. Musgrave zu Außenhandelspolitik, Edward Hollander und Edgar McVoy zur Ausbildungsplanung von Arbeitskräften und Alan Strout zu Planungsmodellen.[89] Die DVB verwies in ihren Berichten auf die amerikanischen Experten, bei denen es sich in vielen Fällen um namhafte Ökonomen handelte. Außerdem waren die DVB-Mitarbeiter an einer Studie von I. Adelman beratend beteiligt, um die Verteilung von Investitionsbereichen zu erarbeiten.[90] Eigentlich sollten von deutscher Seite ebenfalls bis zu fünf Sachverständige zeitweise nach Korea entsandt werden. Allerdings kamen nur zwei Sachverständige für den Kohlebergbau und einer für die Keramikindustrie,[91] während die anderen Themen wie Textilindustrie oder Exportmarketing durch die DVB-Berater abgedeckt wurden.

Daneben waren auch private Berater – wie beispielsweise R. Nathan – im Auftrag der amerikanischen Regierung in Korea tätig. Die Beratergruppe um ihn wurde als *Nathan Advisory Group* bezeichnet. Nathan hatte nach eigener Aussage enge Verbindungen zu Beamten im EPB und Park selbst. In einem *Oral History*-Interview fasste er seine Tätigkeiten zusammen: „We worked with them on all these policies. We worked with every five-year plan; we were in Korea until '75, from '52' to '54-'55, and then again from '60 to '75, resident teams."[92] Nathan selbst hatte seiner Erinnerung zufolge also an allen Fünfjahresplänen bis 1975 mitgearbeitet. Dem Historiker Gregg Brazinsky zufolge habe Nathan vor allem bei der Überarbeitung des zweiten Fünfjahresplans im Juni 1966 eine wichtige Rolle gespielt.[93] Gleichzeitig betonte er, dass sich diese Planung nicht zwangsläufig in der Politik der koreanischen Regierung gezeigt hat, da diese den Plan nicht direkt umsetzte, sondern nach eigenen Vorstellun-

89 Cole/Lyman, *Korean Development*, S. 205.

90 BArch, B 213/11968, W. Boucherie: Bericht für die Zeit vom 01.06. bis zum 01.10.1965, 30.10.1965, S. 9f.

91 Vgl. auch: BArch, B 213/11969, A. Härtel: Bericht über die Keramik-Industrie Südkorea, 01.03.1970; BArch, B 213/8749, Internes Schreiben des BMZ: Technische Hilfe für Korea: Gutachten über den koreanischen Kohlebergbau, 10.1962, S. 1; F. A. Graf / P.-C. von Weyhe: Gutachten zu der Frage der Notwendigkeit und Möglichkeit einer Fördersteigerung in den bestehenden staatlichen Kohlebergwerken der Republik Korea, 03.1962.

92 Johnson, Niel M.: „Oral History Interview with Robert R. Nathan", Washington, D. C., 22.06.1989, S. 83; via: Webseite der Harry S. Truman Library, URL: https://www.trumanlibrary.gov/library/oral-histories/nathanrr

93 Brazinsky, „From Pupil to Model", S. 102f. Auch wenn Formulierungen aus dem Text des Plans sowie dessen Ausrichtung im Allgemeinen untersucht werden, um den Einfluss der amerikanischen Berater zu belegen, stützt sich Brazinskys Argumentation hauptsächlich auf R. Nathans eigene Einschätzungen, insbesondere sein Tagebauch, das als Teil der *Nathan Papers* im Archiv der Cornell University überliefert ist. Vgl. auch *Nathan Papers at Cornell University*, URL: https://rmc.library.cornell.edu/EAD/htmldocs/RMM04410.html#subjects

gen modifizierte.[94] Hier stellte sich ein ähnliches Problem wie im Fall der DVB, da der tatsächliche Einfluss der Experten auf die Wirtschaftspolitik nur schwer nachzuweisen ist.

Aus deutschen und amerikanischen Dokumenten geht hervor, dass die Beratergruppen aus beiden Ländern zum Teil eng kooperierten, sich gegenseitig prüften oder inhaltlich ergänzten.[95] W. Rau trat bereits während der projektvorbereitenden Regierungsverhandlungen mit der USOM in Kontakt und bezeichnete das Verhältnis insgesamt als gut.[96] Scheinbar schätzte die USOM auch die Rolle der DVB als wichtig ein. Deren Leiter, J. Killen, sagte einem Bericht zufolge in einem Gespräch zu W. Boucherie, dass die DVB ihren „Einfluss auf die koreanische Wirtschaftspolitik nicht unterschätzen" sollte. Diese habe bessere Chancen, die koreanische Regierung zu beeinflussen als USOM selbst.[97]

Später wurden gemeinsame Beratungen im EPB durchgeführt und Studien oder Projektgutachten ausgetauscht.[98] Dabei gab es zum Teil auch inhaltliche Überschneidungen, wie jeweils einen deutschen und amerikanischen Bergbauexperten,[99] obwohl in einem deutschen Bericht anfangs betont wurde, „dass weder die Koreaner noch die Amerikaner oder wir die geringsten Bedenken haben, dass sich die Tätigkeitsbereiche der amerikanischen und unserer Gruppe überschneiden könnten, dass daraus personelle oder sachliche Schwierigkeiten entstehen könnten."[100] In späteren Jahren versuchten die Beratergruppen der beiden Länder, eine klarere Abgrenzung der Tätigkeitsfelder zu beschließen. So sollte die *Nathan Advisory Group* den finanzpolitischen Sektor betreuen, während die DVB die Exportförderung und Industrieentwicklung abdeckte.[101]

---

94 Brazinsky, „From Pupil to Model", S. 103. Vgl. auch: Pak, *Wŏnhyŏng-gwa pyŏnyong*, S. 340–344.

95 Die amerikanische Regierung wies die USOM in Seoul u. a. an, enger mit den deutschen Beratern der DVB zusammenzuarbeiten. National Library of Korea, NARA, RG 59 Records of the Department of State, AID (U. S.) 8 Grant, Technical Assistance, KOR S, 1/1/64, „Aid Coordination Korea", 19.02.1965.

96 Vgl. auch: BArch, B 102/102239, o. N.: Vermerk über das Ergebnis der Besprechung vom 06.04.1964 betreffend Korea (deutsche Beratergruppe), 10.04.1964, S. 1/BArch, B 213/11960, W. Boucherie: Bericht über die Tätigkeit der DVB in Seoul, 01.04.1968, S. 3f.

97 BArch, B 213/11968, W. Boucherie: Bericht für die Zeit vom 01.03. bis zum 31.05.1964, 23.06.1964, S. 12.

98 BArch, B 213/11968, Dr. W. Rau: Bericht für die Zeit vom 06.12.1962 bis zum 28.02.1963, 28.02.1963, S. 18.

99 BArch, B 213/11968, Dr. W. Rau: Bericht für die Zeit vom 01.03. bis zum 31.05.1963, 07.06.1963, S. 1.

100 BArch, B 213/11968, W. Boucherie: Aktennotiz über die personelle Zusammensetzung und die Abgrenzung des Tätigkeitsbereiches der amerikanischen Gruppe, 13.04.1964, S. 1.

101 BArch, B 213/11968, Dr. W. Nittscher: Bericht für die Zeit vom 01.11.1964 bis zum 31.01.1965, 17.02.1965, S. 5.

Volkswirtschaftlich gesehen ließen sich vermutlich viele Aspekte analysieren. Es fällt jedoch auf, dass sich beispielsweise die Beratung bezüglich der Rolle von kleinen und mittleren Unternehmen (KMU) glich. Sowohl die amerikanischen als auch die deutschen Berater empfahlen der koreanischen Regierung, ihren Fokus nicht auf Großunternehmen zu legen.[102] Beide Beratergruppen schlugen außerdem eine Entwicklung nach dem *balanced growth* Modell vor, beispielsweise durch den Ausbau der Landwirtschaft, während koreanische Wirtschaftsplaner dieses zwar auf Druck der USA in den Fünfjahresplan aufnahmen, aber letztlich nicht umsetzten.[103] Auch der deutsche Berater R. Gläser erinnerte sich, dass zum Beispiel die KMU-Förderung in seiner Stellenausschreibung als ein Schwerpunkt der Arbeit genannt wurde, aber in der Realität eigentlich keine Rolle spielte.[104]

Bezogen auf die Beratung zur technischen und finanziellen Entwicklungszusammenarbeit kooperierten die beiden Gruppen zwar einerseits, standen gleichzeitig aber auch in einer gewissen Konkurrenz, vor allem bezüglich der privaten Investitionen. So war man darauf bedacht, sich über die Projektanträge, deren Prüfung und Ablehnung auszutauschen, um eine mögliche doppelte Antragstellung durch die koreanische Regierung zu verhindern. Das stellte auch für das BMWi und die KfW eine immense Arbeitserleichterung dar.[105] Andererseits war die amerikanische Seite jedoch wenig erfreut, als beispielsweise ein deutsches Konsortium aus Investoren 1962 Privatkredite vergab und ankündigte, in der Folge größere Investitionen in Korea zu tätigen.[106]

Trotz enger Zusammenarbeit zeigten sich auch Meinungsverschiedenheiten zwischen den deutschen und amerikanischen Beratern. Vor allem W. Rau ging in seinen Berichten immer wieder kritisch auf die Empfehlungen der amerikanischen Berater ein. So stünden die amerikanischen Stellen vor Ort der Wirtschaftsplanung der koreanischen Regierung nicht angemessen kritisch gegenüber:

> „Im Gegensatz zu der Auffassung amerikanischer Wirtschaftswissenschaftler und unabhängiger Sachverständiger, welche diese Gefahren erkannt und vor ihnen gewarnt haben, verharmlosen die offiziellen amerikanischen Stellen (vor allem USOM) diese gefährlichen ‚Planexzesse'. Sie übersehen geflissentlich die problematische Vorliebe der koreanischen Regierung für

---

102 Rau, „Economic Development in Korea", S. 11.
103 Pak, *Wŏnhyŏng-gwa pyŏnyong*, S. 340–344.
104 Gespräch mit R. Glaeser, 13.07.2021, telefonisch.
105 BArch, B 213/11968, Dr. W. Nittscher: Bericht für die Zeit vom 01.02. bis zum 31.05.1965, 03.06.1965, S. 7.
106 Brazinsky, „From Pupil to Model", S. 95.

> allzu kapitalintensive Maßnahmen [...]. Es besteht somit die Gefahr, dass unter dem Eindruck der amerikanischen Absatzinteressen die amerikanische Entwicklungshilfe für Korea zwar in starkem Maße von einer Konsumentenhilfe zu einer Kapitalhilfe umgewandelt, jedoch nach wie vor allzu stark von den amerikanischen Vorstellungen über Exporthilfe bestimmt bleibt."[107]

Diese Einschätzung aus dem Jahre 1962 ging einerseits auf die in der Forschung vielbeschriebene Änderung in der amerikanischen Entwicklungszusammenarbeit ein.[108] Andererseits wurden die amerikanischen Absatzinteressen kritisiert, die ebenfalls eine Rolle gespielt haben dürften, auch wenn in der Forschung meist im Unterschied zu W. Raus Einschätzung die Kritik der amerikanischen Berater an der koreanischen Planung im Vordergrund steht. Außerdem sähen die amerikanischen Berater die koreanische Wirtschaftsentwicklung als zu positiv, was W. Rau auf einen „übertriebenen Zweckoptimismus" zurückführte, da eine gute koreanische Wirtschaftsentwicklung eine schrittweise Verringerung der amerikanisch-koreanischen Entwicklungszusammenarbeit möglich mache.[109]

Neben den amerikanischen Beratern waren später auch Berater der japanischen Regierung und internationaler Organisationen sowie Banken wichtige Partner der DVB in Korea.[110] Die Kooperation mit den amerikanischen Stellen schien bis zur Gründung der gemeinsamen internationalen Beratergruppe IECOK jedoch die wichtigste Rolle einzunehmen. Zwar gab es auch in anderen Sektoren der technischen Zusammenarbeit immer wieder Austausch mit anderen Projekten bi- und multilateraler Partner Koreas, allerdings scheint die Kooperation der wirtschaftspolitischen Beratung enger gewesen zu sein, weil die amerikanischen Stellen in der Anfangszeit diesen Sektor dominierten.

---

107 BArch, B 213/11968, Dr. W. Rau: Zur politischen und wirtschaftlichen Lage Südkoreas (Anlage zum Bericht vom 28. März 1962 über die Dienstreise nach Südkorea vom 28. Februar bis 22. März 1962), 06.04.1962, S. 5.

108 Vgl. auch: Park, „Change in U. S. Policy Toward South Korea in the Early 1960s"; Yi, „1960nyŏndae ch'oban miguk-ŭi taeoewŏnjo chŏngch'aek chojŏng-gwa taehanwŏnjo-ŭi chŏngsanghwa".

109 BArch, B 213/11968, Dr. W. Rau: Bericht über die Dienstreise nach Washington in der Zeit vom 5.–15. Mai 1966 zur Teilnahme an der Sitzung des ‚Council' des ‚International Secretariat for Volunteer Services (ISVS)', 22.06.1966, S. 2f.

110 W. Boucherie reiste für zwei Besuche nach Japan und führte Gespräche im japanischen Wirtschafts- und Außenministerium über die japanischen Kredite und Reparationszahlungen. Die Gespräche wurden durch die Deutsche Botschaft in Tokyo vermittelt. BArch, B 213/11968, W. Boucherie: Bericht für die Zeit vom 01.06. bis zum 01.10.1965, 30.10.1965, S. 11f.

Abbildung 9: Preisverleihung durch Präsident Park an W. Rau, 1967

Quelle: National Archives of Korea, Foto-Nr.: CET0023634.

2.5 Internationalisierung der Beratung: Gründung der IECOK

Bereits früh kam die Idee auf, für wirtschaftliche Fragen eine internationale Beratergruppe einzurichten, was mit Gründung der International Economic Consultative Organization for Korea (IECOK) im Jahre 1966 schließlich verwirklicht wurde. Von Seiten der Geberländer sollte dadurch die Wirtschaftsberatung, aber auch die Entwicklungszusammenarbeit mit Korea besser koordiniert und effizienter gemacht werden. Außerdem könnten die Geberländer dadurch leichter Investitionen in Korea ermöglichen und Einfluss auf die koreanische Investitionspolitik nehmen.[111] Der Vorschlag zur Gründung der IECOK ging vermutlich auf eine Idee der amerikanischen Seite zurück und wurde diplomatisch auf verschiedenen Ebenen u. a. zwischen den USA, der BRD, Japan und Korea diskutiert.[112]

[111] BArch, B 213/11968, Prof. Dr. W. Kraus: Stellungnahme zur Tätigkeit der deutschen Beratergruppe in Südkorea, 16.07.1966, S. 7.

[112] Zuerst erwähnt wurde der Vorschlag 1965 in folgendem Schreiben: PA AA, B 58–407/ Abt 8/III B1–3, 886, Schnellbrief des AA an BMWi, BMF und BMZ: Korea – Amerikanischer Vorschlag zur Bildung einer ‚Consultative Group', 05.05.1965. Zu den weiteren Beratungen vgl. u. a. die Dienstreisen der DVB Leiter W. Rau und W. Boucherie in die

Nach verschiedenen Besprechungen mit Vertreten des EPB, der amerikanischen *Nathan Advisory Group* und USOM fasste W. Rau die politischen Absichten der beteiligten Seiten in einem Vermerk für das BMZ zusammen: Darin erläuterte er, dass die amerikanischen Stellen vor allem ihre Entwicklungspolitik durch die Beteiligung anderer Berater „objektivieren“ sowie den Einfluss Japans einschränken wollten. Man habe den USA zu oft „Einmischung in interne Angelegenheiten“ vorgeworfen. Japan hingegen wolle davon ablenken, dass es in Korea „wieder im Stile einer Kolonialmacht“ auftrete und gleichzeitig mit den USA multilateral verhandle. Dies sei jeweils auch im Sinne der koreanischen Regierung, da eine internationale Beratergruppe größere Neutralität bedeute.[113] Einer Stellungnahme der Deutschen Botschaft in Tokyo zufolge war allerdings auch die japanische Seite zunächst skeptisch gegenüber dem Vorschlag.[114] Auch in der Bundesregierung fand die Gründung der Gruppe nicht von Anfang an nur Zustimmung. Man befürchtete beispielsweise im Auswärtigen Amt, dass durch die Gründung eine Institutionalisierung der Entwicklungszusammenarbeit erfolgen würde und die Geberländer für Korea zu viel Verantwortung übernehmen müssten. Auch stünden nicht genügend Experten für die regelmäßigen Treffen der Gruppe zur Verfügung. Deshalb sollten lediglich Absprachen mit den zwei großen Gebern, den USA und Japan, erfolgen.[115]

Aus den Gesprächen mit den anderen ausländischen Beratern zog W. Rau allerdings den Schluss, dass der BRD eine Schlüsselposition bei der Entscheidung für oder gegen die internationale Beratergruppe zukäme und befürwortete daher deren Gründung. Die Gruppe könnte „korrigierend auf ungesunde problematische Investitionspolitik der ROK einwirken“, was auch Vorteile für das „deutsche Geschäft“ brächte. Gleichzeitig betonte er, dass geschäftliche Erwägungen für eine Entscheidung keine Rolle spielen sollten.[116] Mit Bezug auf die koreanische Regierung hob W. Rau hervor:

USA und nach Japan: BArch, B 213/11968, Dr. W. Rau: Bericht über die Dienstreise nach Washington in der Zeit vom 5.–15. Mai 1966 zur Teilnahme an der Sitzung des ‚Council‘ des ‚International Secretariat for Volunteer Services (ISVS)‘, 22.06.1966. / W. Boucherie: Bericht für die Zeit vom 01.06. bis zum 01.10.1965, 30.10.1965, S. 11f. Außerdem besuchte der stellvertretende Leiter der USOM Korea im gleichen Jahr das BMZ. BArch, B 213/11968, Dr. Ulshöfer: Vermerk über eine Besprechung im BMZ am 21.06.1965 mit dem stellvertretenden Leiter der USOM Korea, Mr. Brown, 29.06.1965.

113 BArch, B 213/11968, W. Rau: Vermerk zur Frage der Gründung einer internationalen Beratungsgruppe (International Consultative Group), 13.10.1965, S. 1f.

114 PA AA, B 58–407/Abt 8/III B1–3, 886, Deutsche Botschaft Tokyo an das AA: Koreanischer Wunsch auf Bildung einer Beratergruppe für Entwicklungshilfe, 12.08.1965.

115 PA AA, B 58–407/Abt 8/III B1–3, 886, Aufzeichnung des AA: Korea – Amerikanischer Vorschlag zur Bildung einer ‚Consultative Group‘, Ressortbesprechung am 12. Mai 1965, 14.05.1965, S. 1f.

116 BArch, B 213/11968, W. Rau: Vermerk zur Frage der Gründung einer internationalen Beratungsgruppe (International Consultative Group), 13.10.1965, S. 3.

> „The Federal Republic of Germany would not hesitate to leave such a group if the Korean government merely intends to squeeze its foreign economic partners for more capital aid and more assistance.“[117]

Die Vermutung, dass Korea hauptsächlich an einer Erhöhung der Mittel für die finanzielle und technische Entwicklungszusammenarbeit interessiert war, schien sich später zu bestätigen: Einem amerikanischen Dokument zufolge brachte die koreanische Delegation zu den Treffen „a shopping list of projects for which foreign assistance is desired“.[118] Laut KOICA-Bericht war die Gruppe hauptsächlich zur Gewinnung von ausländischem Kapital gedacht, weshalb die koreanische Regierung für deren Gründung lobbyiert hatte.[119]

Im Dezember 1966 fand unter Vorsitz der Weltbank die konstituierende Sitzung der IECOK in Paris statt. Neben den genannten Ländern BRD, USA und Japan nahmen außerdem Frankreich, Kanada, Australien, Belgien, Italien, Großbritannien und Taiwan teil. Die ADB, der IWF und die UNDP hatten eine Beobachterrolle inne. Nachdem die koreanische Regierung am ersten Tag ihre Wirtschaftsplanung vorstellte und die teilnehmenden Nationen darüber diskutierten, wurden am zweiten Tag die Aufgaben der Beratergruppe besprochen. Außerdem stellte u. a. der amerikanische Vertreter die finanziellen Hilfsleistungen seiner Regierung vor. Die deutsche Delegation bestand aus Beamten des BMZ, BMWi und BMF und stand unter der Leitung von W. Rau. Deren Bericht zufolge gab es anfangs keine klare Planung zu den Aufgaben der Gruppe, weshalb die deutsche Delegation ihre Vorstellungen äußerte, denen die anderen Länder schließlich zustimmten. Die deutsche Delegation bewertete ihre Rolle aus diesem Grund als entscheidend („Schlüsselstellung“).[120]

Es wurde beschlossen, sich jährlich zu treffen und wie bei der konstituierenden Sitzung die Wirtschaftsplanung, insbesondere auf Grundlage der Wirtschaftspläne und -gesetze der koreanischen Regierung, zu diskutieren und sich über die Entwicklungszusammenarbeit abzustimmen. Das Vorgehen bei den Treffen ähnelte dabei der konstituierenden Sitzung. Nach einer Einführung durch die Weltbank präsentierte die koreanische Delegation einen Bericht zur

---

117 Rau, „Economic Development in Korea“, S. 14.

118 US Comptroller General: *Report to the US Congress: U. S. Assistance for the Economic Development of the Republic of Korea*, 07.1973, S. 10/64.

119 Vgl. auch: KOICA, *Han'guk-e taehan kaebal wŏnjo-wa hyŏmnyŏk*, S. 60f.; „Taehan kukche kyŏngje hyŏbŭich'e (IECOK)“ [International Economic Consultative Organization for Korea], in: *Maeil Business Newspaper*, 24.04.1970.

120 PA AA, B 37/56 [aus: National Institute for Korean History], Gemeinsamer Bericht über die konstituierende Sitzung der Internationalen Beratungsgruppe für Korea am 12. und 13. Dezember 1966 in Paris, 04.01.1967, S. 4f.

wirtschaftlichen Lage, der Wirtschaftsplanung und den wirtschaftlichen Erfolgen, welche dann im Anschluss von allen Teilnehmern diskutiert wurden. Zur Lösung von wirtschaftlichen Problemen, wie beispielsweise im Rahmen der ersten Ölkrise,[121] wurden konkrete Vorschläge gemacht. Darauf wurden die benötigten ausländischen Mittel bestimmt, und es erfolgte ein Austausch über die jeweiligen Leistungen der technischen und finanziellen Zusammenarbeit. So stand beispielsweise in den frühen 1970er-Jahren der agrarwirtschaftliche Sektor im Vordergrund des dritten Fünfjahresplans, weshalb sich auch die Projekte der Geberländer auf diesen Sektor erstreckten.[122] Diese Ausrichtung spiegelte sich auch in der tatsächlichen deutsch-koreanischen Zusammenarbeit wider.

Die koreanische Regierung kooperierte ab den späten 1960er-Jahren mit verschiedenen Ländern und Organisationen in einer großen Bandbreite an Sektoren, was eine Koordinierung der einzelnen bilateralen wie multilateralen Projekte erforderlich machte. Die Gründung der IECOK als einer internationalen Beratergruppe der Geberländer und -organisationen war also nötig, um diese erweiterte Entwicklungszusammenarbeit effektiver zu machen. Die Beratungstätigkeit durch die DVB wurde damit überflüssig, da sie eine solche koordinierte Beratung nicht hätte leisten können. Die DVB wurde daher fast fließend von der IECOK abgelöst. Genauso passte sich die IECOK den äußeren Umständen an: Mit dem stetigen koreanischen Wirtschaftswachstum entschieden sich die Delegierten schließlich bei ihrem Treffen 1984, die Aufgaben der IECOK an die koreanische Regierung zu übertragen und sich selbst aufzulösen.[123]

2.6 Resümee

Die DVB nur als eine von vielen Beratergruppen in Korea zu sehen greift zu kurz. So war sie zu einer kritischen Phase der frühen Wirtschaftsentwicklung unter der neuen und noch instabilen Regierung von Park Chung Hee am EPB tätig und erfüllte dabei wichtige Aufgaben: Die Berater wirkten an der Gestal-

[121] BArch, B 213/8744, Dr. Obermüller: Vermerk – 7. Tagung der Weltbankberatungsgruppe Korea vom 25. bis 27. März 1974 in Paris, 02.04.1974, S. 2.

[122] BArch, B 213/8744, MinRat Winter (BMWi): Vermerk – 6. Tagung der Weltbankberatungsgruppe für Korea am 12./13. Dezember 1972 in Paris, 14.12.1972, S. 7–9. Auch wenn die westdeutsche Regierung jährlich an diesen Treffen teilnahm, finden sich nicht alle Sitzungsprotokolle in den BArch-Quellen und konnten deshalb noch nicht einzeln auswertet werden.

[123] World Bank, News Release: „Consultative Group for Korea", 16.07.1984, Report Number: 151500, S. 2.

tung der koreanischen Wirtschaftspolitik insbesondere durch die Mitarbeit an den Fünfjahresplänen, die Erstellung von Gutachten und Studien sowie Beratungen im EPB mit. Sie arbeiteten meist eng mit den koreanischen und amerikanischen Stellen zusammen, kritisierten diese aber auch und setzten eigene Akzente. Obwohl die koreanische Seite vor allem die Langzeitprognosen und Mitarbeit an den Fünfjahresplänen hervorhob, stellten sektorale und Projektstudien einen Großteil der Tätigkeit dar. Diese erfüllten eine Doppelfunktion: Einerseits dienten sie der koreanischen Regierung, die Lage spezifischer Industriezweige und Projekte besser einzuschätzen und ihre Politik abzustimmen, andererseits konnten BMZ, BMWi und KfW darauf aufbauend Entscheidungen über die Förderung von Projekten im Rahmen der technischen und finanziellen Zusammenarbeit treffen. Die westdeutsche Regierung hatte dadurch also neben der Botschaft in Seoul eine zusätzliche Möglichkeit, die Lage vor Ort einzuschätzen. Gleichzeitig beriet die DVB deutsche und koreanische Unternehmen und war somit auch für die Privatwirtschaft sowie deutsche Außenhandelsinteressen tätig.

Es lässt sich festhalten, dass gerade die frühen Projekte der deutsch-koreanischen technischen Zusammenarbeit nicht nur eine Symbolwirkung hatten, sondern auch die allgemeine Ausrichtung der deutschen Entwicklungspolitik nachhaltig beeinflussten. Während die Facharbeiterschule in Incheon das erste in einer Reihe von Projekten im Berufsbildungssektor darstellte und als ein Ausgangspunkt der Entwicklungen in diesem Bereich gelten kann, hat die DVB eine wichtige Rolle bei der Auswahl von Projekten der deutsch-koreanischen Entwicklungszusammenarbeit in den verschiedenen Sektoren wie der Keramikindustrie, der Elektrizitäts- und Telefoninfrastruktur sowie der Viehzucht gespielt. Später wurden diese Bemühungen in Form bilateraler Wirtschaftskooperationen und Joint Ventures zwischen der deutschen und koreanischen Privatwirtschaft fortgeführt.

Gleichzeitig war die DVB nicht nur bilateral tätig, sondern im System des Kalten Krieges auf eine enge Kooperation mit den Partnern westlichen Blocks, vornehmlich den USA und später Japan angewiesen. Für die koreanische Regierung stellte die deutsche Beratergruppe, nach deren eigener Ansicht, eine neutrale Instanz dar, da die USA eine wirtschaftliche Hegemonie in Korea ausübten, während Japan als ehemalige Kolonialmacht und direkter Nachbar ebenfalls geopolitische Ansprüche zu verfolgen schien. Erst die Gründung der IECOK ermöglichte eine aus Sicht der koreanischen Regierung notwendige Internationalisierung der wirtschaftspolitischen Beratung und Koordinierung der Entwicklungszusammenarbeit mit Korea.

3. Infrastrukturprojekte: Entwässerung und Telekommunikation

Die Infrastruktur eines Landes ist eng mit dessen wirtschaftlicher Entwicklung verknüpft. Oftmals gilt eine gute Infrastruktur als Grundlage für das Funktionieren der Industrie. Als kritische Infrastrukturen gelten die Bereiche Wasserversorgung, Transport, Kommunikation und Elektrizität. Dabei verändert Infrastruktur nicht nur das Alltagsleben der Menschen, sondern auch die Umwelt. Sie wird jedoch in vielen Fällen kaum wahrgenommen, da sie im Verborgenen liegt. Erst wenn Infrastruktur versagt, wie beispielsweise bei Umweltkatastrophen, wird sie bemerkbar.[124] Dies ist auch beim Abwassersystem und der Telekommunikation der Fall, um die es in diesem Kapitel gehen wird.

Mit der erzwungenen Öffnung Chosŏns für den ausländischen Handel wurde das erste Mal im großen Stil moderne Infrastruktur auf der koreanischen Halbinsel errichtet. Dazu zählte der Bau von Straßen, Eisenbahnschienen, Dämmen, Wasser-, Elektro- und Telegrafenleitungen, für die Konzessionen zumeist an ausländische Firmen gingen. Auch deutsche Firmen waren daran bereits beteiligt.[125] Die japanische Kolonialregierung förderte in der Folge den Ausbau weiter, aber verfolgte dabei ihre eigenen machtpolitischen Ziele und richtete die Förderung in der Folge auf die Kriegswirtschaft aus.[126] Durch den Koreakrieg wurden große Teile dieser Infrastruktur zerstört, und die Regierung unter Rhee Syngman musste sich in der Nachkriegszeit um deren Wiederaufbau und Modernisierung kümmern. Für die Regierung unter Park Chung Hee stellte der Ausbau der Infrastruktur einerseits eine Notwendigkeit auf dem Weg zur Industrienation dar, andererseits handelte es sich in vielen Fällen auch um fotoreife Prestigeprojekte. Hier ist zum Beispiel der Bau der ersten Autobahnstrecke zwischen Busan und Seoul zu nennen. Eine solche Politik lässt sich in anderen Entwicklungsdiktaturen der Zeit wiederfinden.[127]

---

[124] Vgl. zu Infrastrukturgeschichte auch: Van Laak, Dirk: *Alles im Fluss: Die Lebensadern unserer Gesellschaft*, S. Fischer: Frankfurt am Main 2018; Edwards, Paul N.: „Infrastructure and Modernity: Force, Time, and Social Organization in the History of Sociotechnical Systems“, in: Misa, Thomas J. / Brey, Philip / Feenberg, Andrew (Hg.): *Modernity and Technology*, MIT Press: Cambridge 2003, S. 185–225.

[125] Lee, Young Gwan: *German Involvement in the Hermit Kingdom 1882–1905*, Dissertation, University of Arkansas, 1995; Chung, Young-Iob: *Korea under Siege, 1876–1945: Capital Formation and Economic Transformation*, Oxford University Press: Oxford 2006.

[126] Vgl. auch: Moore, Aaron Stephen: *Constructing East Asia: Technology, Ideology, and Empire in Japan's Wartime Era, 1931–1945*, Stanford University Press: Stanford 2013; Henry, Todd A.: *Assimilating Seoul: Japanese Rule and the Politics of Public Space in Colonial Korea, 1910–1945*, University of California Press: Berkeley 2014, Kapitel 4, S. 130–167.

[127] Vgl. auch das Beispiel Indonesien: Boden, Ragna: „Das Scheitern der sowjetischen Modernisierungsoffensive in Indonesien“, in: Greiner, Bernd / Müller, Christian T. / Weber,

Gerade die frühe deutsch-koreanische Entwicklungszusammenarbeit sah die Infrastruktur als maßgeblich an, sodass viele Projekte in diesem Sektor gefördert wurden, meist jedoch im Rahmen der finanziellen Zusammenarbeit. Unter anderem förderte die Bundesregierung neben den beiden obengenannten Sektoren den Bau eines Wärmekraftwerks, die Erneuerung der Stromübertragung sowie Eisenbahnsignalanlagen.[128] Außerdem arbeiteten Wissenschaftler der TU Berlin an einem Forschungsprojekt über das Verkehrssystem.[129] Daran waren verschiedene koreanische Ministerien beteiligt, die sich jedoch alle mit Infrastruktur in Verbindung bringen lassen. In der Folge erschienen auch Veröffentlichungen deutscher Wissenschaftler über Infrastruktur wie das Wassermanagement in Korea.[130] Das zeigt auch die enge Verknüpfung dieses Sektors mit den Ingenieurswissenschaften.

Für die Infrastrukturprojekte konnten die westlichen Geberländer in vielen Fällen auch an Erfahrungen in den Kolonialgebieten anknüpfen. Insbesondere Japan nutzte die Erfahrung aus seinen Kolonien, um in der Nachkriegszeit große Infrastrukturprojekte wie den Dammbau in Entwicklungsländern Südostasiens zu verwirklichen.[131] Für das Deutsche Reich sei hier beispielsweise auf ein umfangreiches Kanalisationsprojekt in Qingdao verwiesen.[132] Aber auch beim Wiederaufbau der BRD unter dem Marshallplan wurden insbesondere Infrastrukturprojekte gefördert, sodass die westdeutsche Regierung bereits Erfahrungen in diesem Sektor gesammelt hatte.[133]

Claudia (Hg.): *Ökonomie im Kalten Krieg*, Hamburger Edition: Hamburg 2010, S. 104–123. Für eine Vielzahl an (neueren) Fallstudien im asiatischen Kontext vgl. auch: Hirsh, Max / Mostowlansky, Till (Hg.): *Infrastructure and the Remaking of Asia*, University of Hawaii Press: Honolulu 2022.

128 Vgl. auch Kapitel II. Eine Übersicht über die frühen Projekte geben auch Dokumente des EPB: National Archives of Korea, Dokumenten-Nr.: BA0138942, EPB: Togil chaejŏng ch'agwan ch'ŏl [Akten zur finanziellen Zusammenarbeit mit Deutschland], 1962; sowie: Dokumenten-Nr.: BA0138963, EPB: Han togil kisul kwan'gye ch'ŏl [Akten zur deutsch-koreanischen technischen Zusammenarbeit], 1963.

129 Vgl. auch: BArch, B 213/8760, Forschungsprojekt über das Verkehrssystem, 1977.

130 Engelhard, Karl / Park Young-Hahn: „Südkorea: Wasser, Lebensnerv für die wirtschaftliche Entwicklung", in: *Geographische Rundschau* 42.11, 1990, S. 618–623.

131 Moore, Aaron Stephen: „From ‚Constructing' to ‚Developing' Asia: Japanese Engineers and the Formation of the Post-Colonial, Cold War Discourse of Development in Asia", in: Moore, Aaron Stephen / Mizuno, Hiromi / DiMoia, John (Hg.): *Engineering Asia: Technology, Colonial Development and the Cold War Order*, Bloomsbury: London 2018, S. 85–112.

132 Kneitz, Agnes: „German Water Infrastructure in China: Colonial Qingdao 1898–1914", in: *Zeitschrift für Geschichte der Wissenschaften, Technik und Medizin* 24, 2016, S. 421–450.

133 Grünbacher, Armin: „Cold-War Economics: The Use of Marshall Plan Counterpart Funds in Germany, 1948–1960", in: *Central European History* 45.4, 2012, S. 697–716.

3.1 Planungsgruppe Entwässerung Busan (PEB)

In diesem Kapitel werden zunächst einige Hintergründe des Wassermanagements während der Park Chung Hee Zeit vorgestellt. Dann folgt eine kurze Übersicht über die Entwicklungszusammenarbeit in diesem Sektor allgemein und die Planungsgruppe Entwässerung Busan (PEB) im Besonderen. Nach einem Blick auf die Pläne und deren Umsetzung werden schließlich auch die umweltlichen und sozialen Komponenten des Entwässerungsprojektes thematisiert.

Hintergründe und Projektinhalte

Bereits unter der japanischen Kolonialregierung wurde die Wasserversorgung staatlich geregelt. Im Jahre 1945 hatten 2 Millionen Menschen in 83 Städten Zugang zu einer täglichen maximalen Wasserversorgung von 13 Litern pro Person. Während des Koreakrieges erlitt der Süden der Halbinsel große Schäden an seinen Wasserwerken, weshalb die koreanische Regierung nach Kriegsende die Wiederherstellung der Wasserversorgung mit Unterstützung durch ausländische Kredite und Anleihen ausführte. Bis 1955 konnten die zerstörten Wasserwerke und -leitungen vollständig wiederaufgebaut werden.[134]

Mit dem ersten Fünfjahresplan wurden ab 1962 die geplanten Investitionen in Wasserversorgungsanlagen verstärkt. Im Jahre 1965 beschloss die Regierung unter Park Chung Hee dann den ‚Allgemeinen Zehnjahresplan zur Entwicklung von Wasserressourcen‘ (*sujawŏn chonghap kaebal 10kaenyŏn kyehoek*), wodurch u. a. der Bau von Dämmen gefördert werden sollte. Seit 1967 ist die Korea Water Resources Development Corporation (KWRDC) von staatlicher Seite für die Wasserverwaltung zuständig, wodurch eine stärkere Kontrolle über die Ressource Wasser ausgeübt wurde. Auf Grund des steigenden Wasserbedarfs in der Industrie setzte die Regierung auf eine stärkere Nutzung von Flüssen und führte dazu von 1971 bis 1981 den ‚Allgemeinen Plan zur Entwicklung des Gebiets um die vier großen Flüsse‘ (*4taegang yuyŏk chonghap kaebal kyehoek*) durch, dem bereits einige Vorstudien vorausgingen.[135] Da die Aufzeichnungen oft nicht weit genug zurückreichten, griffen die Ingenieure in vielen Fällen auf Daten der japanischen

---

[134] Vgl. auch: Cho, Ŭlsaeng: „2012 kyŏngje palchŏn kyŏnghŏm modyurhwa saŏp: Sogyumo sanghasudo shisŭt'em“ [Knowledge Sharing Program: Small-scale Waterworks and Sewerage Systems], Report, Ministry of Environment/KDI, 2012 S. 19–23.

[135] Hwang, Jin-Tae: „A study of State-Nature Relations in a Developmental State: The Water Resource Policy of the Park Jung-Hee Regime, 1961–79“, in: *Environment and Planning* 47, 2015, S. 1926–1943.

Kolonialregierung zurück, so beispielsweise auch bei Damm- und Wassermanagementprojekten am Han-Fluss.[136]

Die koreanische Regierung erhielt für die Erstellung der Studien sowie die Finanzierung dieser Großvorhaben Unterstützung durch die Weltbank, die IDA, die OECF und die ADB sowie bilateral durch die USA, Japan und die BRD.[137] Insbesondere unter dem dritten Fünfjahresplan (1972–1976) wurden in sieben Großstädten, nämlich Seoul, Busan, Incheon, Daegu, Daejeon, Gwangju und Cheongju, weitreichende Programme für die Verbesserung der Wasserversorgung finanziert.[138] Die deutsch-koreanische Zusammenarbeit fokussierte sich dabei insbesondere auf Busan.

Auch Busan hatte bereits ein System zur Wasserversorgung aus der japanischen Kolonialzeit, das jedoch an das Wachstum der Stadt angepasst und erneuert werden musste.[139] Die Wasserversorgung und Abwasserbeseitigung in Busan waren ein frühes Thema der Entwicklungszusammenarbeit zwischen Deutschland und Korea. Zunächst wurde ab 1964 in einem Projekt der finanziellen Zusammenarbeit der Aufbau einer verbesserten Wasserversorgung mit 15 Mio. DM unterstützt.[140] Während dieses Projekt noch lief, rückte neben der Wasserversorgung auch die Abwasserregulierung und -klärung stärker in den Fokus. Im Jahre 1968 stellte die Stadt Busan über die koreanische Regierung einen Antrag auf technische Unterstützung bei der Anfertigung eines Plans für die Entwässerung und Abwasserregulierung, für den man die deutschen Ingenieure in Anknüpfung an die vorangegangenen Arbeiten als prädestiniert betrachtete.[141]

---

[136] Park, Seohyun: „Reassembling Colonial Infrastructure in Cold War Korea: The Han River Basin Joint Survey Project (1966–71)“, in: *History and Technology* 37.3, 2021, S. 329–354.

[137] Vgl. auch: Korean Ministry of Construction / Japan International Cooperation Agency: Preliminary Feasibility Report on the long-term Multipurpose Dam Schemes, 07.1979 (online).

[138] „Hasu ch'ŏrijang tan'gye-ro taedanwihwa“ [Umrüstung auf eine dreistufige Kläranlage], in: *Maeil Business Newspaper*, 22.05.1979. Vgl. auch: Cho, „Waterworks and Sewerage Systems in Korea“.

[139] Pak, Minchu: *Ilche kangjŏmgi Pusanbu hasudo kŏnsŏl saŏp-ŭi chinhaeng kwajŏng-gwa han'gye (1929–1932)* [Process and Limitations of Sewage Construction Project in Busan during the Japanese Colonial Era (1929–1932)], Masterarbeit, Dong-a University, 2015. / Pak, Ch'ŏngkil: *Pusan-ŭi toshi hach'ŏn pogwŏn-ŭl wihan hasu-do chŏngch'aek* [Sewerage Policy for Urban River Restoration in Busan], Pusan chiyŏk hwan'gyŏng kisul kaebal sent'ŏ: Busan 2005. Vgl. zu historischen Hintergründen der Abwasserklärung in Busan auch die Webseite der Stadt Busan, wo auch die PEB kurz erwähnt wird. Grand Culture Busan, URL: http://busan.grandculture.net.

[140] MOFA Archives, Vertrags-Nr.: 188, Taehanmin'guk-kwa sŏdok KFWwa-ŭi pusanshi sangsudo hwakchang saŏb-ŭl wihan chaejŏng ch'agwan hyŏpchŏng [Finanzierungsabkommen zwischen der Republik Korea und der westdeutschen KFW für das Projekt zum Ausbau der Wasserversorgung von Busan], 24.01.1966.

[141] BArch, B 213/24249, Deutsche Botschaft Seoul an das AA: Technische Hilfe für Korea: Anfertigung einer Studie über die Abwasserregulierung der Stadt Busan, 14.11.1968.

Allerdings kam es nicht direkt zu einer Prüfung und Genehmigung des Projektes, weil die Ostberliner Spionageaffäre die diplomatischen Beziehungen beider Länder belastete. Erst ein Jahr später stellten Ingenieure der deutschen Firma Lahmeyer International, die den Auftrag für das Projekt der finanziellen Zusammenarbeit erhalten hatte, einen ersten Plan für eine mögliche Entwässerungsstudie auf.[142] Bei dieser Firma handelte es sich um ein Planungs- und Ausführungsbüro verschiedener Infrastrukturprojekte im In- und Ausland, das zu dieser Zeit auch in anderen Entwicklungsländern tätig war.[143]

Als Begründung für die Durchführung des Projektes wurden zum einen die Verbesserung der hygienischen Bedingungen, zum anderen der Schutz vor Überschwemmungen und Hochwasser genannt. Beispielsweise brachten die Gutachter Krankheiten wie Typhus und Encephalitis mit der unzureichenden Abwasserentsorgung in Verbindung.[144] Später kamen weitere Umweltfaktoren wie die Befestigung von Hängen hinzu. Besonders vor dem Hintergrund der wachsenden Einwohnerzahl Busans und der zunehmenden Urbanisierung des Umlandes war eine funktionierende Wasserversorgung und Abwasserentsorgung in der Region notwendig.[145] Die Entscheidung zur Förderung des Projektes wurde mit den „unhaltbaren sanitären Zuständen" in Busan erklärt. Die Wortwahl in einem BMZ-Bericht untermauerte die Dringlichkeit des Projektes, weist dabei jedoch auch eine Denkweise im Sinne der Modernisierungstheorie auf: Es sei notwendig, „das unkontrollierte Abführen von Abwasser und Fäkalien zu unterbinden und diese über moderne Vorfluteranlagen dem Meer schadlos zuzuführen".[146] ‚Moderne' westliche Technik wurde den ‚vormodernen' Zuständen in Busan gegenübergestellt.

Nach Abschluss der Vorstudien wurde ein weiterer externer Gutachter entsandt und das Projekt offiziell ausgeschrieben. Unter den engeren Kandidaten setzte sich ein Konsortium um die Firma F. H. Kocks KG durch, die nach weiteren eigenen Vorstudien von 1971 bis 1975 die Planungsgruppe Entwässerung

[142] BArch, B 213/24249, Firma Lahmeyer an das BMZ: TH Korea – Abwasserstudie Pusan, 04.08.1969.

[143] Eine Recherche über das Archivportal ergab, dass Lahmeyer International während der 1960er-Jahre im Auftrag des BMZ und der GTZ u. a. an einem wasserwirtschaftlichen Beratungsprojekt in Argentinien, sowie an Energieprojekten im Iran und Afghanistan beteiligt war. Vgl. auch: BArch B 213/2793; B 102/95216; B 102/177378.

[144] BArch, B 213/24249, Firma Lahmeyer an das BMZ: TH Korea – Abwasserstudie Pusan, 04.08.1969, S. 2–3.

[145] Man schätzte ein Wachstum der Einwohnerzahl von 1,9 Mio. im Jahr 1970 auf bis zu 3 Mio. im Jahr 1980.

[146] PA AA, B 54–407/Abt. 8/IIIB1-3, 1114, BMZ: Vorlage an den Interministeriellen Referenten-Ausschuss für Technische Hilfe – Vorhaben: Abwasserstudie für die Stadt Busan, 08.09.1969, o. S.

Busan (PEB) nach Korea entsandte.[147] Die Gruppe setzte sich aus Mitarbeitern der vier Ingenieurbüros zusammen und umfasste über den gesamten Zeitraum insgesamt 18 deutsche Berater vor Ort. Die Berater wirkten hauptsächlich in der Stadtverwaltung von Busan und arbeiteten eng mit den Abteilungen für Bauwesen und Gesundheit zusammen, denen jeweils Bereiche für Wasserversorgung angegliedert waren. Insgesamt stellte die deutsche Seite für die Planungsgruppe 5,05 Mio. DM zur Verfügung. Die koreanischen Investitionen für die Ausführung der Infrastrukturprojekte fiel jedoch deutlich höher aus.[148] Über die Jahre entwickelten sich verschiedene Tätigkeitsbereiche, aber es lassen sich fünf inhaltliche Hauptaufgaben herausarbeiten, die sich auch chronologisch folgendermaßen gliedern lassen:[149]

1.) Ausarbeitung von Sofortmaßnahmen zur Beseitigung akuter Gefahrenpunkte (bis 1972).
2.) Erstellung eines Generalentwässerungsplanes zum koordinierten Ausbau der Abwasserkanalisation, Abfallbeseitigung und des Hochwasserschutzes (bis 1974).
3.) Ausarbeitung einer Machbarkeitsstudie zur ersten Ausbaustufe (Hauptsammler, Kläranlagen) und Beratung bei Bauentwürfen, Bauausführung und Oberbauleitung (bis 1977).
4.) Ausarbeitung weiterer Sofortmaßnahmen insbesondere für den Hochwasserschutz und die Sanierung von ‚Slums' durch die Entwicklung von Hängen.
5.) Ausarbeitung eines Referenzrahmens für eine ökologische Studie zur Ermittlung der Umweltbelastung durch den neuen Industriegürtel um Busan.

Zunächst war in der Planung nur die Ausarbeitung der Studien unter 2.) und 3.) vorgesehen. Die Sofortmaßnahmen unter 1.) und 4.) ergaben sich jeweils auf Vorschlag der Deutschen Botschaft in Seoul und des Projektleiters. In einem Schreiben an das Auswärtige Amt 1972 wurde argumentiert, dass Sofortmaß-

147 Zu den Bedingungen der Ausschreibung gab es Beschwerden der unterlegenen Firmen, da in dem ausgewählten Konsortium auch ein Projektbüro beteiligt war, das ein Vorgutachten im Auftrag der GTZ erstellt hatte. Allerdings wurde von Seiten des Ministeriums betont, dass alle Bewerber die Möglichkeit auf eine Bezuschussung für Vorstudien erhalten hatten. Vgl. auch BArch, B 213/24249, A. Brück (MdB) an BMZ-Minister E. Eppler: Wettbewerbsgleichheit bei Ausschreibungen im Rahmen der Technischen Hilfe, 11.12.1970; Dr. Haniel / Dr. Ernert (BMZ): Technische Hilfe für Korea, hier: Abwasserstudie für die Stadt Pusan, 05.02.1971.

148 MOFA Archives, Dokumenten-Nr.: 741.91/5393, Pusanshi hasudo-e kwanhan han togil kisul hyŏmnyŏk-ŭl wihan kaksŏ kyohwan [Notenwechsel über technische Zusammenarbeit zwischen der Bundesrepublik Deutschland und der Republik Korea bei der Abwasserentsorgung in Busan], 10.04.1972; BArch, B 213/24269, GTZ Projektinformation: TH für Korea; Grundsatzplanung Entwässerung Busan, 28.04.1975, S. 2.

149 Ibid., S. 2f. (zusammengefasst und eigene Formulierungen).

nahmen zur Sichtbarkeit des Projektes beitragen würden. Der „theoretische Charakter der Studienarbeiten“ erschwere es für die koreanischen Partner, einen praktischen Nutzen aus dem Projekt zu ziehen. Außerdem fehlten in der Stadtverwaltung von Busan Fachleute mit ausreichenden Kenntnissen, sodass weitere Unterstützung durch die deutsche Seite nötig sei. Es wurde auch die Lieferung von Material, wie beispielsweise Kanalreinigungsgeräte, vorgeschlagen, um „den Nutzen der Projektgruppe den Koreanern sinnbildlich vor Augen“ zu führen.[150] Bei Punkt 5.) handelte es sich um eine internationale Studie der koreanischen Regierung, an der sich das deutsche Team beteiligte (s. u.).

Deutsche Berater und Counterpartausbildung

Im Projekt arbeiteten insgesamt 22 deutsche Kurz- und Langzeitexperten mit 30 koreanischen Counterparts zusammen. Unter den deutschen Beratern gab es verschiedene Spezialisierungen wie Abwassertechnik, Kanalisation, Hydraulik, Hydrologie und Müllbeseitigung. Entsprechend übernahmen die Berater auch verschiedene Aufgaben innerhalb des Projektes, beispielsweise das Erstellen von Studien, mussten aber als Gruppe zusammenarbeiten, um die Gesamtabwasserplanung zu konzipieren.[151] Die PEB-Mitarbeiter führten neben den Planungen auch Fortbildungen in Form von Vorlesungen und Seminaren durch. So hielt beispielsweise der Experte für Abwassertechnik G. Neubauer eine Vorlesung unter dem Titel ‚Grundlagen der Abwasserreinigung und Müllbeseitigung‘ an der Dong-A University. Diese „beratend-ausbildende Tätigkeit“ wurde als besonders wichtig für die Counterparts gesehen, die zwar technische Fähigkeiten, aber wenig praktische Anwendungsmöglichkeiten für ihr Wissen hatten.[152] In Busan konnte man zu dieser Zeit nur an der Dong-A University Sanitär-Ingenieurswissenschaften studieren. Das Fach war noch im Aufbau befindlich, und im Studium konnten daher fast keine praktischen Einheiten absolviert werden, sodass die Absolventen oft weniger praktische Erfahrungen als die Techniker im Feld hatten.[153]

---

[150] BArch, B 213/24249, Schreiben der Deutschen Botschaft Seoul an das AA: Technische Hilfe für Korea; hier Stadtentwässerung Pusan, 31.10.1972, S. 1f.

[151] Die Berater waren wie folgt vertreten: Dr. Bauch (Projektleiter), Dr. Sin (Müllbeseitigung), Zethner / van Duijl (Kanalisation), Kerlen (Sozioökonomie), Neubauer (Abwassertechnik), Joosten (administrative Beratung), Dr. Schoppmann (Hydraulik), Hillmann/ Bisse (Sofortprogramm), Kleiner (Hydrologie).

[152] BArch, B 213/24249, Interner Vermerk des BMZ: Stadtentwässerung Busan, 11.1972, S. 5.

[153] Lee, Jongmin: „Engineers for Seoul: Sewage Treatment and the Professionalization of Sanitary Engineering in Korea“, in: *Korean Journal for the History of Science* 43.2, 2021, S. 498.

Neben der Ausbildung koreanischer Ingenieure vor Ort wurden insgesamt neun Fachkräfte zu einer Fortbildung in die BRD entsandt. Den Angaben der deutschen Ingenieure zufolge waren die Mitarbeiter der Stadtverwaltung nicht ausreichend ausgebildet, sodass lediglich Grundlagenkurse angeboten werden konnten. Themenbereiche der Weiterbildungen waren Kanalisationstechnik, Abwasserreinigung, Flussbau, Klärverfahren und Kläranlagenbau sowie deren Betrieb und Ortssatzungen.[154] Die Aus- und Fortbildung von vier koreanischen Counterparts wurde dabei in deutschen Ämtern der Stadtentwässerung sowie der Beratungsfirma selbst durchgeführt, sodass sie praktisch an die wichtigsten Aufgaben in der Abwasserplanung und Betriebsführung herangeführt werden und die Pläne der Stadtentwässerung eigenständig umsetzen konnten.[155]

Der PEB-Berater Dr. Sin Kuch'ŏl hatte sich noch vor Beginn des Projektes mit einem Schreiben an das BMZ beworben: Als gebürtiger Koreaner und Mitarbeiter am Lehrstuhl für Siedlungsbau und Wasserwirtschaft der TU Stuttgart habe er ein besonderes Interesse an der Arbeit der PEB. Dr. Sin hatte nach seinem Master in Sanitär-Ingenieurswissenschaften an der technischen Universität in Kyoto seine Promotion in dem gleichen Fach an der TU Stuttgart absolviert.[156] Auch wenn das BMZ heute im Sinne der migrantischen Entwicklungszusammenarbeit eine solche Einbindung migrantischer Fachkräfte fördert,[157] verursachte die Einstellung eines Deutsch-Koreaners zunächst Unverständnis bei den koreanischen Stellen, die scheinbar einen ethnisch deutschen Berater bevorzugten.[158] Das unterstreicht die vorherrschenden Erwartungen an die ausländischen Berater. Im Rahmen der deutsch-koreanischen Entwicklungszusammenarbeit auf staatlicher Ebene war es der einzige Fall, in dem ein koreanischstämmiger Berater durch die westdeutsche Regierung entsandt wurde. Gleichzeitig gilt Dr. Sin heute als einer der Begründer der neu entstehenden Umweltingenieurswissenschaften in Korea. Unter anderem übersetzte er mit dem ebenfalls in der BRD promovierten Kim Susaeng ein Handbuch zur Abwasserbehandlung der deutschen Ingenieure Karl und Klaus Imhoff ins Koreanische.[159]

---

[154] BArch, B 213/24249, PEB: Grundsatzplanung für die Stadtentwässerung von Pusan, Korea, 16.02.1972, S. 2.

[155] PA AA, B 54–407/Abt. 8/IIIB1–3, 1114, BMZ: Vorlage an den Interministeriellen Referenten-Ausschuss für Technische Hilfe – Vorhaben: Abwasserstudie für die Stadt Busan, 08.09.1969, o. S.

[156] Vgl. auch: Lee, „Engineers for Seoul", S. 499.

[157] Vgl. auch: Haase, Marianne / Müller, Bettina: „Entwicklungspolitisch engagierte Migrantenorganisationen: Potenziale für die Integration in Deutschland", Bericht, Bundesamt für Migration und Flüchtlinge: Berlin 2012.

[158] BArch, B 213/24249, K. Shin: Stadtentwässerung in Korea, 29.09.1970.

[159] Imhoff, Karl / Imhoff, Klaus R.: *Taschenbuch der Stadtentwässerung*, Oldenbourg: München 1976; übersetzt von Kim, Susaeng / Sin, Kuch'ŏl: *Hasudo p'yesu ch'ŏri*

Erstellung und Umsetzung der Studien

Die Berater erstellten diverse Einzelberichte zu verschiedenen Regionen Busans, beispielsweise zum Strand Songdo, den Flüssen Bosu-, Iwa- und Dong-Ch'ŏn sowie zu umliegenden Regionen. Für die Erstellung der Studien benötigten die deutschen Ingenieure eine große Menge an Informationen. Auch wenn sie einen Teil der Daten selbst erheben konnten, waren sie in vielen Fällen auf die koreanischen Stellen angewiesen. Für einen einzelnen Bericht zu Sofortmaßnahmen im Dong-Ch'ŏn Gebiet wurden Karten und Statistiken zu Regen- und Abwasser erstellt sowie Messungen der Wasserwerte durchgeführt. Auf deren Grundlage entwickelten die Ingenieure dann auch Pläne für Pumpwerke und Kläranlagen.[160] Insbesondere die Vorarbeiten der Studien wurden von koreanischen Counterparts oder privaten koreanischen Ingenieurbüros durchgeführt. Jedoch kritisierten die deutschen Ingenieure gerade anfangs, dass diese oft nicht in geeigneter Qualität erfolgt seien, sodass sie die Vorstudien ebenfalls beaufsichtigen mussten.[161] Daher hatte sich der Projektbeginn verzögert, sodass für spätere Projekte die Empfehlung ausgesprochen wurde, eine Vormission zu entsenden. Dabei verwiesen die Projektgutachter auch auf ähnliche Planungsprojekte in Thailand und Algerien, für die gesondert eine solche Vormission entsandt worden war.[162] Spezielle Studien übernahmen auch externe Kurzzeitexperten, wie beispielsweise Dr. W. Blum, der eigentlich für ein Projekt der FAO und UNDP eine Forststudie durchführte und für die PEB zusätzlich einen Bericht zu Erosionsschäden in Busan verfasste.[163]

Bei den Vorbereitungen für den Gesamtentwässerungsplan des südwestlichen Industriegürtels kooperierte neben den zuständigen Büros der Stadtverwaltungen auch die Einheit für medizinische Prävention des US-Militärs, indem sie Daten zur Verschmutzung der Strände zur Verfügung stellte, auch weil die koreanischen Regierungsstellen solche Informationen nicht vorliegen hatten. Im Allgemeinen war die Informationsbeschaffung demnach erschwert, weil einerseits Kommunikationsschwierigkeiten bestanden, andererseits die koreanischen Behörden untereinander nicht gut vernetzt waren und somit der Projekt-

---

haendŭbuk [Handbook for Sewage and Wastewater Treatment], Sanaeŏp konghae yŏn'guso: Cheongju 1984. Sin veröffentlichte außerdem bis in die 1990er-Jahre Artikel zu allgemeinen Problemen des Umweltingenieurswesens mit Bezug auf Deutschland. Vgl. auch: Sin, Kuch'ŏl: „Togil-ŭi hwan'gyŏng mit p'yegimul kwalli" [Umwelt- und Abfallwirtschaft in Deutschland], in: *Konghak Yŏn'gu* 22, 1991, S. 397–408.

[160] BArch, B 213/24269, PEB: 14. Tätigkeitsbericht über den Zeitraum vom 01.10.–31.12.1974, o. D., S. 10.

[161] BArch, B 213/24249, Interner Vermerk des BMZ: Stadtentwässerung Busan, 11.1972, S. 3.

[162] Ibid., S. 3.

[163] BArch, B 213/24249, PEB: 5. Tätigkeitsbericht über den Zeitraum 01.03.–31.05.1973, o. D., S. 12. Blum, W.: Fertilization for Forest Rehabilitation Work in the Republic of Korea, FAO: Rome 1975.

leiter verschiedenste Stellen aufsuchen musste.[164] Für die PEB ist jedoch nicht überliefert, dass auf Daten oder Materialien der japanischen Kolonialregierung zurückgegriffen wurde, wie das bei Projekten in Seoul der Fall war.[165]

Im Hinblick auf die Entscheidungsfindung wurde von deutscher Seite kritisiert, dass die Stadt Busan Entscheidungen nicht allein treffen konnte, sondern auf eine Bestätigung durch die Ministerien in Seoul angewiesen war. Aus diesem Grund war auch der deutsche Projektleiter sowohl auf gute Kontakte zur Stadt als auch zu den Ministerien angewiesen.[166] Intern übten spätere Gutachter des Projektes aber auch an den deutschen Beratern scharfe Kritik. Bei den Studien hätten sie wichtige Bereiche wie Geologie, Meteorologie, Hydrologie etc. nicht ausreichend berücksichtigt. Gleichzeitig hätten sie technische Empfehlungen nicht angemessen begründet bzw. hätten die Empfehlungen nach Meinung der Gutachter in einigen Fällen effektiver gestaltet werden können.[167]

Auch wenn die Planung im Mittelpunkt stand, sollte eine Überleitung zur Implementierung ermöglicht werden. Zwischen der PEB und der Stadt Busan erfolgten vor allem in Hinblick auf das Sofortprogramm diverse Besprechungen zur Umsetzung von Baumaßnahmen, u. a. zum Hochwasserschutz oder der Hangbefestigung.[168] Laut Projektbericht eines GTZ-Mitarbeiters hatte der Bürgermeister „Weisung gegeben, dass Baumaßnahmen auf diesem Sektor nur nach vorheriger Billigung durch PEB ausgeführt werden dürfen".[169] Das unterstreicht die Relevanz der deutschen Beratung auch bei praktischen Fragen.

Ein Zeichen der Solidarität und des direkten Einsatzes der PEB war beispielsweise die private Spende der deutschen Ingenieure an die Stadtverwaltung nach einer Hochwasserkatastrophe mit Dammbruch und 81 Toten im Jahr 1972.[170] In Zusammenarbeit mit der Stadt plante die PEB daraufhin auch Bauarbeiten zur Reparatur der Hochwasserschäden, darunter die Wiederherstellung von Dämmen und Stützmauern. Die koreanischen Stellen hätten solche Maßnahmen „über den Daumen gepeilt", sodass eine technisch fachgerechte Planung als „Musterbeispiel deutscher Ingenieurskunst" angestrebt wurde.[171] Hieran zeigte sich einerseits die spontane Hilfe außerhalb des Projektumfangs und

---

164 BArch, B 213/24269, PEB: 14. Tätigkeitsbericht über den Zeitraum 01.10.–31.12.1974, o. D., S. 11.

165 Vgl. auch: Park, „Reassembling Colonial Infrastructure in Cold War Korea", S. 329–354.

166 BArch, B 213/24249, Interner Vermerk des BMZ: Stadtentwässerung Busan, 11.1972, S. 1.

167 BArch, B 213/24269, Internes Schreiben des BMZ: TH Südkorea; Inspektion Stadtentwässerung Busan, 19.05.1976, S. 2–3.

168 BArch, B 213/24269, GTZ Projektinformation: TH für Korea; Grundsatzplanung Entwässerung Busan, 28.04.1975, S. 1f.

169 BArch, B 213/24269, Dr. Eylers (BfE): Bericht über eine Dienstreise nach Korea, 10.–17.02.1974, S. 12.

170 BArch, B 213/24249, Interner Vermerk des BMZ: Stadtentwässerung Busan, 11.1972, S. 5.

171 Ibid.

andererseits an der Ausdrucksweise die paternalistische Haltung der deutschen Ingenieure gegenüber den koreanischen Beamten der Stadtverwaltung.

Der erstellte Generalentwässerungsplan wurde offiziell im November 1974 an die Stadt Busan übergeben. Laut einem Projektbericht wurde danach „kein größeres Bauvorhaben im Fachbereich Hochwasserschutz/Regenwasserkanalisation ohne Berücksichtigung der Angaben des Master Plans erstellt".[172] Der Plan mit Maßnahmen bis zum Jahr 2000 umfasste folgende Punkte: Hochwasserschutz und Regenwasserkanalisation, Abwasserableitung und Abwasserbehandlung sowie Müllsammlung und Müllbehandlung.[173] Das koreanische Bauministerium (*kŏnsŏlbu*) arbeitete auch Normen für das Abwasserwesen aus, wobei der deutsche Projektleiter beratend tätig war und die Normen des PEB-Masterplans für Busan erläuterte.[174] So konnte die PEB nicht nur einen nachhaltigen Einfluss auf die Abwasserplanung der Stadt Busan nehmen, sondern auch auf die technische und praktische Komponenten des Abwasserwesens, wie die Normierung.

Umweltschutz und soziale Wirkung

Das deutsche Team beschäftigte sich in den Tätigkeitsberichten auch immer wieder mit umwelt- und sozialpolitischen Themen. So wurde auf Grundsatzurteile koreanischer Gerichte zu Umweltverschmutzung und damit verbundenen Schadensersatzzahlungen verwiesen. Beispielsweise musste eine Düngemittelfabrik für die Zerstörung von Obstplantagen durch Rauch und Staub aufkommen oder der Eigner eines Tankschiffes wegen eines Öllecks seines Schiffes für die Schäden an Austernkulturen Erstattungszahlungen leisten.[175] Die Berichterstatter erwähnten auch Proteste der Bevölkerung gegen Umweltverschmutzung durch ein geplantes Chemiewerk einer japanischen Firma in Incheon.[176] Diese Beispiele zeigen, dass bereits zu einem frühen Zeitpunkt das Thema Umweltverschmutzung in der industriell geprägten Stadt Busan eine Rolle spielte.[177]

---

[172] Ibid., S. 13.

[173] BArch, B 213/24249, PEB: 5. Tätigkeitsbericht über den Zeitraum 01.03.–31.05.1973, o. D., S. 19.

[174] BArch, B 213/24269, PEB: 14. Tätigkeitsbericht über den Zeitraum vom 01.10.–31.12.1974, o. D., S. 11.

[175] Ibid., S. 1.

[176] BArch, B 213/24249, PEB: 12. Tätigkeitsbericht über den Zeitraum 01.04.–30.06.1974, o. D., S. 2.

[177] In einem Quellenband zur koreanischen Umweltbewegung werden lediglich Quellen ab 1985 gesammelt; eine Analyse des Zeitraums davor könnte jedoch auch interessante Aspekte aufweisen. Yun, Sun-Jin / Dunlap, Riley E. (Hg.): *Environmental Movements in Korea: A Sourcebook*, AKS Press: Seongnam 2017.

Durch die Bestrebungen der koreanischen Regierung, im Großraum Busan mit den Städten Ulsan, Pohang, Masan und Changwon eine Industriezone zu entwickeln, war das Projekt direkt betroffen. Diese Planung hatte Auswirkungen auf die Umwelt, sodass die Stadtverwaltung Busan gleichzeitig die Errichtung eines ‚grünen Gürtels' vorsah. Unter anderem wurde dazu auch die Verlegung von Industriebetrieben aus den Ballungsräumen geplant.[178] Außerdem wurden vor den Küsten ein sogenannter ‚blauer Gürtel' zum Schutz der Gewässer ausgeschrieben. In diesen Bereichen war der Bau chemischer Fabriken verboten, um die Fischerei zu schützen.[179] Für eine umfassende (Ab-)Wasserstudie in der neuen Industriezone versuchte die koreanische Regierung ausländische Experten zu gewinnen und fragte daher auch bei der deutschen Seite an, die jedoch auf Grund fehlender Kapazitäten ablehnte.[180]

Das Projekt setzte sich auch mit den Auswirkungen von Abwasser auf die öffentliche Gesundheit auseinander. Die unzureichende Regenwasserkanalisation und fehlender Hochwasserschutz führten zu Hochwasser und Überschwemmungen, wodurch sich Regen- bzw. Meerwasser mit Abwasser mischte und zu gesundheitlichen Problemen führen konnte.[181] Daneben waren Erosionen ein Hauptproblem im Bereich des Städtebaus. Viele Häuser, vor allem der ärmeren Bevölkerung, wurden ohne Beachtung von Bauvorschriften an Hängen gebaut, die bei Regenfall oft nachgaben und abrutschten. Eine Bekämpfung von Erosionen und deren Ursachen sollte daher im Projekt weiter vorangetrieben werden.[182] Viele Einzelberichte für Sofortmaßnahmen waren auf die Weiterentwicklung von Hanglagen ausgerichtet. Die Stadt Busan plante beispielsweise auch den Bau einer Mustersiedlung mit neuen Haustypen wie ‚Terrassenhäusern' basierend auf Vorschlägen der PEB.[183] Bei der Übergabe des Masterplans erklärte der Projektleiter Dr. Bausch, dass ein Abwassersystem bei den Infrastrukturprojekten seiner Meinung nach zwar Priorität habe, aber die Stadt in der Zukunft auch mehr Grünflächen und bessere Straßen anlegen müsste.[184]

---

[178] BArch, B 213/24249, PEB: 5. Tätigkeitsbericht über den Zeitraum 01.03.–31.05.1973, o. D., S. 2.

[179] BArch, B 213/24269, PEB: 14. Tätigkeitsbericht über den Zeitraum 01.10.–31.12.1974, o. D., S. 1f.

[180] Während Vorstudien durch ein Team der UNDP/FAO durchgeführt wurden, leiteten später japanische Ingenieure die eigentliche Studie. BArch, B 213/24249, PEB: 5. Tätigkeitsbericht über den Zeitraum 01.03.–31.05.1973, o. D., S. 13.

[181] BArch, B 213/24269, GTZ Projektinformation: TH für Korea; Grundsatzplanung Entwässerung Busan, 28.04.1975, S. 1f.

[182] BArch, B 213/24249, Interner Vermerk des BMZ: Stadtentwässerung Busan, 11.1972, S. 4.

[183] BArch, B 213/24249, PEB: 12. Tätigkeitsbericht über den Zeitraum 01.04.–30.06.1974, o. D., S. 6.

[184] „Hasudo chonghap kyehoek naenyŏn ch'akkong: Pusan-si naeoeja 18ŏgwŏn t'uip" [Umfassender Kanalisationsplan beginnt nächstes Jahr – Stadt Busan investiert 1,8 Mrd. Won], in: *Busan Ilbo*, 14.11.1974.

Auch wenn ersichtlich wird, dass die deutschen Berater versuchten, an vielen Themenbereichen mitzuwirken, wurde in einem Abschlussbericht kritisiert, dass das Projekt in ein umfassendes städtisches Konzept bestehend aus Bereichen wie Verkehrswesen, Bebauung, Grünanlagen, Recycling und Umweltschutz hätte eingegliedert werden sollen, denn Projekte der Stadtentwässerung müssten immer den jeweiligen örtlichen Bedingungen und Problemen angepasst werden. Dafür sei neben einer umfassenden Vorstudie insbesondere die Berücksichtigung regionaler Veränderungen im Verlauf des Projektes nötig.[185] Eine solche umfassende Beratungsleistung konnte von den Ingenieuren allerdings schwerlich erwartet werden und hätte einer größeren Beratergruppe mit verschiedenen Fachrichtungen bedurft. In Korea nahm das Umweltbewusstsein vor allem ab den 1980er-Jahren zu, als beispielsweise der Nakdong-Fluss durch einen Chemieunfall mit Phenol verschmutzt wurde. Zur Vorbereitung auf die Olympischen Spiele 1988 in Seoul war die koreanische Regierung außerdem verstärkt darum bemüht, Abwassergerüche zu reduzieren, das Abwasser zu klären und damit die Flüsse zu säubern.[186] So gesehen war die PEB also mit ihrem Interesse an Umweltschutz in den frühen 1970er-Jahren ihrer Zeit voraus. In diesem Zusammenhang sei darauf verwiesen, dass auch Entwicklungspolitik erst in den 1980/90er-Jahren einen größeren Fokus auf Umweltaspekte legte und somit in der deutsch-koreanischen technischen Zusammenarbeit kein Projekt explizit in diesem Sektor angesiedelt war.[187]

Projektende und Ausblick

Das Projekt endete mit der Übergabe des Gesamtentwässerungsplanes an die Stadt Busan im Jahre 1975. Da es sich ursprünglich nur um eine Ergänzung der finanziellen Zusammenarbeit im gleichen Sektor handelte, war die Aufgabe der deutschen Berater somit erfüllt. Das Projekt ging damit nicht über die erste Phase hinaus. Obwohl die koreanische Seite während des Projektes bereits eine Ausweitung angeregt hatte, zeigte die deutsche Seite kein Interesse daran, sich technisch oder finanziell weiter in diesem Sektor zu beteiligen. Wie bereits anfangs erwähnt, gingen in den 1970er-Jahren die staatlich geförderten Infrastrukturprojekte nach und nach zurück und wurden stattdessen in die Verantwortung von Privatunternehmen gelegt.

185 BArch, B 213/24269, Internes Schreiben des BMZ: TH Südkorea; Inspektion Stadtentwässerung Busan, 19.05.1976, S. 1–3.

186 Vgl. auch: Korean Ministry of Environment (Hg.): „Revision of a Study on the Vision 2050 of Wastewater Policy“, Bericht, 2012.

187 Vgl. auch: Engelhard, Karl: „Environment and Development: Complementary Fields and Approaches of Learning“, in: *Journal of Geographic and Environmental Education* 1.1, 1994, S. 61–73; Kim, Sang Hyun: „Entangled Histories of the Environment and Development in Korea“, in: *International Journal of Korean History*, 28.2, 2023, S. 1–10.

Im Rahmen des Kurzzeitexpertenfonds förderte die Bundesregierung ein Forschungsprojekt des Korea Advanced Institute of Science and Technology (KAIST) zu Wasserkraftanlagen. Dazu führte ein deutscher Berater einen Monat lang Voruntersuchungen an bereits bestehenden Bewässerungsspeichern durch und sprach Empfehlungen zur Errichtung von Wasserkraftanlagen an diesen Speichern aus. Außerdem legte er die Grundlagen für eine weitere Erschließung möglicher Wasserkraftanlagen in anderen Teilen Koreas.[188] Hier wird ein anderer Aspekt des Wassermanagements ersichtlich, der für die PEB keine Rolle gespielt hatte.

3.2 Beratergruppe und Berufsschule in der Telekommunikation[189]

Hintergründe und Projektinhalte

Die Geschichte der Telekommunikation in Korea begann im September 1885, als die erste Telegrafenanlage zwischen Incheon und Seoul in Betrieb genommen wurde. In den Jahren darauf folgte der Bau weiterer Leitungen. Unter der japanischen Kolonialherrschaft wurde das Netz erweitert, und neben der Telegrafie wurde ab den 1920er-Jahren auch die Telefonie eingeführt. Unmittelbar nach der Befreiung sahen die US-Militärbehörden die dringende Notwendigkeit, Telekommunikationstechniker auszubilden und bauten die ‚Chosŏn Fernmeldeschule' (*chosŏn ch'eshin hakkyo*) aus der Kolonialzeit weiter aus, um auch die Weiterbildung von Technikern für Fluggesellschaften, Schifffahrtsgesellschaften und Rundfunkstationen zu ermöglichen. Während des Koreakrieges wurden ca. 50 % der Funkanlagen und fast 90 % der Telegrafenanlagen zerstört. Nach dem Waffenstillstand konnte im Rahmen eines Fünfjahresplans zur Wiederherstellung der Kommunikationsinfrastruktur bis 1958 das Vorkriegsniveau erreicht werden, und im gleichen Zeitraum wurde auch erstmalig der Fernsehbetrieb aufgenommen.[190]

Unter der Regierung von Präsident Park Chung Hee konnte der Telekommunikationssektor weiter ausgebaut werden. Zunächst löste 1961 das neue Telekommunikationsgesetz (*chŏn'gi t'ongshin pŏp*) die veraltete japanische Gesetz-

[188] PA AA, B37-ZA, 142724, GTZ-Angebot: Pilotprojekt Kleinwasserkraftwerk Gang Neung, 02.08.1984.

[189] Statt dem damaligen Begriff ‚Fernmeldewesen' wird im Deutschen seit den 1990er-Jahren in den meisten Fällen ‚Telekommunikation' verwendet. Diese Verwendung wurde daher entsprechend angepasst.

[190] Han'guk chŏngbo t'ongshin kisul hyŏp'oe (Hg.): *Han'guk chŏngbo t'ongshin kisul hyŏp'oe 10nyŏnsa* [10 Jahre Telecommunications Technology Association], TTA: Seongnam 1999, Kapitel 1.1, S. 58–60. Cho, Sung-Hye: „Telecommunications and Informatization in Korea", in: *NETCOM* 16.1, 2002, S. 29–42.

gebung ab. Außerdem waren in den Fünfjahresplänen detaillierte Planungen zum Ausbau der Telekommunikation vorgesehen, was zu einer sprunghaften Entwicklung in diesem Sektor führte. In den 1960/70er-Jahren wurde auch die Technik weiterentwickelt und die inländische Produktion angekurbelt. Die Zahl der Telefonvermittlungseinrichtungen stieg von 120.000 Schaltungen im Jahr 1961 auf 3,4 Millionen Schaltungen im Jahr 1981, während die Zahl der Telefone pro 100 Einwohner im gleichen Zeitraum von 0,4 auf 11,8 stieg und sich damit dem weltweiten Durchschnitt annäherte.[191]

Aufgrund der hohen Kosten für die Telekommunikation war deren Ausbau stark von ausländischer Förderung abhängig. Während bis in die 1950er-Jahre hauptsächlich Gelder aus dem staatlichen Wiederaufbaubudget verwendet wurden, gilt Telekommunikation als erster Sektor, in dem ausländische Kredite für den weiteren Ausbau verwendet wurden. Laut KOICA-Bericht kann der Vertragsabschluss mit dem amerikanischen Development Loan Fund (DLF) als die erste finanzielle Entwicklungszusammenarbeit überhaupt gelten. Danach erfolgten weitere Förderungen durch verschiedene Institutionen, darunter KfW, USAID, Eximbank und die kanadische Export Development Corporation (EDC).[192] Außerdem errichtete das Ministerium für Post- und Telekommunikationswesen (*cheshinbu*, MOC) zusammen mit der UNDP und der Internationalen Fernmeldeunion (ITU) ein Trainingszentrum für Telekommunikation (*t'ongshin yŏnsu sent'ŏ*).[193]

Der Ausbau der Telekommunikation erschien der koreanischen Regierung wichtig, weil es einerseits einen Bedarf der bestehenden Industrie gab und andererseits die inländische Präzisionsindustrie gefördert werden könnte. Im Rückblick sehen Forscher diese Entwicklungen auch als eine Vorbereitung für das sogenannte ‚Informationszeitalter'.[194] Trotz dieser Argumentation und der vielfältigen ausländischen Förderung ist der entwicklungspolitische Nutzen des Telekommunikationssektors laut dem Entwicklungssoziologen Detlef Schwefel begrenzt oder zumindest nur schwer nachweisbar. Während die (Ab-)Wasserleitungen den meisten Menschen zugutekamen und umweltlich wie gesundheitlich positive Effekte zeigten, wurde ein Telefonanschluss zu dieser Zeit meist

---

[191] BArch, B 213/24273, Sang-Bum Lee (MOC): Strategies of Development in Telecommunications in Korea, Bericht, 1981, S. 3f.

[192] KOICA, *Han'guk-e taehan kaebal wŏnjo-wa hyŏmnyŏk*, S. 112f.

[193] Vgl. auch: UNDP Seoul Policy Centre (Hg.): *UNDP-Korea at 50: Retrospect and Prospect*, Report, UNDP: Seoul 2016, S. 14f.

[194] Zu den allgemeinen Plänen der koreanischen Regierung vgl. auch: BArch, B 213/24273, Sang-Bum Lee (MOC): Strategies of Development in Telecommunications in Korea, Bericht, 1981, S. 1. Zur Bedeutung der Elektroindustrie für die koreanische Wirtschaftsentwicklung vgl. auch: Darjes, Peter Christian / Taake, Hans-Helmut: „Die Elektroindustrie Süd-Koreas: Bisherige Entwicklung und volkswirtschaftliche Bedeutung", in: *Internationales Asienforum* 3, 1972, S. 553–559.

privat und von der urbanen Mittel- und Oberschicht genutzt. Die Telefondichte im ländlichen Raum konnte in Korea nur langsam ausgebaut werden. Auch für eine Beschäftigung eignete sich der Sektor nicht, denn die benötigten Techniker mussten hochspezialisiert sein, sodass ihre Ausbildung einerseits kostenintensiv ist, anderseits der Bedarf trotz Ausbau beschränkt blieb.[195]

Die beiden Projekte der deutsch-koreanischen technischen Zusammenarbeit knüpften an die großangelegte Förderung der koreanischen Telekommunikation im Rahmen der finanziellen Zusammenarbeit sowie eines Joint Ventures zwischen Siemens, der DEG und Goldstar Tele-Electric (*kŭmsŏng t'ongshin*, heute: LG Electronics) an. Die Entwicklungszusammenarbeit in diesem Sektor war eng mit privatwirtschaftlichen Interessen und technischen Neuerungen verbunden. Das MOC hatte Ende der 1950er-Jahre beschlossen, Edelmetallkontakt-Motor-Drehwähler (EMD) der Firma Siemens als Standardsystem in der Telekommunikation zu verwenden. Im Rahmen von Verträgen zwischen Siemens und der koreanischen Regierung über die Lieferung der EMD-Technik vereinbarte Siemens mit der Firma Goldstar einen Vertrag über Produktionslizenzen und Vertrieb und beteiligte sich am Bau einer Fabrik in Busan. Außerdem kamen Siemens-Ingenieure nach Korea, um die Installation und den Testbetrieb zu überwachen.[196] Auf Grund des anhaltenden Bedarfs an EMD-Technik baute Goldstar mit Hilfe von Siemens sowie Darlehen und Krediten der Bundesregierung die Produktion weiter aus. Wie bereits im Zusammenhang mit der DVB für die Keramikindustrie beschrieben wurde, waren auch im Telekommunikationssektor Privatwirtschaft, wirtschaftliche Interessen und bilaterale Entwicklungszusammenarbeit eng verwoben. Zu den ausführlichen Hintergründen der finanziellen Zusammenarbeit und dem Joint Venture sei hier auf die Forschung von Thomas Eichert verwiesen.[197]

Von 1961 bis 1974 beliefen sich die deutschen Kredite insgesamt auf 116 Mio. DM (siehe Tabelle 24), was zu diesem Zeitpunkt einem Viertel der gesamten deutsch-koreanischen finanziellen Zusammenarbeit entsprach. In etwa genauso viel Kapital floss in die Telekommunikation Pakistans, das allerdings zu diesem Zeitpunkt auch Schwerpunktland deutscher Entwicklungspolitik war.[198] Die koreanische Regierung lobbyierte bei Verhandlungen mit der Bun-

---

[195] Schwefel, Detlef: *Fernmeldewesen und Entwicklung: Zur sozialen und wirtschaftlichen Bewertung von Fernmeldeprojekten in der Dritten Welt*, Weltforum Verlag: München/Köln/London 1986, S. 1–5.

[196] Eichert, Thomas: *Sŏdok chimensŭ kiŏpsa-ro po-nŭn handok kwan'gye 1961–1980: Kŭmsŏng(Goldstar)kwa-ŭi hapchakt'uja-rŭl chungshim-ŭro* [Siemens in Korea 1961–1980: Focusing on the Joint Venture with Goldstar], Masterarbeit, Seoul National University, 2021, S. 41.

[197] Vgl. zum Joint Venture insbesondere auch: ibid., Kapitel 4, S. 57–94.

[198] „Auch die Deutsche Bundespost leistet Entwicklungshilfe", in: *Deutsche Bundespost – Presse-Mitteilungen*, 07.1976, S. 19.

desregierung für die weitere Unterstützung, auch mit dem Argument, dass bereits deutsche Technik zum Einsatz kam.[199] Ein Antrag auf weitere Mittel in der finanziellen Zusammenarbeit wurde allerdings 1974 abgelehnt, da der Bereich nicht mehr entwicklungspolitisch förderungswürdig erschien und stattdessen der Fokus auf ländliche Mechanisierung gelegt werden sollte.[200] Dennoch war die Telekommunikation somit der meistgeförderte Sektor der finanziellen Zusammenarbeit zwischen beiden Ländern.

Tabelle 24: Übersicht deutscher Förderungen im Telekommunikationsbereich

Finanzielle Zusammenarbeit (KfW)				**Technische Zusammenarbeit**	
Jahr	Projekt	Förderung		Projekt	Förderung
1961	I	35 Mio. DM		Beratungsgruppe	2,7 Mio. DM
1964	II	19 Mio. DM		Fachschule	2,0 Mio. DM
1969	III	20 Mio. DM		**DEG**	
1971	IV	20 Mio. DM		Darlehen	5,0 Mio. DM
1974	V	22 Mio. DM		Beteiligung	1,2 Mio. DM

Quelle: Eigene Zusammenstellung des Autors basierend auf Materialien des BArch.

In diesem Kapitel liegt der Fokus auf den beiden Projekten der technischen Zusammenarbeit, einer Beratergruppe und einer Fachschule für Telekommunikationstechniker. Das Bundesministerium für Post- und Fernmeldewesen (BPM) und die Bundespost führten die beiden Projekte durch und damit nicht federführend BMZ und GTZ wie bei den meisten anderen Projekten. Koreanischer Partner war in diesem Fall das Ministerium für Post und Telekommunikation. Das BPM und die Bundespost übernahmen, ähnlich wie im Fall des Normenwesens die PTB (siehe Kapitel V-4), die technische Beratung, Begutachtung und Ausbildung auf Grund ihrer Expertise in diesem Sektor. Insgesamt waren in der Zeit ca. 50 Postangehörige in Entwicklungsländern tätig und führten ähnliche Projekte wie in Korea durch. In den Pressemitteilungen der Bundespost wurde Korea als „ein Musterbeispiel für sinnvolle Kapitalhilfe, flankiert von Technischer Hilfe" bezeichnet.[201]

Die Förderung für beide Projekte lief insgesamt von 1972 bis 1984, kostete die deutsche Seite ca. 4,7 Mio. DM und erfolgte mit Schwerpunkt auf die Standorte Seoul und Daejeon. Die Beratergruppe befasste sich mit technischen, aber auch politischen Fragen und war am MOC angesiedelt. Hier sind Ähnlichkeiten zu den zuvor untersuchten Beratergruppen der Berufsbildung und Volkswirt-

199 Eichert, „Sŏdok chimensŭ kiŏpsa-ro po-nŭn handok kwan'gye", S. 41f.

200 Vgl. auch: PA AA, B37-ZA, 107635, Dr. Lotz (BMZ): Inspektion Fernmeldewesen Korea – Hauptbericht, 29.03.1978, S. 22.

201 „Auch die Deutsche Bundespost leistet Entwicklungshilfe", in: *Deutsche Bundespost – Presse-Mitteilungen*, 07.1976, S. 18–20.

schaft zu erkennen. Bei der Fachschule für Telekommunikationstechniker handelte es sich um eine Berufsschule mit Schwerpunkt. Es konnte also im Unterschied zu den Facharbeiterschulen in Incheon und Naju nur ein einziger Beruf erlernt werden.[202]

Zu den Primärquellen sei an dieser Stelle ergänzt, dass auf Grund der umfangreichen finanziellen und technischen Zusammenarbeit für die koreanische Telekommunikation 1977 eigens eine Evaluation durchgeführt wurde. Das BMZ hatte bereits das Projekt ‚Beratung des Post- und Fernmeldewesens Jemen' im Jahre 1975 evaluiert und erweiterte diese Untersuchung in der Folge auf ähnliche Projekte in Afghanistan, Bangladesch und Pakistan. Die Evaluation der deutsch-koreanischen Zusammenarbeit wurde jedoch unabhängig davon durchgeführt.[203] Die Gutachtergruppe stand unter der Leitung des BMZ-Beamten Dr. Lotz, der dem Inspektionsreferat angehörte und auch den umfangreichen Abschlussbericht verfasste. Außerdem war der spätere Berliner Professor für Entwicklungssoziologie D. Schwefel Teil der Gruppe, der in der Folge auch eine Monografie zu Entwicklungszusammenarbeit im Bereich der Telekommunikation verfasste und sich darin Korea als einer Fallstudie widmete.[204] Auch wenn sich die Fachschule zum Zeitpunkt der Evaluation erst in der Anfangsphase befand, stellt der Evaluationsbericht eine einzigartige Zusatzquelle dar, wodurch auch die Sicht der koreanischen Counterparts und des koreanischen Ministeriums ersichtlich wird.

Beratungsgruppe

Im Rahmen der ‚Fernmeldeberatungsgruppe' wurden von 1972 bis 1975 insgesamt sieben Telekommunikationsexperten nach Korea entsandt. Zunächst war eine Laufzeit von drei Jahren geplant, die in der Folge um ein weiteres Jahr verlängert wurde, sodass sich die gesamte Einsatzzeit der Experten von 165 auf 235 M/M erhöhte. Im Antrag der koreanischen Regierung von 1971 waren als Aufgaben die Unterstützung bei der Reorganisation des Teams für Wartungen im MOC, die Verbesserung der Praktiken in der Telekommunikation allgemein, der qualitative Ausbau von Service und Equipment sowie Beratung zur langfristigen Telekommunikationsplanung vorgesehen.[205] Auf deutscher Seite ging der

---

[202] Inhaltlich ergeben sich daher einige Überschneidungen mit Kapitel III, jedoch wurde auf Grund der Ausrichtung auf Telekommunikation, also technischer Infrastruktur, die Einordnung in dieses Kapitel gewählt.

[203] PA AA, B37-ZA, 103340, Schreiben des BMZ an das AA und BPM: Korea; Sektor-Evaluierung der deutschen Hilfsprojekte im Bereiche Fernmeldewesen, 29.11.1976, S. 1.

[204] Ibid., S. 3. Vgl. auch Statistiken zu Korea: Schwefel, *Fernmeldewesen und Entwicklung*, S. 141–147.

[205] BArch, B213/24265, BPM an das BMZ: Technische Hilfe für Korea, hier: Entsendung von Fernmeldesachverständigen, 23.11.1971.

Antrag auf die Firma Siemens zurück, um die „im Rahmen der Kapitalhilfe gelieferten Anlagen betriebsbereit zu halten". Allerdings wurde diese konkrete Zielsetzung im Laufe der Antragsausarbeitung stärker verallgemeinert und als Projektziel stattdessen angegeben, für die gelieferten Anlagen „Anerkennung in der koreanischen Öffentlichkeit zu finden". Als Aufgabenstellung wurde ebenfalls sehr allgemein formuliert, „Beratung auf allen Gebieten des Fernsprechwesens" durchzuführen.[206]

Aus Sicht des BPM wurden während des Projektes diverse Beratungen und Empfehlungen getätigt, beispielsweise zu den Themen Personalbedarfsschätzung, Gebührenpolitik, Verbesserung von Dienst- und Betriebsgüte, Betriebsmittelbeschaffung etc.[207] Allerdings stellten die Gutachter später fest, dass die Ausarbeitungen und Empfehlungen kaum ihren Weg in die Praxis des MOC gefunden hatten, vermutlich weil diese „unrealistisch und unrealisierbar" waren. Demnach hatten die Berater versucht, „das System der Bundespost bzw. des Bundespostministeriums auf Korea zu übertragen". Für solche grundlegenden Änderungen fehlten den Gutachtern zufolge jedoch die Kapazitäten, sodass selbst technisch gute Vorschläge keine Umsetzung fanden.[208] Die Gutachter hielten fest: „Voraussetzungen für den Erfolg einer Beratergruppe sind besonders in Korea Anpassungsfähigkeit an koreanische Mentalität, Verwaltungsstrukturen, gute menschliche Beziehungen sowie fachliche und rangmäßige Autorität."[209] Daher sei in Zukunft eine bessere landesspezifische Vorbereitung nötig. Eine ähnliche Auffassung zu Anpassungsfähigkeit als Schlüssel zu einer erfolgreichen Beratung ließ sich auch bei der DVB erkennen.

Als wichtige und langfristige Aufgabe galt die Counterpartausbildung, welche alles in allem für die beteiligten Akteure zufriedenstellend ablief. Insgesamt wurden im Projektzeitraum 27 Stipendiaten im Rahmen von Langzeitprogrammen in der BRD weitergebildet. Bei einer nachträglichen Befragung von 13 der 27 Counterparts wurden jedoch auch kritische Kommentare geäußert. Eine häufiger Kritikpunkt waren beispielsweise die fehlenden Englischkenntnisse der Ausbilder bzw. die fehlenden Deutschkenntnisse der Counterparts. Eine Besonderheit war hier die Ausbildung in München, „wo mundartliche Besonderheiten zu erheblichen Verständigungsschwierigkeiten beitrugen".[210] Außerdem wurde im BPM das Ausbildungsniveau der koreanischen Counterparts nicht ausreichend berücksichtigt, die oft ein abgeschlossenes Universitätsstudium und

---

206 PA AA, B37-ZA, 107635, Dr. Lotz (BMZ): Inspektion Fernmeldewesen Korea – Hauptbericht, 29.03.1978, S. 95.
207 Ibid., S. 104f.
208 Ibid., S. 107.
209 Ibid., S. 8.
210 Ibid., S. 99f.

langjährige Berufserfahrung vorweisen konnten. Teile der vorgeführten technischen Methoden waren in Korea nicht gebräuchlich und dadurch eine Vorführung für die Teilnehmer ungeeignet. Die Counterparts sprachen des Weiteren von Erfahrungen mit rassistischer Diskriminierung.[211] Projektleiter H. Hempel schrieb in einem Projektbericht: „Mehrere Briefe der erst kürzlich ausgereisten Gruppe aus Deutschland brachten zum Ausdruck, dass sich diese Koreaner in der BRD schlechter behandelt fühlen als Angehörige anderer Nationen."[212] Hierbei handelte es sich um einen Vorwurf, der in anderen Berichten oder Zeitzeugengesprächen sonst kaum geäußert worden war.

Die Gutachter machten zwar auf Basis der geäußerten Kritik Vorschläge zur Verbesserung, wie beispielsweise die Vermeidung von München als Ausbildungsort oder die stärkere Berücksichtigung von Alter, Ausbildungs- und Familienstand der Teilnehmer, gingen aber auf die Diskriminierung nicht weiter ein.[213] Positiv kann dennoch gesehen werden, dass nach ihrer Rückkehr ein Großteil der Counterparts weiterhin im MOC tätig war, darunter elf Personen sogar als Ausbilder an der Fachschule in Daejeon, dem Nachfolgeprojekt der Entwicklungszusammenarbeit. Andere Counterparts verließen die Behörde jedoch auf Grund besserer Bezahlung in der Industrie.[214] Die Gutachter betrachteten den Nutzen der Counterpartausbildung in der BRD insgesamt als gering und schlugen eine Reformierung des Ausbildungssystems im BPM vor.[215] Auch der Leiter der koreanischen Counterparts Kim Bupyŏng weist auf allgemeine Probleme bei der Ausbildung hin.[216] Die Projektgutachter kritisierten allerdings auch das Verhalten der deutschen Experten vor Ort und den fehlenden Austausch mit Counterparts:

> „Die entsandten Fachkräfte verärgerten die Koreaner durch herrisches, überhebliches, rechthaberisches, lautes Auftreten. Sie erweckten den Eindruck, befehlen statt überzeugen zu wollen. Persönliche Probleme [...] standen im Vordergrund. [...] Die Deutschen stehen vornehmlich untereinander in Kontakt und pflegen auch unter Hinweis auf fehlende Repräsentationsfonds keinen Kontakt mit den einheimischen Kollegen."[217]

Trotz dieser negativen Bewertung der deutschen Seite hob das MOC als wesentliche Ergebnisse der deutschen Beratergruppe deren Empfehlungen zu War-

---

211 Ibid., S. 113.
212 BArch, B 213/24265, PL H. Hempel: Tätigkeitsbericht Nr. 3, 31.07.1973, S. 3.
213 PA AA, B37-ZA, 107635, Dr. Lotz (BMZ): Inspektion Fernmeldewesen Korea – Hauptbericht, 29.03.1978, S. 114.
214 Ibid., S. 115f.
215 Ibid., S. 116f.
216 Ibid., S. 109.
217 Ibid., S. 125.

tungsabläufen in der Telefonzentrale Yongsan, zur automatischen Telefonvermittlung sowie die Erstellung eines Handbuchs für die EMD-Wartung und die Einführung von Erdungen hervor. Außerdem kann die Weiterbildung von Wartungstechnikern als eine wichtige Grundlage des Projektes gesehen werden. Insgesamt wurden in drei Jahren (1973–1975) 104 Personen in achtwöchigen Kursen fortgebildet. Dazu hatte das deutsche Team insgesamt sieben Lehrbücher und Leitfäden erstellt bzw. ins Koreanische übersetzt und ca. 80 deutschsprachige Bücher zur Verfügung gestellt. Themen der Ausbildung waren dabei die Linientechnik, Orts- und Fernvermittlungstechnik sowie die Entstörung im technischen Fernsprechbetrieb.[218]

Fachschule

Während des Einsatzes der Beratergruppe wurde schnell deutlich, dass eine Ausbildung von Telekommunikationstechnikern *On the Job* schwierig war, weshalb man den Aufbau einer Fachschule plante. Dazu sollten erneut drei Experten, dieses Mal mit einem Schwerpunkt auf Ausbildung, entsandt werden. Sie sollten bei der Planung der Ausbildungskurse, der Erstellung von Unterrichtsmaterialien, dem Schulaufbau sowie der Einführung von technischer Ausbildung und Schulungen für Instruktoren im Telekommunikationsbereich beratend zur Seite stehen.[219]

Für ein Vorgutachten des Fachschulprojektes entsandte das BPM 1975 zwei Gutachter mit Fachwissen zu Ausbildungsstätten im Telekommunikationssektor von Entwicklungsländern nach Korea.[220] Diese schlugen vor, „in Korea ein Ausbildungssystem in Anlehnung an das der deutschen Bundespost einzuführen".[221] Es sollte eine Musterausbildungsstätte errichtet werden, in der den Handwerkern bzw. Technikern die nötigen praktischen Fähigkeiten im Rahmen von zweijährigen Ausbildungskursen vermittelt werden. Der Notenwechsel erfolgte dann im März 1977, und das Projekt lief mit einer Verlängerung um sechs Monate schließlich bis 1980.[222]

---

[218] Ibid., S. 103f. Vgl. auch: BArch, B213/24265, PL H. Hempel: Tätigkeitsbericht Nr. 2. vom 01.01. bis 30.04.1973, 01.05.1973, S. 7.

[219] Ibid., S. 118.

[220] PA AA, B37-ZA, 101649, Schreiben des BPM an das AA: Technische Hilfe für Korea, hier: Einrichtung einer Ausbildungsstätte für Fernmeldehandwerker, 07.08.1975, S. 1.

[221] PA AA, B37-ZA, 101649, Schreiben des BMP an das BMZ: Technische Hilfe für Korea; hier: Ausbildungsstätte für Fernmeldehandwerker, 25.09.1975, S. 2.

[222] MOFA Archives, Dokumenten-Nr.: 741.91GE/10273, Han togil kan-ŭi t'ongshin kisul hullyŏnso sŏllip-e kwanhan kaksŏ kyohwan [Notenwechsel zwischen der Republik Korea und der Bundesrepublik Deutschland über die Errichtung einer Fernmeldeschule], 15.03.1977.

Der Schwerpunkt lag dabei auf der Vermittlung von handwerklichen Fähigkeiten mit einem Verhältnis von 80 % praktischer und 20 % theoretischer Ausbildung.[223] Wie schon im Rahmen der Beratergruppe erfolgte auch in der Technikerschule eine Counterpartausbildung, indem insgesamt 14 koreanische Instruktoren in der Bundespost weitergebildet wurden. Ausbildungsinhalte waren beispielsweise die Materialverarbeitung oder Kabelverbindung.[224] Die deutsche Seite erhoffte sich dabei wie auch schon in Incheon einen Multiplikatoreffekt. Insbesondere sahen BMZ und BPM dieses Projekt als wichtige Ergänzung zur finanziellen Zusammenarbeit und daher als entwicklungspolitisch gerechtfertigt an.[225]

Allerdings wurden in der frühen Projektplanung die Leitlinien und Empfehlungen des zuständigen BMZ-Referates für Berufsbildung in Entwicklungsländern nicht einbezogen, obwohl das Ministerium zu diesem Zeitpunkt bereits etwa zehn Jahre lang Erfahrung mit Facharbeiterschulen weltweit gesammelt hatte. Im Gutachterbericht heißt es: „Dies betrifft insbesondere die Bedarfsanalyse, die Personal- und Zeitbedarfsschätzungen, die Curriculafestlegungen, die Trägerorganisationsanalyse und die Konzeption von Modell- und/oder Pilotprojekten."[226] In Korea sei hier beispielsweise auf Incheon und Naju verwiesen, auch wenn diese unter der Ägide des Erziehungsministeriums standen. Eigentlich hatte sich die Berufsbildungspolitik Koreas in dieser Zeit maßgeblich auf Berufsbildungszentren ausgerichtet, die auch durch die Beratertätigkeit deutscher Experten am koreanischen Arbeitsministerium unterstützt wurden, weshalb die Gründung einer Berufsschule aus der Zeit gefallen schien.

Nach der kritischen Beurteilung in der Evaluation beteiligte der zuständige BMZ-Beamte Dr. Barthelt den Leiter der Beratergruppe am koreanischen Arbeitsministerium, A. Schnitter, an einem Treffen mit Vertretern des MOC und deutschen Telekommunikationsexperten. Dort wurden die Ausbildungspläne und Abschlussprüfungen diskutiert. Es erfolgte also eine bessere Koordination der verschiedenen Projekte, trotz anderer Zugehörigkeit zu Arbeitsministerium einerseits und Kommunikationsministerium andererseits. Schließlich schlug die deutsche Seite für die Technikerschule nach einem Jahr Ausbildung die Handwerkerprüfung I und nach dem zweiten Jahr die Handwerkerprüfung II vor. Das MOC hatte ursprünglich den Abschluss mit der Technikerprüfung vor-

223 Ibid., S. 2f.

224 BArch, B 213/24268, H. Hempel: Final Report: Telecommunications Training Institute Daejon, 04.1980, S. 5.

225 PA AA, B37-ZA, 101649, BMZ-Entscheidung über den Auftrag zur Projektdurchführung: Technische Hilfe für Korea; hier: Ausbildungsstätte für Fernmeldehandwerker, 30.09.1975, S. 1f.

226 PA AA, B37-ZA, 107635, Dr. Lotz (BMZ): Inspektion Fernmeldewesen Korea – Hauptbericht, 29.03.1978, S. 121.

gesehen und wollte dafür weitere Theoriestunden im letzten Jahr ergänzen, was der deutschen Seite mit ihrem Fokus auf Praxis nicht passte. Für Dr. Barthelt schien es bereits zu dieser Zeit unverkennbar, dass „in Korea auf allen Ebenen des Erziehungswesens eine Tendenz zur höher qualifizierenden, stärker theoretisch ausgerichteten Ausbildung besteht".[227] Schließlich einigte man sich auf eine zweijährige Ausbildung mit einer Grundausbildung im ersten Jahr und einer weiterführenden Fachausbildung im zweiten Jahr (siehe Tabelle). Im ersten und einzigen Jahrgang des Ausbildungskurses konnten von den 45 Auszubildenden, die im Frühjahr 1978 begonnen hatten, insgesamt 34 im Jahre 1980 ihre Ausbildung erfolgreich abschließen, und der Großteil arbeitete danach weiter in der Verwaltung mit Schwerpunkt Telekommunikation.[228]

Tabelle 25: Ausbildungsinhalte für Telekommunikationstechniker

1. Ausbildungsjahr (Grundausbildung)	
Werkstoffbearbeitung	23 Wochen
Schalt- und Montagearbeiten	12 Wochen
Kabelmontage und oberirdischer Fernmeldebau	12 Wochen
2. Ausbildungsjahr (Fachausbildung)	
Sprechstellenbau	12 Wochen
Fernsprechentstörung	12 Wochen
Vermittlungstechnik	18 Wochen
Seminar	5 Wochen

Quelle: BArch, B 213/24268, Notenwechsel zwischen der Bundesrepublik Deutschland und der Republik Korea über Lehrgänge in der Lehrwerkstätte für Fernmeldehandwerker, Rahmenausbildungsplan, 15.03.1977.

Projektende und Ausblick

Schließlich führte die koreanische Regierung Ende 1979 Reformen durch, nach denen das Trainingszentrum in ein College umgewandelt werden und der deutsch-koreanische Spezialkurs auslaufen sollte. Um dennoch einen Nutzen des deutschen Projektes zu erzielen, sollten die bereitgestellten Unterlagen stärker auf Teilabschnitte hin ausgearbeitet werden, sodass diese in andere Ausbildungsprogramme integriert werden könnten.[229] Diese sogenannte Modulausbildung findet sich auch in anderen Entwicklungsländern. Beispielsweise

[227] BArch, B 213/24268, Dr. Barthelt: BMZ-internes Schreiben – Technische Zusammenarbeit mit Korea; hier: Fernmeldeschule in Daejon, 22.03.1978, S. 4.

[228] BArch, B 213/24268, H. Hempel: Final Report: Telecommunications Training Institute Daejon, 04.1980, S. 6.

[229] BArch, B 213/24268, G. Lampe (BPM): Projektstandbeurteilung Fernmeldeausbildungsstätte Daejon, Südkorea; hier: Reisebericht, 27.11.1979, S. 10f.

konnten im Rahmen der Ausbildung zur Ingenieurstufe 2 Kursinhalte beibehalten werden, auch wenn hier ein höherer theoretischer Anteil notwendig war, denn eine Ausbildung würde zu einer Hälfte praktisch und zur anderen Hälfte theoretisch verlaufen.[230] Die Handwerkerausbildung jedoch sollte weiter gekürzt werden, was der Entwicklung im Berufsbildungssektor ähnelte. Dort ging man von den dreijährigen Fachschulen nach Vorbild der deutschen dualen Ausbildung auf ein Training in zwei- bzw. teilweise nur einjährigen Berufsbildungszentren über (siehe Kapitel III-3).

Neben den Reformplänen war der bilaterale Transfer ebenfalls an seine Grenzen gestoßen. Dr. Killinger fasste in seinem Bericht zu den Regierungsverhandlungen die Haltung der koreanischen Seite über das Auslaufen des Projektes zusammen: „Das deutsche System füge sich nicht in das koreanische System ein. Mehrere Versuche, die Konzeption in Gesprächen mit den deutschen Experten zu ändern, seien gescheitert."[231] Ein MOC-Vertreter gab zwar zu, dass die Entscheidung, das Projekt auslaufen zu lassen, innerhalb des Ministeriums umstritten gewesen sei, die Orientierung an anderen Ländern in Bezug auf Ausbildung untermauerte jedoch das abnehmende Interesse an der deutschen Beratung. Neben den deutschen Ausbildungskonzepten orientierte sich das koreanische Postministerium nun auch an „benachbarten asiatischen Fernmeldeverwaltungen". Die deutschen Berufsbildungsexperten am Arbeitsministerium bewerteten die koreanischen Reformen in der Telekommunikationsausbildung dennoch als sinnvoll und schlugen vor, die deutschen Ausbildungsmodule so gut wie möglich in das neue Gesamtkonzept zu integrieren.[232] Statt einem bilateralen Transfer bevorzugte die koreanische Regierung also eine Auswahl einzelner Elemente aus verschiedenen Ländern.

Auch in der technischen Entwicklung fand Korea in der Folge seine eigene Lösung: Das Korea Institute of Electronics and Telecommunications Technology (KIET) entwickelte in Zusammenarbeit mit Privatunternehmen ein elektrisches Vermittlungssystem, sodass man nicht mehr von ausländischen Technologien wie EMD und der Entwicklungszusammenarbeit abhängig war.[233] Die Hintergründe dieser industriellen Forschung durch staatlich finanzierte Forschungsinstitute werden im folgenden Kapitel ausführlicher behandelt.

230 Ibid., S. 1.

231 BArch, B 213/24268, Dr. Killinger (BMZ): Vermerk – Deutsch-koreanische Regierungsverhandlungen 07. bis 11.05.1979 in Seoul, 23.05.1979, S. 1.

232 Ibid., S. 2.

233 Vgl. auch: Song, Sŏngsu: „Chŏngbo t'ongshin sanŏp" [Telekommunikation], in: *Encyclopedia of Korean Culture* (online).

3.3 Resümee

Die beiden untersuchten Infrastrukturprojekte waren eine Ergänzung zu vorangegangenen Projekten der finanziellen Zusammenarbeit. Im Falle der PEB hatte die Bundesregierung bereits den Aufbau der Wasserinfrastruktur in Busan finanziell unterstützt. Die Planungsgruppe verfolgte als Hauptaufgabe, eine Gesamtplanung für den Bereich Abwasser in Busan zu erstellen. Daneben beriet sie die Stadtverwaltung bei Sofortmaßnahmen des Abwasserwesens, aber auch Fragen des Flut- und Hochwasserschutzes. Die im Aufbau befindlichen Umweltingenieurswissenschaften an der Dong-A University in Busan profitierten ebenfalls von dem Projekt, da deutsche Berater Vorträge hielten und koreanische Counterparts in Deutschland aus- und weitergebildet wurden. Ein Berater der PEB hatte selbst koreanische Wurzeln, was für die Entwicklungszusammenarbeit ungewöhnlich scheint, aber dem Projekt an sich wohl nutzte, da er Materialien aus dem Deutschen ins Koreanische übersetzen konnte und das Einsatzland besser kannte als seine Kollegen. Er gilt heute als einer der Begründer der Umweltingenieurswissenschaften in Korea.

Verglichen mit den großangelegten Dammprojekten oder dem ‚Entwicklungsplan um die vier Flüsse', die zur gleichen Zeit durchgeführt wurden, handelte es sich bei der bilateralen technischen Zusammenarbeit zwischen Deutschland und Korea um ein kleines, regional beschränktes und von der Dauer nur kurzes Projekt, das nur in Busan selbst einen gewissen Einfluss ausüben konnte. Etwa zur gleichen Zeit waren deutsche Berufsbildungsexperten auch an dem Aufbau eines Berufsbildungszentrums in Busan und eines Meistercolleges in Changwon beteiligt, deutsche Forstexperten agierten in Yangsan, und ein industrielles Forschungszentrum in Changwon hatte ebenfalls einen deutschen Wissenschaftler als Berater. Es zeigte sich also eine starke Präsenz deutscher Berater in der Provinz Gyeongsangnam-do und Busan verglichen mit anderen Regionen.

Die beiden technischen Projekte im Telekommunikationssektor hingen einerseits mit der Förderung im Rahmen der finanziellen Zusammenarbeit und andererseits mit Investitionen der Privatwirtschaft, insbesondere einem Lizenzvertrag und späteren Joint Venture zwischen Siemens und Goldstar Electric, zusammen. Somit war ein direkter wirtschaftlicher und politischer Nutzen für beide Seiten gegeben, den technischen Wissenstransfer in diesem Sektor weiter zu fördern. Sowohl die Beratergruppe als auch die Technikerschule können jedoch als gescheitert angesehen werden. Die deutsche Beratergruppe hatte sich das ehrgeizige Ziel gesetzt, das Telekommunikationssystem als Ganzes nach Korea zu übertragen. Daran hatte jedoch die koreanische Seite kein großes Interesse, denn es ging ihr weniger um allgemeine, systemische, als um konkrete, technische Fragen. Das führte auch dazu, dass koreanische Counterparts das Auftreten der deutschen Berater als arrogant empfanden.

Die duale Ausbildung nach deutschem Vorbild mit einem hohen Anteil an praktischen Elementen hatte bereits an den Berufsschulen in Incheon und Naju zu Widerständen der koreanischen Lehrer und Schüler geführt. Auch im Telekommunikationssektor fand diese Form der Ausbildung keine große Zustimmung, und nach Abschluss des ersten Jahrgangs mit deutschen Lehrplänen wurde das Ausbildungsprogramm wieder geändert; nur einzelne Module konnten in der Techniker- und Ingenieursausbildung weitere Anwendung finden. Hier zeigt sich auch die fehlende Kommunikation zwischen den einzelnen Sektoren, denn die Beratergruppe am Arbeitsministerium war eigentlich bereits mit dem koreanischen Berufsbildungssystem vertraut. Erst nach einer kritischen Evaluation durch das BMZ erfolgte ein Austausch zwischen den beiden Projekten.

4. Zentren für den industriellen Technologietransfer

Dieses Kapitel behandelt insgesamt vier Projekte aus dem Bereich der industriellen, angewandten Forschung, die einen staatlich induzierten Technologietransfer an Unternehmen aus der jeweiligen Branche anstrebten. Zunächst erfolgt ein Überblick zur Entstehung der koreanischen Forschungsinstitute mit Blick auf die ausländische Entwicklungszusammenarbeit, vorwiegend aus den USA. Danach wird eine Übersicht der deutsch-koreanischen Zusammenarbeit in diesem Bereich mit einer Vorgeschichte und angedachten Projekten gegeben. Schließlich geht das Kapitel genauer auf die einzelnen Projekte ein: Zwei Projekte waren als Abteilungen bzw. externe Zentren des Korean Institute of Science and Technology (KIST) in Seoul angesiedelt, ein Projekt wurde am Korean Institute of Machinery and Metals (KIMM) in Changwon und ein weiteres Projekt am Korean Standard Research Institute (KSRI) in Daejeon durchgeführt.

4.1 Förderung industrieller Forschung und Entwicklungszusammenarbeit

Weil in den 1950er-Jahren der Industriesektor nur einen geringen Anteil an der koreanischen Wirtschaft hatte, wurde die Forschung in diesem Sektor auch von Seiten der Regierung kaum gefördert. Als Forschungsinstitut bestand aus der Kolonialzeit lediglich noch das neubenannte ‚Zentrale Forschungsinstitut für Industrie' (*chungang kongŏp yŏn'guso*). Unter der Regierung Rhee Syngmans wurde auf Vorschlag von Wissenschaftlern 1959 schließlich das Korea Atomic

Energy Research Institute (KAERI, *han'guk wŏnjaryŏk yŏn'guwŏn*) als erstes staatliches Forschungsinstitut gegründet. Es kann als Vorläufer der nachfolgenden staatlich finanzierten Forschungsinstitute gelten.[234]

Mit der Regierung unter Park Chung Hee änderte sich im Rahmen der neuen Wirtschaftspolitik auch der Stellenwert industrieller Forschung. Auf Anregung des amerikanischen Präsidenten Lyndon B. Johnson wurde 1966 das KIST im Seouler Stadtteil Hongreung gegründet. Der Vorschlag Johnsons ist im Kontext der Entsendung koreanischer Truppen nach Vietnam und des japanisch-koreanischen Grundlagenvertrages zu verstehen. Da es sich bei KIST um ein Projekt der USAID handelte, wurde die amerikanische Forschungseinrichtung Batelle Memorial Institute in Ohio als Partnerinstitution ausgewählt und eine Expertenkommission nach Korea entsandt. Gleichzeitig sah die Regierung unter Park Chung Hee eine Chance, ihr eigenes Image durch die Technologieförderung aufzubessern und wollte KIST zum ‚größten Forschungsinstitut Asiens' ausbauen. Park wurde deshalb, wie auch in der Folge bei weiteren staatlich finanzierten Forschungsinstituten, als Gründer eingetragen, wodurch einerseits das Ansehen des KIST, andererseits auch der Druck auf dessen Wissenschaftler stieg.[235] In der Folge wurden in direkter Nähe des KIST weitere Forschungseinrichtungen, beispielsweise die National Digital Science Library (*han'guk kwahak kisul chŏngbo sent'ŏ*) und die Agency for Defense Development (*kukpang kwahak yŏn'guso*), errichtet und der Hongreung Forschungskomplex entstand.

Ab den 1970er-Jahren plante die koreanische Regierung dann, die Entwicklung neuer Technologien im Industriesektor durch die Gründung weiterer staatlich finanzierter Forschungsinstitute (*chŏngbu ch'uryŏn yŏn'guso*) nach dem Vorbild des KIST zu fördern. Aufgrund von Platzmangel in Seoul wurde von Seiten des MOST 1974 der ‚Grundlagenplan für die Daedok Forschungs- und Campusstadt' (*taedŏk yŏn'gu hagwŏn toshi kibon kyehoek*) verabschiedet und in Daedok nahe Daejeon nicht nur die Gründung der technischen Hochschule KAIST, sondern auch die Errichtung weiterer staatlich finanzierter Forschungsinstitute geplant. Allerdings wurde der Plan danach mehrfach überarbeitet und neben Daedok auch weitere Standorte wie Changwon, Masan oder Gumi bestimmt.[236] Die koreanische Regierung errichtete bis 1979 insgesamt 19 Forschungsinstitute auf den Gebieten Maschinenbau, Metall, Elektronik, Kernenergie, natürliche Ressourcen, Chemie, Telekommunikation, Normen, Schiffsbau, Ozeanographie etc. Unter der nachfolgenden Regierung wurde diese Zahl jedoch auf Grund von Kompetenzüberschneidungen wieder redu-

---

234 Vgl. auch: Mun, *Han'guk kwahak kisul yŏn'gu ch'eje-ŭi chinhwa*, Kapitel 2, S. 39–94.

235 Ibid., Kapitel 3.1–2, S. 95–121.

236 O. V.: „Taedŏk yŏn'gu hagwŏn toshi kŏnsŏl kibon kyehoek" [Grundlegender Bauplan für die Forschungscampusstadt in Daedok], in: *Kwahak-kwa kisul* 7. 4, 1974, S. 10–12; „Science Town Plan Revised", in: *The Korea Herald*, 11.05.1976.

ziert, indem 16 Institute zu 9 zusammengelegt und dem Wissenschaftsministerium unterstellt wurden.[237]

Die Förderung der Forschungsinstitute hatte verschiedene Ziele: So wirkte die Regierung erstens einem Brain-Drain entgegen, indem sie koreanische Wissenschaftler aus dem Ausland verstärkt nach Korea zurück warb. Das Gehalt der Forscher an staatlich geförderten Forschungsinstituten war dreimal höher als an Universitäten, sodass sie trotz ihrer Lage außerhalb der Hauptstadt für die Wissenschaftler attraktiv waren. Gleichzeitig wurde die Forschung zu Ingenieurswissenschaften und Technologie gesellschaftlich stark aufgewertet und auch den Unternehmen die Vorteile technologischer Forschung vor Augen geführt. So erfolgte eine enge Zusammenarbeit mit der Industrie, indem die Forschungsinstitute industriell wichtige Erfindungen und Programme voranbrachten und einen Wissenstransfer einleiteten, wie sich auch an den deutsch-koreanischen Projekten zeigen sollte. Die Forschungsinstitute wirkten des Weiteren als Thinktanks der Regierung, da sich Park mehr und mehr auf diese verließ, während das Ansehen von Universitätsprofessoren des gleichen Bereiches mit der Gründung der staatlich finanzierten Forschungsinstitute sank.[238]

Von den anderen Gebern gibt es genauere Daten zu den UNDP-Projekten, von denen ca. 30 % auf den Industriesektor entfielen und ein Großteil auch industrielle Forschung betraf. Auch wenn die Fördersummen der Bundesregierung für die einzelnen Projekte etwas höher waren, umfassten die UNDP-Projekte eine größere Bandbreite und deckten einen langen Zeitraum ab (siehe Tabelle 26). Außer einer Auflistung der Projekttitel und Fördersummen sowie einer Klassifizierung in Sektoren nennt der KOICA-Bericht jedoch weder Inhalte noch Effekt der einzelnen Projekte.[239] Mun Manyong hebt in seiner Monografie vor allem die Gründung des Korea Electronics and Telecom Research Institute (ETRI, *han'guk chŏnja t'ongshin yŏn'guso*) hervor, für das neben UNDP auch die Weltbank Kredite zur Verfügung stellten, da in diesem Forschungsinstitut auch Grundlagenforschung für die später wichtige Halbleiterindustrie geleistet wurde.[240] Zu den anderen Gebern gibt es jedoch keine genauen Daten, obwohl einige Zentren beispielsweise von ADB oder USAID gefördert wurden, wie aus den deutschen Projektberichten hervorgeht.

---

237 Mun, *Han'guk kwahak kisul yŏn'gu ch'eje-ŭi chinhwa*, Kapitel 5.2, S. 244–250. Vgl. dazu auch einen ausführlichen deutschen Gutachterbericht: BArch, B 213/39052, BMZ: Hauptbericht zur Inspektion des TZ-Vorhabens Korea Standards Research Institute (KSRI), 10.1987, S. 22f.

238 Mun, Manyong: „KIST-esŏ Taedŏkyŏn'gudanji-kkaji – Pak Chŏnghi shidae chŏngbuch'uryŏnyŏn'guso-ŭi t'ansaeng-gwa chaesaengsan" [From KIST to Daedeok Science Town: The Birth and Reproduction of Government-Supported Research Institute during the Era of Park Chung-hee], in: *Yŏksabip'yŏng* 85, 2008, S. 266f./271.

239 KOICA, *Han'guk-e taehan kaebal wŏnjo-wa hyŏmnyŏk*, S. 133–140.

240 Mun, *Han'guk kwahak kisul yŏn'gu ch'eje-ŭi chinhwa*, S. 196f.

Tabelle 26: UNDP-Projekte zu industrieller Forschung

Forschungsinstitut	Förderjahre	Fördersumme
Korean Ocean Research and Development Institute	1973–1983	954,000 $
KIST Mechanical Engineering Research Institute	1975–1986	1,017,000 $
KIST Semiconductor Materials Technology	1979–1985	938,000 $
Reliability and Environmental Test Center	1982	499,000 $
Korea Electrotechnology and Telecom Research Institute	1978–1985 / 1985	854,000 $ / 1,036,000 $
Korea Institute for Energy and Resources	1979–1986	620,000 $
Korea Energy Management Corporation	1985–1994	555,000 $
KIMM CAD Section	1986–1993	572,000 $
Industrial Management Computer Support	1987–1992	1,194,000 $
Center for Science and Technology Policy (CSTP)	1988–1994	472,000 $
Scientific and Technical Information Service (STIS)	1993–1997	400,000 $

Quelle: KOICA, *Han'guk-e taehan kaebal wŏnjo-wa hyŏmnyŏk*, S. 136f.
Eigene Zusammenstellung des Autors.

4.2 Übersicht: Deutsch-Koreanische Kooperationen in der industriellen Forschung

Schon vor den eigentlichen Projektanträgen und -beschlüssen gab es auf deutscher Seite einige Überlegungen zur technischen Zusammenarbeit im Bereich des Technologietransfers. 1973 schlug der Projektleiter des Ausbildungszentrums in Busan, N. Jasper, die Förderung des Normenwesens, des Prüf- und Messwesens, sowie der Qualitätskontrolle als mögliche Projekte vor. Damit fand der industrielle Entwicklungsbereich Messen, Normen, Prüfen, Qualität sichern (MNPQ) seine erste Erwähnung als Erweiterungsmöglichkeit der deutsch-koreanischen technischen Zusammenarbeit. Als deutsche Vorbilder nennt N. Jasper den Technischen Überwachungsverein (TÜV) und die deutschen Materialprüfungsanstalten, die in der Folge auch Gutachten für die Projekte erstellten oder als Projektpartner fungierten.[241] Die GTZ befand diese Vorschläge in einem Schreiben als sinnvoll und entwicklungspolitisch förderungswürdig und bezeichnete sie als einen „Ansatzpunkt für künftige Förderungsmaßnahmen auf diesem Gebiet".[242] Allerdings wurde auch festgestellt, dass es bereits vergleichbare Institute in Korea

---

241 BArch, B 213/8757, N. Jasper an GTZ: Vorschlag zur Errichtung eines Institutes zur Entwicklung und Einführung von Qualitätsnormen und standardisierten Prüf- und Messmethoden für den Bereich der Metallerzeugung und Metallverarbeitung in der Republik Korea, 02.06.1973, S. 2f.

242 BArch, B 213/8757, BMZ-internes Schreiben: Technische Hilfe für Korea – Normenhilfe, 08.08.1973, S. 1.

gäbe, deren Zuständigkeiten nur anders verteilt seien. Demnach sei technische Zusammenarbeit in genanntem Bereich auch hauptsächlich in Form von Beratung sinnvoll, weil weltweit andere Standards und Normen gelten.[243]

Von koreanischer Seite gab es ebenfalls bereits früh Überlegungen zu einer Zusammenarbeit. So schlug der Wissenschaftsminister Ch'oe Hyŏngsŏp 1973 bei einem Besuch des BMZ-Staatssekretärs in Korea vor, eine Kooperation zwischen KIST und der Max-Planck-Gesellschaft (MPG) zu veranlassen.[244] Diese war in Korea bereits bekannt, wie man an einschlägigen Veröffentlichungen erkennen kann.[245] Später war auch die Fraunhofer Gesellschaft als Partner für koreanische Forschungsinstitute und -stiftungen interessant. Ch'oe strebte an, das KIST ähnlich wie die beiden Gesellschaften zu strukturieren und mehr staatliche Förderung zu erlangen, um nicht von Unternehmen abhängig zu sein.[246] Im Jahr 1976 fasste Ch'oe außerdem den Plan, eine deutsch-koreanische Technische Universität in Daedok zu errichten. Da auf Grund von fehlendem Budget die Pläne für die dortige Forschungs- und Wissensstadt jedoch stark reduziert wurden, verfolgten beide Seiten auch diese Idee nicht weiter.[247] Einige Jahre später errichteten Korea und Frankreich in Suwon die Ajou University, deren Fokus zunächst auch auf den Ingenieurs- und Naturwissenschaften lag, später jedoch allgemeiner ausfiel.[248]

---

243 Ibid., S. 2.

244 BArch, B 213/8757, Dr. Haniel: Bericht über die Asienreise von Herrn Staatssekretär vom 19.04. bis 02.05.1973 – Bilaterale Gespräche in Korea und auf den Philippinen, 07.05.1973, S. 5 In seinen Memoiren erinnert sich Ch'oe auch an den Staatsbesuch und die Gründung der Zentren. Ch'oe, Hyŏngsŏp: *Pul-i kkŏjiji annŭn yŏn'guso* [Forschungszentrum, wo das Licht nicht ausgeht], KIST: Seoul 1995, S. 162.

245 Vgl. zur westdeutschen Wissenschaftspolitik allgemein auch: Kim, Tongil: „Sŏdok-ŭi kwahak chŏngch'aek" [Wissenschaftspolitik in Westdeutschland], in: *Kwahak-kwa Kisul* 2.4, 1969, S. 8–9. Zur Max-Planck-Gesellschaft allgemein vgl. auch den 1980 erschienenen Artikel: O. V.: „Che1hoe wŏnnae semina – Maksŭ P'ŭrangk'ŭ haksul chinhŭng hyŏp'oe" [1. Instituts-internes Seminar: Die Max-Planck Gesellschaft], in: *Han'guk'ak* 3.2, 1980, S. 54f.; im Jahre 1986 erschien auch ein Artikel speziell zum MPI für Metallforschung: Yi, Chŏngchung: „Maksŭ p'ŭllangk'ŭ kŭmsok yŏn'guso" [MPI für Metallforschung], in: *Taehan Kŭmsok Hak'oeji* 24.9, 1986, S. 965–968.

246 Ch'oe, *Pul-i kkŏjiji annŭn yŏn'guso*, S. 172.

247 Mun belegt diese Aussage mit einem Verweis auf den Briefnachlass von Ch'oe, der in der Jeonbuk National University aufbewahrt wird und den der Autor ebenfalls einsehen konnte. In den deutschen Archivquellen findet sich kein Hinweis auf diesen Vorschlag. Mun, *Han'guk kwahak kisul yŏn'gu ch'eje-ŭi chinhwa*, S. 184. Eine mögliche Unterstützung der deutschen Regierung beim Aufbau eines Museums für Wissenschaft und Technik in Korea wurde Anfang der 1980er-Jahre ebenfalls geprüft, aber schließlich nicht verwirklicht. Ch'oe, *Pul-i kkŏjiji annŭn yŏn'guso*, S. 280.

248 Chŏng, Sangch'ŏn: *Nap'olleong-do morŭ-nŭn han-p'ŭrangsŭ iyagi* [Französisch-koreanische Geschichten, die nicht einmal Napoleon kannte], Kukhak: Goyang 2013, Kapitel 17: P'ŭrangsŭ-ga seun han'guk-ŭi MIT – Ajudaehakkyo [Frankreich errichtete das koreanische MIT – Ajou University], S. 272–275.

Abbildung 10: Rezeption des Max-Planck Instituts für Metallforschung

西獨의 막스 · 플랑크 金屬硏究所

Max-Planck Institut für Metallforschung

Max-Planck 金屬硏究所(이하 MPI Metall)는 서독학술연구기관의 총본산이라 할 「막스 · 플랑크」學術後援協會(MPG)산하에 속해있는 서독제일의 金屬關係硏究機關이다.

필자는 73/74년의 일년간 그리고 금년 여름등 두차례에 걸쳐 MPI Metall의 粉末治金硏究室에 초청객원으로 체류할 기회가 있었다. Max-Planck硏究所 特有의 연구소 운영형태및 硏究活動에 感銘받은 바 크므로 MPI Metall을 中心으로하여 「막스 · 플랑크」硏究所를 소개한다.

文 仁 烔 교수
<漢陽大學校 材料工學科>

1. 「막스 · 플랑크」 학술후원협회(MPG)

伯林大學 創立 1百周年을 기념하기 위에 1911

문이다. 따라서 MPG의 기능은 우리나라의 KIST와 KAIS를 합쳐 놓았다 할 때에 그 역할의 해당 한다고 말할 수 있겠다.

MPG의 규모는, 1975년 현재로 年豫算만도약 8억 「마르크」(원화로 약 1,600억원)에 달하며, 산하의 총 직원수는 약 10,000여명을 헤아린다

Quelle: Mun, Inhyŏng: „Sŏdok-ŭi maksŭ p'ŭllangk'ŭ kŭmsok yŏn'guso" [Das Westdeutsche MPI für Metallforschung], in: *Kwahak-kwa kisul* 9.10, 1976, S. 52–54.

Zu einem späteren Zeitpunkt schlugen Beamte des Wissenschaftsministeriums die Errichtung eines sogenannten Technologietransferzentrums am KIST als deutsch-koreanisches Partnerprojekt vor, welches, wie im Namen bereits anklingt, den Technologietransfer zwischen beiden Ländern fördern sollte. Als Akteure waren neben Forschungsinstituten auch Unternehmen vorgesehen, „um der Nachfrage der Entwicklungsländer nach angepasster Technologie gerecht werden zu können". Letztlich wurde dieses Projekt aber nur durch eine externe Beraterfirma der GTZ geprüft und nicht als Projekt der technischen Zusammenarbeit verwirklicht.[249] Das KIST richtete jedoch auf Basis der beiden deutsch-koreanischen Partnerprojekte 1976 selbst ein vergleichbares Zentrum ein, in dem sich Betriebe bei Interesse an einem Technologietransfer technisch beraten lassen konnten.[250]

Der BMZ-Beamte Dr. Haniel stellte einen entscheidenden Unterschied zwischen Entwicklungsländern und Industrieländern heraus: Demzufolge seien Technologien in Industrieländern meistens im Besitz von Unternehmen der Privatwirtschaft, während Nehmerländer, wie zu dieser Zeit Korea, vielmehr auf eine staatliche Entwicklung der Technologien angewiesen seien. Ein Technologietransfer könne demnach nur durch direkte Kooperationen zwischen Unter-

[249] Vgl. auch: BArch, B 213/8759, Planungsgruppe Ritter: Projektvorschlag – Pilot-Projekt Technologie-Transfer-Zentrum Südkorea, o. D.

[250] KIST (Hg.): *KIST 50nyŏnsa* [50 Jahre Geschichte des KIST], KIST: Seoul 2008, S. 409.

nehmen erfolgen, wie es im oben genannten Zentrum beabsichtigt war.[251] Diese Gedanken weisen bereits auf spätere Projekte wie ‚Betriebliche Kooperationen' (siehe Kapitel V-5) voraus, waren für die 1970er-Jahre aber vermutlich zu ambitioniert und passten nicht zum vorherrschenden Protektionismus der koreanischen Wirtschaft.

Die eigentliche deutsch-koreanische technische Zusammenarbeit erstreckte sich schließlich auf drei Forschungszentren, die anfangs mit dem KIST assoziiert waren, sich aber im Laufe der Zeit verselbstständigten. In den ersten beiden Projekten unterstützte die BRD das KIST beim Aufbau eines Gießereizentrums (FTC) und eines Präzisionsmaschinenzentrums (PMC). Außerdem kooperierten beide Länder in der Folge bei der Errichtung eines Metall- und Maschinenprüfungsinstituts. Im Bereich des Normenwesens unterstützte die Physikalisch-Technische Bundesanstalt (PTB) das Korean Standard Research Institute (KSRI, *han'guk p'yojun kwahak yŏn'guwŏn*) insbesondere bei industriellen Messungen (siehe Tabelle 27). Die Zusammenarbeit ging ab den 1980er-Jahren in eine engere Partnerschaft auf dem Gebiet der Wissenschaft und Technik über, indem dazu ein entsprechendes staatliches Abkommen geschlossen wurde.[252] Auch auf institutioneller Ebene gab es engere, eigenständige Zusammenarbeit, so beispielsweise durch das Abkommen zwischen der Deutschen Forschungsgemeinschaft (DFG) und der Korea Science and Engineering Foundation (KOSEF) im Jahre 1977.[253]

Die Förderung eines Forschungsprojektes im Jahr 1982 am KIST erfolgte so auch nicht mehr über das BMZ, sondern das Bundesministerium für Bildung und Forschung (BMBF) sowie das koreanische MOST. Es handelte sich um ein Modellprojekt zur Nutzung von Solar- und Windenergie auf der Insel Jeju-do, das von je einem Professor der TU München und des KIST geleitet wurde. An der ersten Phase des Projektes wirkten außerdem diverse deutsche und koreanische Unternehmen wie MAN, AEG, Samsung, LG und Hyosung mit.[254] Das untermauert erneut die enge Verschränkung von staatlicher Entwicklungszusammenarbeit und Forschung sowie Privatunternehmen im industriellen Sektor.

---

[251] BArch, B 213/8757, Dr. Haniel: Förderung der industriellen Zusammenarbeit durch spezielle Maßnahmen der Technischen Hilfe, 16.10.1972, S. 4f.

[252] Abkommen zwischen der Regierung der Bundesrepublik Deutschland und der Regierung der Republik Korea über wissenschaftlich-technologische Zusammenarbeit, in: *Bundesgesetzblatt* Teil II Nr. 32, 09.09.1986, S. 928–930.

[253] Vgl. auch: PA AA, B37-ZA, 103337, Schreiben der Deutschen Botschaft Seoul an das AA: Deutsch-koreanische Zusammenarbeit in Wissenschaft und Technologie, 21.07.1976; Han, *Die Beziehungen zwischen der Republik Korea und der Bundesrepublik Deutschland*, S. 328f.

[254] KIST (Hg.): *KIST 25nyŏnsa* [25 Jahre Geschichte des KIST], KIST: Seoul 1994, S. 118.

Tabelle 27: Deutsch-koreanische Projekte zum industriellen Technologietransfer

Deutscher Projekttitel	Koreanisches Forschungsinstitut	Ort	Projekt-laufzeit	Deutsche Lang-zeitexperten	Deutsche Partner
Metall- und Maschinen-prüfungsins-titut/Materi-alprüfungs-institut	Korean Institute of Machinery and Metals (KIMM, *han'guk kigye kŭmsok yŏn'guso*)	Changwon	1976–86	Dr. H. Schmücker (1977–81) Fildhaut, G. Wolter (TÜV)	TÜV, GTZ
Gießerei-zentrum	Foundry Technology Center (FTC, *chumul sent'ŏ*)	Seoul (KIST) Incheon	1975–78	K. Hoerstke (1975–78), W. Mitländer (1975–77)	ARGE
Präzisions-maschinen-zentrum	Precision Machine Center (PMC, *chŏngmil kigye kisul sent'ŏ*)	Seoul (KIST) Incheon	1975–78	Krützner (1975–76); Michels (1975–78)	ARGE
Normen- und Messwesen	Korean Standard Re-search Institute (KSRI, *han'guk p'yojun kwahak yŏn'guwŏn*)	Daejeon	1979–93	*Keine Langzeit-experten vor Ort*	PTB

Quelle: Eigene Zusammenstellung des Autors.

4.3 Präzisionsmaschinenzentrum (PMC) und Gießereizentrum (FTC)

Die Beantragung der Zentren führte der erste Präsident des KIST und spätere Wissenschaftsminister, Ch'oe Hyŏngsŏp, in seinen Memoiren auf seinen persönlichen Einsatz zurück. Er habe bei einer Reise nach Frankreich, England und Deutschland im Juni 1972 die Förderung von verschiedenen Forschungszentren im Verbund des KIST erreicht, darunter jeweils ein Zentrum für Gießereiwesen, Verarbeitung und Präzisionsmaschinen.[255] Die Förderung des Zentrums für Verarbeitung wurde jedoch am Ende nicht im Rahmen der deutsch-koreanischen technischen Zusammenarbeit verwirklicht. Die Beantragung von ausländischen Krediten mehrerer Geberländer und -institutionen untermauerte den großangelegten Plan des Wissenschaftsministeriums, im Rahmen des dritten Fünfjahresplans den Ausbau der Chemie- und Schwerin-

[255] „Kwahak kisul kyoryu hwaktae" [Ausweitung des Austauschs von Wissenschaft und Technologie], in: *Maeil Business Newspaper*, 21.06.1972. Vgl. auch: „Kwahak kisul oegyo pisa Ch'oe Hyŏngsŏp hoegorok 1: Shidong lŏllin kukche hyŏmnyŏk" [Memoiren des Wissenschaftsministers Ch'oe Hyŏngsŏp 1: Ankurbelung der internationalen Zusammenarbeit], in: *Maeil Business Newspaper*, 09.10.1997.

dustrie auch von Seiten der Forschung zu unterstützen. Die Europareise des Ministers führt außerdem vor Augen, dass die technische Zusammenarbeit mit der Bundesregierung für die koreanische Seite eine von mehreren Alternativen darstellte.

Nachdem beide Seiten in den Regierungsverhandlungen 1973 zunächst die Prüfung der Projekte beschlossen hatten, erstellte die Firma Kienbaum im April 1973 ein Vorgutachten. Als Partnerorganisation hatte die koreanische Regierung das KIST bestimmt, innerhalb dessen man den beiden Zentren einen Sonderstatus zu gewähren plante. Der Tenor des Gutachtens war, die Sachmittel für das Projekt gering zu halten, da das Projekt sonst „Gefahr laufen würde, ein bereits vorhandenes hochmodernes Forschungsinstitut weiter aufzustocken, das bisher mehr Repräsentationsfunktionen als Multiplikatorwirkung zeigte".[256] Unter anderem die Abteilung für Gießerei im KIST sei bereits gut ausgestattet, bisher aber nicht angemessen genutzt, weshalb keine Dringlichkeit bestünde, neue Geräte oder Maschinen anzuschaffen.[257] Dennoch versprach die deutsche Regierung im Projektabkommen jeweils ca. 1 Mio. DM an Sachmitteln zur Verfügung zu stellen; der Betrag wurde später noch einmal erhöht. Die Gesamtkosten für beide Projekte betrugen nach dreijähriger Laufzeit insgesamt ca. 5 Mio. DM, es wurde ca. ein hälftiger Anteil an Experten- und Sachmittelkosten gezahlt.[258]

1974 erfolgte die Gründung der Zentren im KIST als Präzisionsmaschinenzentrum (PMC, *chŏngmil kigye kisul sent'ŏ*) und Gießereizentrum (FTC, *chumul sent'ŏ*).[259] Weil die GTZ Schwierigkeiten hatte, selbst Experten zu rekrutieren, beauftragte sie zwei deutsche Consultingfirmen, die Firmen Kienbaum und FGU-Kronberg, die eine Arbeitsgemeinschaft unter dem Akronym ARGE bildeten. Bei einer Vorstudie trafen die Geschäftsführer der Consultingfirmen sowie der spätere Projektleiter K. Hoerstke im Juni 1975 erste Vorbereitungen für die Projekte. Die Entsendung der anderen drei Langzeitexperten erfolgte kurz darauf; insgesamt waren also jeweils zwei Experten pro Zentrum in Korea tätig, von denen einer auch die gesamte Projektleitung vor Ort übernahm.[260]

---

256 BArch, B 213/24266, Schreiben der BfE an das BMZ: Technische Hilfe für Korea; hier: Gießereizentrum, Präzisionsmaschinenzentrum, 30.08.1974, S. 3.

257 BArch, B 213/24266, BMZ-internes Schreiben Dr. Hasselblatt: Technische Hilfe für Korea; hier: Aufbau eines Gießereizentrums, 30.10.1974.

258 BArch, B 213/24266, ARGE: Stellungnahme zu den Dienstreiseberichten Stegmeyer und Killinger über die Projektverlaufskontrolle, 23.03.1977, S. 19.

259 Nicht zu verwechseln mit dem Fine Instrument Center (FIC, chŏngmil kigi sent'ŏ), das 1966 mit Unterstützung von UNESCO und UNDP im Seouler Stadtteil Guro gegründet wurde. Auch hier waren diverse ausländische Experten aus Ländern wie England, Israel, Kanada und der Schweiz tätig. Vgl. dazu auch ein Video der Korean National Commission for UNESCO, URL: https://www.youtube.com/watch?v=KhsqWjn0oiE.

260 Vgl. BArch, B 213/24266, ARGE: Beratung des Gießerei- und Präzisionsmaschinenzentrums beim KIST, hier: Reisebericht Koordinationsreise, 06.1975, 15.07.1975.

Die Ziele der Zentren waren nach Vertragsvereinbarung die Weiterentwicklung der Technologie bis zum „Stand der westeuropäischen Industrieländer", die Ausarbeitung von Verfahrenslösungen und deren Vermittlung an kleinere und mittlere Unternehmen (KMU) sowie die Erarbeitung optimaler Produktionstechniken und Rationalisierungsmöglichkeiten. Man strebte an, diese Ziele insbesondere durch Betriebsberatungen und Ausbildungsmaßnahmen zu erreichen.[261] In späteren Berichten bezeichneten verschiedene Gutachter diese Ziele als zu ehrgeizig, insbesondere da die Schwerpunkte Forschung, Anwendung und Beratung weit auseinander lagen (s. u.).

Somit gab es auch unterschiedliche Auffassungen der beteiligten Akteure zur Aufgabenstellung. Der koreanische Counterpart im FTC Dr. Yun Chiksang sah als wichtigstes Ziel des Projektes die Qualitätssteigerung: „Die Hauptmission der Herren Experten im FTC besteht im Grunde genommen darin, uns beim Aufbau einer Institution zu helfen, die den Stand der Gießereitechnologie in Korea anzuheben in der Lage sein sollte, damit die Qualität unserer Gussprodukte verbessert wird und rationelle Herstellungsverfahren in unseren rückständigen Gießereibetriebe eingeführt" werden können.[262] Auch beim PMC ging es „weniger um konkrete Weiterentwicklung von bestimmten Produkten, sondern vielmehr um die Erhöhung der Präzision" allgemein.[263] Gleichzeitig stand für die deutschen Experten von Anfang an die Beratung der KMU im Vordergrund. Diesen Teil des Projektes hebt auch das KIST in seiner Festschrift zum 50-jährigen Bestehen und damit in der rückblickenden Bewertung als entscheidend hervor.[264]

Die Tätigkeiten der Berater an den beiden Zentren umfasste die Abwicklung von Sachmittellieferungen, die Beratung koreanischer Betriebe, die Durchführung von Lehrgängen und Ausbildungsmaßnahmen sowie die Mitarbeit an (Forschungs-)Projekten der Zentren inklusive der Qualitätsverbesserung.[265] Im Einzelnen sollen nun die Bereiche Ausstattung und Aus- & Weiterbildung sowie Industrieberatung untersucht werden. Zum Abschluss folgt dann ein Abschnitt zu Gründen für den ausbleibenden Erfolg der beiden Projekte mit einem besonderen Fokus auf die Akteure und deren divergierende Vorstellungen.

---

261 BArch, B 213/24266, Dr. Hasselblatt: Vermerk – Querschnittsanalyse der Zentren für Gießerei und für Präzisionsmaschinen beim KIST, 09.03.1977, S. 1.

262 BArch, B 213/24266, FGU Kronberg: Beratung des FTC im KIST, o. D., S. 2.

263 BArch, B 213/24266, ARGE: Reisebericht über die Koordinationsreise 03.1976, 31.03.1976, S. 12.

264 *KIST 50nyŏnsa*, S. 473.

265 Vgl. auch: BArch, B 213/24267, ARGE: Zusammenfassender Abschlussbericht – Aufbau eines Gießereizentrums und eines Präzisionsmaschinenzentrums beim KIST, 08.1979, S. 29.

Ausstattung und Weiterbildung

Eine wichtige Komponente des Projektes bestand in der Aus- und Weiterbildung der Counterparts sowie der Beschaffung von Ausrüstung für eine Modellgießereianlage und diverse Maschinen für beide Zentren. Die deutschen Berater kümmerten sich um die gesamte Abwicklung der Sachmittellieferungen, d. h. die Bedarfsfeststellung, Listenerstellung, Angebotsprüfung, sowie die Vollständigkeitsprüfung nach erfolgter Lieferung.[266] Dabei wurden zu Beginn zwei Listen erstellt, eine für Bestellungen aus Japan und Korea und eine für Bestellungen aus der BRD, weil ein Transport aus Japan praktischer und schneller erschien.[267] Da es von deutscher Seite zu Verzögerungen bei der Lieferung kam und es in den Zentren an Platz fehlte, konnten nicht alle Sachmittel wie geplant aufgebaut, geschweige denn eingesetzt werden.[268] Außerdem mussten im Laufe der Zeit Anpassungen an den Listen vorgenommen werden, denn die Zentren wurden schließlich vollständig aus dem KIST ausgegliedert und nach Incheon verlegt. Somit konnten Maschinen, die im KIST eigentlich vorhanden waren, nicht mehr mitbenutzt werden und mussten separat angeschafft werden.[269]

Die Einweihung der neuen Gießereihalle in Incheon erfolgte erst kurz vor Abschluss des Projektes Ende 1978. Bei der Feier waren neben dem deutschen Botschafter auch der verbliebene Projektleiter K. Hoerstke und der Kurzzeitexperte Prof. P. Schneider sowie Vertreter des koreanischen Gießereiverbandes anwesend. Auch der benachbarte Neubau des PMC bot nun mehr Platz als auf dem beengten KIST-Gelände in Seoul.[270] Obwohl es also zunächst zu Schwierigkeiten bei der Lieferung und Installation der Maschinen gekommen war, konnten diese letztlich gelöst und die Zentren planungsgemäß ausgestattet werden.

Die deutschen Berater bauten außerdem eine Dokumentation auf, um neben der Bibliothek des KIST eine Anlaufstelle zu Spezialthemen in den Bereichen Präzisionsmaschinen und Gießereitechnik zu etablieren. Dafür kontaktieren sie auch private deutsche Firmen sowie öffentliche Einrichtungen, ihnen Material zur Verfügung zu stellen. Themen der Informationsmaterialien waren dabei unter anderem die Normung, Betriebseinrichtung, Produktionsverfahren, Quali-

---

[266] Ibid., S. 12.

[267] BArch, B 213/24266, ARGE: Beratung des Gießerei- und Präzisionsmaschinenzentrums beim KIST, hier: Reisebericht Koordinationsreise, 06.1975, 15.07.1975, S. 6.

[268] BArch, B 213/24266, Dr. Hasselblatt: Vermerk – Querschnittsanalyse der Zentren für Gießerei und für Präzisionsmaschinen beim KIST, 09.03.1977, S. 5.

[269] BArch, B 213/24266, Stegmeyer (GTZ): Gießereizentrum (FTC) und Beratung des Präzisionsmaschinenzentrums (PMC) beim KIST, 13.04.1978, S. 2f.

[270] PA AA, B-37 ZA, 107636, Schreiben der Deutschen Botschaft Seoul an das AA: Inbetriebnahme der Gießerei-Halle des TH-Projektes Gießereizentrum (FTC), 02.11.1978.

tätssicherung, Materialwirtschaft sowie die Unfallverhütung.[271] Ansonsten spielten diese Themen in dem Projekt eher eine untergeordnete Rolle, aber überschnitten sich zu einem gewissen Grad mit späteren Projekten der technischen Zusammenarbeit (s. u.). Problemstellungen wie Arbeitssicherheit in der Industrie waren also bereits zu diesem frühen Zeitpunkt bekannt bzw. wurden von deutscher Seite als relevant erachtet.

Neben der internen *On the Job*-Ausbildung der Counterparts wurden in den Zentren auch Seminare von Kurzzeitberatern sowie allgemeine Kurse angeboten. Dazu zählten beispielsweise das PMC-Seminar zu grundlegenden Fragen der koreanischen Industrie sowie Herstellung von Grauguss (1976), zu Fertigungstechnik und dynamischer Messtechnik, numerisch gesteuerten Werkzeugmaschinen sowie Wärmebehandlung von Stählen (alle 1977).[272] Die Seminare richteten sich aber nicht nur an Counterparts, sondern auch an Industrievertreter, sodass sie eine doppelte Wirkung von Ausbildung und Betriebsberatung erzielten. Die Kurzzeitberater führten Besuche und Beratungen bei Betrieben durch und erstellten spezielle Ausrüstungslisten.[273]

Die Counterpartausbildung in der BRD verlief weniger erfolgreich. Insgesamt entsandte man nur drei Mitarbeiter des FTC und zwei des PMC. Als einen Grund gab die verantwortliche Consultingfirma an, dass die deutschen Betriebe aus Angst vor Industriespionage keine ausländischen Praktikanten einstellen wollten. Außerdem brauchte die zuständige CDG sehr lange, um die Bewerbungsunterlagen zu bearbeiten, sodass ohne die sonst übliche Projektverlängerung kaum Ausbildungen in der BRD erfolgen konnten.[274] Zwei Counterparts wurden beispielsweise am Institut für Feingerätebau der TU München weitergebildet, wo sich ein Professor bereit erklärt hatte, Counterparts in den Werkstätten des Instituts praktisch auszubilden. Die Counterparts konnten dort an der Herstellung von Präzisionsteilen mitarbeiten.[275]

Der FTC-Direktor Dr. Yun kritisierte an einem anderen Fall, dass der Counterpart in kurzer Zeit zu viele Firmen durchlief und die Inhalte nicht angemessen auf das Gießereizentrum zugeschnitten waren, sodass die Wirkung der Weiterbildung gering gewesen sei. Seiner Meinung nach wäre es deshalb sinnvoller, die Ausbildung direkt in Korea durchzuführen, z. B. indem nur ein Counterpart als Lehrer ausgebildet werde und nach der

---

271 BArch, B 213/24266, ARGE: Reisebericht über die Koordinationsreise 03.1976, 31.03.1976, S. 13f.

272 BArch, B 213/24267, ARGE: Zusammenfassender Abschlussbericht – Aufbau eines Gießereizentrums (FTC) und eines Präzisionsmaschinenzentrums beim KIST, 08.1979, S. 20f.

273 Ibid., S. 27f.

274 Ibid., S. 8.

275 BArch, B 213/24266, ARGE: Projektbericht 8, 11.1976, S. 14.

Rückkehr dann weitere Kollegen fortbilden könnte.[276] Dieser Vorschlag war vergleichsweise ungewöhnlich, da in den meisten Projekten die Ausbildung in Deutschland als sinnvoll angesehen und als ein besonderes Privileg wahrgenommen wurde, während man eine Ausbildung in Drittstaaten hingegen ablehnte (siehe Kapitel III-5). Allerdings lässt sich die Argumentation Dr. Yuns auch nachvollziehen, da beide Zentren in der Anfangsphase nur wenige Mitarbeiter hatten und es auf Grund von steigenden Löhnen im Industriesektor schwierig war, geeignetes Personal zu finden.[277]

Einen ähnlich orientierten Vorschlag zur Modifizierung des Projektes machte auch der BMZ-Beamte Dr. Hasselblatt bei seiner Evaluation: Statt einer sporadischen Beratung der Gießereiindustrie durch die deutschen Langzeitexperten hätten einzelne Personen aus der mittleren Ebene der Betriebe ausgebildet werden sollen, um eine wirkliche ‚Multiplikatorwirkung' erzielen zu können.[278] Somit hätten in fünf bis zehn Jahren „durch eine entsprechende Verbesserung der Fertigungsverfahren und -methoden Maschinen und Geräte westeuropäischer Qualitätsstandards erzeugt und nach dieser Zeit Fach- und Führungskräfte bereits durch einheimische Lehrkräfte aus- und fortgebildet werden können."[279]

Im Laufe des Projektes wurde schließlich ein Precision Machinery Training Center (PMTC) außerhalb des KIST-Geländes in Incheon aufgebaut. Der deutsche Berater K. Hoerstke wirkte bei der Ausarbeitung eines Masterplans dieses neuen Ausbildungszentrums mit und entwickelte die Raumbedarfs- und Personalentwicklungsplanung. Durch die wechselnde Finanzlage gab es jedoch verschiedene Planungsänderungen.[280] In dem neuen Trainingszentrum überlegte man, für die Aus- und Weiterbildung deutsche Experten der unteren und mittleren Ebene, d. h. Facharbeiter, Meister und Ausbilder, einzusetzen. Projektleiter K. Hoerstke erörterte in einem Bericht insbesondere die Möglichkeit, ältere Personen anzuwerben, die auf Grund des frühen Ruhestands Zeit hätten, aber gleichzeitig auch auf große Erfahrung zurückblicken könnten.[281] Auch wenn er bereits frühzeitig auf die vielen Probleme eines solchen Vorhabens verweist, stand das BMZ dem Vorschlag scheinbar positiv gegenüber, wie Hoerstke selbst

---

276 BArch, B 213/24266, Dr. Killinger (BMZ): Technische und Finanzielle Zusammenarbeit mit Korea und Thailand, hier: Dienstreisebericht, 16.02.1977, S. 10.

277 BArch, B 213/24267, ARGE: Zusammenfassender Abschlussbericht – Aufbau eines Gießereizentrums und eines Präzisionsmaschinenzentrums beim KIST, 08.1979, S. 35.

278 BArch, B 213/24266, Dr. Hasselblatt: Vermerk – Querschnittsanalyse der Zentren für Gießerei und für Präzisionsmaschinen beim KIST, 09.03.1977, S. 8.

279 Ibid., S. 2.

280 BArch, B 213/24267, ARGE: Zusammenfassender Abschlussbericht – Aufbau eines Gießereizentrums und eines Präzisionsmaschinenzentrums beim KIST, 08.1979, S. 25f.

281 BArch, B 213/24267, K. Hoerstke an Dr. Barthelt (BMZ): Tätigkeitsbericht, 23.08.1978, S. 2.

behauptete.[282] Da er jedoch kurz darauf mit Projektende Korea verließ, kam es nicht zu einer Verwirklichung dieser Idee. Seit 1983 gibt es am BMZ ein vergleichbares System, den sogenannten Senior Experten Service (SES), durch den Fachkräfte im Ruhestand zur Beratung eingesetzt werden.[283]

Industrieberatung

Obwohl es sich bei PMC und FTC eigentlich um Zentren für angewandte Forschung handelte, war im Projektvertrag die Beratung kleiner und mittlerer Unternehmen (KMU) vorgesehen. Einen solchen Schwerpunkt weisen auch andere Projekte der deutsch-koreanischen Zusammenarbeit, wie die DVB oder die betrieblichen Kooperationen, auf. Diese Aufgabe stellte die deutschen Experten vor einige Herausforderungen, da das KIST eigentlich wie die Batelle-Institute Aufträge aus der Industrie gegen Bezahlung übernahm, sich die KMU die hohen Beratungsgebühren jedoch nicht leisten konnten.[284] Im Laufe des Projektes konnten die Zentren jedoch über das Beratungszentrum des KIST speziell für die KMU die Beratung kostenlos durchführen.[285]

Die Leiter der ARGE stellten bei einer ersten Reise nach Korea bereits das Interesse der koreanischen Gießereiunternehmen an einem Wissenstransfer sowie möglichen Kooperationen mit deutschen Unternehmen fest und regten daher eine Verstärkung von Beratungstätigkeiten und Austausch in Form von Betriebsbegehungen an.[286] Die Beratung erfolgte meist im Großraum Seoul und Incheon. Durch einen Fragebogen erhoben die Zentren einerseits den Bedarf, andererseits das Beratungslevel, um dann ein gezielteres Konzept für die Beratung zu entwickeln. Es meldeten sich ca. 50 Unternehmen zurück, die dann in die Kategorien (unter-)durchschnittlich und fortgeschritten eingeteilt wurden. Die Beratung bei (unter-)durchschnittlichen Betrieben betraf zumeist die Auswahl von Material, Logistik und Lagerung, Weiterverarbeitung durch Wärmebehandlung, Wartung etc., während die fortgeschrittenen Betriebe oft Interesse an Joint-Venture-Abkommen mit Unternehmen aus der Bundesrepublik hatten, weshalb die Beratung insbesondere die Qualitätskontrolle sowie die Beschaffung von Angeboten und deutschen Verfahrensgrundlagen betraf.[287] Weil die Berater jedoch nach erfolg-

---

[282] BArch, B 213/24267, K. Hoerstke: Bericht über das KIST-PMC Projekt, 02.1979, S. 6.

[283] Vgl. auch die Webseite des SES, URL: https://www.ses-bonn.de/startseite.

[284] BArch, B 213/24267, Deutsche Botschaft Seoul an das AA: TH-Projekte Gießereizentrum und Präzisionsmaschinenzentrum, 18.03.1976, S. 2.

[285] *KIST 50nyŏnsa*, S. 409.

[286] BArch, B 213/24266, ARGE: Reisebericht über die Koordinationsreise 03.1976, 31.03.1976, S. 5.

[287] BArch, B 213/24267, ARGE: Zusammenfassender Abschlussbericht – Aufbau eines Gießereizentrums und eines Präzisionsmaschinenzentrums beim KIST, 08.1979, S. 22–25.

ter Beratungsleistung keinen Folgebesuch (*follow-up visit*) abstatteten, lässt sich über den Erfolg der Beratung keine genaue Aussage treffen.[288]

Auch wenn in den Projektberichten und Gutachten kritisiert wurde, dass man bei der Beratung auf Grund von fehlenden Sprachkenntnissen und den weniger praktisch-ausgebildeten koreanischen Mitarbeitern nicht die angestrebte flächendeckende Beratung erzielen konnte,[289] kann diese dennoch als erster Schritt in Richtung Unternehmensberatung gesehen werden, wie sie im späteren Projekt ‚Betriebliche Kooperation' weiter ausgebaut werden sollte. Der Wirtschaftswissenschaftler Chun Seung-hun hob in seiner Monografie den Technologietransfer von Forschungsinstituten wie KIST und KITECH an die KMU als wichtigen Faktor für den Erfolg der koreanischen Wirtschaftspolitik hervor.[290] Auch in der Festschrift zum 50-jährigen Bestehen des KIST betonten die Autoren diese Funktion.[291] Allerdings handelte es sich bei den deutsch-koreanischen Projekten zunächst nur um zwei ausgewählte Bereiche, die für die gesamte Industrielandschaft wohl eine geringere Rolle spielten.

Um viele Unternehmen und Counterparts bzw. Forscher auf einmal zu erreichen, führten beide Zentren auch Seminare durch, bei denen Vertreter verschiedener Unternehmen und Professoren Vorträge über die neuesten Technologien hielten (s. o.). Beispielsweise wurde im Oktober 1976 ein Seminar am PMC mit ca. 300 Besuchern veranstaltet.[292] Abgesehen von den Seminaren erfolgten jedoch keine Ausbildungsmaßnahmen auf Ebene der Unternehmen, wie es eigentlich im Projektabkommen vorgesehen war.[293]

Des Weiteren erstellten die deutschen Berater Überblicksberichte zur Situation der projektrelevanten Industriesektoren und schufen damit Informationsmöglichkeiten für deutsche und koreanische Unternehmen.[294] Laut einem frühen Bericht wurden in den KMU hauptsächlich japanische Technologien (Maschinen, Werkzeug etc.) verwendet.[295] Durch die Zentren strebte die deutsche Seite auch an, eine Erhöhung des Anteils deutscher Technologien in diesen Unternehmen zu erzielen. Gleichzeitig ließ das PMC 1978 zwei Studien durch Experten der Weltbank und einer privaten amerikanischen Consultingfirma anfertigen, um die Möglichkeiten von Joint Ventures in der Maschinenindustrie zu prüfen. Insgesamt kamen die Berichte zu der Schlussfolgerung, dass die KMU

---

288 Ibid., S. 32.

289 BArch, B 213/24266, Dr. Hasselblatt: Vermerk – Querschnittsanalyse der Zentren für Gießerei und für Präzisionsmaschinen beim KIST, 09.03.1977, S. 6.

290 Chun, *The Economic Development of South Korea*, S. 82–84.

291 *KIST 50nyŏnsa*, S. 409.

292 BArch, B 213/24266, ARGE: Projektbericht 8, 11.1976, S. 11–13.

293 Ibid., S. 7.

294 BArch, B 213/24266, FGU Kronberg: Beratung des FTC im KIST, o. D., S. 10.

295 BArch, B 213/24266, ARGE: Projektbericht 6, 05.1976, S. 3.

des Präzisionsmaschinensektors weiterhin nicht die gewünschte Qualität und Produktivität erreichten und deshalb Joint Ventures aus amerikanischer Sicht nicht erstrebenswert schienen. Auch der Projektleiter K. Hoerstke rief deshalb dazu auf, den Bereich im Rahmen der deutsch-koreanischen Zusammenarbeit weiter zu fördern, da dieser „ohne fremde Hilfe den Anschluss an die Technik von heute nicht erreichen kann".[296]

Durch die Studien und entsandten Experten vor Ort konnte die deutsche Seite außerdem wichtige Informationen über mögliche Investitionen erlangen. Bereits frühzeitig erwog die DEG die Entsendung eines deutschen Beraters für Privatinvestitionen direkt an das EPB, was jedoch „alle Korea-Kenner einschließlich der Deutschen Botschaft für wenig empfehlenswert" hielten, da für Fragen der Direktinvestitionen die einzelnen Industrieverbände sowie die Federation of Korean Industries (FKI) mehr Expertise hatten und größeren Einfluss ausübten.[297] Aus diesem Grund wurde bei den deutsch-koreanischen Regierungsverhandlungen 1976 in Zusammenarbeit mit dem BDI und der DEG die Entsendung eines Beraters für Technologietransfer und Direktinvestitionen durch deutsche Unternehmen beschlossen. Dr. W. Lehmann von der DEG schlug den Transfer von zwei Beraterstellen aus den Projekten am KIST an die FKI vor. Somit könnte man auch das ursprüngliche Ziel der Unternehmensberatung besser erreichen.[298] Die Prüfung des Vorschlages erfolgte daraufhin auf koreanischer Seite durch MOST und EPB, die jedoch nur bereit waren, eine der Stellen zu transferieren.[299]

Obwohl der Aufbau des FTC nicht abgeschlossen war und auch das Projekt am PMC nicht den ursprünglichen Plänen entsprach, schlugen weder die deutsche noch die koreanische Seite eine Verlängerung der beiden Projekte nach 1978 vor. Der Transfer der Stellen zum FKI sowie die allgemeine Kritik am Projekt zeigen bereits, dass das Projekt als wenig erfolgreich betrachtet wurde. Allerdings beschäftigte das PMC den deutschen Projektleiter K. Hoerstke als ‚integrierten Experten' weiter.[300] Dessen Gehalt zahlte dabei das PMC selbst, während die GTZ dieses aufstockte und an deutsche Standards anpasste. K.

---

[296] BArch, B 213/24267, K. Hoerstke: Bericht über das KIST-Precision Machine Center (PMC) Projekt, 02.1979, S. 8.

[297] BArch, B 213/24267, BMZ-internes Schreiben: Deutsch-koreanische Regierungsverhandlungen über wirtschaftliche Zusammenarbeit; hier: Präzisionsmaschinenzentrum und Gießereizentrum beim KIST und Investitionsförderung, 29.06.1976, S. 3.

[298] Ibid., S. 2; PA AA, B-37 ZA, 105111, Schreiben des BMZ an das AA: Technische Zusammenarbeit mit Korea; hier: Gießerei und Präzisionsmaschinenzentrum beim KIST/ Berater für Investitionsförderung, 07.03.1977, S. 1f.

[299] PA AA, B-37 ZA, 103340, Schreiben der Deutschen Botschaft an das AA: TH für Korea; hier Experten für die Investitionsförderung, 28.10.1976, S. 1f.

[300] BArch, B 213/24266, Stegmeyer (GTZ): Gießereizentrum (FTC) und Beratung des Präzisionsmaschinenzentrums (PMC) beim KIST, 13.04.1978, S. 2.

Hoerstke nennt als Grund für die Fortsetzung seiner Tätigkeit in Korea, dass keine Konkurrenzsituation mit japanischen Beratern entstehen sollte: „Nach allen Anzeichen, über die mehrfach berichtet wurde, werden die Japaner im Falle eines Abbruchs das zu 75–80 % fertige Projekt übernehmen und in ihrem Sinne weiterführen.“[301] Unter anderem hatte eine japanische Firma Maschinen im PMC aufgestellt, japanische Wissenschaftler und Industrievertreter kamen häufig zu Besuch, und es wurden vermehrt Bücher und Materialien aus Japan geliefert.[302] Erneut sahen die deutschen Stellen also einen zu großen Einfluss Japans kritisch und strebten stattdessen an, durch einen Erfolg des Projektes deutsche Interessen zu sichern.

Gründe für den ausbleibenden Erfolg

Insgesamt bewerteten sowohl die deutsche als auch die koreanische Regierung beide Projekte als wenig erfolgreich. Die Deutsche Botschaft schrieb bereits 1976:

> „Beide Projekte laufen schlecht, sowohl von koreanischer als auch von deutscher Seite ist darüber wiederholt geklagt worden. Eine Besserung konnte auch in letzter Zeit nicht beobachtet werden. Da eine Einstellung der Projekttätigkeit nicht möglich ist, sollte man das Projekt bei der gegenwärtigen verringerten Besetzung auslaufen lassen. Die Botschaft rät dringend davon ab, weitere TH-Experten an die beiden KIST-Projekte zu entsenden.“[303]

Dass die koreanischen Stellen zu einer ähnlichen Bewertung gekommen sein müssen, zeigt auch der ausbleibende Verlängerungsantrag, der sonst in fast allen Fällen der technischen Zusammenarbeit erfolgte. Als Gründe für den Misserfolg wurden einerseits divergierende Vorstellungen sowie andererseits die deutschen Berater verantwortlich gemacht. Beide Punkte überschnitten sich, denn der grundsätzliche Unterschied bestand, wie auch bereits in den Projekten der Berufsbildung, im Anteil von Anwendung und Theorie.

Während das KIST und seine Mitarbeiter eher auf Forschung und Entwicklung ausgerichtet waren, sollten die deutschen Experten am PMC und FTC gleichzeitig eine praktische Betriebsberatung durchführen. Obwohl die deutschen Experten anfangs auch bei Forschungsprojekten beratend tätig waren,

---

301 PA AA, B-37 ZA, 107636, Schreiben von K. Hoerstke an die Deutsche Botschaft Seoul: KIST-PMC, 09.01.1978, S. 2.

302 BArch, B 213/24267, ARGE: Zusammenfassender Abschlussbericht – Aufbau eines Gießereizentrums und eines Präzisionsmaschinenzentrums beim KIST, 08.1979, S. 38.

303 PA AA, B-37 ZA 103340, Schreiben der Deutschen Botschaft Seoul an das AA: TH für Korea; hier: Gießereizentrum beim KIST; Deutsche Experten für die Investitionsförderung, 08.11.1976.

u. a. beim Bau von Windkraftgeneratoren, Flachschleifmaschinen, Exzenterpressen sowie Elektrohandwerkzeug, machte dies nur einen kleineren Teil der Tätigkeit aus.[304] Laut ARGE war das KIST eigentlich nie als Trägerorganisation geeignet, sondern nur die zweite Wahl gewesen.[305] Die deutschen Experten waren eher praktisch ausgebildet, während die koreanischen Counterparts und die Leiter der Zentren zum Großteil eine hohe akademische Bildung vorweisen konnten. Der BMZ-Beamte Dr. Killinger bemerkte in einem Dienstreisebericht:

> „Hier wird deutlich, dass das bisherige Scheitern der Projekte seinen Grund zum Teil auch in dem zu niedrigen Ausbildungsniveau der Experten haben dürfte. Dies gilt umso mehr, als es sich bei dem KIST um ein ‚hochgestochenes' Institut handelt, dessen Mitarbeiter die Frage nach der besuchten Universität alsbald stellen. Insbesondere bei der Ausbildung der in den Zentren arbeitenden Ingenieure und Techniker hätten Akademiker mit praktischer Erfahrung einen leichteren Stand."[306]

Die koreanischen Direktoren der beiden Zentren hatten in der BRD bzw. in Japan promoviert, und auch die meisten Mitarbeiter hatten einen Hochschulabschluss erworben. Wie bereits in der Einführung erwähnt wurde, war das KIST darum bemüht, koreanische Spitzenwissenschaftler zu rekrutieren. Vor allem in dem Bereich Maschinenbau hatten viele Mitarbeiter ihren Abschluss auch in der BRD erworben.[307] FTC-Direktor Dr. Yun Chiksang beispielsweise hatte 1965 an der RWTH Aachen promoviert und galt als weltweit angesehener Forscher für Eisenhüttenkunde. Seine Rückkehr nach Korea an das KIST zog viel Aufmerksamkeit auf sich und wurde auch in einem Zeitungsartikel gewürdigt.[308]

Daher erhofften sich die Direktoren der Zentren sowie die Verantwortlichen im KIST wohl ebenfalls akademisch ausgebildete deutsche Experten für das Projekt. Diese waren für die angestrebte Forschungstätigkeit jedoch nicht ausreichend qualifiziert und genossen deshalb eher einen geringen Status im KIST

---

304 BArch, B 213/24266, ARGE: Reisebericht über die Koordinationsreise 03.1976, 31.03.1976, S. 10–12.

305 BArch, B 213/24266, ARGE: Stellungnahme zu den Dienstreiseberichten Stegmeyer und Killinger über die Projektverlaufskontrolle, 23.03.1977, S. 1.

306 BArch, B 213/24266, Dr. Killinger (BMZ): Technische und Finanzielle Zusammenarbeit mit Korea und Thailand, hier: Dienstreisebericht, 16.02.1977, S. 4.

307 *KIST 50nyŏnsa*, S. 226.

308 „Chaegu ch'ŏlgang konghak kwŏnwija Yun Chiksang paksa kwigukk'iro kwagiyŏn-sŏ yŏn'gu hwaltong" [Der renommierte Experte für Stahlbau Dr. Yun Chiksang kehrt nach Korea zurück, um am KIST zu forschen], in: *Maeil Business Newspaper*, 03.04.1975; BArch, B 213/24266, Deutsche Botschaft Seoul: Daten über den Besucher Dr. Yun Zixang, 29.07.1976.

bzw. den angegliederten Zentren. Der Gutachter Dr. Hasselblatt urteilte daher, dass ein Scheitern des Projektes auf Grund der „ungenügenden Berücksichtigung der Gegebenheiten und Erfordernisse des Partnerlandes“ bereits vorhersehbar war. Insbesondere der höhere technische Entwicklungsstand koreanischer Forschungsinstitute wie KIST sei nicht reflektiert worden,[309] hätte jedoch u. a. im Rahmen der Gutachterreise anhand der Qualifikationen der übrigen Mitarbeiter des KIST ersichtlich sein können.

Neben der mangelnden Qualifizierung bedingten wohl auch interne Konflikte sowie die charakterliche Ungeeignetheit der Berater den ausbleibenden Erfolg der Projekte. In seinem Dienstreisebericht schrieb der BMZ-Beamte Dr. Killlinger über den Projektleiter K. Hoerstke:

> „PL Hoerstke, ein Mann von etwa sechzig Jahren, verbraucht wirkend, konnte sich als Projektleiter von vornherein nicht durchsetzen. Von den übrigen Experten wurde ihm Leisetreterei gegenüber den Koreanern und Schönfärberei in der Berichterstattung vorgeworfen. [...] Der Direktor des Präzisionsmaschinenzentrums, Herr Nam, hob das kooperative Verhalten von Herrn Hoerstke hervor, erklärte aber auch, dass es ihm an [...] Durchsetzungsvermögen fehle.“[310]

Auch wenn dieses Urteil ausgesprochen negativ erscheint, kann man das Verhalten von K. Hoerstke auch in einem positiveren Licht betrachten. Vor allem das Verhalten gegenüber den koreanischen Mitarbeitern scheint kooperativ und weniger autoritär gewesen zu sein. Dennoch fehlte es ihm im Projekt an der nötigen Durchsetzungskraft, denn zu seinen Aufgaben gehörte es auch, zwischen den koreanischen Stellen, den deutschen Mitarbeitern sowie der ARGE und der GTZ zu vermitteln. Da es sich um zwei Projekte handelte und diese von der GTZ an die ARGE outgesourct worden waren, gab es deutlich mehr beteiligte Stellen als in anderen Projekten und damit mehr Kommunikationsbedarf: „Diese Organisationsstruktur erweist sich als etwas schwerfällig. So haben sich z. B. über die Berichterstattung zunächst die vier Einzelexperten zu einigen, dann wird der Arbeitsgemeinschaft berichtet, die ihrerseits die GTZ informiert.“[311] Das Verhältnis der anderen Mitarbeiter zum Projektleiter war schlecht und kann vermutlich auch auf den großen Altersunterschied zurückge-

---

[309] BArch, B 213/24266, Dr. Hasselblatt: Vermerk – Querschnittsanalyse der Zentren für Gießerei und für Präzisionsmaschinen beim KIST, 09.03.1977, S. 2.

[310] BArch, B 213/24266, Dr. Killinger (BMZ): Technische und Finanzielle Zusammenarbeit mit Korea und Thailand, hier: Dienstreisebericht, 16.02.1977, S. 4.

[311] BArch, B 213/24267, BMZ-internes Schreiben: Deutsch-koreanische Regierungsverhandlungen über wirtschaftliche Zusammenarbeit; hier: Präzisionsmaschinenzentrum und Gießereizentrum beim KIST und Investitionsförderung, 29.06.1976, S. 1.

führt werden, was auch bereits in der Facharbeiterschule Incheon der Auslöser von Konflikten war. Dr. Killinger vermerkte zu den beiden anderen Beratern:

> „Ihre Beratertätigkeit handhabten die beiden Experten eher restriktiv. Herr Mitländer lehnte es – auch im Gespräch mir gegenüber – ab, bei Neuentwicklungen im Präzisionsmaschinenzentrum kontinuierlichen Beistand zu leisten und Anregungen zu geben. Als Berater könne er erwarten, dass die koreanischen Mitarbeiter selbst Lösungen versuchten und sich erst dann an ihn wenden, wenn ihre eigenen Bemühungen gescheitert seien. Der Frustration versuchte Herr Mitländer nach eigenen Angaben dadurch zu entgehen, dass er – außerhalb des Projektes – deutsche Firmen über Markt- und Kooperationsmöglichkeiten beriet.“[312]

Erneut wird deutlich, wie schwer es den Beratern fallen konnte, den koreanischen Counterparts das richtige Maß an Eigenständigkeit zu gewähren (vgl. auch Kapitel IV). Sie fühlten sich nicht ausreichend wertgeschätzt und gingen stattdessen anderen Tätigkeiten nach, die so nicht im Projektabkommen vorgesehen waren. Die externe Consultingfirma ARGE rechtfertigte auf Grund der scharfen Kritik die Auswahl der deutschen Berater und kritisiert hingegen den starken Führungsanspruch der koreanischen Direktoren von PMC und FTC, die eine Mitarbeit der Berater auf Augenhöhe nicht möglich machten, indem sie Budgetplanungen und Aufträge vor der deutschen Seite geheim hielten. Außerdem hätten die Berater ihre anfangs gemachten Vorschläge nicht verwirklicht gesehen und seien aus diesem Grund mit der Zeit im Projekt weniger aktiv geworden.[313]

Die ARGE warf der koreanischen Regierung und KIST des Weiteren vor, dass diese hauptsächlich an den Sachmittellieferungen und nicht an der Beratung selbst interessiert waren. Die deutschen Berater seien auf Grund ihrer guten Praxiserfahrung ausgewählt worden und dementsprechend für ihre Tätigkeit geeignet, während die Hochschulausbildung der koreanischen Counterparts eine starke Ausrichtung auf Theorie bedeutete.[314] Selbst der Leiter des FTC hatte zwar in Eisenhüttenkunde promoviert, aber keine praktischen Erfahrungen beim Aufbau einer Gießerei, sodass „rein fachlich gesehen [...] auf dem Gebiete des Gießereiwesens die Gießereiberater Dr. Yun weit überlegen“ seien.[315] Hier wird einerseits das fehlende Verständnis der deutschen Seite gegenüber der Leitung der Zentren sowie andererseits eine gewisse Arroganz gegenüber den koreanischen Counterparts deutlich.

---

312 Ibid., S. 5f.

313 BArch, B 213/24266, ARGE: Stellungnahme zu den Dienstreiseberichten Stegmeyer und Killinger über die Projektverlaufskontrolle, 23.03.1977, S. 2/15f.

314 Ibid., S. 5.

315 BArch, B 213/24266, FGU Kronberg: Beratung des FTC im KIST, o. D., S. 7.

Gegen Ende des Projektes bewerteten die deutschen Gutachter die Wirkung der Beratung insgesamt als positiv, da durch die Zentren Anlaufstellen für die koreanische Industrie entstanden, was u. a. die gut besuchten Seminare zeigten.[316] Allerdings untermauerten die genannten Kritikpunkte auch, aus welchen Gründen Projekte im Industriesektor scheitern konnten. Insbesondere der Vergleich zum erfolgreich verlaufenden Projekt am Korean Standard Research Institute (KSRI) zeigt, dass die Zentren durchaus für einen Lerneffekt in der technischen Zusammenarbeit sorgten.

4.4 Korean Institute of Machines and Metals/Materials (KIMM)

Gründung und Aufbau des KIMM

Das Korea Institute of Machines and Metals (KIMM, heute: *han'guk kigye yŏn'guso*)[317] war zunächst als Prüfungszentrum für Metall geplant, weshalb von deutscher Seite von März bis Mai 1976 eine Gutachtergruppe der Bundesanstalt für Materialforschung (BAM) aus dem Metallbereich entsandt wurde. Die koreanische Regierung änderte aber kurz vor dem Eintreffen der Gutachtergruppe ihre Planung und ergänzte die Maschinenprüfung als weiteren Aufgabenbereich des neuen Zentrums.[318] Nach dem Abschluss der Begutachtung wurde der Antrag von deutscher Seite positiv bewertet. Die koreanische Regierung plante die Gründung im neuen Industriekomplex von Changwon (*ch'angwŏn kukka sanŏp tanji*), unabhängig von KIST und auch nicht in Daedok wie andere staatlich finanzierte Forschungsinstitute, insbesondere weil in Changwon viele Unternehmen der metallverarbeitenden Industrie angesiedelt waren. Anfangs schlugen die Gutachter eine Organisation des KIMM als Unternehmerverein vergleichbar mit dem deutschen TÜV vor. Allerdings wurde schon zu dieser Zeit auch darauf hingewiesen, dass eine solche Rechtsform in Korea eher unüblich sei und gesetzliche Grundlagen noch geschaffen werden müssten.[319] Die offizielle Gründung erfolgte ohne Berücksichtigung dieses Vorschlags Ende Dezember 1976 durch Präsident Park Chung Hee unter der Industrial Advancement Administration (IAA, *kongŏp chinhŭng ch'ŏng*) des

---

316 BArch, B 213/24267, ARGE: Zusammenfassender Abschlussbericht – Aufbau eines Gießereizentrums (FTC) und eines Präzisionsmaschinenzentrums beim KIST, 08.1979, S. 11.

317 Anmerkung: Später wurde im englischen Titel statt *Metals* das Wort *Materials* verwendet.

318 BArch, B 213/24263, BAM an GTZ: Einrichtung eines Metallprüf- und Inspektionsinstitutes / Prüfung der Voraussetzungen und Möglichkeiten für ein Maschinenprüfamt in Korea – Zwischenbericht über die durchgeführte Reise nach Korea, 22.04.1976, S. 3.

319 BArch, B 213/24263, GTZ-Prüfbericht zum Projekt Metallprüf- und Inspektionsinstitut in Südkorea, 22.06.1976, S. 4/7.

Ministeriums für Industrie und Handel. Erster Direktor wurde der frühere Minister für das Bauwesen, Chŏng Rakŭn, der auch Gründer und erster Vorsitzender der koreanischen Gesellschaft für Qualitätsmanagement (*han'guk p'umjil kyŏngyŏng hak'oe*) war und somit für die Stelle gut qualifiziert schien.[320] Als offizielle Ziele des KIMM wurden folgende sieben Punkte festgelegt:[321]

1. Produktprüfung zur Qualitätsverbesserung
2. Leitung und technische Unterstützung zur Qualitätskontrolle
3. Schulung des technischen Personals
4. Erwerb und Verbreitung fortschrittlicher Technologien
5. Prüfung und Regulierung von Prüfgeräten
6. Entwicklung von Prüfmethoden
7. Freiwillige Dienstleistungen zur Produktionsabfolge

Das deutsch-koreanische Partnerprojekt startete 1978 und lief in drei Phasen bis 1986 mit einer deutschen Gesamtfinanzierung von 11,4 Mio. DM.[322] Etwa die Hälfte der Gelder wurde für die Anschaffung von Maschinen und Werkzeugen aus der Bundesrepublik eingesetzt, während man mit der restlichen Summe die Expertenkosten und die Ausbildung der Counterparts deckte. Insgesamt waren 3 Langzeitexperten und 44 Kurzzeitexperten im Einsatz; 42 koreanische Counterparts konnten eine einjährige Ausbildung in der BRD absolvieren.[323] Es handelte sich damit um das größte Projekt der deutschen technischen Zusammenarbeit im Industriesektor.

Anfangs wurden zunächst nur 3,8 Mio. DM genehmigt und die koreanische Regierung aufgefordert, die restlichen Kosten selbst zu übernehmen, solange in den Folgejahren keine weiteren deutschen Mittel zur Verfügung stünden.[324] Dies wurde auch mit dem Entwicklungsstand Koreas begründet, da einige der Werkzeuge in ausreichender Qualität dort produziert werden konnten und deshalb eine Lieferung auf deutsche Kosten nicht nötig sei.[325] Die Installation der Maschinen sollte in der ersten Phase erfolgen, allerdings verzögerte sich die Fertigstellung der Gebäude bis 1979. Von 1981 bis 1986 war dann nicht die GTZ, sondern der TÜV Hannover als deutscher Partner des KIMM für das Pro-

---

320 Vgl. auch Webseite des KIMM: https://www.kimm.re.kr/sub060203 sowie BArch, B 213/24263, Dr. H. Schmücker: Reisebericht zum KIMM-Projekt, 01.10–21.10.1977, S. 4.

321 KIMM (Hg.): *Han'guk kigye yŏn'guwŏn 30nyŏnsa* [30 Jahre Geschichte des Korean Institute of Machinery and Material], KIMM: Changwon 2006, S. 135.

322 Wolter, Gerd: „Projekt KIMM Changwon in Südkorea beendet", in: *GTZ info* 6/86, 1986, S. 18–19.

323 Für das Projektabkommen vgl. auch: *Han'guk kigye yŏn'guwŏn 30nyŏnsa* S. 138f.

324 BArch, B 213/24263, Internes Schreiben des BMZ: Technische Zusammenarbeit mit Süd-Korea – Material und Maschinenprüfungsinstitut Changwon, 21.07.1977.

325 BArch, B 213/24263, Internes Schreiben des BMZ: Technische Zusammenarbeit mit Korea – Prüfinstitut Changwon, 08.07.1977.

jekt verantwortlich. Die Ausrichtung des Projektes beinhaltete neben der Qualitäts- dann auch die Sicherheitskontrolle.[326]

Trotz der Zusammenarbeit mit der Bundesregierung bewarb sich die koreanische Regierung etwa zur gleichen Zeit um einen ADB-Kredit, mit dem vier staatlich finanzierte Forschungsinstitute, inklusive KIMM, weiter ausgebaut werden sollten. Im Oktober 1978 wurde dieser Kredit schließlich mit einem Gesamtvolumen von $ 33 Mio. und einem Anteil von $ 6,8 Mio. für das KIMM gewährt.[327] Auch wenn von deutscher Seite der Ausbau des KIMM begrüßt wurde, sollten deshalb keine weiteren Mittel der Entwicklungszusammenarbeit für die Gerätebeschaffung gewährt werden, da „die koreanische Seite [...] sehr wohl in der Lage ist, die materielle Ausstattung solcher Institute im Wege der Kredit[auf]nahme zu finanzieren". Demnach sei die „Vergabe von TZ-Mitteln für umfangreiche Materiallieferungen entwicklungspolitisch nicht mehr gerechtfertigt", weil die koreanische Industrie gerade in diesem Sektor über die letzten Jahre stark expandiert hatte. Es machte sich hier eine Neubewertung Koreas als Schwellenland bemerkbar, die kurz darauf auch offiziell erfolgte.[328]

Das Projekt beinhaltete neben Sachmittellieferungen auch von vorneherein Ausbildungs- und Beratungsleistungen für die koreanischen Counterparts. Einerseits überwachte der Langzeitexperte Dr. H. Schmücker den Aufbau des Instituts inklusive der Labore und Maschinenlieferungen, andererseits kamen nach Abschluss des Aufbaus Kurzzeitexperten für Schulungen an die Fachlabore des KIMM. So führten beispielsweise zwei TÜV-Mitarbeiter einen zwölfwöchigen Trainingskurs zur Benutzung des Labors für zerstörungsfreie Werkstoffprüfung (*non-destructive testing*, NDT) durch. Außerdem war für einen Zeitraum von acht Wochen ein Kurzzeitexperte für Längenmessung der Berliner Hochschule für Technik in Korea tätig. Erst nach den Schulungen durch die deutschen Kurzzeitexperten war eine Bedienung der oft sehr komplexen Messgeräte möglich.[329] Später kamen auch Experten für das chemische Labor, mechanisch-technologische Prüfungen und Korrosionstests sowie Schadstoffbekämpfung (*pollution control*). Unter anderem das letztgenannte Thema hatte bis

---

326 Vgl. zum zweiten Projektenwurf und -vertrag auch: National Archives of Korea, Dokumenten-Nr.: BA0242841, „Handok sosuryŏk palchŏn yŏn'gu saŏp" [Deutsch-Koreanisches Forschungsprojekt zur Entwicklung von Wasserkraft], Memorandum zwischen KIMM und TÜV Hannover, 16.12.1978.

327 „ADB provides $ 17 Million for Industrial Products Inspection Centers Projects in Korea", in: *ADB News Release* 47/77, 22.09.1977; Vgl. auch: BArch, B 213/24263, Dr. H. Schmücker: Projektfortschrittsbericht 3 von 01.05. bis 31.10.1978, 30.11.1978, Punkt 3.2.

328 BArch, B 213/24263, Internes Schreiben der BMZ: Technische Zusammenarbeit mit Korea – Metall- und Maschinenprüfinstitut Chang Won, 09.02.1979, S. 2

329 BArch, B 213/24263, Dr. H. Schmücker: Projektfortschrittsbericht 5, Punkt 2.3. Dr. H. v. Puttkammer: Abschlussbericht über Beratertätigkeit Februar/März 1980 am KIMM Changwon/Korea, 21.04.1980.

dahin in Korea kaum eine Rolle gespielt, weshalb der Kurzzeitexperte auch weitere Seminare außerhalb von Changwon, z. B. in Busan oder Seoul, durchführte.[330]

Ein weiterer essenzieller Teil des Projektes war die Ausbildung koreanischer Counterparts in der BRD. Im ersten Jahr sollten ursprünglich acht Counterparts in die BRD ausreisen, aber nur sechs wurden von koreanischer Seite ernannt. Da deutsche Firmen, wie bereits in den Zentren am KIST, wegen möglicher Industriespionage eher ungern Counterparts als Maschinenprüfer aufnahmen, absolvierten die meisten in öffentlichen Instituten und Hochschulen ihre Fortbildung. Zum Teil gelang es aber dennoch, Firmen für die Counterparts zu gewinnen.[331] Nach der einjährigen Weiterbildung waren die meisten Counterparts jedoch mit ihrem Aufenthalt in Deutschland nicht zufrieden und hatten nach eigenen Angaben auch keine praktischen Kenntnisse gewinnen können. Den Berichten zufolge lag dies an zu hohen Erwartungen, aber auch fehlender Berufserfahrung. Gleichzeitig waren die deutschen Partnerinstitute nicht ausreichend über den Ausbildungsstand der koreanischen Counterparts informiert, weshalb eine individuelle Anpassung der Weiterbildung nicht erfolgt war.[332] Auf Grund dieser Erfahrungen war es in der Folge zunächst schwierig, die Plätze für Counterparts zu besetzen, weil von koreanischer Seite geringeres Interesse an einer Entsendung bestand.[333] Das zeigte bestehende Probleme bei der Counterpartausbildung, die auch mit Kommunikationsschwierigkeiten zwischen den beiden Partnerländern zu tun hatten. Projektleiter Dr. H. Schmücker schlug als Lösung die Modifizierung der Ausbildung vor, die jedoch im Rahmen des Projekts nicht mehr umgesetzt werden konnte.[334]

Ein weiteres Missverständnis offenbarte sich auch in der Aufgabenbeschreibung des KIMM: Während man im deutschen Projekttitel das Wort ‚(Prüfungs-) Institut‘ oder ‚Zentrum‘ verwendete, enthielt der Name des Instituts von Anfang an das Wort ‚Forschung‘. Dieser Unterschied in der Wortwahl weist bereits auf ein unterschiedliches Verständnis der Aufgaben des Institutes hin, denn das KIMM changierte anfangs zwischen Forschungsinstitut und Prüfstelle. Auch

---

330 BArch, B 213/24263, Dr. H. Schmücker: Projektfortschrittsbericht 6 von 01.01. bis 30.06.1980, 30.07.1980, Punkt 2.3.

331 BArch, B 213/24263, Dr. N. Kampbauer: Projektfortschrittsbericht 1, 01.01–31.10.1977, 21.11.1977, S. 4; K. Neugebauer: Bericht über eine Auslandsdienstreise nach Korea, Indonesien und Philippinen, 09.–25.06.1979, 08.1979, S. 3f.

332 BArch, B 213/24263, Dr. H. Schmücker: Projektfortschrittsbericht 3, 01.05.–31.10.1978, 30.11.1978, Anlage 2, Punkt 2.

333 BArch, B 213/24263, Dr. H. Schmücker: Projektfortschrittsbericht 4, 01.11.1978–30.06.1979, 30.06.1979, Anlage 2, Punkt 2.

334 Ibid.; BArch, B 213/24263, Dr. H. Schmücker: Projektfortschrittsbericht 3, 01.05.–31.10.1978, 30.11.1978, Anlage 2, Punkt 2.

wenn die Prüfung und Begutachtung als wichtigste Projektziele angesehen wurden, glich die Organisation den anderen staatlich finanzierten Forschungsinstituten, und bei den meisten Mitarbeitern handelte es sich um Wissenschaftler. Insbesondere die ersten beiden Direktoren des KIMM hatten versucht, mit dem KIST auf dem Gebiet der Forschung zu konkurrieren.[335] Die deutsche Projektleitung legte jedoch von Anfang an den Fokus auf die Funktion als Prüfstelle und förderte daher den Aufbau einer separaten TÜV-ähnlichen Organisation in Korea, mit der das Institut zusammenarbeiten könnte.[336] Letztlich kam es auch zu einer stärkeren Betonung dieses Aufgabenbereichs mit der Kooperation von KIMM und TÜV Hannover.

Neue Kooperation und Projektanpassungen

Im Laufe des Projektes gab es verschiedentliche Anpassungen der Abteilungen und damit der Ausrichtung des Instituts. So wurde auf Weisung von Präsident Park Chung Hee der Automobilsektor auch in den Zuständigkeitsbereich des KIMM aufgenommen.[337] Außerdem wurde das KIMM 1979 mit dem Fine Instrument Center (FIC) zusammengelegt, was dessen Wirkungsmacht stark vergrößerte. Die Zusammenlegung der beiden Institute kam für die deutsche Seite eher überraschend, sei jedoch „sachlich gerechtfertigt und sinnvoll" gewesen, da Konkurrenz vermieden werde und eine Neuabstimmung bezüglich der Zielsetzung möglich sei. Als neuer Präsident übernahm damit der vorherige Leiter des FIC die Leitung über das erweiterte KIMM. Die Projektziele in Changwon änderten sich nicht, während auch am FIC in Seoul der Schwerpunkt weiterhin auf Elektrotechnik und Elektronik bestehen blieb.[338]

Als positive Auswirkung der Zusammenlegung nennt der deutsche Projektleiter den Verzicht auf „ambitiöse Vorstellungen über Research und Development", die der vorherige Institutsleiter gehegt habe.[339] Bei einem Besuch durch einen GTZ-Mitarbeiter wurde die Zusammenführung auf einen Personalwechsel zurückgeführt: „Der Initiator dieser ‚Verschmelzung' ist der FIC-Präsident General Lee [...]. Der frühere Leiter, Prof. Dr. Cho, hatte das Institut als Forschungsstätte (Konkurrenz zur KIST) aufbauen wollen und dementsprechend

[335] BArch, B 213/24263, K. Neugebauer: Dienstreisebericht CIE CNU und KIMM, 09.11.1981, S. 1.

[336] BArch, B 213/24263, Dr. H. Schmücker: Projektfortschrittsbericht 2, 01.02.–31.04.1978, 12.05.1978, S. 3; sowie Anlage 1 (Aufbau einer TÜV-ähnlichen Organisation in Korea).

[337] Ibid., S. 4/6.

[338] BArch, B 213/24263, Dr. H. Schmücker: Zwischenbericht – Zusammenlegung KIMM-FIC, 12.02.1979; Deutsche Botschaft Seoul: Technische Zusammenarbeit mit Korea; hier: Projekt KIMM, 13.02.1979; BArch, B 213/24263, Dr. H. Schmücker: Projektfortschrittsbericht 4, 01.11.1978–30.06.1979, 30.06.1979, Punkt 3.

[339] Ibid., Punkt 4.

falsche Personalpolitik getrieben.“[340] An der Personalsituation hatte sich demnach aber auf die Schnelle nicht viel geändert, da die Wissenschaftler des KIMM nur schwer entlassen werden konnten.[341]

Neben dieser staatlich verordneten Modifizierung hatte KIMM im Dezember 1978 auf eigene Initiative ein Memorandum mit dem TÜV Hannover abgeschlossen, wodurch das Projekt in den Bereichen industrielle Prüfung und Sicherheitskontrolle erweitert werden konnte. Aus dem Memorandum zeichnete sich folgende Absicht ab: „Korea wishes to establish technical cooperation with TÜV and to attain the German way of industrial supervisory system.“[342] Dafür wurden beispielsweise koreanische Counterparts beim TÜV Hannover weitergebildet und Mitarbeiter des TÜV Hannover über das Projekt als Kurzzeitexperten nach Korea eingeladen. Auch wenn von einer Zusammenarbeit gesprochen wurde, sieht man zumindest für diese erste Phase eine gewisse Ungleichgewichtung zwischen beiden Organisationen, da der TÜV Hannover die Counterpartausbildung durchführte und beispielsweise zur Anschaffung von Geräten Empfehlungen aussprach.

Industrielle Sicherheitsprüfung

Mit Abschluss des eigentlichen Projektes wurde außerdem ab 1981 ein neues Projekt unter dem Titel ‚Industrielle Sicherheitsprüfung‘ (*Industry Safety Control, sanŏp anjŏn kwalli chiwŏn saŏp*) durch die bilaterale technische Zusammenarbeit gefördert, das eine direkte Zusammenarbeit zwischen KIMM und TÜV Hannover vorsah. Bereits von Anfang an hatten Gutachter eine Zusammenarbeit mit dem TÜV empfohlen, das Kooperationsabkommen ging jedoch auf die Akteure, in diesem Fall die Direktoren der beiden Einrichtungen, zurück.[343] Das unterstreicht auch die Möglichkeiten der Selbstinitiative in der Entwicklungszusammenarbeit.

---

340 BArch, B 213/24263, Dr. K. Neugebauer: Bericht über eine Auslandsdienstreise nach Korea, Indonesien und Philippinen, 09.–25.06.1979, 08.1979, S. 2

341 Ibid., S. 2.

342 National Archives of Korea, Dokumenten-Nr.: BA0242841, „Handok sosuryŏk palchŏn yŏn'gu saŏp“ [Deutsch-Koreanisches Forschungsprojekt zur Entwicklung von Wasserkraft], Memorandum zwischen KIMM und TÜV Hannover, 16.12.1978/18.04.1979. Das Memorandum wurde zunächst zwischen FIC und TÜV abgeschlossen und mit der Zusammenlegung von KIMM und FIC an KIMM übertragen.

343 Ibid.; Als Seitennotiz sei außerdem angemerkt, dass die Beantragung aus einem bereits bestehenden Projekt wohl höhere Chancen auf eine weitere Förderung hatte, die Neubeantragung eines Projektes durch ein bereits gefördertes Institut für die technische Zusammenarbeit aber nur in diesem Fall erfolgte; Die beiden Projekte an der Korea University wurden an unterschiedlichen Fakultäten durchgeführt.

Die Zusammenarbeit im Bereich der sicherheitstechnischen Überwachung wurde in den folgenden Bereichen durchgeführt, die für das koreanische Prüfwesen allesamt Neuland waren:[344]

1. Safety control of pressure and pipeline devices (boiler, pressure vessel, piping, etc.)
2. Safety control of power generating installations (turbine, pump, blower, etc.)
3. Safety control of conveyor systems (elevator, crane, fork-lift, etc.)
4. Safety control of anti-pollution equipment (air purification, sewage and wastewater treatment, noise prevention, etc.)

Als übergeordnetes Ziel plante man einen „Beitrag zur Humanisierung der Arbeitswelt durch Hebung der Sicherheit am Arbeitsplatz und des Umweltschutzes" zu leisten und betonte damit auch die Verbindung von Umwelt- und Arbeitsschutz.[345] Unter anderem führten die deutsch-koreanischen Partner Abgaskontrollen durch, was beide Bereiche gleichermaßen begünstigte. Der GTZ-Mitarbeiter K. Neugebauer bewertete die Erweiterung des Projektes positiv: In Korea sei die Industrie ohne Rücksicht auf Qualität, Sicherheit oder Umweltschutz angekurbelt worden, weshalb diese Bereiche nun in den Fokus der Zusammenarbeit rücken sollten.[346] Parallel zu diesem Projekt lief außerdem eine Kooperation zur Unfallverhütung im Kohlebergbau, und es folgte ein Beratungsprojekt zur Arbeitssicherheit in der Industrie im koreanischen Arbeitsministerium, die beide ähnliche Ziele verfolgten (siehe Kapitel VI-3). Die Neuausrichtung des KIMM-Projektes passte damit in die umfassende Planung der deutsch-koreanischen Zusammenarbeit und erlaubte auch die gegenseitige Unterstützung der verschiedenen Projekte, soweit dies unter den verschiedenen Ministerien möglich war.

Nach der Erweiterung des Projektes legte das KIMM durch die Kooperation mit dem TÜV einen stärkeren Fokus auf Prüf- und Inspektionsaufträge. Dabei versuchte es nun auch selbstkostentragend zu arbeiten; vorher waren die Preise für Prüfungen noch durch die IAA festgesetzt worden, was die Verdienstmöglichkeiten einschränkte.[347] Prüf- und Abnahmetätigkeiten wurden in diversen Berei-

---

[344] BArch, B 213/24263, KIMM/TÜV Hannover: Korean German Technical Cooperation Project Plan for Industrial Safety Control (Summary), 11.1978. Vgl. auch: National Archives of Korea, Dokumenten-Nr.: BA0242841, „Handok sosuryŏk palchŏn yŏn'gu saŏp" [Deutsch-Koreanisches Forschungsprojekt zur Entwicklung von Wasserkraft], Memorandum zwischen KIMM und TÜV Hannover, 16.12.1978/18.04.1979.

[345] BArch, B 213/39056, GTZ: Angebot über Verlängerung des Projektes Industry Safety Control am KIMM, 28.11.1983, S. 2.

[346] BArch, B 213/24263, K. Neugebauer: Bericht über eine Auslandsdienstreise nach Korea, Indonesien und Philippinen, 09.–25.06.1979, 08.1979, S. 4.

[347] BArch, B 213/24263, Dr. H. Schmücker: Projektfortschrittsbericht 4, 01.11.1978–30.06.1979, 30.06.1979, Punkt 5.1.

chen wie Dampfkraftwerken, Chemieanlagen, Zement- und Düngemittelfabriken sowie für Kesselanlagen, Rohre, Boiler und Leitungen durchgeführt. In der Folge erweiterte man den Aufgabenbereich auch auf Automobilbauteile, elektrische Bauteile und Eichlabors.[348] In vielen Fällen führten deutsche Kurzzeitexperten die schwierigeren Aufträge selbst aus und wiesen parallel die koreanischen Counterparts in parallel angebotenen Seminaren ein, sodass diese in Zukunft selbst in der Lage waren, in den genannten Bereichen zu prüfen. Ein Problem war hierbei jedoch, dass die gesetzliche Grundlage für Sicherheitsprüfungen nicht klar geregelt und eine weitere Stärkung des KIMM in diesem Sektor nötig war.[349]

Der dritte Präsident des KIMM, Pak Sŭngtŏk, vereinbarte 1983 auch eine Zusammenarbeit mit dem Fraunhofer-Institut für Produktionstechnik und Automatisierung (IPA), um ein NC-Center am KIMM zu fördern, dessen Aufbau die UNDP finanziell unterstützt hatte.[350] Dies zeigt die unterschiedlichen internationalen Kooperationspartner des KIMM. Obwohl die koreanische Regierung, vertreten durch das Wissenschaftsministerium, ab 1984 die Kosten der deutschen Experten tragen sollte, liefen diese direkt über das Budget des KIMM, indem einzelne Abteilungen Kurzzeitexperten beantragten und dann selbst bezahlten. Dadurch konnten sich nur finanziell erfolgreiche Abteilungen den Einsatz von Kurzzeitexperten leisten, denn die hohen Personalkosten, die einem koreanischen Direktorengehalt entsprachen, waren ansonsten kaum tragbar.[351]

Gegen Ende des Projektes plante ein koreanischer Mitarbeiter des KIST, Dr. S. H. Hwang, die Ergänzung und Verlängerung des Projektes mit einem neuen Fokus auf die Ausbildung von Schweißfachingenieuren (*Welding Specialist Training Program*) im KIMM. Schweißfachingenieure waren vor allem für die Schweißkontrolle zuständig, d. h. beispielsweise die Beurteilung von Schweißnähten an Dampfkesseln. Die Lehrgänge waren für ca. 30 Teilnehmer geplant und sollten dem Curriculum der Schweiß-, Lehr- und Versuchsanstalt (SLV) Duisburg folgen. Im KIMM arbeiteten bereits 5–6 koreanische Schweißfachingenieure mit einem Abschluss aus der BRD, die er auch als Assistenten für Dolmetschertätigkeiten und Lehrmittelübersetzungen einzubinden plante. Außerdem strebte der Antragssteller den Aufbau eines Forschungsinstituts für Schweißtechnik im Netzwerk des KIMM an.[352]

---

[348] BArch, B 213/39056, G. Wolter: div. Tätigkeitsberichte; BArch, B 213/24263, K. Neugebauer: Projektprüfungen CNU Daejon/KIMM Changwon, 09.11.1981, S. 1f.

[349] BArch, B 213/39056, Leniger (TÜV Hannover): Projektfortschrittsbericht11, 01.07.–31.12.1982, 04.01.1983.

[350] *Han'guk kigye yŏn'guwŏn 30nyŏnsa*, S. 172f.; KOICA, *Han'guk-e taehan kaebal wŏnjowa hyŏmnyŏk*, S. 136f.

[351] BArch, B 213/39056, K. Neugebauer (GTZ): Fachliche Stellungnahme zum Projektfortschrittsbericht 14, 11.07.1984, S. 1.

[352] BArch, B 213/39056, Dr. S. H. Hwang (KIMM): Schweißfachingenieur Lehrgang in Korea, 22.12.1984.

Der Antrag deckte also neben der Ausbildung auch die Bereiche Forschung und Sicherheitsprüfung ab. Dr. Hwang hatte an der RWTH Aachen in Metallurgie promoviert, war der Vorsitzende der koreanischen Vereinigung für Schweißtechniker und Leiter der zuständigen Abteilung im KIMM. Auch sein Vertreter Dr. Lee hatte an der TU Braunschweig in Schweißtechnik promoviert.[353] Beide hatten also Erfahrung mit dem deutschen Ausbildungssystem für Schweißtechniker und ein großes Interesse, mit der deutschen Regierung ein Projekt zu verwirklichen. Gleichzeitig wollten sie durch den Antrag wohl ihre Position und ihren Fachbereich im KIMM stärken.

Die deutsche Seite prüfte die Machbarkeit des Projektes durch die Entsendung eines Gutachters, der das Projekt insgesamt positiv bewertete. Der Gutachter, stellvertretender Leiter des TÜV Hannover, erhoffte sich dadurch auch eine Bekanntheitssteigerung deutscher industrieller Zeugnisse und schweißtechnischer Regelwerke. Lediglich die Standortfrage (Daedok oder Changwon) schien dabei ungeklärt, sollte jedoch durch eine Kooperation mit den anderen Projekten der deutsch-koreanischen technischen Zusammenarbeit an diesen Orten, nämlich der CNU und dem Meistercollege, gemeinsam gelöst werden.[354] Letztlich kam es nicht zu einer Verwirklichung des Antrags. Die Gründe dafür werden in den Quellen nicht explizit genannt, aber scheinen mit den Kosten des Vorhabens zusammenzuhängen. Der deutsche Projektsprecher riet den koreanischen Antragsstellern, sich um einen Kredit der Weltbank zu bemühen.

Zum Abschluss des Projektes im Mai 1986 wurde insgesamt ein positives Fazit gezogen: „Praktisch von Null an wurde eine schlagkräftige Prüfmannschaft aufgebaut, ausgerüstet und geschult. [...] [Diese] hat in der koreanischen Industrie Beachtung und Anerkennung gefunden."[355] In dem gesamten Zeitraum konnten auch vergleichsweise viele koreanische Counterparts eine Fortbildung in der BRD absolvieren, was einen tiefgreifenden Austausch in dem Feld darstellte. Die Counterparts der späteren Phase wurden durch den TÜV betreut sowie an beteiligte Firmen vermittelt. Nach der Rückkehr waren die meisten weiterhin für das KIMM tätig, und auch wenn nicht alle im Rahmen ihrer Fortbildung weiter beschäftigt werden konnten, hatten sie die Möglichkeit, ihre erworbenen Fähigkeiten anzuwenden.

---

353 BArch, B 213/39056, Leniger (TÜV Hannover): Gutachterliche Stellungnahme zu Ausbildung von Schweißfachingenieuren in Korea, 10.04.1985, S. 6f.

354 Ibid., S. 4f.

355 Wolter, Gerd: „Projekt KIMM Changwon in Südkorea beendet", in: *GTZ info* 6/86, 1986, S. 18f.

4.5 Korean Standard Research Institute (KSRI)

Institutsaufbau und internationale Geber

Die Gründung des Korean Standard Research Institute (KSRI) hatte eine längere Vorgeschichte. Zunächst wurde 1961 das ‚Gesetz für industrielle Standardisierung' (*kongŏp p'yojunhwa pŏp*) verabschiedet und unter dem Ministerium für Industrie und Handel (*sanggongbu*) eine gesonderte Abteilung für Standardisierung eingerichtet. Allerdings war der Genauigkeitsgrad noch nicht so weit verfeinert, wie es der internationale Standard vorsah.[356] Zu dieser Zeit sandte die Abteilung auch Anfragen an ausländische metrologische Institute, darunter auch die Physikalisch-Technische Bundesanstalt (PTB), um metrologische Unterlagen zu erhalten und eine Weiterbildung einzelner Wissenschaftler und Praktikanten durchzuführen.[357] Insbesondere mit dem Wechsel von der Leicht- zur Schwerindustrie erhielt Präzision in der Verarbeitung jedoch eine immer größere Wichtigkeit, da selbst kleine Genauigkeitsfehler die Produktqualität und -sicherheit stark beeinträchtigten. Aus diesem Grund entsandte bereits 1967 das amerikanische National Bureau of Standards (NBS) vier Experten zu einer Begutachtung des koreanischen Vermessungs- und Normenwesens. Diese forderten, auch auf der Grundlage von Vorstudien koreanischer Wissenschaftler, die Schaffung eines umfassenden staatlichen Systems in diesem Sektor und regten an, dieses unter die Ägide der neugegründeten Industrial Advancement Administration (IAA, *kongŏp chinhŭng ch'ŏng*) zu stellen, was schließlich auch in der Form eines externen Amtes verwirklicht wurde. Die IAA führte in der Folge einige wichtige Untersuchungen zu der Situation des Normenwesens durch und kam zu dem Schluss, dass ein separates staatlich-finanziertes Forschungsinstitut für diese Aufgabe benötigt würde.[358]

Die Machbarkeitsprüfung zur Gründung des KSRI führte im August 1975 dann eine private Firma im Auftrag der USAID durch. Die Experten machten konkrete Vorschläge für die Aufgaben des neuen Forschungsinstitutes, die auch größtenteils übernommen wurden. Nur einen Monat später gründete die koreanische Regierung mit Krediten des USAID das KSRI als staatlich-finanziertes Forschungsinstitut für das Mess- und Normenwesen. Sehr bald zog das Institut nach Daedok um und vergrößerte in kurzer Zeit Ausrüstung und Mitarbeiterstab. In der Frühphase war vor allem die Zusammenarbeit mit dem

[356] KSRI (Hg.): *Han'guk p'yojun kwahak yŏn'guwŏn 30nyŏnsa* [30 Jahre Geschichte des Korea Standards Research Institute], KSRI: Daejeon 2005, 135f.

[357] Seiler, Eberhard: „Vier Jahrzehnte Technische Zusammenarbeit", in: *PTB-Mitteilungen* 113.2, 2003, S. 206.

[358] *Han'guk p'yojun kwahak yŏn'guwŏn 30nyŏnsa*, S. 138–143.

amerikanischen NBS von großer Bedeutung für die inhaltliche Orientierung des KSRI.[359] Viele Führungskräfte hatten in den USA promoviert und aus diesem Grund weiterhin eine enge Beziehung zu amerikanischen Universitäten.[360] Als erster Direktor des KSRI war jedoch der in der BRD ausgebildete Maschinenbauingenieur Kim Chaekwan tätig. Kim hatte nach seinem Studium an der Seoul National University zunächst ein Diplom und schließlich 1961 seinen Doktorgrad an der TU München erworben. Nach einer kurzen Tätigkeit in Deutschland kehrte er 1967 mit der Gründung des KIST nach Korea zurück. Von 1975 bis 1980 war er Direktor des KSRI und setzte sich auch für die Entwicklungszusammenarbeit mit Deutschland ein.[361]

In der Folge wuchs das KSRI mit Hilfe ausländischer Geberländer: Das neugegründete Institut erhielt bilaterale Unterstützung von Japan, Australien und Frankreich sowie weitere Kredite von USAID und der ADB über bis zu $ 20 Mio.[362] Zu einem Großteil investierte das KSRI diese in den Ankauf von Messgeräten und den Aufbau seiner Labore: Die USA unterstützten den Aufbau eines Akustik- und Kraftmesslabors und Japan den Aufbau eines Massenlabors,[363] während die BRD im Rahmen des bilateralen Projektes hauptsächlich das industrielle Messwesen förderte. Im Laufe der Zeit konnte das Institut auch die Anzahl seiner Mitarbeiter deutlich erhöhen.[364]

Die Projekte im MNPQ-Sektor wurden hauptsächlich durch die PTB und ein zugehöriges Referat im BMZ durchgeführt. Die PTB war seit den späten 1950er-Jahren am Aufbau zahlreicher metrologischer Institute weltweit beteiligt, und bis Mitte der 1980er-Jahre hatte sich eine eigene Abteilung für

---

359 Ibid., S. 146–153.

360 Vgl. auch: BArch, B 213/39052, Dr. H. Bachmair (PTB): Aufbau des industriellen Messwesens am KSRI – Bericht über den Stand der 2. Phase des Projekts sowie einen Antrag der Republik Korea auf Verlängerung des Projekts in einer 3. Phase, 08.1986, S. 14. Allerdings hatten zu Beginn der deutschen Förderung auch drei der Mitarbeiter in der BRD promoviert. Vgl. BArch, B 213/39052, W. Kaul (PTB): 1. Projektfortschrittsbericht: Aufbau des industriellen Messwesens am KSRI, 06.1980, S. 4.

361 Als ausführliche Biografie Kims vgl. auch: Hong, Hasang: *Mwinhen-esŏ shijaktoen taehanmin'guk-ŭi kijŏk: Han'guk sanŏp'wa-ŭi sŏlgyeja Kim Chaegwan* [Das Wunder Koreas begann in München: Begründer der koreanischen Industrie Kim Chaegwan], Paeknyŏndongan: Paju 2022, S. 202f. Neben seiner Tätigkeit in der angewandten Wissenschaft setzte er sich auch für die deutsch-koreanischen Beziehungen ein, beispielsweise als (stellvertretender) Präsident der Deutsch-Koreanischen Gesellschaft.

362 BArch, B 213/39052, BMZ: Hauptbericht zur Inspektion des TZ-Vorhabens Korea Standards Research Institute (KSRI), 10.1987, S. 56. Vgl. auch: *Han'guk p'yojun kwahak yŏn'guwŏn 30nyŏnsa*, S. 158/167.

363 Ibid., S. 42.

364 BArch, B 213/39052, Dr. W. Lehnfinke (PTB): 5. Projektfortschrittsbericht: Aufbau des industriellen Messwesens am KSRI, 08.1983, S. 4.

internationale Zusammenarbeit herausgebildet.[365] Die Förderung des MNPQ-Sektors führte nach Ansicht der PTB- und BMZ-Experten in vielen Fällen zu einer Einführung deutscher technischer Richtlinien und Normen. Das bedeutete wiederum langfristig Wettbewerbsvorteile für die deutsche Industrie, da es eine Einführung von Produkten auf diesem Markt vereinfachte. Außerdem konnten Kontakte zwischen Wissenschaftlern vertieft und weiter gepflegt werden. Als kurzfristigen Effekt der technischen Zusammenarbeit hoben sie außerdem die Lieferung von Mess- und Prüfgeräten aus deutscher Produktion hervor.[366]

Das Projekt wurde außerdem als „Gegengewicht zu den massiven Einflüssen der USA und Japans" in der koreanischen Industrie gesehen.[367] Als Begründung für die Fortführung des Projektes führten die Verantwortlichen mögliche Nachteile für die deutsche Industrie an.[368] Auch wenn hier ein starkes wirtschaftspolitisches Konkurrenzdenken mitschwingt, lobten die Kurzzeitexperten an anderer Stelle die Förderung durch verschiedene Geber, weil dadurch in kurzer Zeit viel erreicht wurde, und weisen beispielsweise in differenzierter Weise auf die ambivalenten Beziehungen mit Japan hin.[369] Dass Japan als wirtschaftlicher Konkurrent zu viel Einfluss in der koreanischen Industrie hatte, war auch eine Sorge, die Experten im PMC- und FTC-Projekt geäußert hatten und offensichtlich die Projekte im Industriesektor stärker betraf als beispielsweise in der Berufsbildung oder der ländlichen Entwicklung.

---

[365] Seiler, Eberhard: „Vier Jahrzehnte Technische Zusammenarbeit", in: *PTB-Mitteilungen* 113.2, 2003, S. 206f. Diese Abteilung besteht bis heute, und der Autor konnte mit Unterstützung des Asien-Referates auch interne Akten zum KSRI-Projekt einsehen.

[366] BArch, B 213/39052, BMZ: Hauptbericht zur Inspektion des TZ-Vorhabens Korea Standards Research Institute (KSRI), 10.1987, S. 44f. Für die wissenschaftliche Längenmessung habe sich dadurch in koreanischen Forschungseinrichtungen und Firmen die Coordinate Measuring Machine (CMM) der Firma Carl Zeiss durchsetzen können. Vgl. auch schriftliches Interview mit Sŏ Hosŏng, 17.02.2023.

[367] BArch, B 213/39052, C. Raabe (BMZ): Vorbericht Inspektion des KSRI im September 1987, 08.10.1987, S. 3.

[368] BArch, B 213/39052, Schreiben von W. Kaul (PTB) an Stolpe (BMZ): Technische Zusammenarbeit mit Südkorea; hier Ausbau des industriellen Messwesens, 28.08.1981, S. 2.

[369] BArch, B 213/39052, Dr. H. Bachmair (PTB): Aufbau des industriellen Messwesens am KSRI – Bericht über den Stand der 2. Phase des Projekts sowie einen Antrag der Republik Korea auf Verlängerung des Projekts in einer 3. Phase, 08.1986, S. 14.

Projektverlauf

Den Antrag auf technische Zusammenarbeit mit der Bundesregierung hatte das KSRI 1977 über die KOSEF und das Wissenschaftsministerium gestellt, und bei einem Besuch des Direktors der PTB, Prof. D. Kind, konkretisierten sich die Pläne.[370] Im Jahr darauf erfolgte bereits ein Angebot durch die PTB als deutsche Trägerorganisation; somit war die Bundesregierung von Anfang an am Aufbau des KSRI beteiligt, dessen Neubau in Daedok ebenfalls 1978 eröffnet wurde. Die deutsche Seite führte keine Machbarkeitsstudie durch, sondern folgte gänzlich den Vorschlägen der koreanischen Antragssteller. In einem späteren Gutachten wurde dies mit dem bereits hohen koreanischen Entwicklungsstand begründet.[371] Das Projekt lief nach Beginn der Förderung im Jahr 1980 mit zweimaliger Verlängerung bis 1992. Insgesamt wurden Sachmittellieferungen im Wert von ca. 4 Mio. DM getätigt, 12 deutsche Kurzzeitexperten entsandt sowie 24 koreanische Counterparts in der PTB weitergebildet. Die Gesamtkosten betrugen ca. 6,5 Mio. DM.[372] Außerdem ging aus dem gleichen Projekt ein weiterer Projektvorschlag für das Gebiet der industriellen Fehlerverhütung hervor, der jedoch nur geprüft und letztlich nicht verwirklicht wurde.[373]

Die Aufgaben des KSRI umfassten die Darstellung, Bewahrung und Verbreitung der nationalen Primärnormale, Ausbildung für Präzisionsmessungen, Forschung und Entwicklung im Bereich der Messtecnik, Industrieberatung und die Zusammenarbeit mit internationalen Partnereinrichtungen.[374] Als Projektziele für das deutsch-koreanische Projekt legten beide Seiten folgende Punkte fest: die Entwicklung des industriellen Präzisionsmesswesens, die Verbesserung der Fertigungstechnik in der Elektro- und Maschinenbauindustrie sowie die Einführung von Mess- und Prüftechniken.[375] In der zweiten Phase folgte

---

370 DFG und KOSEF hatten im Juli 1977 ein Abkommen über den wissenschaftlichen Austausch geschlossen, in den man auch die PTB integriert hatte. Vgl. auch: PTB-interne Dokumente, Prof. D. Kind: Reisebericht Korea 19.–22.10.1977, 09.11.1977. D. Kind war im Projektzeitraum auch Präsident des Internationalen Komitees für Maß und Gewicht, zu dessen Treffen er den KSRI-Direktor einlud. Vgl. auch: Hong, *Mwinhen-esŏ shijaktoen taehanmin'guk-ŭi kijŏk*, S. 203.

371 BArch, B 213/39052, BMZ: Hauptbericht zur Inspektion des TZ-Vorhabens Korea Standards Research Institute (KSRI), 10.1987, S. 4.

372 Ibid., S. 34f. Vgl. auch PTP-interne Dokumente, PTB-Projektspiegel: Aufbau des Messwesens am KSRI, 01.02.1990.

373 Vgl. auch BArch, B 213/55652; B 213/55656, Aktentitel: Verringerung der Fehlerquote in der Produktion.

374 BArch, B 213/39052, BMZ: Hauptbericht zur Inspektion des TZ-Vorhabens KSRI, 10.1987, S. 39.

375 BArch, B 213/39052, Schreiben des BMZ an die PTB: Technische Zusammenarbeit mit Korea; hier: Ausbau des KSRI, 22.06.1978, S. 2.

dann eine Ausweitung auf die Bereiche Härtemessung, Temperaturmessung sowie optische und akustische Messtechnik.[376]

Im Jahr 1979 entsandte die PTB zunächst zwei Kurzzeitexperten, um die Sachmittellieferung zu planen und mit den koreanischen Counterparts zu diskutieren. Außerdem sammelten die Experten Informationen über den Stand des koreanischen Messwesens und hielten fachspezifische Vorträge. Im gleichen Jahr besuchte eine Delegation des KSRI eine Tagung der PTB und konnte somit parallel weitere Informationen zur Messtechnik in Deutschland sammeln. Dort brachten beide Seiten auch die Liste für Gerätelieferungen zum Abschluss.[377] Deren Lieferung verzögerte sich jedoch teilweise, da das BMZ auf Grund des Todesurteils gegen den damaligen Oppositionspolitiker Kim Dae-jung im Dezember 1980 einen Lieferstopp verhängte, sodass die Maschinen erst nach Aufhebung dieser Sanktion in Korea eintrafen.[378] Auch wenn einzelne Messgeräte bereits vorhanden waren, konnten die Mitarbeiter diese nach Angaben des KSRI zu 80–90 % nicht benutzen und bedurften daher weiterer Einweisung.[379] Trotz der vielen Lieferungen von Messgeräten aus dem Ausland beurteilten die Kurzzeitexperten der PTB die Ausstattung der Labore als nicht ausreichend, um mit internationalen Standards mitzuhalten, und bewerteten deshalb die Fortsetzung von Sachmittellieferungen auch für die zweite Phase als notwendig, während mit dem Übergang zur dritten Phase auf die Lieferung von weiterer Ausstattung komplett verzichtet wurde.[380]

Die PTB entschied bereits früh, dass es am sinnvollsten sei, nur Kurzzeitexperten zu konkreten Themen zu entsenden. Das KSRI hatte bereits viele hochqualifizierte Führungskräfte, sodass durch die Entsendung von einzelnen Experten mit Spezialgebieten eine zielgerichtetere Beratung erfolgen konnte als mit Langzeitexperten.[381] Somit unterschied sich das Projekt eindeutig von den zuvor gewählten Beratungsformen, auch am FTC und PMC. Dort war noch auf Langzeitexperten gesetzt worden, die jedoch nicht den raschen Veränderungen der koreanischen Industrie genügen konnten. Einige der Kurzzeitexperten und

---

376 BArch, B 213/39052, BMZ: Hauptbericht zur Inspektion des TZ-Vorhabens KSRI, 10.1987, S. 43.

377 BArch, B 213/39052, W. Kaul (PTB): 1. Projektfortschrittsbericht: Aufbau des industriellen Messwesens am KSRI, 06.1980, S. 2.

378 BArch, B 213/39052, W. Kaul (PTB): 2. Projektfortschrittsbericht: Aufbau des industriellen Messwesens am KSRI, 06.1981, S. 1.

379 BArch, B 213/39052, Schreiben der PTB an GTZ und BMZ: Technische Zusammenarbeit mit Korea; hier: Ausbau des industriellen Messwesens am KSRI, 17.09.1979, S. 1.

380 BArch, B 213/39052, Dr. W. Kaul (PTB): 3. Projektfortschrittsbericht: Aufbau des industriellen Messwesens am KSRI, 07.1982, S. 7f.; Dr. W. Lehnfinke (PTB): 5. Projektfortschrittsbericht: Aufbau des industriellen Messwesens am KSRI, 08.1983, S. 3.

381 BArch, B 213/39052, Schreiben der PTB an das BMZ: Technische Zusammenarbeit mit Süd-Korea, hier: Ausbau des Messwesens (KSRI), 15.11.1982, S. 2. Vgl. auch BMZ: Hauptbericht zur Inspektion des TZ-Vorhabens KSRI, 10.1987, S. 35/51.

Gutachter der PTB waren auch in Nachbarländern Koreas, z. B. der Volksrepublik China oder Japan, tätig. So brachten sie einerseits Wissen über die Region mit und bekamen einen umfassenden Einblick „in den völlig anders strukturierten, fernöstlichen Kultur- und Zivilisationskreis".[382] Viele Dienstreiseberichte der PTB-Kurzzeitexperten blickten positiv auf die technische Entwicklung Koreas und lobten die Gastfreundlichkeit der koreanischen Counterparts. So bewunderte beispielsweise der PTB-Direktor bei seinem zweiten Besuch 1988, mit zehnjährigem Abstand zu seinem ersten Besuch, die Entwicklung des KSRI und der metrologischen Arbeit, ebenso wie die industrielle und infrastrukturelle Entwicklung Koreas insgesamt.[383] Jedoch zeigte sich auch die paternalistische Haltung einiger Experten gegenüber dem niedrigeren Stand der Technik und eine Überbewertung ihrer eigenen Rolle:

> „Mein Eindruck war, dass die Koreaner eigentlich alle ganz tüchtige und einigermaßen fleißige Leute sind. Es hapert an drei Punkten: 1. Physikalisches Verständnis, 2. Experimentelle Erfahrung, 3. Verständnis für Konstruktion und saubere Ausführung. All diese drei Punkte werden in Zukunft besser werden. Aber wenn ich sehe, welche Erfahrungen sie alle noch nicht haben und unter wieviel Zeitverlust sie dies nachholen müssten, dann sehe ich, dass kurzfristig, d. h. in zwei bis drei Jahren, noch keine optische Frequenzmessung laufen wird. [...] Ich denke, dass ich den Koreanern zwei Jahre Arbeit erspart habe [...]."[384]

Daneben lag der Fokus auf der Counterpartausbildung. Insgesamt wurden 24 Counterparts entsandt, was für den zehnjährigen Zeitraum eine hohe Zahl bedeutete. Neben dem Training in den Laboren der PTB erfolgten Informationsreisen zu Institutionen der messtechnischen Infrastruktur, darunter dem Materialprüfungsamt NRW und der Bundesanstalt für Materialprüfung. Außerdem statteten die Counterparts der Firma Zeiss einen Besuch ab, um die Maschinen vor ihrer Auslieferung nach Korea bereits zu testen.[385] Auf besondere Anfrage konnten einige Counterparts auch in anderen staatlichen Einrichtungen, wie den Max-Planck-Instituten, eine Weiterbildung absolvieren.[386] Die Aufenthalte betrugen meist sechs Monate und waren damit etwas kürzer als vergleichbare Pro-

---

[382] PTB-interne Dokumente, Dr. V. Kose: Bericht über eine Auslandsdienstreise nach Südkorea und Japan vom 04. Bis 26.05.1982.

[383] PTB-interne Dokumente, Prof. D. Kind: Reisebericht Südkorea 09.–19.03.1988, 22.03.1988, S. 2.

[384] PTB-interne Dokumente, Dr. C. Weiß: Bericht über eine Auslandsdienstreise zum KSRI 03.09.–03.10.1986, 17.10.1986, S. 3f.

[385] BArch, B 213/39052, W. Kaul (PTB): 2. Projektfortschrittsbericht: Aufbau des industriellen Messwesens am KSRI, 06.1981, S. 3.

[386] PTB-interne Dokumente, Agreed Minutes between PTB and KSRI, 07.05.1987, S. 3.

gramme. Insbesondere in der späteren Phase war das Erlernen der deutschen Sprache vor dem Antritt der Weiterbildung auch verpflichtend und konnte im Goethe-Institut in Daedok absolviert werden. Auch die Ausbildung durch Kurzzeitexperten in Korea bewertete die deutsche Seite durchweg positiv. Projektleiter Dr. W. Kaul schrieb: „Hier liegt gegenüber den Leistungen anderer Staaten eine der Chancen in der Förderung des Projektes durch die Bundesrepublik, wenn PTB-Fachleute die Ausbildung der Mitarbeiter des KSRI an den dort vorhandenen Apparaturen übernehmen.“[387]

Auch der koreanische Counterpart Sŏ Hosŏng bewertet seinen Aufenthalt am PTB als lehrreich und wichtig für seine eigene Forschung. Sŏ absolvierte von März bis September 1986 für sechs Monate in der Abteilung für Längen- und Wellenlängenmessung der PTB eine Weiterbildung. Die deutsch-koreanische Zusammenarbeit in der Forschung half ihm auch für seine Doktorarbeit, die er nach Projektende zur Frequenzstabilisierung von Helium-Neon-Lasern für die optische Frequenzstandardisierung verfasste.[388]

Die Leistungen des KSRI sahen von vorneherein eine praktischere Ausrichtung mit besonderer Berücksichtigung der Industrie vor, wie sie die Bundesregierung auch in den anderen Instituten angestrebt hatte. Das KSRI führte Trainingsprogramme für Führungskräfte und Ingenieure aus der Industrie zu den Themen Messwesen und Qualitätskontrolle durch und unterstützte Unternehmen bei Kalibrierungen, Wartungen und Reparaturen für Präzisionsinstrumente. Daneben führte das KSRI bei Bedarf Auftragsforschung zu den genannten Themen durch.[389] Allerdings stand das Projekt hier vor den gleichen Problemen wie zuvor FTC und PMC: Die Förderung des KSRI richtete sich hauptsächlich an Großunternehmen, während die KMU weniger im Fokus standen. Ende der 1980er-Jahre setzten die staatlich-finanzierten Forschungsinstitute unter Leitung des KIMM zwar ein Programm zur Förderung der KMU auf, dessen Inhalte lagen jedoch weiter unter dem Niveau der Großindustrie.[390] Insbesondere mit dem fünften Fünfjahresplan erhoffte man sich auf deutscher Seite eine stärkere Einbindung der KMU in die Wirtschaftsförderung der koreanischen Regierung.[391]

---

[387] BArch, B 213/39052, W. Kaul (PTB): 1. Projektfortschrittsbericht: Aufbau des industriellen Messwesens am KSRI, 06.1980, S. 5.

[388] Vgl. auch: Interview mit Sŏ Hosŏng, 17.02.2023, E-Mail.

[389] PTB-interne Dokumente, o. A.: Besuch des KSRI am 03.05.1983, 17.05.1983, S. 1; BArch, B 213/39052, BMZ: Hauptbericht zur Inspektion des TZ-Vorhabens KSRI, 10.1987, S. 57f.

[390] Ibid., S. 57f.

[391] BArch, B 213/39052, C. Raabe (BMZ): Vorbericht Inspektion des KSRI im September 1987, 05.10.1987, S. 1f.

Im Rahmen des Projektes konnten aus dem MNPQ-Sektor zunächst nur die ersten beiden Teile, also Messen und Normieren, abgedeckt werden. Später schlug das KSRI jedoch eine Erweiterung des Projektes um ein Institut für Schadensverhütung (*Failure Prevention Research Center*) und damit den Bereich Qualitätsprüfung vor, wofür man die Entsendung von Mitarbeitern der PTB, der Bundesanstalt für Materialprüfung, des Deutschen Instituts für Normung (DIN) sowie des TÜV Hannovers anregte. Die PTB übernahm die Projektprüfung und sah zunächst die Erweiterung als zu umfangreich an, stimmte dieser aber schließlich zu.[392] Vermutlich lehnte das BMZ die Erweiterung jedoch in der Folge ab, damit eine Überschneidung mit dem bilateralen Projekt am KIMM vermieden werden konnte, wo der TÜV Hannover bereits Projektpartner war (s. o.). Die deutschen Berater wiesen das Wissenschaftsministerium bereits frühzeitig auf mögliche Interferenzen der Aufgabenbereiche sowie die Notwendigkeit einer besseren Koordination hin, die jedoch direkt über die Forschungsinstitute erfolgen sollte.[393] Insgesamt ist überraschend, dass es zwischen den beiden Projekten, die beide dem MNPQ-Sektor zuzuordnen sind, keine weitere Zusammenarbeit gab. Des Weiteren verwiesen die Projektleiter und Gutachter immer wieder auf mögliche Überschneidungen mit dem Projekt ‚Betriebliche Kooperationen', die jedoch auch nicht weiter vertieft wurden.[394]

KSRI als Modell für andere Schwellenländer?

In einem Inspektionsbericht aus dem Jahr 1988 hob eine Gutachtergruppe des BMZ die positive Entwicklung des Projektes hervor. Insgesamt hatten sie bereits sechs inhaltlich vergleichbare Projekte in anderen Entwicklungsländern untersucht. Einerseits wiesen sie trotz des Erfolgs die Modellhaftigkeit und Beispielrolle Koreas für andere Entwicklungsländer zurück, da die Rahmenbedingungen andere seien und man diese nicht von außen verordnen könne.[395] Andererseits könnten einzelne Komponenten für die erfolgreiche Durchführung von MNPQ-Projekten in Schwellenländern adaptiert werden.[396] Die Gutachter empfahlen daher auch die Erarbeitung eines allgemeinen Konzeptes für

---

392 BArch, B 213/39052, Schreiben der PTB an das BMZ: Technische Zusammenarbeit mit der Republik Korea, hier: Ausbau des Messwesens am KSRI, 13.11.1985. Schreiben der PTB an die Deutsche Botschaft Seoul: Technische Zusammenarbeit mit der Republik Korea; hier: Ausbau des Messwesens (KSRI), 30.12.1985, S. 1f.

393 BArch, B 213/39052, W. Kaul (PTB): 1. Projektfortschrittsbericht: Aufbau des industriellen Messwesens am KSRI, 06.1980, S. 5.

394 BArch, B 213/39052, PTB-Projektspiegel: Aufbau des Messwesens am KSRI, 07.04.1987, S. 1.

395 BArch, B 213/39052, BMZ: Hauptbericht zur Inspektion des TZ-Vorhabens KSRI, 10.1987, S. 77–79.

396 Ibid., S. 29.

Schwellenländer auf Grundlage einer Querschnittsanalyse der deutsch-koreanischen technischen Zusammenarbeit und rieten außerdem, die Zusammenarbeit bei Erreichen des Schwellenlandlevels nicht vorzeitig zu beenden, sondern insbesondere im Technologiesektor den Übergang zu einer „langfristigen Zusammenarbeit wirtschaftlich und wissenschaftlich gleichrangiger Partner" vorzubereiten und diese eventuell durch die Industrie oder das BMBF zu fördern. Unter anderem sollte die Kooperation durch den Austausch von Wissenschaftlern und Technikern weiter fortgesetzt werden.[397] Die deutsche Industrie könnte so von dem Aufschwung Koreas mitprofitieren, als Beispiel wird dafür auch die Einbindung Japans in den westlichen Wirtschaftsraum angeführt.[398] Als eine Möglichkeit sahen die Gutachter dabei die Fortführung mit einem neuen Projekt zur industriellen Fehlerverhütung, wo verschiedene Fachdisziplinen genauso wie Industrie und Wissenschaft eng zusammenarbeiten müssten. Das böte ein ideales Feld zur wissenschaftlichen Kooperation.[399] Das Projekt zeige auch, dass die koreanische Regierung die Zusammenarbeit mit der BRD besonders schätzte und diese fortzusetzen plante.[400]

Im Rahmen des Gutachtens lobten die deutschen Experten auch den schnellen Aufbau des KSRI. Verglichen mit den anderen geförderten Projekten weltweit sei es „das bei weitem fortgeschrittenste und wirkungsvollste". Es habe „innerhalb eines relativ kurzen Zeitraums einen vergleichsweise sehr hohen wissenschaftlichen Stand erreicht, der mit dem europäischen und US-amerikanischen Niveau vergleichbar ist".[401] Im Vergleich zu Deutschland selbst heben die Gutachter positiv hervor, dass der Aufbau deutlich zeiteffizienter und dennoch qualitativ hochwertig erfolgte: „Bewertet man den vorstehenden Sachverhalt unter Zugrundelegung deutscher Zeitmaßstäbe, so kann man nur feststellen, dass dieses Projekt in 2 ¼ Jahren in Deutschland nicht zu realisieren gewesen wäre." Die Bauten seien zweckorientiert „und lassen einen hohen Standard der koreanischen Bauindustrie erkennen".[402] Die gesamte Vorgehensweise beim Aufbau des KSRI beschrieben die Gutachter als „zügig und konsistent".[403] Als positive Punkte heben sie daneben auch die klare Aufgabenteilung mit den anderen Instituten sowie die gute Abstimmung der Projektziele auf die Bedürfnisse des Nehmerlandes hervor.[404]

Dennoch wiesen sie darauf hin, dass eine Bewertung des Projektes in Form einer Kosten-Nutzen-Analyse, wie auch bei anderen Projekten, unmöglich sei,

---

[397] Ibid., S. 80.
[398] Ibid., S. 68.
[399] Ibid., S. 61.
[400] Ibid., S. 45.
[401] Ibid., S. 1.
[402] Ibid., S. 47.
[403] Ibid., S. 41.
[404] Ibid., S. 30–32.

da die Bewertung zu viele Ebenen umfasse, nämlich Konsumenten, Industrie sowie die Volkswirtschaft im Allgemeinen. Das Projekt habe jedoch zur Verbesserung der Wettbewerbsfähigkeit und industriellen Entwicklung Koreas beigetragen. Durch das KSRI als ausführende Institution war eine direkte Beeinflussung der Industrie und somit ein Multiplikatoreffekt möglich.[405] Außerdem wurde das KSRI früh in das internationale Verbundsystem der metrologischen Institute aufgenommen, was dessen außerordentliche Qualität unterstrich.[406] In der dritten Phase des Projektes bis zu dessen Abschluss 1992 stand deshalb auch bilaterale Forschung im Zentrum der Zusammenarbeit.[407]

In ihrer Publikation zur technischen Zusammenarbeit blickte die PTB positiv auf das Projekt in Korea zurück: „Viele der jungen und motivierten Mitarbeiter vertieften ihre Kenntnisse in den Laboratorien der PTB. Ebenso wurden in Südkorea diverse Beratungsmaßnahmen durch Beratung aus der PTB durchgeführt."[408] Bis heute pflegt das KSRI noch Kontakte zur PTB. Beispielsweise erfolgten gegenseitige Einladungen zu Jubiläumsfeiern.[409] Das KSRI bewertete die Zusammenarbeit ebenfalls positiv, auch wenn die technische Zusammenarbeit mit den USA einen größeren Raum in der Jubiläumsschrift einnimmt.[410] Der Wissenschaftsminister überreichte dem Präsidenten der PTB mit Abschluss des Projektes auch einen Orden, was die politische Würdigung der langjährigen Zusammenarbeit unterstrich.[411]

Nach dem Abschluss der offiziellen Zusammenarbeit zeigten die südkoreanischen Metrologen beispielsweise Interesse an der Entwicklung des nordkoreanischen Normenwesens sowie der deutschen Wiedervereinigung und deren Auswirkungen für das Normenwesen. Dazu fragte das KSRI im Rahmen eines Besuches des Wissenschaftlers Pak Chanbok im Jahre 1994 Informationen bei der PTB an, die zu diesem Zeitpunkt jedoch keine direkten Beziehungen mit der zuständigen nordkoreanischen Einrichtung für das Normenwesen hatte.[412] Interessanterweise bat das nordkoreanische Staatsinstitut für Metrologie dann 2002

---

405 Ibid., S. 65f.

406 Ibid., S. 58.

407 PTB-interne Dokumente, PTB-Projektspiegel: Aufbau des Messwesens am KSRI, 01.02.1990.

408 Velfe, Hans-Dieter / Niemitz-Bolle, Susanne: „Technische Zusammenarbeit mit Metrologie-Instituten in Europa, Zentral- und Ostasien", in: *PTB-Mitteilungen* 113.2, 2003, S. 237.

409 Bereits im Projektzeitraum wurde das 10-jährige Bestehen des KSRI bzw. das 100-jährige Bestehen der PTB gemeinsam begangen. BArch, B 213/39052, Schreiben der PTB an die Deutsche Botschaft Seoul: Technische Zusammenarbeit mit der Republik Korea; hier: Ausbau des Messwesens (KSRI), 30.12.1985, S. 1f.

410 *Han'guk p'yojun kwahak yŏn'guwŏn 30nyŏnsa*, S. 186.

411 PTB-interne Dokumente, Prof. D. Kind: Reisebericht Südkorea 09.–19.03.1988, 22.03.1988, S. 1.

412 PTB-interne Dokumente, Schreiben von Sunik Hwang (KRISS) an Dr. R. Brust (PTB), 07.04.1994.

um bilaterale Unterstützung. Im Jahr darauf wurden auch zwei nordkoreanische Fachleute in der PTB weitergebildet.[413] Diese Form der Zusammenarbeit dürfte jedoch mit Beginn des Atomprogramms und den sich verschlechternden Beziehungen zu Nordkorea eingestellt worden sein.

4.6 Resümee

Die staatlich finanzierten Forschungszentren für den industriellen Technologietransfer machten einen großen Sektor der technischen Zusammenarbeit im Industrie- und Infrastrukturbereich aus. Neben Deutschland waren diverse Geberländer und Organisationen am Aufbau von KIST und den später gegründeten, externen Forschungsinstituten beteiligt. Die deutsch-koreanische Zusammenarbeit erstreckte sich dabei neben zwei ausgegliederten Zentren des KIST auf das KIMM und das KSRI. Auch diese beiden Institute wurden von weiteren Gebern finanziell und technisch unterstützt, sodass die Zusammenarbeit mit der Bundesregierung nur einen relativ kleinen Teil der gesamten Finanzierung ausmachte. Alle Projekte dienten einerseits dem Technologietransfer in Form von Sachmitteln wie auch Wissenstransfer von deutschen Organisationen an den koreanischen Partner und von da aus weiter an die Industrie. Der deutsche Projektbeitrag im KIST als auch im KSRI zielte insbesondere auf die kleinen und mittelständischen Unternehmen ab, was als ein Alleinstellungsmerkmal deutscher Entwicklungszusammenarbeit gelten kann und sich im Rahmen anderer Projekte wie der DVB oder betrieblicher Kooperationen ebenfalls zeigte.

Andererseits wiesen die Projekte inhaltlich enge Verknüpfungen mit den Interessen der deutschen und koreanischen Industrie auf, sodass die Projekte auch die Möglichkeit für Marktsondierungen und ein langsames Herantasten beider Länder für private Investitionen boten. Daher waren auch verschiedene Industrieverbände am Fortschritt der Projekte interessiert und griffen im Fall der weniger erfolgreichen Zentren am KIST steuernd ein. In mehreren Fällen verwiesen die deutschen Berater und Gutachter auf eine Konkurrenzsituation mit den USA und Japan, die sich im Industriesektor deutlich stärker abzeichnete als in den anderen Sektoren.

Die unterschiedliche Gewichtung von Forschung und Anwendung bzw. Beratung barg ein ähnliches Konfliktpotential wie die Diskussion um den Anteil von Theorie und Praxis im Berufsbildungssektor. Während die deutsche Seite Wert auf die praktische Anwendung legte und dafür auch praktisch ausgebildete Experten entsandte, waren die Einrichtungen in Korea als Forschungsinstitute benannt und mit weltweit anerkannten Wissenschaftlern besetzt. Dabei zeigte

[413] Velfe/Niemitz-Bolle, „Technische Zusammenarbeit mit Metrologie-Instituten“, S. 237.

sich bei FTC und PMC ein stures Verhalten der deutschen Berater mit ihrem Beharren auf einer Förderung der KMU, während im Projekt am KSRI stärker den Wünschen der koreanischen Seite entsprochen und eine flexiblere Beratungsform gewählt wurde. Gerade anfangs waren die Langzeitexperten nicht auf die rasanten Veränderungen und das hohe Niveau der koreanischen Industrie vorbereitet, sodass die Projektleitung in den späteren Phasen vermehrt auf Kurzzeitexperten setzte, um auf einzelne Fragen einzugehen. Korea als Schwellenland diente in der Folge auch als mögliches Modell für den Übergang von technischer Zusammenarbeit zu partnerschaftlicher Kooperation in den Bereichen Wissenschaft und Technologie.

Im Jahre 1986 erfolgte wie bereits erwähnt der Abschluss eines WTZ-Abkommens. Deutsche und koreanische Forschungsinstitute begannen daraufhin eine intensivere Kooperation auf Augenhöhe. Bei einer Konferenz zur technologischen Zusammenarbeit im Mai 1989, organisiert u. a. durch die Friedrich-Ebert-Stiftung an der Hanyang University mit Unterstützung von KAIST, wird bereits an den Vortragstiteln deutlich, dass Themen wie der zuvor oft genannte Wissens- und Technologietransfer aus Deutschland an die Entwicklungsländer nun der Vergangenheit angehörten. Korea war in den Kreis der neuindustrialisierten Länder aufgerückt, und Kooperationen auf allen Ebenen wurden gesucht und ausgebaut. Die Vorträge reichten von den Themen Energie über Chemie bis hin zu Umwelt.[414] Gleichzeitig wurde in diesem Zeitraum auch die Kooperation von privaten Unternehmen, ohne staatliche Vermittlung, deutlich ausgebaut. Die Gründung des KIST Europe im Jahre 1996 markierte, wie die fast gleichzeitige Aufnahme Koreas in die OECD, einen Wendepunkt hin zu Forschungskooperation statt Entwicklungszusammenarbeit. KIST Europe ist auf einem Campusgelände mit verschiedenen Forschungseinrichtungen der DFG und MPG, eines Fraunhofer Institutes und Helmholtz Zentrums in Saarbrücken angesiedelt.[415] Außerdem ist das KIST seit 2010 mit dem Indo-Korea Science and Technology Center in Bangalore (IKIST), Indien vertreten. Zudem wurde als vietnamesisch-koreanisches Projekt der Entwicklungszusammenarbeit 2014 das Vietnam Korea Institute of Science and Technology (VKIST) in Hanoi gegründet.[416] Somit ist die koreanische Wissenschafts- und Forschungslandschaft nun selbst Vorbild und Partner für Entwicklungs- und Schwellenländer.

---

414 *Proceedings of the Korean-German Seminar on Technological Cooperation between Korea and German*, hg. von Friedrich-Ebert-Stiftung (FES) und Institute of Economic Research, Hanyang University, Seoul, 05.1989.

415 KIST Europe (Hg.): *The Quest for Innovation: 20 Years of KIST Europe*, KIST Europe: Saarbrücken 2016. Vgl. auch die Webseite des KIST Europe, URL: https://www.kist-europe.de.

416 Vgl. auch die Webseiten von IKIST und VKIST, URL: https://ikst.res.in; https://vkist.gov.vn/en/page/tong-quan-vkist.

5. Betriebliche Kooperationen

5.1 Projekthintergrund und -verlauf

Die wirtschaftliche Entwicklung Koreas zu einem Schwellenland änderte auch die Schwerpunkte der technischen Zusammenarbeit im Industriesektor. Ab den 1980er-Jahren rückte die Förderung von Kooperationen in der Privatwirtschaft in den Mittelpunkt des Interesses. Diese wurde auf der 11. Sitzung der IECOK 1980 in Paris auf eine Stufe mit den Projekten aus den Bereichen MNPQ und Berufsbildung gestellt.[417] Mit dem Projekt ‚Betriebliche Kooperationen' (*handok t'uja chinhŭng saŏp*) knüpfte man inhaltlich auch an die Tätigkeit der DVB in der frühen Phase der Zusammenarbeit an. Während in den 1960/70er-Jahren hauptsächlich die Kooperation großer, bereits etablierter Unternehmen gefördert wurde, beispielsweise Siemens und Goldstar im Telekommunikationssektor, standen in den 1980er-Jahren hingegen die KMU im Fokus, deren Förderung in den Zentren für industrielle Forschung am KIST eine wichtige Rolle gespielt hatte. Auch im Rahmen der finanziellen Zusammenarbeit hatte die deutsche Regierung über die Small and Medium Industry Bank (SMIB) über einen längeren Zeitraum insgesamt 48,7 Mio. DM Kredite an die KMU gewährt. Eine weiterführende Beratung zur Anbahnung von Kooperationen mit deutschen Firmen passte dementsprechend gut in das Gesamtbild der deutschen Entwicklungszusammenarbeit mit Korea.

Das Projekt ging aus dem singulären Einsatz eines Beraters an der FKI hervor, der aus dem PMC- und FTC-Projekt abgezogen worden war.[418] Zunächst lief das Projekt daher auch nicht über ein offizielles Abkommen, sodass der deutsche Langzeitberater keine Expertenrechte genoss, wie es in den anderen Projekten der technischen Zusammenarbeit üblich war.[419] Die Projektausrichtung führte entsprechend in der Anfangsphase zu Kontroversen zwischen der deutschen und der koreanischen Regierung: Während von deutscher Seite hervorgehoben wurde, dass es sich um ein normales Projekt der technischen Zusammenarbeit handelte, betonte die koreanische Seite stärker den Gewinn der deutschen Wirtschaft. Ein BMZ-Beamter schrieb dazu: „Das Projekt betriebliche Kooperation wird von mir nicht als Projekt sui generis gesehen, sondern als ein Vorhaben wie alle anderen TZ-Projekte auch. Das Projekt dient in erster

---

[417] PA AA, B 37-ZA, 113166, Statement of the Delegation of the Federal Republic of German at the Meeting of Consultative Group for Korea of World Bank in Paris, 24.06.1980, S. 3.

[418] Vgl. PA AA, B 37-ZA, 142724, Memorandum of Discussion between FKI and TTC on the Second Phase of the Korea-Germany Industrial Cooperation Project, 02.1980.

[419] PA AA, B 37-ZA, 142724, Schreiben der Deutschen Botschaft Seoul an das AA: TZ mit Südkorea; hier: Projekt ‚Förderung von Betriebskooperationen', 16.12.1982, S. 1.

Linie dazu, die koreanische Klein- und Mittelindustrie zu fördern."[420] Den Einbezug der deutschen Privatwirtschaft sah er diesbezüglich nur als Mittel zum Zweck. Ein koreanischer Beamter des Außenministeriums, im Bericht der Deutschen Botschaft Seoul nur als „Herr Kang" bezeichnet, äußerte sich allerdings in einem Gespräch gegensätzlich: Das Projekt sei „nach koreanischer Ansicht kein reines TH-Projekt, sondern mehr ein ‚business-type' Projekt. Es dient nicht nur koreanischen, sondern in starkem Maße auch deutschen Wirtschaftsinteressen."[421] Aus diesem Grund sei ein Vertrag zwischen FKI und GTZ ausreichend, da es nicht vertretbar sei, dass die koreanische Regierung deutsche Wirtschaftsinteressen einseitig fördere, z. B. indem sie den Beratern Expertenprivilegien gewähre.[422] Aber auch deutsche Wirtschaftsverbände wie der Ostasiatische Verein kritisierten das Projekt, weil durch die staatliche Förderung die Wettbewerbsneutralität verletzt werden könnte. Der deutsche Projektleiter sollte aus diesem Grund alle Kooperationswünsche auch mit den deutschen Fach- und Länderverbänden der deutschen Wirtschaft wie dem Ostasiatischen Verein selbst absprechen.[423] Diesem Wunsch kam der Projektleiter wohl auch aus logistischen Gründen jedoch nicht nach.

Als Formen der betrieblichen Kooperation waren langfristige Exportverträge, Lizenzverträge und Joint Venture angedacht. Von deutscher Seite hatten BMZ und GTZ anfangs die private Consultingfirma TTC, später dann GOPA beauftragt,[424] während von koreanischer Seite nach der FKI erst die Korean Federation of Small Business (KFSB, *chungso kiŏp chunganghoe*) und später die Small & Medium Industry Promotion Corporation (SMIPC, *chungsogiŏp*

---

420 BArch, B 213/39054, Schreiben des BMZ an das AA: Beratungsdienst für die Wirtschaft in den Entwicklungsländern; hier: Berater für Betriebliche Kooperation in Korea, 28.02.1985, S. 2.

421 PA AA, B 37-ZA, 142724, Vermerk der Deutschen Botschaft Seoul; Technische Zusammenarbeit mit Korea; hier: Kooperationsförderungsprojekt, 24.04.1980, S. 1.

422 Ibid., S. 1f.

423 PA AA, B 37-ZA, 110634, Schreiben des Ostasiatischen Vereins an das BMWi: Technische Zusammenarbeit mit Süd-Korea; hier: Förderung betrieblicher Kooperationen, 02.11.1979.

424 Auf die Gründe für den Wechsel der deutschen Consultingfirma soll hier nur kurz verwiesen werden. Einerseits hatte TTC-Chef Dr. Ueberoi zu wenig Personal für die Inlandsberatung eingesetzt, weshalb das Projekt zum Stocken gekommen war. Andererseits handelte er in vielen Fällen eigenmächtig und ohne Rücksichtnahme auf internationale Verträge. Beispielsweise flog er 1984 nach Korea und sprach mit MOST und Partnerorganisationen über eine Verlängerung des Projektes. Deutsche Unternehmen äußerten sich außerdem negativ über die Qualität der Inlandsberatung: „Im letzteren Fall hat Dr. Ueberoi sogar einen Partnerschaftsvertrag in Deutschland unterschreiben lassen, obwohl ihm durch den Teamleiter zuvor mitgeteilt worden war, dass der koreanische Partner ein Betrüger sei, da er mit falschen Besitztiteln gearbeitet habe." Vgl. BArch, B 213/39054, H. Fähnel: Vermerk über eine Koordinierungsreise, 25–30.06.1984, in das BK-Projekt Korea, 30.06.1984, S. 3.

chinhŭng kongdan) unter dem Ministerium für Industrie und Handel zuständig waren. Mit der Gründung der Partnerinstitution SMIPC im Jahre 1979 schuf der koreanische Staat eine Anlaufstelle, um den KMU finanzielle Anreize, steuerliche Vorteile, Unterstützung bei Technologie und Managementfragen sowie bei der Durchführung von Trainingsprogrammen zu gewähren.[425] SMIPC war als Partnerinstitution also bestens geeignet und konnte mit deutscher Hilfe seine Beratungstätigkeit im Bereich betriebliche Kooperation mit dem Ausland ausbauen.

Die deutschen und koreanischen Einrichtungen entsandten zunächst jeweils einen Berater in das Partnerland und stellten außerdem einen weiteren Mitarbeiter vor Ort ein (Inlands- und Auslandsberater), sodass an den Kooperationen immer sowohl ein koreanischer als auch ein deutscher Berater in beiden Ländern arbeiten konnte. Später arbeiteten außerdem ein zweiter und schließlich dritter koreanischer Counterpart im Seouler Büro.[426] Das war ein grundlegender Unterschied zu den anderen Projekten der technischen Zusammenarbeit, in denen es keine deutschen oder koreanischen Langzeitberater vor Ort in Deutschland gab, obwohl Projektkomponenten auch die Ausbildung in oder den Austausch mit Deutschland beinhalten konnten.

Als Leistungen boten die Berater Informationsdienstleistungen und Kontaktvermittlung zu Betriebskooperationen sowie Beratung bei Vertragsgestaltung und Unternehmerreisen an. Die Aufgaben der Langzeitberater umfassten daneben auch Werbeaktivitäten wie Messebesuche sowie Networking mit Verbänden und offiziellen Stellen. Die deutsche Seite entsandte außerdem Kurzzeitexperten für einmonatige Beratungen zu fachspezifischen Themen, u. a. auch Berater des sogenannten Senior Experten Service (SES) der DIHK, die zu einem Wissenstransfer beitragen sollten.[427] Im Rahmen des Projektes, aber auch durch andere Organisationen wurden diverse Seminare und Konferenzen veranstaltet, auf denen die Teilnehmer Wege des Technologietransfers und die Rolle der KMU diskutierten. So organisierten beispielsweise die Friedrich-Ebert-Stiftung (FES) und das SMIPC gemeinsam ein Seminar mit dem Titel „On the Role of Small and Medium Industry and Technology Development and Structural Change“.[428]

---

[425] Köllner, *Südkoreas technologische Abhängigkeit von Japan*, S. 218–220.

[426] BArch, B 213/39054, GOPA: Betriebliche Kooperationen mit Korea – 3. Projektfortschrittsbericht, 01.01.–30.06.1986, 06.1986, S. 5.

[427] BArch, B 213/39054, SMIPC/GOPA: Korea-Germany Business Cooperation Program, Flyer, o. D.; GOPA: Betriebliche Kooperationen mit Korea – 2. Projektfortschrittsbericht, 01.07.–31.12.1985, 02.1986, S. 5.

[428] BArch, B 213/39054, GOPA: Betriebliche Kooperation mit Korea – Projektfortschrittsbericht Nr. 4, 01.07.–31.12.1986, 02.1987, S. 6. Vgl. auch: „Chungso chinhŭng kongdan handok shimp'ojiŏm kaech'oe“ [SMBA veranstaltete Handok-Symposium], in: *Maeil Business Newspaper*, 15.02.1983.

Obwohl Korea zu dieser Zeit bereits als Schwellenland galt, verlängerten beide Seiten das Projekt auch über die eigentliche Laufzeit hinaus.[429] Zählt man den ersten Teil in Zusammenarbeit mit der FKI dazu, lief das Projekt somit von 1979 bis 1993. Da nur Kurz- und Langzeitexperten ausgetauscht und keine Sachmittellieferungen oder Counterpart-Ausbildung durchgeführt wurden, entstanden insgesamt wohl weniger Kosten als bei Projekten von vergleichbarer Dauer. Über die Gesamtkosten, den Abschluss und die Bewertung des Projektes liegen jedoch bislang keine Quellen vor.

5.2 Mehrgleisige, aber allgemeine Beratung

Inhaltlich überschnitt sich das Projekt mit Aufgaben anderer deutscher und koreanischer Institutionen und Verbände wie dem Ostasienverein, der Auslandshandelskammer (AHK), der Deutschen Finanzierungsgesellschaft für Beteiligungen in Entwicklungsländern (DEG), der Bundesstelle für Außenhandel, der Korea Trade-Investment Promotion Agency (KOTRA) sowie dem Deutschen Industrie- und Handelskammertag (DIHK). Die deutsche AHK Korea und das koreanische Pendant KOTRA arbeiteten bereits seit 1970 bzw. 1981 an der Förderung von privatwirtschaftlichen Beziehungen zwischen beiden Ländern und damit im Falle von KOTRA bereits vor Beginn des BK-Projektes.[430] Botschaft und GTZ bewerteten in der Praxis die Überschneidungen als gering, da sich das Projekt mit allgemeinen Fragen zu Kooperationen, AHK und KOTRA aber mit spezielleren Themen wie Patenten oder Rechtsfragen beschäftigte, sodass sich eine Arbeitsteilung einpendelte.[431]

Die DEG schätzte Korea zunächst nicht als wichtiges Investitionsland ein, sondern untermauerte, dass die koreanischen KMU insbesondere an Technologietransfer interessiert waren. Aus diesem Grund versuchte sie ohne die Entsendung von Langzeitexperten die Förderung von Joint Ventures zu betreiben. Die DEG war außerdem an der Korea Long Term Credit Bank (KLB) mit 3 % beteiligt, worüber sie die Kreditvergabe an KMU, auch für Joint Ventures, bewirken konnte.[432] 1986 entsandte die DEG dann schließlich einen Kurzzeitberater

---

[429] BArch, B 213/39054, Heiko Fähnel (GTZ): Bericht über das ‚German Technology Transfer Symposium' in Seoul, 04.11.1986, S. 7f.

[430] Vgl. die Webseite von KOTRA Frankfurt sowie der AHK Korea, URL: http://kotra-frankfurt.de/kotra-stellt-sich-vor / https://korea.ahk.de/ueber-uns; Zu weiteren Tätigkeiten der AHK Korea vgl. auch: AHK Korea (Hg.): *25 Jahre Gedanken zu Deutschland und Korea: Festschrift zum 60. Geburtstag von Florian Schuffner*, AHK: Seoul 2004.

[431] BArch, B 213/39054, Schreiben von N. Thiemann (GTZ): BK-Projekt Korea; hier: Mein Besuch vom 06.–10.03.1984, S. 1.

[432] BArch, B 213/39054, H. Fähnel (GTZ): Vermerk über eine Koordinierungsreise vom 25.–30.06.1984 in das BK-Projekt nach Korea, S. 4.

an die KLB: Dr. G. Baumhoff bearbeitete innerhalb von drei Monaten 33 koreanische und 6 deutsche Anträge, wovon 23 Joint Ventures und 15 einen Technologietransfer vorsahen. Auch wenn Baumhoff betont, dass es enge Kontakte zu und Austausch mit den anderen Stellen wie AHK Korea, SMIPC und FKI gab, war einerseits die Zuständigkeit nicht klar, andererseits monierten die koreanischen Partner des BK-Projektes, dass sie für den Einsatz von Kurz- und Langzeitberatern Gegenleistungen bringen mussten, während dies für die KLB nicht der Fall war.[433] Für die Unternehmen beider Länder war zeitweise unklar, an wen sie sich wenden sollten, da viele Kooperationsvorschläge zum Technologietransfer an das BK-Team weitergegeben wurden. GOPA schrieb deshalb im Projektbericht: Es „wird dringend von dem weiteren Einsatz eines BK-Beraters bei einer anderen Organisation abgeraten".[434] Während für die Arbeitsteilung mit AHK Korea also eine Lösung gefunden werden konnte, erschwerte die kurzfristige Entsendung eines DEG-Kurzzeitexperten die Koordinierung und führte zu einer Dopplung der Beratung.

Verglichen mit anderen Projekten besuchte eine größere Zahl an deutschen Politikern, auch höheren Ranges, das BK-Projekt. Unter anderem statteten der BMZ-Minister, der Ministerpräsident von Bayern sowie der Wirtschaftssenator von Berlin dem Projekt einen Besuch ab. Alle schenkten der Förderung bilateraler betrieblicher Kooperationen große Aufmerksamkeit, immer auch mit Blick auf deutsche Wirtschaftsinteressen.[435] Im Jahr 1984 äußerte ein deutscher Parlamentarier der regierenden CDU-Fraktion bei seinem Koreabesuch allerdings auch direkte Kritik an der Durchführung des Projektes, wohl weil er den Berater für unfähig und das Projekt für hinfällig hielt. Die offiziellen Stellen wie BMZ, GTZ und Deutsche Botschaft kritisierten diese Einmischung in Projektangelegenheiten jedoch und gingen nicht weiter auf die Kritik ein, sondern verteidigten den Berater gegen die erhobenen Anschuldigungen. Trotz der Androhung des Politikers, das Projekt zu verkürzen, kam es in der Folge sogar zu einer Verlängerung,[436] was erkennen lässt, dass selbst Mitglieder der Regierungskoalition sich nicht über die neuen Leitlinien der technischen Zusammenarbeit hinwegsetzen konnten.

---

433 BArch, B 213/39054, Dr. G. Baumhoff (DEG): Abschlussbericht über den Kurzzeitexperten-Einsatz der DEG in Korea vom 01.07.–31.12.1986, S. 2–4.

434 BArch, B 213/39054, GOPA: Betriebliche Kooperation mit Korea – 4. Projektfortschrittsbericht, 01.07.–31.12.1986, 02.1987, S. 12.

435 BArch, B 213/39054, GOPA: Betriebliche Kooperationen mit Korea – 2. Projektfortschrittsbericht, 01.07.–31.12.1985, 02.1986, S. 3.

436 BArch, B 213/39054, Schreiben von N. Thiemann (GTZ): BK-Projekt Korea; hier: Mein Besuch vom 06.–10.03.1984, Beschwerde von Dr. Adolf Freiherr Spies von Büllesheim, MdB, 20.03.1984, S. 1.

Für die koreanische Regierung sollte eine Kooperation mit deutschen Unternehmen eine größeren Unabhängigkeit von Japan und den USA, also eine Diversifizierung des Marktes, bewirken.[437] Viele koreanische Unternehmen waren vor allem an einem Technologietransfer in Form eines Lizenzvertrages interessiert, zu dem europäische Firmen eher bereit seien.[438] Um die Diversifizierung institutionell zu unterstützen, gründete das SMIPC das Center for Foreign Investment Service (CFIS), in dessen Rahmen es die ausländischen Berater, auch aus Deutschland und Frankreich, sammelte und die Anwerbung weiterer Partner organisierte. Neben den deutschen Beratern war an der Partnerinstitution SMIPC auch ein französisches Projekt mit ähnlicher Ausrichtung angesiedelt; später kam außerdem ein kanadisches Projekt hinzu. Ab 1986 gab die SMIPC eine monatliche Broschüre mit Kooperationswünschen der deutschen und französischen Firmen heraus, sodass sich die Partnerfirmen passende Unternehmen in einem der beiden Länder aussuchen konnten.[439] SMIPC kontaktierte außerdem 5.000 KMU, wovon sich ca. 480 zurückmeldeten und wiederum 81 Interesse an einer Zusammenarbeit mit deutschen Unternehmen bekundeten.[440] Das untermauerte auch den aktiven Einsatz der koreanischen Seite um eine Diversifizierung des Marktes.

Für die deutschen Berater in Korea machte die Organisation von Seminaren sowie der Besuch von Messen einen wichtigen Teil der Beratung aus, um einerseits auf das Projekt und die Möglichkeiten zur betrieblichen Kooperation aufmerksam zu machen und andererseits die Bedürfnisse des koreanischen bzw. deutschen Marktes zu sondieren. Bei einem deutschen Technologiesymposium in Seoul 1986 hielten Vertreter aus Forschung und Industrie insgesamt 40 Vorträge. Als Teilnehmer waren 36 deutsche und 70 koreanische Firmen aus den Bereichen Metallbearbeitung, Mess- und Prüftechnik sowie Kommunikation anwesend, sodass es zu einem regen Austausch zwischen den KMU des gleichen Bereiches kommen konnte.[441]

---

[437] Vgl. dazu auch Kapitel 8 in Köllners Dissertation zu der Strategie der koreanischen Regierung seine industriell-technologische Abhängigkeit von Japan über die Förderung von KMUs zu überwinden. Köllner, *Südkoreas technologische Abhängigkeit von Japan*, S. 211–241.

[438] BArch, B 213/39054, Schreiben von N. Thiemann (GTZ): BK-Projekt Korea; hier: Mein Besuch vom 06.–10.03.1984, S. 6.

[439] BArch, B 213/39054, GOPA: Betriebliche Kooperation mit Korea – 4. Projektfortschrittsbericht, 01.07.–31.12.1986, 02.1987, S. 9.

[440] BArch, B 213/39054, GOPA: Betriebliche Kooperationen mit Korea – 2. Projektfortschrittsbericht, 01.07.–31.12.1985, 02.1986, S. 3.

[441] BArch, B 213/39054, Schreiben der Deutschen Botschaft Seoul an das AA: Deutsches Technologie-Symposium in Seoul/Korea, 06.11.1986, S. 1; Heiko Fähnel (GTZ): Bericht über das ‚German Technology Transfer Symposium' in Seoul, 04.11.1986, S. 3.

Das BK-Projekt war von vorneherein allgemein ausgerichtet und hatte keinen inhaltlichen Schwerpunkt der Beratung wie es zuvor im Rahmen der Zentren für industrielle Forschung am KIST oder in der DVB zu einem gewissen Grad der Fall gewesen war. Im Laufe der Durchführung kristallisierten sich jedoch Schwerpunktindustrien heraus, anfangs waren dies beispielsweise Schiffsbau, Maschinenbau und Automobilzulieferung. Allerdings änderten sich diese Schwerpunkte auch im Laufe des Projektes wieder, da z. B. der Bedarf der Automobilzulieferung nach dem erfolgten Joint Venture von Opel (damals Teil von *General Motors*) und Daewoo als gedeckt galt. Hingegen sahen die Projektleiter eine Kooperation in einem traditionell starken Wirtschaftssektor der deutschen Industrie, nämlich dem Maschinenbau, als weiterhin ausbaufähig an.[442]

Auf Grund der breiten Ausrichtung konnte oft keine detaillierte Beratung zu den Marktbedingungen oder branchenspezifischen Regelungen im Partnerland geleistet werden. Auch an Beratung zu Design, Vermarktung oder den Produkten selbst mangelte es; diese bezog sich also ausschließlich auf die Vermittlung von Partnerfirmen und die Initiierung der Kooperation.[443] Teilweise konnten Kurzzeitexperten spezifischere Beratung übernehmen. Beispielsweise betreute der Kurzzeitexperte Dr. Joklik in der Anfangsphase besonders Projekte mit dem Fokus auf Chemie, Verfahrenstechnik und Industrieplanung.[444] Nicht nur fehlte bei der Beratung eine inhaltliche Kohärenz, auch die Größe und der Stand der Technik in den Betrieben fiel sehr unterschiedlich aus, sodass es eigentlich unterschiedlicher Herangehensweisen bedurft hätte.[445] Die Projekte am KIST hatten daher gesonderte Beratungskonzepte entwickelt, was jedoch im BK-Projekt aus ungeklärten Gründen nicht bedacht wurde.

Gleichzeitig war für einen Technologietransfer auch die Ausbildung der Mitarbeiter notwendig, beispielsweise durch die Entsendung deutscher Kurzzeitexperten nach Korea oder koreanischer Mitarbeiter nach Deutschland. Die Kosten für eine solche Ausbildung machten ca. 50 % der Gesamtkosten für den Lizenznehmer aus. Auch wenn der Projektleiter die Idee äußerte, über einen Fonds die Finanzierung dieser Ausbildung zu erleichtern, war eine finanzielle Unterstützung im Rahmen des Projektes nicht vorgesehen.[446] Durch eine en-

---

442 BArch, B 213/39054, GOPA: Betriebliche Kooperationen mit Korea – 2. Projektfortschrittsbericht, 01.07.–31.12.1985, 02.1986, S. 12; GOPA: Betriebliche Kooperationen mit Korea – 3. Projektfortschrittsbericht, 01.01.–30.06.1986, 06.1986, S. 8f.

443 BArch, B 213/39054, Schreiben von N. Thiemann (GTZ): BK-Projekt Korea; hier: Mein Besuch vom 06.–10.03.1984, S. 6.

444 PA AA, B 37-ZA, 142724, Memorandum of Discussion between FKI and TTC on the Second Phase of the Korea-Germany Industrial Cooperation Project, 02.1980.

445 BArch, B 213/39054, Schreiben von N. Thiemann (GTZ): BK-Projekt Korea; hier: Mein Besuch vom 06.–10.03.1984, S. 5.

446 BArch, B 213/39054, GOPA: Betriebliche Kooperationen mit Korea – 3. Projektfortschrittsbericht, 01.01.–30.06.1986, 06.1986, S. 11.

gere Kooperation mit den Projekten des MNPQ- und Berufsbildungssektors hätten diese Defizite des Projektes ebenfalls überwunden werden können, da die deutschen Experten in diesen Bereichen oft mit einzelnen Branchen und deren Standards besser vertraut waren. Ein Austausch zu diesem Punkt erfolgte jedoch nicht.

Wie auch der Wechsel der Partnerorganisation von FKI zu KFSB und später dann zu SMIPC implizierte, war zunächst unklar, ob das Projekt stärker die staatlichen oder die privatwirtschaftlichen Interessen vertrat. Auch die Aufgabenteilung zwischen den verschiedenen involvierten Stellen war nicht immer eindeutig, sodass man von einer mehrgleisigen Förderung sprechen kann. Weil jedoch auch von vorneherein eine allgemeine Beratung vorgesehen war, konnten branchenspezifische Details kaum berücksichtigt werden.

5.3 Konkurrenz auf dem koreanischen Markt

Sowohl für die koreanische als auch für die deutsche Wirtschaft bestand das Interesse in der Erschließung des jeweilig anderen Marktes durch die betrieblichen Kooperationen. Dafür bewarben die Berater aus beiden Ländern die Vorteile einer Kooperation. In Zeitungsartikeln aus dem *Handelsblatt* oder der *Übersee Rundschau* nannte Projektleiter H. Koch beispielsweise die folgenden positiven Investitionsbedingungen in Korea:[447]

1. Eine große Zahl an leistungsbereiten, lernwilligen, disziplinierten und einsatzfreudigen, dabei jedoch anspruchslosen Arbeitskräften.
2. Ein Binnenmarkt von ca. 41 Mio. Menschen mit zunehmender Kaufkraft und die vorteilhafte geographische Lage Koreas.
3. Eine auf nationalen Erfolg eingeschworene Regierung mit entschieden kapitalistisch-liberalem Wirtschaftskurs.
4. Eine besondere Aufgeschlossenheit allem und besonders den Deutschen gegenüber.

Es sei daher unverständlich, warum deutsche und koreanische Unternehmen trotz der guten Bedingungen nicht viel häufiger Kooperationen eingingen. Demnach hatten deutsche Unternehmen 1982 nur einen Anteil von unter 5 % an den Gesamtinvestitionen, während japanische Unternehmen auf 47 % und amerikanische Unternehmen auf 32 % kamen.[448] Auch in anderen Publikationen

[447] Koch, Harald: „Korea: Das lohnende Kooperationspartnerland für die deutsche Wirtschaft“, in: *Übersee Rundschau* 38.1, 03.1986, S. 36f.

[448] Koch, Harald: „Auswahl des richtigen Partners ist für die mittelständische Industrie wichtig“, in: *Handelsblatt*, 08.04.1986. Siehe auch Tabelle 28: Ausländische Direktinvestitionen (DI) im verarbeitenden Gewerbe Südkoreas nach Ländern, 1962–1996; Auch in den

verwiesen die Verfasser auf Vorteile des koreanischen Marktes. So hielt die DEG Korea für einen attraktiven Markt, weil es einen günstigen Standort für den weiteren Export innerhalb Asiens bot, die Arbeitsproduktivität hoch und die Löhne niedrig waren, Korea eine gute Infrastruktur und politisch stabiles Klima habe und Koreaner sich durch Deutschlandfreundlichkeit auszeichneten.[449] In einer handschriftlichen Anmerkung kritisierte ein ungenannter BMZ-Beamter die Einschätzung „politisch stabiles Klima", das Ende der 1980er-Jahre im Vorfeld der Olympischen Spiele mit der einsetzenden Demokratisierung wohl als wenig stabil gesehen wurde.

Abgesehen von den vereinzelten unterschiedlich ausfallenden Einschätzungen nannten die deutschen Berater auch „grundsätzliche Unterschiede" zum deutschen Markt, auf die man sich als Betrieb einstellen müsste. Diese Unterschiede bestanden H. Koch zufolge in der Sprache, dem Marketingverständnis, dem Arbeitsrhythmus, der Mentalität und Menschenführung sowie dem Stand der Industrialisierung.[450] Hinzu kamen gewisse Restriktionen der koreanischen Regierung zu Investitionen, limitierte Bankkredite und die Schwierigkeit, geeignete koreanische KMU als Partner zu finden. Aus diesem Grund kam auch GTZ-Mitarbeiter N. Thiemann zu dem Schluss: „Ein deutscher mittelständischer Unternehmer investiert lieber in Italien, Spanien oder Portugal, wo entsprechende Hemmnisse nicht gegeben sind."[451] Den deutschen Unternehmen bereitete auch die Eventualität eines ‚Bumerang-Effektes' Sorgen, da nach erfolgtem Technologietransfer die Produkte aus der günstigeren koreanischen Produktion auf dem deutschen Markt zur Konkurrenz werden könnten.[452] Außerdem hatten deutsche Unternehmen größeres Interesse an dem neu eröffneten chinesischen Markt, weil der dortige Binnenmarkt attraktiver war und die chi-

---

Archivakten des BMZ lässt sich ein verstärktes Interesse an Investitionen in Korea ab den 1970er-Jahren erkennen. Hier wurde insbesondere mit der Vielzahl an japanischen Investitionen verglichen (vgl. auch BArch, B 213/8745). Zur Situation der betrieblichen Kooperationen allgemein vgl. auch: Uhlig, Christian: „Aspekte der unternehmerischen Kooperation zwischen Industrie- und Entwicklungsländern in Südost- und Ostasien", in: *Internationales Asienforum* 16, 1985, S. 278f.

449 BArch, B 213/39054, Schreiben der DEG an das BMZ: Republik Korea, hier: Promotion, 21.08.1986, S. 1

450 Ibid.

451 BArch, B 213/39054, Schreiben von N. Thiemann (GTZ): BK-Projekt Korea; hier: Mein Besuch vom 06.–10.03.1984, S. 4.

452 Yi, Hansŏng: „Sŏdok-ŭi chungso kiŏp-ŭl torabogo han'guk-ŭn kisul chehyu choŭn p'at'ŭnŏ" [KMU in Westdeutschland und Korea sind gute Partner für Technologiepartnerschaften], in: *Maeil Business Newspaper*, 12.08.1987; BArch, B 213/39054, Schreiben der DEG an das BMZ: Republik Korea, hier: Promotion, 21.08.1986, S. 1. Vgl. dazu auch die Analyse von Zeitungsartikeln aus den 1970er- bis 90er-Jahren. Park, Jae-young: „Das Bild Südkoreas in den westdeutschen Zeitungen seit den 1950er Jahren", in: *Handok Sahoe Kwahak Nongch'on* 16.2, 2006, S. 161–190.

nesische Regierung mehr Öffentlichkeitsarbeit leistete, sodass es zum Abschluss vieler Joint-Venture-Verträge mit chinesischen Unternehmen kam.[453]

In einem Interview mit dem *Maeil Business Newspaper* wies die Leitung eines deutschen Unternehmens auf Vor- und Nachteile der betrieblichen Kooperation mit einem koreanischen Unternehmen hin: Vorteile seien beispielsweise eine ähnliche Größe und Umgebung der koreanischen KMU. Besonders hätte ihnen die Ausrichtung auf die Familie gefallen, wie er auch in deutschen Unternehmen zu finden sei. Probleme bereiteten hingegen die Sprachbarriere sowie „Unterschiede in der Denkweise" (*sago pangshik-ŭi ch'ai*). In Deutschland würden getroffene Entscheidung schnell ausgeführt, während in Korea die Umsetzung länger dauern könnte.[454]

Um auf solche kulturellen Unterschiede besser vorbereitet zu sein, betrachtete der Inlandsberater das Kennenlernen der koreanischen Kultur als wichtig. Bei seiner Reise 1985 bemerkte er, dass ein „Einblick in koreanische Geschichte, Kultur und Religion zum besseren Verständnis der wirtschaftlichen Strukturen in Korea und der Verhandlungspositionen der koreanischen Unternehmer beiträgt. Außerdem kann die Vermittlung dieses Wissens dem deutschen Unternehmer die Verhandlungsführung erleichtern."[455] Zu den Aufgaben der Berater zählte es deshalb auch, den deutschen Unternehmen eine „Einführung in die von konfuzianischem Gedankengut stark geprägte Vorstellungswelt" der koreanischen Unternehmen zu ermöglichen.[456] Es zeigte sich wie auch bereits im Berufsbildungssektor, dass man sich ab den 1980er-Jahren einer kulturessentialistischen Argumentation mit dem Konfuzianismus als Schlüsselwort bediente, um den ‚ostasiatischen Kulturkreis' zu verstehen.[457]

Auch die SMIPC selbst gab einen Leitfaden für das Verständnis des koreanischen Marktes heraus und ging darin auf mögliche technische Probleme bei der Kooperation ein: Erstens verlangte die koreanische Regierung eine gesetzliche Mindestinvestition, die insbesondere für kleinere deutsche Unternehmen schwierig aufzubringen war. Die koreanischen KMU waren in vielen Fällen von Konglomeraten abhängig, da alle Lieferungen auf diese ausgerichtet und

---

453 BArch, B 213/39054, Schreiben der DEG an das BMZ: Republik Korea, hier: Promotion, 21.08.1986, S. 2.

454 Yi, Hansŏng: „Sŏdok-ŭi chungso kiŏp-ŭl torabogo han'guk-ŭn kisul chehyu choŭn p'at'ŭnŏ" [KMU in Westdeutschland und Korea sind gute Partner für Technologiepartnerschaften], in: *Maeil Business Newspaper*, 12.08.1987.

455 BArch, B 213/39054, GOPA: Bericht des Inlandsberaters über die Projektreise nach Korea, 28.08.–20.09.1985, o. S.

456 Koch, Harald: „Auswahl des richtigen Partners ist für die mittelständische Industrie wichtig", in: *Handelsblatt*, 08.04.1986.

457 Vgl. zu Konfuzianismus-Diskursen im Westen auch: Lee, Eun-Jeung: *Korea und der Konfuzianismus*, Klostermann: Frankfurt am Main 2021, Kapitel: Wiedergeburt von Konfuzius?, S. 139–164.

Markterweiterungen nicht gewünscht wurden. Die SMIPC wies außerdem darauf hin, dass es für einen funktionierenden Technologietransfer auch weiterer Aufwendungen wie Dokumentation und Mitarbeiterschulungen bedurfte, die oft bei der Finanzierung nicht mitbedacht wurden, denn der Ausbildungsstand von Ingenieuren und Technikern in den koreanischen KMU entsprach oft nicht den Anforderungen für den Einsatz moderner Technologien, sodass für deren Förderung besondere Programme nötig waren.[458] Hierfür wurden auch Kooperationen zwischen japanischen und koreanischen KMU zum Vergleich herangezogen: Beispielsweise stellten die GOPA-Berater Überlegungen an, ein japanisches Programm zur Ausbildung von Führungskräften aus den KMU auch in das deutsche BK-Projekt zu integrieren.[459]

Sowohl Japan als auch die USA hatten bereits sehr enge Kooperationen auf Unternehmensebene aufgebaut, sodass das BK-Projekt vor einigen Herausforderungen stand.[460] Ein GOPA-Berater schrieb beispielsweise über Hydraulikmaschinen:

> „Es besteht der Eindruck, dass der Hydraulikmarkt in Korea zunehmend von US- und japanischen Firmen beeinflusst wird und die Kooperationsbemühungen von diesen Seiten bereits sehr weit fortgeschritten sind. Trotz des zweifelsohne starken zukünftigen Wachstums dieses Marktes wird es für deutsche Unternehmen schwierig werden, hier noch Fuß zu fassen. Die Bemühungen des BK-Projektes, an diesen Markt heranzukommen, reichen vermutlich nicht aus, diese Entwicklung aufzuhalten."[461]

Für die BRD boten die angestrebten Kooperationen eine Möglichkeit, sich als führende Technologienation auf einem Level mit Japan und den USA zu etablieren. Der GTZ-Asienbeauftragte H. Fähnel schrieb in seinem Bericht über den Besuch einer Messe in Seoul: „Auch in Korea hatte sich zunehmend die Meinung breit gemacht, dass die Bundesrepublik technologisch von den beiden anderen genannten Ländern abgehängt worden sei."[462] Wie in Tabelle 28 ersichtlich, blieben die Investitionen deutscher Unternehmen im gesamten Zeitraum der technischen Zusammenarbeit deutlich hinter denen Japans und der USA zurück; daran änderte auch das BK-Projekt wenig.

---

458 BArch, B 213/39054, GOPA: Betriebliche Kooperationen mit Korea – 2. Projektfortschrittsbericht, 01.07.–31.12.1985, 02.1986, S. 17.

459 BArch, B 213/39054, GOPA: Betriebliche Kooperationen mit Korea – 3. Projektfortschrittsbericht, 01.01.–30.06.1986, 06.1986, S. 11.

460 BArch, B 213/39054, GOPA: Betriebliche Kooperation mit Korea – 5. Projektfortschrittsbericht, 01.01.–30.06.1987, 07.1987, S. 9.

461 BArch, B 213/39054, GOPA: Betriebliche Kooperationen mit Korea – 2. Projektfortschrittsbericht, 01.07.–31.12.1985, 02.1986, S. 7.

462 BArch, B 213/39054, Heiko Fähnel (GTZ): Bericht über das ‚German Technology Transfer Symposium' in Seoul, 04.11.1986, S. 5.

Tabelle 28: Ausländische Direktinvestitionen (DI) im verarbeitenden Gewerbe Südkoreas nach Ländern, 1962–1996

Land	Fälle	DI-Betrag (in Mio. $)	Anteil (in Prozent)	Betrag pro Fall (in Mio. $)
Japan	2.067	2.745	28,9	1,3
USA	755	3.310	34,9	4,4
Deutschland	114	507	5,3	4,4
Alle	3,419	9.490	100,0	2,8

Quelle: Köllner, *Südkoreas technologische Abhängigkeit von Japan*, S. 149; basierend auf Daten des koreanischen Finanzministeriums.

Zum Abschluss sei noch auf einen positiven Individualfall des BK-Projektes verwiesen. In einem Gespräch mit dem Autor erzählte die Präsidentin von Dämmstoff Industrie Korea Ltd. (*han'guk tamsut'obu*), Kim Chongsun, über die Gründung ihres Unternehmens im Jahr 1984. Sie erinnerte sich, dass zu dieser Zeit viele deutsche Firmen in Korea investierten. Ihr Mann schloss in dem Zusammenhang einen Joint-Venture-Vertrag mit der Dämmstoff Industrie Hamburg GmbH. Die beiden Firmen produzierten gemeinsam Ware in Korea, und koreanische Mitarbeiter konnten eine Ausbildung absolvieren. Schließlich kaufte Kim mit ihrem Mann nach sieben Jahren die Lizenzen, und Kim übernahm nach dessen Tod schließlich die alleinige Leitung der Firma. Den Erfolg ihres Unternehmens in der Anfangsphase führte sie auch auf ihre guten Verbindungen mit deutschen Firmen im Schiffsbausektor sowie ihre deutschen Sprachkenntnisse zurück.[463]

Auch wenn der Beitrag des BK-Projektes nicht zu einer signifikanten Erhöhung der deutschen Investitionen in Korea geführt zu haben scheint, sondern weiterhin Japan und die USA führend blieben, bewerteten sowohl die koreanischen Partnerinstitutionen als auch die deutschen Stellen das Projekt positiv.[464] In einem Zeitungsartikel verwiesen die deutschen Berater auch darauf, dass für einen langfristigen Erfolg des Projektes mehr Zeit benötigt werde.[465] Es kamen

---

[463] Gespräch mit Kim Chŏngsun, Seoul, 03.11.2021. Vgl. auch die Webseite der Firma Daemmstoff Industrie Korea, URL: https://www.komarine.com/en/companies/daemm-stoff-industrie-korea/; Yun, Sŏngch'ŏl: „Kim Chŏngsun-ssi chubusan togil myŏngye yŏngsa ch'wiim" [Kim Chŏngsun als deutsche Honorarkonsulin von Busan vereidigt], in: *Busan Ilbo*, 11.01.2009.

[464] PA AA, B 37-ZA 110634, Schreiben der Bundesstelle für Außenhandelsinformationen an das BMWi: Technische Zusammenarbeit mit der Republik Korea; hier: BMZ-Beratungsprojekt zur Förderung der betrieblichen Kooperationen, 19.10.1979; PA AA, B 37-ZA, 142745, Schreiben der Deutschen Botschaft Seoul an das AA: Reise von Dr. Kurtz, BMZ, nach Korea, hier: Projekt ‚Förderung von Betriebskooperationen', 30.09.1983, S. 2; BArch, B 213/39054, Schreiben der Deutschen Botschaft Seoul an das AA: Deutsches Technologie-Symposium in Seoul/Korea, 06.11.1986, S. 3f.

[465] Yi, Hansŏng: „Sŏdok-ŭi chungso kiŏp-ŭl torabogo han'guk-ŭn kisulchehyu choŭn p'at'ŭnŏ" [KMU in Westdeutschland und Korea sind gute Partner für Technologiepartnerschaften], in: *Maeil Business Newspaper*, 12.08.1987.

im Laufe des Projektes deshalb auch verschiedene Vorschläge zu einer Erweiterung des Projektes auf, beispielsweise eine Kooperation mit der Korean Technology Development Corporation (KIDC) und damit einem stärkeren Fokus auf den Technologietransfer.[466] Da die technische Zusammenarbeit mit Korea jedoch zur gleichen Zeit wie die Nachbetreuung des Projektes zu einem Ende kam, wurden die Pläne letztlich nicht verwirklicht. So gesehen ging auch das Projekt von der Nachbetreuung in eine privatwirtschaftlich organisierte Kooperation ohne direkten staatlichen Eingriff über. Alleinige Vermittler in diesem Rahmen sind nun AHK Korea in Seoul und KOTRA mit Sitz in Frankfurt. Beide Organisationen dienen auch als Ansprechpartner für Unternehmen mit Kooperationsabsicht.

Tabelle 29: Abgeschlossene betriebliche Kooperationen (nur Joint Venture), 1985/86

Sektor	Deutscher Betrieb	Koreanischer Betrieb	Vertragsabschlüsse
Dichtungen	R. Klinger	Kuk Dong Gasket	06/1985 10/1986
Sitzmechanismen	Keiper Recaro	Dae Won Kang Up	06/1985 10/1986
Zentrifugenreinigung	Westfalia Seperator AG	Yoo Won Ind. Co.	07/1985 10/1986
Schließsysteme	Kiekert GmbH	Young Shin Co.	11/1985 10/1986
Schaltanlagen	AEG-Schiffsbau	Dae Yang Electric	11/1985 10/1986
Kontrollsysteme	Noris-Tachometer-Werk	Dae Yang Electric	07/1985
Messinstrumente	CELSA	Chunill Electric Works	10/1985
Temperaturregler	AKO Regelungstechnik	HALLA Automatic Valve Comp.	07/1985
Gummiwalzen	Schäfer KG	Kwang Sung Rubber Roll Co. Ltd.	01/1986
Regelanlagen	Paul Pleiger Maschinenfabrik	Dong Il Engineering Co. Ltd.	04/1986
Kupplungen	Fichtel & Sachs	Pyeong Hwa Clutch	08/1986
Stahlverformung	Dämmstoff	Y. H. Park	08/1986
Schließsysteme	Hülsbeck & Fürst	Shin Chong Electrics	08/1986

Quelle: Zusammenstellung des Autors basierend auf Materialien des BArch.

466 BArch, B 213/39054, Schreiben des BMZ an das AA: Beratungsdienst für die Wirtschaft in den Entwicklungsländern; hier: Berater für Betriebliche Kooperation in Korea, 28.02.1985, S. 3.

6. Zusammenfassung und Ausblick

Durch die DVB erfolgte in einem der ersten Projekte der technischen Zusammenarbeit eine volkswirtschaftliche Beratung zu verschiedenen Industriebereichen wie der Schifffahrts-, Keramik- oder Textilindustrie. Die Berater wirkten an der Erstellung der Fünfjahrespläne im EPB mit und erstellten Sektoranalysen und Stellungnahmen zu Projekten der Entwicklungszusammenarbeit, womit sie deren Ausrichtung nachhaltig beeinflussen konnten. Auch wenn sie mit den zahlreichen amerikanischen Beratergruppen eng zusammenarbeiteten, setzten sie doch eigene Akzente und kritisierten, zumindest in internen Berichten, die Fixierung der koreanischen Regierung auf Planung. Erst mit der Internationalisierung der volkswirtschaftlichen Beratung durch die Gründung der IECOK konnte auch eine multinationale Koordinierung der Entwicklungszusammenarbeit erfolgen.

Im Infrastruktursektor förderte die Bundesregierung die Entwässerungsplanung der Stadt Busan durch Entsendung der PEB und die Telekommunikation sowohl durch eine Beratergruppe als auch durch die Etablierung eines zweijährigen Technikerkurses. In beiden Bereichen waren die Projekte Ergänzungen zu der vorangegangenen finanziellen Zusammenarbeit, die somit um technische wie praktisch-angewandte Aspekte ergänzt werden sollte. Insgesamt nahm dieser Bereich einen vergleichsweise kleinen Teil der technischen Zusammenarbeit ein, und die Auswirkung kann als entsprechend gering gelten. Allerdings lässt sich, zumindest auf der regionalen Ebene, beispielsweise die Etablierung der Umweltwissenschaften in Busan als ein Nebeneffekt herausstellen. Für den Telekommunikationssektor war die Übersetzung von Ausbildungsmaterial und die Weiterbildung von Counterparts zu diesem Zeitpunkt sicherlich sinnvoll, aber durch die schnelle Änderung der Technik nicht nachhaltig.

Als dritter Bereich wurde die umfassende Förderung der Zentren für die industrielle Forschung untersucht, der mit Blick auf die beteiligten Institutionen und den finanziellen wie zeitlichen Umfang als wichtig angesehen werden kann. Bereits frühzeitig zeigte das koreanische Wissenschaftsministerium Interesse an einem Technologietransfer aus Deutschland und machte dazu verschiedene Projektvorschläge. Schließlich arbeiteten die beiden Länder in den Bereichen Präzisionsmaschinen, Gießereiwesen, Maschinen- und Materialprüfung sowie Normierung zusammen. In allen Projekten gab es eine Auseinandersetzung um die Anteile an praktischer Anwendung und wissenschaftlicher Forschung. Während die deutschen Berater beispielsweise an den Zentren des KIST eng mit Unternehmen, darunter insbesondere KMU, zusammenarbeiten wollten, hatte der Direktor des Gießereizentrums einen wissenschaftlichen Anspruch. Auch wenn diese unterschiedlichen Haltungen während des Projektes bereits zutage traten, konnte eine entsprechende Änderung nicht mehr erfolgen, und die Projekte wurden von beiden Seiten als wenig erfolgreich betrachtet. Im Normenwesen hingegen verlief die Zusammenarbeit besser, da keine Langzeitexperten, sondern nur bei Bedarf Kurzzeitexperten entsandt wurden und somit auf die technische Entwicklung eingegangen werden konnte.

Zuletzt wurde das BK-Projekt untersucht, das sich nicht eindeutig in die technische Zusammenarbeit einfügen ließ, da es auch für die deutsche Seite einen direkten, wirtschaftlichen Effekt versprach und Fachkräfte beider Länder sowohl in Deutschland als auch Korea tätig waren. Inhaltlich knüpfte das Projekt an die KMU-Förderung an und überschnitt sich mit einigen privaten Verbänden bzw. staatlich geförderten Einrichtungen wie dem Ostasienverband oder der IHK Korea. Auch in diesem Projekt kann ein direkter Übergang zu partnerschaftlicher Zusammenarbeit außerhalb der Entwicklungszusammenarbeit beobachtet werden.

Die Projekte im Bereich der Industrie und Infrastruktur umfassten neben einer staatlichen immer auch eine privatwirtschaftliche Komponente, bei der die Interessen deutscher Unternehmen berücksichtigt wurden. Vor allem die Kapitel zur DVB und dem BK-Projekt zeigen die direkten wirtschaftlichen Motive der Bundesregierung am deutlichsten. Aber auch in den anderen Kapiteln zu Infrastruktur und den Zentren des industriellen Technologietransfers sind auf Grund des nötigen technischen Wissens in allen Fällen private Berater- bzw. Prüfungsfirmen beteiligt, da die GTZ die Leitung der Projekte oft an diese Firmen abgab. Daneben sind auch auf Grund speziellen technischen Wissens zwei andere staatliche Einrichtungen involviert, nämlich die PTB und die Bundespost über das BMP. Somit waren überdurchschnittlich viele deutsche Akteure in diesem Sektor aktiv. Gleichzeitig gab es von koreanischer Seite verschiedene Ministerien als Partner, darunter das EPB, das MOC und das MOST.

In vielen Fällen findet sich auch ein Vergleich mit den USA und Japan. Der Einfluss beider Länder übertraf auf der privatwirtschaftlichen Ebene die deutsch-koreanische Zusammenarbeit bei Weitem, weshalb die Berater vor Ort auch bei der Förderung des staatlichen Technologietransfers Japan als Konkurrenten wahrnahmen. Insbesondere ab den 1980er-Jahren gab es jedoch auch die Tendenz, dass koreanische Produkte nach einem erfolgten Technologietransfer durch billigere Produktion auf den deutschen Markt kamen, sodass in der Counterpartausbildung auch eine Sorge um Industriespionage vorherrschte.

Als ein Alleinstellungsmerkmal der technischen Zusammenarbeit generell kann der Fokus auf die KMU gelten, die man bereits in den 1960/70er-Jahren in die Beratungsleistungen der DVB wie auch der Zentren am KIST integrierte, in der koreanischen Politik aber erst ab den 1980er-Jahren eine wichtigere Rolle spielte. Sowohl im DVB- als auch im BK-Projekt kamen hier die Interessen der koreanischen und deutschen Seite zusammen: Während die koreanische Seite auf eine Diversifizierung der Berater und wirtschaftlichen Partner Wert legte, wollte die deutsche Seite stärker nach Asien expandieren und an der wirtschaftlichen Entwicklung Koreas teilhaben.

Obwohl die Projekte im Bereich der ländlichen Entwicklung sicherlich am meisten Umweltfragen tangierten, gab es auch bei den Industrie- und Infrastrukturprojekten vereinzelt Überlegungen zu Auswirkungen auf die Umwelt. Unter anderem die Planungsgruppe zum Abwassersystem in Busan bezog sich in ihren Berichten immer wieder auf Umweltprobleme. Trotz der Erwähnung wurde jedoch wenig zu einer direkten Verbesserung der Umweltstandards beigetragen. Diese Thematik sollte erst in den 1990er-Jahren stärker in den Fokus der Entwicklungszusammenarbeit und koreanischen Politik rücken.

In der DVB und den Infrastrukturprojekten war der Wissenstransfer im Rahmen von Counterpartausbildungen geringer als in anderen Sektoren, sodass auch in der Folge keine langfristige Kooperation zwischen den Partnerorganisationen erfolgte. In den Zentren zur industriellen Forschung hingegen konnten durch Lehrgänge vor Ort und Entsendungen von Counterparts in die BRD auch institutionelle Bande geknüpft werden, beispielsweise zwischen KIMM und dem TÜV Hannover oder dem KSRI und der PTB. Insbesondere das letztgenannte Projekt kann als positiver Präzedenzfall für die Förderung des MPNQ-Sektors in Schwellenländern gelten. Die Projektziele wurden von der koreanischen Seite klar formuliert und schrittweise umgesetzt. Hingegen erscheint die Förderung im Bereich Qualitätssicherung weniger geplant, da sich das Projekt am KIMM mit anderen Projekten zwar überschnitt, aber keine Kooperation erfolgte.

In den einzelnen Unterkapiteln wurde bereits kurz auf die Fortsetzung der Projekte eingegangen. Statt einer technischen Entwicklungszusammenarbeit sind nun die meisten Kooperationen privatwirtschaftlich oder auf einen partnerschaftlichen Wissenschaftsaustausch ausgerichtet. Einseitige Beratungsleistungen oder ein einseitiger Technologietransfer spielen nun keine Rolle mehr. KOTRA und IHK Korea fördern auch heute noch die Zusammenarbeit von KMU aus beiden Ländern. Gleichzeitig bestehen auch die etablierten Partnerschaften zwischen den industriellen Forschungszentren weiter, als Paradebeispiel sei hier auf die bis heute aktive Zusammenarbeit zwischen KSRI und PTB verwiesen. Mit der Gründung des KIST Europe hat auch in der wissenschaftlich-technologischen Zusammenarbeit eine neue Ära begonnen.

VI. SOZIALE ENTWICKLUNG

1. Einleitung

1.1 Soziale Themen in der Entwicklungspolitik

Während in den 1950/60er-Jahren vor allem kirchliche Organisationen die Themen Gesundheit, Arbeit und Soziales im Rahmen humanitärer Projekte abdeckten, erfolgte ab den 1970er-Jahren auch in der staatlichen Entwicklungszusammenarbeit ein stärkerer Fokus auf soziale Entwicklung (*social development*). Auch wenn dies als ein internationaler Trend auf UN-Ebene gelten kann, lassen sich hier für die bundesrepublikanische Entwicklungspolitik insbesondere die Einflüsse der 1968er-Bewegung und der sozialliberalen Regierungen unter Willy Brandt und Helmut Schmidt erkennen. Die deutsche Entwicklungszusammenarbeit widmete sich in dieser Zeit vor allem den menschlichen Grundbedürfnissen (*basic human needs*) wie beispielsweise Gesundheit, Zugang zu Wasser und Bildung, indem sozial benachteiligte Gruppen und Regionen gefördert wurden.[1] Eine solche Tendenz ließ sich bereits im Rahmen einiger Projekte der ländlichen Entwicklung erkennen, in denen beispielsweise die Waldarbeiter im Fokus standen (vgl. Kapitel IV). Außerdem umfasste die soziale Entwicklungspolitik Gruppen, die in klassischen Entwicklungsfeldern oft ausgeschlossen wurden, darunter Frauen und Kinder.[2]

Der Ökonom Amartya Sen erklärte das koreanische Wirtschaftswachstum mit den Investitionen in Landreform, Bildung und Gesundheit, denn letztere hatte einen positiven Einfluss auf die Lebenserwartung.[3] Allerdings hatten diese Themen der sozialen Entwicklung für die koreanische Regierung anfangs keine große Rolle gespielt. Nachdem erste Erfolge in der wirtschaftlichen Entwicklung erzielt worden waren, änderte Präsident Park Chung Hee ab den 1970er-Jahren seine Sozialpolitik, da einige Regionen und soziale Gruppen vernachlässigt worden waren und sich deren Unzufriedenheit in Form von Wahl-

---

1 Bohnet, *Geschichte der deutschen Entwicklungspolitik*, S. 83; Büschel, Hubertus: „Geschichte der Entwicklungspolitik“, in: *Docupedia-Zeitgeschichte*, 11.02.2010, URL: https://docupedia.de/zg/Geschichte_der_Entwicklungspolitik.

2 Zum Thema Familienplanung als soziale Entwicklung vgl. auch: Yeon, Hacheong / Baek, Hwajong / Park, Inhwa: *Social Development in Korea: An Overview*, Bericht, Korea Institute for Health and Social Affairs, 1995.

3 Sen, Amartya: „Health in Development“, in: *Bulletin of the World Health Organization* 77.8, 1999, S. 619–623; Borowy, Iris / Harris, Bernard: „Introduction: Health and Development“, in: Borowy, Iris / Harris, Bernard (Hg.): *Health and Development*, De Gruyter Oldenbourg: Berlin/Boston 2023, S. 1–30.

verhalten und Protesten äußerte. Vor allem die zunehmende Landflucht und Urbanisierung führte zur Entstehung von Armenvierteln in der Umgebung einiger Industriestandorte.[4] Am bekanntesten für Seoul sind die provisorischen Viertel in der Nähe des Cheonggyecheon oder auch des Industriegebietes Guro. Dort fehlte es an der nötigen (sozialen) Infrastruktur wie Bildung oder medizinischer Versorgung; gleichzeitig hatten die Bewohner mit Auswirkungen der Industrialisierung wie Umweltverschmutzung zu kämpfen.[5]

Auch die Arbeitsbedingungen waren zu dieser Zeit meistens unzureichend. Zur gleichen Zeit setzte sich daher die entstehende Arbeiterbewegung für eine bessere Bezahlung und Arbeitsschutz ein. Als Auftakt kann die Selbstentzündung der Symbolfigur Chŏn T'aeil im Jahr 1970 gelten. Trotz bestehender rechtlicher Vorgaben stellten Staat und Arbeitgeber jedoch in vielen Fällen die wirtschaftliche Entwicklung weiterhin über das Wohl der Arbeitnehmer.[6]

Ab Ende der 1970er-Jahre implementierte die koreanische Regierung mit dem vierten und fünften Fünfjahresplan daher verschiedene soziale Reformen, um eine Verbesserung des allgemeinen Lebensstandards zu erreichen.[7] Auch in den Empfehlungen der Weltbankberatergruppe an die koreanische Regierung wurde im Jahre 1980 die Verbesserung der menschlichen Grundbedürfnisse genannt. Diese würden zu einem erhofften sozialen Ausgleich beitragen.[8]

1977 wurde eine Krankenversicherung für Arbeiter in Unternehmen mit mehr als 500 Mitarbeitern eingeführt, im Jahr darauf auch für Beamte und Lehrer. Erst in den 1980er-Jahren wurde die Krankenversicherung auf weitere

---

[4] Zur sozialen Entwicklung in Korea unter Präsident Park Chung Hee vgl. auch: Hŏ, Ŭn: „Pak Chŏnghŭi jŏnggwŏnha sahoe kaebal chŏllyak-kwa chaengjŏm“ [The Strategies of Social Development during the Pak Chŏnghŭi Government and Related Conflicts], in: *Han'guksa Hakpo* 38, 2010, S. 213–248; Paek, Sŭnguk / Yi, Chiwŏn: „1960nyŏndae palchŏn tamnon-gwa sahoe kaebal chŏngch'aek-ŭi hyŏngsŏng“ [Development Discourse and the Formation of Social Development Policy in 1960s Korea], in: *Sahoe-wa yŏksa* 107, 2015, S. 349–388.

[5] Hong, Yuhŭi: „1970–88nyŏn-ŭi ch'ŏnggyech'ŏn pongjegong-ŭi chagi sungnyŏn (Self-Competence) kwajŏng“ [Study on Self-Competence Processes in the Sewing Industry of Chonggyecheon from 1970 to 1988], in: *Sahoewa yŏksa*138, 2023, S. 251–325. Ko, Taewoo: „1970nyŏndae han'guk-ŭi konghae sanghwang-gwa chaenan inshik“ [Pollution Problems and Disaster Awareness in 1970s South Korea], in: *Kaenyŏm-gwa sot'ong*28, 2021, S. 7–52.

[6] Vgl. Chŏn T'aeil kinyŏmgwan kŏllip wiwŏnhoe (Hg.): *Onŭ ch'ŏngnyŏn nodongja-ŭi samkwa chukŭm: Chŏn T'aeil p'yŏngjŏn* [Leben und Tod eines jungen Arbeiters: Kritische Biographie von Chŏn T'aeil], Tolbegae: Seoul 1983; Yi, Chŏngŭn: „Chŏn T'aeil-ŭi t'aeilp'ibok kusang-gwa 1960–70nyŏndae p'yŏnghwas hijang pongjeŏpkye“ [‚Taeil Clothes‘ and Pyounghwa Market in the 1960s and 1970s], in: *Yŏksamunjeyŏn'gu* 25.1, 2021, S. 485–522.

[7] Vgl. zum 4./5. Fünfjahresplan auch: Kang, *Kyŏngje kaebal 5kaenyŏn kyehoek*; „Ch'agwan toip sahoe kaebal pumun chipchung“ [Fokus der ausländischen Kredite auf soziale Entwicklung], in: *Maeil Business Newspaper*, 24.05.1975.

[8] PA AA, B 37-ZA, 113166, BMZ: 11. Sitzung der Weltbankberatungsgruppe Korea am 24./25.06.1980 in Paris – Delegationsbericht, 27.06.1980, S. 2.

Gruppen ausgeweitet.[9] Für Arbeitsunfälle gab es ähnliche Regelungen: Während bereits 1964 eine Unfallversicherung für Arbeiter in Unternehmen mit mehr als 500 Mitarbeitern eingeführt wurde, folgte 1976 eine Erweiterung auf Unternehmen mit mehr als 16 Mitarbeitern. Wie sich unten zeigen wird, wurde diese gesetzliche Vorschrift in der Realität in den Firmen nicht immer umgesetzt. Weitere soziale Leistungen wie eine nationale Renten- und Krankenversicherung folgten erst nach der Demokratisierung.[10]

Um die soziale Entwicklung voranzutreiben, setzte die koreanische Regierung auf in- wie ausländische Partner und Geldgeber. Im koreanischen Gesundheitssektor waren neben Regierungseinrichtungen wie dem Korean Health Development Institute (KHDI) vor allem Universitäten und deren Krankenhäuser am Aufbau der Gesundheitsversorgung in medizinisch unterversorgten Gebieten beteiligt. Die Finanzierung neuer Krankenhausprojekte mit angegliederten Zentren für Basisgesundheit erfolgte über internationale Kreditgeber, darunter auch die Bundesregierung. Gleichzeitig wurde die soziale Entwicklung durch internationale Organisationen wie die WHO, UNICEF oder UNDP gefördert. Der KOICA-Bericht hebt als ein wichtiges Projekt in diesem Sektor vor allem das Korea Medical Center hervor, das durch die drei skandinavischen Staaten Schweden, Dänemark und Norwegen sowie die UNKRA gefördert wurde.[11] Daneben war insbesondere die Korean Association of Voluntary Agencies (KAVA) als Zusammenschluss privater NGOs in dem Sektor aktiv und förderte im Zeitraum von 1947 bis 1975 insgesamt Projekte mit über $ 440 Mio. (siehe Tabelle 30).[12]

Tabelle 30: Zusammenarbeit in der sozialen Entwicklung, 1947–1975

Geberorganisation	1947–1965	1966–1970	1971–1975	Gesamt (in Mio. $)
UNDP	0,326	0,239	177,0	0,742
UNICEF	1,888	2,076	1,733	4,635
WHO	1,127	1,558	1,949	4,635
Scandinavian Mission	12,076	3,073	0,416	15,566
Korean Association of Voluntary Agencies (KAVA)	200,229	90,349	146,823	440,543

Quelle: KOICA, *Han'guk-e taehan kaebal wŏnjo-wa hyŏmnyŏk*, S. 109. Zitiert nach: Ministry of Health and Society (Hg.): *29th World Health Congress Collection*, MHS: Seoul 1976. Eigene Zusammenstellung des Autors.

[9] Vgl. zu den Anfängen der Krankenversicherung auch: Hwang, Pyŏngchu: „1970nyŏndae ŭiryo pohŏm chŏngch'aek-ŭi pyŏnhwa-wa pokchi" [The Change of the Health Insurance Policy and Social Welfare Discourse in 1970s], in: *Ŭisahak* 20.2, 2011, S. 425–462.

[10] Vgl. auch: Yeon/Baek/Park, *Social Development in Korea*, S. 15.

[11] KOICA, *Han'guk-e taehan kaebal wŏnjo-wa hyŏmnyŏk*, S. 106–108.

[12] Zur Rolle von NGOs im koreanischen Sozialwesen allgemein vgl. auch: Kim, Suyoung: „The Less-Known History of the Voluntary Sector in an East Asian Welfare Regime: A South Korean Case", in: *Nonprofit Policy Forum* 10.1, 2019, o. S.

1.2 Projekt- und Kapitelübersicht

In diesem Kapitel stehen drei deutsch-koreanische Themen der sozialen Entwicklung im Vordergrund, nämlich die Basisgesundheit, Arbeitssicherheit und Remigration. In der Basisgesundheit finanzierten kirchliche Stiftungen und die staatliche KfW durch die Gewährung von Darlehen den Bau und die Ausstattung der Krankenhäuser und das BMZ im Rahmen der technischen Zusammenarbeit die zusätzliche Einrichtung von Basisgesundheitsdiensten. Von 1978 bis 1989 wurde für den Bau von Krankenhäusern der Soonchunhyang University, Korea University und Yonsei University insgesamt 65 Mio. DM im Rahmen der finanziellen Zusammenarbeit gewährt und der Ausbau von Basisgesundheitsdiensten ausgewählter Krankenhäuser durch die technische Zusammenarbeit ab 1980 weiter gefördert (Kapitel 2).

Im Bereich der Arbeitssicherheit und Unfallverhütung waren zwei koreanische Forschungszentren die Hauptansprechpartner. Für die Unfallverhütung im Kohlebergbau, das stärker auf technische Fragen ausgerichtet war, arbeitete die GTZ mit dem Korean Institute for Geoscience and Mineral Resources (KIGAM) zusammen. In der industriellen Arbeitssicherheit waren das zu dieser Zeit neugegründete National Institute of Labor Science (NILS) und die Korea Industrial Safety Corporation (KISCO) zuständig (Kapitel 3). Hier gab es auch auf Grund der Partner, sowie des Forschungs- und Beratungscharakters einige inhaltliche Überschneidungen mit den Forschungszentren für industrielle Entwicklung (siehe Kapitel V-4), die ebenfalls die Verbesserung der Qualität und Sicherheitsstandards zum Thema hatten.

Hinzu kam für die deutsch-koreanischen Beziehungen als eine besondere Komponente die Remigration der Krankenschwestern und Bergleute. Während der Einsatz von Krankenschwestern in der Basisgesundheit diskutiert und in wenigen Fällen auch verwirklicht wurde, schien eine Wiederbeschäftigung von Bergleuten auf Grund von unterschiedlichen Bedingungen unmöglich, sodass Umschulungsprogramme für industrielle Berufe gestartet wurden (Kapitel 4).

Insbesondere mit der Basisgesundheit und Remigration beschäftigten sich neben den staatlichen Organisationen der Entwicklungszusammenarbeit auch private, vor allem kirchliche Einrichtungen. Somit kam es in einigen Bereichen zu einer Überschneidung oder sogar Mehrfachförderung von Projekten. Daher wurden hier auch einige kirchliche Archive, nämlich das Archiv des Caritasverbandes (AdCV) und das Landeskirchliche Archiv Stuttgart (LKAS) miteinbezogen, auch wenn das nur einen Bruchteil der in Korea aktiven kirchlichen Organisationen darstellte. Andere Projekte kirchlicher Einrichtungen, aber auch Einzelpersonen wie Missionare, richteten sich auf die Arbeiterwohlfahrt, städtische Armenviertel, die Frauenbewegung und das ländliche Genossenschaftswesen.[13]

2. Basisgesundheitsdienste

Dieses Kapitel gibt zunächst einen Überblick über die Etablierung des Gesundheitssystems nach dem Koreakrieg, wobei hier von vorneherein Projekte der humanitären Hilfe und technischen Entwicklungszusammenarbeit eine Rolle spielten. Danach richtet sich der Blick auf die Missionarin, Ärztin und Medizinethnologin Dr. D. Sich, die ab den 1960er-Jahren zunächst in einem kirchlichen Krankenhaus, dann als Gesundheitsberaterin im Ganghwa-Projekt der Yonsei University sowie schließlich als Gutachterin für die Projekte der Entwicklungszusammenarbeit tätig war. Schließlich folgt der Abschnitt zur doppelten staatlichen Förderung durch finanzielle und technische Zusammenarbeit der Bundesregierung für drei Projekt koreanischer Universitäten.

Die Medizinhistorikerin Chŏng Tahye hat bereits ausführlich zur Basisgesundheit in Korea geforscht und dabei auch die deutschen Projekte der kirchlichen wie staatlichen Entwicklungszusammenarbeit in den Blick genommen. Dabei hat sie jedoch hauptsächlich mit koreanischsprachigen Materialien gearbeitet.[14] Auch koreanische Zeitzeuginnen und Zeitzeugen aus der Basisgesundheit haben im Rahmen von Veröffentlichungen nachträglich über ihre eigene Tätigkeit reflektiert, sodass ausführliche Ego-Dokumente vorliegen.[15]

2.1 Aufbau einer medizinischen Grundversorgung

In der Forschungsliteratur wird die Entwicklung der koreanischen Gesundheitspolitik nach der Befreiung von der japanischen Kolonialzeit folgendermaßen zusammengefasst: 1.) Formierung des Gesundheitssystem und Bekämpfung von Infektionskrankheiten, 2.) Aufbau des Gesundheitsnetzes und Durchfüh-

---

[13] Vgl. auch: Lee, You Jae / Shin, Myoung Hoon (Hg.): *Mission für Frieden und Demokratie: Kirchliche Zusammenarbeit zwischen Deutschland und Korea*, Iudicium: München 2025.

[14] Chŏng, Tahye: „Sŏdok-ŭi taehan kaebal wŏnjo-wa 1970–1980nyŏndae pogŏn ŭiryo chiwŏn-ŭi sŏnggyŏk“ [A Study on West German Development Aid to Korea: Focusing on the Development Assistance for Health and Medical Projects in the 1970s and 1980s], in: *Ŭiryosahoesayŏngu* 10, 2022, S. 251–292.

[15] Chiyŏk pogŏn ŭiryo palchŏn-ŭl wihan moim (Hg.): *Chiyŏk pogŏn 60nyŏn-ŭi palchach'wi* [Fußabdrücke aus 60 Jahren Basisgesundheit], Bd. 1/2, Kyung Hee University Press: Seoul 2012.

rung der Familienplanung, 3.) Fokus auf die ländliche Gesundheit, 4.) Entwicklung zu Wohlfahrtsstaat mit Krankenversicherung und Ausbau der Gesundheitsversorgung im ländlichen Raum.[16] Auch wenn damit eine allgemeine Tendenz beschrieben werden kann, überschnitten sich die verschiedenen Bereiche und lassen sich daher nicht klar in Dekaden einteilen.

Nach dem Koreakrieg als einschneidende humanitäre Krise spielten in den frühen Jahren der Schutz vor Infektionskrankheiten wie Cholera, Tuberkulose oder Pocken durch Hygienemaßnahmen und Impfungen eine entscheidende Rolle. In diesem Bereich wurden diverse Projekte der humanitären Hilfe durch die WHO oder bilaterale Partner, aber auch Forschungskooperationen, z. B. zur Parasitenbekämpfung mit japanischen Wissenschaftlern, durchgeführt.[17] Auch das Minnesota-Projekt an der Seoul National University trug zur besseren Ausbildung von Ärzten und Krankenschwestern in dieser Zeit bei.[18] Des Weiteren wurden staatliche Maßnahmen zur Familienplanung (*kajok kyehoek*) im Rahmen der Entwicklungszusammenarbeit, insbesondere durch internationale Organisationen, gefördert.[19] Die Bundesregierung engagierte sich im Bereich Familienplanung nicht direkt, auch wenn der ehemalige Leiter der DVB, W. Rau, 1972 einen Bericht im Auftrag der UNFPA verfasste.[20] Als Beitrag der westdeutschen Regierung im Rahmen der humanitären Hilfe lässt sich das Krankenhaus des Deutschen Roten Kreuzes in Busan nennen, das von 1954 bis 1959 geführt wurde, jedoch mit einigen Problemen einherging. Die Historikerin Hong Young-sun verknüpfte dieses Projekt auch lose mit der späteren Entsendung koreanischer Krankenschwestern in die Bundesrepublik.[21] Noch wichtiger in diesem Zeitraum war allerdings das bereits erwähnte Korea Medical Center, das von den drei skandinavischen Ländern Dänemark, Schweden und

---

[16] Pang, Suk: „Pogŏn saŏp 40nyŏn-ŭi hoego“ [Rückblick auf 40 Jahre Gesundheitsarbeit], in: *Chiyŏk pogŏn 60nyŏn-ŭi palchach'wi* [Fußabdrücke aus 60 Jahren Basisgesundheit], Bd. 1, 2012, S. 17.

[17] Kim, Kyuri / Park, Buhm Soon: „Infrastructure-building for Public Health: The World Health Organization and Tuberculosis Control in South Korea, 1945–1963“, in: *Ŭisahak* 28.1, 2019, S. 89–138; Chŏng, Chunho / Kim Okchu: „Modŭn kŏs-ŭn kisaengch'ung-esŏ shijaktoeŏtta: 1960–80nyŏndae hanil kisaengch'ung hyŏmnyŏk saŏp-kwa ashia net'ŭwŏk'ŭ“ [It All Started from Worms: Korea-Japan Parasite Control Cooperation and Asian Network, 1960–80s], in: *Ŭisahak* 27.1, 2018, S. 49–88.

[18] DiMoia, *Reconstructing Bodies*, Kapitel 4, S. 109–144.

[19] Aus feministischer Perspektive vgl. auch: Pae, Ŭnkyŏng: „Kajok kyehoek saŏp-kwa yŏsŏng-ŭi mom: 1960–70nyŏndae ch'ulsan chojŏl pogŭb kwajŏng-ŭl t'onghae pon yŏsŏng-gwa ‚kŭndae'“ [Women's Body and the State Family Planning Programs in Korea: Examining ‚the Modern' in Women's Lives through the Social History of Birth Control], in: *Sahoe-wa yŏksa* 67, 2005, S. 260–299.

[20] BArch, B 213/8756, W. Rau: Report on my Trip to South-Korea, 07.10.–13.11.1972, 16.11.1972.

[21] Hong, *Cold War Germany, the Third World, and the Global Humanitarian Regime*, S. 83–103.

Norwegen mitgegründet wurde und ebenfalls an Krankenhausprojekte der Nachkriegszeit anknüpfte.[22]

Ein Ausbau der allgemeinen Gesundheitsversorgung im ländlichen Raum wurde erst ab den 1970er-Jahren verstärkt gefördert. 1976 wurde das Korea Development Health Institute (KHDI, *han'guk pogŏn kaebal yŏn'guwŏn*) im Rahmen eines USAID-Projektes gegründet. Das KHDI führte ein Dorfgesundheitsprojekt (*maŭl kŏn'gang saŏp*) in der Provinz Gangwon-do durch, das einen integrativen Ansatz verfolgte und neben der Ausweitung der ländlichen Gesundheitsversorgung den Aufbau einer Krankenversicherung für die Bevölkerung und eines Ausbildungssystems für Personal im kommunalen Gesundheitswesen (*pogŏn chillyowŏn*) vorsah.[23] Ab den 1980er-Jahren wurde dann die medizinische Versorgung der ländlichen Regionen ein Kernthema, indem 1981 ein ‚Sondergesetz für den ländlichen Raum' (*nongŏch'on t'ŭkpyŏlbŏp*) verabschiedet wurde und mit dem vierten Fünfjahresplan die Gesundheitspolitik weitere Förderung erhielt. Durch zwei Weltbankkredite (1981–83, 85–86) wurde außerdem der Aufbau von 89 Mutter-Kind-Stationen in staatlichen Gesundheitszentren und 11 allgemeinen Mutter-Kind-Zentren in privaten Krankenhäusern unterstützt.[24]

Im ländlichen Gesundheitswesen spielten zunehmend auch private Universitäten und deren Krankenhäuser eine Rolle. Während einige Projekte bereits in den frühen 1970er-Jahren starteten, wurde mit der WHO-Erklärung von Alma Ata ab 1978 die Förderung ländlicher Regionen unter dem Stichwort Basisgesundheit (*primary health care, 1ch'a pogŏn ŭiryo*) weiter forciert.[25] Dafür wurden Modellprojekte in verschiedenen Regionen wie der Insel Geoje-do, den Landkreisen Wanju, Chunseong, Eumsong oder Yongin durchgeführt. Träger dieser Projekte waren dabei das Presbyterian Mission Hospital in Jeonju, die Seoul National University Graduate School of Public Health oder die medizini-

---

22 Korea Medical Center (Hg.): *Kungnip ŭiryowŏn 30nyŏnsa* [30 Jahre Korea Medical Center], Korea Medical Center: Seoul 1988. Östberg, Sigfrid Su-gun: „The Swedish Red Cross Hospital in Busan, 1950–1958: A Study of Its Transition from a Military to a Civilian Hospital", in: *Korea Journal* 54.1, 2014, S. 133–156.

23 Vgl. auch: Nam, Ch'ŏlhyŏn: *Chiyŏk sahoe pogŏn-gwa kŏn'gang chŭngjin* [Basisgesundheit und Gesundheitsförderung], T'aeilsa: Ansan 2001, S. 225–230. Das KHDI war auch Partnerorganisation der WHO in Korea. Vgl. dazu auch das Geschichtsportal des heute umbenannten Korea Institute for Health and Social Affairs (KIHASA, *han'guk pogŏn sahoe yŏn'guwŏn*), URL: https://www.kihasa.re.kr/history/home/main/main.do

24 Ibid.; Son, Kyesun: „Pogŏn chillyoso kajok kyehoek mit moja pogŏn saŏp, 1980nyŏn-2009nyŏn" [Family Planning and Maternal-Child Health Services in Primary Health Care Centers from 1980 to 2009], in: *Han'guk Nongch'on Kanho Hak'oeji* 3.2, 2008, S. 104–115.

25 Die Erklärung von Alma Ata findet sich online auf der Webseite der WHO zu Policy-Dokumenten, URL: https://www.euro.who.int/de/publications/policy-documents/declaration-of-alma-ata,-1978

schen Fakultäten der Yonsei und Korea University. Die Universitäten nutzten die Projekte auch zur Ausbildung von Medizinstudierenden und für die Durchführung medizinischer und soziologischer Forschung vor Ort.[26]

Die Finanzierung der genannten Projekte wurde durch die Universitäten selbst, aber in vielen Fällen mit Mitteln aus dem Ausland ermöglicht. Hier waren diverse Geldgeber wie internationale Organisationen und Banken (WHO, UNICEF, IBRD), gemeinnützige und christliche Stiftungen (Ökumenischer Rat der Kirchen, Evangelische Zentralstelle für Entwicklungshilfe, China Medical Board, Brot für die Welt) sowie Institutionen der bilateralen Entwicklungszusammenarbeit (USAID, KfW, GTZ) beteiligt. Allein von deutscher Seite waren also sowohl staatliche als auch private, meist kirchliche, Geber involviert.[27]

2.2 Dorothea Sich und die kirchlichen Projekte

In diesem Abschnitt soll die deutsche Medizinethnologin und Missionsärztin Dr. D. Sich als Akteurin in ihrem transnationalen Netzwerk vorgestellt und die Rolle des Ganghwa-Projektes für die Entwicklung der Basisgesundheit in Korea untersucht werden. Sich war von 1966 bis 1969 am Jeonju Presbyterian Mission Hospital (heute: *chŏnju yesu pyŏngwŏn*) als Gynäkologin tätig. Bereits in dieser Zeit beschäftigte sie sich vor allem mit der Frauengesundheit und Familienplanung. Als Missionsärztin war sie eng mit verschiedenen christlichen Einrichtungen in Korea, den USA und Deutschland verbunden.[28] Über den Alltag und die Tätigkeiten Sichs geben ihre Briefe an Freunde und Unterstützer Auskunft. Bei ihrer Arbeit im Krankenhaus bemerkte sie bereits kulturelle Unterschiede zwischen Korea und Deutschland in der Behandlungspraxis, die sie in späteren Jahren weiter ausführte. Auch wies sie auf die hohen Kosten einer medizinischen Behandlung im Krankenhaus hin, weshalb es trotz dessen guter

---

26 Für eine Übersicht aller universitären Modellprojekte zu ländlicher Gesundheit vgl. auch: Mun, Okryun: „Chiyŏk pogŏn 60nyŏnŭi yŏksa kaegwan" [Geschichtlicher Überblick über die Basisgesundheit], in: *Chiyŏkpogŏn 60nyŏn-ŭi palchach'wi* [Fußabdrücke aus 60 Jahren Basisgesundheit], Bd. 2, S. 45–49; Nam, *Chiyŏk sahoe pogŏn-gwa kŏn'gang chŭngjin*, Kapitel 11.

27 Für eine Übersicht der Projekte und internationalen Geber vgl. auch: Chŏng, Tahye: „Chumin ch'amyŏ-ro maul-ŭi kŏn'gang-ŭl: 1970–80nyŏndae maŭl kŏn'gangwŏn hwaltong-gwa pogŏn ŭiryo-esŏ-ŭi chumin ch'amyŏ nonjaeng" [Community Health by People's Involvement: The Characteristics and Dilemma of Community Participation in Community Health Projects of the 1970–80s, Korea], in: *Ŭisahak* 31.3, 2022, S. 809.

28 Vgl. auch für frühes Beispiel kirchlicher Diakonie in Korea: Yi, Chunu: „Kidokkyo-ŭi sae sŏn'gyo hwaltong pongsa-rŭl t'onghan chŏndo" [The New Missionary Work of Christianity ‚Evangelism through Service'], in: *Chosun Ilbo*, 02.09.1973.

Ausstattung von der Bevölkerung nicht genutzt würde.[29] Hierbei handelte es sich um eine heute vielfach geäußerte Kritik an der frühen Entwicklungszusammenarbeit im Gesundheitssektor.[30] Im Jahr 1969 absolvierte D. Sich auch Prüfungen für die koreanische Facharztzulassung und war damit nach eigener Aussage eine der ersten Ausländerinnen mit dieser Qualifikation.[31]

Nach vierjähriger Tätigkeit in Jeonju entschied sie sich, zunächst für eine Weiterbildung an das Baptist Hospital in Winston-Salem, North Carolina, zu gehen, um sich auf einen weiteren Aufenthalt in Korea vorzubereiten. Über den Direktor des DIFÄM, Dr. M. Scheel, wurde sie einem amerikanischen Professor für Public Health, C. Taylor, vorgestellt. Scheel und Taylor kannten sich über die Christian Medical Commission (CMC). In dieser Zeit fasste Dr. Sich auch auf Anraten der beiden den Entschluss, einen Master in Public Health (MPH) an der Johns Hopkins University zu absolvieren, zu dem sie in der Folge auch zugelassen wurde. Die Finanzierung ermöglichte ihr ein Darlehen der DIFÄM.[32] Laut Dr. Sich gab es zu dieser Zeit in Deutschland keinen Studiengang für Public Health, und vor allem die Johns Hopkins University galt als eine renommierte Einrichtung für diese Studienrichtung.[33]

C. Taylor hatte bereits früh Interesse an der Entwicklung von Basisgesundheitssystemen gezeigt und testete seit den 1960er-Jahren deren Aufbau in indischen Dörfern. Außerdem wirkte er 1977 maßgeblich an der Erklärung von Alma Atta mit.[34] Das Studium an der Johns Hopkins University unter Taylor beeinflusste D. Sich in ihrem weiteren Werdegang stark. Nach ihrem Abschluss plante sie in Korea ein Basisgesundheitsprojekt durchzuführen, um die koreanische Gesundheitsversorgung auf dem Land zu verbessern. Als Beispiele nannte sie hier das Projekt von Dr. J. Sibley auf der Insel Geoje-do, das später auch über Spendengelder von Brot für die Welt (BfW) teilfinanziert wurde.[35] Aus den Akten geht außerdem hervor, dass D. Sich verschiedene Personen im Umkreis von CMC und DIFÄM zu Projekten im Gesundheitsbereich

[29] LKAS-K031–454, Dr. Dorothea Sich an DIFÄM: *MCD letter*, 17.09.1967, S. 2.

[30] Vgl. auch: Brazelton, Mary A.: „Health for all? Histories of International and Global Health", in: *History Compass* 20.1, 2022, o. S.

[31] LKAS-K031–454, Dr. Dorothea Sich an DIFÄM: *MCD letter*, 12.12.1969, S. 1.

[32] LKAS-K031–454, Dr. M. Scheel, Garantie von DIFÄM für D. Sich, 20.07.1971.

[33] LKAS-K031–454, Dr. Dorothea Sich an Dienste in Übersee, 19.03.1971.

[34] Vgl. zu Taylors Biografie auch die Webseite der Johns Hopkins School of Public Health, URL: https://publichealth.jhu.edu/2010/carl-taylor

[35] Sibley, John R. et al.: „Koje Island Illness and Health Care Patterns", in *Yonsei Medical Journal* 11.2, 1970, S. 160–172. Vgl. dazu auch die Quellensammlung der United Presbyterian Church in the U. S. A. Commission on Ecumenical Mission and Relations Secretaries Files: Korea Mission, Kojedo Community Health Project, 1968–71. Online via Presbyterian Historical Society, Pearl Digital Collection; Chŏng, Tahye: „Pyŏngwŏn-esŏ maul-lo: Kŏje chiyŏk sahoe kŏn'gang saŏp-ŭro pon 1970nyŏndae ŭiryo sooe chiyŏk-ŭi

anfragte und ihre Möglichkeiten auslotete, u. a. Sibley selbst. Schließlich schien ihr ein Basisgesundheitsprojekt im Großraum Seoul in Zusammenarbeit mit einer koreanischen Universität als beste Option.[36] Dies gibt bereits einen Ausblick auf die kommenden Projekte der deutsch-koreanischen Zusammenarbeit (s. u.).

Am Anfang der 1970er-Jahre begann D. Sich dann im Auftrag ihres Mentors Taylor und der Johns Hopkins University mit einem Antrag auf Förderung für ein Basisgesundheitsprojekt, das sie nach längerer Überlegung in Kooperation mit der Yonsei University auf der Insel Ganghwa-do durchzuführen plante. Der dortige Medizinprofessor Yang Chaemo konnte als Partner gewonnen werden. Zur weiteren Finanzierung reichte dieser auch bei deutschen christlichen Organisationen der Entwicklungszusammenarbeit Anträge auf Förderung ein und ging darin direkt auf die von D. Sich vorgeschlagenen Reintegrationsprogramme für koreanische Krankenschwestern ein (siehe Kapitel VI-4).[37] Die Yonsei University hatte bereits zuvor eigene Pläne für einen Antrag auf Förderung der Basisgesundheit erstellt und verfügte als christliche Universität auch über gute Kontakte zu den internationalen und deutschen Geberorganisationen, sodass Sichs Initiative auf Interesse stieß.[38] Die Gelder für das Projekt wurden schließlich durch EZE und BfW genehmigt; die Yonsei Universität beteiligte sich über ihre Stiftung am Erwerb des Grundstücks und finanzierte einen weiteren Eigenanteil von 25 % aus Mitteln amerikanischer Geldgeber.[39] Wie sich aus Tabelle 31 entnehmen lässt, war das Ganghwa-Projekt eines der ersten Projekte zur Basisgesundheit, das im Rahmen der deutschen kirchlichen Entwicklungszusammenarbeit unterstützt wurde. Im Anschluss daran folgten weitere Projekte auf der Insel Geoje-do in der Nähe von Busan sowie in Yeongjin in der Nähe von Jeonju. Alle Projekte befanden sich in christlicher Trägerschaft und hatten daher bereits im Vorfeld engere Verbindungen zu der WCCK oder deutschen Organisationen wie EZE oder BfW.

---

chiyŏk pogŏn shirhŏm“ [From Hospital to Village: A New Approach to Community Health in Rural Areas During the 1970s: A Focus on the Koje Community Health Project], in: *Sahoe-wa Yŏksa* 129, 2021, S. 107–146.

36 Vgl. LKAS-K031–454, Briefverkehr von D. Sich mit Sibley, Johnson, Scheel.

37 LKAS-K031–454, Brief von Dorothea Sich an Martin Scheel, 09.01.1972, S. 1.

38 Chŏng, „Sŏdok-ŭi taehan kaebal wŏnjo“, S. 276.

39 Son, Myŏngse: „Yŏnse taehakkyo Koyang, Kanghwa, Kŏje, Yŏnhŭi chiyŏk pogŏn saŏp“ [Regional Health Service Projects of Yonsei University in Koyang, Kanghwa, Kŏje and Yŏnhŭi], in: *Chiyŏk pogŏn 60nyŏn-ŭi palchach'wi* [Fußabdrücke aus 60 Jahren Basisgesundheit], Bd. 2, S. 115.

Tabelle 31: Christliche Geber im Bereich der Basisgesundheit

Projekt	Details	Jahr	Geber	Summe
Yonsei University Ganghwa-Projekt	Bau des Gesundheitszentrums in Ganghwa	1974	EZE	154, 6 Mio. Won
	Fonds für das Basisgesundheitsprogramm	1975	BfW	20 Mio. Won
	Bau des Krankenhauses auf Ganghwa	1977	EZE	779, 5 Mio. Won
Yesu Hospital, Jeonju	Basisgesundheitsprogramm in Yeongjin	1976–81	EZE	218 Mio. Won
	Basisgesundheitsprogramm in Yeongjin	1978	BfW	10 Mio. Won
	Bau des Krankenhauses in Gosan und Ausbildungsprogramm für Ärzte und Hebammen	1981–90	EZE	5,4 Mio. DM
Basisgesundheitsprojekt, Geoje	Bau und Führung eines Krankenhauses in Geoje	1976–83	EZE	1,4 Mio. DM

Quelle: Chŏng, „Sŏdok-ŭi taehan kaebal wŏnjo", S. 275.

Auch wenn der Fokus auf der ländlichen Gesundheitsversorgung lag, konnte D. Sich teilweise die Einbindung von zurückgekehrten Krankenschwestern in das Ganghwa-Projekt verwirklichen, indem Krankenschwesterhelferinnen dort als ‚Gemeindefürsorgerinnen' (*family health worker*) weitergebildet und eingesetzt wurden. Diesen Ansatz führte D. Sich auf ein Konzept Taylors bei dessen eigenem Projekt in indischen Dörfern zurück.[40] Inhaltlich standen besonders die Themen Schwangerschaft, Geburt und frühkindliche Gesundheit im Zentrum. Nach Umsetzung erster Maßnahmen, beispielsweise ein Erziehungsprogramm für Mütter, zeigte sich eine sinkende Neugeborenen- und Säuglingsmortalität.[41] Gleichzeitig konnte die Yonsei University das Basisgesundheitszentrum und spätere Krankenhaus zur Ausbildung ihrer Medizinstudierenden nutzen.

Das Projekt trug auch zu einer herausgehobenen Stellung der Basisgesundheit in der deutschen Entwicklungspolitik für Korea bei, da die Probleme der ländlichen Gesundheitsversorgung dadurch besser verortet werden konnten. Bereits 1973 lehnte das BMZ einen Antrag auf Lieferung von medizinischer Ausrüstung für ein städtisches Krankenhaus mit Verweis auf das Projekt auf Ganghwa-do ab.[42] Der

40 Sich, Dorothea: *Mutterschaft und Geburt im Kulturwandel. Ein Beitrag zur transkulturellen Gesundheitsforschung aus Korea*, Peter Lang: Frankfurt am Main 1982, S. 61; 63.

41 Ibid., S. 64.

42 PA AA, B37-ZA, 100256, Schreiben von Dr. Haniel (BMZ) an das AA: Technische Hilfe für Korea; hier: Revidierter Neuantrag für die Lieferung von medizinischen Geräten und Ausstattungsmaterial, 09.03.1973.

Antrag der Yonsei University auf finanzielle Zusammenarbeit für den Bau von Krankenhäusern in ländlichen Regionen inklusive der beiden Aspekte Basisgesundheitsdienste und Reintegration von Krankenschwester-Rückkehrerinnen wurde sowohl von Seiten der Botschaft als auch des BMZ positiv bewertet. Ein Gutachter schrieb bezüglich des letztgenannten Aspektes:

> „Gleichzeitig will sich die Universität besonders der Krankenschwestern annehmen, die im Ausland, hauptsächlich in der Bundesrepublik Deutschland, arbeiten. Diese sollen vor ihrer Ausreise in diesem Krankenhaus eine besondere Schulung erfahren und bei ihrer Rückkehr dort eine Auffangstation haben, indem sie entweder im Krankenhaus selbst beschäftigt oder für einen Einsatz in den ländlichen Außenstellen der Universität, z. B. als Hebammen, umgeschult werden. Mit dieser ‚Mutterhaus-Konzeption' ließen sich die Reintegrationsprobleme der rückkehrwilligen Krankenschwestern erheblich mildern."[43]

Auch wenn die Erreichbarkeit der beiden Ziele Reintegration und Basisgesundheitsdienste als schwierig bewertet wurde, bekam die Yonsei University mit diesem Konzept eine Förderzusage.[44] Ein weiteres Beispiel ist auch die Förderung der Korea University: Diese stellte 1976 zunächst einen Antrag auf Unterstützung bei der Reform ihrer medizinischen Fakultät im Rahmen der Entwicklungszusammenarbeit mit der Bundesregierung. Nach Beratungen bei der koreanischen Regierung reichte man schließlich einen neuformulierten Antrag mit Fokus auf Basisgesundheitsdienste ein (siehe unten).[45] Wie sich bereits hier erkennen lässt, spielte also die Reintegration und soziale Ausrichtung der Projekte für die Förderung eine Rolle.

D. Sich verfasste nach dem Abschluss des Projektes und ihrer Rückkehr nach Deutschland an der Universität Heidelberg ihre Habilitationsschrift zu Geburt, Mutter-Kind-Gesundheit und Familienplanung in Korea, indem sie auf Grundlage von Interviews mit Patientinnen im Rahmen des Gangwha-Projektes ‚medizinkulturelle' Unterschiede untersuchte.[46] Beispielsweise stellte sie, zum Teil auch mit koreanischen Kollegen, das Konzept des *naeng* oder *han* in der Frauengesundheit vor, was später auch von der amerikanischen Ethnologin

43 PA AA B37-ZA, 101646, Dr. Obermüller (BMZ): Bericht über eine Dienstreise nach Südkorea vom 28.10. bis 07.11.1975, 13.11.1975, S. 4.

44 PA AA, B37-ZA, 105112, Schreiben der Deutschen Botschaft Seoul an das AA: Kapitalhilfe für Korea 1976, hier: Yonsei-Krankenhaus, 19.01.1976.

45 PA AA, B37-ZA, 103340, Schreiben der Deutschen Botschaft Seoul an das AA: KH für Korea; hier: KH-Wunsch der Korea Universität Seoul (Medizin. Fakultät mit Krankenhaus), 29.06.1976.

46 Sich, *Mutterschaft und Geburt im Kulturwandel*, Einleitung; Sich, Dorothea: „Sore Results of a Maternity Care Program in a Rural Korean Area", in: *Obstetrics & Gynecology Science* 20.2, 1977, S. 81–86.

Laurel Kendall wieder aufgegriffen wurde.[47] D. Sich bewegte sich damit im medizinethnologischen Diskurs ihrer Zeit, als mit Rückgriff auf Foucaults *Geburt der Klinik* die historische Formierung des westlichen Gesundheitssystems kritisiert wurde und kulturelle Unterschiede stärker in den Fokus rückten. Wie im folgenden Abschnitt deutlich wird, haben dieser Diskurs, aber im besonderen Sichs medizinanthropologische Ansätze die deutsche Entwicklungspolitik in diesem Sektor stark geprägt, da sie als Gutachterin und Beraterin in verschiedenen Projekten tätig war.

2.3 Deutsche Doppelförderung regionaler Krankenhäuser

Nach diversen Vorbesprechungen ab Mitte der 1970er-Jahre stellte die koreanische Regierung in den Regierungsverhandlungen 1977 drei Anträge auf finanzielle Zusammenarbeit für den Bau von Krankenhäusern im ländlichen Raum. Die Projekte wurden von der Soonchunhyang University, der Yonsei University und der Korea University durchgeführt. Der Aufbau der Krankenhäuser umfasste auch die Einrichtung von sogenannten Basisgesundheitsdiensten für die ländliche Bevölkerung. Insgesamt wurden 15 Krankenhäuser mit bis zu 1.700 Krankenbetten unterstützt.[48] Die drei Kredite der KfW für den Bau und die Ausstattung der Krankenhäuser in medizinisch unterversorgten Gebieten beliefen sich dabei insgesamt auf 65 Mio. DM (siehe Tabelle 32).

Im Jahr 1980 beantragte der Projektleiter der Soonchunhyang University Prof. Pang Suk zunächst für das Krankenhaus in Eumsong gesondert Unterstützung im Rahmen der technischen Zusammenarbeit. Nach der Entsendung D. Sichs als Gutachterin 1983 wurde bei den bilateralen Regierungsverhandlungen im darauffolgenden Jahr ein Betrag von 1 Mio. DM bereitgestellt.[49] Parallel dazu beantragte die Korea University ebenfalls technische Zusammenarbeit für den Aufbau von Basisgesundheitsdiensten für alle oben genannten und durch die finanzielle Zusammenarbeit bereits unterstützten Krankenhäuser. Hier wurde von Seiten der GTZ erneut D. Sich zunächst als Gutachterin und später ein- bis zweimal jährlich als Beraterin entsandt. Durch

---

47 Kim, Young Key / Sich, Dorothea / Park, Tai Keun / Kang, Duck Hee: „Naeng: A Korean Folk Illness, its Ethnography and its Epidemiology“, in: *Yonsei Medical Journal* 21.2, 1980, S. 147–155; Kendall, Laurel: „Cold Wombs in Balmy Honolulu: Ethnogynecology among Korean Immigrants“, in: *Social Science & Medicine,* 25.4, 1987, S. 367–376.

48 Mun, „Chiyŏk pogŏn 60nyŏn-ŭi yŏksa kaegwan“, S. 51. An der Planung waren Experten der deutschen Firma Mediplan beteiligt.

49 BArch, B 213/24274, Schreiben der GTZ an das BMZ: Technische Zusammenarbeit mit Korea – Projekt: Basisgesundheitsdienste (Neuprojekt), 23.02.1984.

die Maßnahmen der technischen Zusammenarbeit „sollen in den Projektgebieten die vorhandenen Kapazitäten der Gesundheitsvorsorge (traditionelle und westliche) so ergänzt, reorganisiert und miteinander verzahnt werden, dass sie nach Möglichkeit effektiver werden und dem soziokulturellen Verhalten der Bevölkerung mehr entsprechen".[50] In dem letzten Satz des Gutachtens zeigte sich klar der medizinanthropologische Diskurs dieser Zeit, die lokalen kulturellen Lebensweisen stärker einzubeziehen. Hier sei erneut auf die Habilitationsschrift von D. Sich verwiesen, die zu einer Verfestigung dieses Diskurses für die Förderung des koreanischen Gesundheitssektors beigetragen hat.

Der Aufbau der Basisgesundheitsdienste war mit Studien zur Gesundheit der ländlichen Bevölkerung und zur Nutzung öffentlicher Gesundheitseinrichtungen verbunden. Die Projekte wiesen demnach, wie auch schon das zuvor besprochene Ganghwa-Projekt, einen Modellcharakter auf und boten gleichzeitig einen Einblick in die geographischen Unterschiede von Stadt und Land. An dieser Stelle sei auch hervorgehoben, dass in den Projekten die Einbindung von Frauen in das Gesundheitssystem angestrebt wurde, was mit den Zielen der sozialen Entwicklung im Einklang stand, insbesondere sozial benachteiligte Gruppen zu fördern.[51]

Tabelle 32: Krankenhausbau und Basisgesundheitssysteme

Projektträger FZ	**Laufzeit**	**FZ (in Mio. DM)**	**Orte**	**TZ (in Mio. DM)**
Yonsei University	1978–1983	15	Yongdong, Incheon, Yongin, Kwangju	–
	1985 – *unbekannt*	6	Rehaklinik für körperliche Behinderung	
Korea University	1980–1985	25	Guro, Banwol, Yeoju	BRD: 1,5 ROK: 0,8
Christliche Stiftungen/ Soonchunhyang University	1981–1984 1985–1989	25	Pohang, Yeocheon, Eumsong	(nur Eumseong) BRD: 1,88 ROK: 0,83

Vgl. auch: BArch, B 213/39059, BMZ: Preliminary Report on the Main Findings and Recommendations of the Evaluation of Projects of the Korean-German Cooperation in the Health-Sector, 10.1985, S. 2.

[50] BArch, B 213/24274, BMZ: Entwicklungspolitische Vorentscheidung – Technische Zusammenarbeit mit Südkorea – Entwicklung eines Basisgesundheitssystems im Gebiet von Eumseong, 14.07.1981, o. S., Punkt 5.3.

[51] Vgl. auch: Hong, Sawon: „Women and Development Planning", in: *Korea Journal* 19.7, 1979, S. 9–26.

Korea University Projekt

Die Krankenhäuser im Projekt der Korea University wurden in drei unterschiedlich entwickelten Gegenden im Großraum Seoul/Gyeonggi-do errichtet, nämlich in Guro, einem Stadtteil Seouls, Banwol, heute ein Stadtteil Hwasongs, und im Landkreis Yeoju. Zuvor waren noch andere Regionen in der Planung, allerdings wurden diese im Rahmen der Machbarkeitsstudie durch das KHDI ausgeschlossen. Ursprünglich sollte das Projekt von 1982 bis 1986 geführt werden, aber schließlich kam es zu einer Verlängerung bis 1990.[52] Das Projekt hatte sich deshalb verzögert, weil der Projektleiter Dr. Yŏm Yŏngt'ae bei dem amerikanischen Medizinanthropologen Prof. Artur M. Kleinman, einem Experten für chinesische Medizin, eine Weiterbildung absolviert hatte, was erneut die enge Verknüpfung der Projekte mit der Medizinanthropologie unterstreicht.[53]

In einer Festschrift des Guro-Krankenhauses wurde auf die Hintergründe der Beantragung von Krediten bei der Bundesregierung eingegangen sowie Konflikte während des Krankenhausbaus aus koreanischer Perspektive beschrieben: Die Korea University hatte bereits ab 1971 geplant, die medizinische Fakultät zu reformieren, was einen Teil des umfassenden Reformplans der Universität darstellte.[54] Auf Grund von fehlenden Geldern wurde ein Krankenhausneubau jedoch zunächst verschoben. Außerdem war es wegen der gesetzlichen Regelungen nicht möglich, größere Gebäude direkt in Seoul zu bauen, weshalb beide Seiten einen Kompromiss aushandelten. Demnach sollte die Korea University neben dem Krankenhaus in Seoul auch weitere Krankenhäuser in ‚medizinisch unterversorgten Gebieten' (*muŭich'on*) bauen.[55]

Im gleichen Zusammenhang wurde auch die aktive Anwerbung der deutschen Kredite auf den Einsatz der Universität selbst zurückgeführt. Ein Professor der medizinischen Fakultät, der später auch Präsident des Guro Krankenhauses wurde, besuchte mehrmals die BRD und traf sich mit ihm persönlich bekannten Vertretern der deutschen Regierung. Dabei habe er auch, um dem Kurs der sozialliberalen Regierung zu entsprechen, den

---

[52] Vgl. auch: Schwefel, Detlef / Park, Jai-Wun: Kurzbericht über die Evaluierung des Projektes ‚Förderung von Basisgesundheitsdiensten in der Republik Korea', 1993, private Webseite von Detlef Schwefel – Publikationen, URL: http://detlef-schwefel.de/publications8.html.

[53] BArch, B 213/24274, Dr. Boss: Dienstreisebericht vom 21.01. bis 31.01.1984, 21.02.1984, S. 1.

[54] Vgl. auch: Korea University (Hg.): *Koryŏ taehakkyo 100nyŏnsa* [100 Jahre Geschichte der Korea University], Korea University Press: Seoul 2008, Bd. 2, Kapitel 10.2, S. 394–409.

[55] Korea University Guro Hospital (Hg.): *Koryŏ taehakkyo kurobyŏngwŏn 30nyŏnsa* [30 Jahre Geschichte des Korea University Guro Hospital], Korea University Press: Seoul 2013, S. 58.

sozialen Charakter des Projektes hervorgehoben.[56] Ob dies jedoch die Gewährung der Kredite beförderte, bleibt offen, denn nur die Einbringung von Projektvorschlägen in die deutsch-koreanischen Wirtschaftsberatungen, also der Weg über die koreanische Regierung, ermöglichte die offizielle Gewährung der Kredite.

Nach dem Abschluss des Vertrages mit der KfW änderten die Verantwortlichen der Korea University jedoch eigenwillig die Baupläne und legten das Fundament für einen weiteren Krankenhausflügel, der so nicht im Vertrag festgelegt war. Auf Grund des Vertragsbruchs stoppte die KfW die Kreditauszahlung, und erst durch Nachverhandlungen in der BRD und der dabei erwirkten Zustimmung durch die KfW konnte der Bau wie angestrebt fortgesetzt werden.[57] Dies zeigte einerseits die beschränkten Möglichkeiten zur freien Gestaltung und Anpassung der Krankenhäuser an die Bedürfnisse der koreanischen Seite im Rahmen deutscher Kreditvergabe, andererseits den Eigensinn der Verantwortlichen, Verträge neu auszulegen und in ihrem Sinne zu interpretieren.

Zur Durchführung des Projektes wurde von Seiten der Korea University ein Komitee für die Entwicklung der ländlichen Gesundheit aus Professoren verschiedener Fächer gegründet. Schon ab März 1980 hatte ein Soziologe in diesem Rahmen eine Grundlagenstudie zu allen drei Projektgebieten durchgeführt, die vollständig aus Eigenmitteln der Universität finanziert wurde.[58] Die unterschiedlichen Regionen des Projektes wiesen auch unterschiedliche Probleme auf. So sank beispielsweise die Bevölkerungszahl vor allem in den ländlicheren Regionen wie Yeoju während des Projektzeitraums auf Grund von Landflucht und niedrigen Geburtenraten. In städtischen Gegenden wie Guro, das zu dieser Zeit stark industriell geprägt war, kämpften die Bewohner hingegen mit den Folgen der Urbanisierung und Umweltverschmutzung.[59] Die deutschen Projektgutachter bezeichneten Guro in dieser Zeit auch als „Slum“.[60] Als Zielgruppe des Projektes wurde hier also nicht nur die ländliche Bevölkerung, sondern auch das „Industrieproletariat“ einbezogen. D. Sich stellte in einem ersten Bericht fest, dass der Tagessatz eines Universitätskrankenhauses durchschnittlich 120 DM betrage, während das

---

[56] Ibid., S. 59.

[57] Ibid., S. 61f.

[58] BArch, B 213/39059, Dr. D. Sich: Gutachten für die GTZ über den Antrag der Korea University für Technische Hilfe zur Durchführung von drei sozio-kulturell adaptierten Community Health Projekten, 01.03.1981, S. 1f.

[59] „Koryŏ taehakkyo yŏjugun pogŏn shibŏm saŏp“ [Korea University's Yeoju-gun Health Pilot Project], in: *Chiyŏk pogŏn 60nyŏn-ŭi palchach'wi* [Fußabdrücke aus 60 Jahren Basisgesundheit], Bd. 2, 2012, S. 212.

[60] Vgl. u. a.: BArch, B 213/39059, Dr. Boss, GTZ an Dr. Pallmann, BMZ: Projektaufbau von Basisgesundheitsdienst in Korea, 12.10.1984.

Monatsgehalt eines Industriearbeiters 250 DM nicht übersteige, sodass eine Gesundheitsversorgung zwar vorhanden, aber nicht allen Bevölkerungsschichten zugänglich war.[61]

Während das öffentliche Gesundheitssystem in dieser Zeit hauptsächlich auf die Bereiche Familienplanung, Tuberkulose-Vorsorge und Mutter-Kind-Gesundheit ausgerichtet war, wurden andere Krankheiten kaum behandelt, auch weil das medizinische Personal auf dem Lande oft nicht gut ausgebildet war.[62] Zu der gewährten medizinischen Grundversorgung der Basisgesundheitsdienste zählten deshalb Voruntersuchungen auf Hepatitis, Gebärmutterkrebs oder Bluthochdruck sowie deren Behandlung. Außerdem wurden Schwangere und Neugeborene im Gesundheitszentrum oder bei Hausbesuchen versorgt und junge Eltern in der Erziehung von Kleinkindern unterwiesen. Daneben wurde vor allem in Yeoju der Befall durch Parasiten wie den chinesischen Leberegel (*kanhŭpch'ung*) behandelt, der beim Verzehr von rohem Fisch auftreten kann.[63] Der etwas veränderte Fokus, weg von der Familienplanung, war auch möglich, weil die Maßnahmen aus vorangegangen Projekten bereits Wirkung gezeigt hatten. So stellte Gutachter Dr. Boss fest: „Hervorhebenswert ist darüber hinaus, dass z. B. in Guro 85 % der Paare im Alter von 35 bis 42 Jahre eine permanente empfängnisverhütende Methode gewählt haben, d. h. entweder die Ehefrau oder der Ehemann ist sterilisiert."[64]

Eine weitere Komponente des Projektes war die Ausbildung der *village health worker* (VHW), wodurch eine Anpassung der Gesundheitsleistungen an die Bedürfnisse der Bevölkerung vor Ort ermöglicht werden sollte. Die Erstellung des Ausbildungscurriculums machte jedoch unterschiedliche Prioritäten der beiden Partner deutlich. Von der deutschen Seite, insbesondere der Projektberaterin D. Sich, wurden die Bedürfnisse der Bevölkerung herausgestellt, während die Korea University anscheinend mehr an der Aus- bzw. Weiterbildung der *village health worker* interessiert war. Dr. Sich schrieb in einem Bericht aus dem Jahr 1982: „Das Curriculum für VHWs ist m. E. für diese einfachen Frauen zu kompliziert und ambitiös. Sie sollten nur im Hinblick auf die von ihnen tatsächlich durchgeführten einfachsten Funktionen, vor allem aber im Hinblick

61 BArch, B 213/39059, Dr. D. Sich: Gutachten für die GTZ über den Antrag der Korea University für Technische Hilfe zur Durchführung von drei sozio-kulturell adaptierten Community Health Projekten, 01.03.1981, S. 15f.

62 BArch, B 213/39059, Dr. D. Sich: Gutachten für die GTZ über den Antrag der Korea University für Technische Hilfe zur Durchführung von drei sozio-kulturell adaptierten Community Health Projekten, 01.03.1981, S. 11.

63 „Koryŏ taehakkyo yŏjugun pogŏn shibŏm saŏp", S. 213–215.

64 BArch, B 213/39059, Dr. Boss: Fachliche Stellungnahme zu Projektfortschrittsbericht Nr. 4 – Entwicklung und Evaluierung integrierter Community Health Hospital Services der Korea University Seoul.

auf Kommunikation [...] ausgebildet werden."[65] Dennoch wird die Auswahl der VHW grundsätzlich positiv bewertet. Im Gebiet Yeoju wurden beispielsweise in 26 Dörfern 29 VHW ausgewählt, deren Arbeit sei „außerordentlich fruchtbar und findet guten Widerhall in der Bevölkerung".[66]

Vor allem für die Rekrutierung der oft weiblichen VHW wird in einem Projektbericht auf die enge Zusammenarbeit des Projektteams mit Frauengruppen und deren Leiterinnen vor Ort verwiesen.[67] Diese Gruppen hatten auch im Rahmen der *saemaŭl undong* eine wichtige Rolle zur Mobilisierung der Bevölkerung sowie der Informationsverbreitung gespielt.[68] Auch in den anderen Projekten ist eine solche Kooperation, gerade für den Sektor der Mutter-Kind-Gesundheit, sicherlich vonnöten gewesen. Des Weiteren gab es die Überlegung, Studierende der Korea University selbst aktiver in das Projekt einzubeziehen.[69] Wie es Studierenden der landwirtschaftlichen Fakultät ermöglicht wurde, auf dem Land praktische Erfahrungen zu sammeln, hätte auch das Basisgesundheitsprojekt eine solche Möglichkeit eröffnet. In anderen Projekten der Seoul National University in der Provinz Gangwon-do oder der Yonsei University auf der Insel Ganghwa-do wurden Medizinstudierende aktiv eingebunden, während für das Projekt der Korea University keine solchen Beispiele vorliegen.

Soonchunhyang University Projekt

Das Projekt im Landkreis Eumsong-gun in der Provinz Chungcheongbuk-do startete Anfang 1985 mit einer Vorbereitungsstudie über einen Zeitraum von acht Monaten. Dabei wurden verschiedene Ansätze kombiniert: Neben einer soziologischen und ethnologischen Studie zum Projektgebiet und deren Bewohnern erfolgte auch eine Beurteilung zu Nutzung von Krankenhäusern aus medizinischer Perspektive. Damit wurden auch wirtschaftliche, soziale und kulturelle Faktoren sowie mögliche Probleme erfasst. Wie die obengenannten Landkreise litt die Region unter einer demographischen Verschiebung auf Grund von Landflucht und unter Umweltverschmutzung. Um eine Zusam-

---

[65] BArch, B 213/39059, Dr. D. Sich: Bericht über 14 Tage Einsatz als GTZ Experte zur Projektberatung der Koreauniversität/Seoul bei dem Aufbau von Basisgesundheitsdiensten, o. D. (ca. 16.09.1982), o. S.

[66] BArch, B 213/39059, Dr. Boss: Fachliche Stellungnahme zu Projektfortschrittsbericht Nr. 3 – Entwicklung und Evaluierung integrierter Community Health Hospital Services der Korea University Seoul, 30.03.1984, S. 3.

[67] Ibid.

[68] Vgl. auch: Choi, Oe-Chool: „The Role of Community-Based Organizations: The Case of the Saemaul Undong Women's Club", in: Phillips, Rhonda / Wong, Cecilia (Hg.): *Handbook of Community Well-Being Research*, Springer: Dordrecht 2017, S. 455–472.

[69] BArch, B 213/39059, C. Bunge: Dienstreisebericht vom 03.09. bis 18.09.1982, 16.11.1982, S. 6.

menarbeit der verschiedenen Stellen an dem Projekt zu ermöglichen, wurde ein Projektkomitee aus Krankenhaus, Landkreisverwaltung und Universität gegründet. In der Soonchunhyang University arbeiteten insgesamt 13 Personen aus den Bereichen Präventivmedizin, Gesundheitsstatistik und -information, Allgemeinmedizin, Krankenpflege, Soziologie und Medizinanthropologie zusammen.[70] In diesem Projekt war kein deutscher Berater vor Ort beteiligt, die koreanische Partnerorganisation führte also alle Tätigkeiten selbstständig aus.

Als Projektziele wurden für die vier Gruppen Schwangere & Kleinkinder, Erwachsene & Alte sowie Patienten mit Infektionskrankheiten und psychischen Krankheiten die vier Bereiche Vorsorge, Früherkennung, Behandlung und Rehabilitation definiert (siehe Tabelle 33).[71] Wie auch bereits in anderen Projekten nahm die Mutter-Kind-Gesundheit einen eigenen Sektor ein. Hinzu kam hier allerdings, wie im Projekt der Korea University, die Aufnahme von Patienten mit so bezeichneten ‚Wohlstandskrankheiten' wie Bluthochdruck, Diabetes oder psychischen Erkrankungen, die erst ab Mitte der 1980er-Jahre überhaupt stärkere Berücksichtigung im koreanischen Gesundheitssektor erlangten.[72] Dass das Projekt auch die Behandlung dieser Krankheiten in den medizinisch unterversorgten Regionen ermöglichte, stellte eine wichtige Neuerung gegenüber vergleichbaren Projekten dar.

Tabelle 33: Ziele des Eumsong Modellprojektes

Unterteilung	Vorsorge	Früherkennung	Behandlung	Rehabilitation
Schwangere & Kleinkinder	Vorsorgeimpfung	Regelmäßige Untersuchungen	Notfallmedizin für Kleinkinder	Rehabilitation bei körperlichen und geistigen Einschränkungen
Erwachsene & Alte	Medizinische Erziehung	Blutdruckmessungen	Diabetes- & Krebsbehandlung	Rehabilitation von Schlaganfallpatienten
Patienten mit Infektionskrankheiten	BCG (Bacillus Calmette-Guérin)	Tuberkulosetests	Behandlung mit Antibiotikum	Rehabilitation bei Lungenkrankheiten
Patienten mit psychischen Krankheiten	Alkoholabhängigkeitsprävention	Beratung zu psychischer Gesundheit	Medikamentöse Behandlung	Psychologische Rehabilitation

Quelle: „Sunch'ŏnhyang taehakkyo ŭmsŏnggun pogŏn shibŏm saŏp", S. 219f.

70 „Sunch'ŏnhyang taehakkyo ŭmsŏnggun pogŏn shibŏm saŏp" [Soonchunhyang University's Eumseong-gun Health Pilot Project], in: *Chiyŏk pogŏn 60nyŏn-ŭi palchach'wi* [Fußabdrücke aus 60 Jahren Basisgesundheit], Bd. 2, S. 219f.

71 Ibid., S. 220.

72 Vgl. auch: Mun, „Chiyŏk pogŏn 60nyŏn-ŭi yŏksa kaegwan", S. 57–62.

Neben der medizinischen Versorgung wurde auch Wert auf eine Ausbildung des medizinischen Personals vor Ort gelegt; darunter fiel eine Weiterbildung von Ärzten und Krankenschwestern für die regionalen Gegebenheiten sowie Leadership Training, um deren individuelle Partizipation zu stärken. Dazu gehörte beispielsweise die Teilnahme des zuständigen Arztes an Treffen zum Austausch über Vergiftungen durch Düngemittel. Außerdem wurden zumeist Hausfrauen als ehrenamtliche Gemeindehelferinnen (*maŭl kŏn'gang wŏn*) auf der Ebene des Dorfes rekrutiert und zweimal monatlich in einfacheren medizinischen Tätigkeiten geschult. Zu Informations- und Bildungszwecken wurde außerdem monatlich eine ‚Zeitschrift zur dörflichen Gesundheit' (*maŭl kŏn'gang soshik*) herausgegeben und an alle Haushalte der Projektregion sowie Verantwortliche für ländliche Gesundheit in anderen Regionen verteilt.[73] Dieses Vorgehen gleicht der Informationskampagne durch Projektzeitschriften der forstwirtschaftlichen Genossenschaften. Gleichzeitig wurden, ähnlich wie im Fall der Waldbesitzer, die Gründung von Kreditgenossenschaften (*shinyong hyŏptong chohap*) zur Finanzierung von Geräten der medizinischen Versorgung gefördert. Mit diesen Maßnahmen wurde eine direkte und selbstständige Beteiligung der Bevölkerung an dem Projekt forciert (siehe Kapitel IV-3).[74]

Als eine wichtige Komponente des Projektes galt auch die elektronische Datenerfassung über die ländliche Gesundheit. Dazu wurden Daten zu Krankheiten in den insgesamt 6000 Haushalten in Eumsong-gun erfasst, wodurch eine bessere Versorgung der Patienten und Ausrichtung des Projektes gewährleistet werden sollte. Die Auswertung dieser Daten spiegelte somit modellhaft die ländliche Gesundheit wider, und darauf basierend gaben die Wissenschaftler der Soonchunhyang University dann Empfehlungen zur koreanischen Gesundheitspolitik heraus.[75]

Kritik an der Basisgesundheit

Der Projektleiter in Eumsong-gun, Pang Suk, zieht in seinem Rückblick auf das Projekt ein gemischtes Fazit und bezeichnet das Projekt in einem Interview sogar als gescheitert.[76] Als ein Hauptproblem macht er die fehlende Zusammenarbeit des Gesundheitszentrums mit dem Universitätskrankenhaus aus. Beispielsweise hätten Patientinnen der Mutter-Kind-Station im Gesund-

---

[73] „Sunch'ŏnhyang taehakkyo ŭmsŏnggun pogŏn shibŏm saŏp", S. 222f.

[74] In einem Diagramm teilt der Autor die Bürgerbeteiligung in drei Stufen ein: Nicht-Beteiligung, formelle Beteiligung und selbstständige Beteiligung. Genannte Bürgerbeteiligung fällt demnach unter die formelle Beteiligung. Ibid., S. 223.

[75] Ibid., S. 224f.

[76] Vgl. Interview mit Prof. Pang Suk, in: *Chiyŏk pogŏn 60nyŏn-ŭi palchach'wi* [Fußabdrücke aus 60 Jahren Basisgesundheit], Bd. 1, S. 292.

heitszentrum keinen Grund darin gesehen, den Frauenarzt des Krankenhauses aufzusuchen, weil dort etwa dreimal höhere Behandlungskosten berechnet wurden als bei niedergelassenen Ärzten. Lediglich bei medizinischen Notfällen wandten sich die Bürger direkt an das Krankenhaus. Einerseits hätte die Krankenhausleitung die Bedürfnisse der Bevölkerung vor Ort stärker berücksichtigen müssen, andererseits sollte eine Zusammenarbeit zwischen den Ärzten des Gesundheitszentrums und des Krankenhauses auch systematisch und nicht nur auf persönlicher Ebene erfolgen. Gleichzeitig war eine stärkere Initiative der Bürger nötig, da eine zentralisierte Projektleitung sonst kaum auf die alltäglichen Bedürfnisse der ländlichen Bevölkerung eingehen könnte, außer mit direkten Eingriffen z. B. im Rahmen von Impfungen oder Verhütungsmitteln.[77] Das Projekt hätte sich zur Aufgabe stellen müssen, „wie es mit den gegebenen Ressourcen eine Systematisierung und gleichzeitig die freiwillige Beteiligung der ländlichen Zivilbevölkerung erreichen könnte, um die Gesundheit der Bürger zu fördern."[78]

Bereits im Jahr 1985 wurde eine Reihenuntersuchung der deutschen Gesundheitsprojekte zur künftigen Ausrichtung der Entwicklungspolitik in Asien, Afrika und Südamerika durchgeführt. Das Untersuchungsteam hielt sich dazu auch für zweieinhalb Wochen zur Projektprüfung in Korea auf. Das wichtigste Ziel der sozialen Entwicklung, nämlich die Verbesserung der Lebensbedingungen der armen Bevölkerungsschichten, sei durch die Errichtung der privaten Krankenhäuser erfüllt worden. Die Projekte der technischen Zusammenarbeit zur Basisgesundheit wurden als nötige Verbindung zwischen den verschiedenen Gesundheitsangeboten bezeichnet.[79] Allerdings sei beispielsweise im Projekt der Korea University die Verknüpfung nur unzureichend gewesen und die Aufgaben der Gesundheitsämter und des privaten Krankenhauses hätten sich überschnitten. Außerdem sei die Kontrolle und Leitung der Gesundheitsfürsorgerinnen unklar.[80] Pang Suk hatte, wie oben zitiert, eine ähnliche Kritik geäußert. Diesen Punkt kann man auch auf die anderen Projekte übertragen, da eine selbstständige Tätigkeit der Gesundheitsfürsorgerinnen vorgesehen war. Mit Blick auf andere Projekte lässt sich weiterhin feststellen, dass in den deutsch-koreanischen Projekten beispielsweise keine Krankenversicherung enthalten war, wie sie beispielsweise die SNU in der Provinz Gangwon-do versuchsweise eingeführt hatte,

---

77 „Sunch'ŏnhyang taehakkyo ŭmsŏnggun pogŏn shibŏm saŏp", S. 224f.

78 Ibid., S. 225.

79 BArch, B 213/39059, BMZ: Preliminary Report on the Main Findings and Recommendations of the Evaluation of Projects of the Korean German Cooperation in the Health-Sector, 10.1985, S. 6.

80 Ibid., S. 8.

wodurch die Finanzierung einer umfassenderen Behandlung für die armen Bevölkerungsschichten erschwert blieb.[81]

Einen weiteren Kritikpunkt an den Basisgesundheitsprojekten zeigt die Historikerin Chŏng Tahye in ihrem Artikel auf: Aufgrund von Geldmangel und Problemen bei der Einstellung von medizinischem Personal gingen viele der privaten Krankenhäuser in den medizinisch unterversorgten Gegenden, meistens auf dem Land, schnell in Konkurs. Ein Krankenhaus in Yeocheon, Jeollanam-do, das 1983 von der Hallil Medical Foundation mit Krediten der Bundesregierung errichtet wurde, ging kurz nach seiner Eröffnung bankrott und wurde daher 1986 von einer anderen Stiftung übernommen und umbenannt. Aufgrund von Problemen in der Verwaltung ging es jedoch erneut in Konkurs, bevor es 1988 durch eine andere Stiftung übernommen wurde. Auch wenn sich danach der Betrieb normalisierte, zahlte die neue Leitung lange Zeit den Kredit der Bundesregierung nicht zurück, sodass es zu rechtlichen Auseinandersetzungen kam.[82] Selbst bei den Universitätskliniken wurden einige Zweigstellen mit einer geringen Bettenzahl eröffnet und mussten nach kurzer Betriebszeit wieder schließen. Infolgedessen konnten einige Einrichtungen, die zwischen 1978 und 1992 durch die BRD, Japan oder die Weltbank Kredite für die Errichtung von Krankenhäusern oder die Modernisierung ihrer medizinischen Ausrüstung erhalten hatten, diese schließlich nicht mehr zurückzahlen. Chŏng kritisierte in diesem Zusammenhang vor allem die Entscheidung der koreanischen Regierung, die Gesundheitsversorgung an private Träger auszulagern und dem freien Markt zu überlassen, anstatt selbst Maßnahmen zur Verbesserung der medizinischen Versorgung zu treffen.[83]

2.5 Resümee

Auch wenn es schon ab den 1950er-Jahren Maßnahmen im Gesundheitssektor gab, setzte dessen weitreichender Ausbau in Korea erst nach ersten wirtschaftlichen Erfolgen Ende der 1970er-Jahre ein. Zu dieser Zeit war die koreanische Regierung auf Kreditgeber angewiesen. Auch für die deutsche Regierung und kirchliche Organisationen passte die Förderung von Basisgesundheitsdiensten in die soziale Ausrichtung der Entwicklungspolitik dieser Zeit, da sie insbesondere den Fokus auf sozial benachteiligte Gruppen legte. Die Projekte der Basis-

---

81 Nam, *Chiyŏk sahoe pogŏn-gwa kŏn'gang chŭngjin*, Kapitel 11.3, S. 231–238.

82 Chŏngbu chiwŏn nongŏch'on pyŏngwŏn kyŏngyŏngnan [Staatlich geförderte Krankenhäuser im ländlichen Raum in finanzieller Krise], in: *Maeil Business Newspaper*, 19.01.1988. Vgl. auch: Chŏng, „Sŏdok-ŭi taehan kaebal wŏnjo“, S. 283.

83 Ibid., S. 283f.

gesundheit in Korea wurden dabei maßgeblich von D. Sich geprägt, die selbst in einem Projekt auf Ganghwa tätig war, wissenschaftlich zu diesem Thema forschte und mit der dadurch gewonnenen Reputation auch als Gutachterin von KfW und BMZ eingesetzt wurde.

Aber auch die koreanischen Akteure, vor allem Universitätskrankenhäuser und Wissenschaftler aus dem Sektor der Public Health, passten sich den Anforderungen der deutschen Geber an, um an Kredite zu gelangen und die Expansion ihrer Einrichtungen zu finanzieren. Auch wenn dadurch den benachteiligten Gruppen theoretisch ein Zugang zu medizinischer Versorgung ermöglicht wurde, rückte die Basisgesundheit eher in den Hintergrund, und die gewünschte Integration gelang nicht in allen Fällen. Eine Alternative stellten dabei Projekte mit christlichen Trägern dar, die sich allumfassender der sozialen Situation im Dorf annehmen konnten, jedoch ohne institutionelle Zugehörigkeit und auf Grund von fehlender wissenschaftlicher Grundlage ebenfalls nur eingeschränkt agierten (siehe Kapitel VI-4).

3. Unfallverhütung und Arbeitssicherheit

In diesem Kapitel werden zwei Projekte der technischen Zusammenarbeit zum Arbeitsschutz im Kohlebergbau und in der Industrie behandelt. Der Arbeitsschutz wurde in der Frühphase der wirtschaftlichen Entwicklung Koreas stark vernachlässigt und rückte erst ab Mitte der 1970er-Jahre stärker in den Fokus. Ein deutscher Gutachter schrieb dazu: „Beim Aufbau der Industrie standen ökonomische Aspekte im Vordergrund. Soziale und humanitäre Gesichtspunkte fanden zunächst kaum Berücksichtigung.“[84] Auch die technische Zusammenarbeit legte den Fokus erst in dieser Zeit stärker auf den Bereich der Arbeitsgesundheit und damit die soziale Entwicklung. Die beiden Projekte wiesen allerdings eine unterschiedliche Herangehensweise auf: Im Kohlebergbau wurde die Unfallverhütung über eine technische Anpassung der Fördermethoden angestrebt, während in der Industrie stärker auf sicherheitstechnische Ausbildung und Prüfung gesetzt wurde. Zunächst werden die Arbeitssicherheit im Kohlebergbau und die Projekte der Entwicklungszusammenarbeit in diesem Sektor genauer betrachtet. Danach folgt eine Analyse des Projektes, dessen Verlauf, Unzulänglichkeiten und Erfolge. Im zweiten Teil wird das Projekt der Arbeitssicherheit in der koreanischen Industrie analysiert, indem auch auf die neue Politik der koreanischen Regierung genauer eingegangen wird.

[84] BArch, B 213/39065, Dr. Fritze: Gutachten – Gedankenaustausch zwischen deutschem BMAS und koreanischem MoL, Bureau of Labor Standards, 24.01.1985, S. 1.

3.1 Arbeitssicherheit im koreanischen Kohlebergbau

Zu Arbeitssicherheit und -unfällen im Kohlebergbau liegen bereits diverse Forschungsbeiträge vor, darunter aus geschichtswissenschaftlicher Perspektive vor allem im Zusammenhang mit den Bergarbeiterprotesten im Landkreis Sabuk-eub in der Provinz Gangwon-do. Diese Forschung stützt sich auf *Oral History*-Interviews mit ehemaligen Bergarbeitern zu den Arbeitsbedingungen, die auch im National Institute for Korean History (*kuksa p'yŏnch'an wiwŏnhoe*) vorliegen.[85] Gleichzeitig findet sich ein umfangreiches schriftliches Quellenkorpus aus kritischen Zeitungsartikeln sowie statistischen Erfassungen. In vielen Fällen wurden die Statistiken im Rahmen von wissenschaftlichen Studien zu Arbeitsbedingungen oder Arbeitsgesundheit der Zeit erfasst.[86] Allerdings wird weder in den Quellen noch in der Forschungsliteratur das deutsch-koreanische Projekt erwähnt, sodass hierfür die deutschen Berichte und Zeitungsartikel als Grundlage dienen.

Mit Beginn der wirtschaftlichen Entwicklung in den 1960er-Jahren hatte die koreanische Regierung auf Ölimporte für die Energieversorgung gesetzt. Während der ersten und zweiten Ölpreiskrise verteuerte sich der Ölpreis jedoch weltweit, und aus diesem Grund rückte die Förderung heimischer Rohstoffe, insbesondere von Kohle, wieder stärker in den Mittelpunkt. Dazu wurde der ‚Langfristige Plan zur Entwicklung des Kohlebergbaus' (*sŏkt'an chawŏn changgi kaebalgyehoek*, 1973–1981) ausgearbeitet, der in den meisten Jahren übererfüllt wurde (siehe Tabelle 34).[87] Die Abnehmer der Kohle waren zumeist private Haushalte in Form von Briketts und die Industrie in Form von Kesselkohle, da deren Heizwert gut war, während sich die Kohle für die wirtschaftliche Erzeugung von Koks nicht eignete. Insbesondere in den 1980er-Jahren waren Kohlebriketts der primäre heimische Energieträger.[88]

---

[85] Yŏksa Munje Yŏn'guso Minjungsaban Sabukt'im (Hg.): *1980nyŏn sabuk hangjaeng-gwa ilsang-ŭi sahoesa* [1980 Sabuk Aufstand und alltägliche Gesellschaftsgeschichte], Sŏnin: Incheon 2021. Bilder zu den Protesten in Sabuk finden sich auch unter folgender Webseite, URL: https://archives.kdemo.or.kr/collections/view/10000049.

[86] Vgl. auch das folgende Kapitel zu Bergarbeitern: Kim, Wŏn: *Pak Chŏnghŭi shidae-ŭi yuryŏng-dŭl: kiŏk, sagŏn kŭrigo chŏngch'i* [Gespenster der Ära Park Chung Hee: Erinnerungen, Ereignisse und Politik], Hyŏnshilmunhwayŏn'gu: Seoul 2011, Kapitel: „Chukŭm-ŭi kiŏk, manggak-ŭi kŏm-ŭn ttang: Kwangbu-dŭl-ŭi kwagŏ-wa hyŏnjae" [Erinnerungen an den Tod, Schwarzes Land des Vergessens: Bergleute früher und heute].

[87] Kim, Aram: „1960–1970nyŏndae sŏkt'an sanŏp chŏngch'aek-kwa Tongwŏnt'anjwa" [A Study on the Policy of Coal Industry in 1960s and 1970s and Dongwon Consolidated Coal Mine], in: *Yŏksa Munje Yŏn'gu* 42, 2019, S. 41.

[88] Vgl. auch BArch, B 213/39064, GTZ Statusbericht für weiterlaufende Vorhaben: Erprobung neuer Abbaumethoden im Steinkohlebergbau, 14.12.1988, S. 1.

Tabelle 34: Geplante und reale Fördermenge nach Jahren, 1975–1986

Jahr	Geplante Fördermenge	Reale Fördermenge
1975	17.000.000 t	17.593.171 t
1976	18.000.000 t	16.426.725 t
1978	19.500.000 t	18.053.942 t
1979	18.600.000 t	18.207.767 t
1980	18.300.000 t	18.624.012 t
1981	19.000.000 t	19.864.012 t
1982	19.700.000 t	20.115.614 t
1984	20.300.000 t	21.370.329 t
1985	21.300.000 t	22.542.698 t
1986	20.700.000 t	24.252.700 t

Quelle: Kim, Serim: „Sabuk hangjaeng ihu-ŭi sabuk: Pokchi-ra-nŭn oep'i-rŭl ssŭn ilsangjŏk kamshi" [Sabuk nach dem Sabuk Aufstand: Alltägliche Beobachtungen aus der Perspektive der Wohlfahrt], in: *1980nyŏn sabuk hangjaeng-gwa ilsang-ŭi sahoesa*, S. 177.

Trotz der erhöhten Fördermengen in staatlichen und privaten Bergbauunternehmen wurden kaum Maßnahmen ergriffen, um die Arbeitsbedingungen und Sicherheitsstandards in den Minen zu verbessern. In den *Oral History*-Interviews sprachen die Bergleute von fehlenden Arbeitseinweisungen. Die Minenarbeiter lernten die entsprechenden Arbeitsschritte ohne gesonderte Ausbildung während der Arbeit (*on-site-training*) und erhielten dementsprechend auch kein Sicherheitstraining.[89] Eine Statistik von 1981 bestätigte den Zusammenhang von fehlender Ausbildung mit Unfällen: 67,4 % der Minenarbeiter, die in Unfälle verwickelt waren, besaßen weniger als zwei Jahre Arbeitserfahrung.[90] In vielen Minen waren lange Arbeitstage ohne angemessene Pausen oder Urlaub die Regel, da sich die Bezahlung aber auch Zusatzleistungen danach richteten, wie viele Urlaubs- oder Krankheitstage man in einem Monat nahm.[91] In den Minen wurde im Akkord gearbeitet, und die Bezahlung richtete sich nach der Fördermenge. Dementsprechend wurden die meisten Arbeiten schnell ausgeführt, was wiederum zu einer höheren Unfallgefahr führte.[92]

89 Mun, Minki: „T'an'gwang sago-rŭl t'onghae salp'yŏbon Sabuksagŏn-ŭi paegyŏng" [Background of Sabuk Incident viewed through the Coal Mine Disaster], in: *Yŏksa Munje Yŏn'gu* 42, 2019, S. 62–63.

90 Ch'ae, Hŭigap: „Ilbu t'an'gwang ŏpch'e kŭllojadŭl-ŭi sanŏp chaehae-e kwanhan chosa" [An Investigation on Industrial Accident of Workers in Coal Mining Companies], in: *Tobuk ŭidae chapchi* 23.2, 1982, S. 55.

91 Man spricht in diesem Zusammenhang auch von *man'gŭn*; Mun, „T'an'gwang sago-rŭl t'onghae salp'yŏbon sabuk sagŏn", S. 71–74.

92 Kim, „1960–1970nyŏndae sŏkt'an sanŏp chŏngch'aek", S. 36.

Trotz der hohen Risiken in diesem Arbeitsumfeld war die Bezahlung der Bergleute nicht viel höher als in anderen Sektoren. Das durchschnittliche Monatsgehalt lag 1979 auf dem gleichen Niveau wie das eines Arbeiters im Baugewerbe. Auch wenn die Gewerkschaften Gehaltserhöhungen forderten, wurde dem nur zum Teil entsprochen. Die Unternehmen setzten vielmehr auf zusätzliche Leistungen wie Stipendien für die Kinder der Bergarbeiter oder die Verbesserung der Lebensbedingungen in den Bergbaudörfern. So errichteten die Minenbetreiber beispielsweise Wohlfahrtseinrichtungen wie eine öffentliche Bildungsstätte und ein Gesundheitszentrum. Die Historikerin Kim Aram bemerkte, dass das niedrige Einkommen der Bergleute und die hohe Unfallgefahr auch zu einer hohen Rate an Arbeitsplatzwechseln führte. Insbesondere nach Großunfällen, wie in der staatlichen Mine in Changsong im Jahre 1977, sei die Zahl solcher Wechsel demnach stark angestiegen, von 29 % im Jahr 1978 auf 40 % im Jahr 1979.[93]

Auf Grund der genannten Faktoren war die Unfallrate im koreanischen Bergbau hoch. Bei ca. 18.000 Beschäftigten stieg die Zahl der Unfalltoten 1973 auf den höchsten Wert mit 229 jährlich an (siehe Tabelle 35). Im internationalen Vergleich starben bei der Förderung von 1 Mio. Tonnen Kohle in Korea 12 Bergleute, während die Todesrate in Japan mit durchschnittlich 3, in England mit 0,6 und in der BRD mit 0,4 deutlich niedriger war.[94] Die Zahl der unfallbedingten Arbeitsausfälle betrug etwa 1,8 Mio. Arbeitstage.[95] Die häufigsten Unfälle ereigneten sich dabei mit den Förderwagen, bei Gas- und Sprengstoffexplosionen, durch Überschwemmungen sowie durch Feuer, das zumeist durch elektrische Geräte wie Umspanner im Schacht verursacht wurde.[96] Daneben kam menschliches Versagen auf Grund von unzureichender Ausbildung, Überarbeitung oder fehlendem Training in Arbeitssicherheit hinzu. In den Statistiken ist eine unterschiedliche Gewichtung ersichtlich:

---

[93] Ibid., S. 39.

[94] BArch, B 213/24252, GTZ: Fachliche Stellungnahme zum koreanischen Antrag auf Weiterführung/Erweiterung des Kohleprojektes, 01.10.1982, S. 3. Vgl. auch: „Shigŭp-han t'an'gwang-ŭi anjŏn hwakpo“ [Dringender Bedarf an Sicherheit in Kohlebergwerken], in: *Maeil Business Newspaper,* 03.07.1981. Dabei sollte erwähnt werden, dass auch in den frühen Industrieländern wie den USA politische Maßnahmen für Sicherheit im Kohlesektor erst nach einer Reihe größerer Unfälle Anfang des 20. Jahrhunderts ergriffen wurden. Vgl. auch: Graebner, William: *Coal-Mining Safety in the Progressive Period: The Political Economy of Reform*, University Press of Kentucky: Lexington 1976.

[95] BArch, B 213/24251, Angebot der GTZ: Unfallverhütungsmaßnahmen im koreanischen Bergbau, 29.10.1975, S 1.

[96] Provinz Gangwon-do (Hg.): *Kangwŏn chiyŏk t'an'gwang-ŭi ŏje-wa onŭl* [Gestern und Heute der Kohleminen in der Gangwon Provinz], Provinz Gangwon-do: Chuncheon 2006, S. 198. Vgl. Kim, „1960–1970nyŏndae sŏkt'an sanŏp chŏngch'aek“, S. 40; Mun, „T'an'gwang sago-rŭl t'onghae salp'yŏbon Sabuksagŏn“, S. 59.

während in einer Statistik die Arbeitsumgebung und technisches Versagen als Unfallursache mit 57,9 % und menschliches Versagen mit 42,1 % beziffert wurden,[97] stellte eine andere Statistik die menschlichen Einflüsse als höher dar. Hier wurden die Fehler der Arbeiter mit 41,5 %, Ausbildungsfehler mit 21,1 % und technisches Versagen mit lediglich 19,6 % angegeben.[98] Wie ein Arbeitsaktivist hervorhob, wurde insbesondere von den Unternehmen die Verantwortung für Unfälle auf die Arbeiter übertragen, um die Arbeitsbedingungen in einem besseren Licht darzustellen, was möglicherweise die unterschiedlichen Statistiken erklärt.[99]

Tabelle 35: Tödliche Unfälle im Bergbausektor, 1966–1981

Jahr	Tote	**Jahr**	Tote	**Jahr**	Tote	**Jahr**	Tote
1966	173	**1970**	189	**1974**	223	**1978**	153
1967	168	**1971**	174	**1975**	222	**1979**	221
1968	119	**1972**	166	**1976**	217	**1980**	158
1969	161	**1973**	229	**1977**	183	**1981**	194

Quelle: Sŏkt'an Sanŏp Hamnihwa Saŏptan (Hg.): *Han'guk Sŏkt'an Sanŏpsa* [Geschichte des koreanischen Kohlebergbaus], 1990, S. 438. Zitiert in: Mun, „T'an'gwang sago-rŭl t'onghae salp'yŏbon Sabuksagŏn", S. 58.

Auch bei der Erhebung von Verletzungen unterschieden sich die Statistiken: Während eine Statistik von 1982 den Oberkörper mit 60,9 % und davon die Hände mit 30,5 % als am meisten verletzte Körperteile hervorhob,[100] stufte eine andere Statistik aus dem gleichen Jahr mit anderen Kategorien den Unterkörper als stärker verletzungsanfällig ein.[101] Insgesamt waren in beiden Statistiken jedoch die Gliedmaßen am häufigsten von Verletzungen betroffen. Neben den Verletzungen durch Unfälle wurden in der zeitgenössischen koreanischen Forschung auch weitere gesundheitliche Folgen des Bergarbeiterberufs, vor allem Lungenkrankheiten wie Asthma, die sogenannte ‚Berg-

97 Ch'ae, „Ilbu t'an'gwang ŏpch'e kŭllojadŭl-ŭi sanŏp chaehae-e kwanhan chosa", S. 57.

98 Yang, Haeyong: „Kwangsan nodong chaehae-e kwanhan yŏn'gu" [A Study on the Mining Labor Disaster], Masterarbeit, Dongguk University, 1982, S. 31.

99 Kim, Ch'anghan: „Chibang t'ongshin: T'an'gwang-ŭi taehyŏngsago-nŭn ŏnje kkŭnna" [Lokale Nachrichten: Wann ist Schluss mit den Kohlebergwerk-Unfällen?], in: *Sahoe P'yŏngnon* 11, 1992, S. 174. In seiner Masterarbeit zur Zwangsarbeit unter japanischer Kolonialherrschaft hebt Pak Chinsŏ hervor, dass die Angaben von Unfallursachen durchaus ein Politikum werden konnten, da die wirklichen Ursachen wie die Überarbeitung nicht erfasst wurden. Dies lässt sich auf die unterschiedliche Gewichtung in diesem Fall übertragen. Vgl. Pak, Chinsŏ: „Chŏnshi ch'ejegi kangje tongwŏn chosŏnin nomuja-ŭi ‚nodong chaehae': Sago wŏnin punsŏk-ŭi chŏngch'isŏng-e chumok'ayŏ" [‚Labor Accidents' of Forced Korean Laborers during the Wartime Regime], Masterarbeit, Inha University, 2019.

100 Yang, *Kwangsannodong chaehae-e kwanhan yŏn'gu*, S. 35.

101 Ch'ae, „Ilbu t'an'gwang ŏpch'e kŭllojadŭl-ŭi sanŏp chaehae-e kwanhan chosa", S. 57.

sucht', eine Form des Lungenkrebses, sowie das höhere Tuberkuloserisiko durchaus thematisiert, in der Realität jedoch kaum Schutzvorkehrungen getroffen.[102]

Als Faktoren für technisches Versagen lassen sich einerseits die mangelhaften Wartungen, andererseits die insgesamt geringe Mechanisierungsrate hervorheben. Beispielsweise wurden 1984 im koreanischen Bergbau nur 47 Sicherheitsbeauftragte für Wartungen und Sicherheitsprüfungen beschäftigt, während es in Taiwan und Japan bei halb so großer Beschäftigtenzahl 52 bzw. 399 waren.[103] Ein koreanischer Arbeitsaktivist beklagte in diesem Zusammenhang, dass bei großen Unfällen oft die Sicherheitsbeauftragten in Prozessen zur Rechenschaft gezogen würden, wodurch sich die Unternehmen ihrer Verantwortung entziehen konnten.[104] Auch bei der Mechanisierungsrate fiel der koreanische Bergbau weit hinter die Industrienationen zurück: In der BRD lag die Mechanisierung Ende der 1970er-Jahre bei 99 %, in England bei 93 % und in Japan bei 73 %, während Korea gerade einmal 5 % erreichte.[105] Die Mechanisierung wurde im Laufe der 1980er-Jahre jedoch weiter gefördert und stieg auf bis zu 38 % an (siehe Tabelle 36).

Tabelle 36: Bergbaumechanisierung, 1979–1988

Jahr	1979	1980	1981	1982	1983	1984	1985	1986	1987	1988
Mechanisierungsrate (%)	5,0	7,8	11,6	17,8	17,4	21,2	25,8	29,5	34,3	38,0

Quelle: BArch, B 213/39064, Neugebauer (GTZ) an das BMZ: TZ mit Korea, hier: Neue Abbauverfahren im Steinkohlebergbau, 01.02.1990, Anlage.

Der Präsident des staatlichen Kohleunternehmens Korea Coal Corperation (KCC, *taehan sŏkt'an kongsa*), Yi Kŭnyang, stellte 1975 bei einem Besuch von Minen in England und Deutschland positiv heraus, dass sowohl die Förderung als auch der Transport der Kohle vollständig mechanisiert und elektrisch betrieben waren. Er äußerte bei diesem Besuch auch seine Hoffnung, dass die koreanischen Bergarbeiter aus deutschen Minen gut ausgebildet zurückkehren würden und in baldiger Zukunft auch Korea ausländische Arbeitskräfte im Bergbau

---

[102] Kim, Kyŏngsu: „Kwangsan chaehae" [Grubenunfälle], in: *Han'guk-ŭi Sanŏp ŭihak* 14.3, 1975, S. 27–34. Der Begriff ‚Bergsucht' wurde in diesem Artikel auf Deutsch genannt.

[103] Hyŏn, Chŏnki: „Kwangsan hyŏnhwang-gwa kwangsan chaehae-e kwanhan yŏn'gu: Kangwŏndo-rŭl chungshim-ŭro" [A Study on the Status of Mines and Mine Disaster: Focusing on Gangwon-do], in: *Kangwŏnmunhwayŏn'gu* 4, 1984, S. 244.

[104] Kim, Ch'anghan: „Chibang t'ongshin: T'an'gwang-ŭi taehyŏngsago-nŭn ŏnje kkŭnna" [Lokale Nachrichten: Wann ist Schluss mit dem Kohlebergwerk-Unfällen?], in: *Sahoe P'yŏngnon* 11, 1992, S. 174.

[105] „Shigŭp-han t'an'gwang-ŭi anjŏn hwakpo [Dringender Bedarf an Sicherheit in Kohlebergwerken], in: *Maeil Business Newspaper*, 03.07.1981.

einsetzen könnte.[106] Der nachfolgende Präsident der KCC, Yi Hunsŏp, besuchte 1978 ebenfalls Gruben in den beiden Ländern und strebte einen verstärkten technischen Austausch und Zusammenarbeit mit den „entwickelten Bergbaubetrieben" an.[107] Es wird deutlich, dass die Unternehmen und Behörden im Bergbausektor ein großes Interesse an der Verbesserung der Fördermethoden durch Mechanisierung hatten und dabei auch eine Kooperation mit Deutschland erwogen.

In koreanischen Tageszeitungen dieser Zeit wurde ausführlich über größere Unfälle im Kohlebergbau berichtet. Im Zusammenhang mit einem der größten Minenunglücke wurden von der Regierung wirksame Maßnahmen gefordert. Auch wenn demnach viel für die Wohlfahrt der Bergleute in der Region getan worden sei, fehlte es weiterhin an einer ausreichenden Schutzvorkehrung in den Minen selbst.[108] Im *Maeil Business Newspaper* wurde die Frage aufgeworfen, ob die Regierung überhaupt den Ausbau der Kohleförderung auf ihre Agenda schreiben dürfe, wenn sie die Sicherheit der Bergleute nicht garantieren könne.[109] Ein Kolumnist sprach in Bezug auf die vielen Opfer im Bergbau von einem „neuen *Arirang* der Provinz Gangwon-do" mit Anspielung auf das traditionelle Volkslied. Er kritisierte die verantwortlichen Stellen für die fehlenden Maßnahmen.[110] An den Zeitungsartikeln, aber auch an der Verarbeitung der Bergwerksunfälle in Theaterstücken der Zeit zeigte sich das große Trauma, das diese in der Region auslösten.[111]

Zum Abschluss sei noch kurz auf das unzureichende Versicherungssystem und die damit zusammenhängende Entschädigungspolitik verwiesen, auf das im Abschnitt zu Unfallverhütung in der Industrie genauer eingegangen wird. Bereits 1963 wurde das ‚Gesetz für die Sicherheit im Bergbau' (*kwangsan poan pŏp*) und im Jahr darauf das ‚Gesetz zur Entschädigung und Versicherung von Industrieunfällen' (*sanŏp chaehae posang pohŏm pŏp*) verabschiedet. Auch

---

106 „10pun int'ŏbyu tongnyŏk'oe-ŭi ch'amga kujuŏpkye tullŏbon Yi Gŭnyang-ssi taehan sŏkt'an kongsa sajang" [10-minütiges Interview mit Herrn Yi Gŭnyang, Präsident der Korea Coal Corporation, der auf der Energiekonferenz die wichtige Industrie besichtigt], in: *Maeil Business Newspaper,* 19.06.1975.

107 „Sŏnjin'guk-kwa-ŭi kisul kyoryu chŏkkŭk ch'ujin [Technologieaustausch mit den Industrienationen soll weiter verstärkt werden], in: *Maeil Business Newspaper*, 04.04.1978.

108 „Shigŭp-han t'an'gwang-ŭi anjŏn hwakpo [Dringender Bedarf an Sicherheit in Kohlebergwerken], in: *Maeil Business Newspaper,* 03.07.1981.

109 „Kwangsan sago makŭl kil ŏmna [Gibt es keinen Weg, Bergunfälle zu stoppen?], in: *Maeil Business Newspaper*, 30.10.1979.

110 Kim, Chŏnghan: „Sae kangwŏndo arirang [Ein neues Arirang für die Provinz Gangwon], in: *Chosun Ilbo*, 25.01.1978.

111 Vgl. hierzu auch: Im, Chunsŏ: „1970/80nyŏndae t'an'gwangch'on higok-ŭl t'onghae pon chaenan'gŭk-ŭi yuhyŏng-gwa soksŏng" [Types and Attributes of Disaster Drama through the 1970/80s Mining Town Play], in: *Yŏngjuŏmun* 34, 2016, S. 321–354.

wenn dadurch rechtlich ein Arbeitsschutz für Betriebe mit über 500 Mitarbeitern bestand, war dessen Umsetzung meist unzureichend.[112] Die Verhandlungen zu Entschädigungen erfolgten wegen der hohen Kosten meist ohne Anwälte. Dabei wurde jedoch auch die Handlungsmacht der Unfallopfer sichtbar, die versuchten, mehr Geld zu erhandeln. Allerdings stellte die finanzielle Entschädigung meist nur eine kurzfristige Lösung dar, weil die Familien weiter versorgt werden mussten; oft fingen daher die Frauen der Verletzten an, in der Wäscherei oder Verwaltung der Mine zu arbeiten, damit die Familie weiterhin im firmeneigenen Haus leben und die Kinder die genannten Stipendien erhalten konnten.[113]

3.2 Kohlebergbau und Entwicklungszusammenarbeit

Der Kohlebergbau war ein Bereich, den die koreanische Regierung auch durch finanzielle und technische Zusammenarbeit aus dem Ausland zu fördern versuchte. Die Militärregierung unter Park Chung Hee beschloss schon 1961 das ‚Gesetz für Übergangsmaßnahmen zur Förderung des Kohlebergbaus (*sŏkt'an kaebal-e kwanhan imshi choch'i pŏp*)', insbesondere um Investitionen aus dem Ausland auch für private Minen zu ermöglichen. So stellte das EPB 1963 bei der USAID einen Antrag auf Finanzierung des Ausbaus einer KCC-Mine in Changseong.[114] Für die gleiche Mine wurden außerdem Kredite bei der Bundesregierung beantragt. Bereits 1962 erstellten daher zwei Sachverständige einen Bericht zur Entwicklung des Kohlebergbaus. Es stehen vor allem wirtschaftliche und technische Aspekte im Vordergrund. Die Gutachter kamen darin zu dem Schluss, „dass die Betriebsführung gut ist, dass aber die im Fünfjahresplan gesteckten Ziele in der dort vorgesehenen Zeit kaum erreicht werden können"[115] Der Ausbau der bestehenden und die Neuerschließung von Kohlengru-

---

[112] Chang, Mihyŏn: „1960–70nyŏndae sanŏp chaehae posang pohŏm chedo-ŭi shihaeng-gwa sanjae nodongja-ŭi taeŭng" [Execution of Industrial Accidents Compensation System and Response of Industrial Accident Workers in the 1960s to 1970s], in: *Sarim* 50, 2014, S. 95–127.

[113] Kim, Serim: „1980nyŏndae kwangsan sago hu Kangwŏndo minyŏng t'anjwa-ŭi ‚hwahae' kwajŏng-gwa t'an'gwang nodongja-ŭi sŏnt'aek" [After the Mine Accident in the 1980s, Gangwon-do Mineral Coal Co., Ltd.'s „Reconciliation" Process and Coal Mine Workers' Choice], in: *Sahak Yŏn'gu* 144, 2021, S. 479–514.

[114] National Archives of Korea, Dokumenten-Nr.: BA0146517, Finanzministerium: AID changsŏnggwanggaebal ch'agwan'gwan'gyech'ŏl [Akten zum Ausbau der Changsŏng-Mine durch AID], 1963.

[115] BArch, B 213/8749, Deutsche Botschaft Seoul an das AA, Entsendung von zwei Kohlenbergbau-Sachverständigen nach Korea, 26.03.1962.

ben sei, unter der Voraussetzung, dass es nicht zu einer Wiedervereinigung von Nord- und Südkorea komme, sinnvoll und sollte deshalb gefördert werden.[116]

Während die amerikanische Seite für diesen Sektor 28 Mio. DM an Darlehen gewährte, beschloss die Bundesregierung eine Förderung in Höhe von 20,7 Mio. DM aus einem Gesamtpaket von 75 Mio. DM an finanzieller Zusammenarbeit zur Verfügung zu stellen. Hierzu wurden auch Gespräche zwischen BMZ und USOM in Korea geführt.[117] Der Auftrag zum Minenausbau in Changseong ging dabei an die deutsche Firma DEMAG.[118] Die Sicherheitsaspekte, die im späteren Projekt der technischen Zusammenarbeit im Fokus standen, wurden in diesem Zeitraum mit keinem Wort erwähnt, weil die Wirtschaftlichkeit im Vordergrund stand.[119] Im gleichen Zeitraum wurden auch zwei deutsche Geologen zur Erkundung weiterer Bodenschätze entsandt, die u. a. neue Vorkommen von Eisenerz und Wolfram nachwiesen, sowie eine Expertengruppe zur Ausführung von Erdölbohrungen.[120]

An dieser Stelle soll ein kirchlich gefördertes Projekt in der Region um Wonju als Vergleich zur staatlichen technischen Zusammenarbeit herangezogen werden. Nach einer Flut im Jahre 1972, die vor allem Bergbaugebiete inklusive Minen in der Provinz Gangwon-do betraf, stellten die katholischen Hilfswerke Caritas und Misereor bereits ein Jahr später insgesamt 2,4 Mio. DM Soforthilfe

---

116 BArch, B 213/8749, Internes Schreiben des BMZ: Technische Hilfe für Korea: Gutachten über den koreanischen Kohlebergbau, 10.1962, S. 1; F. A. Graf / P.-C. von Weyhe: Gutachten zu der Frage der Notwendigkeit und Möglichkeit einer Fördersteigerung in den bestehenden staatlichen Kohlebergwerken der Republik Korea, 03.1962; National Archives of Korea, Dokumenten-Nr.: *Wirtschaft und Diplomatie* 348, EPB: Sŏkt'an kaebal-e kwanhan sŏdok kisulcha-ŭi yebi pogo [Vorbericht des westdeutschen Technikers zur Entwicklung des Kohlebergbaus], 02.04.1962.

117 BArch, B 213/8749, BMZ-Bericht über die von einer deutschen Regierungsdelegation (Leiter MinDirig. Dr. Daniel) in Korea geführten Besprechungen, 29.07.1964, S. 4/9. Zur amerikanischen Rohstoffforschung und -förderung in Ostasien dieser Zeit vgl. auch: Chen, Kuan-Jen: „Fishing for Oil: Natural-Resource Management between the United States and Maritime East Asia in the 1970s", in: *Journal of American-East Asian Relations* 27, 2020, S. 169–197.

118 Ibid., S. 15.

119 In der gleichen Zeit gibt es allerdings im Zusammenhang mit Unfällen und Todesfällen koreanischer Gastarbeiter im deutschen Bergbau einen kurzen Bericht über die Unfallzahlen in Korea. In einem Schreiben an den Bundeskanzler stellte die International Human Rights League of Korea indirekt Forderungen nach Entschädigungen für Todesfälle koreanischer Bergleute. Die Deutsche Botschaft in Seoul berichtete in diesem Zusammenhang über die deutlich höheren Todeszahlen im koreanischen Bergbau pro geförderte Tonne Kohle bzw. pro Arbeitsstunde. Als Gründe für diese niedrigeren Zahlen führte das BMWi auch die regelmäßigen Prüfungen der Bergbaubetriebe sowie die bessere Technik im deutschen Bergbau an. Vgl. dazu auch Kapitel 4, sowie ausführlicher: Lee, *Koreanische Migrationsgeschichte*, S. 75f.

120 BArch, B 213/8749, Internes Schreiben des BMZ: Deutsche Technische Hilfe für Südkorea, 18.06.1964.

zur Verfügung. Diese Gelder wurden in einer Zusammenarbeit von Seouler Forschungsinstituten für den ländlichen Raum und Arbeitsfragen mit den Gewerkschaften vor Ort für einen langfristigen Wiederaufbau der Bergbauregion verwendet, indem auch die Unabhängigkeit und Selbständigkeit der Bergleute gefördert werden sollten. Im Rahmen des Projektes von 1973 bis 1979 wurden daher Kredit- und Verbrauchergenossenschaften gegründet sowie u. a. die Haltung von Schweinen und Ziegen und der Bau einer Nudelfabrik gefördert, sodass neben dem Bergbau andere Einkommensquellen für die Gemeinden entstanden. Insgesamt waren an dem Projekt über die 16 Gewerkschaften 18.729 Minenarbeiter beteiligt.[121] Dieses Projekt zeigt, dass kirchliche Soforthilfe auch einen nachhaltigen Charakter haben konnte und andere Fördermöglichkeiten im Bergbausektor mit sozialem Charakter möglich waren als die Unfallverhütung. Außerdem wird erneut das Interesse an Genossenschaften insbesondere in Projekten der ländlichen Entwicklung ersichtlich (siehe Kapitel IV-3).

3.3 Unfallverhütung und neue Abbaumethoden im Kohlebergbau

In einem allgemein gehaltenen Antrag hatte sich 1975 zunächst das Korean Institute for Geoscience and Mineral Resources (KIGAM, *han'guk chijil chawŏn yŏn'guso*)[122] unter dem Ministerium für Energie und Ressourcen (MER, *tongnyŏkchawŏnbu*) bei der Bundesregierung für ein Projekt zur Prävention von Minenunfällen beworben. Bereits im gleichen Jahr entsandte die GTZ zwei Experten für ein Vorgutachten, in dem die Abbaumethoden als Hauptursache für die häufigen Unfälle herausgestellt wurden.[123] Mit dem vorläufigen Beschluss zur Durchführung des Projektes wurden 1977 erneut zwei Gutachter nach Korea entsandt. Sie untersuchten speziell die Arbeitsbedingungen und die häufigsten Unfallarten im koreanischen Bergbau.[124] Es wurde zu dieser Zeit das *Slant Chute Mining* (*wigyŏng sasŭng pungnak ch'aet'anbŏp*) eingesetzt, das

---

[121] Beim Archiv des Hilfswerks Misereor wurden die Akten angefragt, konnten jedoch noch nicht eingesehen werden. Vgl. als Sekundärliteratur auch: Kim, Sonam: „1970nyŏndae wŏnju chiyŏk chaehae taech'aek saŏp wiwŏnhoe-ŭi kwangsan chiyŏk changgi kuho saŏp yŏn'gu: Shinyong hyŏptong chohap undong-ŭl chungshim-ŭro“ [A Study on the Long Lasting Relief Program in Mining Areas by the Relief and Rehabilitation Committee in Won-ju in the 1970s], in: *Tongbang Hakchi* 158, 2012, S. 387–441.

[122] Im Laufe des Projektes erfolgten mehrere Umbenennungen, die Abkürzung KIGAM wird aber in den meisten Berichten ab den 1980er-Jahren verwendet. Vgl. zur Geschichte des Instituts auch: KIGAM (Hg.): *KIGAM palchach'wi 100nyŏn yŏksajip* [100 Jahre Geschichte des KIGAM], KIGAM: Daejeon 2018.

[123] BArch, B 213/24251, G. Marzi / O. E. Schröder: Expert Report on Labour Safety in Korean Hard Coal Mining Subject: Possibilities of Improving the Mining Methods, 1977, Vorwort.

[124] Ibid., Vorwort.

einerseits als wenig effektiv galt, da beim Abbau hohe Kohleverluste entstanden, und bei dem andererseits ein höheres Unfallrisiko bestand.[125] Das Projekt sollte daher die Einführung neuer und sicherer Verfahren zum Kohleabbau im Rahmen eines Pilotprojektes testen und damit die Unfälle reduzieren. Auf Grundlage verschiedener Vorstudien durch die Firma *Montan Consulting* (heute: *DMT Group*) in insgesamt fünf repräsentativen Steinkohlegruben wurde festgestellt, dass die geologischen Bedingungen in Korea sehr unterschiedlich ausfielen, und man entschied sich, zwei verschiedene Arten des Abbaus zu testen: die Nass- und Trockenförderung.[126]

Im Regierungsabkommen zwischen beiden Ländern wurde die Entsendung eines Projektleiters, je eines Elektro- und Maschineningenieurs mit Erfahrungen im Bergbau sowie eines Hydroexperten und Richtmeisters festgelegt. Durchgeführt wurde das eigentliche Projekt im Auftrag der GTZ durch *Montan Consulting* von 1980 bis 1982. In dieser Zeit wurden auch die benötigten Maschinen und Geräte für die neuen Abbauverfahren geliefert. Die deutschen Leistungen beliefen sich auf 3,6 Mio. DM für Ausrüstung und 1,2 Mio. DM für die Experten.[127] Die koreanische Seite stellte, wie in den anderen Projekten auch, die Counterparts, Büros und weitere Ausrüstung bereit. Die eigentliche Umstellung der Abbauverfahren bedeutete außerdem erhebliche Investitionen durch die koreanischen Bergbauunternehmen, die nicht durch die technische Zusammenarbeit abgedeckt wurden; genaue Kostenberechnungen liegen dafür aber nicht vor. Eine Fortsetzung des Projektes lief mit einigem zeitlichen Abstand von 1985 bis 1987 sowie einer anschließenden Verlängerung bis 1990. Im Unterschied zur ersten Phase bezahlte KIGAM hier die deutschen Berater selbst. Von deutscher Seite wurden weitere 5,4 Mio. DM für Maschinen und Material bereitgestellt.[128] Damit beliefen sich die Gesamtkosten für das Projekt auf insgesamt 9,9 Mio. DM.

---

[125] Bei *Slant Chute Mining* wird die Kohle durch Sprengungen gelöst und über Blechrutschen abtransportiert. Dabei entstehen einerseits gefährliche Sprenggase und eine große Menge an Staub, andererseits kommt es vor, dass Bergarbeiter eingeschlossen werden. Der Firma *Montan Union* zufolge gingen durch dieses Verfahren bis zu 40–50 % der Kohle verloren. Vgl. auch: BArch, B 213/24252, Montan Consulting: Projektabschlussbericht ‚New Mining Methods', 02.1983, S. 1–3.

[126] BArch, B 213/24251, GTZ: Angebot über New Mining Methods, Korea, 27.07.1979, S. 3.

[127] Ibid., S. 7f.; BArch, B 213/39064, KIGAM/GTZ: Technische Zusammenarbeit mit Korea – New Mining Methods Project, 26.05.1987, o. S.

[128] BArch, B 213/39064, BMZ internes Schreiben: TZ mit Korea, hier: Barmittelvorhaben Strebbauausrüstungen für Steinkohlebergbau Korea, 02.07.1987.

Projektziele

Während in der Vorphase zunächst der Titel ‚Unfallverhütung im koreanischen Bergbau' gewählt worden war, wurde ab 1978 der Fokus erweitert, und das Projekt betonte unter dem Titel ‚Unfallverhütung und Erprobung neuer Abbauverfahren' (*ch'aet'an kisul kaesŏn saŏp*) deutlicher den Abbau als Projektschwerpunkt.[129] Neben der Unfallverhütung aus dem ursprünglichen Projekttitel wurde als weiteres Ziel die Steigerung der Wirtschaftlichkeit angegeben, die auf Grund des koreanischen Abbauverfahrens und der fehlenden Mechanisierung unter dem erreichbaren Niveau lag. In einem Bericht wurde beispielsweise die makabre Frage aufgeworfen, „was ein toter Bergmann volkswirtschaftlich kostet".[130] Daran lässt sich erkennen, dass die deutschen Fachkräfte das Projekt hauptsächlich aus wirtschaftlicher Perspektive betrachteten und sie die Wirtschaftlichkeit auch in Zusammenhang mit Arbeitssicherheit brachten. Auch die Deutsche Botschaft in Seoul argumentierte, dass in Korea die Förderung des Kohlebergbaus mit der zweiten Ölpreiskrise eine hohe Priorität einnahm, wie oben bereits erwähnt wurde, und dem Projekt daher vor allem volkswirtschaftlich eine hohe Bedeutung zukam.[131] Soziale Aspekte wie der Schutz der Bergarbeiter oder der gesellschaftliche Diskurs um Bergbauunfälle werden dagegen nicht erwähnt.

Aber auch die koreanischen Bergbauunternehmen sowie die Partnerorganisation KIGAM hatten ein großes Interesse daran, die Wirtschaftlichkeit ihrer Produktion zu erhöhen und dabei gleichzeitig die Unfallhäufigkeit zu verringern, denn sie beklagten wegen der Unfälle niedrigere Fördermengen.[132] Auch in anderen Studien zur Arbeitssicherheit und -gesundheit wurden volkswirtschaftliche Aspekte oft über die Arbeitergesundheit selbst gestellt.[133] Insbesondere in der zweiten Phase war die bereits angesprochene Mechanisierung der Abbauverfahren ein Hauptziel. Dadurch sollten die Arbeitsprozesse sicherer und wirtschaftlicher werden.

---

129 BArch, B 213/24252, GTZ an BMZ: Technische Zusammenarbeit mit Korea – Evaluierung Kohlebergbau; Auszug aus der Stellungnahme als Antwort auf Prof. Dr. Gocht, 06.05.1985, S. 1.

130 BArch, B 213/24251, GTZ Prüfbericht zu New Mining Methods, o. D., S. 2.

131 PA AA, B 37-ZA, 142745, Deutsche Botschaft Seoul an das AA: TZ mit Korea, Antwort auf das Schreiben BMZ vom 26.02.1982, 11.03.1982.

132 Kim, „1980nyŏndae kwangsansago hu Kangwŏndo minyŏngt'anjwa-ŭi ‚hwahae' kwajŏng", S. 487.

133 Vgl. beispielsweise auch den Bericht der *Korean Industrial Safety Corporation* (KISCO) im Auftrag des KDI, in dem als Rechtfertigung der Arbeitsgesundheit ausschließlich wirtschaftliche Aspekte genannt werden: KISCO (Hg.): *2012 kyŏngje palchŏn kyŏnghŏm modyurhwa saŏp: sanŏp chaehae yebang chedo kuch'uk mit unyŏng* [2012 Economic Development Experience Modularization Project: Einrichtung und Betrieb eines Systems zur Verhütung von Industrieunfällen], Bericht, 2013, S. 24f.

Die deutschen Gutachter stellten zu den Arbeitsbedingungen im koreanischen Kohlebergbau fest, dass die Bergarbeiter in den besuchten Minen in der Provinz Gangwon-do in Teams von drei Personen eingesetzt wurden, denen damit eine hohe Verantwortung zukam. Die verwendeten Werkzeuge waren demnach zumeist einfach.[134] Die Arbeit wurde als gefährlich beschrieben, da es in den Minen meist nur einen Ausgang gab, keine Ventilation erfolgte, die Sprengungen kaum überwacht werden konnten und keine Signalanlagen vorhanden waren. Die Arbeitsorganisation und -überwachung war außerdem wenig effektiv, da Schächte zu klein und dezentralisiert waren. Durch das Fehlen von Telefonen war die Kommunikation eingeschränkt.[135] Den Gutachtern zufolge bedeutete es für die Arbeiter außerdem einen hohen Stress- und Gefahrenfaktor, dass die Arbeitsschritte nicht standardisiert waren. Dennoch hoben die Gutachter die Lernbereitschaft und den Fleiß der Arbeiter und Aufseher hervor, woraus sie auf eine hohe Erfolgsaussicht des Projektes schlossen.[136]

Vernachlässigte Themen

Weil im deutsch-koreanischen Projekt die Abbauverfahren im Zentrum standen, konnten andere Aspekte nur am Rande berücksichtigt werden. Am Anfang des Projektes erkundigte sich die Deutsche Botschaft Seoul in einem Schreiben beim BMWi über die Unfallverhütung im deutschen Bergbau. In der BRD war die Unfallverhütung durch Gesetze und Verordnungen der Länder geregelt. Unter anderem mussten die Bergbauunternehmen Betriebspläne vorlegen, die im Rahmen von Betriebsüberwachungen durch die Behörden, wie das Bergamt, geprüft wurden. Die Unternehmen hatten die Verpflichtung, Aufsichtspersonen einzustellen. Für die Arbeitssicherheit und die Erste Hilfe sowie das Versicherungswesen waren daneben die Berufsgenossenschaften als öffentlich-rechtliche Körperschaften zuständig.[137] Es wird ersichtlich, welche anderen Themen neben den Abbauverfahren bei der Unfallverhütung noch eine Rolle spielten. So waren die Gesetze und deren Überwachung, aber auch Berufsgenossenschaften entscheidende Themen, die in diesem Projekt jedoch vernachlässigt wurden.

Ein deutscher Gutachter des Projektes erwähnte außerdem lediglich am Rande, dass die neuen Abbauverfahren für die Bergarbeiter „weniger Knochen-

---

[134] BArch, B 213/24251, G. Marzi / O. E. Schröder: Expert Report on Labour Safety in Korean Hard Coal Mining Subject: Possibilities of Improving the Mining Methods, 1977, S. 5.

[135] Ibid., S. 11.

[136] Ibid., S. 12f.

[137] PA AA, B 37-ZA, 105109, BMWi an AA: Unterlagen über Sicherheit im Bergbau, 12.10.1976.

arbeit und bessere Umweltbedingungen" bedeuteten, da die Mechanisierung des Transports auch zu einer geringeren Staubbelastung führte.[138] Auch wenn die Arbeitsgesundheit also erwähnt wurde, war sie im Vergleich zur Wirtschaftlichkeit ein Randthema, während sie im Projekt zur Unfallverhütung in der Industrie deutlich stärker im Fokus stand. KIGAM führte zu diesen Themen selbst Forschungsprojekte durch und arbeitete dazu ab 1984 auch mit einem japanischen Forschungsinstitut zusammen.[139] Ein weiteres Beispiel für Kooperation mit anderen Forschungsinstituten ist auch die Entwicklung von Sicherheitshelmlampen durch das von der BRD geförderte KIMM im Jahr 1986.[140]

Auch das Thema Umweltschutz spielte zu dieser Zeit sowohl für die deutsche als auch koreanische Seite eine eher geringe Rolle. In einem späteren Gutachten der *Montan Union* findet sich folgender Kommentar:

> „Die Probleme des Umweltschutzes sind groß. Die Grubenberge werden dort aufgeschüttet, wo gerade Platz ist. Eine planmäßige und dringend notwendige Bepflanzung der Bergehalden findet nicht statt. Die Abwässer der Gruben und der Ortschaften werden größtenteils nicht geklärt. Die übertägigen Verladeanlagen der Kohle für den Weitertransport zum Verbraucher per LKW oder Eisenbahn sind äußerst primitiv angelegt und sind die Ursache für erhebliche Umweltbelastungen."[141]

Dennoch wurde insbesondere bei der Projektverlängerung 1987 dieser Bereich nicht ausreichend berücksichtigt, wie ein BMZ-Beamter bemängelte.[142] Vor allem vor dem Hintergrund der beschränkten Kohlevorkommen in der Provinz Gangwon-do und dem zwangsläufig notwendigen Rückbau wären solche Überlegungen relevant gewesen. Erst mit den Rationalisierungsmaßnahmen im Kohlebergbau (*sŏkt'an sanŏp hamnihwa saŏp*) unter der Regierung von Roh Tae

---

[138] BArch, B 213/24251, GTZ Prüfbericht zu New Mining Methods, o. D., S. 3.

[139] *KIGAM palchach'wi 100nyŏn yŏksajip*, S. 438.

[140] BArch, B 213/39056, Broschüre KIMM Ship Research Station: Research on Miner's Safety Cap Lamp, 12.1986.

[141] BArch, B 213/24252, Montan Consulting: Projektabschlussbericht ‚New Mining Methods', 02.1983, S. 36.

[142] BArch, B 213/55661, Entwurf eines Schreibens des BMZ an die GTZ: TZ mit Korea, hier: Erprobung neuer Abbaumethoden im Kohlenbergbau, o. D. In diesem Schreiben wird nachgefragt, welche Maßnahmen für die Umwelt eingeleitet wurden und die GTZ und *Montan Consulting* gebeten, solche Maßnahmen in den Projektberichten genauer zu erwähnen. Dies ist jedoch einer der wenigen Verweise auf das Thema. Erst Mitte der 1990er-Jahre rückt die Vereinbarkeit von Umweltschutz und Kohlebergbau in Entwicklungsländern stärker in den Fokus. In einem wissenschaftlichen Aufsatz wird der Kohlebergbau als „erheblicher Eingriff in die Natur" bezeichnet und Rückbaumaßnahmen nach Ende der Förderung empfohlen. Vgl. Gocht, Werner: „Der Bergbau in Entwicklungsländern und das Konzept der nachhaltigen Entwicklung", in: *Geowissenschaften* 14.2, 1996, S. 59–62.

Woo und dem damit einhergehenden Rückbau geschlossener Kohleminen und Strukturwandel fand dieses Thema weitere Beachtung.[143]

Parallel zum deutsch-koreanischen Projekt wurde auch ein ADB-Darlehen an die staatliche KCC vergeben, durch das neue Kohlevorkommen erschlossen und ein Ausbau der bestehenden Bergwerke gefördert werden sollte. Auch wenn es also keine direkten inhaltlichen Überschneidungen zwischen den beiden Projekten gab, wurde angeregt, dass diese beim Kauf von Maschinen oder Werkzeugen zusammenarbeiten könnten.[144] Da der Fokus jedoch unterschiedlich war, kam es nur zu wenig Austausch zwischen den beiden Projekten.

Ergebnisse

Das größte Risiko des Projektes bestand im Verhalten des Gebirges und der Kohle selbst, was nicht leicht vorhergesehen werden konnte, da Unterschiede zu europäischen Minen bestanden. Demnach konnten Erfahrungen aus dem deutschen Kohlebergbau nicht direkt auf Korea übertragen werden.[145] Für die Pilotversuche in der ersten Phase wurden nach weiteren geologischen Studien zwei privatbetriebene Gruben ausgewählt, eine Mine in Daesong für die Nassförderung und eine Mine in Samchok für die Trockenförderung.[146] Als Begründung für die Auswahl privater Minen wurde nur angegeben, dass die staatlichen Gruben für das Projekt zu „ausgelastet und unflexibel" gewesen seien.[147] Insbesondere vor dem Hintergrund der staatlichen Förderung durch neuste Technik stellt sich aber die Frage, wie es zur Auswahl der Minen kam und warum nicht auch staatliche Minen an dem Projekt direkt beteiligt wurden.

Die Einführung der Trockenförderung erwies sich als wirtschaftlich rentabel: Während die durchschnittlichen Kosten des *Slant Chute Mining* bei ca. 5.000 Won pro Tonne Kohle lagen, konnten mit dem neuen Verfahren die Kosten weiter gesenkt werden. Außerdem stieg in Samchok die Arbeitsleistung von durchschnittlich 4,5t/MS auf bis zu 7,9t/MS und die Fördermenge um 125 %

143 Vgl. auch folgende Dokumente: National Archives of Korea: Yi, Wŏnu: „Enŏji mit chawŏn kaebal: sŏkt'an sanŏp yuksŏng mit sŏkt'an sanŏp hamnihwa" [Energie- und Ressourcenentwicklung: Förderung des Steinkohlenbergbaus und Rationalisierung der Steinkohlenindustrie], 2007.

144 BArch, B 213/24251, Deutsche Botschaft Seoul an das AA: Technische Hilfe für Südkorea; Unfallverhütung im koreanischen Bergbau, 27.12.1976.

145 BArch, B 213/24251, G. Marzi / O. E. Schröder: Expert Report on Labour Safety in Korean Hard Coal Mining Subject: Possibilities of Improving the Mining Methods, 1977, S. 20.

146 *KIGAM palchach'wi 100nyŏn yŏksajip*, S. 135.

147 BArch, B 213/24251, V. Kohnhorst: Reisekurzbericht – Unfallverhütung im koreanischen Bergbau, 21.07.1978, S. 3.; BArch, B 213/24252, GTZ an BMZ: Technische Zusammenarbeit mit Korea – Evaluierung Kohlebergbau; Auszug aus der Stellungnahme als Antwort auf Prof. Dr. Gocht, 06.05.1985, S. 1.

von ca. 3.300 t/Monat mit dem *Slant Chute Mining* auf bis zu 8250 t/Monat mit der neuen Abbaumethode.[148] Auf Grund des Erfolgs besuchten Ingenieure anderer Gruben den Betrieb, und auch der koreanische Projektträger KIGAM stellte die Ergebnisse des Projektes im Rahmen eines internationalen Symposiums vor. Außerdem wurde geplant, das Verfahren für weitere Gruben mit anderen geologischen Bedingungen zu testen.[149] Die koreanischen und deutschen Fachkräfte vor Ort erstellten außerdem Publikationen und Videofilme, um die Ergebnisse des Pilotprojektes zu vermitteln.[150]

Die Einführung in die neuen Abbaumethoden bedeutete eine angemessene Ausbildung für die Bergleute, die, wie zuvor erwähnt, sonst oft ausgeklammert wurde. Die koreanischen Counterparts von KIGAM erhielten außerdem die Konstruktionszeichnungen, Projektberichte und Studien zu den Abbauverfahren, Entwässerungsversuchen inklusive Lösung des Schlammproblems, sowie die Anleitungen zu den Maschinen. Mit höherer Fördermenge ging auch die Notwendigkeit einher, Kohle und Kohleschlamm schneller abzutransportieren. Hierfür wurden von deutscher Seite zusätzliche Lösungsvorschläge gemacht.[151] In der zweiten Projektphase wurde auch ein Kurzzeitexperte speziell für die Beratung zur Kohlelagerung entsandt.[152] Die deutschen Experten trugen auch zur Lösung weiterer praktischer Probleme, beispielsweise der Lieferung von Sprengmaterialien oder anderer technischer Ausrüstung, bei, indem Firmen zu deren Herstellung angewiesen oder ein möglicher Ersatz geschaffen wurde.[153]

Während sich die Einführung der Trockenförderung auf Anhieb als erfolgreich herausstellte, war die Nassförderung für die ausgewählte Grube bzw. den koreanischen Kohlebergbau im Allgemeinen weniger geeignet. Der Versuch wurde aus diesem Grund auch abgebrochen und in der Grube ebenfalls mit der Trockenförderung weitergearbeitet.[154] Im Nachhinein wurde kritisiert, dass

---

148 BArch, B 213/24252, V. Kohnhorst (GTZ): Dienstreisebericht New Mining Methods vom 01.09. bis 196.09.1982, 01.10.1982, S. 1f. / Montan Consulting: Projektabschlussbericht ‚New Mining Methods', 02.1983, S. 11.

149 BArch, B 213/24252, V. Kohnhorst (GTZ): Dienstreise New Mining Methods vom 14.11. bis 30.11.1981, 30.03.1982, o. S.

150 BArch, B 213/39064, H. Schuch (GTZ): Dienstreisebericht Einführung neuer Abbaumethoden im Steinkohlebergbau (New Mining Methods), 23.04.1986–09.05.1986, 08.1986, S. 18.

151 BArch, B 213/24252, V. Kohnhorst: Dienstreisebericht Korea ‚New Mining Methods', 17.05.–31.05.1981.

152 BArch, B 213/55661, Prof. Dr.-Ing. K. Spies: Bericht über die Reise nach Korea vom 28.08. bis 21.09.1989, o. D.

153 BArch, B 213/24252, Montan Consulting: Projektabschlussbericht ‚New Mining Methods', 02.1983, S. 20f.

154 BArch, B 213/24252, V. Kohnhorst (GTZ): Dienstreise New Mining Methods vom 14.11. bis 30.11.1981, 30.03.1982, o. S.

vermutlich die Vorstudie nicht gründlich ausgeführt worden sei, weil sonst die Ungeeignetheit der Methode hätte festgestellt werden können. Bei der wirtschaftlichen Auswertung ließ sich an der Nassförderung außerdem kritisieren, dass die Kosten deutlich höher lagen als vorher.[155] Somit war das Projekt nicht gänzlich erfolgreich und bedeutete für die koreanischen Grubenunternehmer auch unnötige Kosten.

Im Projektabschlussbericht der *Montan Consulting* wird das Projektziel der Sicherheitserhöhung als erreicht bezeichnet, weil sich in der Anlernphase lediglich leichte und nach dem Training keinerlei Unfälle im Projektzeitraum ereigneten. In anderen Betrieben sei demnach die durchschnittliche Unfallrate fünf- bis sechsmal höher gewesen.[156] Auch der Krankenstand sei von 12 auf 5 % gesunken.[157] Allerdings ist nicht klar, ob sich diese Erfolge auch in Abwesenheit der deutschen Berater beibehalten ließen, vor allem in Hinblick auf die Abnutzung der Maschinen.[158] *Montan Consulting* merkte selbst an, dass es bei der Grubensicherheit noch Verbesserungspotential gebe, weil die Bergbauvorschriften nicht ausreichend beachtet würden.[159] Für den Projektzeitraum selbst liegen keine Zahlen zu Unfällen in der Mine vor, sodass eine niedrigere Unfallrate nicht objektiv bestätigt werden kann.

Als ein Projekterfolg galt auch, wie in anderen Bereichen, die Ausbildung von Counterparts. Diese beinhaltete im Falle des Bergbaus sowohl Ingenieure als auch Bergarbeiter, die jeweils durch ein Training *On the Job* an den Maschinen angelernt wurden. Auch wenn es Verständigungsschwierigkeiten gab, weil nur die koreanischen Projektleiter Englischkenntnisse vorweisen konnten, bewerteten die deutschen Experten die Counterpart-Ausbildung als erfolgreich. Insgesamt wurden in Daesong 70 Arbeiter und 15 Ingenieure, sowie in Samcheok 80 Arbeiter und 12 Ingenieure ausgebildet.[160] Verglichen mit anderen Projekten kann jedoch angemerkt werden, dass eine Entsendung von Counterparts in die BRD im Projekt zumindest anfangs nicht vorgesehen war und erst in der Verlängerungsphase über einen kurzen Zeitraum erfolgte (s. u.).

---

155 BArch, B 213/24252, Montan Consulting: Projektabschlussbericht ‚New Mining Methods', 02.1983, S. 28.

156 Ibid., S. 9.

157 BArch, B 213/24252, V. Kohnhorst: Bericht über das Projekt ‚Sicherheit im koreanischen Steinkohlenbergbau', 01.10.1982.

158 Vgl. auch BArch, B 213/24252, Prof. Dr. Dr. W. Gocht: Bericht über die Vorbereitungen zur Evaluierung des TZ-Projektes ‚Grubensicherheit im koreanischen Steinkohlenbergbau', 30.05.1984, S. 14.

159 BArch, B 213/24252, Montan Consulting: Projektabschlussbericht ‚New Mining Methods', 02.1983, S. 35.

160 Ibid., S. 30.

Projektverlängerung und Ausblick

Mit Ende der ersten Phase wies die Firma *Montan Consulting* auf mögliche Projekterweiterungen hin, durch die der koreanische Kohlebergbausektor weiter gefördert werden könnte. Darunter wurde beispielsweise eine Zusammenlegung kleinerer Zechen zu einem Schacht, eine Fortführung der Mechanisierung insbesondere beim Kohleabbau, eine Verbesserung der Aufbereitung von Kohle sowie Fragen des Umweltschutzes genannt.[161] Letztlich wurde das Projekt erst 1985 weiter fortgeführt und der Fokus auf eine Testung neuer mechanischer Abbauverfahren gelegt. Die zweite Phase umfasste verschiedene Einzelmaßnahmen in diversen privaten und staatlichen Gruben der Provinz Gangwon-do, bei denen die deutschen Kurz- und Langzeitexperten beratend tätig waren und vereinzelt auch weitere Maschinen geliefert wurden. Die Hauptverantwortung lag aber bei den Minenbetreibern und der Partnerorganisation KIGAM.[162] Unter anderem wurden als neue Abbaumethoden der Strebbau, das Ausbaubocksystem und der Kammerpfeilerbau in den Minen getestet. *Montan Consulting* und KIGAM zufolge trugen diese Verfahren zu einem besseren Arbeitsschutz bei.[163] In der zweiten Phase kam es auch zu Maschinenkäufen bei deutschen Firmen durch koreanische Bergbauunternehmen,[164] was erneut den Zusammenhang der Entwicklungszusammenarbeit mit der Privatwirtschaft unterstreicht. Außerdem wurde eine Kooperation mit dem deutsch-koreanischen Forstprojekt (siehe Kapitel IV-3) zur effektiveren Nutzung von Grubenholz durchgeführt, welches vor dem Hintergrund der Wiederaufforstung auf den ersten Blick etwas paradox erscheint, aber auch die Kooperation von Projekten verschiedener Ausrichtung zeigt.[165]

Bei der dreiwöchigen Fortbildung im Herbst 1986 in der Bundesrepublik wurde der Fokus hauptsächlich auf praxisbezogene Themen wie Betriebsabläufe und -koordination sowie den Einsatz von Maschinen gelegt. Die sechs koreanischen Teilnehmer kamen aus verschiedenen Bereichen wie der Bergverwaltung und dem Forschungsinstitut KIGAM und begleiteten vor Ort ganze Schichten, sodass sie die Abläufe und Organisation direkt

---

161 Ibid., S. 35f.

162 BArch, B 213/39064, H. Schuch (GTZ): Dienstreisebericht Einführung neuer Abbaumethoden im Steinkohlebergbau (New Mining Methods), 23.04.1986–09.05.1986, 08.1986.

163 *KIGAM palchach'wi 100nyŏn yŏksajip*, S. 135f.

164 Vgl. u. a. BArch, B 213/39064, V. Kohnhorst (PL) an BMZ: New Mining Methods, o. D.

165 BArch, B 213/39064, H. Schuch / v. Fumetti (GTZ) an das BMZ: Technische Zusammenarbeit mit der Republik Korea, 24.02.1987; BMZ internes Schreiben: TZ mit Korea, hier: Barmittelvorhaben Strebbauausrüstungen für Steinkohlebergbau Korea, 02.07.1987.

miterlebten. Außerdem wurden Informationsbesuche bei Maschinenlieferanten absolviert, sodass die neuste Abbautechnik ermittelt werden konnte.[166]

Bei einer erneut beantragten Verlängerung im Jahr 1990 fragte das zuständige Referat des BMZ, ob KIGAM die Forschungsprojekte in der Zwischenzeit nicht selbst oder mit Hilfe externer Institute und Firmen durchführen könnte und lehnte eine weitere Förderung ab.[167] Später wurde eine Fortsetzung des Projektes nach 1990 im Rahmen einer privaten Partnerschaft mit der Technischen Hochschule in Aachen geplant, wodurch auch einem Wissenschaftler des KIGAM die Promotion an der Hochschule ermöglicht werden sollte, aber es finden sich keine Hinweise, ob diese Kooperation auch verwirklicht werden konnte.[168]

Bereits in einem ersten Projektangebot der GTZ wurde darauf hingewiesen, dass Koreas Vorräte an Steinkohle bei gleicher Fördermenge nur noch ca. 30 Jahre reichen würden.[169] Den deutschen Stellen muss also die geringe Nachhaltigkeit des Projektes von Anfang an bewusst gewesen sein. Dennoch wurde das Projekt bis Ende der 1980er-Jahre weitergeführt, obwohl es schon wenige Jahre danach auf Grund der Rationalisierung und Schließung zunächst kleinerer Kohleminen keinen Bestand mehr hatte. Auch die Arbeitsgruppe zur Mechanisierung der Abbaumethoden im Kohlebergbau im KIGAM wurde schließlich aufgelöst.[170]

Die koreanische Energiepolitik wurde gänzlich umgestellt, indem das Heizen mit Elektrizität vorangetrieben wurde. Die Kohlekraftwerke mussten bereits davor mit importierter Kohle versorgt werden, da die Qualität der koreanischen Kohle nicht ausreichend war. In der Provinz wurden, ähnlich wie im Ruhrgebiet, durch das ‚Spezialgesetz zur Entwicklung der stillgelegten Minengebiete' (*p'yegwang chiyŏk kaebal chiwŏn-e kwanhan t'ŭkpyŏlbŏp*) neue Jobs geschaffen, auch durch den Bau von Kasinos und Skiressorts.[171] So kam das kurze Kapitel des koreanischen Kohlezeitalters einem

---

[166] BArch, B 213/39064, H. Schuch (GTZ): Fachliche Stellungnahme zu Bericht über Fortbildungsmaßnahmen von sechs koreanischen Bergingenieuren, 23.01.1987, S. 1.

[167] BArch, B 213/55661, Dr. Tittel-Gronefeld (BMZ) an die GTZ: TZ mit Korea, hier: Erprobung neuer Abbauverfahren im koreanischen Steinkohlebergbau, 24.01.1990, S. 1f.

[168] BArch, B 213/55661, GTZ an das BMZ: TZ mit Korea – Neue Abbauverfahren im Steinkohlebergbau; hier: Reisebericht Prof. Dr.-Ing. Spies, Anlage 2; GTZ: Arbeitsvorschlag – Sicherung der Nachhaltigkeit des Projekterfolges durch Fortbildung von Partnerfachkräften; Erprobung neuer Abbaumethoden im Steinkohlebergbau, o. D., 1988.

[169] BArch, B 213/24251, GTZ: Angebot über New Mining Methods, 27.07.1979, S. 1.

[170] *KIGAM palchach'wi 100nyŏn yŏksajip*, S. 136.

[171] Kim, „1960–1970nyŏndae sŏkt'an sanŏp chŏngch'aek", S. 12. Zu den Prozessen der sogenannten Deindustrialisierung am Beispiel Westeuropas vgl. auch Raphael, Lutz: *Jen-*

Ende entgegen. Die Partnerorganisation KIGAM besteht allerdings bis heute und ist, wie auch andere koreanische Institute, im Rahmen der internationalen Entwicklungszusammenarbeit sowie internationaler Forschungskooperationen weiterhin in der Beratung des Kohlebergbaus aktiv. So ist die Bundesanstalt für Geowissenschaften und Rohstoffe (BGR) einer ihrer internationalen Partner. Außerdem bildet KIGAM Wissenschaftler aus Entwicklungsländern weiter.[172]

3.4 Arbeitssicherheit in der Industrie

Arbeitsbedingungen, Arbeitsunfälle und Arbeitssicherheit

Die Arbeitsbedingungen in der koreanischen Industrie waren zur Zeit der wirtschaftlichen Entwicklungsphase unzulänglich. Wie bereits für den Kohlesektor beschrieben, waren lange Arbeitszeiten mit zwölfstündigen Schichten an sechs Wochentagen sowie häufige Überstunden an Sonntagen die Regel. Die Schichten sowie Mehrarbeit richteten sich nach dem Produktionsziel und waren dementsprechend nicht klar geregelt. Aufgrund der schlechten Bezahlung und der Beschäftigungsunsicherheit blieb vielen Arbeitern keine Wahl, sich den Vorgaben der Firmen zu fügen. Bei manchen Arbeitern machten Überstunden ein Fünftel des Gehalts aus. In einigen Fällen wurden die Überstunden jedoch gar nicht bezahlt und willkürlich nach Anzahl der Aufträge entschieden. Bis 1986 lag die durchschnittliche wöchentliche Arbeitszeit bei 55 Stunden und damit mehr als zehn Stunden höher als in Japan oder den USA zu dieser Zeit.[173] Viele Arbeiter in der Textilindustrie nahmen Medikamente zum Wachbleiben, um das Arbeitspensum erfüllen zu können, denn die Bedingungen ließen keine Zeit für Erholung. In diesem Zusammenhang wird auch die hohe Rate an Arbeitsunfällen in der Industrie genannt. Bis Mitte der 1985 war die Unfallrate auch auf Grund fehlender Sicherheitsstandards höher als in anderen Ländern.[174]

Als ein Beispiel kann die Hyundai Schiffswerft in Ulsan gelten, wo sich in den ersten drei Jahren des Betriebes zwischen 1972 und 1975 bei einer Zahl von 16.000 Arbeitern insgesamt 2.400 Unfälle ereigneten, von denen

seits von Kohle und Stahl: Eine Gesellschaftsgeschichte Westeuropas nach dem Boom, Suhrkamp: Berlin 2019.

172 *KIGAM palchach'wi 100nyŏn yŏksajip*, S. 520–530.

173 Koo, Hagen: *Korean Workers: The Culture and Politics of Class Formation*, Cornell University Press: Ithaca 2001, S. 49.

174 Ibid., S. 54–56.

wiederum 83 tödlich endeten.[175] Auch in deutschen Zeitungen finden sich bis in die 1980er-Jahre Berichte über die Arbeitsbedingungen in der koreanischen Industrie. Beispielsweise wurde ausführlich über Arbeitsstreiks auf Grund schlechter Arbeitsbedingungen in koreanischen Fabriken berichtet. Dabei kam es auch zu Solidaritätsaktionen von deutschen und koreanischen Frauengruppen in der Bundesrepublik mit den Arbeiterinnen und Arbeitern in Korea.[176] In der Spezialzeitung der *FAZ* ‚Blick durch die Wirtschaft' wurden die allgemeinen Arbeitsbedingungen noch 1989 als „katastrophal" betitelt. Demnach starben im Durchschnitt fünf Arbeiter täglich bei Arbeitsunfällen oder an Berufskrankheiten und „390 Personen werden jeden Tag durch Unfälle zu Krüppeln", womit Korea einen Spitzenplatz in der Welt einnehme.[177]

Tabelle 37: Anzahl der Betriebsunfälle, 1970–1982

Jahr	Tote	Verletzte	Gesamte Unfälle
1970	639	37.113	35.389
1971	693	43.852	43.090
1972	658	45.945	45.673
1973	835	58.532	58.485
1974	845	69.297	68.864
1975	1006	79.564	79.819
1976	887	94.402	94.844
1977	1.174	116.837	117.077
1978	1.947	124.622	138.182
1979	1.537	128.770	128.457
1980	1.273	112.102	112.111
1981	1.295	116.643	116.698
1982	1.230	136.586	136.952

Quelle: Yie, Nam-Bock: *Wertewandel und Arbeitswelt in der Republik Korea (1945–1984): Ein Versuch zur Analyse koreanischer Sozialstruktur*, Brockmeyer: Bochum 1986, S. 40.

175 Vgl. auch: ibid., S. 55. „Anjŏn shisŏl oemyŏn: Sanjae puch'aejil hyŏndae chosŏn [Ignorieren von Sicherheitseinrichtungen: Hyundai Shipbuilding befeuert Industrieunfälle], in: *Dong-A Ilbo*, 03.05.1975.

176 Vgl. auch: Karcher, Katharina: *Sisters in Arms: Militant Feminism in the Federal Republic of Germany since 1968*, Berghahn Books: New York/Oxford 2017, Kapitel 5, S. 123–136; Kang, Chong-Sook: „Alltag der Armut: Frau Kim und Frau Lee in Südkorea", in: *der überblick* 3/81, S. 140–142; Koczy, Ute / Stolle, Christa / Pak, Jai Sin: *Made in Korea: Adler-Textilarbeiterinnen wehren sich gegen deutsche Ausbeutung*, WDA: Brodersdorf 1989.

177 „Katastrophale Arbeitsbedingungen", in: *Blick durch die Wirtschaft*, 16.01.1989. Im gleichen Artikel wird auch auf den Umgang der Unternehmen mit Streiks verwiesen, die Schlägertrupps gegen Streikführer einsetzten.

Tabelle 38: Tödliche Unfälle in versicherten Betrieben, 1982

Sektor	Unfälle	Prozent
Bauindustrie	425	29,3
Verarbeitende Industrie	409	28,2
Bergbau	308	21,2
Transport und Lagerung	237	16,3
Elektro-/Wasserversorgung	20	1,4
Sonstige	53	3,6
Gesamt	1452	100

Quelle: Nodongbu (Hg.): *83 sanŏp chaehae punsŏk* [Analyse der industriellen Arbeitsunfälle], Nodongbu: Seoul 1983, S. 11. Diese Statistik umfasst nur die gemeldeten Unfälle; die Dunkelziffer könnte daher höher liegen.

Neben den Unfällen an Maschinen berichteten viele Arbeiter auch über Langzeitfolgen der schlechten Arbeitsbedingungen, in vielen Fällen Lungenschäden auf Grund von Chemikalien oder Staub, die in den Statistiken gar nicht erfasst wurden. In einer Petition schrieb eine Arbeiterin im Jahr 1973 beispielsweise über die Erkrankung an einer Lungentuberkulose durch ihre Arbeit in einer Lederfabrik. Diese wurde jedoch nicht als Berufskrankheit anerkannt, sodass sie auch keine Entschädigungszahlungen erhielt. Auf Grund der Ansteckungsgefahr wurde ihr in der Folge sogar gekündigt:

> „Meine Abteilung war für die Lederverarbeitung zuständig. Die Luft am Arbeitsplatz war voller Staub und es stank. Wir konnten nicht arbeiten, ohne Masken zu tragen. [...] Ende September wurde die jährliche ärztliche Untersuchung für die Beschäftigten des Unternehmens durchgeführt. Ein paar Tage später teilte mir der Produktionsleiter mit, dass ich an Lungentuberkulose erkrankt sei. [...] Ein Manager in der Fabrik betonte: ‚Tuberkulose kann durch die Luft oder in geschlossenen Räumen wie dem Inneren eines Autos übertragen werden. Sie können sich auch anderswo angesteckt haben, also kann es sich nicht um eine Berufskrankheit handeln.' [...] Bietet diese Gesellschaft keine Entschädigung für Menschen, die bei der Arbeit krank werden?"[178]

[178] „Occupational illness (1973)", in: Koo, Hagen / Kim, Keong-il / Kim, Jun (Hg.): *Modern Korean Labor: A Sourcebook*, AKS Press: Seongnam 2016, S. 144–145. Übersetzung des Autors.

Rechtliche Grundlagen der Arbeitssicherheit

Während der koreanischen Kolonialzeit wurden erste Gesetze zur Arbeitssicherheit im Bergbau erlassen. Hier lag die Verantwortung jedoch bei den Arbeitgebern und bot keinen ausreichenden Schutz der Arbeitnehmer. Nach der Kolonialzeit führte die USAMGIK einige grundlegende Verordnungen zum Arbeitsschutz für Minderjährige und Maximalarbeitszeiten ein, die jedoch keine rechtliche Grundlage für Entschädigungen bei Arbeitsunfällen darstellten. Diese wurden bis 1964 meist im Tarifvertrag, also zwischen Arbeitnehmer und Arbeitgeber, direkt geregelt.[179] Erst mit der Einführung des ‚Gesetzes über die Versicherung zur Unfallentschädigung in der Industrie‘ (*sanŏp chaehae posang pohŏm pŏp*) wurden staatliche Regelungen für Kompensationen bei Arbeitsunfällen und damit Grundlagen für den Arbeitsschutz geschaffen. Träger dieser öffentlich-rechtlichen Versicherung waren das Arbeitsministerium und der Korean Worker's Compensation & Welfare Service (*kŭllo pokchi kongdan*).[180] Allerdings galt das Gesetz anfangs nur für Betriebe mit mehr als 500 Beschäftigten im Bergbau und in Teilen der Industrie. Durch Gesetzesreformen erfolgte eine Ausweitung dieser Regelungen auf weitere Sektoren und kleinere Betriebe. Während sich die Versicherung jedoch anfangs nur auf die Entschädigungen eines Gesundheitsschadens beschränkte, kamen Prävention, beispielsweise durch Unfallverhütungsmaßnahmen, erst mit einer Gesetzesänderung 1986 und schließlich auch die berufliche Rehabilitation im Jahr 1999 als weitere Komponenten hinzu.[181]

Die koreanische Regierung zeigte ab den 1980er-Jahren ein verstärktes Interesse daran, die Unfallrate zu senken und auf ein Niveau der westlichen Industrienationen zu bringen. Im fünften Fünfjahresplan (1982–1986) sollten die Krankenversichertenzahlen von 23 % auf bis zu 57 % der Beschäftigten erhöht werden, was auch die Arbeitsgesundheit positiv beeinflusste.[182] Ziel des Plans war es auch, die Gesundheitsversorgung im ländlichen Raum bzw. ärmeren urbanen Vierteln durch die Einführung von Basisgesundheitssystemen zu verbessern (siehe Kapitel VI-2). Im Jahr 1982 wurde außerdem das ‚Gesetz zur Arbeitssicherheit und -gesundheit‘ (*sanŏp anjŏn pogŏn pŏp*) erlassen und

---

[179] Lee, Kyu Young: *Arbeitssicherheit bei Arbeitsunfällen und Berufskrankheiten: Eine rechtsvergleichende Untersuchung der gesetzlichen Unfallversicherung in der Bundesrepublik Deutschland und Korea*, Dissertation, Universität Kassel, 2011, S. 16–18.

[180] Ibid., S. 19. Vgl. auch: Cho, Hŭmhak / Yi, Kwanhyŏng: „Sanŏp anjŏn pogŏn pŏb-ŭi chejŏng-e kwanhan yŏksajŏk ŭimi-e kwanhan yŏn'gu" [A Study on Role and Status of the Occupational Safety and Health Act in Looking at the Legal History], in: *Pŏp'ak Non'go* 37, 2011, S. 23–82.

[181] Ibid., S. 19–20.

[182] Vgl. auch: BArch, B 213/39065, Dr. Fritze: Gutachten – Gedankenaustausch zwischen deutschem BMAS und koreanischem MoL, Bureau of Labor Standards, 24.01.1985, S. 1.

begleitende Regelungen verabschiedet. Das koreanische Arbeitsministerium legte insbesondere einen Fokus auf die Bekämpfung der Staublunge mit der Gründung eines eigenen Instituts (*chinp'ye yŏn'guso*), dessen Forschung vor allem für den Bergbau sowie die chemische und verarbeitende Industrie relevant war. Parallel zum deutsch-koreanischen Projekt wurden bis in die 1990er-Jahre weitere Programme und Pläne zur Verbesserung der Arbeitssicherheit durch das Arbeitsministerium vorgelegt.[183] In diese Zeit fiel außerdem die Mitgliedschaft Koreas in der ILO, mit der auch die Ratifizierung internationaler Standards des Arbeitsschutzes einherging.[184]

Vorstudien und Projekt

Am Anfang des deutsch-koreanischen Projektes zur Unfallverhütung in der Industrie stand eine umfassende Vorstudie über die Unfälle in Industriebetrieben. Die deutschen Experten wiesen darauf hin, dass es in Korea bereits eine umfangreiche Gesetzgebung zum Arbeits- und Gesundheitsschutz gab, aber eine Überarbeitung nötig sei.[185] Die in Korea gemeldeten Unfälle bezogen sich nur auf die versicherten Betriebe, sodass von 3,9 Mio. versicherten Beschäftigten im Jahr 1983 156.972 Unfälle erfasst wurden, wovon wiederum 1.452 tödlich endeten.[186] In einer Statistik aus dem Jahre 1982 wurden die gesamten Unfälle nach Sektoren aufgegliedert: Deutlich führend war das Produktionsgewerbe mit 59,3 %, dann folgte das Baugewerbe mit 19,8 %, der Bereich Transport, Lagerung und Kommunikation mit 11,5 % und schließlich der Steinkohlebergbau mit 7,9 % sowie andere Bereiche mit 1,5 %.[187] Zum Vergleich wurden deutsche Unfallstatistiken herangezogen. Diese verzeichneten im gleichen Jahr bei 23 Mio. Versicherten weniger als 1.200 Todesfälle.[188] Aus Tabelle 37 zur Anzahl

---

[183] KOSHA (Hg.): *Anjŏn-ŭl nŏmŏ haengbok-ŭl hyanghae: Han'guk sanŏp anjŏn pogŏn kongdan 30nyŏnsa* [Auf dem Weg zum Glück, über die Sicherheit hinaus: 30 Jahre Korea Occupational Safety and Health Agency], KOSHA: Ulsan 2017, S. 130f.

[184] Vgl. zur Arbeitssicherheit in Korea und internationaler Kooperation in der ILO auch die Webseite der ILO, URL: https://www.ilo.org/safework/countries/asia/korea/lang--en/index.htm

[185] BArch, B 213/39065, Kurzfassung – Ergebnisse der Untersuchung und Vorschläge zur Durchführung eines Programms zur Verbesserung des Arbeits- und Gesundheitsschutzes der Republic of Korea, 19.12.1984, S. 1.

[186] Ibid., S. 3.

[187] Yang, „Kwangsan nodong chaehae-e kwanhan yŏn'gu", S. 12. Eine Statistik des Arbeitsministeriums aus dem Folgejahr nennt leicht andere Zahlen, aber die Verteilung ist ähnlich. Nodongbu (Hg.): *83 sanŏp chaehae punsŏk* [Analyse der industriellen Arbeitsunfälle], Nodongbu: Seoul 1983, S. 11.

[188] BArch, B 213/39065, Dr. Fritze: Gutachten – Gedankenaustausch zwischen deutschem BMAS und koreanischem MoL, Bureau of Labor Standards, 24.01.1985, S. 3.

der Betriebsunfälle geht hervor, dass es seit den 1970er-Jahren einen starken Anstieg an Unfällen, inklusive Unfällen mit Todesfolge, gab, denn deren Gesamtanzahl hatte sich von 1970 bis 1983 mehr als verdoppelt.[189] Gründe für einen solchen Anstieg werden nicht genannt, könnten aber auch mit Änderungen in der Unfallerfassung zusammenhängen.

Da in den 1970er-Jahren bereits an einigen Universitätskliniken Abteilungen bzw. Forschungsbereiche für Arbeitsgesundheit eröffnet worden waren, kann die Forschung in diesem Bereich als umfangreich gelten.[190] Einige dieser Projekte erfolgten auch im Rahmen der christlichen Entwicklungszusammenarbeit, wie beispielsweise die Gründung des Forschungszentrums für Arbeitsgesundheit (*sanŏp ŭihak yŏn'guso*), das später zu einer eigenen Krankenhausabteilung wurde.[191] Den deutschen Gutachtern fehlten hierbei jedoch Details zu Unfallhergang, Maschinentyp, der Tätigkeiten des Verletzten, etc.[192] In den wissenschaftlichen Studien wurden meist allgemeinere Daten zur Arbeitsgesundheit erfasst. Beispielsweise verglich eine Studie der Yonsei University aus dem Jahr 1980 die Höhe der Industrieunfälle mit anderen Ländern und erfasste diese allgemein nach Ursachen und Bereich.[193]

Je nach Sektor gab es unterschiedliche Gefahrenpotentiale: So fehlten beispielsweise im Baugewerbe und insbesondere im Schiffsbau sichere Gerüste, die Tragfähigkeit von Seilen und Anschlagmitteln wurde nicht geprüft, und in der Produktion waren die Gefahren bestimmter Stoffe nicht bekannt, sodass Gas- bzw. Staubbelastung nicht beachtet wurden. Auch die Bedeutung ergonomischer Fragen zu Körperhaltung, Beleuchtung, Lärm etc. fanden zu dieser Zeit keinerlei Berücksichtigung in den koreanischen Programmen zur Arbeitssicherheit.[194] In den meisten Betrieben fehlte eine separate Abteilung für Arbeits-

---

189 Yie, *Wertwandel und Arbeitswelt in der Republik Korea (1945–1984)*, S. 40.

190 Bereits 1962 wurde an der Korea Catholic University ein Forschungsbereich zur Arbeitsgesundheit eröffnet. 1973 folgten Korea University, 1976 Kyungpook University und 1978 Yonsei University. Vgl. auch: *Han'guk sanŏp anjŏn pogŏn kongdan 30nyŏnsa*, S. 128f.

191 Vgl. auch: Pak, Sŭngman / Kim, P'yŏngman: „Han'guk sanŏp ŭihak-ŭi pansŏk, Cho Kyusang: Kat'ollik sahoe yŏngsŏng-ŭi shilch'ŏn" [The Foundation of Industrial Medicine of Korea, Cho Kyu-sang: One Way to Practice Catholic Social Spirituality], in: *In'gyŏkchuŭi Saengmyŏng Yulli* 12.2, 2022, S. 221–249.

192 BArch, B 213/39065, Kurzfassung – Ergebnisse der Untersuchung und Vorschläge zur Durchführung eines Programms zur Verbesserung des Arbeits- und Gesundheitsschutzes der Republic of Korea, 19.12.1984, S. 4.

193 Kang, Sinkwi: „Yŏndae sanŏp kisul yŏn'guso anjŏn kwalli chosa punsŏk pogo sanjaebindo oeguk-poda nopta" [Laut Studie zum Arbeitssicherheitsmanagement des Instituts für industrielle Technologie der Yonsei University ist die Häufigkeit von Arbeitsunfällen höher als im Ausland], in: *Kyunghyang Shinmun*, 02.04.1980.

194 BArch, B 213/39065, Kurzfassung – Ergebnisse der Untersuchung und Vorschläge zur Durchführung eines Programms zur Verbesserung des Arbeits- und Gesundheitsschutzes der Republic of Korea, 19.12.1984, S. 6–8.

schutz oder -medizin, und auch unter den Beschäftigten war demnach ein mangelndes Bewusstsein für die möglichen Gefahren zu erkennen. Die Krankenhäuser in den neu entstandenen Industriegebieten verfügten nicht über ausreichend Kapazität für die Patienten; als Beispiel wird hier auch die Industriezone Masan genannt.[195] Außerdem müssten Sicherheitsfachleute weitergebildet werden, die sicherheitstechnischen Regeln und Normen besser vermittelt und mehr Forschung in diesem Sektor betrieben werden.[196] Die Erfassung von Unfällen beinhaltete nicht nur die Meldung, sondern auch deren Auswertung und Analyse mit anschließender Forschung zur Unfallvermeidung. Aus dieser Forschung wiederum müssten spezifische Programme, Regeln und Vorschriften zur Vorbeugung und Inspektion von Unfällen hergeleitet werden. Die deutschen Experten fassten folgende Probleme der Arbeitssicherheit in Korea zusammen:[197]

1. Mangelhafte Information über das Unfallgeschehen
2. Mangelhafte Aus- und Fortbildung von Sicherheitsfachleuten
3. Mangelhafte Arbeitsschutzforschung
4. Mangelhafte Sicherheitsstandards bzw. -regeln

Als mögliche Projektschwerpunkte wurden von den Gutachtern daher die umfangreiche Überarbeitung von Gesetzen, die Ausbildung von Inspektoren für die Arbeitssicherheit sowie Änderungen bei der Unfallanzeige vorgeschlagen und mit einer deutschen Fördersumme von bis zu 7,5 Mio. DM gerechnet.[198] Das BMZ verwies jedoch in einer Stellungnahme darauf, dass eine solche Projektausrichtung auf Verwaltungshilfe zu weitreichend und teuer sei und mindestens 10 bis 15 Jahre benötigen würde, weshalb stattdessen vorgeschlagen wurde, sektorspezifische Schwerpunkte zu setzen.[199]

Als Projektpartner wurden von deutscher Seite der TÜV Rheinland, der TÜV Hannover und die ARGE sowie von koreanischer Seite die Abteilung für Industrielle Sicherheit im Arbeitsministerium (*nodongbu sanŏbanjŏn ponbu*),

---

[195] Vgl. auch: Lehberger, Kurt: *Die Arbeits- und Lebensbedingungen in Südkorea in der Phase der exportorientierten Industrialisierung (1965–1980)*, Breitenbach: Saarbrücken 1983.

[196] BArch, B 213/39065, J. Will / C. Dick: Bericht über die Vorbereitung eines Projektes der Technischen Zusammenarbeit zwischen der Republik Korea und der Bundesrepublik Deutschland zur Verbesserung der Unfallverhütung in der koreanischen Industrie, 07.1985, S. 3.

[197] Ibid., S. 3.

[198] Ibid., S. 4–5.

[199] BArch, B 213/39065, BMZ internes Schreiben: TZ mit der Republik Korea; Stellungnahme zum GTZ-Antrag ‚Beratung bei der industriellen Unfallverhütung', 12.06.1986, S. 2–3.

das beigeordnete National Institute of Labor Science (NILS) und die Korea Industrial Safety Corporation (KISCO) ausgewählt.[200] Es sollten in Referenzbetrieben neue Sicherheitsstandards eingeführt werden, die danach auch auf andere Firmen übertragen werden könnten; erneut war also ein Modellprojekt vorgesehen. Da es bereits zwei andere Projekte mit Bezug zur Arbeitssicherheit gab, sollten diese koordiniert zusammenarbeiten, indem beispielsweise die Sicherheitsprüfungsstelle des KIMM mit einigen Aufgaben des neuen Projektes betraut wurde.[201] Während das KIMM mit der Prüfung von Sicherheitsanlagen und das Kohleprojekt mit Ausrichtung auf einen Sektor jeweils einen eingeschränkten Fokus hatten, ermöglichte das neue Projekt die Beratung verschiedener Sektoren auch auf der rechtlichen und organisatorischen Ebene.

Ein Kernpunkt des Projektes war dabei die Fortbildung koreanischer Experten in der BRD. Im Jahr 1988 wurden sieben Mitarbeiter der KISCO und vier Beamte des Arbeitsministeriums für eine sechsmonatige Fortbildung nach Deutschland entsandt. Die Ausbildung umfasste die folgenden Stationen in der BRD:[202]

1. Die Carl Duisburg Gesellschaft (CDG) für eine einmonatige Schulung in deutscher Sprache und Kultur
2. Die Bundesanstalt für Arbeitsschutz (BAU) für eine theoretische Ausbildung
3. Die Arbeitsschutzabteilungen ausgewählter Firmen mit unterschiedlichen inhaltlichen Schwerpunkten für eine praktische Ausbildung (Mannesmann, Volkswagen, Siemens, Bayer, Henkel etc.) inklusive Firmen für Ausrüstung zur Arbeitssicherheit
4. Das Institut für Arbeitssicherheit der Bergischen Universität Wuppertal
5. Verschiedene Überwachungsinstitutionen und Prüflaboratorien inklusive TÜV Rheinland als Projektpartner

Ein koreanischer Zeitzeuge merkte an, dass die gesamte Gruppe in der BAU die deutschen Materialien zum Arbeitsschutz kopierte, um sie in Korea anwenden zu können. Darunter waren Verordnungen und Vorschriften zur Unfallverhütung (UVV). Er berichtete auch davon, dass er mit den ausländischen Arbeitern im Volkswagenwerk einen Deutschkurs belegte, damit er mit ihnen über die

---

[200] BArch, B 213/39065, GTZ: Kurzbericht zum Sachstand des Projektes Beratung bei der Industriellen Unfallverhütung in der Republik Korea, 09.1988, S. 1.

[201] BArch, B 213/39065, J. Will / C. Dick: Bericht über die Vorbereitung eines Projektes der Technischen Zusammenarbeit zwischen der Republik Korea und der Bundesrepublik Deutschland zur Verbesserung der Unfallverhütung in der koreanischen Industrie, 07.1985, S. 8.

[202] BArch, B 213/39065, GTZ: Kurzbericht zum Sachstand des Projektes Beratung bei der industriellen Unfallverhütung in der Republik Korea, 09.1988, S. 3.

Sicherheitsvorschriften sprechen könnte.[203] Bereits im Vorfeld mussten für die Schulungen ein Großteil der Richtlinien aus dem Deutschen ins Englische übersetzt werden. Die BAU fragte dazu Mittel von ca. 150.000 DM zunächst beim BMA und nach dessen Ablehnung beim BMZ an, da eine Übersetzung von entwicklungspolitischer Bedeutung auch für andere Projekte des BMZ bzw. der Entwicklungsdienste sei, beispielsweise in China oder Pakistan.[204]

Neben einzelnen Mitarbeitern besuchten auch höhere Verwaltungsbeamte wie der Direktor der Abteilung für Arbeitssicherheit im Arbeitsministerium und ein gleichrangiger Vertreter des NILS die Bundesrepublik und waren dabei Gast im BMA, bei der BAU sowie auf Länderebene insbesondere in nordrhein-westfälischen Einrichtungen zur Arbeitssicherheit. Damit war auch die Hoffnung verbunden, deutsche Gesetzgebung und Regelungen nach Korea zu übertragen.[205] Auch wenn dieser letztgenannte Aspekt ein Charakteristikum vieler Projekte in der Entwicklungszusammenarbeit darstellte und ein Ungleichgewicht untermauerte, waren gleichzeitig die Besuchsinhalte an sich stärker auf die Wünsche der koreanischen Seite ausgerichtet und gänzlich durch die koreanische Regierung finanziert. Ob die Erkenntnisse der Besuche allerdings eine direkte Anwendung in der Gesetzgebung finden konnten, geht aus den Projektunterlagen nicht hervor. Wie in anderen Sektoren wurden vermutlich mehrere Industrienationen als Vorbilder herangezogen und nur ausgewählte Elemente übernommen. Die Entwicklungszusammenarbeit ging schließlich auch hier in eine Partnerschaft der Institutionen über, die bis heute besteht.

3.6 Resümee

Ein nicht unbedeutender Teil der deutsch-koreanischen technischen Zusammenarbeit ab den späten 1970er-Jahren lag im Bereich der Unfallverhütung und Arbeitssicherheit. Auf den ersten Blick handelt es sich hierbei nicht um einen Kernbereich der Entwicklungszusammenarbeit, da dieser nur indirekt zu wirtschaftlichem Wachstum beiträgt. Allerdings trugen die Projekte im weitesten Sinne zu einer Stabilisierung und sozialen Ausrichtung der Wirtschaftsordnung

---

[203] Ohne Angabe eines Autors, aber als Zeitzeugenbericht gekennzeichnet. „Handok sanŏp anjŏn pogŏn hyŏmnyŏk saŏp yŏnsugi" [Weiterbildung im Rahmen der deutsch-koreanischen Zusammenarbeit zur industriellen Arbeitssicherheit], in: *Han'guk sanŏp anjŏn pogŏn kongdan 30nyŏnsa*, Bd. 2, S. 71–75.

[204] BArch, B 213/39065, BAU an das BMAS: Übersetzung von Ausbildungsunterlagen für Fachkräfte für Arbeitssicherheit ins Englische bzw. Chinesische, 22.03.1988. / BMAS an das BMZ: Übersetzung von Ausbildungsunterlagen für Fachkräfte für Arbeitssicherheit ins Englische, 24.03.1988.

[205] BArch, B 213/39065, GTZ: Kurzbericht zum Sachstand des Projektes Beratung bei der industriellen Unfallverhütung in der Republik Korea, 09.1988.

bei, dem sich die koreanische Regierung in ihrem vierten und fünften Fünfjahresplan verschrieben hatte.

Insgesamt fallen weitläufig drei Projekte in den Bereich Arbeitssicherheit: Unfallverhütung und neue Abbaumethoden im Kohlebergbau, Arbeitssicherheit in der Industrie und die Abteilung für Sicherheitskontrolle am KIMM. Alle drei Projekte wurden in direkter Zusammenarbeit zwischen deutschen Forschungs- bzw. Prüfinstituten und Beratungsfirmen wie TÜV und *Montan Consulting* sowie koreanischen staatlich-finanzierten Forschungsinstituten (KIGAM, KISCO, KIMM) durchgeführt, die jeweils drei verschiedenen Ministerien (MCI, MER und MOL) unterstanden. Daran wird erneut deutlich, dass es in der Entwicklungszusammenarbeit oftmals zu inhaltlichen Überschneidungen kam, die in diesem Fall jedoch auch als Ergänzung verstanden werden können und durch die Beratergruppe schließlich besser koordiniert wurden.

Während das chronologisch gesehen erste Projekt zu Unfallverhütung im Kohlebergbau ab 1977 den Fokus auf neue Abbaumethoden und die Mechanisierung der Arbeitsabläufe legte, um damit die Sicherheitsbedingungen zu verbessern, es sich also um einen Technologietransfer handelte, waren die Projekte in Kooperation mit KISCO und KIMM vielmehr an dem Aufbau und der Systematisierung von industrieller Prüfung und Sicherheitsüberwachung interessiert. Die umfassende Ausbildung von koreanischen Counterparts der Partnerorganisationen, und damit ein Wissenstransfer in diesem Bereich, stand hier im Mittelpunkt.

Vor allem das Projekt zu Unfallverhütung und neuen Abbaumethoden im Kohlebergbau scheint im Rückblick wenig nachhaltig gewesen zu sein, da viele Kohleminen schon kurz nach Ende des Projektes stillgelegt wurden und der Kohleabbau insgesamt stark reduziert wurde. Auch wenn zu Beginn des Projektes sicherlich ein dringender Bedarf an Unfallverhütung bestand, wäre eine Ausrichtung auf Beratung zu Gesundheits- und Arbeitsbedingungen oder auch Umweltproblemen im Kohlesektor vermutlich langfristiger gewesen als der Transfer von Technologie, die schnell überholt ist. Hier sei auf die Kritik an dem Projekt Ländliche Technologien (Kapitel IV) verwiesen, bei dem schon nach wenigen Jahren neuere Technik zur Reistrocknung entwickelt worden war. Den deutschen Akteuren muss früh die Kurzfristigkeit des Projektes bewusst gewesen sein, da auf die Endlichkeit der Kohleressourcen verwiesen wurde; dennoch wurde das Projekt, vermutlich auch auf Betreiben der privaten Beraterfirma, bis 1990 weitergeführt. Des Weiteren sind in der Projektdurchführung einige logische Unklarheiten zu erkennen, beispielsweise der geringe Ausbildungsanteil, der kategorische Ausschluss von in der BRD ausgebildeten und zurückgekehrten koreanischen Minenarbeitern oder der Fokus auf private Minen. Diese Faktoren tragen auch zu der geringen Rezeption des Projektes in den Diskursen und Forschungsbeiträgen um Arbeitssicherheit im Kohlesektor bei.

Die beiden anderen Projekte hatten hingegen eine längere Wirkung auf die Partnerinstitutionen, da die Ausbildung der Mitarbeiter und Wissenschaftler auch zu einem direkten und langfristigen Austausch mit deutschen Institutionen führte. Allerdings zeigte sich auch hier, dass die Förderung und Verlängerung von deutscher Seite oft nur halbherzig bewilligt wurde. Im Falle von KIMM rief beispielsweise die Finanzierung der deutschen Kurzzeitexperten durch die Abteilungen selbst Kritik hervor, weder die deutsche noch die koreanische Regierung halfen hier aber aus. Geplante weiterführende Kooperationen zwischen KISCO und der TH Aachen wurden nicht weiterverfolgt, vermutlich auch weil keine Gelder zur Verfügung gestellt wurden und das Projekt stattdessen schnell abgeschlossen schien. Vor dem Hintergrund sollte jedoch auch Koreas wirtschaftliche Entwicklung und die Einstufung als Schwellenland zu dieser Zeit berücksichtigt werden, wodurch es bei der Bewilligung von Geldern nicht mehr priorisiert erschien und Projekte vermehrt als Kooperationen mit den koreanischen Partnern verliefen. Insbesondere die genannten Forschungsprojekte gehen schon über klassische Entwicklungszusammenarbeit hinaus und hätten statt einer Finanzierung des BMZ stattdessen Gelder des BMFW oder der Forschungsstiftungen KOSEF oder DFG bedurft.

4. Reintegrationsprogramme für koreanische Arbeitsmigranten

4.1 ‚Umgekehrte Entwicklungshilfe'

Im Dezember 1963 trat die ‚Vereinbarung über ein Programm zur vorübergehenden Beschäftigung koreanischer Bergarbeiter im deutschen Steinkohlebergbau' in Kraft. Damit begann offiziell die Arbeitsmigration koreanischer ‚Gastarbeiter' in die Bundesrepublik. Bereits zuvor hatten kirchliche Organisationen und Privatpersonen koreanische Krankenschwestern zur Ausbildung und Beschäftigung für deutsche Krankenhäuser angeworben. Erst 1971 wurde hierfür ein offizielles Abkommen geschlossen. Insgesamt kamen rund 10.000 Krankenschwestern und 8.000 Bergleute aus Korea in die Bundesrepublik. In diversen Forschungsbeiträgen wurde bereits darauf verwiesen, dass die Beschäftigungsprogramme nicht als Entwicklungszusammenarbeit gelten können, obwohl die Bundesregierung es zunächst als solche dargestellt hatte, sondern es sich im Gegenteil um eine „umgekehrte Entwicklungshilfe" handelte.[206] Aller-

[206] Als Überblick vgl. auch: Garz, „Die historische Entwicklung der südkoreanischen Migration in die Bundesrepublik Deutschland".

dings wurde bisher der Fokus meist auf die Bergarbeiter und Krankenschwestern gelegt, die in Deutschland langfristig bleiben wollten, während die Remigration sowie die Migration in Drittstaaten weniger erforscht sind.[207] In diesem Kapitel liegt der Fokus daher auf Überschneidungen der Themen Remigration und Entwicklungszusammenarbeit.

Die ‚Gastarbeiter'-Programme waren zunächst für eine kurzzeitige Beschäftigung von drei Jahren ausgelegt; danach war in der Regel eine Rückkehr in das Heimatland vorgesehen. Auf staatlicher Ebene standen für die koreanische Regierung Devisen und die Bekämpfung der hohen Arbeitslosigkeit im Vordergrund, während die deutsche Privatwirtschaft Arbeitskräfte benötigte.[208] In Artikel 1 der Vereinbarung zur Anwerbung von Bergleuten wurde als Zielsetzung auch angegeben, „die beruflichen Kenntnisse der koreanischen Bergarbeiter zu erweitern und zu vervollkommnen", um zum Aufbau des koreanischen Kohlebergbaus beizutragen.[209] Allerdings waren die Details eines solchen Beitrags nicht im Vorfeld geklärt.

Erst mit dem Auslaufen der ersten Arbeitsverträge kam auch die Frage nach Remigration auf. Wie im Folgenden deutlich wird, setzten verschiedene, insbesondere kirchliche und soziale Einrichtungen, bei Remigrations- und Reintegrationsprogrammen auf eine Förderung durch Gelder der Entwicklungszusammenarbeit. In den meisten Fällen erwähnt die bisherige Forschung lediglich kurz die Existenz dieser Programme und kritisiert, dass zu wenig von staatlicher Seite für das Wohl der Bergarbeiter und Krankenschwestern getan wurde.[210] Auch wenn diese Einschätzung als eine allgemeine Analyse zutreffend erscheint, weist die Mikroebene auch Bemühungen

---

[207] Es liegt eine Masterarbeit vor, die auf Grundlage von Zeitzeuginnen-Interviews mit Rückkehrerinnen basiert. Wagler, Elisabeth: *Remigration koreanischer Krankenschwestern aus Deutschland nach Südkorea*, Masterarbeit, Universität Tübingen, 2020. Außerdem gibt es vereinzelt Forschung zu Migration in Drittstaaten und Remigration nach der Rente in das sogenannte ‚Deutsche Dorf'. Vgl. auch: Kim, Helen: „My life would have been happier in Germany: Korean guestworker nurses' journeys to Germany and to the US", in: *Identities* 30, 2023, S. 823–840; Schulz Zinda, Yvonne: „Das ‚Deutsche Dorf' in Namhae: Arbeiten in Deutschland, Altern in Korea", in: Chang-Gusko, Yong-Seun et al. (Hg.): *Unbekannte Vielfalt: Einblicke in die koreanische Migrationsgeschichte*, DOMiD: Köln 2014, S. 212–222.

[208] Vgl. auch den Untersuchungsbericht der koreanischen Wahrheitskommission aus dem Jahr 2008: „P'adok kwangbu kanhosa-ŭi han'guk kyŏngje paljŏn-e taehan kiyŏ-ŭi kŏn" [Der Beitrag der nach Deutschland entsandten Bergarbeiter und Krankenschwestern an der südkoreanischen Wirtschaftsentwicklung], in: Chinsil Hwahoe Wiwŏnhoe (Hg.): *2008nyŏn habangi chosa pogosŏ* [Untersuchungsbericht der Wahrheitskommission über die zweite Jahreshälfte von 2008], Chinsil Hwahoe Wiwŏnhoe: Seoul 2008.

[209] Garz, „Die historische Entwicklung der südkoreanischen Migration in die BRD", S. 21.

[210] Vgl. auch: Na, Hye-Sim: „A Study of South Korean Migrant Nurses in West Germany from the Perspective of the Catholic Church in Germany", in: *Togiryŏn'gu* 37, 2018, S. 233–258. Zur Einordnung vgl. auch Kapitel 4.3.

verschiedener Akteure beider Länder um die Verbindung der genannten Themen auf.

Wie im Folgenden für den Fall Koreas deutlich wird, hatte das BMZ seit Anfang der 1970er-Jahre versucht, die Reintegration als entwicklungspolitisches Thema durch die Aufsetzung vereinzelter Programme mit den Entsendeländern zu lösen. Erst 1976 erfolgte dann die Gründung einer Arbeitsgruppe zu Reintegrationsprogrammen auf Bundesebene. Zunächst hatte das BMA kein Interesse an den Ideen des BMZ gezeigt, aber eine Koordination der Migrations- mit der Entwicklungs- und Außenpolitik schien nötig. Das BMZ verfolgte nach eigenen Angaben kein weitreichendes Konzept, sondern nur modellhafte Ansätze, die in enger Kooperation mit den Entwicklungsländern und dortigen Arbeitnehmergesellschaften stattfanden, da die Finanzierung eines umfassenden Programmes aus Bundesmitteln unmöglich gewesen wäre.[211]

Ein Blick auf die Forschung zu anderen Gastarbeitergruppen bestätigt, dass es keine umfassende Planung zur Remigration gab. Auch für türkische Gastarbeiter begann mit dem Anwerbestopp 1973 eine Rückkehrförderung über verschiedene Einrichtungen, darunter das BMA, das BMZ und die Türkischen Arbeitnehmergesellschaften (TANG). Neben finanziellen Anreizen wie Rückkehrhilfezahlungen über einmalige Gelder des BMA und der Länder oder eine vorzeitige Auszahlung der Rentenversicherungsbeiträge unterstützte das BMZ die TANG, um eine Reintegration im Heimatland zu erleichtern. Beispielsweise sollten Investitionen der ‚Gastarbeiter' in der Türkei erleichtert und der Aufbau kleiner und mittlerer Unternehmen in ländlichen Regionen gefördert werden. Dazu stellten sowohl die deutsche als auch die türkische Regierung bis zu 80 Mio. DM in einem Kreditsonderfonds zur Verfügung. Außerdem ermöglichten Abendkurse eine berufsbegleitende Weiterbildung.[212] Letztere Maßnahme ähnelte auch dem Vorgehen bei koreanischen Gastarbeitern. Allerdings gab es nicht solche umfangreichen finanziellen Mittel wie im Falle der TANG. Somit kann davon ausgegangen werden, dass sich die Reintegrationsprogramme auch länderspezifisch unterschieden.

Zunächst wird ein Blick auf die Reintegrationsprogramme für koreanische Bergarbeiter geworfen, für die hauptsächlich berufliche Umschulungen vorgesehen waren. Danach folgt eine Analyse verschiedener Reintegrationsprogramme für Krankenschwestern, die in (kirchlichen) Projekten der ländlichen

---

211 BArch, B 213/125981, BMZ-internes Schreiben: Entwicklungspolitische Förderung der Rückgliederung ausländischer Arbeitnehmer aus Entwicklungsländern in ihre Heimat, hier: Bildung einer Arbeitsgruppe, 22.07.1976, S. 1f.

212 Yildiz, Sakine: „Deutschland ist (k)ein Einwanderungsland: Die Rückkehrförderungspolitik der Bundesrepublik 1974 bis 1984", in: Etzold, Raphaela / Löhnig, Martin / Schlemmer, Thomas (Hg.): *Migration und Integration in Deutschland nach 1945*, De Gruyter Oldenbourg: Berlin/Boston 2019, S. 83f.

Basisgesundheit arbeiten sollten. Außerdem half eine Beratungsstelle der Caritas in Seoul bei der Vernetzung von Rückkehrerinnen und vermittelte neue Jobs, bei denen sie ihre Deutschkenntnisse einsetzen konnten. Wie bereits erwähnt, gab es lediglich einzelne Modellprogramme mit meist wenigen Teilnehmern, sodass der Einfluss auf die ‚Gastarbeiter'-Remigration insgesamt als eher gering bewertet werden muss. Inhaltlich knüpften die Programme an verschiedene vorangegangene Kapitel, beispielsweise Berufsbildung, ländliche Entwicklung und Basisgesundheit, an und bieten so die Möglichkeit, diese mit Blick auf die Remigration aus einer neuen Perspektive zu betrachten.

4.2 Reintegration koreanischer Bergarbeiter

Hintergründe für Umschulungen

Obwohl mit dem ‚Programm zur vorübergehenden Beschäftigung koreanischer Bergarbeiter im deutschen Steinkohlebergbau' offiziell eine Förderung des koreanischen Bergbausektors durch eine Aus- und Fortbildung von Bergarbeitern in der Bundesrepublik proklamiert worden war, arbeiteten die entsandten Bergleute nur in den wenigsten Fällen vor oder nach ihrem Aufenthalt in diesem Sektor. Gerade in der ersten Gruppe kam eine große Zahl an Akademikern über dieses Programm nach Deutschland.[213] Das hing auch damit zusammen, dass koreanische Bergleute den Eignungstest nicht bestanden, weil ihnen beispielsweise die Kraft fehlte oder sie bereits an Lungenkrankheiten litten.[214] Für die Bergleute bedeutete der Auslandsaufenthalt in der Bundesrepublik einen sozialen Aufstieg, und sie planten auch im Falle einer Rückkehr nicht, in dem wenig geschätzten und schlechtbezahlten Beruf des Bergmanns weiterzuarbeiten, sondern bevorzugten andere Tätigkeiten.[215] Im Rahmen des oben genannten Projektes hatten die Gutachter im Auftrag des BMZ bereits 1975 ausgeschlossen, Rückkehrer einzubinden. Dafür wurden insbesondere die zwei folgenden Gründe genannt:

> „Erstens sind die Verhältnisse im Bergbau zwischen Korea und der BRD nicht vergleichbar. Der deutsche Bergbau ist z. Zt. gekennzeichnet durch einen hohen Mechanisierungsgrad. Dies beinhaltet gleichzeitig eine weitgehende Spezifizierung der Arbeitsbereiche und damit des Personals. Im ko-

[213] Vgl. dazu auch: Lee, „Deutsche Entwicklungshilfe für Korea 1953–1963", S. 143–158; Lee, You Jae (Hg.): *Glück Auf! Lebensgeschichten koreanischer Bergarbeiter in Deutschland*, Iudicium: München 2021, Einleitung.

[214] Ibid., S. 111.

[215] Vgl. auch: Lee, You Jae: *Koreanische Migrationsgeschichte*, unveröffentlichtes Manuskript, 2017, S. 32.

reanischen Bergbau sind bei der gegenwärtigen Lage aber vor allem Allround-Fachkräfte nötig. Eine derartige Ausbildung werden die hier eingesetzten Koreaner aber nicht erlangen. Zweitens erscheint es aus hiesiger Sicht unwahrscheinlich, dass die koreanischen Bergleute bei Rückkehr gewillt sind, wieder im Kohlebergbau ihres Heimatlandes weiterzuarbeiten, da dieser, an hiesigem Standard gemessen, in einem desolaten Zustand ist."[216]

Neben den bereits erwähnten schlechten Arbeitsbedingungen im koreanischen Bergbau wurden auch technische Gründe, also der Mechanisierungsgrad und Spezialisierungen, angeführt. Interessanterweise berichtete ein koreanischer Bergarbeiter in Deutschland im Rahmen eines *Oral History*-Interviews von einer umgekehrten Situation: Er hatte in einem Bergwerk der Korean Coal Corporation (KCC) zum Kohleabbau Maschinen genutzt und demnach leichtere Arbeit verrichtet, während er in einem Bergwerk in Deutschland per Hand mit einem Abbauhammer arbeiten musste, da die Maschinen nicht für seine Körpergröße geeignet waren.[217] So konnte sich die individuelle Erfahrung auch von den staatlichen Narrativen unterscheiden. Ohne weitere Einsatzmöglichkeiten im Bergbau zu prüfen, suchte das BMZ für die Reintegration der Rückkehrer in den koreanischen Arbeitsmarkt also Alternativen.

Berufliche Umschulungen und Instruktorenausbilder

Das BMA genehmigte ab April 1969 den koreanischen Bergarbeitern nach Ende ihres Vertrages, den Aufenthalt in der Bundesrepublik zu verlängern, um sich im Rahmen eines Studiums oder einer Ausbildung weiterzubilden, sofern sie genügend finanzielle Mittel für Lebenshaltungskosten und die anschließende Rückkehr hatten.[218] Somit war die rechtliche Möglichkeit zu einer Weiterbildung geebnet, und Bergleute konnten sich individuell um eine solche bemühen. Erste staatlich geförderte Programme zur Reintegration der Bergarbeiter in den koreanischen Arbeitsmarkt starteten schließlich im Jahre 1972. Deutsche Regierungsstellen erkannten, dass die Bergarbeiter in Korea nicht mehr in diesem Beruf arbeiten wollten oder würden. Aus diesem Grund plante die Zentralstelle für Arbeitsvermittlung des BMZ Wiedereingliederungsprogramme zu fördern. Mit der Durchführung der ersten Programme wurde das

---

216 BArch, B 213/24251, Technische Zusammenarbeit mit Korea: Unfallverhütungsmaßnahmen im koreanischen Bergbau; Vorgutachten, 08.12.1975, S. 3.

217 Lee, *Glück Auf! Lebensgeschichten koreanischer Bergarbeiter in Deutschland*, S. 202.

218 Vor dieser Genehmigung mussten 14 koreanische Auszubildende bei einer Koblenzer Firma wegen fehlender Aufenthaltsgenehmigung zurückkehren. BArch, B 149/22430, Berufsausbildung koreanischer Bergarbeiter in anerkannten Lehrberufen, hier: Koreanische Arbeitnehmer bei der Firma Stabilus, 01.08.1969. Vgl. auch: Lee, *Koreanische Migrationsgeschichte*, S. 89.

Kreuzberger Zentrum für internationale Zusammenarbeit (ZIZ) in Bonn beauftragt, das bereits im Vorfeld für Umschulungen geworben hatte. So hatte das ZIZ beispielsweise 1972 gemeinsam mit einer koreanischen Organisation ein Seminar zur *saemaŭl undong* durchgeführt. Es war angedacht, die koreanischen Bergarbeiter nach ihrer Rückkehr im Rahmen der ländlichen Modernisierung einzusetzen und auch deutsche Firmen daran zu beteiligen.[219] Zu der Verwirklichung dieser Pläne kam es zwar nicht, aber das ZIZ konnte sich über diesen frühen Einsatz den BMZ-Auftrag zur Durchführung der Umschulungsprogramme sichern.[220]

Als Bedingungen für eine Teilnahme an den Umschulungsprogrammen wurde durch das BMA, wie oben erwähnt, festgelegt, dass die Bergarbeiter ausreichende Deutschkenntnisse, genügend Eigenkapital für den Lebensunterhalt und die Rückreise in ihr Heimatland sowie eine entsprechende Vorbildung in dem zu erlernenden Beruf benötigten. Somit war eine Teilnahme durch finanzielle und fachliche Hürden stark eingeschränkt, wie auch in der Folge für die Instruktorenausbildung kritisiert wurde. Dem Ministerium zufolge hatten sich die Bergbauverbände jedoch bereits individuell auf eine Möglichkeit der Weiterbildung nach Ablauf der Arbeitsverträge verständigt, die in Form von Anlernkursen außerhalb der Arbeitszeit durchgeführt wurden. Teilnahme an diesen Kursen nach Ablaufen des Visums mussten jedoch auch die Ausländerbehörden genehmigen.[221] Die verschiedenen Ministerien (BMZ, BMA und BMI) haben so nicht nur untereinander Aufgaben verteilt, sondern auch versucht, die Privatwirtschaft stärker in die Pflicht zu nehmen.

1973 wurde schließlich eine erste Gruppe von 24 Bergarbeitern im Metallgewerbe und der Elektrotechnik am ZIZ umgeschult. Drei Monate später folgte die nächste Gruppe mit 35 weiteren Teilnehmern, sodass innerhalb eines Jahres insgesamt 135 ehemalige Bergarbeiter in 30 Fachrichtungen eine Schulung erhalten hatten. Andere Ausbildungsberufe waren daneben auch Gartenbau, EDV und Handel.[222] Über den Erfolg des Programms vermerkte ein Bericht der ZIZ Folgendes:

---

[219] Vgl. auch: Hyun, Martin: *Die koreanischen Arbeitsmigranten in Deutschland*, Dissertation, Universität Bonn, 2018, S. 230–232.

[220] Ibid., S. 231. Vgl. auch: Lee, *Koreanische Migrationsgeschichte*, S. 89.

[221] Hyun, *Die koreanischen Arbeitsmigranten in Deutschland*, S. 233f.

[222] „Germany Training 138 Korean Miners“, in: *The Korea Herald*, 14.08.1975; PA AA, B 58-ZA, 119383, BMZ Zentralstelle für Arbeitsvermittlung: Zwischenbericht über Förderung der Rückkehr und beruflichen Wiedereingliederung von Arbeitnehmern aus Entwicklungsländern; hier: Reintegrationsprogramm für koreanische Bergarbeiter in der Bundesrepublik Deutschland, 20.09.1974, S. 2f.

> „Bis zum Berichtstag sind 20 Programmteilnehmer (15 %) vorzeitig nach Korea zurückgekehrt. Davon haben 12 sich beruflich selbständig gemacht u. a. als Bauunternehmer, als Inhaber einer Schreinerei und eines Geschäfts für Leder- und Schuhwaren; hervorzuheben sind die Gründungen von Baumschulen in Masan, Mokpo und Jindo sowie eine Kastanienplantage, die bereits im Exportgeschäft steht. Andere sind in der Verwaltung oder als Motorenfachleute bei der ‚General Motors'-Vertretung in Seoul beschäftigt."[223]

Die Beschäftigungsbereiche dieser frühen Programme waren also sehr verschieden, auch wenn es eine höhere Zahl an Selbstständigen gab. Dabei gab es lose Überschneidungen mit gleichzeitig geförderten Bereichen der technischen Zusammenarbeit, beispielsweise der Wiederaufforstung oder industriellen Berufsbildung.

Ab 1975 erfolgte dann eine engere Kooperation zwischen dem BMZ und dem koreanischen Arbeitsministerium, da beide Seiten eine Ausbildung von Instruktoren in der Berufsbildung anstrebten, um so zwei Bereiche der deutsch-koreanischen Entwicklungszusammenarbeit, nämlich Remigration und Berufsbildung, zu verknüpfen. Unter anderem wurde der zuständige Beamte für die Berufsbildung, Hong Chongrae, zu einem Besuch in die Bundesrepublik eingeladen, damit er sich einen Überblick über die Maßnahmen verschaffen konnte. Der BMZ-Beamte Dr. Wichelmann unterzeichnete mit Hong eine Vereinbarung über die gemeinsame Förderung des Programms. Während die Bundesregierung für die gesamte Durchführung verantwortlich war, sollte das MOL nach Abschluss der Umschulung Arbeitsplätze vermitteln.[224] Im Jahr darauf erfolgte auch der Besuch einer Delegation der Akademie Klausenhof, an der ebenfalls koreanische Bergarbeiter weitergebildet wurden. Insbesondere sprachen die Delegierten mit Vertretern der Korea Overseas Development Corporation (KODCO) und der Federation of Korean Industries (FKI) und schlossen mit letztgenannter Einrichtung ein Partnerschaftsabkommen.[225]

Im Jahre 1978 vereinbarten beide Seiten bei einem Besuch Dr. Wichelmanns genauere Richtlinien zur Verbesserung des Programms: Erstens sollte

---

223 Ibid., S. 4.

224 PA AA, B 58-ZA, 119383, Schreiben des BMZ an das AA: Entwicklungspolitische Förderung der Rückkehr und beruflichen Wiedereingliederung von Ausbildungsabsolventen und qualifizierten Arbeitnehmern aus Entwicklungsländern; hier: Fortbildung- und Umschulungsprogramm für koreanische Arbeitnehmer in der Bundesrepublik Deutschland, 09.10.1975.

225 „Sŏdok ak'ademi k'ŭllaujenhop'ŭ kyosu 30myŏng panghan" [30 Professoren der westdeutschen Akademie Klausenhof besuchen Korea], in: *JoongAng Ilbo*, 16.04.1976. „Chaedok kŭlloja chŏnjik hullyŏn chiwŏn" [Unterstützung für die Umschulung zurückkehrender Arbeitnehmer], in: *Kyunghyang Shinmun*, 20.04.1976.

die Ausbildung stärker praktisch ausgerichtet und die Instruktoren auch in Korea in die nötige Terminologie und Theorie eingeführt werden. Zweitens sollten neben den Kursen für Instruktoren auch solche für Meister angeboten werden. Drittens war eine Ausrichtung auf die Berufe der Berufsbildungszentren vorgesehen, und viertens wurde der Zeitrahmen der Kurse auf vier bis zwölf Monate beschränkt. Fünftens mussten die Interessenten alle nötigen Qualifikationen eines Facharbeiters mitbringen, die Bedingungen glichen also denen normaler Instruktoren. Sechstens setzte sich das koreanische Arbeitsministerium für die Vermittlung einer Instruktorenstelle ein, die zu den Qualifikationen des Kandidaten passten, und siebtens vereinbarten beide Seiten einen besseren Informationsaustausch über den Verlauf des Programms.[226]

Während seines Besuchs traf sich Dr. Wichelmann mit einigen Rückkehrern nach der Wiedereingliederung und erkundigte sich über deren Situation. Dabei wurde er von dem Leiter der deutschen Beratergruppe am Arbeitsministerium, A. Schnitter, unterstützt.[227] Die Beratergruppe erfasste und interviewte die Rückkehrer. Allein im Jahr 1978 konnte sie auch 17 Rückkehrer als Instruktoren an die betreuten Berufsbildungszentren vermitteln. Der BMZ-Beamte N. Stolpe schreibt über die Rolle der Beratergruppe: „[Sie] hat hierbei eine Brückenfunktion übernommen, die zu einem echten Verbund beider Maßnahmen führte."[228]

Im Rahmen der Instruktorenausbildung wurden bis 1980 ca. 120 ehemalige Bergarbeiter weitergebildet. Das BMZ trug die Kosten für die Ausbildung und zahlte ein monatliches Stipendium in Höhe von 750 DM sowie zusätzlich 300 DM Familiengeld. Auch wenn offiziell lediglich eine Facharbeiterausbildung als Nachweis verlangt wurde, sah die Realität oft anders aus. Die Juristen Cornelius Nestler und Ulrike Tremel zitierten in ihrer Publikation den Ressortleiter der Ausbildungsstätte Akademie Klausenhof, wonach „praktisch der Wissensstand eines Ingenieurs verlangt" wurde.[229] Neben einer hohen fachlichen Bildung waren außerdem gute Deutschkenntnisse eine Grundbedingung, die Ausbildung erfolgreich abzuschließen. Dass diese beiden Voraussetzungen bereits einen Großteil der Bergarbeiter von einer Weiterbildung als Instruktoren aus-

[226] PA AA, B 58-ZA, 119383, BMZ/ALA: Record of Discussion concerning the Re-integration Program for Korean workers in the Federal Republic of Germany, 27.09.1978.

[227] PA AA, B 58-ZA, 119383, Schreiben der Deutschen Botschaft Seoul an das AA: Rückkehr und berufliche Wiedereingliederung koreanischer Ausbildungsabsolventen und Arbeitnehmer; hier: Dienstreise von RD Dr. Wichelmann nach Korea, 04.10.1978.

[228] BArch, B 213/24247, N. Stolpe: Bericht über die Evaluierung des Projektes Deutsche Beratergruppe bei der Administration of Labour Affairs, 16.02.1979, S. 14.

[229] Nestler-Tremel, Cornelius / Tremel, Ulrike: *Im Schatten des Lebens: Südkoreaner im Steinkohlebergbau von Nordrhein-Westfalen – eine Untersuchung zur Rotationspolitik mit ausländischen Arbeitnehmern*, Forschungsstätte der Evangelischen Studiengemeinschaft: Heidelberg 1985, S. 132.

schlossen, wurde von Seiten des BMZ oder der Akademie Klausenhof nicht thematisiert. Nestler und Tremel zitieren auch einen ehemaligen Bergarbeiter, dass die geringen Einkünfte durch das Stipendium es unmöglich machten, Geld nach Korea zu schicken und daher eine Ausbildung selbst für ausreichend vorgebildete Bergleute wenig attraktiv war.[230] Ein weiteres Problem stellte die Anerkennung des Abschlusses dar. Auch wenn die koreanische Regierung zusicherte, dass die Anerkennung der deutschen Instruktorenzertifikate und Facharbeiterbriefe rechtlich abgesichert sei, war dies nicht immer der Fall, wie auch Fälle im Zusammenhang mit dem Berufsbildungszentrum Busan oder der Meisterschule in Changwon zeigten.[231]

Das BMZ vertrat hierzu eine weitaus positivere Sichtweise. Der BMZ-Beamte Dr. Micha berichtete 1981 in einem Schreiben an die Caritas über den Fortgang der Instruktorenausbildung. Auch wenn das Programm in der Zwischenzeit beendet worden war, hätten die ehemaligen Bergarbeiter sowohl als Instruktoren an den Berufsbildungszentren als auch am Meistercollege Beschäftigung gefunden.[232] Die Zertifikate für Instruktoren sowie Facharbeiterbriefe aus der BRD wurden in Korea voll anerkannt. Im Falle der Instruktorenausbildung erfolgte ein weiterer vierwöchiger Lehrgang, um auf die Situation in Korea vorzubereiten.[233] Dr. Micha schrieb außerdem:

> „Die fünfzehn Berufsbildungszentren sind unverändert auf auslandserfahrene koreanische Instruktoren angewiesen. Der gezielten Einweisung der Absolventen der Reintegrationslehrgänge in die entsprechenden Stellen in den Ausbildungsstätten hat sich gerade auch die deutsche Beratergruppe stets angenommen."

Laut Beratergruppe waren die Ausbildungszentren auf die Rückkehrer angewiesen, sodass eine Verzögerung der Ausbildung als starke Beeinträchtigung wahrgenommen wurde. Dr. Wichelmann schrieb mit Bezug auf die Beratergruppe: „Ein neuerer Hinweis von Herrn Schnitter besagt, dass die zwei neu eröffneten Musterausbildungsstätten für Bauberufe den regulären Lehrbetrieb nicht aufnehmen können, solange die eigens dafür beim Stadtschulamt München geschulten sechs koreanischen Lehrkräfte nicht zur Verfügung

[230] Ibid., S. 132f.

[231] PA AA, B 37-ZA, 113166, Schreiben der Deutschen Botschaft Seoul an das AA: Anerkennung deutscher Instruktorenzertifikate und Facharbeiterbriefe in Korea, 13.08.1980.

[232] PA AA, B 58-ZA, 182483, Schreiben von Dr. Micha (BMZ) an den Caritasverband: Entwicklungspolitische Förderung der Rückkehr und beruflichen Wiedereingliederung koreanischer Arbeitnehmer, 23.07.1981.

[233] PA AA, B 58-ZA, 119383, Schreiben der Deutschen Botschaft Seoul an das AA: Anerkennung deutscher Instruktorenzertifikate und Facharbeiterbriefe in Korea (Republik), 12.08.1980, S. 1f.

stehen."[234] Erneut wird die einflussreiche Rolle der Beratergruppe deutlich, die auch im Rahmen der Reintegration als Mittler zwischen dem koreanischen Arbeitsministerium und dem BMZ fungierte.

Zuletzt soll noch die Sichtweise eines Akteurs einbezogen werden, der sich nach Ausbildung an der Facharbeiterschule Incheon über eine Tätigkeit bei Siemens in Korea auf eine Entsendung als Auszubildender, nicht Bergmann, über das Praktikantenprogramm in die BRD bewarb. Nach Vertragsende bei der Kraftwerk Union in Mühlheim konnte er jedoch ebenfalls im Rahmen eines Reintegrationsprogrammes einen Kurs an der Meisterschule in Troisdorf belegen. Nach seiner Rückkehr arbeitete er dann zunächst als Counterpart der Beratergruppe am Forschungsinstitut für Berufsbildung. Dabei begutachtete er mit den deutschen Experten die neugebauten Berufsbildungszentren, war an der Entwicklung eines Curriculums beteiligt und bildete Berufsschullehrer aus. In der Folge arbeitete er auch am Meistercollege in Changwon.[235] Auch wenn dieser Einzelfall zeigt, dass die Remigration mit staatlich geförderter Umschulung positiv verlaufen konnte, liegen keine Zahlen für das gesamte Programm vor, sodass der Erfolg insgesamt nur schwer bewertet werden kann. Mit Blick allein auf die geringen Teilnehmerzahlen verglichen mit der Zahl an entsandten Bergarbeitern kann man jedoch davon ausgehen, dass die Programme lediglich eine minimale Wirkung hatten.

4.3 Reintegration koreanischer Krankenschwestern

Während die Anwerbung der Bergleute, wie bereits erwähnt, als Entwicklungszusammenarbeit dargestellt wurde, gab es an der Arbeitsmigration der koreanischen Krankenschwestern in die Bundesrepublik bereits frühzeitig Kritik in den deutschen und koreanischen Medien. Einerseits wurde die geförderte Migration als ein Braindrain bezeichnet, denn laut Berichten fehlten in den koreanischen Krankenhäusern, vor allem in ländlichen Regionen, nun ausgebildete Krankenschwestern. Andererseits kritisierte man von vorneherein die unterschiedlichen Ausbildungssysteme, die zunächst eine Migration und dann eine Remigration erschweren würden.[236] Laut einer

[234] BArch, B 213/125981, Dr. Wichelmann: Niederschrift zur Ressortbesprechung über das Reintegrationsprogramm für koreanische Arbeitnehmer, 30.01.1981, S. 3.

[235] Gespräch mit Yi Chŏngwŏn, Incheon, 13.10.2021.

[236] „Urgent Steps Asked to Halt Nurse-Drain", in: *The Korea Times*, 14.09.1966; Conroy, Patricia A.: „Thoughts of the Times", in: *The Korea Times*, 12.03.1971; „Krankenschwestern aus Korea: Der einen Not – der anderen Nutzen", in: *Die Zeit*, Jg. 03/73, 19.01.1973. Vgl. auch: ADCV, 194(519.2)030, Fasz. 01, Dr. A. Radtke: Bericht zur gesundheitspolitischen Gesamtsituation in der Republik Korea, 1971; ADCV.380.40.047,

Umfrage des Soziologen Shim Yunchong, der 1973 an der Universität Heidelberg zu der Situation der koreanischen Krankenschwestern promoviert hatte, planten weniger als ein Drittel der ‚Gastarbeiterinnen' eine Rückkehr direkt nach Vertragsende, während zwei Drittel eine Vertragsverlängerung oder einen längeren Aufenthalt in der BRD beabsichtigten. Je länger der Aufenthalt, desto größer war auch der Wunsch zu bleiben.[237]

Anfang der 1970er-Jahre gab es kaum Informationen über die Situation der Rückkehrerinnen. Sowohl die koreanischen als auch deutschen Stellen zeigten wenig Interesse an einer Förderung der beruflichen Reintegration, denn die Rückkehrerinnen wurden insgesamt als eine finanziell privilegierte Gruppe betrachtet, die durch den Aufenthalt in Deutschland genug Geld angespart hatte. Wie auch die Bergarbeiter waren die Krankenschwestern also zunächst sich selbst überlassen. Die Arbeitsplatzsuche gestaltete sich für die Rückkehrerinnen allerdings schwierig, da ihre Arbeitserfahrung in Deutschland von koreanischen Arbeitgebern nicht anerkannt wurde und man der Auffassung war, dass insbesondere die Vollschwestern „während ihrer Deutschlandtätigkeit an Erfahrung verloren" hatten.[238]

Vereinzelt konnten die Rückkehrerinnen eine Stelle in einem Krankenhaus im ländlichen Raum finden. Allerdings waren diese nicht sonderlich beliebt, weil die Lebensbedingungen dort deutlich schlechter schienen. Mögliche Berufsfelder waren neben Krankenhäusern auch die öffentlichen Gesundheitszentren sowie die betriebliche Sozial- und Frauenbildungsarbeit. Durch ihre Deutschkenntnisse waren sie außerdem als Fremdenführerinnen oder Fremdsprachensekretärinnen in deutschen Firmen oder anderen Projekten der Entwicklungszusammenarbeit tätig.[239] Insbesondere von Seiten der Kirchen, aber auch in Zusammenarbeit mit dem BMZ gab es verschiedene Versuche, die koreanischen Krankenschwestern wieder in die koreanische Gesellschaft zu integrieren.

Fasz.01, Bericht zum Podiumsgespräch ‚Entwicklungshilfe in falscher Richtung' in Mainz, 18.05.1972.

[237] Shim, Yunchong: *Aspekte der sozio-kulturellen Einordnung koreanischer Krankenpflegekräfte in Deutschland*, Peter Lang: Frankfurt am Main 1974, S. 141. Vgl. auch: Lee, Koreanische Migrationsgeschichte, S. 105f.

[238] ADCV, 187.1/5.025, Fasz. 02, I. Nölkensmeier: Bericht über den Verlauf der Korea-Reise vom 16.11. bis 21.12.1975, S. 3.

[239] Solche Tätigkeiten förderte später die Beratungsstelle auch durch eine Zusammenarbeit mit dem Goethe-Institut. ADCV, 187.2 kore 02, Fasz. 01, I. Nölkensmeier: „Eine Mark im Monat für Korea", in: *Caritas Aktuell*, 4/77. Vgl. auch: Kim, Won: „Memories of Migrant Labor: Stories of Two Korean Nurses Dispatched to West Germany", in: *The Review of Korean Studies* 12.4, 2009, S. 118f.; Gespräch mit Kim Chŏngsun, 03.11.2021, Seoul. Kim selbst war im Berufsbildungszentrum Busan und im Waldbewirtschaftungsprojekt in Yangsan als Sekretärin und Dolmetscherin tätig.

Die ländliche Basisgesundheit als Auffangort für Rückkehrerinnen?

D. Sich schrieb 1971 einen Artikel für das *Deutsche Ärzteblatt*, um auf das Dilemma der Krankenschwester-Anwerbung in die BRD und den damit einhergehenden Braindrain aufmerksam zu machen. Sie schlug vor, dass Rückkehrerinnen in Projekten der ländlichen Basisgesundheit eingesetzt und die Mehrkosten dafür durch die Entwicklungszusammenarbeit subventioniert werden könnten. Die Ausbildung von Ärzten und medizinischem Personal in Korea sei über die Entwicklungszusammenarbeit auch Aufgabe der Industrieländer.[240] Sie bezog sich hierbei direkt auf Diskurse amerikanischer Missionsärzte aus dem Umfeld des CMC in Korea, die von der deutschen Öffentlichkeit bis dahin weitestgehend ignoriert worden waren, und verband damit zwei wichtige Themenkomplexe, nämlich erstens die Förderung des koreanischen Gesundheitssystems im Rahmen der (deutschen und christlichen) Entwicklungszusammenarbeit und zweitens die Reintegration qualifizierter Fachkräfte in den medizinisch unterversorgten Regionen.[241] Der Vorschlag Sichs fand in der Folge auch größere Resonanz in der BRD, und auch koreanische Akteure zeigten Interesse: Der Medizinprofessor Yang Chaemo an der Yonsei University ging auf Sichs Idee ein und schlug einen einjährigen Wiedereingliederungskurs für rückkehrende Krankenschwesternhelferinnen im Rahmen eines Projektes der ländlichen Entwicklung vor.[242] Später führte die Yonsei University zwar ein solches Projekt auf der Insel Ganghwa-do durch, aber die Eingliederung zurückgekehrter Krankenschwestern spielte dabei eine weniger entscheidende Rolle, als der Vorschlag Yangs vermuten lassen würde. Wie bereits in Kapitel 2 zu Basisgesundheitsdiensten gezeigt wurde, waren die koreanischen Akteure der Entwicklungszusammenarbeit darauf bedacht, für die Bundesregierung relevante Themen in die Projektanträge zu integrieren, um leichter Fördergelder zu erhalten.

Auch weitere deutsch-koreanische Akteure, wie beispielsweise Yoo Do-Jin, der 1975 an der Universität Kiel seine Dissertation zu der Migration der Krankenschwestern eingereicht hatte und danach an der Universität Münster am Institut für medizinische Soziologie tätig war, widmeten sich in ihrer Forschung der Frage nach einer möglichen Wiedereingliederung der Krankenschwestern und standen im direkten Austausch mit dem BMZ. Yoo hoffte dabei ebenso wie Sich den Einsatz von zurückgekehrten Krankenschwestern im ländlichen Korea im Rah-

---

240 Sich, Dorothea: „Zu schade, um Lücken zu füllen: Schwestern aus Korea“, in: *Deutsches Ärzteblatt*, 38/1971, S. 2552–2557.

241 Vgl. auch: Johnson, Kit G.: „Which is more important: To save money or lives“, in: *The Korea Times* 28.02.1971; Conroy, Patricia A.: „Thoughts of the Times“, in: *The Korea Times*, 12.03.1971.

242 LKAS-K031–454, Brief von Yang Jae Mo an Dorothea Sich, 09.12.1971, S. 1.

Abbildung 11: Dorothea Sichs Artikel im *Deutschen Ärzteblatt*, 1971

Quelle: *Deutsches Ärzteblatt*, 38/1971, Titelblatt

men der technischen Zusammenarbeit umsetzen zu können. Dabei dachte er an ein Rotationssystem zwischen Universitätskrankenhaus und ländlichem Gesundheitszentrum, sodass erworbene Kenntnisse nicht verloren gingen.[243] Yoo wurde später Professor für Soziologie an der Pusan National University und verwirklichte letztlich seine Pläne nicht, sondern widmete sich in seiner Forschung anderen Themen. Es zeigt allerdings, dass sich Wissenschaftler und Gesundheitspraktiker der Probleme des Braindrains durch die Migration bewusst waren und nach Lösungsmöglichkeiten suchten.[244]

243 PA AA, B37-ZA, 105112, Vermerk über Krankenhausprojekt der Yonsei-Universität – Besuch von Dr. Yoo vom Institut für Medizinische Soziologie der Universität Münster am 29.12.1976 im BMZ, 30.12.1976. Vgl. auch dessen Dissertation: Yoo, Do-Jin: *Die Situation koreanischer Krankenpflegekräfte in der Bundesrepublik Deutschland und ihre sozialpädagogischen Probleme*, Dissertation, Universität Kiel, 1975.

244 Ein weiteres, frühes Beispiel ist auch die folgende Episode: Der Oberbürgermeister der Stadt Mainz wandte sich an BMZ-Minister E. Eppler, um die Möglichkeit des Baus eines Krankenhauses, einer Schwesternschule und eines Wohnheims an der Chungang University in Seoul zu prüfen. Dadurch sah er auch die Möglichkeit auf Remigration koreanischer Krankenschwestern des Universitätsklinikums in Mainz. Das BMZ argumentierte jedoch, solche Ideen könnten erst verwirklicht werden, wenn die koreanische Regierung Krankenschwestern nicht mehr ins Ausland schicke. Vgl. auch: BArch, B 149/46779, Schreiben des BMZ an das BMA: Beschäftigung und Rückgliederung koreanischer Krankenschwestern, hier: Verwendung der Sozialversicherungsbeiträge, 27.01.1972, S. 1.

Rückkehrerinnen in der christlichen Sozialarbeit

Neben den Überlegungen zu staatlich geförderten Programmen, die jedoch nicht realisiert wurden, engagierten sich verschiedene christliche Vereine in der ländlichen Gesundheit und versuchten hier auch zurückgekehrte Krankenschwestern aktiv einzubinden. Von 1983 bis 1989 führte die koreanische Diakonia Schwesternschaft (*diak'onia chamaehoe*) in einem Dorf im Landkreis Muan in der Provinz Jeollanam-do mit finanzieller Unterstützung des Evangelischen Missionswerk in Südwestdeutschland (EMS) ein Gesundheitszentrum.[245] Neben der Behandlung wurde auch Wert auf Vorsorge gelegt. Nachdem ein Register der Bevölkerung angelegt worden war, bemerkte die Projektleiterin als Hauptprobleme des Dorfes die fehlende Bildung und die Armut der Einwohner, weshalb nicht nur Gesundheitsdienste, sondern auch Leistungen für das Allgemeinwohl angeboten wurden. Daher richtete sie zusätzlich zu dem Gesundheitszentrum auch eine Krippe und Kindertagesstätte, ein Gemeinschaftsbad und einen Leseraum ein. Außerdem gründete sie in der Gemeinde eine Kreditgenossenschaft für die Dorfbewohner, wie dies auch in dem zuvor beschriebenen Basisgesundheitsprojekt der Soonchunhyang University und des sozialen Projektes in der Diözese Wonju der Fall war.[246]

Die Projektleiterin hatte in den 1970er-Jahren als Krankenschwester in der BRD gearbeitet, war dann nach ihrer Rückkehr in die Diakonia Schwesternschaft eingetreten und hatte das Projekt im Landkreis Muan eigenständig, nur mit finanzieller und nicht praktischer Unterstützung der kirchlichen Verbände, geführt. Es konnten also die zuvor angestellten Überlegungen zur Einbindung von Krankenschwestern in die ländliche Gesundheitsversorgung, wenn auch unbeabsichtigt, verwirklicht werden. Das Beispiel zeigt außerdem, dass ein umfassender und integrativer Ansatz zur Gesundheit, aber auch sozialen Versorgung nötig war, den die Universitätskrankenhäuser mit angeschlossenem Basis-

---

245 Korea Diakonia Schwesternschaft (Hg.): *Yŏksa-wa sŏmshim-ŭi sam: Han'guk tiak'onia chamaehoe 25chunyŏn charyojip* [Geschichte und Leben der Sŏmshim: Das 25-jährige Bestehen der koreanischen Diakonie-Schwesternschaft], Han'guk Shinhak Yŏn'guso, 2005, S. 232–235.

246 Ibid.; vgl. auch Yun, Chŏngran: „1970nyŏndae-80nyŏndae han'guk-kwa sŏdok-ŭi kidokkyo yŏndae: Han'guk tiak'onia chamaehoe-rŭl chungshim-ŭro" [Christian Solidarity between Korea and West Germany in the 1970s to 1980s: Focusing on Diaconia Sisterhood in South Korea], in: *Yŏksa Munhwa Yŏn'gu* 73, 2020, S. 21–26. Die Kirchenhistorikerin Yun Chŏngran stützt sich in ihrem Artikel hauptsächlich auf den Bericht der verantwortlichen Diakonissin: Kim, Chŏngran: *Nongch'on chiyŏk-ŭi pogŏn ŭiryo hyŏnjang-esŏ: Sŏngnaeri pogŏn chillyowŏn-ŭi hwaltong sarye* [Vor Ort aus der ländlichen Gesundheit: Eine Fallstudie über ein Gesundheitszentrum in Seongnae-ri], Taehan'ganhohyŏp'oe: 1991. Vgl. auch den Bericht von Yi Yŏngsuk in: Lee / Shin, *Mission für Frieden und Demokratie.*

gesundheitsdient nicht leisten konnten. Hier war die diakonische Sozialarbeit der technischen Zusammenarbeit voraus, da die Schwestern gezielt auf Probleme vor Ort reagieren konnten. Während es sich bei den Universitäten um private Institutionen handelte, die auch an Gewinn orientiert waren, fokussierte sich die diakonische Arbeit zuallererst auf die Menschen.

Ein weiterer außergewöhnlicher Fall ist die Entsendung einer deutsch-koreanischen Krankenschwester als Entwicklungshelferin in ein Projekt für ländliche Entwicklung, das durch Brot für die Welt und die Evangelische Zentralstelle für Entwicklungshilfe (EZE) gefördert wurde. Die anonymisierte Person ‚K' arbeitete von 1984 bis 1987 als selbstständige Krankenschwester ohne Anbindung an ein Gesundheitszentrum im Landkreis Yesan in der Provinz Chungcheongnam-do und wirkte dort an der gesundheitlichen Bildung, der Bereitstellung von Medikamenten, dem Krankentransport und der Vermittlung von Ärzten mit. Jedoch war ihre Tätigkeit nach eigener Aussage eingeschränkt, da in Korea zu dieser Zeit die medizinische Behandlung gesetzesgemäß nur durch Ärzte ausgeführt werden durfte, sodass sie bei Hausbesuchen die gesundheitlichen Probleme der ländlichen Bevölkerung zwar feststellen, aber nicht behandeln konnte. Unter anderem bemerkte sie Vergiftungen durch Düngemittel, durfte jedoch in dieser Angelegenheit die Patienten nur an ein Krankenhaus verweisen.[247] Es zeigt sich, dass die etablierten Basisgesundheitsdienste mit einer Kombination aus Gemeindehelferinnen und Krankenhaus also auch Vorteile gegenüber dem Einsatz von einzelnen Entwicklungshelferinnen hatten. Allgemein kann als Unterschied auch herausgearbeitet werden, dass in den genannten kirchlichen Projekten keine vorbereitende und begleitende Forschung durchgeführt wurde, sondern nur am Anfang externe Beratung erfolgte und die Akteurinnen vor Ort sich selbst überlassen wurden.

Auch das bereits erwähnte Projekt in der Diözese Wonju integrierte zurückgekehrte Krankenschwestern katholischen Glaubens in die umfangreiche Genossenschaftsbewegung und ländliche Entwicklung vor Ort. Mit Unterstützung des Hilfswerks Misereor und der Akademie Klausenhof sowie internationaler katholischer Organisationen konnte Bischof Chi Haksun ein Team aus neun zurückgekehrten Krankenschwestern in die medizinisch unterversorgte Region entsenden. Der Historiker Kim Sonam analysierte deren Tätigkeiten auf Basis ausführlicher *Oral History*-Interviews und hob deren wichtige Rolle im Rahmen des Projektes hervor, die weit über das Gesundheitswesen hinausging. Beispielsweise trugen sie auch zu einer aktiveren Beteiligung der Frauen vor Ort

---

[247] Chŏng, Pyŏnguk: „Ŏnŭ hanin ijuyŏsŏng-ŭi han'guk kaebal wŏnjo" [Eine koreanische Migrantin und die Entwicklungshilfe für Korea], unveröffentlichtes Manuskript, 4. Symposium für Deutsch-Koreanische Beziehungen, Universität Tübingen, 07.2022.

an der ländlichen Entwicklung bei.[248] Ein Einsatz der zurückgekehrten Krankenschwestern auf lokaler Ebene war also durchaus möglich und konnte zu Erfolgen führen. Alle drei Projekte standen aber im Zeichen christlicher Nächstenliebe und bedeuteten private Aufopferung der beteiligten Akteure, die in Projekten der technischen Zusammenarbeit wohl nicht in diesem Maße eingefordert werden konnte.

Beratungsstelle für Rückkehrerinnen der Caritas

Daneben förderte der Caritasverband von 1975 bis 1980 mit Spendengeldern und finanzieller Unterstützung des BMZ eine Beratungsstelle für Rückkehrerinnen in Seoul. Die Deutsch-Koreanerin Maristella Nam fungierte als Projektleiterin vor Ort. Primärquellen zu diesem Projekt konnten im Archiv des deutschen Caritasverbandes (ADCV) eingesehen werden. Bislang wurde die Beratungsstelle lediglich in der Forschung von Na Hye Shim kurz erwähnt, aber deren Zusammenhang mit Programmen der Entwicklungszusammenarbeit zur Remigration noch nicht weiter analysiert.[249]

Vor der Einrichtung der Beratungsstelle für Rückkehrerinnen in Seoul hatte Caritas bereits deutschlandweit in größeren Städten insgesamt elf Beratungs- und Betreuungszentren für koreanische, indische und philippinische Krankenschwestern eingerichtet, um deren Ankunft zu erleichtern. In den Beratungszentren boten Mitarbeiter, oft selbst mit Migrationserfahrung, feste Sprechstunden an und führten Besuche in den Krankenhäusern anderer Städte durch. Inhaltlich standen bei der Beratung folgende Themen im Mittelpunkt: 1.) Konfliktlösung zwischen Arbeitnehmern und Arbeitgebern oder mit deutschen Arbeitskollegen, 2.) Integrations- und Orientierungshilfe, 3.) Schulung von Kontaktpersonen in Krankenhäusern zur Informationsweitergabe und Konfliktmoderation, 4.) Anregung von Gruppenaktivitäten und gemeinsamen Veranstaltungen.[250] Priorität hatte die Bereitstellung von Informationen, darunter zu Arbeitsgesetzen oder zum Berufs- und Alltagsleben in Deutschland. Das Prinzip beruhte dabei nach Aussage der Caritas auf ‚Hilfe zur Selbsthilfe'. Die Beratungsstellen dienten, wie später die Beratung in Korea, auch zu einer Vernetzung der Krankenschwestern.

---

[248] Vgl. auch: Kim, Sonam: „1970nyŏndae wŏnju chyŏk pyŏkchi pogŏn saŏp-ŭi chŏn'gae kwajŏng yŏn'gu: P'adok kanhosa-rŭl chungshim-ŭro" [A Study of the Development Process of the Remote Areas Health Project in Wonju in the 1970s: Centering on the Korean Nurses dispatched to Germany], in: *Tongbang Hakchi* 203, 2023, S. 259–301.

[249] Na, „A Study of South Korean Migrant Nurses in West Germany", S. 249f.

[250] BArch, B 149/54198, Schreiben von Irmgard Nölkensmeier (Caritas) an das BMA, 11.04.1972, Anhang: Aktivitäten des Deutschen Caritasverbandes für koreanische Arbeitnehmer und Arbeitnehmerinnen in der Bundesrepublik.

In einem Artikel berichtet die koreanische Zeitung *Segye Ilbo* über die Aufgaben der Caritas-Mitarbeiterin Kim Chŏngae in der Beratungsstelle Freiburg und später Frankfurt. Ihre Tätigkeit umfasste neben den oben genannten Aufgaben auch die Rückführung von Toten, die zeitweise Betreuung von Kindern der koreanischen Gastarbeiterinnen sowie die Leitung einer Seniorengruppe am Ende ihrer Tätigkeit.[251] Es wird ersichtlich, dass sich die Caritas durch die Beratungsstellen also nicht nur für die Krankenschwestern als Arbeitskräfte einsetzte, sondern auch für andere soziale Probleme eine Lösung suchte. Der Caritasverband publizierte und informierte außerdem regelmäßig über die prekäre Situation der asiatischen Migranten, z. B. in seinen Informationsblättern oder in Stellungnahmen an Zeitungen und informierte damit die deutsche Öffentlichkeit über die Belange der Krankenschwestern.[252]

Die Durchführung von Weiterbildungsseminaren ermöglichte auch eine „kritische Auseinandersetzung mit den deutschen Lebensverhältnissen", wodurch die Entwicklungsprozesse in den Heimatländern nachvollzogen werden können. Es sollte überlegt werden, „wie die von den Pflegekräften in der Bundesrepublik erworbenen Erfahrungen für das Gesundheitswesen in ihren Heimatländern nutzbar gemacht werden könnten."[253] Na Hye Shim bewertete diese Seminare kritisch und hebt hervor, dass die katholischen Hilfswerke dadurch die Abschiebung der Gastarbeiterinnen befördern wollten.[254] Gleichzeitig kann der Ansatz jedoch auch im Kontext des steigenden Interesses an der ‚Dritten Welt' in der BRD gesehen werden. Das Bewusstsein für die Unterschiede beider Gesellschaften deutete auch bereits auf Probleme hin, die rückkehrende Krankenschwestern beschäftigen sollten.

Die Gründung der Beratungsstelle für die Rückkehrerinnen in Seoul ging auf eine Eigeninitiative von zwei Caritas-Mitarbeiterinnen zurück, die bei einer Dienstreise bereits auf Probleme der Rückkehrerinnen aufmerksam geworden waren.[255] Die Beratungsstelle kümmerte sich auch um die vielfältigen Sorgen und Probleme der Krankenschwestern bezogen auf Beruf und Familie. Obwohl

---

251 Hwang, Onjung: „Kyomin-dŭl-gwa aehwan hamkke: Ch'oesŏn tahal kŏt" [Zusammen mit den Landsleuten durch Freude und Leid: Ich werde mein Bestes geben], in: *Segye Ilbo*, 26.07.2009.

252 Vgl. auch die Stellungnahme des Caritasverbandes in folgendem Artikel: „Asiatische Schwestern befürchten ‚Rausschmiss'", in: *Stuttgarter Zeitung*, 05.04.1978.

253 BArch, B 149/54198, Schreiben von Irmgard Nölkensmeier (Caritas) an das BMA, 11.04.1972, Anhang: Aktivitäten des Deutschen Caritasverbandes für koreanische Arbeitnehmer und Arbeitnehmerinnen in der Bundesrepublik.

254 Na, „A Study of South Korean Migrant Nurses in West Germany", S. 246–248.

255 Vgl. auch: BArch, B149/54198, Schreiben von Irmgard Nölkensmeier (Caritas) an das BMA, 11.04.1972, S. 1. Dr. Böhle, die Leiterin der Abteilung für Entwicklungshilfe des DCV, reiste 1970 zur Herstellung von Kontakten für die Reintegrationsprogramme nach Korea. 1971 fand ein halbjähriger Kurs zu koreanischen Krankenschwestern statt.

es eine Leiterin und Mitarbeiterinnen zur Koordinierung vor Ort gab, funktionierte die Beratungsstelle ebenfalls nach dem Prinzip ‚Hilfe zur Selbsthilfe'. Die Rückkehrerinnen sollten sich frei über ihre Erfahrungen mit der Jobsuche und den Problemen der Remigration allgemein austauschen und so gegenseitig unterstützen.[256] Demnach bot die Beratungsstelle vor allem auch eine Plattform zur Vernetzung der Rückkehrerinnen und hatte für die meisten eine „therapeutische Wirkung", wie die Caritas-Mitarbeiterin I. Nölkensmeier in ihrem Bericht feststellte. In der Beratungsstelle fanden sie „Verständnis, Gesprächsmöglichkeiten und Hilfen".[257] Aus der Beratungsstelle ging letztlich auch die Gründung eines Vereins für die zurückgekehrten Krankenschwestern hervor.

Als Hauptaufgaben der Beratungsstelle lassen sich die Jobvermittlung, die bessere Vernetzung untereinander und die gesellschaftliche Wiedereingliederung nennen. Vor allem der letzte Punkt unterscheidet sich maßgeblich von anderen Programmen zur Remigration, die zumeist auf berufliche Weiterbildung oder eine direkte Jobvermittlung ausgerichtet waren. Hier zeigt sich wohl auch die katholische Werteorientierung der Trägerinstitution. Als Kernproblem der gesellschaftlichen Wiedereingliederung stellten die Caritas-Mitarbeiterinnen nämlich vor allem den Wertewandel der Krankenschwestern fest. Dabei wird die koreanische Gesellschaft als traditionell und überkommen, die deutsche als modern und offen dargestellt. I. Nölkensmeier schreibt beispielsweise:

> „Sie haben andere Verhaltensweisen und Wertungen übernommen, wurden freier im Gebrauch der Freizeit, im Umgang mit Freunden. Sie gewöhnten sich an Konsum und Technik. Die notwenige Wiedereingliederung in traditionell gebundene Umgangs- und Lebensformen führt daher zu erheblichen Konflikten."[258]

Ein Text in den *Informationen des Deutschen Caritasverbandes* unterstreicht ebenfalls die Dichotomie zwischen beiden Gesellschaften und die daraus entstehenden Probleme für die Rückkehrerinnen:

> „Kehren die asiatischen Arbeitnehmer aus unserer hochindustrialisierten Gesellschaft in ihre agrarisch strukturierten Heimatländer zurück, fühlen sie sich vielfach unverstanden und fremd. Sie haben sich in der Bundesrepublik anzupassen versucht – nicht nur am Arbeitsplatz, sondern auch an Lebensstandard und Lebensweise der deutschen Gesellschaft. Dabei haben sie oft

---

256 ADCV, 187.1/5.025, Fasz. 02, I. Nölkensmeier: Bericht über den Verlauf der Korea-Reise vom 16.11. bis 21.12.1975, S. 4f.

257 ADCV, 187.2 kore 02, Fasz. 01, I. Nölkensmeier: „Eine Mark im Monat für Korea", in: *Caritas Aktuell*, 4/77.

258 Ibid., S. 3. Vgl. auch: Nölkensmeier, Irmgard: „Rückkehr in eine ungewisse Zukunft. Caritas hilft heimkehrenden Koreanerinnen", in: *Katholische Korrespondenz* 20, 17.05.1977, S. 10f.

kritiklos Verhaltensweisen übernommen und sich so der heimatlichen Gesellschaft entfremdet. Sich wieder zu Hause einzuleben, in die überkommenen Strukturen einzufügen und eine Existenz für die Zukunft aufzubauen, bereitet große Schwierigkeiten."[259]

Vor allem der Lebensstil der unverheirateten Krankenschwestern wird von I. Nölkensmeier besonders kritisch beurteilt: „Da die meisten unverheirateten Rückkehrerinnen keine Arbeit haben, leben sie in den Tag hinein ohne Ziel und sinnvolle Aufgabe. Herumsitzen in Café-Häusern, zweifelhafte Bekanntschaften und unüberlegte Geldinvestitionen bilden eine ernsthafte Gefährdung für sie."[260] Andererseits hatten bereits verheiratete Rückkehrerinnen Probleme bei der Wiedereingliederung in ihre Familien, wie Ehekrisen und Entfremdung von ihren Kindern, erlebt. Inbesondere das Verhältnis zur Familie habe einige rückkehrende Krankenschwestern vor größere Probleme gestellt, da sie sich durch den Auslandsaufenthalt stärker emanzipiert hatten, ihr neues Selbstbewusstsein aber nun zu Konflikten sowie langfristig auch Unzufriedenheit und psychischen Problemen führen konnte. Ein besonderes Problem unverheirateter Krankenschwestern waren die Vermittlungsversuche eines Ehepartners durch Verwandte.[261]

Hier lässt sich erkennen, wie I. Nölkensmeier auch eigene (katholische) Werte, z. B. das Familienleben und fleißiges Arbeiten, unterstrich. Sie griff damit außerdem bestehende Vorurteile gegenüber den Rückkehrerinnen auf, über deren Lebensstil in koreanischen Zeitungen meist kritisch berichtet wurde. Andererseits erzählten viele unverheiratete Krankenschwestern auch in *Oral History*-Interviews von den tatsächlichen Problemen, nach der Rückkehr einen Ehemann zu finden.[262] Auch wenn beide Zitate die koreanische Gesellschaft als rückständig bezeichnen und in dem zweiten Zitat sogar von „überkommenen Strukturen" gesprochen wird, scheint das Ziel der Beratungsstelle dennoch eine Rückanpassung zu sein und im Rahmen der traditionellen Strukturen eine Verbesserung der individuellen Verhältnisse befördern zu wollen.

Auch in anderen, regionalen Einrichtungen der katholischen Kirche, wie dem Bistum Münster, wurden Fortbildungen für rückkehrende Krankenschwestern durchgeführt. Beispielsweise ermöglichten Spenden ein Seminar für einige Krankenschwestern, sodass diese in medizinisch unterversorgten Dörfern des Bistums Wonju die Leitung von Gesundheitszentren bzw. Sozialstationen über-

---

259 BArch, B 149/54198, „Asiaten in der Bundesrepublik: Nach der Rückkehr fremd in der Heimat", in: *Informationen des Deutschen Caritasverbandes*, o. D.

260 ADCV, 187.2 kore 02, Fasz. 01, I. Nölkensmeier: Bericht über die Arbeit der Beratungsstelle in Korea von Juli 1976 bis Januar 1977, 22.03.1977, S. 2f.

261 ADCV, 187.2 kore 02, Fasz. 01, I. Nölkensmeier: „Eine Mark im Monat für Korea", in: *Caritas Aktuell*, 4/77.

262 Vgl. auch: Kim, „Memories of Migrant Labor".

nehmen könnten. Eine Zusammenarbeit erfolgte hier mit der bereits erwähnten Akademie Klausenhof.[263] Außerdem bestand zwischen Dr. D. Sich und M. Nam Kontakt. Sich hatte davon abgeraten, ein „Konkurrenz-Unternehmen“ der evangelischen Kirche aufzubauen und stattdessen eine faire Zusammenarbeit zwischen den katholischen und evangelischen Projekten zu gewährleisten, obwohl auch evangelische Hilfswerke an einer ähnlichen Projektausrichtung Interesse zeigten. Ihre Idee der Gemeindefürsorgerinnen stieß auch bei der Caritas auf Interesse.[264]

Schon bald zeigten sich Bestrebungen, eine ähnliche kirchliche Sozialstruktur wie in Deutschland auch in Korea aufzubauen. Das Zentrum für die Rückkehrerinnen war nur ein Schritt in diese Richtung. Caritas unterstützte dafür zum Beispiel auch den Pfarrer Thomas An, der in Freiburg am Institut für Caritas-Wissenschaften studiert hatte.[265] In einem Gespräch von Vertretern der Caritas mit dem BMZ-Beamten Dr. Wichelmann fand ein Austausch über die geplanten Programme wie Instruktorenausbildung oder Seminare für Studenten und Praktikanten mit dem ZAV statt. Wichelmann ging in diesem Zusammenhang auch auf die Notwendigkeit von „Frauenprogrammen“ ein; deren Charakter blieb jedoch offen und es handelte sich nur um Vorüberlegungen.[266] Eine Koordination der Entwicklungszusammenarbeit und Reintegrationsprogramme verschiedener Träger durch das leitende BMZ erfolgte also nicht. Erst Ende der 1970er-Jahre kam auch die Projektförderung für und von Frauen in der Entwicklungspolitik stärker zum Tragen. Für Korea spielte die Thematik außer in der Basisgesundheit und der Remigration jedoch keine Rolle, und selbst hier war die materielle Förderung durch das Ministerium vergleichsweise gering. Auch wenn die Programme für die (Re-)Migration durch die Caritas also nur eine geringe direkte Auswirkung hatten und auch, wie Na Hyesim schreibt, als Symbolpolitik gesehen werden können,[267] leisteten die kirchlichen Sozialdienste und Hilfswerke insgesamt jedoch einen notwendigen Beitrag, um die Lücken in der unzureichenden Politik der Bundesregierung zu schließen.

---

[263] „Koreanische Krankenschwestern wurden umgeschult: Bistum Münster unterstützt Aufbau von Sozialstationen“, in: *Nachrichtendienst Münster*, 14.07.1977. ADCV, 187.1/5.025, Fasz. 03, Broschüre der Akademie Klausenhof.

[264] ADCV, 187.2 kore 02, Fasz. 01, I. Nölkensmeier: Bericht über die Arbeit der Beratungsstelle in Korea von Februar bis Mai 1977, 20.06.1977; ADCV, 187.2 kore 02, Fasz. 01, Schreiben von G. Fritz (Evangelisches Missionswerk) an I. Nölkensmeier (DCV).

[265] ADCV, 187.2 kore 02, Fasz. 01, I. Nölkensmeier: „Eine Mark im Monat für Korea“, in: *Caritas Aktuell*, 4/77.

[266] ADCV, 187.2 kore 02, Fasz., Aktennotiz: Reintegrationsmaßnahmen für Koreanerinnen: Gespräch mit Herrn Dr. Wichelmann (BMZ), 27.02.1976.

[267] Vgl. auch: Na, „Togil-ŭi taehan kaebal wŏnjosa yŏn'gu“, S. 146f.

4.4 Resümee

Die koreanische und die deutsche Regierung hatten kein klares Konzept zu Migration und möglicher Remigration der Gastarbeiter. Erst nachdem die ersten Gastarbeiterverträge ausliefen, kam die Frage auf, ob eine Rückkehr in den koreanischen Arbeitsmarkt möglich war. Ab den frühen 1970er-Jahren förderte das BMZ schließlich Remigrationsprogramme, die durch private Einrichtungen organisiert wurden. Im Falle der koreanischen Bergleute wurde eine Weiterbeschäftigung in diesem Sektor nach der Rückkehr als unrealistisch betrachtet, sodass die meisten Programme auf berufliche Umschulung ausgerichtet waren. Einerseits zielten die Programme auf eine Ausbildung in handwerklichen Berufen ab, andererseits konnten einige Bergleute in Kooperation mit dem koreanischen Arbeitsministerium eine Weiterbildung als Instruktoren absolvieren und in der Folge an den neu eingerichteten Berufsbildungszentren arbeiten. Dieses Programm erfolgte in enger Kooperation mit der Beratergruppe am Arbeitsministerium und wurde bis Anfang der 1980er-Jahre geführt. Das BMZ bewertete dieses Programm als erfolgreich, da die meisten Absolventen im Anschluss eine Tätigkeit als Ausbilder aufnehmen konnten. Allerdings kritisierten die Juristen Nester und Tremel beispielsweise die hohen Anforderungen zu Beginn, denn es wurden oft Ingenieurskenntnisse vorausgesetzt, und gleichzeitig die nur geringe Entlohnung, da viele Bergleute zuvor ihre Familien unterstützt hatten, was mit dem Ausbildungsgehalt schwierig wurde.

An der Migration koreanischer Krankenschwestern in die Bundesrepublik gab es von vorneherein Kritik, da ein Braindrain und insbesondere für die ländliche medizinische Versorgung auch ein Fachkräftemangel erwartet wurde. Außerdem wiesen Gesundheitsexperten bereits frühzeitig auf die unterschiedlichen Anforderungen an Krankenschwestern hin, die auch für die Rückkehr Auswirkungen haben sollten, da die Arbeitserfahrung aus Deutschland später in Korea oft nicht anerkannt wurde. Einzelne Akteure aus Deutschland und Korea machten daher Vorschläge, die Bereiche ländliche Basisgesundheit sowie Remigration zu verbinden, also die Krankenschwestern an Entwicklungsprojekten zu beteiligen. Die Bundesregierung befürwortete zwar die Förderung der Basisgesundheit, hatte jedoch keine klare Konzeption der Rückkehrförderung und ließ nur einzelne Programme über das BMZ fördern. Insbesondere kirchliche Projekte hatten, wohl teilweise unbeabsichtigt, eine Verbindung der beiden Bereiche erreicht, indem zurückgekehrte Krankenschwestern an Projekten der Diakonie und der katholischen Sozialarbeit mit Förderung Misereors tätig waren. Die Caritas ging einen anderen Weg und richtete Beratungsdienste in beiden Ländern ein, die als ‚Hilfe zur Selbsthilfe' einerseits den Akteuren viele

Freiheiten in der Selbstorganisation gaben, andererseits ein gewisses Wertebild durchzusetzen versuchten, dass nicht zu dieser ursprünglichen Absicht passte.

Das Kapitel hat einen Einblick in die enge Verbindung der Themen Entwicklungszusammenarbeit, soziale Entwicklung und (Re-)Migration gegeben, das bislang in der Forschung zu den koreanischen Gastarbeitern vernachlässigt wurde. Daneben gab es auch Bezüge zu den vorangegangenen Kapiteln Berufsbildung und ländliche Entwicklung. Insbesondere ein Blick auf die Forschung zur Remigrationsförderung zwischen Deutschland und der Türkei beweist das länderspezifische Vorgehen, sodass auch ein ausführlicher Blick auf Korea vonnöten erscheint. Eine umfassende Analyse der einzelnen kirchlichen Projekte konnte im Rahmen dieser Arbeit mit ihrem Fokus auf die staatliche Ebene allerdings nicht erfolgen und sollte in Zukunft unter Einbezug der entsprechenden Archive vorgenommen werden.

5. Zusammenfassung und Ausblick

Dieser Sektor ist mit nur drei Themen in der Zusammenarbeit unterrepräsentiert und wird erst mit einer zeitlichen Verspätung ab Mitte der 1970er-Jahre gefördert. In dieser Zeit änderten sich auf internationaler wie nationaler Ebene die Vorstellungen über die Entwicklungs- und Modernisierungsziele. Das Thema Grundbedürfnisse und damit ‚Gesundheit für alle' rückte in den Fokus. Statt prestigereicher Krankenhausbauten setzte auch die Bundesregierung unter der sozialliberalen Koalition auf Basisgesundheitsdienste und die Förderung medizinisch unterversorgter Gegenden. Die Projekte können als eine inhaltliche Fortsetzung früher, kirchlicher Ansätze gesehen werden.

Auch der Kohlebergbau war in dieser Zeit von großen sozialen Problemen betroffen. Hier war das Projekt auf die Arbeitssicherheit ausgerichtet und berücksichtige hauptsächlich technische Aspekte. In der Beratergruppe für industrielle Arbeitssicherheit wurde das Thema schließlich erweitert und auf andere Industriebereiche ausgeweitet. Neben Sicherheitsaspekten sollte durch häufigere Wartung und Prüfung aber auch eine Qualitätsverbesserung erzielt werden. Allerdings konnten nicht alle Bereiche der Beratung abgedeckt werden, da die Bundesregierung zu diesem Zeitpunkt keine umfangreiche technische Zusammenarbeit mit Korea auflegen wollte, sodass hauptsächlich Besuchsreisen durchgeführt wurden. Auch eine Koordinierung der MNPQ-Projekte mit der Arbeitssicherheit erfolgte nicht.

Die Projekte im Kohlebergbau und der Basisgesundheit beinhalteten zusätzlich Überlegungen, die Remigration der koreanischen Gastarbeiter aus der Bundesrepublik zu ermöglichen. Krankenschwestern sollten nach ihrer Rückkehr in den medizinisch unterversorgten Gebieten eingesetzt werden, während für die Bergarbeiter gegen einen erneuten Einsatz im koreanischen Kohlebergbau argumentiert und stattdessen Umschulungen angestrebt wurden. Allerdings zeigte sich, dass diese Versuche bei den Akteuren selbst auf wenig Interesse stießen und die Projekte nur halbherzig gefördert wurden. Dennoch lässt sich festhalten, dass die Remigration ein außergewöhnliches Thema der deutsch-koreanischen Entwicklungszusammenarbeit darstellte, da verschiedene Bereiche wie Migration und Arbeit, die sonst nicht direkt mit technischer Zusammenarbeit zusammenhingen, einbezogen wurden. In der Zukunft gilt es hier, weitere Remigrationsprogramme mit anderen Ländern sowie die Projekte kirchlicher Geber in Korea ausführlicher zu untersuchen.

Nach Ende der Zusammenarbeit hat Korea die soziale Infrastruktur weiter ausgebaut. Daran waren ausländische Geber nicht beteiligt, auch wenn die westlichen Sozialstaaten zum Teil Modell standen.[268] Die koreanische Regierung ist außerdem heute selbst als Geberland in verschiedenen Entwicklungsländern aktiv, darunter auch in der Basis- und Frauengesundheit.[269] Während der Corona-Pandemie hat insbesondere das Gesundheitssystem verstärkte Aufmerksamkeit erhalten, und Korea wurde international für seine gut funktionierende soziale Infrastruktur und Pandemiepolitik gelobt, sodass sich die sogenannten alten Industriestaaten auch an den *Newly Industrialized Countries* ein Beispiel nehmen konnten.[270] Gleichzeitig hat Korea in der Zwischenzeit selbst ‚Gastarbeiter' aus Ländern Südostasiens angeworben, die sich einerseits bei ihrer Ankunft integrieren und bei ihrer Rückkehr in das Heimatland reintegrieren müssen. Somit stehen die koreanische Regierung und soziale Einrichtungen vor

268 Koreanische Forschung zu diesem Thema findet sich insbesondere in den 1990er-Jahren: Kim, Ch'ŏlsu: „Han'gukchŏk pokchi kukka-ŭi palchŏn panghyang: Sagŏnsa punsŏk pangbŏp-e ŭihan sŏgu pokchi kukka paltal yŏn'gu-rŭl t'odae-ro" [Die Entwicklungsrichtung des koreanischen Wohlfahrtsstaates: Auf Grundlage einer Untersuchung der Entwicklung westlicher Wohlfahrtsstaaten mit der Methode Ereignisanalyse], in: *Sŏnmun Nonch'ong* 4, 1994, S. 237–262. Mun, Yunkŏl: „Sŏgu pokchi kukka-ŭi model ha-e kwanhan yŏn'gu: Sŏgu pokchi kukka-ŭi yŏksajŏk chŏn'gae kwajŏng-ŭl chungshim-ŭro" [Eine Studie über das Modell des westlichen Wohlfahrtsstaates: Mit Schwerpunkt auf der historischen Entwicklung des westlichen Wohlfahrtsstaates], in: *Chach'i Haengjŏng Yŏn'gu* 2, 1997, S. 445–468.

269 Vgl. auch: Kim, Myŏngsŏn: *Urinara kongjŏk kaebal wŏnjo (ODA) moja pogŏn punya-ŭi chiyŏk sahoe ch'amyŏ hwalsŏnghwa chŏllyak yŏn'gu: Et'iop'ia arŭshijon mojabogŏnsaŏp sarye* [A Study on Activation Strategies for Community Participation in ODA to Maternal and Child Health: A Case of the MCH Project in the Arsi Zone, Ethiopia], Masterarbeit, Yonsei University, 2014.

270 Vgl. auch: O. V.: „Kampf gegen Corona: Was wir von Südkorea lernen können", in: *TAZ*, 22.03.2020; Stöber, Silvia: „Maßnahmen gegen Corona: Südkorea als Vorbild?", in: *Tagesschau*, 31.03.2020. Vgl. als kritische Sicht auf diese Berichte auch: Lee, Eun-Jeung: „Die Covid-19-Pandemie und der Orientalismus", in: *Neue Gesellschaft Frankfurter Hefte* 05/21, 2021, S. 30–34.

ähnlichen Problemen wie die Bundesregierung während der 1960/70er-Jahre, die es jetzt und in der Zukunft zu lösen gilt. Auch Deutschland hat seit den 1990er-Jahren seine Migrationspolitik reformiert und wirbt verstärkt Facharbeiter aus dem Ausland an. Hier gilt es die Erfahrungen aus der Geschichte mit Gastarbeit nutzbar zu machen.[271]

[271] Yi, Sŏngsun: „Han'guk-kwa togil-ŭi sahoet'onghap chŏngch'aek yŏn'gu: Sahoet'onghap p'ŭrogŭraem-ŭl chungshim-ŭro" [Studies on Social Integration Policy of Germany and Korea: Focusing on Social Integration Program], in: *Han'guk Chiyŏk Sahoe Pokchihak* 39, 2011, S. 179–208.

VII. ZUSAMMENFASSUNG UND AUSBLICK

1. Charakteristiken der Entwicklungszusammenarbeit

Die deutsch-koreanische technische Zusammenarbeit lief über einen Zeitraum von 30 Jahren. Zur gleichen Zeit entwickelte sich Korea von einer der ärmsten zu einer der reichsten Wirtschaftsnationen der Welt. Einen wichtigen Anteil an diesem Wachstum hatte auch die finanzielle und technische Zusammenarbeit mit Industrienationen. Die wichtigsten Partner waren dabei die USA und Japan, während mit etwas Abstand an dritter Stelle die Bundesrepublik Deutschland folgte. Nachdem die finanzielle Zusammenarbeit zwischen den beiden Ländern vor allem in den 1960er-Jahren für den Aufbau der Industrie wichtiges Kapital geliefert hatte, erfolgte ab den 1970er-Jahren verstärkt die technische Zusammenarbeit. In dieser Arbeit wurden nach Sektoren gegliedert die wichtigsten Projekte detailliert untersucht. Allgemein lassen sich über die Sektoren hinweg einige Gemeinsamkeiten erkennen, die hier zunächst zusammengefasst werden sollen, bevor sektorspezifische Punkte noch einmal aufgegriffen werden.

Zunächst kann man die Entwicklungszusammenarbeit in verschiedene Projekttypen gliedern. Ein wichtiges Instrument der technischen Zusammenarbeit ist die Modellwirkung. So wurden Modellschulen, Modellfarmen, Modellgenossenschaften und Modellgesundheitszentren eingerichtet. Bei erfolgreicher Implementierung konnten diese Einrichtungen als Vorbild für andere Regionen wirken. Die forstwirtschaftlichen Genossenschaften im Landkreis Ulju-gun fanden nach Projektende in ganz Korea Verbreitung und wurden zu Zentren für die Ausbildung weiterer genossenschaftlich organisierter Waldbesitzer. Als zweiter Projekttyp finden sich diverse Projekte der angewandten Forschung wie das Graslandforschungsprojekt, die ländlichen Technologien oder die Zentren am KIST. Hier erfolgte ein direkter Austausch zwischen Wissenschaftlern und Institutionen beider Länder, und Forschungsergebnisse konnten eine praktische Anwendung finden, sei es in der Landwirtschaft oder Industrie. Damit trugen die Projekte auch zur Förderung sozial benachteiligter Gruppen bei. Als dritter Projekttyp kann die höhere Ausbildung gelten, bei denen als Partnerinstitutionen zumeist Universitäten wie die Korea University, die Chungnam National University oder das Korea Institute of Technology mit deutschen Einrichtungen wie der Universität Göttingen oder der Universität Hohenheim zusammenarbeiteten. Neben der Ausbildungsförderung stand hier auch die Reform oder der Neuaufbau dieser Bildungsinstitutionen im Vordergrund. Als letzter Projekttyp sind die Beratergruppen zu nennen: In der Deutschen Volkswirtschaftlichen Beratergruppe am EPB, der Beratergruppe am Arbeitsministerium und der Beratergruppe für Arbeitssicherheit waren deutsche Experten für die Systematisierung, praktische Umsetzung und technische Feinarbeit auf politischer Ebene des jeweiligen Sektors beratend tätig.

In fast allen Projekten standen der Transfer von Technologie, Wissen und Praktiken im Vordergrund, auch wenn die Anteile jeweils unterschiedlich ausfallen konnten. Außerdem machte die Ausbildung koreanischer Counterparts einen wichtigen Teil der Projekte aus. Diese konnte vor Ort am Projekt, in der Bundesrepublik und in Ausnahmefällen auch in Drittstaaten erfolgen. Für eine Vielzahl der untersuchten Sektoren wirkten diese Counterparts als Vermittler zwischen Deutschland und Korea auch nach dem Projektende. Außerdem führte dies zu einer ersten Internationalisierung der koreanischen Forschung und Verwaltung.

Auch aus Sicht der deutsch-koreanischen Beziehungen lassen sich einige wichtige Charakteristiken der bilateralen technischen Zusammenarbeit erkennen. Zunächst stellte die Bundesregierung für Korea eine Alternative zu den beiden dominierenden Geberländern USA und Japan dar. Mit der veränderten US-amerikanischen Entwicklungspolitik Anfang der 1960er-Jahre waren die europäischen Länder eine attraktive Alternative für die finanzielle und technische Zusammenarbeit geworden. Insbesondere in der Anfangsphase betonten koreanische Beamte und Counterparts auch die ‚Neutralität' Deutschlands im Vergleich zu der ehemaligen Kolonialmacht Japan und der Supermacht USA, vor allem auch, da die Bundesregierung selbst zunächst wenig politisches oder wirtschaftliches Interesse an Ostasien zeigte.

Rhetorisch betonten beide Seiten in der Anfangsphase auch die ‚Schicksalsgemeinschaft' als geteilte Länder. Aus deutscher Sicht war Korea ein verlässlicher Partner, weil es keine Konkurrenz zwischen Geberländern des westlichen und östlichen Blocks um die Vormachtstellung gab, wie das beispielsweise in den dekolonisierten afrikanischen Ländern oder in Südamerika der Fall war. Die wirtschaftliche und technische Zusammenarbeit zwischen Nordkorea und der DDR findet in den historischen Dokumenten zwar keine Erwähnung, spielte aber zumindest ideologisch in den ersten Jahren auch eine Rolle bei der Zusammenarbeit zwischen der Bundesrepublik und Südkorea, das man als ‚Bollwerk gegen den Kommunismus' sah. Allerdings war die Entwicklungspolitik dieser Zeit auch durch das ‚Gießkannenprinzip' geprägt, sodass den einzelnen Ländern nur ein geringer Teil an Geldern zukam. Korea war zu keiner Zeit Schwerpunktland der deutschen Entwicklungspolitik, sodass die Gesamtmittel vergleichsweise niedrig ausfielen.

Auch wenn bei der koreanischen Regierung das Antragsrecht lag, entschied die Bundesregierung über die Genehmigung der Projekte und Höhe der Mittel. Somit war die bilaterale Entwicklungszusammenarbeit immer vom Machtverhältnis zwischen Geber- und Nehmerland bestimmt. Gleichzeitig verstand die

Bundesregierung im Zusammenspiel mit der Privatwirtschaft von vorneherein Korea als einen Absatzmarkt für deutsche Produkte, sodass eine wirkliche ‚Neutralität' nicht gegeben war. Einige der Projekte im Industriesektor verfolgten auch die Absicht, Technologie als Hardware oder Normen und Richtlinien als Software zu übertragen, um damit deutschen Unternehmen bessere Chancen zu ermöglichen. Die offizielle Begründung für die Entwicklungszusammenarbeit hatte sich allerdings im Laufe der Jahre verändert. In der späteren Phase, während der 1980er-Jahre, stellte Korea für die Bundesregierung ein erfolgreiches Modell der Schwellenlandgruppe dar und wurde zu einem entsprechend wichtigen Wirtschafts- und Handelspartner. Die Beziehung wandelte sich von einem asymmetrischen Abhängigkeitsverhältnis zu einer mehr und mehr gleichwertigen Partnerschaft.

Die Ausrichtung der Projekte hing auch mit dem Grad der koreanischen Wirtschaftsentwicklung zusammen, da sie sich in vielen Fällen an den Fünfjahresplänen der koreanischen Regierung orientierten. Obwohl es wohl weder von koreanischer noch von deutscher Seite einen langfristigen ‚Masterplan' der Entwicklungszusammenarbeit gab, erfolgte zumindest eine regelmäßige, kurz- und mittelfristige Koordinierung in den jährlichen bilateralen Wirtschaftsberatungen sowie in der multinationalen Gebergruppe IECOK. Während auf der koreanischen Seite das EPB in Form von Wirtschaftsplänen und das MOST als direkter Ansprechpartner fungierten, übernahm von deutscher Seite die Botschaft in Seoul eine wichtige Funktion als Ansprechpartner für die Projektleiter. Obwohl das BMZ die Entwicklungszusammenarbeit koordinierte, hatte es oft nicht die Übersicht über die Gegebenheiten vor Ort. Hier waren die ausführenden Experten, meist im Auftrag der GTZ, sowie die Botschaft besser informiert. Aber auch in den Unterlagen der Botschaft findet sich nur ein Hinweis auf eine allgemeine Auswertung der Entwicklungszusammenarbeit mit Korea, was eine abschließende umfassende Bewertung erschwert. Auf Grund der ständigen Veränderung der koreanischen Wirtschaftslage und der damit einhergehenden Entwicklungsziele war eine langfristige Planung wohl unrealistisch. Insbesondere seit man Korea als Schwellenland kategorisierte, gab es auch weniger Vorbilder in der Entwicklungspolitik, und Korea avancierte schnell selbst zu einem Modell für andere Länder. Ab den 1970er-Jahren waren daneben viele Projekte stärker an internationalen Empfehlungen und Entwicklungszielen der UN ausgerichtet und deckten Grundbedürfnisse wie die Gesundheitsversorgung ab. Außerdem setzte die Bundesregierung eigene, sektorale Schwerpunkte verglichen mit anderen Geberländern, wie im folgenden Abschnitt deutlich wird.

Obwohl der Diskurs um die Menschenrechtslage und Demokratisierung in Korea in der deutschen Öffentlichkeit während der 1970/80er-Jahre präsent war, scheint die Entwicklungszusammenarbeit dadurch kaum betroffen. Selbst nach der Ostberlin-Spionageaffäre oder dem Gwangju-Aufstand wurden die jährlichen Wirtschaftsverhandlungen nicht oder zumindest nur kurzzeitig ausgesetzt und gemeinsame Projekte fast ohne Unterbrechung fortgeführt. Während einige Historiker und Politikwissenschaftler hier eine Abkühlung der Beziehungen feststellten und beispielsweise auf die ausbleibenden Staatsbesuche verwiesen haben, kann im Gegenteil für die 1970/80er-Jahre von einer Intensivierung der Zusammenarbeit in verschiedenen Bereichen gesprochen werden. Allerdings stellt sich auch die Frage, inwieweit die Bundesregierung die diktatorischen Regime unter Park und Chun durch die Aufrechterhaltung der finanziellen und technischen Unterstützung weiter förderte. Gleichzeitig ist zu beobachten, dass die meisten Projekte wenig politisch orientiert waren. Dies mag dem Charakter der technischen Zusammenarbeit geschuldet sein, dennoch hätten zumindest sozialpolitische Schwerpunkte gesetzt werden können, wie dies dann in den 1980er-Jahren insbesondere bei kirchlichen Projekten zu Tage tritt. Als eine politische Komponente lässt sich jedoch hervorheben, dass unter der sozialliberalen Regierung bestimmte Entwicklungsprogramme und -muster verfolgt wurden, die die koreanischen Partnerinstitutionen dann aktiv aufgriffen, um Fördergelder zu erhalten.

2. Ergebnisse nach Sektoren

Berufsbildung: Die Entwicklungszusammenarbeit im Berufsbildungssektor erstreckte sich auf die Bereiche Facharbeiterausbildung, Berufsschullehrer- und Meisterausbildung sowie die allgemeine Systemberatung und deckte damit eine große Bandbreite an Projekten ab. Für die deutsche Regierung war die Förderung der Berufsbildung ein wichtiger Bestandteil der Entwicklungszusammenarbeit auch in anderen Ländern, und die Projekte waren daher besser abgestimmt als in den anderen Sektoren. Das erste Modellprojekt war die Facharbeiterschule in Incheon. Die koreanische Regierung zeigte Interesse an der Einführung eines dualen Ausbildungssystem, doch obwohl die Ausbildung in einigen Punkten dem deutschen Vorbild entsprach, fehlte die direkte Kooperation mit den Unternehmen, und der praktische Teil der Ausbildung musste somit in den Werkstätten der Schule stattfinden. Schon früh äußerten auch Akteure vor Ort Widerstand gegen den Fokus auf die praktische Ausbildung. So traten Schülerstreiks und Konflikte zwischen den deutschen und koreanischen Lehrern auf.

Nachdem sich das Modell der deutschen Facharbeiterschule, auch auf Grund der hohen Kosten und langen Ausbildungszeiten, in Korea nicht etablieren konnte, ging die Entwicklungszusammenarbeit Anfang der 1970er-Jahre auf die Berufsbildungszentren über. Diese sollten den Bedarf an Facharbeitern in schnellerer Zeit decken, sodass die ursprünglich dreijährige Ausbildung der

Facharbeiterschulen auf ein bis zwei Jahre gekürzt wurde. Dieses System breitete sich in der Folge weiter aus, auch weil die Deutsche Beratergruppe am Arbeitsministerium den Aufbau weiterer Berufsbildungszentren nach dem Vorbild von Busan einleitete.

Für die Ausbildungszentren und Berufsschulen wurden außerdem Instruktoren und Lehrer benötigt. In diesem Bereich der höheren Berufsbildung führten die beiden Länder drei gemeinsame Projekte, die sich zum Teil inhaltlich, zeitlich und räumlich überschnitten. Am Meistercollege Changwon sollten Industriemeister als Mittler zwischen Technikern und Facharbeitern ausgebildet werden. Die Lehrerausbildung an der CNU und dem KIT, beide in Daejeon, war direkt mit einem (theoretischen) Ingenieursstudium verknüpft, sodass der Schwerpunkt auf Praxis, wie in deutschen Lehrplänen vorgesehen, nicht umgesetzt werden konnte.

Deutsche wie auch koreanische Berufsbildungsexperten sahen die Zusammenarbeit im Berufsbildungssektor insbesondere mit Blick auf den Systemtransfer als gescheitert an. Das koreanische Arbeits- und das Erziehungsministerium übernahmen deutsche Modelle zwar zu Anfang, orientierten sich aber gleichzeitig auch an anderen Ländern. Dennoch hat sich durch die technische Zusammenarbeit einerseits das Wissen, andererseits der Diskurs über die duale Ausbildung, das Meistersystem oder die Methoden der Lehrerausbildung vertieft, und diese werden weiterhin positiv betrachtet. Auch die neugegründeten Institutionen bestehen alle bis heute. Während die Facharbeiterschulen als technische Oberschulen in privater Hand weitergeführt wurden, integrierte die koreanische Regierung das Berufsbildungszentrum Busan und das Meistercollege Changwon in den landesweiten Verbund der Korea Polytechnics. In Ausstellungen und Jubiläumsbänden verweisen sie weiterhin auf die deutsch-koreanische Entwicklungszusammenarbeit, und die Alumni erinnern als Zeitzeugen an die gemeinsame Geschichte.

Ländliche Entwicklung: Im Sektor ländliche Entwicklung teilte sich die Zusammenarbeit in drei Themen auf, nämlich die Milchviehwirtschaft und Graslandforschung, die Forstwirtschaft und die agrartechnische Forschung und Hochschulförderung. Die koreanische Regierung hatte ab den frühen 1960er-Jahren Interesse, die Milchviehwirtschaft zu fördern und kooperierte dazu mit verschiedenen Partnern, um die Lieferung von Kühen, den Aufbau von Milchviehfarmen und die Forschung zu Futterwirtschaft und Grasland zu ermöglichen. Die Bundesregierung war hier nur ein Partner unter vielen, auch wenn die lange Förderung über zwanzig Jahre und zwei Projekte eine Besonderheit darstellte. In der Forstwirtschaft hingegen war die BRD das einzige Geberland, das sich an den Wiederaufforstungsplänen der koreanischen Regierung aktiv beteiligte, indem Projekte zur Einrichtung von Waldbesitzergenossenschaften und einer Waldarbeiterschule durchgeführt wurden. Die Bundesregierung unterstützte außerdem die Erweiterung und Reform der landwirtschaftlichen Fakultät an der Korea University, und beide Länder arbeiteten im Rahmen eines Forschungsprojektes zu ländlichen Technologien zusammen. Insgesamt waren die Projekte also eher forschungsorientiert und auf die Ausbildung ausgerichtet.

Ein Projektziel, das bei den meisten Projekten der ländlichen Entwicklung eine Rolle spielte, war die Steigerung des Einkommens bzw. der Versorgung der ärmeren ländlichen Bevölkerung. Zum einen sollten dafür bestimmte periphere Regionen, zum anderen besonders benachteiligte Bevölkerungsgruppen gefördert werden. Im Projekt für ländliche Technologien wurde beispielsweise die Förderung von Nacherntetechnologien speziell für Kleinbauern entwickelt und durch Kreditvergabe zugänglich gemacht. Ein Großteil der Projekte griff über die Land- und Forstwirtschaft direkt oder indirekt in die Umweltbedingungen ein. So führten einerseits die Wiederaufforstung und das Anlegen von Weideflächen im Bergland zu einer Befestigung, wodurch die Zahl der Erdrutsche verringert werden konnte. Andererseits wurde in allen Projekten der Einsatz von veränderten Samen, Maschinen und Düngemitteln aktiv gefördert, was wiederum negative Einflüsse auf die Umwelt hatte. In den späteren Projekten ab den 1980er-Jahren bildete sich auch ein stärkeres Bewusstsein für die negativen Folgen der Umweltverschmutzung heraus. Beispielsweise bemerkten koreanische Forstwissenschaftler die Folgen des sauren Regens für die Wälder in der BRD und blickten kritisch auf ihr eigenes Land.

Da die Projekte der ländlichen Entwicklung parallel zu großen staatlich gelenkten Kampagnen des *Community Development* wie *saemaŭl undong* liefen, fällt die geringe Überschneidung der deutsch-koreanischen Zusammenarbeit mit diesem staatlichen Prestigeprojekt stärker ins Auge. Auch wenn die Einführung des Genossenschaftswesens in der Forstwirtschaft oder die Milchviehwirtschaft wichtige Themen darstellten, konnten sie lange nicht so viel Aufmerksamkeit auf sich ziehen wie andere umfassende ländliche Modernisierungsprojekte. Dies kann als eine gewisse Abgrenzung von Regierungsprojekten bewertet werden, vor allem da deutsche Forstwirte und Agrarwissenschaftler die Top-down-Leadership in Korea kritisierten. Gleichzeitig beobachtete der deutsche Berater an der Korea University die Studierendenproteste gegen die autokratische Regierung eher kritisch und verglich diese mit den Veränderungen der deutschen Universitätslandschaft zur Massenuniversität.

Industrie und Infrastruktur: Die Projekte in diesem Bereich wiesen die größte Diversität auf: Neben einer Forschungskomponente hatten die Projekte oft eine praktisch-angewandte und privatwirtschaftliche Orientierung. Vor allem das DVB- und BK-Projekt untermauert die direkten wirtschaftlichen Absichten der Bundesregierung und der deutschen Unternehmen in Korea. Aber auch in den anderen Kapiteln zu Infrastruktur und den Zentren des industriellen

Technologietransfers waren auf Grund des nötigen technischen Wissens in allen Fällen private Berater- bzw. Prüfungsfirmen beteiligt, da die GTZ die Leitung der Projekte an diese Firmen abgab. Oft fand sich in diesem Sektor auch ein Vergleich mit den USA und Japan. Das Engagement beider Länder übertraf auf der privatwirtschaftlichen Ebene die BRD bei Weitem, und auch bei Förderung von staatlichem Technologietransfer nahmen die Berater vor Ort vor allem Japan als Konkurrenten wahr.

Als ein weiteres Alleinstellungsmerkmal der deutsch-koreanischen technischen Zusammenarbeit kann der Fokus auf die KMU gelten, die man bereits in den 1960/70er-Jahren in die Beratungsleistungen der DVB wie auch der Zentren am KIST integrierte, in der koreanischen Politik aber erst ab den 1980er-Jahren eine wichtigere Rolle spielten. Sowohl im DVB- als auch im BK-Projekt kamen hier die Interessen der koreanischen und deutschen Seite zusammen: Während die koreanische Seite auf eine Diversifizierung der Berater und wirtschaftlichen Partner wertlegte, wollte die deutsche Seite stärker nach Asien expandieren und an der wirtschaftlichen Entwicklung der ‚Tigerstaaten' teilhaben.

Obwohl die Projekte im Bereich der ländlichen Entwicklung sicherlich am meisten Umweltfragen tangierten, gab es auch bei den Industrie- und Infrastrukturprojekten vereinzelt Überlegungen zu Auswirkungen auf die Umwelt. Unter anderem die Planungsgruppe zum Abwassersystem in Busan bezog sich in ihren Berichten immer wieder auf Umweltverschmutzung. Trotz der Erwähnung wurde jedoch wenig zu einer direkten Verbesserung der Umweltstandards beigetragen. Diese Thematik sollte erst in den 1990er-Jahren stärker in den Fokus der Entwicklungszusammenarbeit rücken. Beteiligte Counterparts an der Planungsgruppe galten im Nachhinein jedoch als Pioniere der Umweltingenieurswissenschaften in Korea.

Die Nachhaltigkeit und Wirkungskraft der Projekte waren gerade beim Technologietransfer oft kurzfristig, da sich die koreanische Wirtschaft rapide veränderte und dadurch gelieferte Maschinen schnell veralten konnten. Vor allem die Zentren am KIST konnten nur eine kurzfristige Wirkung erzielen, da die Anforderungen der Industrie und somit auch der Regierung sich ständig veränderten. Die entsandten deutschen Experten waren hier nicht fähig, mit der koreanischen Wirtschaftsentwicklung Schritt zu halten, und die Projekte galten als gescheitert.

Verglichen mit den anderen Sektoren war der Wissenstransfer im Rahmen von Counterpart-Ausbildungen gering, sodass auch nur in wenigen Fällen eine langfristige Kooperation zwischen den Partnerorganisationen erfolgte. Als positiver Präzedenzfall für die Förderung des MPNQ-Sektors in Schwellenländern kann die Zusammenarbeit zwischen PTB und KSRI gelten. Die Projektziele wurden von der koreanischen Seite klar formuliert und schrittweise umgesetzt, sodass eine Kooperation bis heute weitergeführt wurde. Hingegen erschien die Förderung im Bereich Qualitätssicherung ungeplant: Unterschiedliche Trägerinstitutionen leiteten die drei Projekte und eine Kooperation erfolgte trotz inhaltlicher Überschneidung nicht.

Soziale Entwicklung: Dieser Sektor war mit nur drei Themen in der Zusammenarbeit unterrepräsentiert und zeitlich erst ab Mitte der 1970er-Jahre relevant. In dieser Zeit änderten sich auf internationaler wie nationaler Ebene die Vorstellungen über Entwicklungs- und Modernisierungsziele. Das Thema ‚Gesundheit für alle' rückte in den Fokus. Statt prestigereicher Krankenhausbauten setzte auch die Bundesregierung unter der sozialliberalen Koalition auf Basisgesundheitsdienste und die Förderung medizinisch unterversorgter Gegenden. Die Projekte können als eine inhaltliche Fortsetzung früher, kirchlicher Ansätze gesehen werden.

Auch der Kohlebergbau war in dieser Zeit von großen sozialen Problemen betroffen. Hier war das Projekt auf die Arbeitssicherheit ausgerichtet und berücksichtigte hauptsächlich technische Aspekte. In der Beratergruppe für industrielle Arbeitssicherheit wurde das Thema schließlich erweitert und auf andere Industriebereiche angewandt. Neben Sicherheitsaspekten sollte durch häufigere Wartung und Prüfung aber auch eine Qualitätsverbesserung erzielt werden.

Die Projekte im Kohlebergbau und der Basisgesundheit beinhalteten zusätzlich Überlegungen, die Remigration der koreanischen ‚Gastarbeiter' aus der Bundesrepublik zu ermöglichen. Krankenschwestern sollten nach ihrer Rückkehr in den medizinisch unterversorgten Gebieten eingesetzt werden, während für die Bergarbeiter gegen einen erneuten Einsatz im koreanischen Kohlebergbau argumentiert und stattdessen Umschulungen angestrebt wurden. Allerdings zeigte sich, dass diese Versuche bei den Akteuren selbst auf wenig Interesse stießen und die Projekte nur halbherzig gefördert wurden. Hier lässt sich auch ein Kompetenzwirrwarr aus privaten, meist kirchlichen Einrichtungen sowie den Ministerien BMA und BMZ erkennen, das bis zum Ende nicht gelöst wurde. Dennoch kann man festhalten, dass die Remigration ein außergewöhnliches Thema der deutsch-koreanischen Entwicklungszusammenarbeit darstellte, da verschiedene Themen wie Migration und Arbeit, die sonst die technische Zusammenarbeit nicht direkt tangierten, einbezogen wurden.

3. Akteure der Entwicklungsarbeit vor Ort

Die deutschen Experten waren in der Regel nur fachlich ausgebildet und hatten wenige oder keine Vorkenntnisse über Korea. In einigen Fällen waren sie vorher oder nachher in anderen Entwicklungsländern tätig, aber auch hier gab es kaum regionale Überschneidungen. Ein Teil der Experten war auch das erste Mal in einem Entwicklungsland eingesetzt und brachte somit keine Erfahrung in der Entwicklungsarbeit mit. Das zeigte sich auch in der Zusammenarbeit zwischen den Akteuren beider Länder. Hier lässt sich die Situation nicht verallgemeinern, denn von Projekt zu Projekt zeigten sich unterschiedliche Konfliktpunkte. Die einzelnen koreanischen Akteure hatten ebenfalls wenig Erfahrungen in der internationalen Zusammenarbeit, in vielen Sektoren höchstens mit amerikanischen oder UN-Experten. Umso wichtiger waren daher die Akteure mit Studienerfahrung im Ausland; beispielsweise hatten in den Ingenieurs- oder Agrarwissenschaften einzelne Führungspersonen auch in Deutschland promoviert. Von deutscher Seite wiederum gab es zum Beispiel im Bildungs- oder im Gesundheitswesen Akteure, die bereits eine längere Zeit in Korea gelebt hatten, wie z. B. Missionare oder Botschaftsangestellte, und somit ein zu dieser Zeit ungewöhnliches, regionalspezifisches Wissen mitbrachten.

Wie in allen menschlichen Beziehungen spielte Kommunikation eine entscheidende Rolle: Die sprachlichen Barrieren waren ein Hindernis in der Zusammenarbeit, da deutsche Experten kein Koreanisch und koreanische Counterparts nur in wenigen Fällen Deutsch oder ausreichend Englisch sprachen. Somit war man insbesondere in den Forschungsprojekten auf Dolmetscher angewiesen. In den Projekten zeigten sich auch charakterliche Schwierigkeiten. Beispielsweise gab es engstirnige deutsche Experten, die ohne Absprache mit den Counterparts ihre Vorgaben durchsetzen wollten. Hier kam es dann zu Widerstand auf koreanischer Seite, und die Projektmitarbeiter ignorierten die Vereinbarungen oder Empfehlungen der deutschen Seite. Ein Streitpunkt in Projekten über die Sektoren hinweg war der Anteil an praktisch-angewandter und theoretischer Ausrichtung. Während deutsche Projektkonzeptionen und Projektleiter praktische Komponenten favorisierten, waren die koreanischen Counterparts in dieser Hinsicht oft skeptisch und blieben bei einem Theoriefokus. Das führte im Berufsbildungssektor zu Kompromissen wie den Berufsbildungszentren, in denen die duale Ausbildung deutscher Berufsschulen von drei auf ein bis zwei Jahre verkürzt wurde und der theoretische Anteil höher war. Die Zentren am KIST hingegen scheiterten aus deutscher Sicht in ihrem Versuch, anwendungsbezogene Projekte mit industrieller Forschung zu verbinden.

Ein wichtiges Thema in der Forschungszusammenarbeit war die Arbeitsteilung. Hier ist das Graslandprojekt als ein Negativbeispiel zu nennen, da deutsche Experten nach eigener Ansicht die Versuche anleiteten und eine Führungsrolle übernahmen, während die koreanischen Wissenschaftler lediglich assistierten. Korea kann hier als ‚Laboratorium' für die deutschen Wissenschaftler gesehen werden, die ihre eigenen Forschungen aktiv weiterverfolgten, zum Teil ohne direkten Nutzen für das Partnerland. In anderen Projekten wie ländliche Technologien arbeiteten beide Gruppen separat, indem es von vorneherein eine klare Arbeitsteilung gab. Hier stellte sich wiederum die Frage, inwieweit es sich um ein partnerschaftliches Projekt handelte, da die koreanischen Wissenschaftler des KIST/KAIST einen Großteil der Arbeit geleistet hatten, während die deutschen Wissenschaftler nur in einzelnen Bereichen beratend tätig waren.

Je nach Sektor fielen die Schwerpunkte unterschiedlich aus, aber gerade in den 1970er-Jahren war die deutsche Entwicklungspolitik durch die sozialliberale Koalition geprägt und hatte damit oft eine sozialere Ausrichtung. Das wussten auch die koreanischen Akteure bei der Beantragung von Projekten zu berücksichtigen. Hier sei auf die Basisgesundheitsprojekte verwiesen, bei denen vor allem die Universitäten eine Führungsrolle übernahmen. Um eine Genehmigung ihrer kostspieligen Krankenhauserweiterungen zu erreichen, ergänzten sie Aspekte wie die Basisgesundheitsdienste, die später vor Ort jedoch kaum genutzt wurden. Die Korea University konnte sich mit dieser Strategie nach der Erweiterung der landwirtschaftlichen Fakultät als ein zweites Projekt auch Fördergelder für das Universitätskrankenhaus in Guro sichern. Insgesamt konnte daneben nur eine weitere Institution, nämlich das KIMM, einen erfolgreichen Antrag auf ein weiteres deutsch-koreanisches Projekt in der technischen Zusammenarbeit stellen. Neben diesem genannten sozialen Aspekt spielten politische Vorstellungen ansonsten eine untergeordnete Rolle. Auch die Akteure beider Länder äußerten oder betätigten sich nur in den wenigsten Fällen politisch: Beispielsweise versteckte ein deutscher Projektleiter einen regimekritischen Studenten in seiner Dienstwohnung, während in einem anderen Kontext ein koreanischer Counterpart nach seinem Deutschlandaufenthalt den dortigen Wohlfahrtsstaat mit dem Kommunismus verglich. Auch fanden sich in den Projektberichten zwar Beobachtungen zu den Studierendenprotesten und Reaktionen des Staates darauf, aber bei deren Bewertung wurde eher eine konservative Sicht und Zurückhaltung bewahrt.

Insbesondere die Begegnung mit einem anderen System, ob politisch, technisch oder kulturell, war es auch, die viele Akteure als positiven und langanhaltenden Effekt der Entwicklungszusammenarbeit bewerteten. Noch vor Ende des Kalten Krieges und dem eigentlichen Beginn der Globalisierung, wie wir sie heute kennen, kamen die Experten, Wissenschaftler, Ausbilder, Fachkräfte und Auszubildenden miteinander in Kontakt und konnten sich über technische wie private Fragen austauschen. Dies führte auch zu einer weiteren Globalisierung des Lokalen, beispielsweise durch deutsche Forstwirte in der Provinz Gangwon-do und koreanische Counterparts im hessischen Odenwald. Es trafen also durch die Akteure auch zwei Peripherien aufeinander, die aus deren Sicht allerdings ein persönliches Zentrum bildeten.

Auch wenn dieser Austausch anfangs zumeist in eine Richtung verlief, indem koreanische Counterparts das deutsche System der Berufsbildung oder Forstwirtschaft als Referenzmodell rezipierten, reflektierten auch die deutschen

Experten vor Ort ihren sozialkulturellen Hintergrund und ihre Werte. Vor allem ab den 1980er-Jahren tauchten verschiedene, oft kulturessentialistische Erklärungen über die koreanische Gesellschaftsordnung mit ihren Wurzeln im Konfuzianismus und der Chosŏn-Dynastie auf. Das stellte insofern einen Wandel in der Entwicklungszusammenarbeit dar, als sie nicht mehr versuchten, das deutsche System ohne Rücksicht auf bestehende Ansätze einzuführen, sondern dieses Vorgehen nun kritisch hinterfragten. Allerdings spiegelte sich in solchen Bewertungen auch ein unterschwelliger Rassismus wider, den es kritisch zu bewerten gilt. Trotzdem bestanden in vielen Fällen die persönlichen Kontakte auch noch nach Abschluss der Projekte weiter und führten zu weiteren Forschungskooperationen und Partnerschaften in dem jeweiligen Sektor. In wenigen Fällen hatten die Fachkräfte auch nach deren Abschluss noch einmal die Möglichkeit, die Projekte und damaligen Mitarbeiter zu besuchen, sodass sich diese persönliche Ebene auch über die Zeit der Entwicklungszusammenarbeit und des Kalten Krieges hinweg fortsetzte.

4. Ausblick und offene Fragen

Die Entwicklungszusammenarbeit zwischen Deutschland und Korea ist in der Zwischenzeit in eine weitere Phase eingetreten. Die asymmetrischen Beziehungen und einseitigen Transferleistungen sind mit dem Ende der 1980er-Jahre in eine Partnerschaft übergegangen. In den Bereichen Wissenschaft, Bildung und Technik kooperieren beide Länder weiterhin eng miteinander. Partnerschaften zwischen einzelnen Forschungsinstitutionen, Bildungseinrichtungen oder Vereinen bestehen aus der Zeit der Entwicklungszusammenarbeit weiter oder wurden neu begründet. In der Zwischenzeit hat auch der bilaterale Wissenschaftsaustausch zugenommen, beispielsweise durch das KIST Europe oder den Campus der FAU Erlangen-Nürnberg in Busan.

Die Bundesregierung hat nun Kompetenzen der bilateralen Entwicklungszusammenarbeit teilweise an die Europäische Union und multilaterale Organisationen übertragen. Dennoch spielen Projekte der bilateralen Zusammenarbeit weiterhin eine wichtige Rolle. Hier besteht auch die Möglichkeit einer Kooperation zwischen den Geberländern. In einigen Fällen sind nun koreanische und deutsche Entwicklungsorganisationen gemeinsam in Entwicklungsländern tätig, beispielsweise in der Berufsbildung. Der Übergang von Nehmer- zu Geberland ist bislang selten vorgekommen, und somit erscheint die Kooperation eines ‚etablierten' Gebers mit einem ‚neuen' Geber umso fruchtbarer. Vor diesem Hintergrund ist es zu bedauern, dass die deutsche und koreanische Regierung mit dem Ende der Entwicklungszusammenarbeit nur in einzelnen Fällen eine direkte Anknüpfung an bestehende Bande unternommen haben. Nur in der Berufsbildung haben Deutschland und Korea gemeinsame Projekte in Drittländern durchgeführt, bei denen die deutsche Seite die Beratung und die koreanische Seite die Weiterbildung übernahm. Wie Entwicklungspraktiker berichten, gibt es darüber hinaus auch in Nehmerländern vor Ort inoffizielle Kooperationen, aber eine Etablierung dieser Zusammenarbeit ist bislang nicht erfolgt. Dabei sind auch neue Themen wie Nachhaltigkeit oder der Einbezug der Privatwirtschaft zu berücksichtigen.[1]

Diese Arbeit hat einen umfassenden Überblick zu der bilateralen Zusammenarbeit zwischen Deutschland und Korea gegeben, die in vielen Fällen als transnational bezeichnet werden kann, da globale Konzepte und Modelle sowie Verflechtung und Mobilität der Akteure in der Zusammenarbeit eine wichtige Rolle spielen. Allerdings gerät vor diesem Hintergrund die Zusammenarbeit mit weiteren Gebern aus koreanischer Sicht sowie anderen Nehmern aus deutscher Sicht aus dem Blickfeld. Es konnte nur am Rande auf bestehende Forschung verwiesen werden, da eine umfassende Studie bislang nicht vorliegt und in der Zukunft erarbeitet werden muss. Beispielsweise sind für Korea die Projekte der UN-Organisationen noch wenig erforscht, während für die bundesdeutsche Entwicklungszusammenarbeit andere Länder in der gleichen Region, also beispielsweise Südostasien, sicherlich viele Ähnlichkeiten zum Nehmerland Korea aufweisen.

Des Weiteren konnte die Arbeit nur am Rande auf die christlichen Geber eingehen, die jedoch, wie in der Basisgesundheit ersichtlich, die Entwicklungszusammenarbeit beider Länder insbesondere im Sozialwesen beeinflussten. Nicht nur Brot für die Welt oder der Caritasverband waren in Korea aktiv, sondern auch verschiedene weitere Organisationen und deren Akteure. Materialien aus den kirchlichen Archiven müssen weiter erschlossen werden, um das komplexe Geflecht aus staatlichen und privaten Einrichtungen umfassend darstellen zu können. Zuletzt gilt es auch, die privatwirtschaftlichen Akteure zu analysieren, denn diese waren ebenfalls an der Berufsbildung oder der industriellen Entwicklung beteiligt, sodass sie wie Siemens in der Telekommunikation oder einzelne KMU im Maschinenbau einen gewissen Einfluss auf die Sektoren ausübten. Dazu müssen neben den Materialien aus staatlichen Archiven auch solche aus privaten Firmenarchiven und übergeordneten Wirtschaftsarchiven weiter ausgewertet werden.

[1] Im Jahr 2022 fand eine Konferenz, organisiert durch die Ewha Women's University und das German Institute of Development and Sustainability (IDOS), zu möglichen Kooperationen zwischen Deutschland und Korea in der Entwicklungszusammenarbeit statt: „Development Cooperation and Multilateralism in Times of Global Crises: Prospects and Challenges for Cooperation between Republic of Korea and Germany", 17.–18.10.2022.

Tabellenverzeichnis

Abbildungsverzeichnis

Abkürzungsverzeichnis

AA	Auswärtiges Amt
ADB	Asian Development Bank
AHK	Auslandshandelskammer
BAM	Bundesanstalt für Materialforschung
BAUA	Bundesanstalt für Arbeitsschutz und Arbeitsmedizin
BfAI	Bundesstelle für Außenhandelsinformationen
BfE	Bundesstelle für Entwicklungshilfe
BfW	Brot für die Welt
BIBB	Bundesinstitut für Berufsbildung
BMA	Bundesministerium für Arbeit und Soziales
BMF	Bundesministerium für Finanzen
BMWi	Bundesministerium für Wirtschaft und Handel
BMZ	Bundesministerium für wirtschaftliche Zusammenarbeit und Entwicklung
CDG	Carl Duisberg Gesellschaft
CIE	College of Industrial Education
CMC	Christian Medical Commission
CNU	Chungnam National University
DAC	Development Assistance Committee
DEG	Deutsche Investitions- und Entwicklungsgesellschaft
DIFÄM	Deutsches Institut für Ärztliche Mission
DIHK	Deutscher Industrie- und Handelskammertag
DIW	Deutsches Institut für Wirtschaftsforschung
DSE	Deutsche Stiftung für Internationale Entwicklung
DVB	Deutsche Volkswirtschaftliche Beratergruppe
EDCF	Economic Development Cooperation Funds
EPB	Economic Planning Board
EZE	Evangelische Zentralstelle für Entwicklungshilfe e. V.
FAO	Food and Agriculture Organization of the United Nations
FIC	Fine Instrument Center
FKI	Federation of Korean Industry
FTC	Foundry Technology Center
GAWI	Garantie-Abwicklungs-Gesellschaft/Deutsche Fördergesellschaft für Entwicklungsländer
GTZ	Gesellschaft für Technische Zusammenarbeit
HRDK	Human Resources Development Service of Korea
IAA	Industrial Advancement Administration

IAW	Institut für angewandte Wirtschaftsforschung
IBRD	International Bank for Reconstruction and Development
IECOK	International Economic Consultative Organization for Korea
ILO	International Labor Organization
IMF	International Monetary Fund
KAERI	Korea Atomic Energy Research Institute
KAIST	Korea Advanced Institute of Science and Technology
KCCI	Korea Chamber of Commerce and Industry
KDI	Korea Development Institute
KEDI	Korea Educational Development Institute
KFSB	Korea Federation of Small Business
KfW	Kreditbank für Wiederaufbau
KHDI	Korea Development Health Institute
KIGAM	Korea Institute for Geoscience and Mineral Resources
KIMM	Korea Institute of Machinery and Metals (/Materials)
KISCO	Korea Industrial Safety Corporation
KIST	Korea Institute of Science and Technology
KIT	Korea Institute of Technology
KLB	Korea Long Term Credit Bank
KMU	Kleine und mittlere Unternehmen
KOICA	Korea International Cooperation Agency
KOSEF	Korea Science and Engineering Foundation
KOTRA	Korea Trade-Investment Promotion Agency
KRIVET	Korea Research Institute for Vocational Education and Training
KSRI	Korea Standards Research Institute
KTA	Korea Traders Association
KWRDC	Korea Water Resource Development Corporation
MOL	Ministry of Labor (Arbeitsministerium)
MOST	Ministry of Science and Technology (Wissenschaftsministerium)
MPG	Max-Planck-Gesellschaft
NBS	National Bureau of Standards
NIC	Newly Industrialized Country
NILS	National Institute of Labor Science
ODA	Official Development Assistance
OECD	Organization for Economic Cooperation and Development
ORD	Office for Rural Development
PEB	Planungsgruppe Entwässerung Busan
PMC	Precision Machine Center
POSCO	Pohang Iron and Steel Company
PTB	Physikalisch-Technische Bundesanstalt
SNU	Seoul National University

STS	Science and Technology Studies
TÜV	Technischer Überwachungsverein
UNDP	United Nations Development Programme
UNKRA	United Nations Korean Reconstruction Agency
USAID	United States Agency for International Development
USAMGIK	United States Army Military Government in Korea
USOM	United States Operations Mission (to Korea)
VHW	Village Health Worker
VTC	Vocational Training College
VTI	Vocational Training Institute
WHO	World Health Organization
WTZ	Wissenschaftlich-Technologische Zusammenarbeit

Bibliographie

Quellen

Archive

Archiv des Deutschen Caritasverbandes, Freiburg (ADCV)

Bundesarchiv, Koblenz (BArch)

B 102 Bundesministerium für Wirtschaft und Handel

B 149 Bundesministerium für Arbeit und Sozialordnung

B 213 Bundesministerium für wirtschaftliche Zusammenarbeit

Hessisches Hauptstaatsarchiv, Wiesbaden (HHStAW)

509 Landwirtschaftsministerium

Landeskirchliches Archiv, Stuttgart (LKAS)

K31 Deutsches Institut für Ärztliche Mission e. V.

MOFA Diplomatic Archives (*oegyobu oegyo saryogwan*), Seoul

Dokumenten-Nr.: C-0022 (1965–68), J-0046–04, 741.91GE

National Archives of Korea (*kukka kirogwŏn*), Seongnam

Dokumenten-Nr.: BA0084353, BA0138942, BA0146517, BA0147570, BA0146121, BA0242841, CA0000071, CA0003099

Amtsblatt (*kwanbo*)-Nr: 6020, 8402, 8854

National Library of Korea (*kungnip chungang tosŏgwan*), Seoul

Politisches Archiv des Auswärtigen Amtes, Berlin (PA AA)

B 37 Politische Abteilung Region Süd- und Ostasien

B 58 Wirtschaftsabteilung, Zusammenarbeit mit den Entwicklungsländern

Privates Archiv: Ausbildungszentrum für Waldarbeiter (*imŏp kigye hullyŏnwŏn*), Gangneung

Privates Archiv: Physikalisch-Technische Bundesanstalt, Braunschweig

Zeitungen

Allgemeine Forstzeitschrift, Aus Politik und Zeitgeschichte (APuZ), Bundesanzeiger, Bundesgesetzblatt, Busan Ilbo, Ch'uksan Shinmun, Chosun Ilbo, Der Spiegel, Die Zeit, Dong-A Ilbo, Encyclopedia of Korean Culture, E+Z, Foreign Agriculture, GTZ-info, Handelsblatt, Hankook Ilbo, Hankyoreh, Herald Kyŏngje, Hyŏbŏpch'e Soshik, Incheon Sinmun, JoongAng Ilbo, Koreana, Kisulshidae, KIST News, KTV Archive, Kwahak kisul yŏn'gam, Kyonggi Ilbo, Kyonggi Maeil Shinmun, Kyunghyang Shinmun, Maeil Business Newspaper, Migazin, Money Today, Nachrichten für Außenhandel, Nangnongyugu Wŏlgan, Neue Deutsche Wochenschau, Niedersächsische Wirtschaft, Nodong, Nongŏch'on Gyŏngje Shinmun, PTB-Mitteilungen, Sallim, Sahoe P'yŏngnon,

Sanŏp-kwa Nodong, Siemens-Mitteilungen, Süddeutsche Zeitung, Tagesschau, TAZ, The Argus, The Korea Herald, The Korea Times, Übersee Rundschau, Ulsan Journal, Wŏlgan Kyŏngyŏnggye

Quellenbände

Institut für Zeitgeschichte (Hg.): *Akten zur Auswärtigen Politik der Bundesrepublik Deutschland 1964*, Oldenbourg: München 1995.

Institut für Zeitgeschichte (Hg.): *Akten zur Auswärtigen Politik der Bundesrepublik Deutschland 1968*, Oldenbourg: München 1999.

Institut für Zeitgeschichte (Hg.): *Akten zur Auswärtigen Politik der Bundesrepublik Deutschland 1970*, Oldenbourg: München 2001.

Institut für Zeitgeschichte (Hg.): *Akten zur Auswärtigen Politik der Bundesrepublik Deutschland 1975*, Oldenbourg: München 2006.

Institut für Zeitgeschichte (Hg.): *Akten zur Auswärtigen Politik der Bundesrepublik Deutschland 1986*, De Gruyter Oldenbourg: Berlin/Boston 2017.

Nachschlagewerke

The Korean Law Information Center (https://www.law.go.kr)

Encyclopedia of Korean Culture (https://encykorea.aks.ac.kr)

***Oral History*-Interviews**

Gespräche mit dem Autor nach Thema und Datum

Berufsbildung	**Ländliche Entwicklung**
Ko Yŏngkuk, 22.01.2020, Seoul	Kim Chongkwan, 10.16.2021, Yangsan
Yi Kapyong, 30.01.2020, Ulsan	Son Tŭkchong, 01.11.2021, Seoul
Ha Yo, 10.02.2020, Incheon	Kim Namkyun, 05.11.2021, Seoul
Hŏ Kwang, 12.02.2020, Seoul	Ma Sangkyu, 07.12.2021, Seoul
W. Link, 19.08.2020, Nehren	Yi Kango, 07.12.2021, Seoul
Ha Hyŏn, 05.10.2021, Gunpo	Sŏ Sŏng, 31.08.2023 [E-Mail]
Yi Chŏngwŏn, 13.10.2021, Incheon	**Industrie und Infrastruktur**
Kim Yŏngjin, 06.12.2021, Seoul	R. Glaeser, 13.07.2021 [telefonisch]
E. Schoenfeldt, 26.08.2022, Kassel	Kim Chŏngsun, 03.11.2021, Seoul
	Sŏ Hosŏng, 17.02.2023 [E-Mail]

Veröffentlichte Interviews

Academy of Korean Studies, Oral Archives of Modern History, Wirtschaft und Diplomatie, Paek Yŏnghun, Interview, Teil 4–3, 12.11.2009.

Academy of Korean Studies, Oral Archives of Modern History, Wirtschaft und Diplomatie, Kang Sincho, Interview 1–1, Teil 2, 25.04.2012.

Harry S. Truman Library, Johnson, Niel M.: „Oral History Interview with Robert R. Nathan", Washington, D. C., 22.06.1989.

National Institute of Korean History, Oral History Archive: „1960/70nyŏndae nodong haengjŏngga-ŭi sam-kwa kŭ ŭimi – kukka-ŭi nodong chŏngch'aek-kwa nodongja-e taehan inshik-ŭl chungshim-ŭro" [Das Leben von Beamten der Arbeitsverwaltung und deren Bedeutung – Fokus auf die koreanische Arbeitspolitik und die Wahrnehmung der Arbeitnehmer], 21.08.–10.09. 2013; Nr.: OH0000000153.

Berichte, Jubiläumsbände, unveröffentlichte Manuskripte

AHK Korea (Hg.): *25 Jahre Gedanken zu Deutschland und Korea: Festschrift zum 60. Geburtstag von Florian Schuffner*, Jubiläumsband, AHK: Seoul 2004.

BMZ (Hg.): *Evaluierungskriterien der bilateralen Entwicklungszusammenarbeit: Orientierungslinien des BMZ*, Bericht, BMZ: Berlin 2006 [2021].

Botschaft der Republik Korea in Deutschland (Hg.): *Liste der promovierten Koreaner in Deutschland (1924–1996)*, Bericht, Koreanische Botschaft: Bonn 1997.

Brings, Christin: *Berufsbildung in der Republik Korea*, Bericht, Institut für Innovation und Technik: Berlin 2020.

Calleja, Rachael / Prizzon, Annalisa: *Moving away from Aid: The experience of the Republic of Korea*, Bericht, ODI: London 2019.

Chigŏp hullyŏn yŏn'guso (Hg.): *Han'guk chigŏp hullyŏn palchŏnsa* [Entstehungsgeschichte der koreanischen Berufsbildung], Bericht, Chigŏp'ullyŏn-yŏn'guso: Seoul 1989.

Chinsil hwahoe wiwŏnhoe (Hg.): *2008nyŏn habangi chosabogosŏ* [Untersuchungsbericht der Wahrheitskommission über die zweite Jahreshälfte von 2008], Bericht, Chinsilhwahoewiwŏnhoe: Seoul 2008.

Chiyŏk pogŏn ŭiryo palchŏn-ŭl wihan moim (Hg.): *Chiyŏkpogŏn 60nyŏn-ŭi palchach'wi* [Fußabdrücke aus 60 Jahren Basisgesundheit], Bd. 1/2, Jubiläumsband, Kyung Hee University Press: Seoul 2012.

Cho, Hwanghŭi et al.: *Han'guk-ŭi kwahak kisul illyŏk chŏngch'aek* [Koreanische Politik für Arbeitskräfte in der Wissenschaft und Technologie], Bericht, Kwahakkisul Chŏngch'aek Yŏn'guwŏn: Daejeon 2002.

Cho, Ŭlsaeng: *2012 kyŏngje palchŏn kyŏnghŏm modyurhwa saŏp: Sogyumo sanghasudo shisŭt'em* [Knowledge Sharing Program: Small-scale Waterworks and Sewerage Systems], Bericht, Ministry of Environment/KDI: Daejeon 2012.

CNU (Hg.): *Ch'ungnamdaehakkyo 60nyŏnsa: 1952–2012 – Chinaon 60nyŏn: Widaehan palchach'wi* [60 Jahre Chungnam National University – Vergangene 60 Jahre: Große Fußabdrücke], Jubiläumsband, CNU: Daejeon 2012.

Haase, Marianne / Müller, Bettina: *Entwicklungspolitisch engagierte Migrantenorganisationen: Potenziale für die Integration in Deutschland*, Bericht, Bundesamt für Migration und Flüchtlinge: Berlin 2012.

Han'guk Chigŏp Hullyŏn Kwalligongdan (Hg.): *Sanŏp hyŏptong (2wŏnhwa) hullyŏn-ŭl t'onghan kogŭp kinŭng illyŏk yangsŏng* [Kooperative Ausbildung von hochqualifizierten Facharbeitern], Broschüre, Han'guk Chigŏp Hullyŏn Kwalligongdan: Seoul 1983.

Handok sallim kyŏngyŏng saŏp kigu (Hg.): *Handok imŏp kisul hyŏmnyŏk 20nyŏnsa* [20 Jahre Deutsch-Koreanische technische Zusammenarbeit in der Forstwirtschaft], Jubiläumsband, Handok sallim kyŏngyŏng saŏp kigu: Seoul 1993.

Hessisches Ministerium für Landesentwicklung, Umwelt, Landwirtschaft und Forsten (Hg.): *Umweltschutz in Hessen – Waldsterben*, Broschüre, Hessisches Umweltministerium: Wiesbaden 1983.

ILO (Hg.): *Employment, Growth and Basic Needs: A One-World Problem*, Bericht, ILO: Genf 1976.

ILO (Hg.): *Introduction of a Vocational Training System using Modules of Employable Skills*, Bericht, ILO: Genf 1973.

KAIST (Hg.): *Proceedings of the Regional Works on Rural Development Technology*, Bericht, KAIST: Seoul 1981.

KIGAM (Hg.): *KIGAM palchach'wi 100nyŏn yŏksajip* [100 Jahre Geschichte des KIGAM], Jubiläumsband, KIGAM: Daejeon 2018.

KIMM (Hg.): *Han'guk kigye yŏn'guwŏn 30nyŏnsa* [30 Jahre Geschichte des Korea Institute of Machinery and Material], Jubiläumsband, KIMM: Changwon 2006.

KISCO (Hg.): *2012 kyŏngje palchŏn kyŏnghŏm modyurhwa saŏp: sanŏpchaehae yebangjedo kuch'uk mit unyŏng* [2012 Economic Development Experience Modularization Project: Einrichtung und Betrieb eines Systems zur Verhütung von Industrieunfällen], Bericht, 2013.

KIST (Hg.): *KIST 25nyŏnsa* [25 Jahre Geschichte des KIST], Jubiläumsband, KIST: Seoul 1994.

KIST (Hg.): *KIST 50nyŏnsa* [50 Jahre Geschichte des KIST], Jubiläumsband, KIST: Seoul 2008.

KIST Europe (Hg.): *The Quest for Innovation: 20 Years of KIST Europe*, Jubiläumsband, KIST Europe: Saarbrücken 2016.

KMC (Hg.) *Kungnip ŭiryowŏn 30nyŏnsa* [30 Jahre Geschichte des Korea Medical Center], Jubiläumsband, KMC: Seoul 1988.
KOICA (Hg.): *Han'guk-e taehan kaebal wŏnjo-wa hyŏmnyŏk: Urinara-ŭi suwŏn kyumo-wa punya hyogwasarye tŭng-e kwanhan chosayŏn'gu* [Development Assistance and Cooperation in Korea: A Study on the Size of Aid and the Case of Field Effects in Korea], Bericht, 2004.
Korea Diakonia Schwesternschaft (Hg.): *Yŏksa-wa sŏmshim-ŭi sam: Han'guk tiak'onia chamaehoe 25chunyŏn charyojip* [Geschichte und Leben der Sŏmshim: Materialsammlung zum 25-jährigen Jubiläum der Korea Diakonia Schwesternschaft], Jubiläumsband, Han'gukshinhakyŏn'guso: Seoul 2005.
Korea Polytechnical University VII (Hg.): *Han'guk p'ollit'ek VII taehak (Ch'angwŏn) 40nyŏnsa* [40 Jahre Geschichte der Korea Polytechnical University VII in Changwon], Jubiläumsband, Polytechnical University: Changwon 2017.
Korea University (Hg.): *Koryŏ daehakkyo 100nyŏnsa* [100 Jahre Geschichte der Korea University], Jubiläumsband, Korea University Press: Seoul 2008.
Korea University Guro Hospital (Hg.): *Koryŏ daehakkyo kurobyŏngwŏn 30nyŏnsa* [30 Jahre Geschichte des Korea University Guro Hospital], Jubiläumsband, Korea University Press: Seoul 2013.
Korean National Commission for UNECSO (Hg.): *Value and Impact of UNESCO Activities in Korea*, Bericht, KNCU: Seoul 2015.
KOSHA (Hg.): *Anjŏn-ŭl nŏmŏ haengbok-ŭl hyanghae: Han'guk sanŏp anjŏn pogŏn kongdan 30nyŏnsa* [Auf dem Weg zum Glück, über die Sicherheit hinaus: 30 Jahre Korea Occupational Safety and Health Agency], Jubiläumsband, KOSHA: Ulsan 2017
KSRI (Hg.): *Han'guk p'yojun kwahak yŏn'guwŏn 30nyŏnsa* [30 Jahre Geschichte des Korea Standards Research Institute], Jubiläumsband, KSRI: Daejeon 2005.
Lee, You Jae: *Koreanische Migrationsgeschichte*, unveröffentlichtes Manuskript, 2017.
Nodongbu (Hg.): *83 sanŏp chaehae punsŏk* [Analyse der industriellen Arbeitsunfälle], Bericht, Nodongbu: Seoul 1983.
Nodongbu (Hg.): *Chigŏp nŭngnyŏk kaebal saŏp hyŏnhwang* [Gegenwärtige Lage der Facharbeiterausbildung], Bericht, Nodongbu: Seoul 2000.
Nodongbu (Hg.): *Kukche hyŏmnyŏk ŏmmu p'yŏllam* [Bericht zur internationalen Zusammenarbeit], Nodongbu: Seoul 1995.
ORD (Hg.): *Ch'uksan yŏn'gu 60 nyŏnsa* [60 Jahre Geschichte der Forschung zu Tierhaltung], Jubiläumsband, ORD: Suwon 2012.
Oregon Advisory Group to Korea (Hg.): *A Report on the University of Oregon Advisory Mission to the Korean Economic Development Council, 1959–61*, Bericht, University of Oregon: Eugene 1961.

Rösch, Günter: *Lerntheorie für Technische Lehrer*, Bericht, DSE: Mannheim 1984.

Saengmyŏng kwahak taehak 70chunyŏn kinyŏm yŏksa p'yŏnch'an wiwŏnhoe (Hg.): *Saengmyŏng kwahak taehak70nyŏnsa: 70nyŏn-ŭl nŏmŏ 100nyŏn-ŭl hyanghan tojŏn* [70 Jahre Fakultät für Lebenswissenschaften: Über 70 Jahre hinaus, Richtung 100 Jahre], Jubiläumsband, Korea University: Seoul 2023.

Sallimch'ŏng (Hg.): *Sallimch'ŏng 50nyŏnsa (1967–2017)* [50 Jahre Geschichte des Korea Forest Service (1967–2017)], Jubiläumsband, Sallimch'ŏng: Daejeon 2017.

Schaack, Klaus: „Aspekte der koreanisch-deutschen Berufsbildungszusammenarbeit", unveröffentlichtes Manuskript, HRDK: Incheon 1996.

Shaver, Fred C.: *Memorandum Audit Report No. 2–489–80–16 – Termination of USAID/Korea, Mission Activities*, Bericht, USAID: Washington 1980.

Song, Du-Yul: *Südkorea: Auf den Spuren der Japaner*, Bericht, Korea Forschungsgemeinschaft (KOFO): Offenbach 1984.

TTA (Hg.): *Han'guk chŏngbo t'ongshin kisul hyŏp'oe 10nyŏnsa* [10 Jahre Telecommunications Technology Association], Jubiläumsband, TTA: Seongnam 1999.

UNDP Seoul Policy Centre (Hg.): *UNDP-Korea at 50: Retrospect and Prospect*, Jubiläumsband, UNDP: Seoul 2016.

USAID (Hg.): *Case Study South Korea – From Aid Recipient to Donor: USAID's role in South Korea's extraordinary Transformation*, Bericht, Nummer: PDACY151, USAID: Washington 2011.

World Bank (Hg.): *World Bank Group and Republic of Korea: 60 Years of Partnership*, Bericht, World Bank Group Korea Office: Incheon 2015.

Yeon, Hacheong / Baek, Hwajong / Park, Inhwa: *Social Development in Korea: An Overview*, Bericht, Korea Institute for Health and Social Affairs, 1995.

Yun, Suk Choon: „Berufsausbildung in Korea", in: Haag, Eugen (Hg.): *Der Beitrag der Berufsbildung zur wirtschaftlichen Entwicklung in den Partnerländern*, Bericht, DSE: Mannheim 1982.

Internetquellen

AHK Korea: „Über uns", URL: https://korea.ahk.de/ueber-uns [zuletzt abgerufen am 22.02.2024].

BiBB: „Cooperation with the South Korean partner institution KRIVET", URL: https://www.bibb.de/en/114805.php [zuletzt abgerufen am 22.02.2024].

Bundesarchiv: Die Kabinettsprotokolle der Bundesregierung: „Personenangaben zu Walter Rau", URL: https://kabinettsprotokolle.bundesarchiv.de/register/person/cae5ba10-a24d-43d6-b6fb-cc55514a6208 [zuletzt abgerufen am 22.02.2024].

CNU, International Relations: Sister Institution, URL: https://plus.cnu.ac.kr/html/en/sub01/sub01_010502.html [zuletzt abgerufen am 22.02.2024].

Eckert Schools, „News: From South Korea in the Oberpfalz“, 25.09.2018, URL: https://www.eckert-schools-international.com/en/news/von-suedkorea-in-die-oberpfalz [zuletzt abgerufen am 22.02.2024].

Forestry Cooperative in Korea, Yangsan Education Center, URL: https://member.nfcf.or.kr/forest/user.tdf?a=user.index.IndexApp&c=1004&d=fttc&mc=MEM_FTT [zuletzt abgerufen am 22.02.2024].

Hanns-Seidel-Stiftung Büro Korea, „EU-Project“, URL: https://korea.hss.de/en/eu-project/ [zuletzt abgerufen am 22.02.2024].

India Korea Institute of Science and Technology (IKIST), URL: https://ikst.res.in [zuletzt abgerufen am 22.02.2024].

Johns Hopkins School of Public Health: „Carl E. Taylor 1916–2010“, URL: https://publichealth.jhu.edu/2010/carl-taylor [zuletzt abgerufen am 22.02.2024].

KIMM, „Yŏktae kigwanjang“ [Frühere Präsidenten], URL: https://www.kimm.re.kr/sub060203 [zuletzt abgerufen am 22.02.2024].

King Mongkut’s University of Technology North Bangkok, KMUTNB History, URL: https://www.kmutnb.ac.th/About-(1)/Profile/KMUTNB-History.aspx?lang=en-gb [zuletzt abgerufen am 22.02.2024].

KIST Europe Forschungsgesellschaft mbH, URL: https://www.kist-europe.de/portal/main/main.do [zuletzt abgerufen am 22.02.2024].

KOICA, Open Data Portal, URL: https://www.oda.go.kr/opo/nmasc/main.do [zuletzt abgerufen am 22.02.2024].

Korea Democracy Foundation, Open Archives: „Sabuk hangjaeng“ [Sabuk Aufstand], URL: https://archives.kdemo.or.kr/collections/view/10000049 [zuletzt abgerufen am 22.02.2024].

Korea Polytechnical University VII in Dong Busan: „Campus Geschichte“, URL: https://www.kopo.ac.kr/dongbusan/content.do?menu=6529 [zuletzt abgerufen am 22.02.2024].

Korean Society of Grassland and Forage Science, URL: https://forage.or.kr [zuletzt abgerufen am 22.02.2024].

KOTRA Frankfurt, „KOTRA stellt sich vor“, URL: http://kotra-frankfurt.de/kotra-stellt-sich-vor [zuletzt abgerufen am 22.02.2024].

Kuhnen, Frithjof: Private Webseite, „Publikationen“, URL: http://www.professor-frithjof-kuhnen.de/publications.htm [zuletzt abgerufen am 22.02.2024].

OECD: „OECD Development Assistance Committee (DAC) Welcomes Korean Membership“, URL: https://www.oecd.org/dac/oecddevelopmentassistancecommitteedacwelcomeskoreanmembership.htm [zuletzt abgerufen am 22.02.2024].

Schwefel, Detlef: private Webseite, „Publikationen“, URL: http://detlef-schwefel.de/publications8.html [zuletzt abgerufen am 22.02.2024].

Senior Expert Service: „Chronik: 40 Jahre SES“, URL: https://www.ses-bonn.de/wir-ueber-uns/chronik [zuletzt abgerufen am 22.02.2024].

Siegel, Nicholas: „The German Marshall Fund of the United States: A Brief History“, 09.05.2012, URL: https://www.gmfus.org/news/german-marshall-fund-united-states-brief-history [zuletzt abgerufen am 22.02.2024].

Thünen-Institut: „Project: Organic Farming in Korea“, URL: https://www.thuenen.de/en/institutes/organic-farming/x-1/crop-and-fodder-production/organic-farming-in-korea [zuletzt abgerufen am 22.02.2024].

Vietnam Korea Institute of Science and Technology (VKIST), URL https://vkist.gov.vn/en/page/tong-quan-vkist [zuletzt abgerufen am 22.02.2024].

WHO Policy Documents: „Declaration of Alma Ata“, 1978, URL: https://www.euro.who.int/de/publications/policy-documents/declaration-of-alma-ata,–1978 [zuletzt abgerufen am 22.02.2024].

Literatur

Acker, Antoine: *Volkswagen in the Amazon: The Tragedy of Global Development in Modern Brazil*, Cambridge University Press: Cambridge 2017.

Adamson, Matthew: „Science Diplomacy at the International Atomic Energy Agency: Isotope Hydrology, Development, and the Establishment of a Technique“, in: *Journal of Contemporary History* 56.3, 2021, S. 522–542.

Adelman, Irma (Hg.): *Practical Approaches to Development Planning: Korea's Second Five-year Plan*, Johns Hopkins University Press: Baltimore 1969.

Altendeitering, Sylvia: *Die sozioökonomische Bewertung von ländlichen Technologie-Projekten: Dargestellt am Beispiel der Einführung von Nacherntetechnologien in Korea*, Nomos: Baden-Baden 1989.

Altenhofen, Max: „Westdeutsche technische Hilfe im Südkorea der 1960er-Jahre: Am Beispiel von technischen Schulen in Incheon und Naju“, in: *ASIEN* 152/153, 2019, S. 72–93.

Altenhofen, Max: „Sŏdok chŏngbu-ŭi taehan kisul wŏnjo: Homanaeam / handok kodŭng kisul hakkyo p'ŭrojekt'ŭ-rŭl chungshim-ŭro“ [West German Government's Technical Assistance to South Korea: Focusing on the Hohmanneum/Korean-German Technical School], in: *Yŏksabip'yŏng* 127, 2019, S. 381–419.

Altenhofen, Max: „German Economic Advisory Group to Korea, 1962–1968“, in: Lim, Sojin (Hg.): *International Aid and South Korea*, Routledge: London 2025, S. 23–45.

Ammon, Ulrich / Chong, Si-ho (Hg.): *Die deutsche Sprache in Korea: Geschichte und Gegenwart*, Iudicium: München 2003.

An, Hongsŏn: „Shingminji shigi chungdŭng shirŏp kyoyuk-ŭi sŏnggyŏk yŏn'gu: Shirŏp hakkyo haksaeng t'ŭksŏng-gwa ip'ak tonggi punsŏk-ŭl chungshim-ŭro“ [A Study on the Dual System of Secondary Schools in Korea under the Japanese Imperialism 1910–1945], in: *Ashia Kyoyuk Yŏn'gu* 16.2, 2015, S. 145–174.

Arnold, J. E. M. / Persson, R.: „Reorienting forestry development strategies in the 1970s towards Forests for People“, in: *The International Forestry Review* 11.1, 2009, S. 111–118.

Ban, Sung Hwan / Moon, Pal Yong / Perkins, Dwight Heald: *Rural Development*, Harvard University Press: Cambridge 1980.

Bank, Max: *Stunde der Neoliberalen? Politikberatung und Wirtschaftspolitik in der Ära Adenauer*, Dissertation, Universität zu Köln, 2013.

Bauer, Georg et al. (Hg.): *Sanŏp kinŭngjang* [Der Industriemeister], übers. von Yi Sangmun und An Sŏkkyo, Ch'angwŏn Kinŭngdaehak: Changwon 1985.

Bauer, Peter Thomas: „The Vicious Circle of Poverty“, in: *Weltwirtschaftliches Archiv* 95, 1965, S. 4–20.

Bernstein, Michael A.: „Die Transformation der amerikanischen Wirtschaftswissenschaften“, in: Greiner, Bernd / Müller, Tim B. / Weber, Claudia (Hg.): *Macht und Geist im Kalten Krieg*, Hamburger Edition: Hamburg 2011, S. 180–200.

Bianchini, Mario: „Theoretical Soldiers: German Economists in the Cold War“, in: *German Studies Review* 43.1, 2020, S. 41–58.

Bierling, Stephan: *Die Außenpolitik der Bundesrepublik Deutschland: Normen, Akteure, Entscheidungen*, Oldenbourg: München 2005.

Bode, Rudolf: „Vocational/Industrial Reacher Education in Germany: With Emphasis on its Curricula“, in: *Taehan kongŏp kyoyuk hak'oeji* 5.2, 1980, S. 57–66.

Bode, Rudolf: „Vocational Education and Technical Teacher Education in the Republic of Korea, in: *Taehan kongŏp kyoyuk hak'oeji* 7.1, S. 17–23.

Bodemer, Klaus: *Erfolgskontrolle der deutschen Entwicklungshilfe: Improvisiert oder systematisch?*, Verlag Anton Hain: Meisenheim 1979.

Boden, Ragna: „Das Scheitern der sowjetischen Modernisierungsoffensive in Indonesien“, in: Greiner, Bernd / Müller, Christian T. / Weber, Claudia (Hg.): *Ökonomie im Kalten Krieg*, Hamburger Edition: Hamburg 2010, S. 104–123.

Boestel, Joanna / Francks, Penelope / Kim, Choo Hyop (Hg.): *Agriculture and Economic Development in East Asia: From Growth to Protectionism in Japan, Korea and Taiwan*, Routledge: London 1999.

Bohnet, Michael: *Geschichte der deutschen Entwicklungspolitik: Strategien, Innenansichten, Zeitzeugen, Herausforderungen*, UTB: München/Konstanz 2015.

Bohnstedt, Bengt: „Technologies for Rural Development: A German-Korean Development Project“, in: *GATE Information – the Key to Sustainable Development* 1/87, 1987, o. S.

Booz, Rüdiger Marco: *Hallsteinzeit: Deutsche Außenpolitik 1955–1972*, Bouvier: Bonn 1995.

Borowy, Iris / Harris, Bernard (Hg.): *Health and Development*, De Gruyter Oldenbourg: Berlin/Boston 2023, S. 1–30.

Braun, Korbinian: *Der Praktikant: Eine Fibel für Ausländer*, Max Hueber: München 1960.

Brazelton, Mary A.: „Health for all? Histories of International and Global Health“, in: *History Compass* 20.1, 2022, o. S.

Brazinsky, Gregg A.: „From Pupil to Model: South Korea and American Development Policy during the Early Park Chung Hee Era“, in: *Diplomatic History* 29.1, 2005, S. 83–115.

Brazinsky, Gregg A.: *Nation Building in South Korea: Koreans, Americans, and the Making of a Democracy*, University of North Carolina Press: Chapel Hill 2007.

Bresselau von Bressensdorf, Agnes / Seefried, Elke / Ostermann, Christian F. (Hg.): *West Germany, the Global South and the Cold War*, De Gruyter: Berlin/Boston 2017.

Bresselau von Bressensdorf, Agnes: „Fortschritt und Entwicklung: Die beiden deutschen Staaten in der Dritten Welt seit den 1960er Jahren", in: Seefried, Elke / Hoffmann, Dierk (Hg.): *Plan und Planung: Deutsch-deutsche Vorgriffe auf die Zukunft*, De Gruyter Oldenbourg: Berlin 2018, S. 131–148.

Brown, Timothy S.: *West Germany and the Global Sixties: The Antiauthoritarian Revolt, 1962–1978*, Cambridge University Press: Cambridge 2013.

Bruchhausen, Walter / Borowy, Iris: „Development Aid and Solidarity Work: East and West German Health Cooperation with Low-Income Countries, 1945 to 1970", in: *Gesnerus* 74.2, 2017, S. 173–187.

Burmeister, Larry: „The South Korean Green Revolution: Induced or Directed Innovation?", in: *Economic Development and Cultural Change* 35.4, 1987, S. 767–790.

Burmeister, Larry: *Research, Realpolitik and Development in Korea: The State and the Green Revolution,* Westview Press: Boulder 1988.

Burton, Eric: *In Diensten des Afrikanischen Sozialismus: Tansania und die globale Entwicklungsarbeit der beiden deutschen Staaten, 1961–1990*, De Gruyter Oldenbourg: München 2021.

Büschel, Hubertus: „In Afrika helfen: Akteure westdeutscher ‚Entwicklungshilfe' und ostdeutscher ‚Solidarität' 1955–1975", *Archiv für Sozialgeschichte* 48, 2008, S. 333–365.

Büschel, Hubertus / Speich, Daniel (Hg.): *Entwicklungswelten: Globalgeschichte der Entwicklungszusammenarbeit*, Campus: Frankfurt am Main/New York 2009.

Büschel, Hubertus: *Hilfe zur Selbsthilfe: Deutsche Entwicklungsarbeit in Afrika 1960–1975*, Campus: Frankfurt am Main/New York 2014.

Büschel, Hubertus / Speich Chassé, Daniel: „Einführung: Entwicklungsarbeit und globale Modernisierungsexpertise", in: *Geschichte und Gesellschaft* 41. 4, 2015, S. 535–551.

Byun, Hyung-Yoon: „Korea's Five-Year Economic Plans and their Impacts", in: *Seoul Journal of Economics* 3.2, 1990, S. 219–238.

Calvo-Gonzales, Oscar: „Neither a Carrot Nor a Stick: American Foreign Aid and Economic Policymaking in Spain during the 1950s", in: *Diplomatic History* 30.3, 2006, S. 409–438.

Ch'ae, Hŭigap: „Ilbu t'an'gwang ŏpch'e kŭllojadŭl-ŭi sanŏp chaehae-e kwanhan chosa" [An Investigation on Industrial Accident of Workers in Some Coal Mining Companies], in: *Tobuk ŭidae chapchi* 23.2, 1982, S. 54–61.

Ch'oe, Hŭichin: „Han'gugin-ŭi shiksaenghwal-e yŏnghyang-ŭl mich'i-nŭn yoinbunsŏk-e kwanhan yŏn'gu: 1960nyŏndae kyŏngjegaebal ihubut'ŏ

1980nyŏndae-kkaji" [A study on the Influence of Social Changes on Dietary Life from 1960s to 1980s], Masterarbeit, Ewha Womans University, 1994.

Ch'oe, Makchung / Kim, Yŏngchae: „Palchŏn kukka-ŭi sanŏp tanji-wa sanŏp toshi hyŏngsŏng yoin-gwa hyogwa" [Causes and Effects of Industrial Complex and Industrial New Town Development of Developmental State: The Case of Masan Export Free District and Changwon Machinery Industrial Base], in: *Kukt'o Kyehoek* 53.5, 2018, S. 5–20.

Ch'oe, Pyŏngt'ae: „Haebang chik'u-1960nyŏndae ch'o sallimgye sŏllip nonŭi-ŭi chŏn'gae-wa kŭ sŏnggyŏk" [The Developments and Character of Setting up the Forestry mutual-aid Society in 1945–1960s], in: *Sahak Yŏn'gu* 90, 2008, S. 291–336.

Chang, Mihyŏn: „1960–70nyŏndae sanŏpchaehae posang pohŏm chedo-ŭi shihaeng-gwa sanjae nodongja-ŭi taeŭng" [Execution of Industrial accidents Compensation System and Response of Industrial Accident Workers in the 1960s to 1970s], in: *Sarim* 50, 2014, S. 95–127.

Chang, Mihyŏn: *Pak Chŏnghŭi chŏngbu shigi kisul illyŏkchŏngch'aek-ŭi chŏn'gae-wa sungnyŏn nodongja-ŭi taeŭng* [The Unfolding of Park Chunghee Administration's technical Manpower Policy and the Responses of the skilled Workers], Dissertation, Yonsei University, 2016.

Chang, Mihyŏn: „Pak Chŏnghŭi chŏngbu shigi kinŭng kyŏnggi taehoe-ŭi toip-kwa ‚ellitŭ' kinŭnggong-dŭl-ŭi imgye" [The Introduction of National Skills Competition and Criticality of ‚Elite' Skilled Workers], in: *Yŏksa Yŏngu* 32, 2017, S. 211–254.

Chen, Kuan-Jen: „Fishing for Oil: Natural-Resource Management between the United States and Maritime East Asia in the 1970s", in: *Journal of American-East Asian Relations* 27, 2020, S. 169–197.

Chigŏp hullyŏn yŏn'guso (Hg.): *Handokkan chigŏp kyoyuk chedo-ŭi pigyo* [Vergleich der Berufsbildungssysteme zwischen Deutschland und Korea], Seoul: Chigŏp hullyŏn yŏn'guso 1980.

Chin, Chonghŏn: „Palchŏn-ŭi sangjing kyŏnggwan-ŭrosŏ-ŭi ‚p'urŭn san': Sallimnok'wa chŏngch'aek-e taehan pip'anjŏk yŏn'gu" [‚Green Mountain' as Symbolic Landscape of Development: Critical Approach on Forest Greening Policy], in: *Kukt'o Chiri Hak'oeji* 50.4, 2016, S. 539–548.

Cho, Hŭmhak / Yi, Kwanhyŏng: „Sanŏp anjŏn pogŏnbŏb-ŭi chejŏng-e kwanhan yŏksajŏk ŭimi-e kwanhan yŏn'gu" [A study on Role and Status of the Occupational Safety and Health Act in Looking at the Legal History], in: *Pŏp'angnon'go* 37, 2011, S. 23–82.

Cho, Miyang: „Luise Rinser's Third-World Politics: Isang Yun and North Korea", in: Cho, Joanne M. and Roberts, Lee M. (Hg.): *Transnational Encounters between Germany and Korea*, Palgrave Macmillan: London 2017, S. 159–175.

Cho, Sung-Hye: „Telecommunications and Informatization in Korea“, in: *NET-COM* 16.1, 2002, S. 29–42.

Ch'oe, Hongsik / Mühlbauer, Werner / Im, Chonghwan / Sin, Myŏngkon: „In-Bin Drying of Paddy with Ambient Air: Influence of Drying Parameters on Drying Time, Energy Requirements and Quality“, in: *Han'guk Shikp'um Kwahak H'oeji* 17.1, 1985, S. 25–32.

Ch'oe, Hyŏngsŏp: *Pul-i kkŏjiji annŭn yŏn'guso* [Forschungszentrum, wo das Licht nicht ausgeht], KIST: Seoul 1995.

Ch'oe, Wŏnchun: Kim Daejung samyŏn-ŭl wihan togil yŏnbang konghwaguk-ŭi taeŭng-gwa noryŏk: K'obŭllench'ŭ yŏnbang munsŏgo-wa sŏngnamshi kukka kirogwŏn charyo-rŭl chungshim-ŭro [German Federal Republic's Reaction and Efforts to Amnesty Kim Dae-jung], in: *Tongbang Hakchi* 205, 2023, S. 499–525.

Choi, Oe-Chool: „The Role of Community-Based Organizations: The Case of the Saemaul Undong Women's Club“, in: Phillips, Rhonda / Wong, Cecilia (Hg.): *Handbook of Community Well-Being Research*, Springer: Dordrecht 2017, S. 455–472.

Choi, Soo Im et al.: „A Study on Main Actor for Sustainable Forest Management in Korea“, in: *Journal of the Faculty for Agriculture, Kyushu University* 49.2, 2004, S. 533–548.

Chŏn T'aeil kinyŏmgwan kŏllip wiwŏnhoe (Hg.): *Onŭ ch'ŏngnyŏn nodongja-ŭi sam-kwa chukŭm: Chŏn T'aeil p'yŏngjŏn* [Leben und Tod eines jungen Arbeiters: Kritische Biographie von Chŏn T'aeil], Tolbegae: Seoul 1983.

Chŏng, Chunho / Kim Okchu: „Modŭn kŏsŭn kisaengch'ung-esŏ shijaktoeŏtta: 1960–80nyŏndae hanil kisaengch'ung hyŏmnyŏng saŏp-kwa ashia net'ŭwŏk'ŭ“ [It All Started from Worms: Korea-Japan Parasite Control Co-operation and Asian Network, 1960–80s], in: *Ŭisahak* 27.1, 2018, S. 49–88.

Chŏng, Hyŏnpaek: „Handok kwan'gyesa: Hoego-wa sŏngch'al“ [Korea-Germany Relationship History and the Reflection on it], in: *Togiryŏn'gu* 28, 2014, S. 3–35.

Chŏng, Muyong: „1961nyŏn hanmi kyŏngje kisul wŏnjo hyŏpchŏng-ŭl tullŏssan chŏngch'i sahoejŏk kaltŭng“ [Political and Social Controversy over Comprehensive Agreement regarding Economic and Technical Assistance between ROK and US in 1961], in: *Inmun Kwahak Yŏn'gu* 21, 2015, S. 9–32.

Chŏng, Sangch'ŏn: *Nap'olleong-do morŭ-nŭn han-p'ŭrangsŭ iyagi* [Französisch-koreanische Geschichten, die nicht einmal Napoleon kannte], Kukhak: Goyang 2013.

Chŏng, Tahye: „Pyŏngwŏn-esŏ maul-lo: Kŏje chiyŏk sahoe kŏn'gang saŏp-ŭro pon 1970nyŏndae ŭiryo sooejiyŏg-ŭi chiyŏkpogŏn shirhŏm“ [From Hospital to Village: A New Approach to Community Health in Rural Areas During the 1970s: A Focus on the Koje Community Health Project], in: *Sahoe-wa Yŏksa* 129, 2021, S. 107–146.

Chŏng, Tahye: „Sŏdok-ŭi taehan kaebal wŏnjo-wa 1970–1980nyŏndae pogŏn ŭiryo chiwŏn-ŭi sŏnggyŏk" [A Study on West German Development Aid to Korea: Focusing on the Development Assistance for Health and Medical Projects in the 1970s and 1980s], in: *Ŭiryo Sahoesa Yŏngu* 10, 2022, S. 251–292.

Chung, Daejong: *Foreign Things No Longer Foreign: How South Koreans Ate U. S. Food*, Dissertation, Columbia University, 2015.

Chung, Young-Iob: *Korea under Siege, 1876–1945: Capital Formation and Economic Transformation*, Oxford University Press: Oxford 2006.

Cole, David C. / Lyman, Princeton N.: *Korean Development: The Interplay of Politics and Economics*, Harvard University Press: Cambridge 1971.

Cole, David C.: „Foreign Assistance and Korean Development", in: Mason, Edward S. et al. (Hg.): *The Economic and Social Modernization of the Republic of Korea*, Harvard University Press: Cambridge 1989, S. 165–208.

Conrad, Sebastian / Eckert, Andreas / Freitag, Ulrike (Hg.): *Globalgeschichte: Theorien, Ansätze, Themen*, Campus: Frankfurt am Main/New York 2007.

Conrad, Sebastian / Randeria, Shalini (Hg.): *Jenseits des Eurozentrismus: Postkoloniale Perspektiven in den Geschichts- und Kulturwissenschaften*, Campus: Frankfurt am Main/New York 2002.

Cooper, Frederick: „Writing the History of Development", in: *Journal of Modern European History* 8.1, 2010, S. 5–23.

Cooper, Richard: „Economic Aspects of the Cold War, 1962–1975", in: Leffler, Melvin P. / Westad, Odd A. (Hg.): *The Cambridge History of the Cold War*, Cambridge University Press: Cambridge 2010, S. 44–64.

Cullather, Nick: „Development? It's History", in: *Diplomatic History* 24.4, 2000, S. 641–653.

Cullather, Nick: *The Hungry World: America's Cold War Battle against Poverty in Asia*, Harvard University Press: Cambridge 2010.

Cwiertka, Katarzyna: *Cuisine, Colonialism and Cold War: Food in Twentieth Century Korea*, Reaktion Books: London 2012.

Darjes, Peter Christian / Taake, Hans-Helmut: „Die Elektroindustrie Süd-Koreas: Bisherige Entwicklung und volkswirtschaftliche Bedeutung", in: *Internationales Asienforum* 3, 1972, S. 553–559.

Dege, Eckart: *Entwicklungsdisparitäten der Agrarregionen Südkoreas*, Geographisches Institut der Universität Kiel: Kiel 1982.

Dimier, Veronique: *The Invention of a European Development Aid Bureaucracy: Recycling Empire*, Palgrave Macmillan: London 2014.

DiMoia, John P.: *Reconstructing Bodies: Biomedicine, Health, and Nation-Building in South Korea Since 1945*, Stanford University Press: Stanford 2013.

Doucette, Jamie: „Anxieties of an Emerging Donor: The Korean Development Experience and the Politics of International Development Cooperation“, in: *Environment and Planning C: Politics and Space*, *38*.4, 2020, S. 656–673.

Eckert, Carter J.: *Park Chung Hee and Modern Korea: The Roots of Militarism, 1866–1945*, Harvard University Press: Cambridge 2016.

Edwards, Paul N.: „Infrastructure and Modernity: Force, Time, and Social Organization in the History of Sociotechnical Systems“, in: Misa, Thomas J. / Brey, Philip / Feenberg, Andrew (Hg.): *Modernity and Technology*, MIT Press: Cambridge 2003, S. 185–225.

Eichert, Thomas: *Sŏdok chimensŭ kiŏpsa-ro po-nŭn handok kwan'gye 1961–1980: Kŭmsŏng(Goldstar)kwa-ŭi hapchakt'uja-rŭl chungshim-ŭro* [Siemens in Korea 1961–1980: Focusing on the Joint Venture with Goldstar], Masterarbeit, Seoul National University, 2021.

Eikemeier, Dieter: *Documents from Changjwa-ri: A further Approach to the Analysis of Korean Villages*, Harrassowitz: Wiesbaden 1980.

Eliseit, Horst: *Korea: Das zerrissene Lächeln*, Safari: Berlin 1978.

Engelhard, Karl: „Environment and Development: Complementary Fields and Approaches of Learning“, in: *Journal of Geographic and Environmental Education* 1.1, 1994, S. 61–73.

Engerman, David C. / Unger, Corinna R.: „Introduction: Towards a Global History of Modernization“, in: *Diplomatic History* 33.3, 2009, S. 375–385.

Engerman, David C.: „Development Politics and the Cold War“, in: *Diplomatic History* 41.1, 2017, S. 1–19.

Engerman, David C.: *The Price of Aid: The Economic Cold War in India*, Harvard University Press: Cambridge 2018.

Eppler, Erhard: *Wenig Zeit für die Dritte Welt*, W. Kohlhammer: Stuttgart 1971.

Evans, Peter: *Embedded Autonomy: States and Industrial Transformation*, Princeton University Press: Princeton 1995.

Escobar, Aturo: *The Making and Unmaking of the Third World*, Princeton University Press: Princeton 1995.

Fedman, David: *Seeds of Control: Japan's Empire of Forestry in Colonial Korea*, University of Washington Press: Seattle 2020.

Ferguson, James: *The Anti-Politics Machine: Development, Depoliticization and Bureaucratic Power in Lesotho*, University of Minnesota Press: Minneapolis 1990.

Fettich-Biernath, Bettina: „Präsenz ohne Einfluss? Die Bedeutung der Entwicklungs- und Ausrüstungspolitik der Bundesrepublik Deutschland 1956–1980 für ihr Selbstverständnis“, in: *Geschichte und Gesellschaft* 45.4, 2019, S. 523 550.

Frank, Charles R. / Kim, Kwang Suk / Westphal, Larry E.: *Foreign Trade Regimes and Economic Development*, Columbia University Press: New York/ London 1975.

Frank, Rüdiger: *Die DDR und Nordkorea: Der Wiederaufbau der Stadt Hamhung, 1954–1962*, Shaker: Aachen 1996.

Friedmann, Harriet: „The Political Economy of Food: The Rise and Fall of the Postwar International Food Order“, in: *American Journal of Sociology* 88, 1982, S. 248–286.

Fuechtner, Veronika / Rhiel, Mary (Hg.): *Imagining Germany, Imagining Asia: Essays in Asian-German Studies*, Camden House: Rochester 2013.

Gabriel, Annette: *Technological Modernization in Small and Medium Industries in Korea with Special Emphasis on the Role of International Enterprise Cooperation*, Deutsches Institut für Entwicklungspolitik: Berlin 1992.

Garz, Detlef: „Wir waren trotz der Schwierigkeiten fröhlich und mutig, weil wir von einem besseren Leben träumten: Die historische Entwicklung der südkoreanischen Migration in die Bundesrepublik Deutschland: Eine Skizze“, in: Chang-Gusko, Yong-Seun et al. (Hg.): *Unbekannte Vielfalt: Einblicke in die koreanische Migrationsgeschichte*, DOMiD: Köln 2014, S. 18–41.

Georg, Walter / Lee, Eun-Koo / Schoenfeldt, Eberhard: *Internationales Handbuch der Berufsbildung: Republik Korea*, Nomos: Baden-Baden 1996.

Geiger, Klaus F. / Kieserling, Manfred (Hg.): *Asiatische Werte: Eine Debatte und ihr Kontext*, Westfälisches Dampfboot: Münster 2002.

Gessler, Michael / Fuchs, Martina / Pilz, Matthias (Hg.): *Konzepte und Wirkungen des Transfers Dualer Berufsausbildung*, Springer: Wiesbaden 2018.

Gieler, Wolfgang / Nowak, Meik (Hg.): *Staatliche Entwicklungszusammenarbeit in Deutschland: Eine Bestandsaufnahme des BMZ, 1961–2021*, Springer: Wiesbaden 2021.

Gilman, Nils: *Mandarins of the Future: Modernization Theory in Cold War America*, Johns Hopkins University Press: Baltimore 2003.

Graebner, William: *Coal-Mining Safety in the Progressive Period: The Political Economy of Reform*, University Press of Kentucky: Lexington 1976.

Gray, William Glenn: „Waffen aus Deutschland? Bundestag, Rüstungshilfe und Waffenexport 1961 bis 1975“, in: *Vierteljahreshefte für Zeitgeschichte* 64.2, 2016, S. 327–364.

Gray, William Glenn: „Foreign Relations: Where Germans Sell“, in: *Central European History* 51, 2018, S. 102–107.

Greinert, Wolf-Dietrich: *Das deutsche System der Berufsausbildung. Geschichte, Organisation, Perspektiven*, Nomos: Baden-Baden 1993.

Greinert, Wolf-Dietrich: „Die Übertragbarkeit des Dualen Systems in Entwicklungsländer: Möglichkeiten und Begrenzungen einer politischen Strategie“, in: Deissinger, Thomas (Hg.): *Berufliche Bildung zwischen nationaler Tradition und globaler Entwicklung*, Nomos: Baden-Baden: 2001, S. 45–60.

Groß, Bernd / Zwick, Martin: *Der Berufsbildungsbereich in der deutschen Entwicklungshilfe: Bestandsaufnahme, Erfahrungsauswertung*, Weltforum Verlag: Köln 1981.

Grotthuss, Otto von (Hg.): *Die Bundesrepublik Deutschland und die Forstwirtschaft der Dritten Welt*, TZ-Verlagsgesellschaft: Eschborn 1980.

Ha, Minch'ŏl / Kim, Yŏngtae: „Konggong yŏn'gu kigwan kŏbŏnŏnsŭ kujo-ŭi chedojŏk pyŏnhwa: kwahak kisul punya chŏngbu ch'uryŏn yŏn'gu kigwan-ŭl chungshim-ŭro" [Institutional Change of Governance Structure in Public Research Institute: Focused on Government Sponsored Research Institutes in the Field of Science and Technology], in: *Chŏngbuhak Yŏn'gu* 15.2, 2009, S. 7–43.

Haase, Ingo: *Handlungsspielräume einer quasi-staatlichen Entwicklungshilfe-Organisation: Der Deutsche Entwicklungsdienst*, Lit: Münster/Hamburg 1991.

Haggard, Stephan / Kim, Byung-kook / Moon, Chung-in: „The Transition to Export-Led Growth in South Korea: 1954–1966", in: *Journal of Asian Studies* 50.4, 1991, S. 850–873.

Hall, Stuart: „The West and the Rest: Discourse and Power", in: Hall, Stuart / Gieben, Bram (Hg.): *Formations of Modernity*, Polity Press: Oxford 1992, S. 275–332.

Han, Jong-Soo: *Die Beziehungen zwischen der Republik Korea und der Bundesrepublik Deutschland 1948–1986*, Peter Lang: Frankfurt am Main 1991.

Han, Pongsŏk: *1950nyŏndae miguk-ŭi taehan kisul wŏnjo yŏn'gu* [Study on the Technical Assistance of the U.S. for Korea during the 1950s], Dissertation, Sungkyunkwan University, 2017.

Han, Pongsŏk: „Kuhomulcha-e tamgin naengjŏn: chuhan k'ea(C.A.R.E.)-ŭi p'aek'iji-ro salp'yŏbo-nŭn naengjŏn-gwa indojuŭi" [Cold War in ‚C.A.R.E. Packages': Cold War and Humanitarianism in C.A.R.E. – Korea's Relief Service], in: *T'ongil-gwa P'yŏnghwa* 12.1, 2020, S. 81–128.

Han, Pongsŏk: „Naengjŏn shigi indojuŭi kuho-wa ‚sonsang' toen chuch'e-ŭi t'ansaeng – Oeguk min'gan wŏnjo tanch'e-ŭi hwaltong-gwa ‚chajo(self-help)' kaenyŏm-ŭi chŏnyu" [Humanitarian Aid and the Birth of the ‚Damaged' Subject during the Cold War: Focusing on the Activities of Foreign Civilian Aid Organizations and the Appropriation of the concept of Self-Help], in: *Yŏksabip'yŏng* 142, 2023, S. 6–37.

Han, Toyŏn: „1970nyŏndae saemaŭl undong-esŏ maŭl chidoja-dŭl-ŭi kyŏnghŏm segye. Namsŏng chidoja-dŭl-ŭl chungshim-ŭro" [Life World of Village Leaders during the Saemaul Movement in the 1970s: Focusing on Male Leaders], in: *Sahoe-wa Yŏksa* 88, 2010, S. 267–305.

Hanau, Eva / Jeon, Seung-Hwan / Lee, Han-Byul: „Ansätze zur dualen Berufsausbildung im Tertiärbereich in Südkorea", in: *BWP* 4, 2019, S. 51–53.

Harbison, Frederick / Myers, Charles A.: *Education, Manpower and Economic Growth: Strategies of Human Resource Development*, McGraw-Hill: New York 1964.

Hartmann, Heinrich: *Eigensinnige Musterschüler: Ländliche Entwicklung und internationales Expertenwissen in der Türkei (1947–1980),* Campus: Frankfurt am Main/New York 2020.

Hartmann, Heinrich: „Meeting Again at Tahirova: German Expertise in Turkish Agriculture in the 20th Century", in: *Contemporary European History* 32.3, 2023, S. 441–458.

Hass, Jörn / Schilling, Ernst-Günter: „Rationale and Approaches for Project Work in Instructor Training", in: *Taehan Kongŏp Kyoyuk Hak'oeji* 15.1, 1990, S. 78–90.

Hass, Jörn / Schilling, Ernst-Günter: „Arbeiten mit Projekten am Korea Institute of Technology: Allgemeine Bedingungen und versuchte Ansätze", in: Kath, Fritz et al.: *Diskussionsfeld technische Ausbildung: Technikunterricht, CIM-Technologie, Arbeiten mit Projekten*, Leuchtturm-Verlag: Alsbach 1992, S. 329–351.

Heidtmann, Dieter: *Die personelle Entwicklungszusammenarbeit der Kirchen: Kirchliche Entwicklungskonzepte und ihre Umsetzung durch AGEH, DÜ und CFI*, Peter Lang: Frankfurt am Main 1994.

Hein, Bastian: *Die Westdeutschen und die Dritte Welt: Entwicklungspolitik und Entwicklungsdienste zwischen Reform und Revolte 1959–1974*, R. Oldenbourg: München 2006.

Helleiner, Eric: *The Neomercantilists: A Global Intellectual History*, Cornell University Press: Ithaca 2021.

Helm, Christian: *Das transnationale Kommunikationsnetzwerk zwischen der Frente Sandinista de Liberación Nacional und der bundesdeutschen Nicaragua-Solidarität 1977–1990*, De Gruyter Oldenbourg: Berlin/Boston 2018.

Henry, Todd A.: *Assimilating Seoul: Japanese Rule and the Politics of Public Space in Colonial Korea, 1910–1945*, University of California Press: Berkeley 2014.

Heo, Na-Sil: „Racialising Baby Boys: Racial and Gender Politics in Infant Formula Advertisements in Cold War Korea, 1950s–1960s", in: *Gender & History* 34, S. 243–262.

Herz, John H.: „Korea and Germany as Divided Nations: The Systemic Impact", in: *Asian Survey* 15.11, 1975, S. 957–970.

Hesse, Jan-Otmar: „Wissenschaftliche Beratung der Wirtschaftspolitik: Das Bundeswirtschaftsministerium und die Volkswirtschaftslehre", in: Abelshauser, Werner et al. (Hg.): *Wirtschaftspolitik in Deutschland 1917–1990*, Bd. 4, De Gruyter Oldenbourg: München 2016, S. 390–481.

Hirsh, Max / Mostowlansky, Till (Hg.): *Infrastructure and the Remaking of Asia*, University of Hawaii Press: Honolulu 2022.

Hirthe, Peter: „The Testing System as a Part of Initial Vocational Training in Germany", *Taehan Kongŏp Kyoyuk Hak'oeji* 18.1, 1993, S. 34–45.

Hŏ, Ŭn: „Pak Chŏnghŭi chŏnggwŏn-ha sahoe kaebal chŏllyak-kwa chaengjŏm" [The Strategies of Social Development during the Pak Chŏnghŭi Government and Related Conflicts], in: *Han'guksa Hakpo* 38, 2010, S. 213–248.

Hoffmann, Walter K. H.: *Vom Kolonialexperten zum Experten der Entwicklungszusammenarbeit: Acht Fallstudien zur Geschichte der Ausbildung von Fachkräften für Übersee in Deutschland und der Schweiz*, Breitenbach: Saarbrücken 1980.

Hong, Hasang: *Mwinhen-esŏ shijaktoen taehanmin'guk-ŭi kijŏk: Han'guk sanŏp'wa-ŭi sŏlgyeja Kim Chaegwan* [Das Wunder Koreas begann in München: Begründer der koreanischen Industrie Kim Chaegwan], Paeknyŏndongan: Paju 2022.

Hong, Sawon: „Women and Development Planning", in: *Korea Journal* 19, 1979, S. 9–26.

Hong, Young-sun: *Cold War Germany, the Third World, and the Global Humanitarian Regime*, Cambridge University Press: Cambridge 2015.

Hong, Yuhŭi: „1970–88nyŏn-ŭi ch'ŏnggyech'ŏn pongjegong-ŭi chagi sungnyŏn (Self-Competence) kwajŏng" [Study on Self-Competence Processes in the Sewing Industry of Chonggyecheon from 1970 to 1988], in: *Sahoe-wa Yŏksa* 138, 2023, S. 251–325.

Hwang, Jin-Tae: „A study of State-Nature Relations in a Developmental State: The Water Resource Policy of the Park Jung-Hee Regime, 1961–79", in: *Environment and Planning* 47, 2015, S. 1926–1943.

Hwang, Pyŏngchu: „1970nyŏndae ŭiryo pohŏm chŏngch'aek-ŭi pyŏnhwa-wa pokchi" [The Change of the Health Insurance Policy and Social Welfare Discourse in 1970s], in: *Ŭisahak* 20.2, 2011, S. 425–462.

Hwang, Suk-Joong: *Ein Beitrag zur Beurteilung der Ertragssicherheit von mehrjährig genutzten Futterpflanzensorten am Beispiel von Feldversuchen in Korea*, Dissertation, Universität Gießen, 1983.

Hyŏn, Chŏnki: „Kwangsan hyŏnhwang-gwa kwangsan chaehae-e kwanhan yŏn'gu: Kangwŏndo-rŭl chungshim-ŭro" [A Study on Mine Status and Disaster: Focusing on Gangwon-do], in: *Kangwŏn Munhwa Yŏn'gu* 4, 1984, S. 232–245.

Hyun, Martin: *Die koreanischen Arbeitsmigranten in Deutschland*, Dissertation, Universität Bonn, 2018.

Im, Chunsŏ: „1970/80nyŏndae t'an'gwangch'on higok-ŭl t'onghae pon chaenan'gŭk-ŭi yuhyŏng-gwa soksŏng“ [Types and Attributes of Disaster Drama through the 1970/80s Mining Town Play], in: *Yŏngjuŏmun* 34, 2016, S. 321–354.

Imhoff, Karl / Imhoff, Klaus R.: *Taschenbuch der Stadtentwässerung*, Oldenbourg: München 1976.

Jager, Sheila Miyoshi: *Brothers at War: The Unending Conflict in Korea*, W. W. Norton: New York/London 2013.

Jasanoff, Sheila (Hg.): *States of Knowledge: The Co-Production of Science and the Social Order*, Routledge: London 2004.

Jwa, Sung-Hee: *The Rise and Fall of Korea's Economic Development: Lessons for Developing and Developed Economies*, Palgrave Macmillan: London 2017.

Kalter, Christoph: *Die Entdeckung der Dritten Welt: Dekolonisierung und neue radikale Linke in Frankreich*, Campus: Frankfurt/New York 2011.

Kang-Schmitz, Liana: *Nordkoreas Umgang mit Abhängigkeit und Sicherheitsrisiko: Am Beispiel der bilateralen Beziehungen zur DDR*, Dissertation, Universität Trier, 2010.

Kang, Chŏngwŏn: „Haebang hu sallim munje-rŭl tullŏssan kaehyŏk nonŭi-wa kŭ kwigyŏl“ [The Reform Discussions and Consequences on Forest Problems after Liberation], in: *Sahak Yŏn'gu* 136, 2019, S. 155–192.

Kang, Chŏngwŏn: „1960nyŏndae Pak Chŏnghŭi chŏnggwŏn-ŭi sallimbŏp chejŏng-gwa nok'wasaŏp“ [Enactment of the Forest Law and Greening Project by the Park Chung-hee Regime in the 1960s], in: *Han'guk Kŭnhyŏndaesa Yŏn'gu* 92, 2020, S. 141–173.

Kang, David C.: „Cut from the same Cloth: Bureaucracies and Rulers in South Korea, 1948–1979“, in: Chang, Yun-Shik / Lee, Steven Hugh (Hg.): *Transformations in Twentieth Century Korea*, Routledge: London/New York 2006, S. 186–218.

Kang, Kwangha: *Kyŏngje kaebal 5kaenyŏn kyehoek* [Fünfjahrespläne für wirtschaftliche Entwicklung], SNU Press: Seoul 2000.

Kang, Myungkoo: „Compressed Modernity and the Formation of a Developmentalist Mentalité“, in: Sorensen, Clark W. / Kim, Hyunga (Hg.): *Reassessing the Park Chung Hee Era: Development, Political Thought, Democracy, and Cultural Influence, 1961–1979*, Washington University Press: Seattle 2011, S. 166–186.

Kang, Myŏngsuk: „1960–70nyŏndae taehak-kwa kukka t'ongje“ [A study on the National Control over University in the 1960–1970s], in: *Han'guk Kyoyuk Sahak* 36.1, 2014, S. 137–159.

Kang, Shin Joe: *Economic integration in Asia*, Weltarchiv: Hamburg 1969.

Karcher, Katharina: *Sisters in Arms: Militant Feminism in the Federal Republic of Germany since 1968*, Berghahn Books: New York/Oxford 2017.

Kaufman, Scott: *The Environment and International History*, Bloomsbury: London 2018.

Kharas, Homi / Makino, Koji / Jung, Woojin: „Overview: An Agenda for the Busan High-Level Forum on Aid-Effectiveness“, in: Kharas, Homi / Makino, Koji / Jung, Woojin (Hg.): *Catalyzing Development: A New Vision for Aid*, Brookings Institution Press: Washington 2011, S. 1–37.

Kendall, Laurel: „Cold Wombs in Balmy Honolulu: Ethnogynecology among Korean Immigrants“, in: *Social Science & Medicine,* 25.4, 1987, S. 367–376.

Kim, Aram: „1960–1970nyŏndae sŏkt'an sanŏp chŏngch'aek-kwa tongwŏn t'anjwa“ [A Study on the Policy of Coal Industry in 1960s and 1970s and Dongwon Consolidated Coal Mine], in: *Yŏksa Munje Yŏn'gu* 42, 2019, S. 11–49.

Kim, Byung-kook / Vogel, Ezra F. (Hg.): *The Park Chung-hee Era: Transformation of South Korea*, Harvard University Press: Cambridge/London 2011.

Kim, Byung-Kook: „Economic Policy and the Economic Planning Board (EPB) in Korea“, in: *Asian Affairs* 18.4, S. 197–213.

Kim, Chinsil / Brings, Christin: „Togil-gwa urinara-ŭi chigŏp kyoyuk hullyŏn (VET) kyŏnghŏm-e taehan naerŏt'ibŭ yŏn'gu“ [Narrative Research on VET Experiences of Germany and Korea], in: *Chigŏp-kwa Chagyŏk Yŏn'gu* 9.4, 2020, S. 113–131.

Kim, Ch'ŏlsu: „Han'gukchŏk pokchi kukka-ŭi palchŏn panghyang: Sagŏnsa punsŏk pangbŏp-e ŭihan sŏgu pokchi kukka paltal yŏn'gu-rŭl t'odae-ro“ [Die Entwicklungsrichtung des koreanischen Wohlfahrtsstaates: Auf Grundlage einer Untersuchung der Entwicklung westlicher Wohlfahrtsstaaten mit der Methode Ereignisanalyse], in: *Sŏnmun Nonch'ong* 4, 1994, S. 237–262.

Kim, Chongkwan: Sanju chudohyŏng hyŏbŏp kyŏngyŏng saŏp-kwa kŭ chido ch'egye-ŭi hyogwa-e taehan saryeyŏn'gu: Handokkigu sayurim hyŏbŏp kyŏngyŏng shibŏm saŏp-ŭl chungshim-ŭro“ [A Case Study on the Effectiveness of the Industry-led Collaborative Management Project and its Guidance System: Focusing on the Korea-German Organization's Forest Cooperative Management Pilot Project], in: *Han'guk Imhak Hoeji* 67, 1984, S. 17–27.

Kim, Chongkwan: *Sup-kwa sanju-rŭl wihan kkum* [Träume für den Wald und die Waldbesitzer], Han'gugimŏpshinmun: Daejeon 2003.

Kim, Chongkwan: *Monggol-ŭi samak'wa pangji chorim kŭrinbelt'ŭ chosŏng namushimgi shilche* [Planting Trees for Greenbelt Construction to Prevent Desertification in Mongolia], KOICA: Seoul 2014.

Kim, Chongkwan: „Handokkigu chiwŏn hyŏbŏp kyŏngyŏng saŏp naeyong-gwa kyŏlgwa“ [Contents and Results of Collaborative Management Projects: Support of the Korea-German Organization], in: *Sallim Chŏngch'aek Yŏn'gu* 62, 2017, S. 13–18.

Kim, Chŏngran: *Nongch'on chiyŏk-ŭi pogŏn ŭiryo hyŏnjang-esŏ: Sŏngnaeri pogŏn chillyowŏn-ŭi hwaltong sarye* [Vor Ort aus der ländlichen Gesundheit: Eine Fallstudie über ein Gesundheitszentrum in Seongnae-ri], Taehan Kanho Hyŏp'oe: Seoul 1991.

Kim, Chuk Kyo: *Korea's Development Policy: Experience and Implications for Developing Countries*, KIEP: Seoul 2008.

Kim, Eun Mee / Kim, Pil Ho / Kim, Jinkyung: „From Development to Development Cooperation: Foreign Aid, Country Ownership, and the Developmental State in South Korea“, in: *The Pacific Review* 26.3, 2013, S. 313–336.

Kim, Helen: „My Life Would Have Been Happier in Germany: Korean Guest-worker Nurses' Journeys to Germany and to the US“, in: *Identities* 30, 2023, S. 823–840.

Kim, Hochun: *Yi Sŭngman chŏnggwŏn'gi shirŏp kyoyuk chinhŭngch'aek-ŭi ch'ujin-gwa kŭ sŏnggyŏk* [A Study on the Promotion of Technical and Vocational Education under the Syngman Rhee Regime], Masterarbeit, Yonsei University, 2014.

Kim, Hyŏnghwa et al. (Hg.): *Puk'an-ŭi ch'uksan hyŏnhwang-gwa nambuk'an ch'uksan hyŏmnyŏk panghyang* [Current Status of Livestock in North Korea and Direction of Livestock Cooperation between South and North Korea], Han'guk Nongch'on Kyŏngje Yŏn'guwŏn: Naju 2005.

Kim, Hyung-A: *Korea's Development under Park Chung-Hee: Rapid Industrialization 1961–1979*, Taylor & Francis: London 2004.

Kim, Ilyŏng: „Han'guk-esŏ ‚kihoek' kaenyŏm-gwa chedo-ŭi yŏksajŏk kiwŏn-gwa palchŏn“ [The Origins and Development of ‚Planning' Concept and Institution in Korea], in: *Han'guk Tongbuga Nonch'ong* 47, 2008, S. 305–325.

Kim, Inhan: „Land Reform in South Korea under the U. S. Military Occupation, 1945–1948“, in: *Journal of Cold War Studies* 18.2, 2016, S. 97–129.

Kim, Jeong Gap: *Ertrags- und Stoffbildung einiger Sorten von Sorghum-Sudangras, Hybrid-Sorghum und Silomais in Abhängigkeit von Anbaumaßnahmen und Temperaturbedingungen*, Dissertation, TU München, 1982.

Kim, Jinkyung: *U. S. Aid to South Korea, 1945–1968: Focusing on Governance*, Dissertation, Ewha Womens University, 2014.

Kim, Kiwhan: „Kim Jae-Ik: His Life and Contributions“, in: Kraus, Lawrence B. / Kim, Kihwan (Hg.): *Liberalization in the Process of Economic Development*, University of California Press: Berkeley 1991, o. S.

Kim, Kwangho: „Kongmuwŏn sunhwan pojik-e kwanhan yŏn'gu" [A Study on Job Rotation in Civil Service], in: *Han'guk Kaebal Yŏn'gu* 30.2, 2008, S. 64–97.

Kim, Kyŏngsu: „Kwangsan chaehae" [Grubenunfälle], in: *Han'guk-ŭi Sanŏbŭihak* 14.3, 1975, S. 27–34.

Kim, Kyuri / Park, Buhm Soon: „Infrastructure-building for Public Health: The World Health Organization and Tuberculosis Control in South Korea, 1945–1963", in: *Ŭisahak* 28.1, 2019, S. 89–138.

Kim, Mahn-Je: „The Republic of Korea's Successful Economic Development and the World Bank", in: Kapur, Devesh / Lewis, John P. / Webb, Richard C.: *The World Bank: Its First Half Century*, Bd. 2, Brookings Institution: Washington 1997, S. 17–48.

Kim, Minsu: „Hyŏnjang-esŏ parabon igonggye ch'uryŏn(yŏn) chŏngch'aek-ŭi munjejŏm-gwa kaesŏn panghyang" [Problems and Improvement Direction of Science and Technology Contribution Policy from the Field], in: *Kwahak Kisul Chŏngch'aek* 18.4, 2008, S. 63–75.

Kim, Myŏngchin: „1950nyŏndae miguk kyoyuk wŏnjo-rŭl t'onghan kyosu haeoe yŏnsu p'ŭrogŭraem-e taehan sarye yŏn'gu" [The Overseas Training Program for Faculty Member under U. S. Educational Aid in the 1950s], in: *Pigyo Kyoyuk Yŏn'gu* 20.2, 2010, S. 169–195.

Kim, Myŏngsŏn: *Urinara kongjŏk kaebal wŏnjo(ODA) mojabogŏn punya-ŭi chiyŏk sahoe ch'amyŏ hwalsŏnghwa chŏllyak yŏn'gu: Et'iop'ia arŭshijon moja pogŏn saŏp sarye* [A Study on Activation Strategies for Community Participation in ODA to Maternal and Child Health: A Case of the MCH Project in the Arsi Zone, Ethiopia], Masterarbeit, Yonsei University, 2014.

Kim, Myŏngsŏp / Yang, Chunsŏk: „1967nyŏn tongbaengnim sagŏn ihu handok kwan'gye-ŭi kinjang-gwa hoebok: Pimil haeje-doen han'guk oegyo munsŏ-rŭl chungshim-ŭro" [The Diplomatic Strains between South Korea and West Germany after the East Berlin North Korean Spy Ring Incident in 1967], in: *Han'guk Chŏngch'i Oegyosa Nonch'ong* 35.1, S. 5–39.

Kim, Namkyun: *Sallim chŏngch'aek'ak* [Studium der Forstpolitik], Meik'ing-buksŭ: Seoul 2020.

Kim, Pohyŏn: „Pak Chŏnghŭi chŏngbu shigi kyŏngje kaebal 5kaenyŏn kyehoek-ŭi sujŏng-e kwanhan yŏn'gu: kyehoek hamnisŏng-in'ga, sŏngjang sungbae-in'ga?" [The Revised Five-Year Economic Development Plans in the Park Chung-Hee Government Era: Plan Rationality or Growth Fetishism?], in: *Kyŏngje-wa sahoe* 124, 2019, S. 228–256.

Kim, Sang Hyun: „Science, Technology, and the Imaginaries of Development in South Korea", in: *Development and Society* 46.2, 2017, S. 352–358.

Kim, Sang Hyun: „Entangled Histories of the Environment and Development in Korea", in: *International Journal of Korean History*, 28.2, 2023, S. 1–10.

Kim, Serim: „1980nyŏndae kwangsan sago hu Kangwŏndo minyŏng t'anjwa-ŭi ‚hwahae' kwajŏng-gwa t'an'gwang nodongja-ŭi sŏnt'aek" [After the Mine Accident in the 1980s, Gangwon-do Mineral Coal Co., Ltd.'s „Reconciliation" Process and Coal Mine Workers' Choice], in: *Sahak Yŏn'gu* 144, 2021, S. 479–514.

Kim, Sonam: „1970nyŏndae wŏnju chiyŏk chaehae taech'aek saŏp wiwŏnhoe-ŭi kwangsan chiyŏk changgi kuho saŏp yŏn'gu: Shinyong hyŏptong chohap undong-ŭl chungshim-ŭro" [A Study on the ‚Long Lasting Relief Program' in Mining Areas by the Relief and Rehabilitation Committee in Wonju in the 1970s], in: *Tongbang Hakchi* 158, 2012, S. 387–441.

Kim, Sonam: „1960–70nyŏndae ch'o koesan kach'uks ayang chohap-ŭi hyŏptong chohap undong yŏn'gu" [A Study on the Goesan Livestock Rearing Co-operative Movement from 1960s to Early 1970s], in: *Sarim* 43, 2019, S. 63–112.

Kim, Sonam: „1970nyŏndae wŏnju chiyŏk pyŏkchi pogŏn saŏp-ŭi chŏn'gae kwajŏng yŏn'gu: P'adok kanhosa-rŭl chungshim-ŭro" [A Study of the Development Process of the Remote Areas Health Project in Wonju in the 1970s: Centering on the Korean Nurses dispatched to Germany], in: *Tongbang Hakchi* 203, 2023, S. 259–301.

Kim, Sungjo: *The Countryside and the City: A Spatial Economy of the New Village Movement in 1970s South Korea*, Dissertation, University of Toronto, 2015.

Kim, Suyoung: „The Less-Known History of the Voluntary Sector in an East Asian Welfare Regime: A South Korean Case", in: *Nonprofit Policy Forum* 10.1, 2019, o. S.

Kim, T'aeho: *T'ongilbyŏ-wa 1970nyŏndae ssal chŭngsan ch'eje-ŭi hyŏngsŏng* [New Rice Tongil and the Technology System of Rice Production in South Korea in the 1970s], Dissertation, Seoul National University, 2009.

Kim, T'aeho: „Kwahak yŏngnong-ŭi kitpal arae-sŏ: Pak Chŏnghŭi shidae nongch'on-esŏ kwahak-ŭi ŭimi" [Under the Banner of ‚Scientific Agriculture': What did the Word ‚Science' Mean in Rural Communities in the Park Chung Hee Era?], in: *Yŏksabip'yŏng* 119, 2017, S. 270–301.

Kim, Tokyun: „Han'guk hwan'gyŏngsa yŏn'gu-ŭi tonghyang-gwa kwaje: han'guksa kwallyŏn haksulchi-rŭl chungshim-ŭro" [Trends in Research of Korean Environmental History and Its Future Directions: A Literature Review Based Assessment], in: *Han'guk Sahoehak Yŏn'gu* 12.1, 2008, S. 217–249.

Kim, Tomin, „Han'gukkun-ŭi ch'ogi sŏdok kunsa yuhak kyŏnghŏm-gwa kŭ yŏnghyang" [The ROK Military's Early Experiences with Studying in West Germany and their Impact], in: *Kunsa* 115, 2020, S. 45–89.

Kim, Tongil: „Sŏdok-ŭi kwahakchŏngch'aek" [Wissenschaftspolitik in Westdeutschland], in: *Kwahak-kwa Kisul* 2.4, 1969, S. 8–9.

Kim, Tuŏl / Ryu, Sangyun: „Han'guk-e chegong-doen kongjŏk kaebal wŏnjo kyumo ch'ujŏng mit kukche pigyo“ [ODA to Korea: Measurement and Comparison], in: *Kyŏngjehak Yŏn'gu* 62.3, 2014, S. 147–187.

Kim, Won: „Memories of Migrant Labor: Stories of Two Korean Nurses Dispatched to West Germany“, in: *The Review of Korean Studies* 12.4, 2009, S. 111–151.

Kim, Wŏn: *Pak Chŏnghŭi shidae-ŭi yuryŏng-dŭl: Kiŏk, sagŏn kŭrigo chŏngch'i* [Gespenster der Ära Park Chung Hee: Erinnerungen, Ereignisse und Politik], Hyŏnshil Munhwa Yŏn'gu: Seoul 2011.

Kim, Yŏngchun: „Yuen-gwa taehanmin'guk-ŭi kŏn'guk-kwa palchŏn: Totsŭn (Dodson) pogosŏ-wa UNKRA-wa UNCACK-ŭi hwaltong-ŭl chungshimŭro“ [The United Nations and Nation Building of the Republic of Korea: Dodson Report and Roles of the UNKRA and UNCACK], in: *Han'guk Kunsahak Nonjip* 76.2, 2020, S. 1–27.

Kim, Yŏngmi: *Kŭ-dŭl-ŭi saemaŭl undong* [Deren Saemaul Undong], P'urŭnyŏksa: Seoul 2009.

Kim, Young Key / Sich, Dorothea / Park, Tai Keun / Kang, Duck Hee: „Naeng: A Korean Folk Illness, its Ethnography and its Epidemiology“, in: *Yonsei Medical Journal* 21.2, 1980, S. 147–155.

Kimiya, Tadashi: *Han'guk-ŭi naep'ojŏk kongŏp'wa chŏllyak-ŭi chwajŏl: 5.16 kunsa chŏngbu-ŭi kukka chayurhwa-ŭi kujojŏk han'gye* [Frustration of Korea's Implicit Industrialization Strategy: Structural Limitations of the Military Government's National Autonomy], Dissertation, Korea University, 1991.

Kimiya, Tadashi: „The Cold War and the Political Economy of the Park Chung Hee Regime“, in: Kim, Hyung-a / Sorensen, Clark (Hg.): *Reassessing the Park Chung Hee Era, 1961–1979: Development, Political Thought, Democracy, and Cultural Influence*, Washington University Press: Seattle 2011, S. 66–82.

Kindermann, Gottfried Karl (Hg.): *Inter-system Detente in Germany and Korea: World Peace Promotion through inter-system Detente in Germany and Korea*, Tuduv: München 1976.

Klock, John: „The Advancement of South Korean Forestry“, in: *Korea Journal* 35.1, 1995, S. 119–132.

Kneider, Hans-Alexander: „Deutsch-koreanische Beziehungen: Von ihren Anfängen bis zum Jahre 1945“, in: Köllner, Patrick (Hg.): *Korea 1996: Politik, Wirtschaft, Gesellschaft*, Institut für Asienkunde: Hamburg 1996, S. 19–49.

Ko, Taewoo: „1970nyŏndae han'guk-ŭi konghae sanghwang-gwa chaenan inshik“ [Pollution Problems and Disaster Awareness in 1970s South Korea],“ in: *Kaenyŏm-gwa Sot'ong* 28, 2021, S. 7–52.

Ko, Yukyŏng: „Chisok kanŭnghan sup kaenyŏm-gwa togil kŭndae imhak-ŭi t'ansaeng" [The Idea of the ‚Sustainable Forest' and the Birth of the Modern Forestry in Germany], in: *Togiryŏn'gu* 44, 2020, S. 95–131.

Koczy, Ute / Stolle, Christa / Pak, Jai Sin: *Made in Korea: Adler-Textilarbeiterinnen wehren sich gegen deutsche Ausbeutung*, WDA: Brodersdorf 1989.

Köllner, Patrick: „Die deutsch-koreanischen Beziehungen von 1945 bis zur Gegenwart", in: Köllner, Patrick (Hg.): *Korea 1998: Politik, Wirtschaft, Gesellschaft*, Institut für Asienkunde: Hamburg 1998, S. 19–56.

Köllner, Patrick: *Südkoreas technologische Abhängigkeit von Japan: Entstehung, Verlauf und Gegenstrategien*, Institut für Asienkunde: Hamburg 1998.

Koo, Hagen: *Korean Workers: The Culture and Politics of Class Formation*, Cornell University Press: Ithaca 2001.

Koo, Hagen / Kim, Keong-il / Kim, Jun (Hg.): *Modern Korean Labor: A Sourcebook*, AKS Press: Seongnam 2016.

Kraushaar, Wolfgang: „Fortschritt, Bildung und Demokratie: Die Massenuniversität im Zeichen der Gesellschaftskritik von 1968", in: Sieg, Ulrich / Korsch, Dietrich (Hg.): *Die Idee der Universität heute*, De Gruyter Saur: München 2005, S. 73–86.

Krige, John (Hg.): *How Knowledge Moves: Writing the Transnational History of Science and Technology*, University of Chicago Press: Chicago 2019.

Kruse-Rodenacker, Albrecht / Dumke, Horst: *Kapitalhilfe: Untersuchungen zur bilateralen Kapitalhilfe im Rahmen öffentlicher Leistungen*, Duncker & Humblot: Berlin 1970.

Ku, Do-wan: „The Emergence of Ecological Alternative Movement in Korea", in: *Korean Social Science Journal* 36.2, 2009, S. 35–66.

Kuhnen, Frithjof: „Reform der Landwirtschaftlichen Fakultät der Korea-Universität Seoul. Projektkonzeption, Reformprogramm und Implementierung", in: *GTZ Bildungsreport* 5, GTZ: Eschborn 1977.

Kuhnen, Frithjof: „The Role of Agricultural Colleges in Modern Society: The University as an Instrument in Social and Economic Development", in: *Zeitschrift für ausländische Landwirtschaft* 17.2, 1978, S. 77–88.

Kuhnen, Frithjof: „Community Development: Folgerungen aus den Aktivitäten in Indien, Pakistan und Südkorea", in: Stark, Jürgen (Hg.): *Strukturwandel und Strukturpolitik im ländlichen Raum: Festschrift für Helmut Röhm*, Ulmer: Stuttgart 1978, S. 105–122.

Kuhnen, Frithjof: „Causes of Underdevelopment and Concepts for Development: An Introduction to Development Theories", in: *Festschrift für Kim Chang Soo*, Korea University Press: Seoul 1979, S. 181–195.

Kuhnen, Frithjof: „Land Tenure and Socioeconomic Development", in: *Agricultural Adaption Processes in Newly Industrialized Countries*, Korea Rural Economics Institute: Seoul 1981, S. 78–91.

Kumar, Prakash et al. (Hg.): „Roundtable: New Narratives of the Green Revolution“, in: *Agricultural History* 91.3, 2017, S. 397–422.

Kunkel, Sönke: „Science Diplomacy in the Twentieth Century: Introduction“, in: *Journal of Contemporary History* 56.3, 2021, S. 473–484.

Kwak, Nancy: *A World of Homeowners: American Power and the Politics of Housing Aid*, University of Chicago Press: Chicago 2015.

Kwon, Heonik: *The Other Cold War*, Columbia University Press: New York 2010.

Kwŏn, Hyŏkŭn: „5.16 kunsa chŏngbugi mi taehan wŏnjo chŏngch'aek-ŭi sŏnggyŏk-kwa AID-yusom-ŭi yŏk'al“ [Nature of the U. S. Government's Korean Aid Policy, and the Role of AID-USOM during the 5.16 Military Regime Period], in: *Yŏksa-wa Hyŏnshil* 105, 2017, S. 113–149.

Kwŏn, Ochung: „Togil yŏnbang konghwaguk-kwa taehanmin'gug-ŭi oegyogwan'gye pogwŏn kwajŏng-gwa sanghogan-ŭi ipchangch'ai (1954–1956)“ [The Process of Re-establishing the Relationship between the Federal Republic of Germany and the Republic of Korea and their Points of View], in: *Yŏksa Kyoyuk* 95, 2005, S. 275–305.

Kwŏn, Ochung: „Ch'ogi kwan'gye palchŏn kwajŏng-esŏ nat'anan togil yŏnbang konghwaguk-kwa taehan min'guk-ŭi oegyojŏk kaltŭng-gwa kŭ haegyŏl kwajŏng (1956–1961)“ [The Diplomatic Problems and the Process of Promotion in Relationship between the FRG and the ROK (1956–1961)], in: *Yŏksa Kyoyuk* 99, 2006, S. 293–322.

Kwŏn, T'aewan: „P'adong-ŭro sajang-doen sŏkyu tanbaek saryo yŏn'gu, kaeryang kotkan migok ch'ŏrijang kŏnsŏl-e poram“ [Die Forschung über Erdölproteinfuttermittel zahlt sich beim Bau einer verbesserten Getreideverarbeitungsanlage aus], in: *Kwahak-kwa kisul* 31.2, 1998, S. 42–44.

Kwon, Tai-Wan / Toma, Yousif S. (Hg.): *Integrated Research Programme on Technologies for Rural Development: A German-Korean Cooperation Project*, TZ-Verlagsgesellschaft: Eschborn 1984.

Lancaster, Carol: *Foreign Aid: Diplomacy, Development, Domestic Politics*, University of Chicago Press: Chicago 2007.

Latour, Bruno: *Die Hoffnung der Pandora: Untersuchungen zur Wirklichkeit der Wissenschaft*, Suhrkamp: Frankfurt am Main 2002.

Latour, Bruno: *Reassembling the Social: An Introduction to Actor-Network-Theory*, Oxford University Press: Oxford 2007.

Laves, Walter H. C. / Thomson, Charles A.: *UNECSO: Purpose, Progress, Prospects*, University of Indiana Press: Bloomington 1957.

Lehberger, Kurt: *Die Arbeits- und Lebensbedingungen in Südkorea in der Phase der exportorientierten Industrialisierung (1965–1980)*, Breitenbach: Saarbrücken 1983.

Lee, Byeon-cheon (Hg.): *Developmental Dictatorship and the Park Chung-hee Era: The Shaping of Modernity in the Republic of Korea*, übers. von Eungsoo Kim und Jaehyun Cho, Homa & Sekey: Paramus 2006.

Lee, Dong-Ki / Lee, You Jae: „Östlicher Alltag und westliche Moderne? Rezeption und Forschung der Alltagsgeschichte in Südkorea“, in: *Werkstatt Geschichte* 40, 2005, S. 31–48.

Lee, Eun-Jeung: *Konfuzianismus und Kapitalismus: Markt und Herrschaft in Ostasien*, Westfälisches Dampfboot: Münster 1997.

Lee, Eun-Jeung: *Korea und der Konfuzianismus*, Klostermann: Frankfurt am Main 2021.

Lee, Eun-Jeung: „Die Covid-19-Pandemie und der Orientalismus“, in: *Neue Gesellschaft Frankfurter Hefte* 05/21, 2021, S. 30–34.

Lee, Eunjin: „Rediscovery of Social Capital in Korea's Saemaul Undong: Focus on Bonds, Bridges, and Links“, in: *The Korean Journal of Local Government Studies* 20.2, 2016, S. 231–253.

Lee, Jongmin: „Engineers for Seoul: Sewage Treatment and the Professionalization of Sanitary Engineering in Korea“, in: *Korean Journal for the History of Science* 43.2, 2021, S. 483–504.

Lee, Ju-Hyuong: *Walderholung in Korea und Deutschland*, Universitätsverlag Göttingen: Göttingen 2010.

Lee, Kyu Young: *Arbeitssicherheit bei Arbeitsunfällen und Berufskrankheiten: Eine rechtsvergleichende Untersuchung der gesetzlichen Unfallversicherung in der Bundesrepublik Deutschland und Korea*, Dissertation, Universität Kassel, 2011.

Lee, Man-ki: „Prospects for Korean-German Economic Cooperation“, in: *Korea Journal* 5.2, 1965, S. 9–12.

Lee, You Jae: „An der westlichsten und östlichsten Flanke der Lager: Deutsche Entwicklungshilfe für Korea 1953–1963“, in: Kleßmann, Christoph / Stöver, Bernd (Hg.): *Der Koreakrieg: Wahrnehmung – Wirkung – Erinnerung*, Böhlau: Köln/Wien 2008, S. 142–158.

Lee, You Jae: *Koloniale Zivilgemeinschaft: Alltag und Lebensweise der Christen in Korea (1894–1954)*, Campus: Frankfurt/New York 2017.

Lee, You Jae (Hg.): *Glück Auf! Lebensgeschichten koreanischer Bergarbeiter in Deutschland*, Iudicium: München 2021.

Lee, You Jae / Shin, Myoung Hoon (Hg.): *Mission für Frieden und Demokratie: Kirchliche Zusammenarbeit zwischen Deutschland und Korea*, Iudicium: München 2024.

Lee, Young Gwan: *German Involvement in the Hermit Kingdom 1882–1905*, Dissertation, University of Arkansas, 1995.

Lempert, Wolfgang: „Feilen, bis einem die Arme abfallen: Erinnerungen junger Facharbeiter an ihre metallhandwerkliche Grundausbildung in der Lehrwerkstatt“, in: Arnold, Rolf / Lipsmeier, Antonius (Hg.): *Betriebspädagogik in nationaler und internationaler Perspektive*, Nomos: Baden-Baden 1989, S. 197–210.

Lenhart, Volker: „Das Counterpartprogramm: Lehrerausbildung für berufliche Schulen der Entwicklungsländer“, in: *International Review of Education* 17. 3, 1971, S. 277–288.

Lepenies, Philipp: *Art, Politics, and Development: How Linear Perspective Shaped Policies in the Western World*, Temple University Press: Philadelphia 2013.

Lim, Hannah Saeyoung: *The Troubled Category of Rural Bachelors in Contemporary South Korea*, Dissertation, UCLA, 2015.

Löffler, Bernhard: „Personelle und institutionelle Strukturen des Bundeswirtschaftsministeriums 1945/49 bis 1990“, in: Abelshauser, Werner et al. (Hg.): *Wirtschaftspolitik in Deutschland 1917–1990*, Bd. 4, De Gruyter Oldenbourg: München 2016, S. 95–192.

Lohmann, Markus: *Von der Entwicklungspolitik zur Armenhilfe. Die Entwicklungspolitik der Bundesrepublik Deutschland 1961–1989 auf dem Weg in die Wirkungslosigkeit?*, Weißensee Verlag: Berlin 2010.

Looney, Kristen E.: *Mobilizing for Development: The Modernization of Rural East Asia*, Cornell University Press: Ithaca 2020.

Lorenzini, Sara: *Global Development: A Cold War History*, Princeton University Press: Princeton 2019.

Loth, Wilfried: „The Cold War and the Social and Economic History of the Twentieth Century“, in: Leffler, Melvin P. / Westad, Odd A. (Hg.): *The Cambridge History of the Cold War*, Cambridge University Press: Cambridge 2010, S. 503–524.

Luther, Hans Ulrich: *Südkorea: (K)ein Modell für die Dritte Welt: Wachstumsdiktatur und abhängige Entwicklung*, Simon & Magiera: München 1981.

Lynn, Hyung Gu: *Bipolar Orders: The Two Koreas since 1989*, Zed Books: London/New York 2007.

Ma, Sangkyu: „Imŏp kisul mit chigŏp hullyŏn-e koryŏ-doeŏya hal sahang“ [Matters to be Considered in Forestry Technology and Vocational Training], in: *Han'guk Sallim Hak'oeji* 51, 1981, S. 56–65.

Ma, Sangkyu / Yi, Kango: *Sup kyŏngyŏng, sallim kyŏngyŏng* [Waldmanagement, Forstmanagement], P'urŭnsup: Wonju 2017.

Macekura, Stephen J. / Manela, Erez (Hg.): *The Development Century: A Global History*, Cambridge University Press: Cambridge 2018.

Mager, Robert F.: *Lernziele und Unterricht*, Beltz: Weinheim 1972.

Maß, Sandra: „‚Eine Art sublimierter Tarzan‘: Die Ausbildung deutscher Entwicklungshelfer und -helferinnen als Menschentechnik in den 1960er Jahren“, in: *Werkstatt Geschichte* 42, 2006, S. 77–89.

Maslankowski, Willi / Pätzold, Günter: *Grundsätze zur Berufsausbildung der Entwicklungszusammenarbeit, 1956–1970*, K. H. Bock: Bonn/Bad Honnef 1986.

McGinn, Noel F. et al. (Hg.): *Education and Development in Korea*, Harvard University Press: Cambridge 1980.

McGlade, Jacqueline: „More a Plowshare than a Sword: The Legacy of U. S. Cold War Agricultural Diplomacy", in: *Agricultural History* 83, 2009, S. 79–102.

Michel, Judith: „Reaktionen auf Willy Brandts entwicklungspolitische Vorschläge vor dem Hintergrund neoliberaler Strömungen, der Wirtschaftskrise und des Ost-West-Konflikts", in: Ettrich, Frank / Herz, Dietmar (Hg.): *Willy Brandt: Politisches Handeln und Demokratisierung*, Budrich Uni Press: Opladen 2015, S. 103–130.

Michell, Tony: *From a Developing to a Newly Industrialized Country: The Republic of Korea, 1961–1982*, International Labour Organisation: Geneva 1988.

Min, Hyanggi: „Han'guk'yŏng maisŭt'ŏ kodŭng hakkyo-wa togil Meisterschule-ŭi pigyo yŏn'gu" [Vergleichende Forschung zu koreanischer Meister School und deutscher Meisterschule], in: *Oegugŏrosŏ-ŭi Togilŏ* 28, 2011, S. 31–53.

Mitchell, Timothy: *Rule of Experts: Egypt, Techno-Politics, Modernity*, University of California Press: Berkeley 2002.

Mizuno, Hiromi / Moore, Aaron S. / DiMoia, John (Hg.): *Engineering Asia: Technology, Colonial Development, and the Cold War Order*, Bloomsbury: London 2018.

Moore, Aaron Stephen: *Constructing East Asia: Technology, Ideology, and Empire in Japan's Wartime Era, 1931–1945*, Stanford University Press: Stanford 2013.

Mühlbauer, Werner: „Introduction of low-temperature in-storage paddy drying systems on Korean farms", in: *GATE Post-harvest processing* 2/91, 1991, o. S.

Mühlbauer, Werner / Müller, Joachim: *Drying Atlas: Drying Kinetics and Quality of Agricultural Products*, Elsevier Science: online 2020.

Mühlschlegel, Friedrich: „Probleme der Grünlandverbesserung in Korea", in: *Entwicklung und Ländlicher Raum* 5/79, 1979, S. 22–25.

Mühlschlegel, Friedrich: *Ertragsbildung und Futterwert von je 2 Sorten der Arten Lolium perenne L. Festuca pratensis Huds. und dactylis glomerata L. in Abhängigkeit von Witterungsfaktoren und Nutzungshäufigkeit auf 5 Standorten in Deutschland und Südkorea*, Dissertation, TU München, 1981.

Mühlschlegel, Friedrich / Voigtländer, Gerhard: „Ertragsbildung und Futterwert von je zwei Sorten der Arten Lolium perenne L., Festuca pratensis Huds.

und Dactylis glomerata. L. in Abhängigkeit von Witterungsfaktoren und Nutzungshäufigkeit auf drei Standorten in Südkorea", in: *Zeitschrift für Acker- und Pflanzenbau* 152, 1983, S. 100–115.

Muller, Anders Riel: „Rice Fields, Mountains, and the Invisible Meatification of Korean Agriculture", in: Fedman, David / Kim, Eleana J. / Park, Albert L. (Hg.): *Forces of Nature: New Perspectives on Korean Environments*, Cornell University Press: Ithaca 2023, S. 109–121.

Mun, Inhyŏng: „Sŏdok-ŭi maksŭ p'ŭllangk'ŭ kŭmsok yŏn'guso" [Das Westdeutsche MPI für Metallforschung], in: *Kwahak-kwa kisul* 9.10, 1976, S. 52–54.

Mun, Manyong: „KIST-esŏ taedŏk yŏn'gu tanji-kkaji: Pak Chŏnghŭi shidae chŏngbu ch'uryŏn yŏn'guso-ŭi t'ansaeng-gwa chaesaengsan" [From KIST to Daedeok Science Town: The Birth and Reproduction of Government-Supported Research Institute during the Era of Park Chunghee], in: *Yŏksa-bip'yŏng* 85, 2008, S. 262–289.

Mun, Manyong: „Ijung-ŭi noksaek hyŏngmyŏng: Pak Chŏnghŭi shidae shingnyang chŭngsan-gwa sallim nok'wa" [The Dual Green Revolution in South Korea: Reforestation and Agricultural Revolution under the Authoritarian Regime], in: *Chŏnbuksahak* 36, 2010, S. 155–184.

Mun, Manyong: *Han'guk kwahak kisul yŏn'guch'eje-ŭi chinhwa* [Die Evolution des koreanischen Wissenschafts- und Technologieforschungssystems], Tŭllyŏk: Paju 2017.

Mun, Manyong: „Chŏngmiso-esŏ migok chonghap ch'ŏrijang(RPC)-kkaji: shingnyang-ŭi suhwak hu kwalli kisul-ŭi pyŏnch'ŏn-gwa nongch'on sahoe-ŭi pyŏnhwa" [Rice Mill to Rice Processing Complex: Development of post-harvest Grain Management and Changes of rural Society], in: *Chiyŏk Sahoe Yŏn'gu* 25.2, 2017, S. 1–22.

Mun, Manyong: „A Policy Text Created from History: Choi Hyung Sup's Theory of Scientific and Technological Development Applicable to Developing Countries", in: *Korea Journal* 63.3, 2023, S. 170–200.

Mun, Minki: „T'an'gwang sago-rŭl t'onghae salp'yŏ-pon Sabuk sagŏn-ŭi paegyŏng" [Background of Sabuk Incident viewed through the Coal Mine Disaster], in: *Yŏksa Munje Yŏn'gu* 42, 2019, S. 51–94.

Mun, Yongsŏn / Yi, Misuk: „Saemaŭl punyŏhoe-rŭl t'onghan han'guk nongch'on yŏsŏng-ŭi sahoe ch'amyŏ: 1970nyŏndae sodŭk chŭngdae saŏp-ŭi ch'amyŏ-rŭl chungshim-ŭro" [Social Participation of Korean Rural Women through Saemaul Women's Association: Focusing on Participation in Income Increase Projects in the 1970s], in: *Han'guk Chibang Ch'aji Yŏn'gu* 19.1, 2017, S. 23–40.

Mun, Yunkŏl: „Sŏgu pokchi kukka-ŭi model ha-e kwanhan yŏn'gu: Sŏgu pokchi kukka-ŭi yŏksajŏk chŏn'gae kwajŏng-ŭl chungshim-ŭro" [Eine Studie über das Modell des westlichen Wohlfahrtsstaates: Mit Schwerpunkt auf der historischen Entwicklung des westlichen Wohlfahrtsstaates], in: *Chach'i Haengjŏng Yŏn'gu* 2, 1997, S. 445–468.

Na, Hyesim: „Togil yangmal kongjang-ŭi hanin yŏsŏng-dŭl: Handok kaebal wŏnjo kwan'gye sok chŏlmŭn haninyŏsŏng-dŭl-ŭi sam" [Korean Women Working in Socks Factories in Germany: The Life of Young Korean Women in the Development Aid between Korea and Germany], in: *Sŏyangsaron* 104, 2010, S. 311–341.

Na, Hye-Sim: „Diplomatische Tauschgeschäfte? Eine alternative Ansicht zur Gastarbeiterschaft im Rahmen eines asiatischen Beispiels", in: *Historische Zeitschrift* 302, 2016, S. 677–702.

Na, Hyesim: „Togil-ŭi taehan kaebal wŏnjosa yŏn'gu: Mijereo-rŭl chungshimŭro" [A Study on the History of German Development Aid for Korea: With Focus on Misereor], in: *Togiryŏn'gu* 35, 2017, S. 123–163.

Na, Hye-Sim: „A Study of South Korean Migrant Nurses in West Germany from the Perspective of the Catholic Church in Germany", in: *Togiryŏn'gu* 37, 2018, S. 233–258.

Nam, Ch'ŏlhyŏn: *Chiyŏk sahoe pogŏn-gwa kŏn'gang chŭngjin* [Basisgesundheit und Gesundheitsförderung], T'aeilsa: Ansan 2001.

Nathan, Robert R.: *An Economic Program for Korean Reconstruction: Prepared for the UNKRA*, Nathan Advisory Group: Seoul 1954.

Nemeth, David J.: „Blame Walt Rostow: The Sacrifice of South Korea's Natural Villages", in: Tangherlini, Timothy R. / Yea, Sallie (Hg.): *Sitings: Critical Approaches to Korean Geography*, University of Hawaii Press: Manoa 2008, S. 83–98.

Nestler-Tremel, Cornelius / Tremel, Ulrike: *Im Schatten des Lebens: Südkoreaner im Steinkohlebergbau von Nordrhein-Westfalen: Eine Untersuchung zur Rotationspolitik mit ausländischen Arbeitnehmern*, Forschungsstätte der Evangelischen Studiengemeinschaft: Heidelberg 1985.

Niethammer, Lutz: *Ego-Historie: Und andere Erinnerungsversuche*, Böhlau: Köln/Wien 2002.

Nishino, Chunya: „Hanil kyŏngje hyŏmnyŏk kwan'gye-ŭi shijak-kwa chedohwa kwajŏng" [Early Stage of Bilateral Economic Cooperation and the Process of Institutionalization], in: *Ilbonbip'yŏng* 7.1, 2015, S. 50–71.

No, Inkyu: „Han'guk nongch'on pogŏn-ŭi munjejŏm-gwa kaesŏn pangan" [Problems and Improvement of Rural Health in Korea], in: *Han'guk Nongch'on ŭihak Hak'oeji* 1.1, 1976, S. 5–9.

No, Myŏnghwan, „Naengjŏn shidae han'guk sanŏp'wa chŏngch'aek-kwa sŏdok-ŭi ŭimi-wa yŏk'al 1961–1967" [The Meaning and Role of the Federal Republic of Germany for the Industrialization of the Republic of Korea at the Beginning of the Park Chung-hee Era under the International Cold War System 1961–1967], in: *Sarim* 38, 2011, S. 289–323.

No Myŏnghwan: „Sŏshin wangnae-rŭl t'onghae pon pilli pŭrant'ŭ-wa Kim Daejung-ŭi kwan'gye, 1973–1992“ [The Relations between Willy Brandt and Kim Dae-jung viewed from the Correspondences, 1973–1992], in: *Togilyŏn'gu* 40, 2019, S. 195–249.

No, Sangho: „Miguk-ŭi taehan wŏnjo-wa hwan'gyŏng p'aerŏdaim-ŭi pyŏnhwa: USAID-ŭi 1972nyŏn Sŏul toshi hwan'gyŏng pogosŏ-rŭl chungshim-ŭro“ [USAID and Environmental Paradigm in South Korea: USAID 1972 Seoul Environmental Report], in: *Saengt'aehwan'gyŏnggwayŏksa* 4, 2018, S. 93–112.

Nunan, Timothy: *Humanitarian Invasion: Global Development in Cold War Afghanistan*, Cambridge University Press: Cambridge 2015.

Nurkse, Ragnar: *Problems of Capital Formation in Underdeveloped Countries*, Blackwell: Oxford 1953.

Nützenadel, Alexander: *Stunde der Ökonomen: Wissenschaft, Politik und Expertenkultur in der Bundesrepublik 1949–1974*, Vandenhoeck & Ruprecht: Göttingen 2005.

O, Cheyŏn: „1970nyŏn chŏnhu han'guk haksaeng undong-ŭi saeroun yangsang-gwa 68undong-ŭi sŭt'yudŏnt'ŭ p'awŏ“ [A New Aspect of Student Movements in Korea around 1970 and ‚Student Power' in 68 Movement], in: *Yŏksabip'yŏng* 123, 2018, S. 102–139.

O, Kyŏnghwan: „Rok'ŏl, kŭllobŏl, t'ŭraensŭnaesyŏnŏl: Rok'ŏl-ŭi t'ŭraensŭnaesyŏnŏl-han kuch'uk-ŭl wihayŏ“ [Local, Global, Transnational: A Transnational Reconsideration of the Local], in: *Rok'ŏllit'i Inmunhak* 16, 2016, S. 205–232.

O, Sŏngch'ŏl: „Pak Chŏnghŭi-ŭi kukkajuŭi kyoyungnon-gwa kyŏngje sŏngjang“ [Park Chung-hee's Theory of Nationalism Education and Economic Growth], in: *Yŏksa Munje Yŏn'gu* 11, 2012, S. 53–80.

O, Yusŏk et al.: *Pak Chŏnghŭi shidae-ŭi saemaŭl undong: kŭndaehwa, chŏnt'ong kŭrigo chuch'e* [Saemaul Undong in der Park Chung Hee Ära: Modernisierung, Tradition und Akteure], Hanulak'ademi: Seoul 2014.

O. V.: „Taedŏk yŏn'guhagwŏn toshi kŏnsŏl kibon kyehoek“ [Grundlegender Bauplan für die Forschungscampusstadt in Daedok], in: *Kwahak-kwa Kisul* 7.4, 1974, S. 10–12.

O. V.: „Che1hoe wŏnnae semina – Maksŭ P'ŭrangk'ŭ haksul chinhŭnghyŏp'oe“ [1. Institutsinternes Seminar: Die Max-Planck-Gesellschaft], in: *Han'guk'ak* 3.2, 1980, S. 54–55.

O. V. „Forum: Asia, Germany, and the Transnational Turn“, in: *German History* 28.4, 2010, S. 515–536.

Offergeld, Rainer: *Entwicklungshilfe: Abenteuer oder Politik?*, Bonn aktuell: Stuttgart 1980.

Östberg, Sigfrid Su-gun: „The Swedish Red Cross Hospital in Busan, 1950–1958: A Study of Its Transition from a Military to a Civilian Hospital“, in: *Korea Journal* 54.1, 2014, S. 133–156.

Osterhammel, Jürgen: „Transnationale Gesellschaftsgeschichte: Erweiterung oder Alternative?“, in: *Geschichte und Gesellschaft* 27.3, 2001, S. 464–479.

Osterhammel, Jürgen: *Die Entzauberung Asiens: Europa und die asiatischen Reiche im 18. Jahrhundert*, C. H. Beck: München 1998.

Otto, Jana: *Fachkräfte für die Entwicklung: Fortbildungskooperationen zwischen Ghana und den beiden deutschen Staaten, 1956–1976*, De Gruyter Oldenbourg: München 2022.

Pae, Ŭnkyŏng: „Kajok kyehoek saŏp-kwa yŏsŏng-ŭi mom: 1960–70nyŏndae ch'ulsan chojŏl pogŭp kwajŏng-ŭl t'onghae pon yŏsŏng-gwa ‚kŭndae'“ [Women's Body and the State Family Planning Programs in Korea: Examining ‚the Modern' in Women's Lives through the Social History of Birth Control], in: *Sahoe-wa Yŏksa* 67, 2005, S. 260–299.

Paek, Sŭnguk / Yi, Chiwŏn: „1960nyŏndae palchŏn tamnon-gwa sahoe kaebal chŏngch'aek-ŭi hyŏngsŏng“ [Development Discourse and the Formation of Social Development Policy in 1960s Korea], in: *Sahoe-wa Yŏksa* 107, 2015, S. 349–388.

Paik, Young Hoon: *Industrialisierungsprozess Koreas*, Dissertation, Hochschule für Wirtschafts- und Sozialwissenschaften Nürnberg, 1957.

Pak, Chinsŏ: „Chŏnshi ch'ejegi kangje tongwŏn chosŏnin nomuja-ŭi ‚nodong-jaehae': Sago wŏnin punsŏg-ŭi chŏngch'isŏng-e chumok'ayŏ“ [‚Labor Accidents' of Forced Korean Laborers during the Wartime Regime], Masterarbeit, Inha University, 2019.

Pak, Ch'ŏngkil: *Pusan-ŭi toshihach'ŏn pogwŏn-ŭl wihan hasu-do chŏngch'aek* [Sewerage Policy for Urban River Restoration in Busan], Pusan Chiyŏk Hwan'gyŏng Kisul Kaebal Sent'ŏ: Busan 2005.

Pak, Hŭipŏm: „70nyŏndae Han'guk-ŭi nongŏp chŏngch'aek panghyang“ [A Direction of Agricultural Policy for the 1970s in Korea], in: *Koryŏdaehakkyo Nodong Munje Yŏn'guso* 1973, S. 7–11.

Pak, Minchu: *Ilche kangjŏmgi Pusanbu hasudo kŏnsŏl saŏp-ŭi chinhaeng kwajŏng-gwa han'gye (1929–1932)* [Progress and Limitations of Sewage Construction Project in Busan during the Japanese Colonial Era (1929–1932)], Masterarbeit, Dong-A University, 2015.

Pak, Sŭngman / Kim, P'yŏngman: „Han'guk sanŏp ŭihak-ŭi pansŏk, Cho Kyusang: Kat'ollik sahoe yŏngsŏng-ŭi shilch'ŏn“ [The Foundation of Industrial Medicine of Korea, Cho Kyu-sang: One Way to Practice Catholic Social Spirituality], in: *In'gyŏkchuŭi Saengmyŏng Yulli* 12.2, 2022, S. 221–249.

Park, Chung-hee: *The Country, the Revolution and I*, hg. von Leon Sinder, Hollym Publishers: Seoul 1970.

Park, Chung-hee: *Major Speeches*, hg. von Bum Shik Shin, Samhwa: Seoul 1970.

Park, Jae-young: „Das Bild Südkoreas in den westdeutschen Zeitungen seit den 1950er Jahren", in: *Handok Sahoe Kwahak Nongch'on* 16.2, 2006, S. 161–190.

Park, Jong Dae: *Re-Inventing Africa's Development: Linking Africa to the Korean Development Model*, Palgrave Macmillan: London 2019.

Park, Seohyun: „Reassembling Colonial Infrastructure in Cold War Korea: The Han River Basin Joint Survey Project (1966–71)", in: *History and Technology* 37.3, 2021, S. 329–354.

Park, Tae-Gyun: „Change in U. S. Policy Toward South Korea in the Early 1960s", in: *Korean Studies* 23, 1999, S. 94–120.

Park, Tae-Gyun: „Different Roads, Common Destination: Economic Discourses in South Korea during the 1950s", in: *Modern Asian Studies* 39.3, 2005, S. 661–682.

Park, Tae-Gyun [Pak, Taekyun]: *Wŏnhyŏng-gwa pyŏnyong: Han'guk kyŏngje kaebal kyehoek-ŭi kiwŏn* [Prototyp und Transformation: Die Ursprünge von Koreas Plänen zur Wirtschaftsentwicklung], SNU Press: Seoul 2007.

Park, Tae-Gyun: „The Roles of the United States and Japan in the Development of South Korea's Science and Technology during the Cold War", in: *Korea Journal* 52.1, 2012, S. 206–231.

Park, Tai-sik: „Identification of Social Groups Participating in Forestry Activities: With a Focus on Main Factors Conducive to the Successful Implementation", in: *Sŏultae Nonghak Yŏn'guji* 10.2, 1985, S. 77–84.

Peabody, John W. / Lee, Sung-Woo / Bickel, Stephen R.: „Health for All in the Republic of Korea: One Country's Experience with Implementing Universal Health Care", in: *Health Policy* 31.1, 1995, S. 29–42.

Pinkston, Daniel A.: „The Evolution of South Korea's Rural Institutions: The Political Economy of Export Promotion and Market Protection", in: *Journal of East Asian Studies* 7.1, 2007, S. 61–92.

Plehwe, Dieter / Schmelzer, Matthias: „Marketing Marketization: The Power of Neoliberal Expert, Consulting, and Lobby Networks", in: *Zeithistorische Forschungen* 12, 2015, S. 488–499.

Plumpe, Werner: „‚Ölkrise' und wirtschaftlicher Strukturwandel: Die bundesdeutsche Wirtschaft im Zeichen von Normalisierung und Globalisierung während der 1970er Jahre", in: Gallus, Alexander / Schildt, Axel / Siegfried, Detlef (Hg.): *Deutsche Zeitgeschichte – transnational*, Wallstein: Göttingen 2015, S. 101–123.

Provinz Gangwon-do (Hg.): *Kangwŏn chiyŏk t'an'gwang-ŭi ŏje-wa onŭl* [Gestern und Heute der Kohleminen in der Gangwon Provinz], Provinz Gangwon-do: Chuncheon 2006.

Radkau, Joachim: *Natur und Macht: Eine Weltgeschichte der Umwelt*, C. H. Beck: München 2002.

Radkau, Joachim: *Holz: Wie ein Naturstoff Geschichte schreibt*, Oekom: München 2007.

Rai, Shirin: *Gender and the Political Economy of Development*, Polity Press: Cambridge 2002.

Randeria, Shalini: „Geteilte Geschichte und verwobene Moderne", in: Rüsen, Jörn / Leitgeb, Hanna / Jegelka, Norbert (Hg.): *Zukunftsentwürfe: Ideen für eine Kultur der Veränderung*, Campus: Frankfurt am Main/New York 2000, S. 87–96.

Raphael, Lutz: *Jenseits von Kohle und Stahl: Eine Gesellschaftsgeschichte Westeuropas nach dem Boom*, Suhrkamp: Berlin 2019.

Rau, Walter: „Obstacles of Economic Growth", in: *Korea Journal* 3.9, 1963, S. 34–37.

Rau, Walter: „Economic Development in Korea", in: *Korea Journal* 6.8, 1966, S. 10–15.

Reinert, Erik S.: „The Role of Technology in the Creation of Rich and Poor Nations: Underdevelopment in a Schumpeterian System", in: Reinert, Erik S. / Kattel, Rainer (Hg.): *The Visionary Realism of German Economics: From the Thirty Years' War to the Cold War*, Anthem Press: London 2019, S. 431–455.

Riegel, Klaus-Georg: „‚Asiatische Werte': Die Asiatisierungsdebatte im Kontext der Globalisierung", in: *Zeitschrift für Politik* 48.4, 2001, S. 397–426.

Rinser, Luise / Yun, Isang: *Der verwundete Drache: Dialog über Leben und Werk des Komponisten*, S. Fischer: Berlin 1977.

Rist, Gilbert: *The History of Development: From Western Origins to Global Faith*, Zed Books: London/New York 1997.

Robertson, Thomas: „Cold War Landscapes: Towards an Environmental History of US Development Programs in the 1950s and 1960s", in: *Cold War History* 16.4, 2016, S. 417–441.

Rödlich, Hubertus: *Spuren eines Lebens: Eine Lebensgeschichte zwischen Deutschland und dem Fernen Osten*, Literareon: München 2009.

Rösch, Günter: „Trends and Issues of Industrial Training and Vocational Education in Germany", in: *Taehan'gongŏpkyoyuk'ak'oeji* 15.2, 1990, S. 49–72.

Rösch, Günter: „Systemberatung in Korea und Chile", in: Biermann, Horst et al. (Hg.), *Systementwicklung in der Berufsbildung. Berichte, Analysen und*

Konzepte zur internationalen Zusammenarbeit, Nomos: Baden-Baden 1994, S. 281–312.

Rostow, Walt W.: *The Stages of Economic Growth: A Non-Communist Manifesto*, Cambridge University Press: Cambridge 1960.

Rother, Bernd: „‚Entwicklung ist ein anderes Wort für Frieden': Willy Brandt und der Nord-Süd-Konflikt von den 1960er bis zu den 1980er Jahren", in: Dülffer, Jost / Niedhart, Gottfried (Hg.): *Frieden durch Demokratie? Genese, Wirkung und Kritik eines Deutungsmusters*, Klartext: Essen 2011, S. 257–269.

Rothermund, Dietmar: „German Development Aid: Origins, Motives and Future Perspectives", in: *ASIEN* 116, 2010, S. 103–113.

Rütters, Klaus: „Aspects of an Integrative Didactics for Vocational Education Exemplified on the Subject ‚Drilling and Boring'", in: *Taehan'gongŏpkyoyuk'ak'oeji* 7.2, 1982, S. 7–12.

Ryu, Hochin: *1950–60nyŏndae han'guk-ŭi tenmak'ŭ tamnon-e kwanhan yŏn'gu: ‚Yaksoguk', ‚hwangmuji', ‚munhwa nongmin'* [A Study of the Danish Discourse in South Korea during 1950–60s: ‚Yaksoguk', ‚Hwangmooji', ‚Munhwa Nongmin'], Masterarbeit, Hanyang University, 2015.

Sackley, Nicole: „The Village as Cold War Site: Experts, Development, and the History of Rural Reconstruction", in: *Journal of Global History* 6, 2011, S. 481–504.

Sachse, Carola: *Wissenschaft und Diplomatie: Die Max-Planck-Gesellschaft im Feld der internationalen Politik (1945–2000)*, Vandenhoeck & Ruprecht: Göttingen 2023.

Sachsenmeier, Dominic / Riedel, Jens / Eisenstadt, Shmuel N. (Hg.): *Reflections on Multiple Modernities: European, Chinese and Other Interpretations*, Brill: Leiden 2002.

Schäfer, Roland, *„Lamettasyndrom" und „Säuresteppe": Das Waldsterben und die Forstwissenschaften 1979–2007*, Dissertation, Universität Freiburg, 2012.

Schiffman, Daniel et al.: *The Role of Economic Advisers in Israel's Economic Policy: Crises, Reform and Stabilization*, Springer: Cham 2017.

Schilling, Ernst-Günther / Schmidt, Hermann: *Studie zur Beteiligung am Aufbau des Korea Institute of Technology (KIT) als Ausbildungsstätte für Comprehensive Instructors*, GTZ: Eschborn 1983.

Schilling, Ernst-Günter: „The Education System of West Germany for the Strengthening of the Relationship between Education and Work", in: *Taehan'gongŏpkyoyuk'ak'oeji* 12.2, 1987, S. 54–63.

Schilling, Ernst Günter / Hass, Jörn: „Rationale and Approaches for Project Work in Instructor Training", in: *Taehan Kongŏp Kyoyuk Hak'oeji* 15.1, 1990, S. 78–90.

Schmidt, Heide-Irene: „Pushed to the Front: The Foreign Assistance Policy of the Federal Republic of Germany, 1958–1971“, in: *Contemporary European History* 12.4, 2004, S. 473–507.

Schmidt, Hermann / Benner, Hermann: „Das duale System der Berufsausbildung: Ein Exportschlager? Möglichkeiten und Grenzen der Übertragung eines Berufsbildungssystems“, in: Arnold, Rolf / Lipsmeier, Antonius (Hg.): *Betriebspädagogik in nationaler und internationaler Perspektive*, Nomos: Baden-Baden 1989, S. 341–354.

Schnitter, Albrecht E.: „The Role of Industry in Vocational Education in the Federal Republic of Germany“, in: *Taehan Kongŏp Kyoyuk Hak'oeji* 4.1, 1979, S. 21–24.

Schoenfeldt, Eberhard / Nölker, Helmut: *Berufsbildung: Unterricht, Curriculum, Planung*, Expert Verlag: Tübingen 1980.

Schoenfeldt, Eberhard: *Der Edle ist kein Instrument. Bildung und Ausbildung in Korea (Republik) – Studien zu einem Land zwischen China und Japan*, Institut für Berufsbildung: Kassel 1996.

Schoenfeldt, Eberhard: „Internationalisierung versus Partikularisierung der Berufspädagogik: Aspekte der Entwicklungszusammenarbeit“, in: Arnold, Rolf / Dobischat, Rolf / Ott, Bernd (Hg.): *Weiterungen der Berufspädagogik*, Franz Steiner: Stuttgart 1997, S. 205–212.

Schoenfeldt, Eberhard: *Dem Lernen widmet sich der edle Mensch. Bildung und Ausbildung in Korea (Republik) – Studien zu einem konfuzianisch geprägten Land*, Institut für Berufsbildung: Kassel 2000.

Schröter, Hans-Günter: „Systemberatung am Beispiel der Pilotversuche zur kooperativen Ausbildung in Korea: Von der Planung im Jahr 1981 bis zum Durchführungsstand im Oktober 1988“, in: Biermann, Horst et al. (Hg.), *Systementwicklung in der Berufsbildung: Berichte, Analysen und Konzepte zur internationalen Zusammenarbeit*, Nomos: Baden-Baden 1994, S. 313–338.

Schwefel, Detlef: *Fernmeldewesen und Entwicklung: Zur sozialen und wirtschaftlichen Bewertung von Fernmeldeprojekten in der Dritten Welt*, Weltforum: München/Köln/London 1986.

Schulz Zinda, Yvonne: „Das ‚Deutsche Dorf' in Namhae: Arbeiten in Deutschland, Altern in Korea“, in: Chang-Gusko, Yong-Seun et al. (Hg.): *Unbekannte Vielfalt: Einblicke in die koreanische Migrationsgeschichte*, DOMiD: Köln 2014, S. 212–222.

Schulze, Winfried (Hg.): *Ego-Dokumente: Annäherung an den Menschen in der Geschichte*, Akademie Verlag: Berlin 1996.

Scuhr, Eduard: „Techniques of Silvicultural Care and Tending at Forestry in Germany“, in: *Han'guk Imhak'oeji* 41, 1979, S. 39–42.

Seliger, Bernhard / Park, Kyung-Seok: „Greening German Unification: Forests, Forest Administrations and the Process of Unification“, in: *T'ongil Munje Yŏn'gu* 59, 2013, S. 445–485.

Sen, Amartya: „Health in Development“, in: *Bulletin of the WHO* 77.8, 1999, S. 619–623.

Senn, Joachim: „Das einheimische koreanische Rind (Südkorea)“, in: *Zeitschrift für Tierzüchtung und Züchtungsbiologie* 89, 1972, S. 312–322.

Senn, Joachim: „Die Seidenraupenzucht, ein bedeutsamer landwirtschaftlicher Betriebszweig in tropischen und subtropischen Ländern; dargestellt am Beispiel der Republik Korea“, in: *Der Tropenlandwirt* 74, 1973, S. 150–160.

Seong, Sang Hwan: „Korean-German Relations from the 1950s to the 1980s: Archive-based Approach to Cold War-Era History“, in: Cho, Joanne M. / Roberts, Lee M. (Hg.): *Transnational Encounters between Germany and Korea*, Palgrave Macmillan: London 2017, S. 133–157.

Shim, Yunchong: *Aspekte der sozio-kulturellen Einordnung koreanischer Krankenpflegekräfte in Deutschland*, Peter Lang: Frankfurt am Main 1974.

Shin, Se-Ho / Lee, Jeoung Keun / Hong, Sa-Myung: *Vocational Technical Education in the Republic of Korea*, Korean Educational Development Institute: Seoul 1979.

Sibley, John R. et al.: „Koje Island Illness and Health Care Patterns“, in *Yonsei Medical Journal* 11.2, 1970, S. 160–172.

Sich, Dorothea: „Zu schade, um Lücken zu füllen: Schwestern aus Korea“, in: *Deutsches Ärzteblatt*, 38/1971, S. 2552–2557.

Sich, Dorothea et al.: „The Health Post Project: An Approach to Improve Health Care Delivery at the Grass-Roots in Rural Korea“, in: *Yonsei Medical Journal* 16.1, 1975, S. 50–60.

Sich, Dorothea: „Sore Results of a Maternity Care Program in a Rural Korean Area“, in: *Obstetrics & Gynecology Science* 20.2, 1977, S. 81–86.

Sich, Dorothea: *Mutterschaft und Geburt im Kulturwandel: Ein Beitrag zur transkulturellen Gesundheitsforschung aus Korea*, Peter Lang: Frankfurt am Main 1982.

Sim, Chongsŏp: „Sallim iyongmyŏn-esŏ pon sallim kyŏngyŏng-ŭi munjejŏm“ [Problems of Forest Management from the Perspective of Forest Utilization], in: *Han'guk Imhak'oeji* 13, 1971, S. 88–89.

Sin, Kuch'ŏl: „Togil-ŭi hwan'gyŏng mit p'yegimul kwalli“ [Umwelt- und Abfallwirtschaft in Deutschland], in: *Konghak Yŏn'gu* 22, 1991, S. 397–408.

Simpson, Bradley R.: *Economists with Guns: Authoritarian Development and U. S.-Indonesian Relations, 1960–1968*, Stanford University Press: Stanford 2008.

Slobodian, Quinn: *Foreign Front: Third World Politics in Sixties West Germany,* Duke University Press: Durham 2012.

Slobodian, Quinn: *Globalisten: Das Ende der Imperien und die Geburt des Neoliberalismus*, Suhrkamp: Berlin 2019.

Sŏ, Sangsŏn: *Han'guk chigŏp hullyŏnjedo-ŭi palchach'wi: Chedohwa kwajŏng-e ŏlk'in twi iyagi-dŭl-ŭl chungshim-ŭro* [Die Fußabdrücke des koreanischen Berufsbildungssystems: Ein Blick auf die Hintergründe des Institutionalisierungsprozesses], Taehan Sanggonghoeŭiso: Seoul 2002.

Son, Hyŏnchu / Mun, Manyong: „Nongmin ilgi-esŏ nat'ana-nŭn kisul suyong-gwa kŭ yanggasŏng-e taehan yŏn'gu" [An Analysis of the Technology Acceptance Process and Its Ambivalent Experience in the Diary of Changpyung and the Diary of Apo], in: *Chibangsa-wa Chibang Munhwa* 19.1, 2016, S. 147–188.

Son, Kyesun: „Pogŏn chillyoso kajok kyehoek mit moja pogŏn saŏp, 1980nyŏn-2009nyŏn" [Family Planning and Maternal-Child Health Services that Disciplined itself in Primary Health Care Centers from 1980 to 2009], in: *Han'guk Nongch'on Kanho Hak'oeji* 3.2, 2008, S. 104–115.

Song, Inchu: *Segyehwa shidae han'guk-ŭi nongŏp sanŏp'wa-e kwanhan yŏn'gu: Ch'uksan pumun-ŭl chungshim-ŭro* [The Korean agricultural Industrialization in the Global Era: Focusing on Livestock Sector], Dissertation, Seoul National University, 2013.

Song, Inchu: „Nongŏp-ŭi sanŏp'wa-wa han'guk-ŭi ch'uksan hyŏngmyŏng" [Agricultural Industrialization and Livestock Revolution in Korea], in: *Nongch'on Sahoe* 23.1, 2013, S. 143–192.

Song, Jooho / Sumner, Daniel A.: „Dairy Demand, Supply and Policy in Korea: Potential for International Trade", in: *Canadian Journal of Agricultural Economics* 47, 1999, S. 133–142.

Song, Sungsoo: „The Historical Development of Technological Capabilities in Korean Steel Industry: The Case of POSCO", in: *Korean Journal for the History of Science* 33.2, 2011, S. 317–334.

Song, Young-Gun: *Forstwirtschaftliche Zusammenschlüsse in Süd-Korea: Untersuchungen zur Umstrukturierung des forstlichen Zusammenschlusswesens unter besonderer Berücksichtigung der Forest Management Cooperative*, Centaurus: Pfaffenweiler 1989.

Sorensen, Clark W.: „Rural Modernization under the Park Regime in the 1960s", in: Sorensen, Clark W. / Kim, Hyunga (Hg.): *Reassessing the Park Chung Hee Era: Development, Political Thought, Democracy, and Cultural Influence, 1961–1979*, Washington University Press: Seattle 2011, S. 145–165.

Sorensen, Clark W.: *Over the Mountains are Mountains: Korean Peasant Households and their Adaptations to Rapid Industrialization*, Washington University Press: Seattle 2013.

Speich Chassé, Daniel: „Die ‚Dritte Welt' als Theorieeffekt: Ökonomisches Wissen und globale Differenz", in: *Geschichte und Gesellschaft* 41.4, 2015, S. 580–612.

Stockmann, Reinhard: „The Implementation of Dual Vocational Training Structures in Developing Countries: An Evaluation of ‚Dual Projects' Assisted by the German Agency for Technical Cooperation", in: *International Journal of Sociology* 29.2, 1999, S. 29–65.

Stockmann, Reinhard: *Die Wirksamkeit der Entwicklungshilfe: Eine Evaluation der Nachhaltigkeit von Programmen und Projekten der Berufsbildung*, Westdeutscher Verlag: Opladen 1996.

Suh, Bo Won et al.: „Consumers' Attitude and Understanding of Organic Food: The Case of South Korea", *Journal of Foodservice Business Research* 15.1, 2012, S. 49–63.

Thalheimer, Frank: *Milchproduktion in Südkorea auf unterschiedlicher Futtergrundlage und Bewertung agrarpolitischer Maßnahmen im Milchsektor*, Dissertation, Universität Hohenheim, 1991.

Thelen, Kathleen: *How Institutions Evolve: The Political Economy of Skills in Germany, Britain, the United States, and Japan*, Cambridge University Press: Cambridge 2012.

Uekötter, Frank: *Umweltgeschichte im 19. und 20. Jahrhundert*, R. Oldenbourg: München 2007.

Uhlig, Christian: „Aspekte der unternehmerischen Kooperation zwischen Industrie- und Entwicklungsländern in Südost- und Ostasien", in: *Internationales Asienforum* 16, 1985, S. 267–287.

Um, Jae Ho: „UNDP in Korea", in: *P'yŏnghwa Yŏngu* 3, 1978, S. 73–94.

Unger, Corinna: „Rourkela, Ein ›Stahlwerk im Dschungel‹: Industrialisierung, Modernisierung und Entwicklungshilfe im Kontext von Dekolonisation und Kaltem Krieg (1950–1970)", in: *Archiv für Sozialgeschichte* 48, 2008, S. 367–388.

Unger, Corinna: „Export und Entwicklung: Westliche Wirtschaftsinteressen in Indien im Kontext der Dekolonisation und des Kalten Krieges", *Jahrbuch für Wirtschaftsgeschichte* 53.1, 2012, S. 69–86.

Unger, Corinna R.: *Entwicklungspfade in Indien: Eine internationale Geschichte, 1947–1980*, Wallstein: Göttingen 2015.

Unger, Corinna: „Agrarwissenschaftliche Expertise und ländliche Modernisierungsstrategien in der internationalen Entwicklungspolitik, 1920er bis 1980er Jahre", in: *Geschichte und Gesellschaft* 41.4, 2015, S. 552–579.

Unger, Corinna R.: *International Development: A Postwar History*, Bloomsbury Academic: London 2018.

Unger, Corinna R.: „Postwar European Development Aid: Defined by Decolonization, the Cold War, and European Integration?", in: Macekura, Stephen /

Manela, Erez (Hg.): *The Development Century: A Global History,* Cambridge University Press: Cambridge 2018, S. 240–260.

Unger, Corinna R. / Borowy, Iris / Pernet, Corinne A. (Hg.): *The Routledge Handbook on the History of Development*, Routledge: London 2022.

Vainio, Annuka / Paloniemi, Riikka: „Forest Owners and Power: A Foucauldian Study on Finnish Forest Policy", in: *Forest Policy and Economics* 21, 2012, S. 118–125.

Valenze, Deborah: *Milk: A Local and Global History*, Yale University Press: New Haven 2011.

Van Hook, James C.: „Translating Economics into Politics in Cold War Germany", in: *German Politics & Society* 25.2, 2007, S. 104–116.

Van Laak, Dirk: *Alles im Fluss: Die Lebensadern unserer Gesellschaft*, S. Fischer: Frankfurt am Main 2018.

Wagler, Elisabeth: *Remigration koreanischer Krankenschwestern aus Deutschland nach Südkorea*, Masterarbeit, Universität Tübingen, 2020.

Wang, Jessica: „Colonial Crossings: Social Science, Social Knowledge, and American Power from the Nineteenth Century to the Cold War", in: van Dongen, Jeroen (Hg.): *Cold War Science and the Transatlantic Circulation of Knowledge*, Brill: Amsterdam 2016, S. 185–215.

Warnke, Jürgen: *Auf gutem Kurs: Neuorientierung der deutschen Entwicklungspolitik*, Busse + Seewald: Herford 1987.

Weigel, John W.: *Dramatizing Development: The Celebration and Reality of West German Village Projects in West Africa, 1962–1977*, Dissertation, Carnegie Mellon University 2016.

Weinberger, Peter / Park, Geun-Je / Kwon, Du-Jung: *Korean Woodlands (Im-Ya) as Resources for Grassland Development*, TZ-Verlagsgesellschaft: Eschborn 1983.

Weinberger, Peter: *Basic Research into Grassland and Forage Crop Farming in Korea*, TZ-Verlagsgesellschaft: Eschborn 1987.

Weisser, Gerhard: „Die Problematik des Sachverständigenrates in politischen Angelegenheiten und die Funktion der wissenschaftlichen Beiräte bei den Bundesministerien", in: *Ratgeber von Parlament und Regierung: Eine Vortragsreihe zur Förderung öffentlicher Angelegenheiten*, Institut zur Förderung öffentlicher Angelegenheiten: Frankfurt am Main 1951, S. 30–40.

Westad, Odd A.: *The Global Cold War: Third World Interventions and the Making of Our Times*, Cambridge University Press: Cambridge 2006.

White, Sarah: „Thinking Race, Thinking Development", in: *Third World Quarterly* 23.3, 2002, S. 407–419.

Wiley, Andrea S.: „Milk for ‚Growth': Global and Local Meanings of Milk: Consumption in China, India, and the United States", in: *Food and Foodways* 19, 2011, S. 11–33.

Williams, Michael: *Deforesting the Earth: From Prehistory to Global Crisis*, University of Chicago Press: London 2003.

Winkler, Helmut: „Als deutscher Ingenieur im Ausland: Als Lang- und Kurzzeitexperte der GTZ in Südkorea", in: Kaiser, Walter / König Wolfgang (Hg.): *Geschichte des Ingenieurs: Ein Beruf in sechs Jahrtausenden*, Hanser: München 2006, S. 313–316.

Wischnewski, Hans-Jürgen: *Mit Leidenschaft und Außenmaß: In Mogadischu und Anderswo*, C. Bertelsmann; München 1989.

Wolf, Stefan: *Internationale Berufspädagogik: Beiträge einer Theorie zum internationalen Berufsbildungstransfer*, Universitätsverlag der TU Berlin: Berlin 2015.

World Bank (Hg.): *The Assault on World Poverty: Problems of Rural Development, Education and Health*, Johns Hopkins University Press: Baltimore/ London 1975.

Xiong, Jie: „Understanding Higher Vocational Education in China: Vocationalism vs. Confucianism", in: *Frontiers of Education in China* 6.4, 2011, S. 495–520.

Yang, Ch'ungmo: „Kwanghae pangji pŏpsang ‚kwanghae'-ŭi pŏpchŏk kaenyŏm-e taehan ippŏp chŏngch'aekchŏk kaesŏn pangan" [Suggestions for the Improvement of the legal Concept of ‚Mine Damage' in the Act on the Protection of the Harm in the Mine], in: *Pŏp-kwa Chŏngch'aek Yŏn'gu* 14.2, 2014, S. 427–455.

Yang, Haeyong: *Kwangsan nodong chaehae-e kwanhan yŏn'gu* [A Study on the Mining Labor Disaster], Masterarbeit, Dongguk University, 1982.

Yeh, Quey-Jen / Xu, Xiaojun: „The Effect of Confucian Work Ethics on Learning About Science and Technology Knowledge and Morality", in: *Journal of Business Ethics* 95.1, 2010, S. 111–128.

Yi, Chinkyŏng: „Han'guk ‚kajok kyehoek' saŏp-ŭi saengch'e chŏngch'ihak" [Biopolitics of Korea's ‚Family Planning' Business], in: *Munhwa Kwahak* 33, 2003, S. 181–206.

Yi, Chŏngchung: „Maksŭ p'ŭllangk'ŭ kŭmsok yŏn'guso" [MPI für Metallforschung], in: *Taehan Kŭmsok Hak'oeji* 24.9, 1986, S. 965–968.

Yi, Chŏngmin: „Handok kyŏngje hyŏmnyŏk-kwa tongbaengnim sagŏn [South Korean-West German Economic Cooperation and the East Berlin Incident], in: *Yŏksabip'yŏng* 119, 2017, S. 160–184.

Yi, Chŏngmin: „T'anwŏnsŏ-e nat'anan sŏdogin-dŭl-ŭi tongbaengnim sagŏn inshik" [Petitions of West Germans for East-Berlin Case], in: *Sarim* 55, 2016, S. 403–426.

Yi, Chŏngmin: „Sŏdok taehaksaeng-dŭl-ŭi chudok namhan taesagwan nanip sagŏn-gwa 68hyŏngmyŏng: Sangho kyujŏngsŏng-ŭi kongshisŏng-gwa pidongshisŏng" [Breaking into South Korean Embassy in West Germany by

German Students and the Protests of 1968: The Synchronicity and Asynchrony of the Mutual Regulation], in: *Sarim* 64, 2018, S. 223–251.

Yi, Chongpŏp: *Han'guk-ŭi kyŏngje kyehoek-e kwanhan pigyo yŏn'gu: Chŏngch'ijŏk leadership-kwa hwan'gyŏng-ŭl chungshim-ŭro* [A comparative Study of the long-range Economic Development Plan in Korea: With special Reference to the Political Leadership and Environment], Masterarbeit, Seoul National University, 1968.

Yi, Chŏngŭn: „1960nyŏndae taejabon-ŭi Ilbon oejadoip kaeshi-wa chojikchŏk taeŭng" [A Study on Korean Large Capitals in 1960s: focusing on the Introduction of Foreign Capital from Japan and Systematic Response], in: *Sahak Yŏn'gu* 128, 2017, S. 487–536.

Yi, Chŏngŭn: „Kongshik kyŏngje-ŭi imyŏn: Han'guk-kwa segye-ŭi chŏpsokcha, Aijenbŏgŭ" [Beneath the Surface of ‚Formal' Economy: Eisenberg, the Go-between for South Korea and the World], in: *Yŏksabip'yŏng* 125, 2018, S. 154–183.

Yi, Chŏngŭn: Chŏn T'aeil-ŭi t'aeilp'ibok kusang-gwa 1960–70nyŏndae p'yŏnghwa shijang pongje ŏpkye [‚Taeil Clothes' and Pyoung-hwa Market in the 1960s and 1970s], in: *Yŏksa Munje Yŏn'gu* 25.1, 2021, S. 485–522.

Yi, Dongki: „Togilmodel paeugi-ŭi nŏmŏ" [Beyond Learning the German ‚Success Model'], in: *Yŏksahakpo* 235, 2017, S. 307–328.

Yi, Hwanpyŏng: *Nongch'on saemaŭl undong: Shinhwa-wa yŏksa sai-esŏ* [Ländliche Saemaul Undong: Zwischen Mythos und Geschichte], Sŏnin: Seoul 2017.

Yi, Hwihyŏn: „1960nyŏndae ch'oban miguk-ŭi taeoewŏnjo chŏngch'aek chojŏng-gwa taehan wŏnjo-ŭi chŏngsanghwa" [Adjustment of U. S. Foreign Aid Policy and ‚Normalization' of U. S. Aid to Korea in the early 1960s], in: *Han'guk Munhwa* 92, 2020, S. 295–331.

Yi, Kwangwŏn: „Nongch'on chumin-ŭi kŏn'gang shilt'ae-wa munjejŏm: kyŏngje palchŏn-gwa shikp'um sobi kujo-ŭi pyŏnhwa-e ttarŭn munjejŏm-ŭl chungshim-ŭro" [Health Status and Problems of Rural Residents: Focusing on the Problems of Economic Development and Changes in Food Consumption Structure], in: *Nongŏp Kyŏngje Yŏn'gu* 22, 1981, S. 47–60.

Yi, Kyŏngchun: „Che1ch'a mit che2ch'a ch'isan nok'wa10kaenyŏn kyehoek" [The First and Second Plan for Forest Protection and Reforestation], in: Yi, Kyŏngchun (Hg.): *Han'guk-ŭi sallim nok'wa70nyŏn* [70 Years of Forest Recreation in Korea], AKS Press: Seongnam 2015, S. 101–188.

Yi, Myŏnghwan: „Togil-ŭi sup'yuch'iwŏn-gwa han'guk-ŭi sup'yuch'iwŏn pigyo yŏn'gu" [A Comparative Study on the Forest Kindergartens in Korea and Germany], in: *Hollisŭt'ik Yunghap Kyoyuk Yŏn'gu* 16.3, 2012, S. 65–83.

Yi, Pongkyu: „Illyŏkkaebal-gwa nodongja in'gwŏn saiesŏ: 1960nyŏndae han'guk, kŭrigo kukche nodong kigu (ILO)" [Ambiguous Way to Human Rights for Workers: 1960s South Korea and the International Labour Organization (ILO)], in: *Yŏksabip'yŏng* 143, 2023, S. 108–139.

Yi, Sangch'ŏl: „Han'guk kyŏngje kwallyo-ŭi ilche shingminji kiwŏnsŏl kŏmt'o (1950nyŏndae-1960nyŏndae chŏnban)" [The Colonial Origin of Economic Bureaucrat in Korea (During 1950s-Early 1960s)], in: *Minju Sahoe-wa Chŏngch'aek Yŏn'gu* 21, 2012, S. 202–247.

Yi, Sangho: „Il-haksŭp pyŏnghaeng-ŭi chedohwa-wa kaesŏn kwaje: Handok sanggong hoeŭiso-ŭi ‚Ausbildung' sarye yŏn'gu" [The Institutionalization of Apprenticeship and Problems to be Solved: A Case Study for the Ausbildung of AHK], in: *Kyŏngsang Nonch'ong* 38.1, 2020, S. 27–44.

Yi, Sŏngho / Mun, Manyong: „Ilgi-rŭl t'onghae pon 1970nyŏndae nongch'on kaebal chŏngch'aek-kwa maŭl sahoe-ŭi pyŏnhwa" [The Rural Development Plans and Change of Rural Community in the 1970s], in: *Chiyŏk Sahoe Yŏn'gu* 22.2, 2014, S. 29–48.

Yi, Sŏngkwan, „Urinara nongch'on-ŭi moja pogŏn-ŭi munjejŏm-gwa kaesŏn pangan" [Problems and Improvement Strategies of Maternal and Child Health in Rural Areas in Korea], in: *Han'guk Nongch'on ŭihak Hoeji* 1.1, 1976, S. 29–36.

Yi, Sŏngsun: „Han'guk-kwa togil-ŭi sahoet'onghap chŏngch'aek yŏn'gu: Sahoet'onghap p'ŭrogŭraem-ŭl chungshim-ŭro" [Studies on Social Integration Policy of Germany and Korea: Focusing on Social Integration Program], in: *Han'guk Chiyŏk Sahoe Pokchihak* 39, 2011, S. 179–208.

Yi, Ŭnhŭi: „Ilche kangjŏmgi uryanga yangyuk-kwa uyu, yŏnyu, punyu-ŭi sangnyuk" [The Formation of the Dairy Market and „Baby Shows" in Korea during the Japanese Colonial Period], in: *Kyŏngje Sahak* 43.3, 2019, S. 399–436.

Yi, Ŭnhŭi: „Pak Chŏnghŭi shidae nangnong chinhŭng chŏngch'aek-kwa nangnongŏp-ŭi paltal" [Park Chung-hee's Dairy Promotion Policy and Development of Dairy Farming], in: *Tongbang Hakchi* 183, 2018, S. 235–270.

Yi, Yuhyŏk: „T'ŭraensŭrok'ŏllit'i-ŭi kaenyŏm-e taehae-sŏ: T'ŭraensŭnaesyŏnŏllijŭm-gwa-ŭi ch'ai-wa kaenyŏm-jŏk ŭngyongsŏng-ŭl chungshim-ŭro" [Zum Begriff der Translokalität: Abgrenzung zum Transnationalismus und konzeptionelle Anwendungen], in: *Rok'ŏllit'i Inmunhak* 13, 2015, S. 265–275.

Yie, Nam-Bock: *Wertewandel und Arbeitswelt in der Republik Korea (1945–1984): Ein Versuch zur Analyse koreanischer Sozialstruktur*, Brockmeyer: Bochum 1986.

Yildiz, Sakine: „Deutschland ist (k)ein Einwanderungsland: Die Rückkehrförderungspolitik der Bundesrepublik 1974 bis 1984", in: Etzold, Raphaela /

Löhnig, Martin / Schlemmer, Thomas (Hg.): *Migration und Integration in Deutschland nach 1945*, De Gruyter Oldenbourg: Berlin/Boston 2019, S. 79–89.

Yŏksa Munje Yŏn'guso Minjungsaban Sabukt'im (Hg.): *1980nyŏn sabuk hangjaeng-gwa ilsang-ŭi sahoesa* [1980 Sabuk Uprising and Daily Social History], Sŏnin: Incheon 2021.

Yoo, Do-Jin: *Die Situation koreanischer Krankenpflegekräfte in der Bundesrepublik Deutschland und ihre sozialpädagogischen Probleme*, Dissertation, Universität Kiel, 1975.

Yoo, Duck-Ki: *Die Landwirtschaft im Bergland Südkoreas: Agrarstrukturwandel und regionale Entwicklungsperspektiven: Dargestellt am Beispiel des Bezirks Pyongchang*, Dissertation, Universität Bonn, 1988.

Yoo, Jungho: *What Made Korea's Rapid Growth Possible?*, Routledge: London 2022.

Yu, Chinyŏng: *Togil chigŏp kyoyuk-kwa maisŭt'ŏ chedo* [Deutsche Berufsbildung und das Meistersystem], Hagishisŭp: Seoul 2015.

Yu, Chinyŏng / Chŏng, Kisŏp: „Togil kisul kyoyuk chiwŏn-ŭi kyoyuksajŏk ŭiŭi: Inch'ŏn handokshirŏp hakkyo sŏllip-kwa ŭimi-rŭl chungshim-ŭro (1960–1970)" [The Significance of the German Technical Education Support: Focusing on the Meaning and the Establishment of Incheon-German Vocational School (1960–1970)], in: *Han'guk Kyoyuk Sahak* 38.2, 2016, S. 1–26.

Yu, Ch'ŏlkyu (Hg.): *Pak Chŏnghŭi model-gwa shinjayujuŭi sai-esŏ* [Between Park Chung Hee Model and Neoliberalism], Hamkke Ingnŭn Ch'aek: Seoul 2004.

Yu, Chong Amy: *What's End: Feeding Industrialization, Fueling Lifestyle Changes, and Starving Agriculture in South Korea*, Dissertation, Cornell University, 2015.

Yu, Kisŭng / Chŏn, Sangyung: Taehanmin'guk-e taehan togil-ŭi ODA chiwŏn-e kwanhan yŏn'gu: Handok chigŏp hullyŏn hyŏmnyŏk saŏp-ŭl chungshim-ŭro [A Study on German ODA to Korea: Focusing on Korean–German Vocational Training Cooperation Projects], in: *Sanŏp Kisul Yŏn'gu Nonmunji* 26.2, 2021, S. 65–76.

Yu, Nayŏn / Pak, Hwanpo: „1970–80nyŏndae togil-ŭi kyoyuk wŏnjo-rŭl t'onghan kongŏpkye kyowŏn yangsŏng kyoyuk-e kwanhan yŏn'gu: Ch'ungnamdae sarye-rŭl chungshim-ŭro" [Research on Instructors Education through German Educational Assistance in the 1970–80s: Focusing on Chungnam University], in: *Kyoyuk Yŏn'gu Nonch'ong* 39.3, 2018, S. 83–114.

Yu, Yongtae (Hg.): *Tongashia-ŭi nongji kaehyŏk-kwa t'oji hyŏngmyŏng* [Landreform und Landrevolution in Ostasien], SNU Press: Seoul 2014.

Yun, Chŏngran: „1970nyŏndae-80nyŏndae han'guk-kwa sŏdok-ŭi kidokkyo yŏndae: Han'guk tiak'onia chamaehoe-rŭl chungshim-ŭro" [Christian Solidarity between Korea and West Germany in the 1970s to 1980s: Focusing on Diaconia Sisterhood in South Korea], in: *Yŏksa Munhwa Yŏn'gu* 73, 2020, S. 3–34.

Yun, Sun-Jin / Dunlap, Riley E. (Hg.): *Environmental Movements in Korea: A Sourcebook*, AKS Press: Seongnam 2017.

Yunesŭk'o han'guk wiwŏnhoe (Hg.): *Han'guk yunesŭk'o hwaltong 10nyŏnsa (1954~1964)* [10 Jahre UNESCO Aktivitäten in Korea (1954–1964)], UNESCO: Seoul 1964.

Zhang, Chunjie (Hg.): „What is Asian German Studies", in: *The German Quarterly* 93.1, 2020, S. 106–141.

Ziai, Aram (Hg.): *Im Westen nichts Neues? Stand und Perspektiven der Entwicklungstheorie*, Nomos: Baden-Baden 2014.

Zundel, Rolf / Schwartz, Ekkehard: *50 Jahre Forstpolitik in Deutschland (1945 bis 1994)*, Landwirtschaftsverlag: Münster-Hiltrup 1996.